SINOLOGICA COLONIENSIA

Herausgegeben von
Martin Gimm

Band 37

2021
Harrassowitz Verlag · Wiesbaden

Martin Gimm

P. Johann Adam Schall von Bell S. J.

und die Geheimakten zum Gerichtsprozeß
der Jahre 1664–1665 in China

湯若望與清朝密本檔

嵇穆著

2021
Harrassowitz Verlag · Wiesbaden

Umschlagabbildung:
Ausschnitt aus Adam Schall in mittleren Jahren, Ölbild, anonym, aus Zeitschr. Vernissage,
13. Jg., Nr. 20/05, Bonn (2005/6), S. 17. Besitzer: Graf SCHALL-RIAUCOUR.

Bibliografische Information der Deutschen Nationalbibliothek
Die Deutsche Nationalbibliothek verzeichnet diese Publikation in der Deutschen
Nationalbibliografie; detaillierte bibliografische Daten sind im Internet
über https://dnb.de abrufbar.

Bibliographic information published by the Deutsche Nationalbibliothek
The Deutsche Nationalbibliothek lists this publication in the Deutsche
Nationalbibliografie; detailed bibliographic data are available in the internet
at https://dnb.de.

Informationen zum Verlagsprogramm finden Sie unter
https://www.harrassowitz-verlag.de
© Otto Harrassowitz GmbH & Co. KG, Wiesbaden 2021
Das Werk einschließlich aller seiner Teile ist urheberrechtlich geschützt.
Jede Verwertung außerhalb der engen Grenzen des Urheberrechtsgesetzes ist ohne
Zustimmung des Verlages unzulässig und strafbar. Das gilt insbesondere
für Vervielfältigungen jeder Art, Übersetzungen, Mikroverfilmungen und
für die Einspeicherung in elektronische Systeme.
Gedruckt auf alterungsbeständigem Papier.
Druck und Verarbeitung: Beltz Grafische Betriebe GmbH, Bad Langensalza
Printed in Germany
ISSN 0170-3706
ISBN 978-3-447-11673-2

Inhalt

Vorwort 7
0. Einführung 9
   0.1 Vorbemerkung 10
   0.2 Die Jesuiten in China 12

A. Johann Adam Schall von Bell (1592–1666)

1. J. A. Schall Leben und Wirken chronologisch betrachtet 17
   1.1 Vorgeschichte 17
   1.2 Frühzeit 23
      1.2.1 Köln und Umgebung 23
      1.2.2 Rom 25
      1.2.3 China 27
   1.3 Die Zeit der *Ming*-Dynastie 29
      1.3.1 Macao, Kanton, Hangzhou, Beijing 29
      1.3.2 Xi'an fu 34
      1.3.3 Beijing 37
   1.4 Die Zeit der *Qing*-Dynastie 50
      1.4.1 Das Astronomische Amt 50
      1.4.2 Die Jahre 1644 bis 1664 55
      1.4.3 Die Zeit der Gerichtsverfahren 1664 bis 1666 103
   1.5 Nachleben und Wertschätzung 128
   1.6 Anhang 146
      1.6.1 J. A. Schall, Hauptlebensdaten 146
      1.6.2 J. A. Schall, erhaltene Urkunden, Inschriften 151
      1.6.3 J. A. Schall, Liste seiner Schriften 154
      1.6.4 Die Grabinschrift von 1669 173
      1.6.5 Zur missionarischen Tätigkeit 176

B. Der Gerichtsprozeß gegen J. A. Schall

2. Die Geheimakten 180
3. Der Prozeß 188
   3.1 Prozeßgegenstand, Anklagepunkte 188
      3.1.1 Christentum 189
      3.1.2 Geomantik 199
      3.1.3 Astronomie und Kalenderwesen 205

3.2 Anklage und Behörden 217
3.2.1 Ankläger 217
3.2.2 Richter, Minister, Protokollautoren... 221
3.2.3 Gerichtsinstanzen, Behörden 223
3.2.4 Bestrafungen 226

4. Am Gerichtsverfahren beteiligte Personen 232
4.1 Angeklagte 233
4.1.1 Europäische Missionare... 233
4.1.2 Mitarbeiter des Astronomischen Amtes................................... 237
4.1.3 Christliche Konvertiten außerhalb des Astronomischen Amtes 241
4.2 Zeugen und andere Beteiligte 243
4.2.1 Missionare.. 243
4.2.2 Staatsbeamte.. 243
4.3 Weitere Personen aus dem Umkreis des P. SCHALL........................ 248

C. Die Geheimakten

5. Übersetzungen und Inhaltsangaben 253
5.1 Einleitung, Übersicht 253
5.2 Dokument I. Übersetzung... 255
5.2.1 Zum Thema Christentum 255
5.2.2 Zum Thema Astronomie und Kalenderwesen 285
5.2.3 Weitere Befragungen 294
5.2.4 Throneingaben und Beratungen 310
5.2.5 Erneute Befragungen... 335
5.2.6 Beurteilungen der Beamten 344
5.2.7 Kaiserliche Weisung 355
5.3 Die Dokumente II. bis XXIV 356
5.3.1 Zeitraum 356
5.3.2 Beteiligte Behörden und Personen 357
5.3.3 Sachbereiche in Stichworten 358
5.3.4 Zu Personen 360

Quellen- und Literaturverzeichnis 365

Abbildungen... 437

Index: Personen, Titel, Sachbereiche.. 459

Vorwort

Als in den 1990er Jahren in China die Aktenarchive der Stadt Beijing allmählich wieder leichter zugänglich wurden, erfuhr ich im Laufe von Quellenrecherchen zur Geschichte der *Qing*-Kaiser auf intensive Nachfrage hin auch von der Existenz von Aufzeichnungen zur dortigen Tätigkeit von P. ADAM SCHALL S.J. (1592-1666). Dabei erwiesen sich als zweifellos bedeutsamster Fund die Geheimakten in manjurischer Sprache zum Gerichtsprozeß der Jahre Ende 1664 bis 1666, der mit der Todesstrafe gegen den Hauptdelinquenten endete. Angeregt durch SCHALLs bevorstehenden 400. Geburtstages im Jahre 1992, der mannigfaltige Gedenkfeiern und wissenschaftliche Erträge[1] bringen sollte, bemühten wir uns, Kopien dieser Dokumente aus China zu bekommen, was uns durch mannigfaltige Hilfe einige Jahre später auch gelang.

Diese Materialien bilden das Fundament für die vorliegende, um weitere Quellen vervollständigte Darstellung. Einen besonderen Beitrag dabei leistete Kläre SHU-JYUAN DEIWIKS / HUANG SHUJUAN 黃淑娟, die für die Bearbeitung der manjurischen Texte durch ein Studienprojekt der Deutschen Forschungsgemeinschaft Förderung erfuhr. An dieser Stelle sei auch den Experten des Ersten historischen Aktenarchivs in Beijing, insbesondere den Herren QU LIUSHENG 曲六生 und AN SHUANGCHENG 安雙成 und Frau JIANG QIAO 江橋, sowie den einheimischen Beratern und Mitarbeitern, darunter IBEN RAPHAEL MEYER (†) und HARTMUT WALRAVENS, sowie P. ZBIGNIEW WESEŁOWSKI S.V.D., LUTZ BIEG und meiner Tochter VALESKA für vielfältige Unterstützung herzlich gedankt. Als Supplement zu dieser synthetischen Darstellung ist eine analytische Bearbeitung der Geheimakten in Vorbereitung.

Rösrath und Erfurt, Mai 2021
M. G.

---

[1] Hierzu siehe Teil 1.5, Jahr 1992, und ROMAN MALEK, *Western Learning and Christianity in China* (1998); siehe a. S. 29; MALEK, *Johann Adam Schall von Bell und sein 400. Geburtsjubiläum 1992*, in: Archivum historicum Societatis Iesu, Bd. 66, Rom (1997), S. 51-74.

0. Einführung

Abkürzungen:

/	Termini und Namen in unterschiedlichen Sprachen getrennt durch Schrägstrich /.
|	Zeilengrenze in den manjur. Manuskripten.
•	Abschnitts- oder Kapitelmarkierung, Kreis, *circellus*, *anusvâra*, *birya*.
I.-XII.	Römisch bezifferte Monatsangaben bezeichnen Daten nach dem chinesischen Mondkalender (Umrechnung nach gregorianischem Kalender in Klammern).
ARSI	*Archivum Romanum Societatis Iesu*, Jesuitenarchiv in Rom.
Bibl.	Bibliothek.
chines.	chinesisch, Transkription nach dem heute in China gültigen *Pinyin*-Verfahren.
Dok.	Dokument Nr. I. bis XXIV. der manjurischen Geheimakten / *Miben dang*; darin Abschnittsangaben in [ ]; Seitenangaben in < >.
Hg.	Herausgeber, Editor.
j.	*juan* 卷 / *debtelin*, Kapitel, Heft.
Komp.	Kompilator.
manjur.	manjurisch, Transkription nach ERICH HAUER, *Handwörterbuch der Mandschusprache*, 2., durchgesehene und erweiterte Auflage herausgegeben von OLIVER CORFF, Wiesbaden: Harrassowitz (2007); mit einer Ausnahme – ô statt û.
mong.	mongolisch, Transkription nach FERDINAND D. LESSING u.a., *Mongolian-English Dictionary*, Berkeley, Los Angeles: Univ. of California Pr. (1960).
Qu.	Quellenangabe.
Vat.	Vatikanbibliothek, *Biblioteca Apostolica Vaticana*, in Rom.
Verf.	Verfasser.

Da für die manjurischen Geheimakten keine chinesischen Parallelversionen zur Verfügung stehen, mußten die für die Identifikation von Fachtermini, Personen- und Ortsnamen etc. benötigten **chinesischen Äquivalente** soweit möglich aus anderen historischen Quellenschriften ermittelt werden.

Die z.T. verkürzt zitierten **Literaturangaben** in den Texten beziehen sich auf das Quellen- und Literaturverzeichnis im Anhang.

Die den **Personennamen** in hochgestellten runden Klammern vorausgestellten Nummern, z.B. [6]NIMAN, beziehen sich auf die in Teil 4 näher bezeichneten Personen.

0.1 Vorbemerkung

Hauptaufgabe der folgenden Ausführungen ist die Darstellung der Gerichtsverfahren der Jahre 1664 bis 1666 gegen den seinerzeit in China tätigen Jesuitenmissionar und Astronomen Pater [(8)]JOHANN ADAM SCHALL von BELL (1592-1666) sowie deren Ausgangspunkte und mannigfaltigen Zusammenhänge. P. SCHALL gilt nicht nur nach hiesigem Urteil als einer der bedeutendsten und einflußreichsten Europäer seit [(a41)]MATTEO RICCI[1] (1552-1610) im China der *Ming-Qing*-Ära.[2] Bei der Aufarbeitung der in China und anderswo zugänglichen Quellen hierzu erwies es sich als Glücksfall, daß Großteile der Gerichtsdokumente in Gestalt der manjurischen Geheimakten[3] erhalten sind und das Ende der Dynastie überlebten. Mit diesen Materialien und den heute zugänglichen Quellen und Darstellungen wurde in Teil **A.**, Kap. 1.1 bis 1.6, das Leben und Wirken P. SCHALLs in chronologischer Übersicht neu geordnet. In Teil **B**. und **C**. wurde versucht, die aus den Geheimakten zu ermittelnden Fakten zu isolieren und neu zusammenzufassen.

Beide sich ergänzenden Teile betreffen die chinesische Welt in einem Zeitalter des Umbruches. Einerseits begegnen wir dem Ausklang der in vielen Aspekten vorbildlich zu nennenden, jedoch in wirtschaftlichem und politischem Niedergang befindlichen Dynastie der *Ming* 明-Kaiser und andererseits der seit Jahren erstarkenden, sich neu etablierenden manjurischen (*dai*) *Qing* 大清-Fremdherrschaft.[4] Die traditionelle chinesische Regierungs- und Kulturtradition in Gestalt der staatlichen *Ming*-Überlieferung wurde fast

---

[1] Siehe in Teil 1.1, Beginn.

[2] HUANG SHIJIAN (1994), S. 448.

[3] Näheres hierzu siehe in Teil 2.

[4] Manjuren, *manzu* 滿族, *manzhu* 滿珠 / *manju*; Herkunft unklar (vielleicht < tungus. *man*, *mang*, stark, manjur. *mangga*, stark, fähig); SCHALL, in: *Historica* (1658; BERNARD, S. 175): *Man cheu*. Die Manjuren wurden von den damaligen Europäern oft als „östliche Ta(r)taren", *Tartares Orientaux* (so bei du HALDE, LEIBNIZ etc.) – im Unterschied zu den „Westlichen Ta(r)taren", den Mongolen – bezeichnet. *Tatar, dada* 韃靼, 達達 und andere Schreibungen, < mittelalterl. turksprachiges Volk in Zentralasien (Krim, Teile von Kaukasus); wohl erstmalig erwähnt in der alttürkische Orchoninschrift von 731-732; Verwendung unbestimmt. Seit ca. 1206 bezeichnen die Mongolen die ihnen angeschlossenen Turkvölker als Tataren. Auch werden die Mongolen, *Menggu* 蒙古 / *Monggo*, selbst als *Dada* bezeichnet. Das Wort wird oft mit griech. τάρταρος, Fluß der Unterwelt, Hölle, in Verbindung gebracht, z.B. in *Brevis Relatio* (1701): *tartarus* etc. – *Da Qing* 大清, manjur. meist *Daicing* gelesen (cf. mongol. *daicin*, Krieger, Held), *Ta cin*, in: BAYER, *Museum sinicum* (1730), Bd. 1, S. 136: *Ta cin familiae regiae, quae nunc in Sinis rerum potitur, hoc nomen est*.

nahtlos von den neuen Herrschern der nordasiatischen Minorität adaptiert – von einem Militärregime, das aus einer Hilfstruppe temporärer Natur hervorgegangen war, die man in höchster Not zur Niederschlagung sich ausbreitender Rebellionen herbeigerufen hatte. Dabei erwies sich das unerwartet schnell sich neu formierende Staatsgebilde einerseits als überlegt konstruiert und anpassungsfähig, andererseits als freizügig und dem Neuen zugänglicher als das von einer tausend-jährigen Tradition beschwerte autochthone bisherige Herrschaftssystem.

Wir spüren hier die Vorläufer des herandämmernden globalen Zeitalters, in dem einheimisches, bewährtes Traditionsdenken mit den europäischen Innovationen der Aufklärung konfrontiert wurde und sich zu einer neuen, anfänglich recht disharmonischen Melange verband.[5] Da die westlichen Elemente, in manchem gefördert vom Interesse der Obrigkeit an zulande unbekannten Novitäten, in der Folgezeit die primär sinischen zu überlagern drohten, blühte im Grunde, wie seit Jahrhunderten zuvor, der Argwohn gegen den fremden Einfluß, hier des Fernen Westens, *taixi* 太西, 泰西 oder *xiyang* 西洋, wieder auf. Man empfand ein Defizit des bewährten, einheimischen Wissens und Denkens gegenüber den aufklärerischen Kenntnissen der Europäer, die man im Banne der Tradition nur als untergebene, z.T. tributpflichtige Fremdvölker bewertete, und hielt eine wertschätzende Anerkennung der Fremden und deren Kenntnisse mit dem Weltbild des imperialen Sinozentrismus für unvereinbar. Demgegenüber stand das Bestreben der westlichen Astronomen und Wissenschaftler, die im Grunde als Missionare ins Land gekommen waren, das Christentum im Lande zu verbreiten – ein Bestreben, für das die Einheimischen und insbesondere die pragmatisch geprägte konfuzianische hohe Beamtenschicht nur in Ausnahmefällen Verständnis aufbrachte.

---

[5] Erinnert sei hier an diesbezügliche negative Äußerungen innerhalb der zur Sinophilie neigenden Literatur der ‚gebildeten' Europäer, hier in der im 18. Jh. populären Wochenschrift *Mannigfaltigkeiten*, 4. Jg., Berlin (1773), S. 183,*Von den Wissenschaften und Künsten der Chineser*. Nach Ansicht des Autors

„hätten diejenigen [in China], welche sich in den höheren Wissenschaften auf eine vorzügliche Art hervorthäten, keine weiteren Belohnungen zu gewärtigen. Der einzige Weg zur Ehre und Ansehen bestünde nur in einer seichtern Kenntniß ihrer kanonischen Bücher, der Historie ihres Landes, ihrer Gesetze und der Moral, als welche Wissenschaften fast ganz allein den Umfang des geschätztern Theils ihrer Gelehrsamkeit ausmachten. […] Unsers Erachtens beruhet die Hauptursache von dem schlechten Zustande der Wissenschaften in China, in dem dieser Nation eigenthümlichen Stolz. Die Chineser rechnen es zur Schande, die Kenntnisse fremder Völker zu nutzen."

Die chinesische imperiale Autokratie mit ihren konservativen Bewältigungsmechanismen blieb im Grunde xenophob, stets argwöhnisch und vorsichtig ängstlich gegenüber Einflüssen und Neuerungen aus dem Ausland. Das Wirken der Fremden im China der *Ming*-Dynastie wechselte zwischen Verfolgung und stillschweigender Duldung; letztere primär gefördert von der wissenschaftlichen Kompetenz der Missionare, die sich gleichzeitig als Übermittler der neuen, für das traditionsbewußte China noch wenig bekannten westlichen Naturwissenschaften verstanden. Diese Haltung schien sich indes unter dem ersten, jugendlichen, noch unerfahrenen Kaiser der neuen *Qing*-Dynastie (17) FULIN[6]福臨 / SHUNZHI 順治 / (1638-1661, reg. seit 1643) für einige Jahrzehnte zu stabilisieren, als dieser *in persona* dem Wirken von P. SCHALL sein Interesse und wohl auch seine persönliche Zuneigung unverhohlen entgegenbrachte.

0.2 Die Jesuiten in China

Im Jahre **1534** begründete IGNATIUS von LOYOLA / LUOYOLA 羅耀拉 (1491-1556) den Jesuitenorden *Societas Iesu* / *Yesu hui* 耶穌會 / *Yesu acan*.[7] Von Papst PAUL III. (1468-1549) im Jahre 1540 als „Soldaten in treuer Gehorsamkeit zum Papst" approbiert, unterstanden sie seit 1622 der *Congregatio Propaganda Fide* der römischen Kurie. Die Hochblüte ihrer Ostasienmission währte in der Zeit von ca. 1580 bis ca. 1750 in China. Von den christlichen Missionsorden wirkten dortselbst bis zum Jahre 1630 unter der Aufsicht des portugiesischen *Patroado* (Patronat) ausschließlich die Jesuiten. Von den 920 Missionaren, die in der Zeit 1552 bis 1800 in China nachweisbar sind, waren über ein Drittel portugiesischer Nationalität. Erst nach Aufhebung des Missionsmonopols für China und Japan konnten neben den Jesuiten auch andere Missionsorden in Ostasien tätig werden, so seit 1631 die Dominikaner, *Ordo Praedicatorum*, OP., seit 1633/4 die Franziskaner, *Ordo Fratrum Minorum*, OFM., seit 1697 die Lazaristen / Vinzentiner, *Congregatio Missionis*, CM.[8]

---

[6] Näheres siehe Teil 1.4.1, Jahr 1644, 20. VIII.

[7] Aus der Fülle der Literatur zum Jesuitenorden sei hier auf das neue zusammenfassende Werk von MARKUS FRIEDRICH (2016), S. 9-25, verwiesen.

[8] DUNNE (1965), S. 277-282; METZLER (1980), S. 17 etc.

Von Beginn an erschien den Missionaren als wichtige Aufgabe, neben dem Kontakt mit den einfachen Volksschichten auch Zugang zu den Hofkreisen[9] sowie zur Klasse der Gelehrten und Würdenträger zu gewinnen, was dank der guten Bildung der Patres allmählich auch gelang.[10] Eine ferne, unerfüllbare Hoffnung blieb dagegen, den Kaiser zu taufen und den Palast insgesamt für das Christentum zu gewinnen.[11] Der Missionserfolg blieb begrenzt wie letztlich auch die Anpassung beider Wissens- und Kulturbereiche.

Aus der personellen Zusammensetzung der von Rom Ausgesandten ergab sich eine Aufgabensynthese, die von dem damals angestrebten Prinzip *Propagatio fidei per scientias*, „Glaubensverbreitung mithilfe der Wissenschaft", bestimmt war.[12] Man war sich der Überlegenheit europäischen Wissens in

---

[9] ROSS (1994), S. 165: "The acceptance of the Jesuits by the literati was what made everything else possible, without it there could be no missionary outreach to anyone at all in China."

[10] ÜBELHÖR (1969), S. 49.

[11] Die Taufe einer Kaiserinwitwe der *Ming* blieb eine Ausnahme: HELENA, geb. WANG 王, Mutter des unter der Devise *Wanli* 萬曆 regierenden Kaisers SHENZONG 神宗 (1572-1620), getauft im Jahre 1648 durch den österreichischen Pater ANDREAS KOFFLER / ANDE SHAWEI 安德紗微 (1612-1652; aus Wien, seit 1645 in China; DEHERGNE, Nr. 435); du HALDE (1735), Bd. 3, S. 83; PFISTER, S. 267, 274 u.ö.; GOODRICH (1976), S. 20, 723, 987 etc.

[12] Hierzu einige zeitgenössische Äußerungen:
(a48a)NICOLAS TRIGAULT (1577-1628; siehe Teil 1.1.1), in *Historia* (1617) S. 245:
„Die *Physicam* oder erkundigung der Natur / vnd der Natürlichen werck / haben sich [in China] durch einführung viler groben irrthumb mehr verdunckelt als erleuttert."
„Die Mathematische Künsten geben denen von der Societet [Jesu] ein grosses ansehen / vnd befördern die annemung deß euangelij."
(10)GABRIEL de MAGALHÃES (1610-1677; siehe Teil 1.4.1, Jahr 1646) in einem Brief von 1660 an den Ordensgeneral:
Res christiana, unum si Deum excipias Protectorem, ab unpendet mathematica
„Nächst Gott dem Beschützer beruht der Bestand der Mission einzig auf der Mathematik"; ARSI, Jap-Sin 162, S. 55a; VÄTH, S. 268-269.
(11)FERDINAND VERBIEST (siehe Teil 1.4.1, Jahr 1660, V.) in einem Brief vom 15. Aug. 1678:
„Die Astronomie und alle anderen mathematischen Disziplinen [...] sind, besonders in den Augen der Chinesen, die schönsten Musen. [...] Unsere heilige Religion führt sich bei den Fürsten und Provinzgouverneuren leichter ein unter dem Sternenmantel der Astronomie. Ihre Protektion schützt Kirchen und Missionare"; v. COLLANI (1985), S. 11.
Papst INNOZENZ XI. (1611-1689) bezeichnete es in einem Sendschreiben an VERBIEST vom 3. Dez. 1681 als
„weis und geschicklich", die „weltlichen Wissenschafften" dazu zu gebrauchen, „daß sie denselbigen [chinesischen] Völckern zu ihrer Seeligkeit / auch zum Aufnahm und Nutzen des Christenthums ein Antrieb sind." *Welt-Bott*, T. 1, Nr. 15, S. 47; Näheres s.a. GIMM (2018,1), S. 10-11.

diesem Zeitalter durchaus bewußt und versuchte, sich bei der Missionierung der Ungläubigen dieser Erkenntnis geschickt zu bedienen – eine Haltung, die zeitweise u.a. bei den Vertretern der Dominikaner- und Franziskanermission nicht ohne Kritik blieb.[13] Bei der Gewinnung christlicher Anhänger verfuhren die Jesuiten meist ganz im Sinne der Weisungen des Ordensgründers IGNATIUS, nämlich sich dem Umfeld und den Landessitten anzupassen, sich der einheimischen Sprachen[14] zu bedienen, bei der Glaubensverkündigung bedachtsam zu sein und, wie zuvor angedeutet, den Transfer westlicher Wissenschaften als Hilfsmittel bei der Glaubensverbreitung einzusetzen, was jedoch nicht in vollem Maße glückte [15] In ähnlich angleichender Weise war schon P. [(a41)]MATTEO RICCI (1552-1610), vorgegangen, der die christliche Religion den Chinesen nicht als einen Fremdkörper, sondern als eine durchaus mit dem traditionellen Konfuzianismus zu vereinbarende Lehre nahebringen wollte.

Die für China ausgewählten Missionare S.J. verfügten nach ihrer Ausbildung in Rom meist sowohl über eine fundamentale westliche Allgemeinbildung wie über ausgezeichnete Spezialkenntnisse in den europäischen Naturwissenschaften und Techniken, die sie neben ihrem Wirken als Geistliche in ihrem täglichem Umgang im Lande oder auch in einheimischem Schrifttum weitergaben. Sie fungierten als Vermittler zwischen den sich in den Grundlagen unterscheidenden Wissensgebieten von Westeuropa – damals bezeichnet als *(da) xiyang* 大西洋 / *amba wargi mederi* oder *Ouluoba* 歐羅巴 / *eo lo ba* – und denen des chinesischen Kulturkreises, der damals meist *da Mingguo* 大明國 / *Ming gurun* oder *zhongguo* 中國 / *nikan gurun*, „chinesischer Staat",

---

Westliche Autoren übernahmen diese Vorstellungen; so ähnlich bei IMMANUEL KANT (1724-1804):
> „Die Kenntnisse der Mathematik und anderer Wissenschaften haben der Predigt des Evangeliums in China statt der Wunder gedient." *Immanuel Kant's Werke*, 9. Band, Leipzig: Modes und Baumann (1839), S. 401; siehe a. ADRIAN HSIA, *Deutsche Denker über China*, Frankfurt M.: Insel (1985), S. 99.

Auch JOH. GOTTFR. HERDER (1744-1803) stimmte hier ein:
> „Die Jesuiten ergriffen das einzige und edelste Band, das sie mit Kaiser und Reich verknüpfen konnten, das Band der Wissenschaften, der Künste." HERDER, in: Adrastea, 4. Bd., 1. Stück, Leipzig (1802), S. 37.

[13] NEEDHAM, Bd. 3, S. 438 flg.; SCHATZ (1993), S. 49 flg.

[14] FOERTSCH (1998), S. 41: „Schon der Gründer der Gesellschaft, Ignacio de Loyola, trat dafür ein, daß die Ordensmitglieder die einheimischen Sprachen erlernen sollten, da Missionserfolge nur durch ausreichende Sprachkenntnisse der Geistlichen erzielt werden konnten."

[15] BETTRAY (1955), S. XVIII u.ö.; DUNNE (1965), S. 22; ÜBELHÖR (1969), S. 43; siehe a. CHEN ZUNGUI, LIBBRECHT, LIPPIELLO und MALEK, ZHANG XIAO.

genannt wurde. Die Missionare bewirkten einen Austausch der damals aufblühenden Renaissance-Wissenschaften, die nicht nur die für China bedeutsamen Bereiche der Astronomie, des Kalenderwesens und der Kanonenherstellung umfaßten, sondern auch sonstige Naturwissenschaften, damals unter dem Begriff *shixue* 實學, „praktisches Wissen", zusammengefaßt, wie Mathematik, praktische Geometrie, Geographie, Kartographie; auch Medizin und Pharmazie; dazu technische Gebiete, wie Mechanik, Metallguß, Chronometrik, Kupferstich, sowie Kunstfertigkeiten, wie Architektur, Gartenbau, Malerei, Musik, Instrumentenbau, Glasherstellung, Uhrmacherei usw.[16] Dabei hatte das Wissensgebiet der Astronomie zweifellos einen wichtigen Anteil; denn die jährlichen Ereignisse am Himmel, auf denen die staatliche und religiöse Ideologie mit ihren Festtagszyklen und Kulthandlungen aufbaute, waren für den Kaiser als „Himmelssohn" von substantieller Bedeutung; denn „Die Chinesen hielten die Sternkundigen von jeher für Dolmetscher der himmlischen Gegenstände und geheime Räthe der Götter".[17] Bei den Vorhersagen und Beurteilungen der Himmelsereignisse, wie Sternenkonstellationen, Sonnen- und Mondfinsternisse etc., legte man Wert auf Genauigkeit.

Während das chinesische Interesse an europäischem Wissen zu Zeiten von [A41]MATTEO RICCI[18] erst in Ansätzen erkennbar war, setzte dieses um 1620 mit

---

[16] Hierzu PLATH (1830), S. 258-259:
> „Aber gewandt wie die Jesuiten waren, gaben sie sich zu allem her. Sie waren des Kaisers Drechsler, Uhrmacher, Stückgiesser, Instrumentenmacher, Kalendermacher, Maler, Unterhändler, Spediteure, was er nur wollte; warum sollte er denn für so viele Dienste ihnen nicht auch erlauben, nebenbey christliche Pfaffen zu seyn?"

Anerkennende Stimmen chinesischerseits zu Umfang und Bedeutung der Wissensgebiete sind relativ selten zu finden. Siehe NALAN CHENGDE 納蘭成德 / NARA SINGDE (1655-1685), in: *Lushui ting zashi* 淥水亭紫識, j. 2, S. 2a, um 1673:
> „Die Leute aus dem Westen sind zwar beschlagen in Natur- und Zahlenwissenschaft, *xiangshu* 象數 / *dursuleme bodoro tacin*, aber beschränkt in Tugend- und Morallehre."

[17] WERFER (1854), Vorwort, S. 47. Bereits P. RICCI hatte die Wertschätzung der Astronomie durch die Chinesen erkannt, als er i. J. 1599 in Nanking die vier von GUO SHOUJING 郭守敬 (1231-1318) hergestellten astronomischen Instrumente besichtigte. Siehe Teil 1.1.

[18] PLATH (1830), S. 358:
> „Wie der P Matthias Ricci (1583) gleich zuerst mehr durch seine Uhrmacherkunst als durch sein Christenthum sich in den Pallast eingeführt hatte, so waren es auch ihre Wissenschaften, die den P.P. Adam Schall, Verbiest [...] Aufnahme am Hofe [...] und eine gewisse Freiheit des Cultus verschafften."

(8)SCHALL[19] und (a43)SCHRECK / TERRENZ[20], erst richtig ein. Ihrer Wirksamkeit im Lande nach zu urteilen, taten sich in dieser Zeit u.a. auch die Missionare (a40)RHO[21] und danach (11)VERBIEST[22] mit ihren naturwissenschaftlichen Kenntnissen hervor.[23] In solcher Funktion wurden die „Missionarien der Gesellschaft Jesu […], denen wir alles zu danken haben, was wir von Sina wissen"[24], durch ihre Erfolgs- und Lageberichte sowie ihre Veröffentlichungen zu Wegbereitern einer Initial- und Blüteperiode der Chinabeschäftigung und Sinophilie in Europa des 17. bis 18. Jahrhunderts. Ertragreiche Darstellungen allgemeiner Art oder spezieller Thematik, die das Chinabild der gebildeten Welt des Abendlandes entscheidend bestimmten, entstanden in der beginnenden und mittleren *Qing*-Dynastie[25]. Zu nennen sind hier z. B. die Schriften von A. SEMEDO (1642); M. MARTINI (1654); M. BOYM (1654); A. SCHALL (1665, 1672); J. J. P. NIEUHOF (1665); J. P. MENDOÇA (1670); A. GRESLON (1671); F. ROUGEMONT (1673); G. D. GABIANI (1673); D. F. NAVARRETE (1676); Ph. COUPLET (1686); G. MAGALHÃES (1688); J. d'ORLEANS (1688); L. LE COMTE (1696/7); Ch. LE GOBIEN (1698); V. BRUNEM (1754); und viele andere. Einfluß auf die damalige Gelehrtenwelt gewannen etwas später auch die auf den missionarischen Berichten aufbauenden Sammeldarstellungen und Kompendien; zu erwähnen sind z.B. A. KIRCHER (1667); J. B. DU HALDE (1749); *Mémoires concernant…* (1776 flg.); J. A. M. de MAILLA (1777 flg.) etc. Dabei waren z. B. die Patres A. KIRCHER und DU HALDE – letzterer war Beichtvaters von König LUDWIG XIV. – niemals in China gewesen. Zu nennen sind hier auch die zu dieser Zeit beginnenden Übersetzungen der grundlegenden kanonischen und historischen Texte Chinas, z.B. von Pr. INTORCETTA (1687); de MAILLA (1777 flg.) etc.

---

[19] Siehe in Teil 1.2.1, Beginn.

[20] Siehe in Teil 1.1, Ende.

[21] Siehe in Teil 1.2.3.

[22] Siehe in Teil 1.4, Jahr 1660, 2. V.

[23] Von den im Lande verbreiteten Publikationen waren die meisten naturwissenschaftlicher und nicht theologischer Natur, so bei (a43)SCHRECK / TERRENZ zu 100%, bei (8)SCHALL zu 98%, bei (a40) RHO zu 95 % und bei (11) VERBIEST zu 86%; siehe IANNACCONE (1997), S. 574.

[24] CHRISTOPH GOTTLIEB v. MURR (1733-1811) in seinem Journal zur Kunstgeschichte und zur allgemeinen Litteratur, 1. Th., Nürnberg: E. Zeh (1775), S. 95.

[25] Siehe z. B. die von GOTTLIEB SIEGFRIED BAYER (1694-1738), einem der frühen Vertreter europäischer Sinologie, verwendeten Belegwerke, *Museum Sinicum* (1730), Bd. 1, S. 14-16.

A. Johann Adam Schall von Bell (1592–1666)

> Homme d'église, homme de science, homme d'action, homme tout court aussi capable d'ironie et de passion, cette figure aux facettes multiples attire et intrigue; Schall eût marqué partout.
> PAUL PELLIOT (1878-1945), in: T'oung Pao, 31 (1934/5), S. 180.

1. J. A. Schall Leben und Wirken chronologisch betrachtet

1.1 Vorgeschichte

1.1.1 Seit Begründung des Jesuitenordens im Jahre **1534** ist die Frühzeit europäisch-missionarischen Wirkens in China von der Persönlichkeit des P. [a41]MATTEO RICCI[1] S.J. / LI MADOU 利瑪竇 (1552-1610, aus Macerata, Italien, seit 1583 in China) überstrahlt. Als früher einflußreicher Vertreter der *Societas Jesu* in Ostasien landete er am 7. August **1583** in Macao / Aomen 澳門, Makou 馬口 an, nur 2 bis 3 Jahrzehnte nachdem die Portugiesen sich dort um 1557 angesiedelt hatten. Angesichts des seinerzeit sich abzeichnenden Vorhabens, christliche Missionierung ferner Länder gemäß der Maxime *Propagatio fidei per scientias*[2] zu gestalten, hatte er neben seiner theologischen Ausbildung ein naturwissenschaftliches Studium am *Collegio Romano* in Rom absolviert, u.a. bei dem bekannten Mathematiker und Naturwissenschaftler [a9]CHRISTOPH CLAVIUS[3] (1538-1612), den man den „Euklid des 16. Jahrhunderts" nannte. Dieser hatte

---

[1] PFISTER, Nr. 9; DEHERGNE, Nr. 684; d'ELIA (1942/9); W. FRANKE, in: GOODRICH, S. 1137-1144; v. COLLANI (1992); FRIEDRICH (2016), S. 405-407, 492-497, 507; P. TACCHI VENTURI (Hsg.), *Opere storiche del P. Matteo Ricci, S. I.*, Macerata: Giorgetti (1911-1913) etc.

[2] Näheres siehe in Teil 0.2.

[3] Der in Bamberg Geborene hieß eigentlich CHRISTOPH KLAU, er nannte sich auch SCHLÜSSEL; siehe LATTIS, JAMES M., *Between Copernicus and Galileo, Christoph Clavius and the Collapse of Ptolemaic Cosmology*, Chicago: Univ. of Chicago Press (1994).

eine maßgebliche Rolle bei der Reform des seit 1582 gültigen gregorianischen Kalenders gespielt und war Freund und Kollege von JOHANNES KEPLER / KAIPULE 開普勒 (1571-1630) und GALILEO GALILEI / JIALILAI 伽利萊 (1564-1642).

P. RICCI war **1601** in Beijing eingetroffen und wirkte dort zusammen mit P. [(a39)]DIEGO de PANTOJA[4] S.J. / PANG DIWO 龐迪我 (1571-1618, aus Toledo, seit 1600 in China) und danach mit [(a11)]P. MANUEL DIAS[5] S.J. (1559-1639, aus Apalhão, Portugal, seit 1602 in China). Auf seinem Weg dorthin hatte er **1595** in Nanjing auch das bekannte astronomische Observatorium besucht, dessen Instrumente auf den namhaften Astronomen GUO SHOUJING 郭守敬 (1231-1316) zurückgehen. Angeblich bemerkte er dort Fehler bei der Einrichtung der Instrumente und spürte die unzureichenden Kenntnisse der chinesischen Astronomen, so daß er später (1605) in einem Brief nach Rom um Entsendung befähigter Fachleute nach China bat mit der Absicht, sich durch gute wissenschaftliche Reputation leichter Zugang zu der chinesischen Obrigkeit zu verschaffen.[6] Das Ersuchen fand jedoch erst nach RICCIs Tod **1618** durch die unten genannte Entsendung von 22 Missionaren seine Verwirklichung, unter denen sich die naturwissenschaftlich ausgebildeten Patres ADAM SCHALL aus Köln und [(a40)]GIACOMO RHO[7] (1592-1638, aus Pavia; seit 1626 in China) sowie NIKLAAS [(a48a)]TRIGAULT[8] / JIN NIGE 金尼閣 (1577-1628, aus Douai, Belgien; seit 1610 in China) befanden.[9] Als Wissenschaftler hatte sich RICCI durch eine korrekt berechnete Sonnenfinsternis im Schaltmonat nach dem VIII. Monat 1. Tag (22. Sept.) **1596** bereits einen Namen gemacht.

Während seines Aufenthaltes in der Hauptstadt präsentierte RICCI im Jahre **1601** Kaiser [(a46)]SHENZONG 神宗 (*Wanli* 萬曆 1573-1615) nach damals üblichem Brauch als Tributgaben aus dem Fernen Westen hochwertige Gegenstände, wie kunstvoll gestaltete mechanische Uhren, christliche Figuren, auch Bücher und Landkarten. Darunter befand sich auch ein Musikinstrument, genannt *xiqin* 西琴, „westliche Zither" [d.h. Saiteninstrument,

---

[4] DEHERGNE, Nr. 607.

[5] DEHERGNE, Nr. 255. P. DIAS setzte das Werk RICCIs fort. Er beschrieb erstmals GALILEIs Entdeckungen sowie das Teleskop; UDIAS, S. 466.

[6] UDIAS, S. 465.

[7] DEHERGNE, Nr. 676; GOODRICH, S. 1136-1137.

[8] PFISTER, S. 211; DEHERGNE, NR. 850.

[9] Siehe Teil 1.2.1, Beginn.

Cembalo oder Klavichord], für das nach offensichtlich regem Gebrauch später P. SCHALL die Reparatur und Neustimmung übernehmen sollte.[10]

Bei seiner Ankunft in China fand P. RICCI eine Gesellschaft vor, deren Herrschaftssystem seit Jahrhunderten vom Rationalismus eingefahrener konfuzianischer Lehren geprägt war. Die damals beim einfachen Volk verbreiteten Religionen, vor allem der Buddhismus[11] und der Volkstaoismus, versahen dabei eine Art ergänzende Funktion, indem sie das seiner Natur nach diesseits orientierte, staatlich sanktionierte legalistische System um eine ‚metaphysische Komponente' ergänzten. Als das Christentum in China Fuß faßte und sich eine strikte Übernahme europäischer Formen nicht bewährte, paßte man sich äußerlich an das Erscheinungsbild buddhistischer Priester an. Auch strebten die Missionare allmählich danach, die bisherige Rolle des Buddhismus als religiöse Lehre des Volkes zu übernehmen. Man entschloß sich zu einer Strategie missionarischer ‚Akkomodation', wobei man sich unbemerkt an die Vorstellungswelt der sozial niederen Kreise anpaßte.[12] In dieser Zeit begannen auch Auseinandersetzungen um den chinesischen Gottesnamen und Fragen um die Bewahrung oder Ablehnung der tradierten Riten und Gebräuche im sog. ‚Ritenstreit' / liyi zhi zheng 禮儀之爭. Gleichzeitig versuchten die Missionare durch gute Sprachfertigkeit und den Erwerb von Kenntnissen in der legalistisch-konfuzianischen Gedankenwelt das Vertrauen und den Zugang zu den einheimischen Gelehrten zu gewinnen, um mit Unterstützung der geistigen und politischen Elite die Christianisierung nicht nur des Volkes, sondern auch der Obrigkeit, des Hofes und letztlich des Kaisers in die Wege zu leiten.

Zu Beginn standen die Buddhisten der neuen fremden Religion noch relativ tolerant gegenüber, da sie im Christentum Gemeinsamkeiten mit der eigenen Überlieferung zu entdecken glaubten. Seitdem jedoch P. RICCI feststellen mußte, daß die Beamtenschicht das allgemeine Volk mit seinem Hang zum Buddhismus mehr oder weniger geringschätzte oder sogar verachtete, nahm er in seinem 1594 verfaßten Buch *Tianzhu shiyi* 天主實義, „Die wahre Bedeutung des Himmelsherrn", etc. eine reserviertere Haltung gegenüber der

---

[10] Näheres hierzu siehe Jahr 1640, 25. III.

[11] Siehe GIMM (2020), S. 267-273 etc. Nach bis heute gültigen Konzepten wird die Religion des chinesischen Staates im Ausland insgesamt als buddhistisch bezeichnet; so z.B. im *Gothaischen Hofkalender, Genealogisches Taschenbuch der Fürstlichen Häuser*, 170. Jahrgang, Gotha: Perthes (1935), S. 133: „das Haus China (Ta-Tsing) […] Buddhistisch."

[12] LEIBNIZ war ein Fürsprecher der Akkomodationsmethode, s. *Novissima Sinica* (1697), auch billigte er das Bestreben der Missionare, China mithilfe der Verbreitung naturwissenschaftlichen Wissens zu christianisieren.

buddhistischen Glaubensrichtung ein.¹³ Er versuchte die chinesischen Gelehrten davon zu überzeugen, daß das Christentum kein Gegensatz zum Konfuzianismus bedeuten müsse, daß aber etliche buddhistische Lehrmeinungen, z.B. die Vorstellung von der Inkarnation, als unvereinbar mit dem Christentum zu bewerten sei. Mit seiner Schrift erhielt P. RICCI einen gewissen Rückhalt bei einheimischen Gelehrten. Da er in seiner bisherigen Ordenstracht einem buddhistischen Priester ähnelte und so kaum Achtungserfolge bei den Menschen buchen konnte, die ihn in dieser Gestalt als den niederen, volksreligiösen Schichten zugehörig ansahen, wechselte er sein Erscheinungsbild in das eines elitären konfuzianischen Gelehrten und gewann so als „Doctor Li" an Ansehen und Einfluß. P. RICCI verstarb bereits am 11. Mai **1610**.

1.1.2 Im Jahre **1611** bemühte sich der mit dem Christentum sympathisierende Beamte ⁽ᵃ⁵⁶⁾XU GUANGQI¹⁴ (Taufname: PAUL)徐光啟 (1562-1633) um die Revision des staatlichen Kalenderwesens. In einer ersten Throneingabe ersuchte er wegen Mangels an einheimischen fähigen Fachleuten die diesbezüglichen Kenntnisse der Jesuitengelehrten zu nutzen. Der in zeitgenössischen Quellen „PAUL SIU", „Doctor HIU PAULUS"¹⁵ u.ä. Genannte war ein Freund und Schüler

---

¹³ Angesichts solcher Umstände begannen die Buddhisten seit ca. 1608 Streitschriften gegen die Missionare zu veröffentlichen, die in den folgenden Jahren auch Anstoß zu Christenverfolgungen boten, z.B. 1616 und 1617 in Nanjing.

¹⁴ „PAUL" XU GUANGQI, hervorragender Gelehrter, *jinshi* 進士 von 1604, und hoher Beamter, zählte zusammen mit „LEO" ⁽ᵃ³⁰⁾LI ZHIZAO 李之藻(1571-1630), „MICHAEL" ⁽ᵃ⁵⁷⁾YANG TINGYUN 楊廷筠 (1562 oder 1557-1627), und „PHILIPP" ⁽ᵃ⁵¹⁾WANG ZHENG 王徵 (1571-1644, siehe Jahr 1626), der durch sein Werk über europäische Maschinen, *Yuanxi qiqi tushuo* 遠西奇器圖說, bekannt wurde, zu den Säulen der christlichen Mission dieser Epoche; SCHALL, *Historica* (1658), S. 11; FAVIER, S. 131-132; P. HOANG, S. 148; STREIT, Bd. 5, S. 757; HUMMEL, S. 316-319; ALLAN, S. 103-124; H. BUSCH, in: Monumenta Serica 14 (1949-1955), S. 43, Anm. 152; MONIKA ÜBELHÖR (1968) und (1969); CHAN (1982), S. 57-62, 121-123; ausführlich HASHIMOTO (1988); V. COLLANI (1992), S. 951 u.ö.; (2016); DUDINK (2001); JAMI u.a. (2001) etc. – Die Neigung zum Christentum des XU GUANGQI beeinflußte auch Familienmitglieder; am bekanntesten wurde seine Enkelin, genannt ⁽ᵃ⁵⁵⁾CANDIDA XU / XU GANDIDA 徐甘弟大 (1607-1680), die sich selbstlos für christliche Gemeinden einsetzte. Sie begründete angeblich 135 Kapellen und ein Waisenhaus in Shanghai. Ihr Beichtvater P. ⁽ᵃ¹⁷⁾PHILIPPE COUPLET / BO YINGLI 柏應理(1622-1693; seit 1661 in China; DEHERGNE, Nr. 221) widmete ihr eine Biographie: *Historia nobilis feminae Candidae Hiu christianae Sinensis*; französische Übersetzung von P. D'ORLÉANS, *Histoire d'une dame chrétienne de la Chine, ou par occasion les usages de ces Peuples* […], Paris: Michallet (1688), auch spanische und holländische Übersetzung; PFISTER, S. 310; HUMMEL, S. 318.

¹⁵ Bei RICCI: „Paolo Siücoamcchi".

Matteo Riccis[16], mit dem er u.a. die *Elemente* des Euklid[17] übersetzt hatte. In einer zweiten Eingabe schlug er für eine solche Aufgabe (a39)Diego de Pantoja[18] (s.o.) und (a49)Sabatino de Ursis[19] / Xiong Sanba 熊叄拔 (1575-1620, aus Lecce, Italien) als Kalenderfachleute vor. P. Sabatino de Ursis, der 1606 nach *Beijing* gekommen war, hatte am 1. X. (15. Dez.) 1610 als erster Jesuit in China eine Sonnenfinsternis korrekt vorhergesagt; die chinesischen Astronomen hatten sich um eine halbe Stunde verrechnet.[20]

Xu Guangqi war 1603, nachdem er 1596 in Kontakt mit P. (a6)Lazzaro Cattaneo S.J.[21] / Guo Jujing 郭居靜(1560-1640, aus *Sarzana*, Italien) gekommen war, anläßlich seines Besuches bei Ricci in *Nanking* zum Christentum konvertiert. Er ließ sich taufen und wurde seitdem zu einem der wichtigsten hochrangigen Förderer und Mäzene der Missionare. Als (a45)Shen Que[22] 沈㴶 (gest. 1624), seit 1615 Vizepräsident des Ritenministeriums, 1616 in einer Eingabe die Ausweisung der Missionare aus China forderte, setzte sich Xu Guangqi für diese ein und verbürgte sich für deren Zuverlässigkeit. Als "leading christian of the empire"[23] war er der christlichen Lehre derart gewogen, daß er diese für fähig hielt,

> „den Konfuzianismus zu ergänzen und den Buddhismus zu verändern", *bu ru yi fo* 補儒易佛.[24]

---

[16] *Qingshi gao*, j. 272: „Als in der *Wanli*-Periode [1573-1615] Li Madou [Matteo Ricci] Kenntnisse über astronomische Berechnungen mit nach China brachte, eignete sich Xu Guangqi, der mit ihm freundschaftlich verbunden war, diese Fertigkeiten an." Siehe Väth, S. 372.

[17] *Jihe yuanben* 幾何原本 1607; mehrere Neuausgaben, u.a. in *Congshi jicheng*, Ser. I, Bd. 1297, Shanghai: Shangwu (1935) Dazu hat sich in der Bibliothek des Palastmuseums Beijing auch eine ungedruckte anonyme manjurische Übersetzung erhalten, *Gi ho yuwan ben bithe*. Siehe L. Vanhee (1939), Martzloff (1993), (1999) etc.

[18] Siehe in Teil 1.1.1.

[19] Dehergne, Nr. 250; d'Elia, *Fonti*, Bd. 2, S. 387-388 ; Streit, Bd. 5, S. 694.

[20] P. Hoang (1925), S. 88; Needham, Bd. 3, S. 437; Udias, S. 466; Richter, S. 285.

[21] Dehergne, Nr. 158.

[22] Väth, S. 52-54; Goodrich (Ed.), S. 1177-1179; Übelhör, S. 223; v. Collani (2016), S. 241; siehe Teil 1.3.1, Jahr 1619.

[23] Ross, S. 167.

[24] Übelhör (1969), S. 65.

Auf Anregung von RICCIs Nachfolger ⁽ᵃ³³⁾NICCOLO LONGOBARDO[25] / LONG HUAMIN 龍華民 (1565-1655, aus Caltagirone, Sizilien, seit 1597 in China), der sich seit 1611 in Beijing aufhielt und sich mehrfach brieflich an den Generalsuperior CLAUDIO ACQUAVIVA (1543-1615) mit der Bitte um Hilfe gewandt hatte, reiste **1613** ⁽ᵃ⁴⁸ᵃ⁾NICOLAS TRIGAULT (1594-1628) als Prokurator nach Europa mit dem Auftrag, den Papst um Entsendung weiterer Missionare und Wissenschaftler zu bitten.[26] Begleitet von P. ⁽ᵃ⁴³⁾JOHANN SCHRECK[27] S.J. / DENG YUHAN 鄧玉函(1576-1630, aus *Bingen*, nicht Konstanz), der ein Schüler und Freund von GALILEO GALILEI war und sich nach damaliger Sitte latinisiert TERRENTIUS oder TERRENZ nannte, besuchte er in den Jahren 1615-1617 mehrere europäische Fürstenhöfe, darunter den Bayerischen Kurfürsten MAXIMILIAN I. (1573-1651, reg. ab 1597) und den Großherzog von Toscana COSIMO II. DE' MEDICI (1590-1621), um für Unterstützung der Chinamission zu werben. „Der Empfang des ‚Superiors der chinesischen Inseln' am bayerischen Hofe 1616 war ein glänzender und die Herrscherfamilie wetteiferte geradezu in Beweisen fürstlicher Freigebigkeit."[28] Bei dem Jesuitengeneral CL. ACQUAVIVA (1543-1615) erwirkte er die Unabhängigkeit der chinesischen Mission von der Jesuitenprovinz Japan, bei Papst PAUL V. (1552-1621) erhielt er die Erlaubnis, die Bibel ins Chinesische zu übersetzen und bei Kardinal ROBERT BELLARMIN[29] (1542-1621) u.a. das Plazet, die Liturgie auch auf Chinesisch vorzutragen und christliche Texte zu übersetzen. Bei seiner Aktion gelangte TRIGAULT im Oktober **1616** auch durch Köln.

---

[25] Auch LONGOBARDI genannt; DEHERGNE, Nr. 483.

[26] Cl. von COLLANI, *Nicolas Trigault und Johannes Schreck ihre Werbereise durch Europa*, in: v. COLLANI u. E. ZETTL (2016), S. 111-130.

[27] Bekannter Arzt u. Mathematiker, Schüler von CLAVIUS und GALILEI in Rom, war wie GALILEI in die *Academia dei Licei* aufgenommen worden. Er hielt sich mit SCHALL seit 1619 in China auf, 1621 als Missionar in *Hangzhou*, 1627 in Peking, 1629 war er zusammen mit LONGOBARDO am Kalenderamt tätig. SCHALL, *Historica relatio* (1672), Kap. 2, S. 12; DEHERGNE, Nr. 749; WILLEKE, in: GOODRICH (1976), S. 1282-1284; LACH u. KLEY, S. 189; UDÍAS (1994), S. 466; v. COLLANI (2012), S. 70; (2016,2); in: Biogr.-Bibliogr. Kirchenlexikon, 9 (1995), Sp. 919-922; COLLANI und E. ZETTL (2016,2); H. WALRAVENS n. Fr. JÄGER, *Das Vorwort zum Buch der wunderbaren Maschinen (1627) des P. Johannes Schreck*, in: Deutsche China-Gesellschaft Mitteilungsblatt 2/2005, S. 37-47.

[28] v. COLLANI (1992), S. 951; ausführlich bei SCHNELLER (1914), S. 177.

[29] Fr. W. BAUTZ, *Robert Bellarmin*, in: Biographisch-Bibliographisches Kirchenlexikon, Bd. 1, Hamm: Bautz, Sp. 473-474.

1.2 Frühzeit

1.2.1 Köln und Umgebung

Am 1. Mai **1592**[30], wurde JOHANN ADAM SCHALL von BELL[31] in der Stadt Köln (heutige Adresse: Neumarkt 47) oder – wahrscheinlicher – im nahegelegenen Schloß Lüftelberg, bei Meckenheim geboren.[32] Er entstammte einer Patrizier-

---

[30] PFISTER, S. 162, gibt als Geburtsjahr fälschlich 1591 an (im Anhang korrigiert), ebenso SCHLIEMANN (1865), S. 28, u.a.

[31] Unter den offiziellen Geschichtswerken enthält der „Entwurf der Geschichte der Qing-Dynastie", Qingshi gao 清史稿, eine relativ ausführliche Biographie von ADAM SCHALL, die in traditioneller Weise, leider recht ungeordnet, einige seiner für belangvoll erachteten Lebensdaten zusammenstellt; verwendete Ausgaben: Beijing ⁵(1996), Heft 33, j. 272, S. 10019-10022; Taipei (1986/91), Bd. 11, j. 279, S. 8632-8634. Beginn:
  „TANG RUOWANG 湯若望 hieß ursprünglich YOHAN YADANG SHAER 約翰亞當沙耳 [JOHANN ADAM SCHALL] und mit Familiennamen FANG BOER 方白耳 [VON BELL]. Er war ein Mensch aus dem Staat Rierman 日耳曼 [Germania, Deutschland]."
Text und deutsche Übersetzung siehe bei VÄTH, S. 372-380. Einige andere historische Schriften mit einschlägigen Einträgen erwähnt VÄTH, S. 334, Anm. Die offizielle Ming-Geschichte, Mingshi 明史, nennt SCHALL nur sporadisch.
Als früheste Biographie ist wohl die von P. de RIBADENEIRA und P. ALEGAMBE in ihrer Bibliotheca Scriptorum S.J. anzusprechen; 1. Ausgabe, Antwerpen (1643), S. 217, von N. SOUTHWELL erweiterte Neuausgabe, Rom (1676), S. 397-399. Hierzu siehe Teil 1.4.5., Jahr 1676. Zu erwähnen ist auch ATHANASIUS KIRCHER mit seinem Werk China monumentis (1667), S. 104. Eine der frühen Hinweise in der sinologischen Literatur ist die Notiz des Begründers der Sinologie in Paris JEAN PIERRE ABEL RÉMUSAT, Adam Schall, missionnaire à la Chine (1829). Aus dem überaus reichen Schrifttum neuerer Zeit sei zur Orientierung hier nur genannt: Geschichte d. kathol. Missionen (1845), S. 58-73; PFISTER, Nr. 49; VÄTH (in manchem recht ungenau, nach O. FRANKE: „von außerordentlichem Reichtum des Inhalts"); d'ELIA (1959), S. 229-235; DEHERGNE, Nr. 747; B. H. WILLEKE, in: GOODRICH, S. 1153-1157; Synopsis (1950), Sp. 183, 191, 781 u.a.; STREIT, Bd. 5, S. 720; FANG HAO (1970, 1988), Bd. 2, S. 1-15; GIMM (2018,1), S. 9-20, sowie die vielfältigen Fachbeiträge von CLAUDIA von COLLANI, siehe in Quellen- und Literaturverzeichnis; H. WALRAVENS, in: Neue Deutsche Biographie; Conference Papers Lishi yu zongjiao (1992) und das vielgestaltige Sammelwerk von Vorträgen anläßlich des Gedenksymposions: ROMAN MALEK (Ed.), Western Learning and Christianity in China, (1992), 2 Bde.

[32] Im Alumnenverzeichnis des Collegium Germanicum in Rom. „Coloniensis, diocesis eiusdem". Wortlaut der Gedenktafel an dem 1992 neu errichteten SCHALL-Denkmal des Bildhauers WERNER STÖTZER in Köln-Altstadt, Minoritenstraße:
  „Johann Adam Schall von Bell S.J. – chinesisch T'ang Jo-wang – wurde am 1. Mai 1592 als Sohn einer kurkölnischen Adelsfamilie geboren und besuchte das Dreikronengymnasium in Köln. Auf Grund seiner naturwissenschaftlichen Ausbildung am Collegio Romano in Rom wurde er 1618 als Missionar nach China entsandt. 1630 als Astronom und Mathematiker an den Kaiserhof berufen, revidierte er den chinesischen Kalender und wurde 1644 zum Direktor des Astronomischen Amtes in Peking ernannt. Unter zwei Dynastien gelangte er zu Ansehen und Würden. Als

familie kurkölnischen Landadels der mittleren Hauptlinie des Zweiges Lüftelberg, die sich auf den um 1150-1200 in Köln nachweisbaren RUPERTUS SCHALLO zurückführt[33]; Vater: HEINRICH DEGENHARDT SCHALL v. BELL (ca. 1555-ca. 1608), Mutter: MARIA SCHEIFFARDT v. MERODE (1569-ca. 1620).

In der chinesischen Literatur wird P. ADAM unter dem Namen TANG RUOWANG 湯若望 / manjurisch TANG ŽO WANG geführt.[34] Dabei repräsentiert TANG die 2. Silbe des Vornamens ADAM – das chines. Zeichen entspricht einem gängigen chinesischen Familiennamen – und RUOWANG die phonetische Transkription seines Taufnamens JOHANN. Sein ‚Adelsname' von BELL, der in der chines. Wiedergabe keine Berücksichtigung findet, rührt von dem durch einen Vorfahr i. J. 1311 erworbenem Gut Horbell, südwestlich von Köln, her.

Nach einer standesgemäßen Erziehung trat er **1603** in die von 1557 bis 1778 von Jesuiten geleitete führende Schulanstalt *Collegium Tricoronatum*[35], später Dreikronen-Gymnasium genannt, in Köln ein, das sich bis 1911 in der Marzellenstraße befand. Dieses war aus einer 1450 begründeten Studenten-

---

Freund und Berater des Kaisers Shun-chi [Shunzhi] wurde er zum Staatsbeamten der höchsten Klasse (Mandarin) erhoben. Damit erhielt er im chinesischen Reich Ehrungen wie kein Ausländer vor oder nach ihm. 1666 in Peking gestorben, ist sein Andenken bis heute in China lebendig.
Stiftung der Deutschen China-Gesellschaft e.V."

[33] Zur Familiengeschichte siehe JOH. STÖBER, *Studien zur Familie von P. Adam Schall von Bell SJ. (1592-1666)*, Köln, Selbstverlag (1994); DOEPGEN (1979), S. 85-92; W. PIEPERS, W.-D. PENNING, u.a., *Studien zur Geschichte und Kunstgeschichte Lüftelbergs*, Mecken–heim, Bd. 3, hgg. Stadt Meckenheim (1979) etc. Namensschreibung in damaligen Missionsmanuskripten nach portugiesischem Usus: P. João Adamo. In zeitgenössischen lateinischen Quellen wird der Familienname auch mit SCALIGER wieder–gegeben; z.B. auf einem Nachschnitt des SCHALL-Bildes bei ATHANASIUS KIRCHER, 1667, auch in der Schreibung SCHALIGER, z.B. auf einem engl. Druck dieses Bildes, Auktion Venator, Köln von Mai 2002: „P. Adam Schaliger a German Mandarin of the First Order", nach W. H.; NIEUHOF (dt. 1669), S. 163. – Bei SCALIGER handelt es sich wahrscheinlich um eine Verwechslung mit einer im 13. und 14. Jh. als die „Herren von Verona" bekannten Adelsfamilie. Nach damaligem Zeitgebrauch waren auch andere Schreibungen des Namens üblich, z. B. SCHAAL (bei GRESLON, 1671, S. 3; du HALDE, 1735, passim; D'ANVILLE, 1737, Tafel 62; ALLAN, 1935, S. 125 u.ö.); SCHAL (in *Historica Relatio*, 1658, Titel; Grabinschrift v. 16. XI. 1669, lat.; de MAILLA, 1780, t. 11, S. 54); SCIALL (ital. Schreibung, bei RIBADENEIRA, 1643, S. 217, 545; 1676, S. 397); SHALL à BEL (bei MARTINI, 1654a, S. III) etc.

[34] In zeitgenössischen Dokumenten nach portugiesischer Transkription auch T'ām Jŏ Vám, so in: *Innocentia Victrix*, S. 18b; Tam Jovam (P. Adamus), in: *Acta Pekinensia* von 1706, S. 200 etc.

[35] JOSEF KUCKOFF, *Die Geschichte des Gymnasium Tricoronatum* (Veröffentlichungen des Rheinischen Museums in Köln, 1), Köln: Bachem (1931); DUNNE, S. 365.

burse hervorgegangen, die der Vorbereitung zum Studium an der alten Kölner Universität diente. Im Rahmen einer Schülervereinigung, die sich nach dem Erzengel Michael „Engelssodalität" nannte, entwickelte sich ein freundschaftliches Verhältnis von SCHALL und dem etwa gleichaltrigen FRIEDRICH V. SPEE[36] S.J. (1591-1635), dem bekannten geistlichen Dichter und Gegner der Hexenverbrennung (*Cautio criminalis*, 1631), der später zeitweilig auch in Köln als Moraltheologe und Philosoph wirkte. SCHALL eignete sich eine umfassende klassische Bildung an und entschied um **1605**, sich dem geistlichen Stand zu widmen.

1.2.2 Rom

Nach dem Tod des Vaters **1608** begannen Verhandlungen[37] über die Möglichkeit, eine klerikale Laufbahn einzuschlagen, und noch im selben Jahr konnte JOH. ADAM am 24. Juli 1608 sein Studium in Rom beginnen. Er studierte am *Collegium Germanicum*, das im Zusammenwirken von römischer Kurie und Jesuitenorden 1552 von Papst JULIUS III. (1487-1555) als erstes Ausländerseminar für meist adlige Jugendliche begründet worden war mit der Aufgabe, vorbildliche Priester für den deutschsprachigen Raum und das Gebiet der späteren Donaumonarchie heranzubilden.[38] Seit 1580 wurde es daher *Pontificium Collegium Germanicum et Hungaricum* genannt.[39] Nach einem Noviziat am *Collegio Romano* widmete er sich neben der Theologie bevorzugt dem Studium der Naturwissenschaften, insbesondere bei dem in Teil 1.1 erwähnten Mathematiker und Jesuiten [(a9)]CHRISTOPH CLAVIUS. Am 21. Okt. **1611** trat er in den Jesuitenorden ein, absolvierte das Noviziat an *San Andrea al Quirinale* und setzte **1613** bis 1617 seine theologischen Studien am Römischen

---

[36] MICHAEL EMBACH, in: Biographisch-Bibliographisches Kirchenlexikon, Bd. 14 (1998), Sp. 1497-1506; WALTER RUPP, *Friedrich von Spee, Dichter und Kämpfer gegen den Hexen–wahn*, Ostfildern: Topos ³(2011).

[37] Entgegen der Regel, nur Bewerber ab einem Lebensalter von 17 (nach VÄTH, S. 20, von 20) Jahren zuzulassen, wurde SCHALL aufgrund der Empfehlung des Kölner Koadjutors FERDINAND V. BAYERN (1577-1650), seit 1612 Kurfürst und Erzbischof von Köln, an den Generalsuperior der Jesuiten CLAUDIO ACQUAVIVA (1543-1615; siehe Teil 1.1.2) aufgenommen. Nach VÄTH, S. 21, studierten damals etwa hundert Kandidaten aus Köln am *Germanicum*.

[38] Siehe PETER SCHMIDT, *Das Collegium Germanicum in Rom und die Germaniker*, Tübingen: Niemeyer (1984).

[39] HUONDER, S. 192 (24. Juli); DOEPKEN, S. 137; HUANG SHIJIAN (1994).

Kolleg fort. Er widmete sich weiterhin den Naturwissenschaften, Mathematik, Physik und Astronomie etc., 1613 bis 1617 auch bei [a21]CHRISTOPH GRIENBERGER[40] (1561-1631), dem Nachfolger von CLAVIUS, und legte im gleichen Jahr die einfachen Gelübde ab. Im Mai 1611 nahm er an einem Empfang für GALILEI[41] durch CHRISTOPH CLAVIUS im *Collegio Romano* teil.[42]

Angeregt durch die Berichte der Jesuitenmissionare MATTEO RICCI S.J. u.a. und die Begegnung mit [a48a]NICOLAS TRIGAULT[43] S.J., der im Dez. **1614** in Rom eintraf, bekundete SCHALL sein Interesse an der Fernostmission. Die ausführlichen Erfahrungsberichte TRIGAULTs veranlaßten die Kurie am 27. Juni **1615** zu einem Dekret, das die chinesische Kultur als eigenständige Kultur in der Welt anerkannte. Im selben Jahr erlaubte Papst PAUL V. (1552-1621) die Bibel und christlicher Bücher ins Chinesische zu übersetzen.[44] Auch genehmigte er den Gebrauch der chinesischen Sprache in der Liturgie und die Verwendung des chinesischen Gelehrtenbaretts bei der Ausstattung der Missionare etc.[45] Am 2. Jan. **1616** bat SCHALL mit ausführlicher Begründung, *Indipeta*, den neu gewählten Ordensgeneral MUZIO VITELLESCHI S.J. (1563-1645) mehrfach um Entsendung nach Indien oder China.[46] Später war er von seiner Lebensaufgabe überzeugt, den chinesischen Kaiserhof zum Christentum zu bekehren.[47]

---

[40] HUANG SHIJIAN, S. 448.

[41] Siehe in Teil 1.1.1.

[42] VÄTH, S. 30; NEEDHAM, Bd. 3, S. 444.

[43] Siehe Teil 1.1.2.

[44] STANDAERT (1999), S. 31. Die ersten zusammenhängenden Bibelübersetzungen ins Chinesische entstanden jedoch erst im 19. Jh.

[45] VÄTH, S. 32; DOEPKEN, S. 138.

[46] DUHR (1913), Bd, 2, S. 603, Faksimile; VÄTH, S. 355; HUONDER, S. 207; DOEPKEN, S. 138; STREIT, Bd. 5, S. 2098; v. COLLANI (1992,1), S. 356 u.ö.

[47] Am 11. V. (16. Juni) 1644, äußerte er sich in einer Eingabe an den Hof: 臣自大西洋八萬里. 航海東來. 不婚不宦. 以昭事上主. 闡揚天主教為本 *chen zi da xiyang bawan li. hang haidong lai. bu hun bu huan. yi zhaoshi shangzhu. chanyang tianzhu jiao wei ben.* „Ich bin 80.000 Meilen zu Schiff aus Europa nach Beijing gekommen [...], um auf dem Fundament, das Christentum zu verbreiten, dem Kaiser zu dienen." Siehe a. J. W. WITEK, S. J., *Presenting Christian Doctrin to the Chinese,* in: WITEK (Hg.), S. 437-452; GIMM (2018,1), S. 10-11. Innerhalb der Aussagen zum Strafprozeß der Jahre 1664/5, Dokument I., siehe Teil 5.2.5 [130.], betonte er: *daci tiyan ju-i tacihiyan be selgiyeki sere jalin sere jergi gisun bi.* „Von Anfang an ermahnten mich Worte zur Verbreitung der Lehre des Himmelsherrn [des christlichen Glaubens] nach Osten hin."

Im Sommer des Jahres **1617** schloß er sein Studium in den Fächern Mathematik, Physik und Astronomie ab und empfing im selben Jahr die Priesterweihe mit dem Ziel, als Missionar in China zu wirken. Er wurde Hofastronom unter drei chinesischen Kaisern.[48]

1.2.3 China

Am 18. Okt. 1617 reiste SCHALL von Rom ab; unter den 22 Missionaren befanden sich fünf für China bestimmte Novizen. Nach einem halbjährigen Aufenthalt in Portugal, während dem man bestrebt war, sich mit dem Portugiesischen, der Hauptsprache der damaligen Ostasien-Mission, vertraut zu machen, begann am Ostermontag, den 16. April **1618**[49] – kurz vor Beginn des Dreißigjährigen Krieges, Köln wurde damals von einer Pestepidemie heimgesucht – die riskante, von Krankheiten und Nahrungsknappheit gezeichnete Schiffsreise ab Lissabon. SCHALL gehörte zur sog. 57. Aussendung unter dem Flaggschiff S. Carlos.[50] Die Überfahrt dauerte fünfeinhalb Monate – eine Zeit, die die naturinteressierten Patres u.a. mit diversen Himmelsbeobachtungen verbrachten.[51]

In seinem Schiff befanden sich unter den 636 Passagieren mit den für Ostasien bestimmten Missionaren auch der erwähnte flämische Pater [(a48a)]NICOLAS TRIGAULT mitsamt seiner bei der Europareise gesammelten reichhaltigen Gaben, darunter die Geschenke der bayerischen Herzogsfamilie.[52] Weiterhin waren drei deutsche Patres an Bord, nämlich JOHANN SCHRECK S.J. (s.o.), der sich bei einer Epidemie als Schiffsarzt bewährte, [(a27)]WENZEL

---

[48] P. FERDINAND VERBIEST in einem Brief. vom 1. Sept. 1666;, nach JOSSON (1938), S. 114: „*P. Ioannes Adamus trium Imperatorum sinensium mathematicus*".

[49] WICKI, S. 289: „57. Aussendung, 1618, Abfahrt nach Mitte April." – Bei RIBADENEIRA (1643), S. 217, ist fälschlich als Jahr der Überfahrt **1620** angegeben: *Ioannes Adamus Sciall natione germanus, sub annum Domini MDCXX nauigauit in Sinas vnà cum P. Nicolao Trigautio ex Europâ reduce, vbi hodiéque viuit intentus in opus Euangelij. Scpsit Sinicè* [es folgen 3 Buchtitel].

[50] WICKI, S. 289-290. Im Schiff S. *Amato* waren 12 Missionare (9 Portugiesen, 3 Italiener), im Flaggschiff S. *Carlos* 22 Missionare (9 Portugiesen, 5 Holländer, je 3 Deutsche und Italiener, 1 Österreicher) untergebracht.

[51] VÄTH, S. 33-50; J.-P. VOIRET, in: v. COLLANI, E. ZETTL (2016), S. 144-147.

[52] Cl. von COLLANI, *Nicolas Trigault und Johannes Schreck ihre Werbereise durch Europa*, in: v. COLLANI u. E. ZETTL (2016), S. 111-130.

PANTALEON KIRWITZER [53] S.J. / QI WEICAI 祈維材 (1588/90-1626, aus Kaaden/Kadaň, Böhmen; seit 1619 in Macao), und JOHANN ALBERICH[54] S.J. / ohne chines. Äquivalent (1586-1618, aus Dorenbüren bei Bregenz); Letztgenannter verstarb während der Überfahrt. Neben dem erwähnten Prokurator P. N. TRIGAULT, der seine Rückreise nach China antrat, begleiteten P. SCHALL auch der Portugiese P. (a18)FRANCISCO FURTADO[55] / FU FANJI 傅汎濟 (1589-1653, aus Fayal; seit 1619 in China) und die Italiener P. (a40)GIACOMO RHO[56] / LUO YAGE 羅雅各 (1592-1638, aus Pavia; seit 1626 in China) und P. GIOVANNI GAYATI[57] / ohne chines. Äquivalent (geb. 1593, seit 1627 in Macao), mit denen SCHALL später in engem Kontakt stand. Der örtlich ungünstigen Windverhältnisse wegen mußten die Segelschiffe ihren Weg über die Südküste Brasiliens nehmen, um über das Kap der Guten Hoffnung das südlich von Bombay gelegene **Goa** / Guo'a 果阿, damals auch Woya 我亞, das portugiesische „Rom des Ostens", zu erreichen.[58] Von den 22 für Ostasien bestimmten jungen Jesuiten kamen nur 17 am 4. Oktober **1618** an ihrem Zielort an, darunter die fünf für China bestimmten.[59]

P. SCHALL hatte einen Kontinent hinter sich gelassen, den er nicht wiedersehen sollte und über den sich für die nächsten drei Jahrzehnte die Schrecken des Dreißigjährigen Krieges ausbreiteten. Es war auch das Europa einer Epoche voller neuer wissenschaftlicher Erkenntnisse, wie z. B. KEPLERs Gesetze der Planetenbewegung von 1609, G. GALILEIs Entdeckung der Jupiter-Trabanten und der Sonnenflecken von 1610/11 und von J. NAPIERs Logarithmus-Verfahren von 1614. Gleichzeitig mit dem neuen Wissen begleiteten ihn jedoch auch die Vorbehalte der Kirche den neuen Erkenntnissen gegenüber; denn 1613 hatte GALILEI die Wahrheit der Wissenschaft über die Wahrheit der Bibelüberlieferung gestellt, und im Jahre 1616 hatte die katholische Kirche die

---

[53] PFISTER, Nr. 48; DEHERGNE, Nr. 433.

[54] DEHERGNE, Nr. 11.

[55] DEHERGNE, Nr. 342.

[56] Siehe Teil 1.1.1.

[57] oder GAIATI; DEHERGNE, Nr. 356.

[58] Vor den Jesuiten, die i. J. 1542 in Goa ihre Niederlassungen begründet hatten, war seit der portugiesischen Besitznahme von ca. 1507 dort seit 1518 die Franziskanermission vertreten. 1548 folgten die Dominikaner, 1572 die Augustiner; KOLVENBACH (1992), S. 235.

[59] STREIT, Bd. 5, S. 2114.

Lehre des KOPERNIKUS / GEBONI 歌白泥 (1473-1543) für ketzerisch erklärt. So lernte China Bereiche der westlichen Wissenschaft in einem Stadium kennen, das in manchem bereits als überholt zu gelten hatte.[60] In toto ist anzunehmen, daß der Transfer europäischen Wissens auch sonst Beschränkungen unterlag.

1.3 Die Zeit der *Ming*-Dynastie

1.3.1 Macao, Kanton, Hangzhou, Beijing

1619

Nach einem Aufenthalt von einigen Monaten in Goa erreichten die Patres [(8)]SCHALL und [(a27)]KIRWITZER nach mehreren Zwischenfällen am 5. VI. (15. Juli) **1619** das chinesische Reichsgebiet in **Macao**[61] / *Aomen* 澳門, wo sich seit 1565 eine portugiesische Niederlassung der Jesuiten befand. Seitdem hatte sich der

---

[60] Siehe Teil 3.1.3. – DUYVENDAK, Rezension zu d'ELIA, *Galileo in China*, in: T'oung Pao, 38 (1948), S. 320-329:
  "China, when it received western science, received it in a form that, in principle was already antiquated."
Nach kirchlicher Vorschrift war man nicht in der Lage, die neue, im Jahre 1543 abschließend veröffentlichte heliozentrische Theorie des Universums des KOPERNIKUS zu vertreten; denn diese war, da sie dem Wortlaut der Bibel widersprach, i. J. 1616 in Zusammenhang mit dem Prozeß gegen GALILEO GALILEI von der katholischen Kirche verboten worden. Vor dem Eintreffen der Nachricht von der päpstlichen Entscheidung war das heliozentrische System jedoch von den Jesuitenpatres noch um 1635 erwähnt worden, so von P. [(a3)]MICHAEL BOYM S.J. / BU MIGE 卜彌格 (1612-1659, aus Lemberg, seit 1650 in China; DEHERGNE, Nr. 107) und zuvor von [(27)]WENZEL PANTALEON KIRWITZER S.J. (1588 oder 1590-1626; s.o.). P. SCHALL erwähnt den Namen GALILEIs noch Jahre nach dessen Verdammung, so in seinem Werk *Lifa xizhuan* 曆法西傳 von 1640.
Um die Probleme zu umgehen, neigten die Jesuitenastronomen später meist dem semi–heliozentrischen Weltbild des dänischen Astronomen TYCHO (TYGE) BRAHE / DIGU 第谷 (1546-1601) zu, der mit dem sog. tychonischen (ägyptischen) System einen Mittelweg zwischen dem ptolomäischen (geozentrischen) und kopernikanischen (heliozentrischen) Weltbild eingeschlagen hatte, wonach sich – vereinfacht gesagt – im kugelförmig gestalteten Kosmos die Sonne und der Mond sich um die Erde drehen, die übrigen Planeten aber um die Sonne; d'ELIA (1948), S. 36-39; DUYVENDAK, S. 326. S.a. NEEDHAM, Bd. 3, S. 438-445; LACH u. KLEY, Bd. 3, S. 186-187 u.ö.; LATTIS, S. 196-215; HASHIMOTO (1988), S. 74-163; LIBBRECHT, in WITEK (ed.), S. 60; STANDAERT (2001), S. 712-713; v. COLLANI (2012), S. 59, 68, (2016), S. 240-241; CHEN ZUNGUI; IANNACCONE (1997); ZHANG XIAO etc. Siehe a. Teil 3.1.3.

[61] Macão, Aomen 澳門; in chines. Quellen damals *Xiangshan ao* 香山澳, die Bucht von *Xiangshan*, genannt. Siehe A. LJUNGSTEDT (1836) etc.

Ort zu einer ersten europäischen Begegnungsstätte mit China profiliert. Man bewillkommnete die Neuangekommenen.[62]

Eine Weiterreise in das chinesische Inland war jedoch wegen der gemäß kaiserlichem Dekret von 1617 ausufernden Christenverfolgungen und der feindlichen Haltung Ausländern gegenüber erst nach 2 Jahren möglich. Die Verfolgungen fanden erst ihr Ende, als der Hauptinitiator, der damalige Vizepräsident des Ritenministeriums [(a45)]SHEN QUE[63]沈㴥 (gest. 1624), um 1622 in Ungnade fiel. In Macao hielten sich damals drei der aus China verbannten Missionare auf, von denen sich P. [(a50)]ALFONSO VAGNONE[64] S.J. / GAO YIZHI 高一志 (1568-1640, aus *Turin*, seit 1605 in China) für SCHALLs chinesische Sprachstudien als nutzbringend erwies.[65]

1622
Seit 1619 kam es zu Konflikten zwischen den portugiesischen und holländischen Kolonialmächten, die 1621 mit einem Waffenstillstand ihr vorläufiges Ende fanden. Als im Juni 1622 eine holländische Flotte von 15 Karavellen den Hafeneingang von Macao blockierte, beteiligte sich SCHALL notgedrungen an der Verteidigung der Stadt und nahm dabei angeblich einen holländischen Hauptmann gefangen.[66] Trotz Unruhe in diesen Jahren nutzte SCHALL die Zeit, seine Sprachkenntnisse im Chinesischen zu erweitern und zusammen mit P. KIRWITZER von vorgelagerten Inseln aus astronomische Beobachtungen und Berechnungen durchzuführen. Im Jahre 1622 kam auch P. [(a40)]GIACOMO RHO[67] in Macao an.

---

[62] STREIT, Bd. 5, S. 2114; VÄTH, S. 5-64.

[63] Siehe in Teil 1.1.2.

[64] VÄTH, S. 54; DEHERGNE, Nr. 858.

[65] Neben seinen mannigfaltigen Fachkenntnissen verfügte SCHALL über hervorragende Sprachkenntnisse, nicht nur in seiner Muttersprache und im Lateinischen, der Universalsprache der europäischen Gelehrtenwelt, sondern, trainiert in täglicher Praxis, auch im Portugiesischen, Holländischen, Italienischen und Französischen. Seit seiner Ankunft in Goa bemühte er sich, das Chinesische und zwei Jahrzehnte später auch das Manjurische zu bewältigen; VÄTH, S. 243.

[66] VÄTH, S. 63-64; HUONDER, S. 192; SEBES, S. 91; DOEPKEN, S. 140-141.

[67] Siehe in Teil 1.1.1.

1.3 Die Zeit der Ming-Dynastie

Nach chinesischen Quellen gelang es am 21.-22. **IV.** (30.- 31. Mai) 1622 einer Gruppe von Missionaren, darunter neben P. SCHALL, P. (16)RUI FIGUEIREDO[68] / FEI LUODE 費樂德 (1594-1642, aus Coruche, Portugal, seit 1622 in China) und P. (a11)MANUEL DIAS[69] / YANG MANUO 陽瑪諾 (1574-1659, aus Portalegre, Portugal, seit 1603 in China), nach mehrfachen Versuchen das chinesische Inland, **Kanton**, **Hangzhou**, zu betreten.[70] Dort erlebten sie die stürmische Zeit vor dem Fall der *Ming*-Dynastie mit ihren Volksaufständen und blutigen Unruhen.

1623

Um den 25. **XII.** (25. Jan.) 1623 finden wir SCHALL zusammen mit P. (A40)RHO in **Beijing**, wo er seine chinesischen Sprachkenntnisse durch Kontakte zu Bediensteten des Kaiserhofs aufbauen konnte. Da das Christentum, *tianzhu jiao* 天主教 / *tiyan ju-i tacihiyan*, noch verboten war, wurden die Patres SCHALL und (a33)LONGOBARDO[71] wohl etwas widerstrebend als „militärische Sachverständige" für portugiesische Kanonen[72] eingeführt und so von den Behörden akzeptiert. Sie nahmen in dem ehemals (seit 1601) von RICCI bewohnten Anwesen ihre Wohnung.[73]

Der gelehrte Beamte (a56)XU GUANGQI[74] ersuchte SCHALL, ihn bei der anstehenden Kalenderreform zu unterstützen[75]; denn es galt als eine der wichtigen Regierungsaktionen für das zivile Leben, jährlich einen Kalender zu erarbeiten, der in mehreren Fassungen neben dem benötigten Kalendarium

---

[68] DEHERGNE, Nr. 314.

[69] Siehe Teil 1.1.1.

[70] *Qing tongjian* (A), S. 706; MALATESTA und GAO (1997), S. 135. Die Grabinschrift SCHALLs vom 16. XI. 1669 gibt statt 1622 fälschlich 1624 (*jiazi* 甲子) an. Auch in anderen Quellen wird das Ankunftsjahr in China stellenweise falsch angegeben; so soll SCHALL nach *Chouren zhuan*, j. 45, S. 581, erst 1629 angekommen sein.

[71] Siehe Teil 1.1.2.

[72] VÄTH, S. 66; DOEPKEN, S. 141. – Zu den Kanonen siehe 1635, IV. Monat.

[73] VÄTH, S. 66; D'ELIA (1949), Bd. II, S. 352; DEHERGNE, S. 483.

[74] Zu XU GUANGQI siehe in Teil 1.1.2.

[75] Nach Aussage von TAN QIAN (siehe Teil 1.4, Jahr 1653) war SCHALL durch den früheren Kanzler QIAN LONGXI 錢龍錫 (1579-1645; HUMMEL, S. 345) zur Kalenderrevision vorgeschlagen worden; GOODRICH, S. 1239-1242. Bereits im Jahre 1613 hatte (a30)LI ZHIZAO 李之藻 (siehe Jahr 1619, VIII., Teil 1.1.2, Beginn) angeraten, Jesuitenastronomen an der Kalenderreform zu beteiligen; QU ZHILIAN, S. 13; v. COLLANI (2012), S, 69.

auch die zu erwartenden Natur- und Staatsereignisse verzeichnete.[76] SCHALLs korrekte Voraussage der Mondfinsternis[77] vom 15. IX. (8. Okt.) 1623 und seine diesbezügliche Schrift *Ceshi lue* 測食略, die er dem Ritenministerium vorgelegt hatte, trug zu seinem wissenschaftlichen Ansehen bei.[78] In dieser Zeit übersiedelte P.[(a43)]SCHRECK / TERRENTIUS[79] nach Beijing.

Die Wiederentdeckung der Nestorianerstele[80] von Xi'an aus dem Jahre 781, die von dem i. J. 635 in die Hauptstadt des *Tang*-Reiches gelangten ostsyrischen (nestorianischen) Christentum Zeugnis ablegt, rückte in dieser Zeit die Frage eines frühen Versuches der Christianisierung Chinas in den Fokus gelehrter Betrachtungen.

---

[76] Siehe Teil 3.1.3.

[77] v. COLLANI (2016), S. 242. Bei dieser Gelegenheit berechnete er auch den Abstand des Meridians von Beijing zu dem von Rom – ein Ereignis, das in den offiziellen *Ming*-Annalen für aufzeichnungswert erachtet wurde. Offenbar unterlief ihm hierbei jedoch ein Fehler; VÄTH, S. 69.

[78] P. HOANG, S. 148; SPENCE (1969), S. 10; TONG XUN, S. 110.

[79] Siehe Teil 1.1.2.

[80] Die in der Nähe der Tang-Hauptstadt *Xi'an fu* entdeckte Nestorianerstele aus dem Jahre 781, genannt *Monumenti Sinico-Caldæi ante mille circiter anno* etc., belegt angeblich eine tausendjährige Verbundenheit Chinas mit dem Christentum.– Der Nestorianismus war seit dem 2. Konzil von Konstantinopel des Jahres 553 als häretisch verdammt. – Die bekannte syrisch-chinesische Steininschrift dieser „Lichtreligion", *Daqin jingjiao liuxing zhongguo bei* 大秦景教流行中國碑, mit den Namen von 67 syrischen Christen wurde um 1623 bei Feldarbeiten zutage gefördert und im Jahre 1628 von dem Prokurator der chinesischen Jesuitenprovinz, [(a44)]ALVARO de SEMEDO (siehe Jahr 1628) in Chang'an, der alten *Tang*-Hauptstadt, in Augenschein genommen; SZCZESNIAK, S. 394. Eine erste Veröffentlichung der Inschrift erfolgte 1625 auf Latein durch P. NICOLAS TRIGAULT (siehe in Teil 1.1.1). Es folgte 1628 eine französische und 1631 eine italienische Übersetzung; Näheres siehe B. LÖWENDAHL, Bd. 1, S. 47. Die erste Lateinübersetzung von ATHANASIUS KIRCHER erschien bereits 1636 in seinem Werk *Prodomus coptus sive aegyptiacus*, Rom: S. Cong. de propag. Fide (1636), S. 46-86. Die Vorlage seiner Wiedergabe in *China illustrata*, S. 7-10, bildete P. MANUEL DÍAZ jun. (1574-1659) mit seinem Werk *Tang jingjiao beisong zhengquan* 唐景教碑頌正詮, Wulin (1644); letztere, datiert Rom 4. Nov. 1653, trägt die Unterschrift dreier Autoren, nämlich von P. BOYM S.J. (siehe Teil 1.2.3, Ende) und von zwei damals in Rom lebenden chinesischen Christen: „P. Michael Boim. Andreas Don Sin, Sina. Matthæus Sina." – Nach PFISTER handelt es sich dabei um ANDRÉ SIU [XU] und MATHEU oder JOSEPH K'O; siehe dort S. 270, 273, 274. Siehe a. LEIBNIZ, *Das Neueste von China (1697)*, Ausg. (1979), S. 28-29, 60-61, Anm. 65; J. GENÄHR, in: Der Ferne Osten, 3 (1905); BILLINGS, TIMOTHY, *Jesuit Fish and Chinese Nets, Athanasius Kircher and the Translation of the Nestorian Tablet*, in: Representations, 87 (2004), S. 1-42; LÖWENDAHL, Bd. 1, S. 47. – Ein christlicher Grabstein eines gewissen ANTONIUS von (Y)ILION, datiert Nov. 1344, fand sich im Jahr 1951 bei Bauarbeiten in der Stadt *Yangzhou*.

1.3 Die Zeit der Ming-Dynastie

1625

Seit diesen Jahren erfuhren SCHALL und auch LONGOBARDO wegen ihrer astronomischen Kenntnisse allmählich die Wertschätzung des Hofes.[81]

1626

In diesem Jahr erschien SCHALLs auf einer früheren Schrift beruhende Abhandlung über das Fernrohr, *Yuanjing shuo* 遠鏡說 mit Abbildungen, unter Mitarbeit von [(44)]LI ZUBO[82] 李祖白 (gest. 1665) in chinesischer Übersetzung.[83] In dieser Schrift machte er mit der europäischen Tradition des Fernrohrs, auch *wangyuan jing* 望遠鏡 oder *kui tong* 窺筒 genannt, und GALILEO GALILEIs *Telescopio* von 1609 bekannt.[84] Ein Instrument dieser Art hatte vermutlich P. [(a43)]SCHRECK i. J. 1618 als Geschenk von Kardinal FEDERICO BORROMEO (1564-1631) aus Europa mitgebracht.[85]

Der dem Christentum zuneigende Gelehrte [(a51)]WANG ZHENG[86] (Taufname: PHILIPP) 王徵 (1571-1644), der 1625 in *Xi'an* mit P. [(a48a)]TRIGAULT zusammengetroffen war, lernte bei seinen Besuchen im Winter d. J. 1626 in *Beijing* bei den PP. SCHALL, LONGOBARDO und SCHRECK / TERRENZ westliche Bücher zur Mechanik kennen, darunter auch GEORG AGRICOLAs *De re metallica*[87] (1494-1555).

---

[81] SCHALL, *Historica*, nach BERNARD (1942), S. 5, 193; VÄTH, S. 66; PFISTER, S. 163.

[82] Siehe Teil 1.4.1, Jahr 1663.

[83] Siehe in Teil 1.6.3.

[84] PFISTER, S. 180; d'ELIA (1947), S. 48-52; DUYVENDAK, Rezension zu D'ELIA (1948), S. 322; GOODRICH, S. 1153; NEEDHAM, Bd. 3, S. 44; DOEPKEN (1982), S. 145; LACH (1993), S. 191; REN DAYUAN, in: MALEK (1998), S. 339-368; ZHANG BAICHUN u.a., *Johannes Schreck und Wang Zheng Die Übertragung westlicher mechanischer Kenntnisse nach China*, in: v. COLLANI, E. ZETTL (2016), S. 183-198. Eine frühe Erwähnung in Chinesisch, ohne GALILEIs Namen zu nennen, siehe bei P. [(a11)]MANUEL DIAZ jr. / YANG MANUO 陽瑪諾 (1574-1659, aus Portugal, seit 1611 in China, DEHERGNE, Nr. 254), *Tianwen lüe* 天問略 vom Jahre 1615, S. 4; eine kurze Beschreibung findet sich 1635 in *Dijing jingwu lüe*, j. 4, Neuausgabe, S. 153. Es wird dort nicht nur auf die Verwendungsmöglichkeit bei astronomischen Beobachtungen hingewiesen, sondern auch auf den militärischen Nutzen des Fernrohres "for watching the enemy in cannon's range".

[85] v. COLLANI (2012), S. 59.

[86] VÄTH, S. 73; PELLIOT (1934), S. 182; HUMMEL, S. 807-809; DEHERGNE (1957), S. 111.

[87] Siehe Teil 1.6.3, *Kunyu gezhi*.

P. JOHANN SCHRECK gestaltete, vermutlich unter maßgeblicher Beteiligung von P. SCHALL, sein bekanntes Werk über „wunderbare Maschinen aus dem Fernen Westen", *Yuanxi qiqi tushuo luzui*[88] 遠西奇器圖說錄最, das, auf europäischen Vorlagen beruhend, 1627 veröffentlicht wurde; 2. Ausgabe 1628. SCHRECK, der persönliche Beziehungen zu GALILEO GALILEI und JOHANNES KEPLER unterhielt, bewährte sich als ausgewiesener Fachgelehrter auf naturwissenschaftlichem und technischem Gebiet.

Am 15. XII. (31. Jan.) 1627 beobachtete SCHALL eine Mondfinsternis.[89]

1.3.2 Xi'an fu

1627

Im Sept. 1627 bestieg der begabte, aber entscheidungsschwache Kaiser ZHUANGLIE DI 壯烈帝, d.i. YIZONG[90] 毅宗 (1611-1644) als letzter Herrscher der *Ming* den Thron. In dieser Zeit wurde SCHALL von der Ordensleitung in die alte Kulturstadt Xi'an[91] 西安府, Provinz Shaanxi, beordert, in deren Umgebung man nur einige Jahre zuvor die bekannte Nestorianerstele[92] wiederentdeckt hatte. Obwohl er dort unter recht schwierigen Bedingungen lebte, gelang es ihm, bis 1629 den Bau einer Kirche, *templum Domini Coeli / tianzhu tang* 天主堂, in die Wege zu leiten.[93] In Zusammenarbeit mit [a51]WANG ZHENG[94] übersetzte er ein

---

[88] Siehe Vorwort v. 7. I. 1627; Nachdruck der Ausgabe von 1844, in:. *Congshu jicheng*, Serie I, Bd. 1484, Nr. 85 (1936); Neuausgabe *Yuanxi qiqi tushuo luzui* 遠西奇器圖說錄最 mit *Xinzhi zhuqi tushuo* 新制諸器圖說, Beijing: Zhonghua (2018). Hierzu siehe FRITZ JÄGER, *Das Buch von den wunderbaren Maschinen, ein Kapitel aus der Geschichte der abendländisch-chinesischen Kulturbeziehungen*, in: Asia Major, Neue Folge, 1,1 (1944), S. 78-96; VÄTH, S. 73; CHEN YUAN, in: Bulletin of the National Library of Peiping, 8,6 (1934), S. 13-15; BERNARD (1938), S. 70; HUMMEL, S. 807-809 (und die dort genannte Literatur); d'ELIA, *Fonti*, Bd. 2 (1949), S. 593; H. WALRAVENS, *Das Buch von den wunderbaren Maschinen*, in: Cl. v. COLLANI, E. ZETTL (Hg.) (2016), S. 159-182; ders., *Europäische Maschinenbücher in der kaiserlichen Bibliothek. P. Johannes Schreck S.J. (1576-1630) als Vermittler technischen Wissens in China*, in: B. HEINECKE und I. KÄSTNER (Hg.), *Wettstreit der Künste, Der Aufstieg des praktischen Wissens zwischen Reformation und Aufklärung*, Aachen: Shaker Verlag (2018), S. 299-318, mit weiteren Literaturangaben.

[89] P. HOANG (1925), S. 148.

[90] KENNEDY, in: HUMMEL, S. 191-192; ATWELL, in: MOTE, *Cambridge History*, Bd. 7, S. 611-640.

[91] Bei SCHALL: *Syngamfu*, in lateinischen Quellen auch: *Sy ngan in Sinis*.

[92] Siehe Jahr 1625.

[93] SCHALL, *Historica*, n. BERNARD, BORNET, S. 131; DEHERGNE (1957), S. 111.

[94] Siehe Jahr 1626.

Buch über christliche Heilige mit dem Titel *Chongyi tang riji suibi*[95] 崇一堂日記隨筆 und bestimmte die geographische Lage der Stadt Xi'an. Auch nutzte er die Gelegenheit, im dortigen Gebiet Informationen über Möglichkeiten und Zustand des Landweges von China durch Zentralasien nach Europa zu sammeln; denn an einer solchen Route zeigten die Missionare seit langem Interesse. Umherziehende mohammedanische Karawanenführer, darunter ein gewisser (a36)MIRJUDIN oder MIRZAIDIM[96], angeblich aus Hami oder Balkh (Nord-Afghanistan) stammend, boten ihm Auskunft über die etwa viermonatige Karawanenreise durch Innerasien.[97] Über diese Landrouten, unter denen er auch eine solche über die Provinz Gansu und die nordsyrische Stadt Aleppo in 255 Tagen erwähnt, verfaßte er eine auf das Jahr 1629 datierte portugiesische Schrift, *Relação da vinda dos mouros á China por via de Socheu* ...[98]

1628

Am 1. **VII.** (31. Juli), 1628 legte SCHALL sein letztes Ordensgelübde[99], die Profess, ab. Bei internen Auseinandersetzungen in Missionsfragen gab er am 8. Nov. sein Einverständnis, *Responsio ad casus controversos*, die chinesischen Wörter *shangdi* 上帝 und *tian* 天 für den christlichen Gottesbegriff[100] nicht zu gebrauchen – ein Vorsatz, den er später (1644) in einem Memorial an den Kaiser offenbar widerrief.[101] In den Jahren in Xi'an 1628 bis 1630 stand ihm

---

[95] Siehe Teil 1.6.3.

[96] Erwähnt in dem Roman von ENRIQUE JOVEN, *El Templo del Cielo*, Barcelona (2012), Kap. 11.

[97] VÄTH, S. 76, 355; PELLIOT (1934), S. 182-184; d'ELIA, *Fonti*, Bd. 2 (1949), S. 415, Anm. 1; LACH (1993), S. 188.

[98] Text mit Anhang und Einleitung siehe D'ELIA (1946), S. 314-337; Manuskript n. VÄTH, S. 355, Nr. 3, in ARSI, Jap-Sin I.,143, Nr. 1-2. Siehe a. die Schrift mit dem Titel *Carovane di Mercanti-Ambasciatori dalla Siria alla Cina…* in Teil 1.6.3. – In diesem Schriftstück finden sich auch Angaben über die Identität der Bezeichnungen China und Katai (Kitan) sowie Khanbaluc und Peking, auch einiges über Tee, Seide und Jade sowie über die kaiserlichen Straßen und Reisepaläste.

[99] VÄTH, S. 83-84, Abb.

[100] Zur Frage der Termini für Gott seit RICCI siehe z. B. BERNARD-MAITRE (1935,1), S. 110-111, und hier in Teil 3.1.1.

[101] STREIT, Bd. 5 (1964), S. 2134; METZLER (1980), S. 16.

insbesondere P. (a44)ALVARO de SEMEDO[102] S.J. / LU DEZHAO 魯德照 (1586-1658, aus Nizza, seit 1613 in China) zur Seite.

1629

Als am 1. **V.** (21. Juni) 1629 die Sonnenfinsternis von den Missionaren SCHRECK u.a. korrekt vorausberechnet wurde, während die Kalkulationen der mohammedanischen Astronomen um 5 Minuten differierten, trat (a56)XU GUANGQI für die Berechnung des Kalenders nach westlicher Methode ein.[103] XU, der der am 16. V. (6. Juli) zum Vizepräsidenten[104] des Ritenministeriums aufstieg, wurde am 12. **VIII.** (27. Sept.) mit der Kalenderreform betraut.[105] Er empfahl P. SCHALL als Experten an den Hof und verfaßte in den Folgejahren mehrere Throneingaben bezüglich der Beteiligung der Europäer.[106] XU begründete an dem am 19. VII. (6. Sept.) wiedereröffneten Astronomischen Amt[107] eine neue Kalenderabteilung, *Liju* 曆局, damals meist *Like* 曆科 oder *Shixian ke* 時憲科 genannt, in

---

[102] STREIT, Bd. 5 (1964), S. 737/8; PFISTER, S. 143-147; DEHERGNE (1973), Nr. 756.

[103] P. HOANG (1925), S. 88; ÜBELHÖR (1968), S. 229; HUMMEL, S. 317; *Qing tongjian* (A), S. 379; v. COLLANI (2016), S. 243.

[104] Er wurde daher von den Missionaren auch mit den Ehrentitel „Colao", d.i. *gelao* 閣老, angesprochen; HUCKER, Nr. 3174: *secretary of state*; YULE (1903) , S. 234.

[105] v. COLLANI (2016), S. 245.

[106] *Shunzhi shilu*, j. 73, S. 3a; LI WENCHAO (2000), S. 205. In der SCHALL-Biographie des *Qingshi gao* wird das Geschehen erwähnt:
 „Zu Beginn der *Chongzhen*-Ära [1628-1644] waren bei der Berechnung einer Sonnenfinsternis Fehler aufgetreten, so daß [XU] GUANGQI an den Thron berichtete: ‚Da die Beamten der Sternwarte, *taiguan* 臺官, die [veralteten] Methoden des [*Yuan*-Astronomen] GUO SHOUJING 郭守敬 [1231-1316] anwenden, sind im Laufe der Zeit Irrtümer unvermeidlich geworden. Diese sollte man in unserer Zeit verbessern und richtigstellen.' Der Kaiser ZHUANGLIE 壯烈 [d.i. YIZONG 毅宗, reg. 1627-1644] beherzigte diesen Rat und setzte eine Behörde zur Verbesserung der kalendarischen Berechnungen ein, deren Vorstand [XU] GUANGQI wurde. TANG RUOWANG [SCHALL] wurde gebeten, dieser Behörde beizutreten und die Berechnungen zu übernehmen." Siehe a. VÄTH (1933), S. 372.

[107] HASHIMOTO (1988), S. 41; A. CHAN, in: MALEK (1998), Bd. 1, S. 286; ders. (2002), S. 240. Näheres siehe in Teil 1.4.0.

dem ehemaligen *Shoushan*-Kollegium[108] 首善書. Ihrem Leiter [(a30)]LI ZHIZAO[109] (Taufname: LEO oder LÉON) 李之藻 (1571-1630) wurden die Missionare [(a33)]LONGOBARDO und [(a43)]SCHRECK als westliche Experten zugeordnet.[110] In diesen Jahren erarbeiteten europäische und chinesische Gelehrte das Fundament für eine Kalenderreform.[111] P. SCHRECK verstarb jedoch bereits am 29. IV. (13. Mai) 1630.[112]

Im Jahr 1629 ist wahrscheinlich SCHALLs wichtige theologische Schrift *De Providentia Numinis / Zhuzhi qunzheng* 主制群徵, 2 j., entstanden.[113]

1.3.3 Beijing

1630

Nach P. SCHALLs eigenen Angaben war er bereits 1629 nach Beijing zurückgekehrt, nach anderen Quellen wurde er jedoch erst im Jahre 1630 dorthin zurückgerufen.[114] Wahrscheinlich ist letztgenanntes Jahr gültig; denn [(a56)]XU GUANGQI, der zum Präsidenten des Ritenministeriums aufstieg, hatte

---

[108] In der Nähe der späteren Südkirche, *Nantang*, gelegen; siehe CHAN (1998), S. 286. Das Kalenderamt wurde zunächst in früheren Eunuchenwohnstätten untergebracht.

[109] Zusammen mit XU GUANGQI hatte er unter Anleitung von MATTEO RICCI den EUKLID und andere mathematische und astronomische Schriften ins Chinesische übersetzt; VÄTH, S. 31; LEUNG, YUEN-SANG, *Towards a Hyphenated Identity: Li Zhizao's Search for a Confucian-Christian Synthesis*, in: Monumenta Serica, 39 (1990), S. 115-130; siehe a. BERNARD (1937), S. 363; FANG HAO, *Li Zhizao keshu kao* 李之藻刻書考, in: Dalu zazhi 31, Heft 11 (1965), S. 323-326.

[110] *Chouren zhuan*, j. 45, S. 581; HUMMEL (1943/4), S. 317, 452; ÜBELHÖR (1968), S. 229; DEHERGNE (1973), Nr. 749; ders. (1957), S. 98; STANDAERT (1988), S. 83.

[111] v. COLLANI (2016), S. 244.

[112] Von populärwissenschaftlicher Seite war die Möglichkeit einer Vergiftung des erst Vierundfünfzigjährigen aufgeworfen worden. „Musste er sterben, weil er Ideen ausplauderte, die in Rom von der Inquisition verfolgt wurden? Vergifteten ihn seine Ordensbrüder, weil er, statt in China zu missionieren, dort ketzerisches Wissen verbreitete"; RAINER K. LANGNER, *Kopernikus in der Verbotenen Stadt. Wie der Jesuit Johannes Schreck das Wissen der Ketzer nach China brachte*, Frankfurt a.M.: S. Fischer (2007), Klappentext.

[113] Nach P. LEONHARD LESSIUS S.J. (1554-1623), *De Providentia numinis et Animi immortalitate libri duo*; Bearbeiter: 1. Teil SCHALL, 2. Teil P. [(a35)]MARTINO MARTINI, Druck Jiangzhou (ca. 1629), 2 j.; siehe Teil 1.6.3.

[114] DEHERGNE (1957), S. 98, notiert als Datum den 17. Mai 1630. Siehe *Shunzhi shilu*, j. 5, S. 23b-24b; *Mingshi*, j. 31, nach QU ZHILIAN, S. 15.

in einer Eingabe vom 16. V. (26. Juni) 1630 ersucht, P. SCHALL und P. (a40)GIACOMO RHO, die sich in dieser Zeit in der Provinz Shaanxi bzw. Shanxi aufhielten, zur Revision des Kalenders nach Beijing zu beordern. Durch seine hervorragenden Kenntnisse auf diesem Gebiet genoß P. SCHALL einen guten Ruf bei der Obrigkeit, was in dieser Zeit auch in einer wachsenden Zahl christlicher Konvertiten unter den Beamten seine Widerspiegelung fand.

Der Kaiser stimmte bereits am 19. V. (29. Juni) zu[115]; denn er glaubte nach alter kosmologischer Tradition, daß der schleichende Niedergang des Reiches und die Abkehr vom rechten konfuzianischen Weg mit den Fehlern zusammenhängen könnten, die sich im Laufe der Zeit in die Berechnungen des staatlichen Kalenders eingeschlichen hatten und die nun das Wohlwollen des Himmels beeinträchtigten.

1631

P. SCHALL, der sich im **XII**. Monat (Jan. 1631) in Beijing aufhielt, riet wiederholt dazu, sich bei der Kalenderberechnung der westlichen Methode anzuschließen.[116]

Am 2. **VII**. (9. August), traf P. (40)RHO aus Kaifeng in Beijing ein. Seit dem 1. **X**. (25. Okt.) gelangen P SCHALL wichtige Beobachtungen mit dem Teleskop.[117] Auch beaufsichtigte er die Herstellung neuer astronomischer Instrumente.[118]

Mit den Erfolgen der westlichen Wissenschaften bei der Kalenderreform wuchsen trotz kaiserlicher Begünstigung Opposition und Neidgefühle der chinesischen, insbesondere der muslimischen Fachkollegen, die sich in der Folgezeit noch verstärkten[119]

Unter der Protektion von (a56)XU GUANGQI verfaßten und übersetzten ADAM SCHALL und GIACOMO RHO in dieser Zeit eine beträchtliche Anzahl Fachbücher – nachweisbar sind über 80 chinesische Titel, darunter das unter dem Jahr 1626 genannte, bekannte „Traktat über das Fernrohr". Durch ein

---

[115] SCHALL, Grabinschrift v. 16. XI. 1669, siehe Teil 1.6.4; *Zhengjiao fengbao* (1894), S. 15a; VÄTH, S. 85; ÜBELHÖR (1968), S. 229; FANG HAO (1970), S. 2; DEHERGNE (1973), S. 241; ROSS (1994), S. 165; LI WENCHAO (2000), S. 595.

[116] P. HOANG (1925), S. 88; ÜBELHÖR (1968), S. 229; *Qing tongjian* (A), S. 379.

[117] DUYVENDAK (1948), S. 322-323. Siehe Jahr 1626.

[118] Zu astronomischen Instrumenten siehe Jahr 1673, Beginn.

[119] KIRCHER (1667), S. 111; GRESLON (1671), Kap. II, S. 4 flg. etc.

solches Wirken gelang es den Missionaren, nicht nur das neue westliche Weltbild der Astronomie bekannt zu machen, sondern auch andere europäische Wissensgebiete, wie euklidische Geometrie, Hydraulik, Geodäsie, Kartographie, Bergbau, Mechanik, Schiffbau, Malerei, Musik, Uhren- und Instrumentenherstellung sowie Bronze- und Kanonenguß. Über einen vergleichbaren Umfang an Kenntnissen verfügte auch P. SCHALL.[120]

Zwischen den Jahren 1631 und 1635 präsentierte SCHALL und seine Mitarbeiter dem Kaiser das Werk *Chongzhen lishu*[121] 崇禎曆書, „Kalenderschriften der *Chongzhen*-Ära", in 5 Teilen, das später in mehreren Versionen unterschiedlichen Umfangs (zwischen 30 und 137 Heften) gedruckt wurde. Gleichzeitig wandte sich SCHALL mit seinem Werk *Xueli xiaobian*[122] 學曆小辯, *Brevis explicatio pro calendarii usu*, gegen die am 28. I. (28. Febr.) von WEI WENKUI 魏文魁 und WEI XIANGQIAN 魏象乾 publizierten kalenderkritischen Schriften *Liyuan* 曆元 und *Lice* 曆測.

1632

Im Jahre 1632 hielt SCHALL seine erste heilige Messe[123] in der Abgeschlossenheit des Kaiserpalastes und taufte dort ca. 10 Hofbedienstete und Eunuchen, darunter (76a)(JOSEPH) WANG 王 und (75a)PANG TIANSHOU[124] 龐天壽 (Taufname ACHILLEUS, 1588-1657), der ihm auch sonst am Hofe zuhilfe war. Er reichte eine neue Fassung des Kalenders in 30 *juan* (Heften) ein.[125]

---

[120] In einem kurzen Abschnitt seiner Schrift *Jiameng xuan congzhuo* aus der Zeit um 1800, Nachdruck S. 14, spricht Prinz YIGENG 奕賡 / YI GENG einige von P. SCHALLs Fähigkeiten an, indem er einige seiner gefertigten Produkte aufzählt: astronomische Instrumente und Kupferstelen, Schlaguhren, Fernrohre, gläserne Spiegel, Sprechröhren, Feuerbüchsen, Musikgeräte, mechanische Figuren. – YIGENG war der Enkel in 4. Generation des 16. KANGXI-Sohnes YINLU 胤祿(1695-1764); HUMMEL, S. 926. Auch wurde bekannt, daß Schall eine Klavierlehre verfaßte, die leider nicht erhalten ist.

[121] Siehe in Teil 1.6.3.

[122] Siehe in Teil 1.6.3. SCHALL, *Historica* (1658), n. BERNARD u. BORNET, S. 17: „senex quidam nomine Guéy".

[123] PFISTER, S. 164; HUANG SHIJIAN (1994), S. 448; TONG XUN (1999), S. 113.

[124] PFISTER, S. 164 u.ö.; VÄTH, S. 149; HUMMEL, S. 195. PANG wurde von P. ANDREAS KOFFLER (1612-1652, siehe in Teil 0.2) bekehrt. Er unterstützte später die *Ming*-Rebellen. P. (a35)M. MARTINI (1654, engl., S. 233) äußerte, er sei SCHALLs "chief favourit" gewesen, "the Eunuch, called Pang Achileus, who professeth Christianity". S. a. P. BOYM (1653), in: *Welt-Bott* T. 1, Nr. 13, 44.

[125] *Zhengjiao fengbao* (1894), S. 15b; VÄTH, S. 122.

1633

Im Jahre 1633 waren weitere Arbeiten am Kalender und an der Veröffentlichung mehrerer Schriften fällig, darunter im **VIII**. Monat an der Sternenkarte *Chidao nanbei liangzong xing quantu* 赤道南北兩總星全圖, die im Juli 1634 als kaiserlicher Druck erschien.[126]

Am 29. IX. (31. Okt.) richtete [a56]XU GUANGQI ein Gesuch an den Kaiser, ihn wegen schwerer Krankheit von seinen Ämtern zu entbinden. Als seinen Nachfolger als Leiter des Kalenderamtes, schlug er [a29]LI TIANJING[127] 李天經 (Taufname: PETRUS, 1579-1656; *jinshi* des Jahres 1603) vor, der sich jedoch als wenig durchsetzungsfähig erwies. XU GUANGQI verstarb am 7. X. (8. Nov.) 1633.[128]

In diesen Jahren versuchten die Patres SCHALL und RHO, chinesische Schüler zu gewinnen, die sie ohne Aufsehen unterrichteten.[129]

1634

Am 5. **I.** (2. Febr.) überreichten SCHALL und RHO ein europäisches Fernrohr an Kaiser [a59]YIZONG 毅宗 (*Tiancong* 天聰, reg. 1627-1644), mit dem dieser z.B. im Januar 1638 eine Sonnen- und eine Mondfinsternis beobachten konnte.[130] Etwa ein halbes Jahr danach präsentierte SCHALL neue astronomische Instrumente, wie einen Himmelsglobus, und je eine Armillarsphäre und horizontale Sonnenuhr sowie eine Darstellung der Planisphäre. Diese fanden zeitweise innerhalb des Palastgeländes Aufstellung.[131]

Unter dem neuen Direktor des Kalenderamtes [a29]LI TIANJING[132] wurde der erste Kalender nach europäischer Methode akzeptiert.[133] Am 10. **VIII**. (1. Sept.)

---

[126] d'ELIA (1959), S. 328-359; siehe Teil 1.6.3.

[127] VÄTH, S. 105: „Die Wahl des Dr. Petrus Li zum Direktor war keine glückliche. Er war ein guter Mann, besaß aber weder das Wissen noch die Tatkraft seines Vorgängers." P. SCHRECK war zeitweise sein Mitarbeiter. Siehe SCHALL, *Historica* (1658), n. BERNARD, BORNET, S. 27: „Doctor Ly Petrus"; HUMMEL, S. 488-489; GOODRICH, S. 1136, 1154; ÜBELHÖR (1968), S. 230; STANDAERT (1988). PAN JIXING (1991), S. 110.

[128] VÄTH, S. 104.

[129] VÄTH, S. 103.

[130] VÄTH, S. 105, 107.

[131] VÄTH, S. 105-106. Zu den astronomischen Instrumenten siehe Jahr 1673, Beginn.

[132] Siehe Jahr 1633.

[133] Die Grabinschrift für SCHALL (1669) gibt fälschlich 1636 an . Siehe Teil 1.6.4.

verfaßte SCHALL ein Schreiben bezüglich Kalenderkorrekturen[134], das dem Kaiser vorgelegt wurde.

Am 24. **XI**. (18. Dez.) wurde das enzyklopädische Kalenderwerk *Chongzhen lishu* unter Aufsicht von [a29]LI TIANJING weitergeführt.[135] SCHALL reichte weitere Kalenderschriften und auch astronomische Instrumente an den Hof ein[136] und verfaßte andere astronomische Schriften, wie *Xinfa liyin*[137]新法曆引 u.a., Karten des nördlichen und südlichen Sternhimmels (8 Blätter), dazu christliche Werke, wie *Zhenfu xunquan*[138]真福訓詮 etc.

1635

Im **IV**. Monat (Mai-Juni) 1635 wurden weitere Schriften an den Thron eingereicht, darunter die abschließenden Teile des erwähnten *Chongzhen lishu*.[139] Es entstanden zusätzliche 19 Texte.[140]

Nachdem sich [a56]XU GUANGQI[141] zuvor wegen militärischer Mißerfolge im Norden, u.a. in Eingaben von 1620 und V. 1621, mehrfach für die Ausstattung der Grenzarmeen mit Kanonen eingesetzt und empfohlen hatte, sich dabei der technischen Fachkenntnisse der in Beijing lebenden Missionare zu bedienen, unternahm man 1635, zwei Jahre nach XU GUANGQIs Tod, unter SCHALLs Anleitung die Herstellung von über 500 kleinen Kanonen.[142] Diese

---

[134] d'ELIA, *Fonti*, Bd. 2 (1949), S. 284.

[135] BERNARD (1938), S. 453-461; FANG (1970), S. 6; TONG XUN (1999), S. 111. Siehe Jahr 1631.

[136] *Zhengjiao fengbao* (1894), S. 15b-16a.

[137] Siehe in Teil 1.6.3.

[138] Siehe Teil 1.6.3.

[139] Siehe 1631, 1634; *Zhengjiao fengbao* (1894), S. 16a; BERNARD (1942); IANNACCONE (1997), S. 573-592.

[140] HUANG SHIJIAN (1994), S. 448.

[141] ÜBELHÖR (1968), S. 225-226.

[142] Eine Serie von 404 Kanonen wurde i. J. 1669 produziert. Zur Kanonenherstellung siehe: SCHALL, *Historica* (1658), n. BERNARD-BORNET, S. 81, Übers. MANNSEGG (1824), S. 119; *Da Qing huidian tu*, j. 100 (*wubei* 10); REMUSAT (1829), S. 220; HUC (1857), Bd. 2, S. 354 u.ö.; WERFER (1871), S. 26 u.ö.; PLATZWEG (1882), S. 227; BADDELEY, nach SPAFARIJ (1919), S. 345; PFISTER, S. 165; VÄTH, S. 57, 63, 96, 111-114 u.ö; BORNET (1946); *Qingshi yanjiu ji* 清史研究集,Bd. 4 (1986), S. 48-107; SHU LIGUANG (1994), S. 225-244; HUANG YILONG (1996,1), (1996,3); SUN XI, in: MALEK (1998), S. 691-700; TONG XUN (1999), S. 112; Di COSMO (2004), S. 144-145;

Aktion erregte den Widerstand des traditionsbewußten Kriegsministers CUI JINGRONG 崔景榮(1559-1631). Von Einheimischen *penchong* 噴銃, *huopao* 火炮, *shenwei pao* 神威炮 / *ferguwecuke horonggo boo*, die „wunderbar schrecklichen Kanonen", oder *hongyi pao* 紅夷炮, „Geschütze der roten [blondhaarigen] Ausländer"[143], von Europäern „Feuerschlünde" oder *Aenea tormenta*, „eherne Geschütze", genannt, bewiesen sie beim Einsatz ihre gute Durchschlagskraft. In der *Qing*-Zeit erhielten sie schmückende Beinamen wie „General", so bei Modellen wie *shenwei wudi dajiangjun* 神威無敵大將軍 etc. Die Beteiligung auf diesem Gebiet könnte SCHALL in Gewissenskonflikte gebracht haben. Er war jedoch an der Verfasserschaft einer Schrift zum Thema Gießen von Kanonen und Granaten beteiligt, *Huogong qieyao* 火攻挈要, auch *Zeke lu* 則克錄 genannt.[144]

1636

Nach einem geheimen kaiserlichen Befehl an das Kriegsministerium wurden im Jahre 1636 20 Kanonen, *paodan* 炮彈, mit einem Gewicht von je zwischen 300 und 1200 Pfund[145] in einer vor der Hauptstadt eingerichteten Werkstatt hergestellt.[146]

Am 11. **IV**. (15. Mai) desselben Jahres proklamierte sich HONG TAIJI (1592-1643), der Sohn des 1. Manju-Khans NURHACI (1559-1626), in *Mukden* zum Kaiser der neuen *Qing* 清 / *Daicing*-Dynastie.[147] Er erhielt den späteren Ehrennamen KUANWEN RENSHENG HUANGDI 寬溫仁聖皇帝 / GOSIN ONCO

---

v. COLLANI (2012), S. 73, und (2016), S. 239-240; ANDRADE (2016). GIOVANNI STARY behandelt in seinem Aufsatz (1994), S. 215-225, die heute in europäischen Museen (Rom, Berlin, Ingolstadt, Coburg, London, Wien Budapest) befindlichen, von P. VERBIEST in den Jahren 1682 und 1689 geschaffenen Kanonenrohre mit ihren Inschriften. Angeblich hatte VERBIEST 440, nach anderen Quellen ca. 470 Kanonen gegossen.

[143] Mit den „blonden Ausländern" sind meist die Holländer, *Helan* 荷蘭 / *Olan*, gemeint, deren Geschütze relativ früh in den Gesichtskreis der Chinesen kamen. Der Kaiser hatte angeblich in den 1620er Jahren oder erst im Winter 1629 durch XU GUANGQI und zwei christenfreundliche Abgesandte unter Vermittlung u.a. des portugiesischen Jesuitenpaters (a42) JOÃO (Tçuzu) RODRIGUES / LU RUOHAN 陸若漢 (1561-1632, seit 1594 in Macao, DEHERGNE, Nr. 706) bereits Kanonen, wahrscheinlich Beutestücke englischer Schiffe, aus dem portugiesischen Macao gekauft; ÜBELHÖR (1968), S. 228.

[144] VÄTH, S. 113, 243; siehe Jahr 1643 und in Teil 1.6.3.

[145] 1 *jin* 斤 = ca. 596 bis 604 gr.

[146] *Zhengjiao fengbao* (1894), S. 18a; TONG XUN (1999), S. 112. In anderen Quellen wohl irrtümlich auf das Jahr 1639 datiert.

[147] *Da Qing Taizong wen huangdi shilu*, j. 28, S. 17b-19; GIMM (2018,1), S. 16.

HÔWALIYASUN ENDURINGGE HAN und nannte sich im Ritualtext des Krönungszeremoniells, *Manzhou guo huangdi* 滿洲國皇帝, „Kaiser des Manjureiches". Mitten im Jahr beginnend, wählte man als Regierungsdevise *Chongde* 崇德 / *Wesihun erdemungge* (Mai 1636 bis 1643).

1637

Im Jahre 1637 beklagten sich Mitglieder des astronomischen Büros in einer Eingabe über die Verbreitung christlicher Ideen durch SCHALL.[148]

Im Zuge des Kontaktes mit anderen Mönchsorden wohnten zwei spanische Franziskanerbrüder, [(a2)]GASPAR ALENDA (gest. 1642) und [(a34)]FRANCISCO de la MADRE de DIOS (gest. 1657), anläßlich ihres Besuches in Beijing in der Jesuitenresidenz des P. SCHALL.[149]

Im V. Monat (Juni) wurde ein weiterer bronzener Himmelsglobus dem Kaiser als Geschenk überreicht.[150]

1638

Aufgrund seiner Verdienste wurde SCHALL und seiner Kirche im Jahre 1638 – nach anderen am 6. I. (8. Febr.) 1639[151] – eine kaiserliche Ehrentafel, *paibian* 牌匾, mit dem Text *qinbao tianxue* 欽褒天學 verliehen – eine Inschrift, die man als „kaiserliche" oder „respektvolle Verehrung der Himmelswissenschaft" sowohl auf die Astronomie wie die (westliche) Theologie beziehen kann. Später wurde dieser Akt als kaiserliche Anerkennung des Christentums als nicht-häretische Lehre ausgelegt.[152] Es folgte eine weitere Ruhmestafel des Ritenministeriums mit einem parallelen Text: *gongkan Xi He* 功堪義和, „Die Verdienste gleichen denen von XI HE"[153], und andere Ehrungen.[154]

---

[148] *Zhengjiao fengbao* (1894), S. 16b.

[149] Der angeblich unangemeldete Aufenthalt der beiden Franziskaner brachte SCHALL einige Probleme; VÄTH, S. 133; MENEGON, in: LIPPIELLO u. MALEK (1997), S. 236; TANG KAIJIAN, *Setting off from Macao*, Leiden: Brill (2015), S. 219.

[150] VÄTH, S. 107.

[151] VÄTH, S. 116; nach TONG XUN (1999), S. 113, 111, ohne Quellenangabe am 6. I. (8. Febr.) 1639; ebenso DOEPKEN (1982), S. 146.

[152] *Tianxue chuan'gai*, n. *Zhengjiao fengbao* (1894), S. 17a; PFISTER, S. 165; BERNARD, S. 36; HUANG SHIJIAN (1994), S. 448; ROSS (1997), S. 167.

[153] XI HE, verdienstvoller Astronom unter dem mythischen Kaiser YU; GILES, *Biogr. Dict.*, Nr. 676; siehe *Shujing*, J. LEGGE, Bd. III, S. 165.

[154] VÄTH, S. 116-117.

Am 15. III. (26. April) 1638 starb P. ⁽ᵃ⁴⁰⁾GIACOMO RHO. Aus diesem Anlaß spendete der Kaiser einen Geldbetrag. SCHALL erhielt monatliche Zuwendungen von 12 Taël.[155]

1639

Am 3. **VII.** (1. Aug.) reichte ⁽ᵃ²⁹⁾LI TIANJING[156]李天經 (1579-1656) die seit 1638 unternommene Übersetzung SCHALLs und anderer von GEORG AGRICOLAs (1494-1555) Standardwerk *De re metallica libri XII*[157], das – 1556 in Basel im Druck erschienen – P. ⁽ᵃ⁴⁸ᵃ⁾N. TRIGAULT i. J. 1621 aus Europa mitgebracht hatte an den Hof ein. Beteiligt waren neben ⁽ᵃ²⁹⁾LI TIANJING auch ⁽ᵃ⁵⁸⁾YANG ZHIHUA 楊之華 und ⁽ᵃ²³⁾HUANG HONGXIAN 黃宏憲. Nach Übergabe der Reinschrift an den Kaiser im Juli 1640 erschien das Werk in *Beijing* unter dem Titel *Kunyu gezhi* 坤輿格致, 3 j., im Druck.

Bei der Christianisierung von Angehörigen des Kaiserhofes, wie Palastdamen und Eunuchen, denen Taufnamen wie ACHILLEUS, AGATHA, AGNES, CÄCILIA, CYRENE, CYRIA, HELENA [158], ISABELLA, NEREUS, PROTUS, THEKLA, THEODORA etc. zugeordnet wurden, konnte man in diesen Jahren auf gute Erfolge zurückblicken. Etwa bis zu dieser Zeit wurden von P. SCHALL, unterstützt von dem christianisierten Eunuchen ⁽⁷⁵ᵃ⁾(ACHILLEUS) PANG TIANSHOU 龐天壽 (1588-1657) angeblich ca. 50 Palastdamen, über 50 Eunuchen und 140 Angehörige getauft.[159]

In diesem Jahr erschienen die Präsidenten aller 6 Ministerien zu einem ehrenvollen Besuch bei SCHALL und zeigten dabei sogar den Heiligenbildern in seinem Haus ihre Reverenz.[160]

1640

SCHALL wurde als Nachfolger von P. ⁽ᵃ³³⁾LONGOBARDO Superior der Pekinger Mission.[161]

---

[155] VÄTH, S. 116.

[156] Siehe Jahr 1633.

[157] Siehe a. Jahr 1626 und in Teil 1.6.3 unter *Kunyu gezhi*.

[158] Siehe *Lettre de l'imperatrice Helene au Pape*, datiert 11. XI. 1650; du HALDE (1736), S. 83-84.

[159] *Zhengjiao fengbao*, S. 10a-20b; PFISTER S. 164-165; CHAN (1982), S. 123 etc.

[160] VÄTH, S. 119-122, 149.

[161] DOEPKEN (1982), S. 146.

1.3 Die Zeit der Ming-Dynastie

Nach Begutachtung der bislang hergestellten Kanonen gab der Kaiser weitere Stücke in Auftrag.[162]

SCHALL wurde mit zwei Verdienstplaketten mit goldenen Schriftzeichen geehrt: *jia Ruowang caide* 嘉若望才德, „Lob für die Fähigkeit und Tugend des Adam Schall", und *song tianzhu jiao daoli zhenzheng* 頌天主教道理真正, „Lobpreis für die Lehre und Wahrheit des Christentums".[163]

Der Kaiser befahl SCHALL am 25. **III.** (15. Mai) 1640, das am Hofe befindliche europäische Musikinstrument bei dem mehrere Saiten gerissen waren, zu reparieren und die darauf angebrachte Inschrift zu übersetzen und zu deuten.[164] Das Instrument[165], war 1640 in einer Schatzkammer wiedergefunden worden. Es handelte sich hier wahrscheinlich um das mehrfach bezeugte, von P. (a41)MATTEO RICCI im Jahre 1601 dem Kaiser (a46)SHENZONG 神宗 (Wanli, reg. 1573-1620) präsentierte Tasteninstrument bisher unbekannter Konstruk-

---

[162] *Zhengjiao fengbao* (1894), S. 18a; QU ZHILIAN, S. 17.

[163] *Zhengjiao fengbao* (1894), S. 18b.

[164] So bezeugt in einem Schreiben vom 17. Mai 1640 des P. (a18)FRANCISCO FURTADO S.J. / FU FANJI 傅汎濟(1589-1653, aus Fayal, Portugal, seit 1625 in China; siehe Jahr 1643), der 1635 bis 1641 als Vizeprovinzial von China amtierte; siehe a. in Teil 1.2.3.

[165] Das Musikinstrument war von den Patres (a6)CATTANEO (siehe Teil 1.1.2, Jahr 1603) und (a39)PANTOJA (siehe Teil 1.1.1, Jahr 1583) im Mai 1600 nach Nanjing gebracht und danach dem Kaiser vorgeführt worden (siehe Teil 1.1.1, Jahr 1601). In dem Sammelwerk *Xu wenxian tongkao* 續文獻通考, j. 110, Ed. Shanghai: Wanyu wenku, S. 3780-3781, ist von einem „zweiundsiebzigsaitigen Instrument", *qishi'er xian qin* 七十二弦琴, von 3 Fuß Höhe und 5 Fuß Länge die Rede. Das präsentierte Instrument wird in anderen Quellen auch als *yaqin* 雅琴 (edles Saiteninstrument), *tiexian qin* 鐵弦琴 (Instrument mit eisernen Saiten), *qinqi* 琴器 (Saiteninstrument), *da xiyang qin* 大西洋琴 (großes europäisches Saiteninstrument), *fanqin* 番琴 (exotisches Instrument), *tianqin* 天琴 (göttliches Instrument) etc., in der zeitgenössischen europäischen Literatur u.a. als *Manicorde, Manucordium* (ungenau auch: *Monocordium*), *Gravicembale* oder *Epinette* bezeichnet. ATHANASIUS KIRCHER (1602-1680) erwähnt in seinem Werk *China monumentis* (1667), S. 118, unter RICCIs Geschenken von Büchern und astronomischen Instrumenten auch „musicam & fabricam Clavicymbali Europæi". Hierzu siehe PLATZWEG (1882), S. 226; BERNARD (1936), S. 8-10; PFISTER, S. 164-165; VÄTH, S. 124-125; d'ELIA, *Fonti*, Bd. 2 (1949), S. 132; ders., (1955), S. 132-134; Nr. 594-596, 43, 524; FANG HAO (1954), S. 888-892; GALLAGHER, S. 22; STANDAERT (2007), S. 99; GIMM (2015), S. 66-67, Anm. 220; URROWS, S. 23. Der chines. Text von RICCIs Eingabe vom 28. Jan. 1601, in der als Geschenke Heiligenbilder, geistliche Schriften, ein kostbares Kreuz, 2 Spieluhren, *ziming zhong* 自鳴鐘, eine Weltkarte und ein „clavecin européen", *xi qin* 西琴, aufgezählt sind, findet sich z. B. bei COUVREUR (1899), S. 80-83. Seit dieser Zeit sind in den Quellen öfter Importe oder Nachbauten europäischer Tasteninstrumente, meist transportable Cembali, Klavichorde und Portative (Standorgeln) als Bestandteile europäischer Tributgeschenke nachweisbar.

tionsart (Cembalo oder Klavichord) und Herkunft, bei RICCI auch *manicordio* genannt, dessen hölzerner Korpus mit Bibelversen (nach Psalm 150) in goldenen Lettern verziert war: *Laudate Dominum in cymbalis bene sonantibus, laudate nomen eius, in tympano et choro psallant...*[166]

SCHALL, der in den damals üblichen Wissensgebieten, darunter auch der Musik, wohlausgebildet war, unternahm die Reparatur angeblich zusammen mit dem chinesischen Jesuiten [a54a]XU FUYUAN[167] (Taufname: CHRISTOPH)徐復元(1600-1640). Er erwähnt die Neugestaltung des Instruments, x*iqin* 西琴, „westliches Saiteninstrument", auch in seiner Eingabe anläßlich der unten (Dez. 1640) genannten Präsentation von Geschenken. – SCHALL hatte in seinem Wohnsitz an der *Nantang*-Kirche[168] auch ein eigenes Tasteninstrument – vermutlich ein Klavichord – zur Verfügung.[169]

Vermutlich im Monat **Dez.** 1640 wurden mehrere der von P. [a48a]TRIGAULT von seiner Europareise 1615-1617 mitgeführten Gaben und Geschenke u.a. des Bayerischen Kurfürsten MAXIMILIAN I., des Großherzogs von Toscana COSIMO II., darunter ein ledergebundenes Album mit 48 Bildern zum Leben JESU[170], *Yesu xingji* 耶穌行跡, dem Kaiser präsentiert.[171] Die Verwendung von Abbildungen aus dem Leben JESU war seit IGNATIUS' *Exercitia spiritualia* (um 1522) ein bewährtes Mittel zur Förderung der Glaubensverbreitung. Weiterhin befanden sich unter den Geschenken Glockenspiele, kolorierte Wachsfiguren der heiligen drei Könige mit dem Jesuskind etc. und auch SCHALLS

---

[166] Nach einem spanischen Dokument von 1646: *Cantate Domino canticum novum* (aus Psalm 95); siehe CHAN (1981), S. 8; BERNARD (1936), S. 16.

[167] PFISTER, Nr. 59.

[168] Siehe Teil 1.4.1, unter Jahr 1650, 2. IX.

[169] Siehe in Teil 1.4.1, Jahr 1653, 2. I.

[170] HSIANG TA, S. 156-157, 159-161; VANDERSTAPPEN, S. 106; LOPES (2017). Teile der christlichen Abbildungen verwendete später 1663 YANG GUANGXIAN (siehe Teil 3.2.1) in seiner Schrift *Pixie lu* 闢邪錄, um JESUS als subversiven Rebellen hinzustellen und damit SCHALLs ‚Irrlehre' herabzuwürdigen; siehe Teil 1.4.1, Jahr 1663. Eine solche Bilderserie hatte um 1600 bereits MATTEO RICCI dem *Ming*-Kaiser überreicht. Frühe Abbildungen niederländischer Herkunft sowie lateinische Texte dazu fanden chinesischerseits schon in die bekannte Monographie *Chengshi moyuan* 程氏墨苑 von ca. 1605 (mehrere Ausgaben) Eingang.

[171] Näheres hierzu siehe in Teil 1.1.2.

Begleitschrift *Jincheng shuxiang* 進呈書像, *De Sancta Salvatoris Imagine libellus supplex ad imperatorem*.[172]

Geschenke für die kaiserliche Schatzkammer waren in China stets auch Symbole für die Unterwürfigkeit der fremden, als tributär empfundenen Staaten und gehörten zum eingefahrenen Ritual.[173] Durch die engen Kontakte der Missionare fanden umgekehrt auch die ersten chinesischen Kunstgegenstände und Antiquitäten ihren Weg nach Bayern.[174]

1641

Im Jahre 1641 wurde die vorerwähnte (1638) Ehrentafel *Qinbao tianxue* auch an Missionare in den Provinzen verteilt.

---

[172] Siehe SCHALL Schriftenverzeichnis, Teil 1.6.3 und STANDAERT (2007); *Zhengjiao fengbao* (1894), S. 18b-20a; PFISTER, S. 164; d'ELIA, *Fonti*, Bd. 2 (1949), S. 132; FANG (1970), S. 4; CHAN (1982), S. 123; TONG XUN (1999), S. 113; EIKELMANN (2009), S. 93-98; v. COLLANI (2012), S. 62, 72.

[173] Man versuchte dabei, den Vorlieben der Kaiser für bestimmte okzidentale Exotika, die sie seit P. (a41)MATTEO RICCI (s. o.) durch europäische Tributgeschenke kennengelernt hatten, entgegenzukommen, wie kostbare, kunstvoll ausgestattete Schlaguhren, *zeming zhong* 自鳴鐘, oder mechanische Musikgeräte, deren Einführung u.a. mit dem Missionar MICHELE RUGGIERI S.J. / LUO MINGJIAN 羅明堅 (1543-1606, aus Spinazzola, seit 1580 in China, DEHERGNE, Nr. 731) verknüpft ist, aber auch Schloßbauten, Heil- und Genußmittel, wie Theriak, Traubenwein und Schokolade oder barocker Kleidungsmode und Allongeperücken. Diese Gaben trugen dazu bei, eine Art *amacitia palatina*, „kaiserliche Freundschaft", zu begründen. Eine besondere Modeerscheinung der Zeit wurde das Sammeln von kunstvollen mechanischen Uhrwerken und Spieluhren europäischer Technik, der man in China Respekt zollte. SAVAGE-LANDOR (1901), Bd. 2, S. 333, spricht von einer "clock mania" der chinesischen Kaiser. Kaiser KANGXI ließ um 1680 eine palasteigene Uhrenwerkstatt einrichten, in der später Pater FRANZ STADLIN / LIN JIGE 林濟各 (1658-1740, aus *Zug*, Schweiz, seit 1707 in China; DEHERGNE, Nr. 815) tätig war. Kaiser QIANLONG, der für sein besonderes Interesse an kostbaren mechanischen Geräten bekannt wurde, besaß angeblich ca. 4000 Spieluhren. Er verfaßte Gedichte über Spieluhren; siehe eine Übersetzung bei C. IMBAULT-HUART, *La Poesie chinoise du XIV*ᵉ *au XIX*ᵉ *siècle. Extraits des poètes chinois traduit pour la première fois*, Paris (1886), S. 56-57 « Sur une pendule »; F. MASINI, in: LIPPIELLO u. MALEK (1997), S. 554. In der Folgezeit priesen manche Autoren, wie ZHAO YI 趙翼(1727-1814), die Kunstfertigkeiten westlicher Feinme–chaniker, die die der Chinesen an Präzision übertrafen; MENEGON (2014), ders. (2019); KR. KLEUTGHEN, *Chinese Occidenterie: The Diversity of „Western" Objects in Eighteenth-Century China*, in: Eighteenth-Century Studies, 47,2 (2014), S. 117-135; GIMM (2016), S. 116-117 etc
Das chinesische Interesse an westlichen ‚Kuriositäten' wurde von YANG GUANGXIAN (siehe Teil 3.2.1), dem "Chinese Enemy" der Jesuiten, dem Imponiergehabe der Missionare zugeschrieben und in seiner Schrift *Pixie lun* zu einem der Vorwürfe gegen sie aufgebauscht; NAVARRETE (1676), engl. (1704), siehe CUMMINS (1628), S. 247.

[174] MÜNSTERBERG (1894), S. 13-21.

Unter amtlicher Beobachtung wurde am 15. **IX**. (19. Okt.) eine Mondfinsternis[175] und am 1. X. (3. Nov.) eine Sonnenfinsternis[176] von den Missionaren vorausberechnet, deren Genauigkeit der Kaiser persönlich zur Kenntnis nahm.

1642

Im **XII**. Monat (Jan. 1642) erfolgte die Einreichung des Kalenders für das folgende Jahr.[177]

Im **VI**. Monat (Juli) wurde nach Beratung mit dem vom Kaiser entsandten Kriegsminister [(a8)]CHEN XINJIA[178]陳新甲(gest. 1641) weitere Unternehmen mit der Produktion von Kanonen beauftragt. Die von den Gießereien hergestellten ca. 20 Kanonen hatten ein Gewicht bis zu ca. 500 kg. und konnten vierzigpfündige Kugeln (Kaliber 16,9) abfeuern. Dazu entstanden 500 kleinere, transportable 60-Pfünder, genannt „Feldschlangen".[179] [(a32)]LIU ZONGZHOU[180]劉宗周(1578-1648), der damalige Direktor des Zensorenhofes, sprach sich gegen die Beteiligung SCHALLs aus.[181]

1643

Zusammen mit [(a24)]JIAO XU 焦勗 verfaßte SCHALL eine Schrift über Artillerietechnik, über die Herstellung von Schießpulver, Kanonen und Granaten, mit dem Titel *Huogong qieyao*[182]火攻挈要, 3 j.

Die diesjährige Sonnenfinsternis am 1. **III**. (18. April) wurde nach westlicher Methode richtig vorausberechnet.[183] Am 5. **VII**. (18. Aug.) wurde eine

---

[175] P. HOANG (1925), S. 149; TONG XUN (1999), S. 113.

[176] P. HOANG (1925), S. 89; UDÍAS (1994), S. 467.

[177] *Zhengjiao fengbao* (1894), S. 20b.

[178] Kriegsminister 1638 bis 1642, i. J. 1641 exekutiert; GOODRICH, S. 623.

[179] *Mingshi*, j. 166; QU ZHILIAN (1938), S. 18; BERNARD-BORNET (1942), S. 82, 84, 88; VÄTH, S. 111-114; NEEDHAM, Bd. 5 (1976), S. 240-241; DOEPKEN (1982), S. 145; WAKEMAN (1985), S. 77 (dort weitere Literatur); TONG XUN (1999), S. 112; Di COSMO (2004), S. 151; v. COLLANI (2012), S. 73.

[180] HUMMEL, S. 532-533; GOODRICH, S. 175 u.ö.

[181] A. CHAN, in: LIPPIELLO u. MALEK (1997), S. 460, Anm. 9.

[182] Siehe Jahr 1635 IV. und in Teil 1.6.3; ÜBELHÖR (1968), S. 228, Anm. 64; NEEDHAM (1976), S. 241; ders. (1986), S. 394.

[183] *Zhengjiao fengbao* (1894), S. 20b; *Qingshi gao*, S. 10019.

europäische Abteilung im Kalenderbüro eingerichtet – eine Forderung, die bereits 1640 der Vizeprovinzial ⁽¹⁸⁾FURTADO[184] gestellt hatte. Nach kaiserlichem Edikt vom **VIII.** Monat wurden Teile der neuen Kalenderschriften *Chongzhen lishu*[185] im Reich verbreitet und der neue Kalender für 1644, genannt *Datong lifa* 大統曆法, in Kraft gesetzt.[186]

Im **X.** Monat (Nov.) wurden SCHALL ehrenvolle Gaben in Form von erlesenen Speisen und Getränken präsentiert.

1644

Angesichts der schweren Auseinandersetzungen mit den z.T. übermächtigen Truppen des Rebellen ⁽ᵃ³¹⁾LI ZICHENG[187] 李自成 (1606-1645), der sich in der Provinz *Shaanxi* zum Herrscher einer neuen Dynastie *Da Shun* 大順 ausgerufen hatte, wurde SCHALL nach erfolgreichen Kampfhandlungen im **I.** Monat (Febr.) 1644 beordert, die beschädigten Kanonen zu reparieren.[188] Angeblich entwarf er dabei einen militärischen Strategieplan in Dreiecksform für die Verteidigung der Hauptstadt.

Der reformfreudige, jedoch schwache *Ming*-Kaiser ⁽ᵃ⁵⁹⁾YIZONG[189] 毅宗 (*Chongzhen*, reg. 1627-1644) ehrte SCHALL im **I.** Monat durch zwei eigenhändige Kalligraphien: *jingzhong* 旌忠, „Bekundung der Loyalität", und *chongyi* 崇義, „Verehrung der Rechtlichkeit".[190]

Geschwächt durch militärischen Aktionen, Rebellionen und Naturkatastrophen strebte das *Ming*-Reich unter seinem ohnmächtigen Kaiser sowohl wirtschaftlich wie kulturell seinem Untergang entgegen.[191]

---

[184] Siehe Teil 1.2.3; VÄTH, S. 111.

[185] Siehe in Teil 1.6.3; AN (1992), S. 79.

[186] v. COLLANI (2012), S. 70.

[187] HAUER, *Die vierte der Fünf großen Heimsuchungen Chinas,* in: Ostasiatische Zeitschrift, 11 (1923), S. 185-194, 261-281; ders., *Li Tze-cheng und Chang Hsien-chung, ein Beitrag zum Ende der Mingdynastie,* in: Asia Major, 2 (1925), S. 436-498; HUMMEL, S. 491-493.

[188] TONG XUN (1999), S. 112.

[189] Siehe die Jahre 1627, 1629; HUMMEL, S. 191-192.

[190] QU ZHILIAN, S. 29.

[191] PALAFOX, S. 32-33, 43; ÜBELHÖR (1968), S. 193, 198-200.

1.4 Die Zeit der *Qing*-Dynastie

> Die Mandschuren zeichnen sich vor anderen Stämmen der Tungusen durch schönen Körperbau aus, sind rauh und schmutzig, doch ehrlich und tapfer.
>
> *Brockhaus' Conversations-Lexikon*, 13. Auflage, Leipzig (1883).

1.4.1 Das Astronomische Amt

Das auf Vorläufern aus der Zeit um 1368 basierende Astronomische Amt[192] war in der *Ming*-Dynastie als *Liju* 曆局, „Kalenderinstitut", auf kaiserlichen Befehl im IX. Monat 1629 eingerichtet worden. Erst in der *Qing*-Dynastie wurde es unter dem Namen *Qintian jian* 欽天監 / *Kin tiyan giyan yamun*, „Amt der Himmelsverehrung", später nach der Sprachreinigung unter Kaiser QIANLONG (um 1730) manjurisch auch *Abka be ginggulere yamun* bekannt. Zunächst stand es unter der Leitung des vorgenannten [a56]XU GUANGQI[193] (1562-1633) und nach dessen Tod i. J. 1633 des [a29]LI TIANJING 李天經(1579-1659).[194] Unter manjurischer Herrschaft war es im inneren Palastviertel der Ministerien und Behörden[195] stationiert und mit seiner Wiederbegründung

---

[192] *Da Qing huidian* (Ausg. 1696), j. 161, Nachdr. S. 7737-7763; id. (Ausg. 1904), j. 77-81; SCHALL, *Historica*, Mskr. (1658), n. BERNARD, S. 21 u.ö.: „tribunalis mathematicus"; P. MARINI (1670), in: *Welt-Bott*, T. 1, Nr. 14, S. 46, Direktor des Amtes: „Mathematisch obrister Vorsteher"; *Welt-Bott*, No. 287, S. 9: „Stern-Guckerey"; [22]ADRIEN GRESLON S.J. / NIE ZHONGQIAN 聶仲遷 (1618-1696, ca. 1654 in China, DEHERGNE, Nr. 390), *Histoire* (1671), S. 3: « Tribunal des Mathematiques » ; d'ISLE (1765), S. 22, No. 64: « Kin-tien-kien, Tribunal des Mathématique »; GAUBIL (1765), S. 161, No. 75: « King thian kian, tribunal de l'astronomie; il est subordonné au tribunal des rites [*Libu*] » ; HUBRECHT (1928), S. 331-332; NEEDHAM, Bd. 3, S. 445; *Qing tongjian* (A), S. 3485; FANG, in: HUMMEL, S. 892; JAMI (2012) , S. 38-41 etc.
Die im Ersten historischen Aktenarchiv in Beijing, s. Teil 2.1.2, erhaltenen originalen Aktenmaterialien des Astronomischen Amtes, *Qintian jian dang'an* 欽天監檔案, die mir als Microfiches vorliegen, umfassen leider nur die Jahre 1715 bis 1908. Die sonstigen erhaltenen Aufzeichnungen beginnen, nach *Qingdai tianwen dang'an shiliao huibian* (1997), erst im Jahre 1677.

[193] Siehe in Teil 1.1.2, Beginn; CHAN, in: MALEK (1998), Bd. 1, S. 286.

[194] Siehe in Teil 1.3.3, Jahr 1633; VÄTH, S. 115.

[195] Dies ist der Bereich des heutigen „Platz des himmlischen Friedens"; damals westlich des Ministeriums für Ritualwesen, *Libu* 禮部, und nördlich des kaiserlichen Medizinamtes, *Taiyi yuan* 太醫院, gelegen; HUCKER, Nr. 3631; *Lidai zhiguan biao*, j. 3, S. 162. – Dieser heute bekannte Repräsentationsort südlich der ‚Verbotenen Stadt', *zijin cheng* 紫禁城, wurde nach dem nördlich davon gelegenen Palasttor, *Tian'an men* 天安門 / *abkai elhe obure duka*, benannt. Dieses Eingangstor zum Inneren der Palastanlage, das heute oft ungenau

1.4 Die Zeit der Qing-Dynastie

seit 1644 (außer in den Jahren 1658 bis 1663) der Verwaltung des Ritenministeriums, *Libu* 禮部, unterstellt.[196]

Nach offiziellen Angaben verfügte es um 1644 über 66 und i. J. 1670 über 94 chinesische Mitarbeiter, *tianwen sheng* 天文生.[197] Der Behörde standen jeweils ein oder zwei Direktoren, *jianzheng* 監正, im Rang 5A[198] vor – zu Beginn 1 Chinese, seit 1665 je 1 Manjure und Chinese oder 1 Manjure / Chinese und 1 Europäer – assistiert von 2 Vizedirektoren, *jianfu* 監副, im Rang 6A und oft noch 2 Assistenten, *zuo / you jianfu* 左右監副.[199]

Die Behörde gliederte sich in vier Zuständigkeitsbereiche[200] mit 4 Abteilungsleitern, *kezheng*[201] 科正 (meist 2 Manjuren, 2 Mongolen, evt. 1 Chinese) im Rang 6 B und variierender Beamtenzahl:

(1.) Kalenderabteilung, *shixian ke* 時憲科 oder *li ke* 曆科 / *erin forgon-i ton-i hontoho* / *Calendarii schola*, mit den Unterabteilungen: (a.) Frühlingsamt, *chunguan*[202] 春官, (b.) Sommeramt, *xiaguan*[203] 夏官, (c.) Herbstamt, *qiuguan*[204] 秋官, (d.) Winteramt, *dongguan*[205] 冬官. P. SCHALL hatte 1640 vorgeschlagen, innerhalb der Kalenderabteilung eine eigene europäische Sektion, genannt *xike*

---

mit „Tor des himmlischen Friedens" wiedergegeben wird, ist nach der als primär anzusehenden manjur. Namensform genauer als „Tor der Friedensstiftung / Pazifizierung durch den Himmel" aufzufassen – ein Name, der das harmonie- und friedensspendende Einwirken des Himmelsherrn auf Kaiser und Reich versinnbildlicht.

[196] HUCKER, Nr. 3630; *Da Qing huidian* (1690), j. 161, S. 1a-b.

[197] *Da Qing huidian* (1690), j. 161, S. 7a. Nach anderen Angaben verfügte SCHALL angeblich über 56 Mitarbeiter; BERNARD (1938), S. 506-513.

[198] Seit 1667 erhöht auf Rang 3A. In offiziellen Dokumenten wird das Direktorenamt auch als *zhangyin guan* 掌印官 / *doron jafaha hafan*, „siegelverwaltender Beamter", bezeichnet; HUCKER; Nr. 219, 801.

[199] Siehe a. WITEK (1994), S. 515.

[200] VÄTH, S. 158, 270-273 u.ö.

[201] HUCKER, Nr. 7783.

[202] HUCKER, Nr. 1525.

[203] HUCKER, Nr. 2296.

[204] HUCKER, Nr. 1324.

[205] HUCKER, Nr. 7438.

西科, einzurichten, was ihm jedoch nicht gelang.[206] Angestellt waren u.a. ein chinesischer Schriftbeamter, *sishu*[207] 司書, mehrere Fachgelehrte *boshi*[208] 博士 (zeitweilig 4 bis 6 Manjuren, 2 Mongolen, bis ca. 24 Chinesen) im Rang 9 und dazu Kandidaten der Astronomie, *tianwen sheng* 天文生 (zeitweilig 8 Manjuren, 4 Mongolen, 50 Chinesen).

Die Kalenderabteilung war für die Berechnung der astronomischen Zeiteinteilung verantwortlich, wie die der 24 Lunarperioden, der 5 Jahressaisons und der Bestimmung der günstigen und ungünstigen Zeiten für kaiserliche Aktionen und Ritualien. Zu den Hauptaufgaben zählte auch die Erstellung des jährlichen Kalenders in mehreren, meist 2, zeitweilig bis zu 5 unterschiedlichen Ausführungsarten.[209]

(2.) Astronomische Abteilung, *tianwen ke* 天文科 / *abkai šu-i hontoho*, auch zuständig für das Himmelsobservatorium, *Guanxiang tai*[210] 觀像臺, später *Tianwen tai* 天文臺. Bis zum Jahre 1673 hatte P. VERBIEST[211] (1623-1688) eine neue Serie von Instrumenten geschaffen, für die der Leiter des Observatoriums, *lingtai lang*[212] 靈太郎, im Rang 7B mit seinen Mitarbeitern (zeitweilig 2 Manjuren, 1 Mongole, 5 Chinesen) verantwortlich waren.

Soweit bekannt unterstanden der Abteilung je ein (a.) Büro für astronomische Berechnungen, *baozhang zheng*[213] 保章正, meist besetzt mit 2 Chinesen im Rang 9; und (b.) Büro für astronomische Beobachtungen, *jianhou* 監侯[214], mit meist 1 Chinesen im Rang 9. Außerdem hatte man dort Registraturen und Lehrinstitutionen eingerichtet mit Fachgelehrten, *boshi* 博士 / *bithesi* (zeitweilig 3 Manjuren, 2 Chinesen), im Rang 9 und Kandidaten der Astronomie, *tianwen sheng* 天文生 (zeitweilig 2 Manjuren, 30 Chinesen).

Die Abteilung war für die Himmelserscheinungen und für die verschiedenen astronomischen und auch meteorologischen Beobachtungen und Vorher-

---

[206] Nach einem Brief vom Nov. 1640 an P. FRANCISCO FURTADO (siehe in Teil 1.2.3); NEEDHAM, Bd. 3, S. 449.

[207] HUCKER, Nr. 5769.

[208] HUCKER, Nr. 4746.

[209] Siehe in Teil 3.1.3.

[210] Siehe Jahr 1673, Beginn.

[211] Siehe Jahr 1660, 2. V.

[212] HUCKER, Nr. 3774.

[213] HUCKER, Nr. 4452.

[214] HUCKER, Nr. 824.

1.4 Die Zeit der Qing-Dynastie

sagen sowie für die Deutung himmlischer Phänomene und außergewöhnlicher Naturerscheinungen, wie Kometen, Sonnenflecken, Erdbeben usw., zuständig.

(3.) Abteilung der Klepsydren / Wasseruhren[215], *Louke ke* 漏刻科/ *erin tuwara hontoho*. Diese hatte für die rechte Zeitbestimmung und Festlegung der Kulte und Feiern zu sorgen und führte insbesondere auch Bestimmungen nach geomantischen, *fengshui* 風水/ *fung šui*, Prinzipien durch.

(4.) Mohammedanische Abteilung, *Huihui ke* 回回科/ *hoise hontoho*. Diese war ein 1398 gegründetes Relikt aus früheren Zeiten, das die muslimische Tradition der auf der Mongolenzeit basierenden Hofastronomie pflegte und speziell für die Berechnung der Sonnen- und Mondfinsternisse zuständig war. Diese Abteilung wurde angeblich 1657 von Schall aufgelöst.[216]

Zu den wichtigen Aufgaben[217] des Astronomischen Amtes insgesamt zählten:

(a.) Kalendererstellung, *xianshu* 憲書; jedes Jahr wurde am 1. Tag des II. Monats ein für das folgende Jahr gültiger Kalenderentwurf den Behörden eingereicht, auf dessen Grundlage im XI. Monat gedruckte Exemplare in unterschiedlichen Ausgaben (in manjur, chines., mongol. Sprache) entstanden.[218]

(b.) Naturkundliche und astronomische Beobachtungen und Untersuchungen, wie z. B. die Festsetzung des Frühlingsanfangs und die Berechnung der Sonnen- und Mondfinsternisse, die fünf Monate vor dem Ereignis dem Kaiser anzukündigen waren, sowie die Inspektion und Bewertung der Wetter- und Himmelsphänomene etc.

(c.) Astrologisch-mantische Bestimmungen der glückverheißenden Zeiten für wichtige Staatsereignisse, wie Kriegsbeginn, Hofritualien, kaiserliche Inspektionsreisen, Bau offizieller Gebäude und kaiserlicher Grabanlagen etc.

Von den wissenschaftlichen Erfolgen P. SCHALLs als Direktor der kaiserlichen Astronomie in den Jahren 1644 bis 1665 befördert, begann in der Folgezeit eine Ära der Jesuiten in leitenden Stellen des Astronomischen Amtes. Auf P. SCHALL folgten ca. 20 europäische Missionare / Wissenschaftler.[219]

---

[215] HUCKER, Nr. 3833.

[216] *Qingshi gao*, j. 272, Neuausgabe, S. 10021.

[217] *Da Qing huidian*, j. 77-81; NEEDHAM, Bd. 3, S. 445; DEHERGNE (1973), S. 307-308; *Qing tongjian* (A), S. 3485; HUMMEL, S. 892.

[218] Näheres siehe in Teil 3.1.3.

[219] Die folgenden Angaben zu den im 17. bis 18. Jahrhundert im Astronomischen Amt tätigen Ausländer sind hier allein nach chinesischen Quellen zusammengestellt; siehe den Aufsatz von PU SHUREN (1978), ausführlich auch bei QU CHUNHAI (1997), S. 45-71:

ADAM SCHALL von Bell S.J. / TANG RUOWANG 湯若望 (aus Köln, 1592-1666), Direktor von 1644 bis 1665.
FERDINAND VERBIEST S.J. / NAN HUAIREN 南懷仁 (aus Pitthem, Niederlande, 1623-1688), von 1669 bis 22. I. 1688 für das Kalenderwesen zuständig, seit 1671 Direktor.
FILIPPO GRIMALDI S.J. / MIN MINGWO 閔明我 (aus Piemont, 1638-1712), von 1688 (nach chinesischen Quellen: 5. VIII. 1694) bis 14. XI. 1711 für das Kalenderwesen zuständig.
TOMÉ PEREIRA S.J. / XU RISHENG 徐日昇 (aus Portugal, 1645-1708) und
ANTOINE THOMAS / AN DUO 安多 (aus Namur, 1644-1709) wirkten in derselben Zeit vom 16. III. 1688 bis 5. VIII. 1694 in derselben Abteilung.
KASPAR KASTNER S.J. / PANG JIABIN 龐嘉賓 (aus München, 1665-1709) war ca. 1707 bis 1709 im Astronomischen Amt tätig; in chinesischen Quellen bislang nicht nachgewiesen.
KILIAN STUMPF S.J. / JI LI'AN 紀裡安 (aus Würzburg, 1655-1720) war vom 14. XI. 1711 bis 18. I. 1720 für die Kalenderabteilung tätig.
IGNATIUS KOEGLER S.J. / DAI JINXIAN 戴進賢 (aus Landsberg am Lech, 1680-1746) war vom 18. I. 1720 bis 16. III. Schaltmonat 1745 am Astronomischen Amt tätig.
ANDRÉ PEREIRA S.J. / XU MOUDE 徐懋德 (aus Porto, 1689-1743), ca. XII. 1728 bis 21. XII. 1743 Vizedirektor.
AUGUST v. HALLERSTEIN S.J. / LIU SONGLING 劉松齡 (aus Ljubljana, 1703-1774) war seit dem 21. XII. 1743 und ab 4. V. 1746 bis 4. X. 1774 Vizeabteilungsleiter.
ANTON GOGEISL S.J. / BAO YOUGUAN 鮑友管 (aus Siegenburg, 1701-1771) war seit 4. V. 1745 bis 17. IX. 1771 Vizeabteilungsleiter.
ÉTIENNE ROUSSET S.J. / ANTAI 安泰 (aus Nevers, 1689-1758), um 1750, nicht in chinesischen Akten registriert.
FELIX da ROCHA S.J. / FU ZUOLIN 傅做霖 (aus Lissabon, 1713-1781) war seit 20. V. 1753 bis 30. V. 1781 u.a. Vizeabteilungsleiter.
JOSÉ de ESPINHA S.J. / GAO SHENSI 高慎思 (aus Portugal, 1722-1788), seit 17. XI. 1771 bis 14. XI. 1787 am Astronomischen Amt.
ANDRÉ RODRIGUES S.J. / AN GUONING 安國寧 (aus Portugal, 1729-1796), seit 20. XI. 1774 bis 5. V. 1795 am Astronomischen Amt.
JOSÉ BERNARDO de ALMEIDA S.J. / SUO DECHAO 索德超 (1728-1805), seit 18. VI. 1781 bis 2. XI.1805 am Astronomischen Amt.
ALEXANDRE de GOUVEIA S.J. / TANG SHIXUAN 湯士選 (1751-1808), 14. XI. 1787 bis 5. V. 1795 rechter Vizedirektor; 5. V. 1797 bis 16. XI. 1805 linker Vizedirektor.
— Nach der Aufhebung des Jesuitenordens durch Papst CLEMENS XIV. im Jahre 1773 übernahmen Lazaristen- (Vinzentiner-) Missionare der *Congregatio Missionis* C. M. / *qianshi hui* 遣使會 diese Aufgaben:
NICOLAS JOSEPH RAUX C.M. / LUO GUANGXIANG 羅廣祥 (1754-1801), um 1795-1801 am Astronomischen Amt tätig.
DOMINGOS-JOAQUIM FERREIRA C.M. / FU WENGAO 福文高 (1758-1824), von 1801 bis 1823 tätig.
JOSÉ NUNEZ RIBEIRO C.M./ LI GONGCHEN 李拱臣 (1767-1826), 16. XI. 1805 bis 12. II. 1808 rechter Vizedirektor; 12. II. 1808 bis 18. V. 1823 linker Vizedirektor; 18. V. 1823 bis 10. XII. 1826 Leiter der Kalenderabteilung.
VERISSIMO MONTEIRO da SERRA C.M./GAO SHOUQIAN 高守謙 (gest. 1852), 12. II. 1808 bis 6. VII. 1823 rechter Vizedirektor; 6. VII. 1823 bis 5. V. 1826 linker Vizedirektor. – Als letzter in dieser Reihe wirkte der portugiesische Missionar
GAETANO PIRÈS-PEREIRA C.M. / BI XUEYUAN 畢學源 (1763-1838), nachweisbar vom 6. VII. 1823 bis 12. X. 1826.

1.4 Die Zeit der Qing-Dynastie

1.4.2 Die Jahre 1644 bis 1664

1644

Das Umbruchsjahr 1644 brachte Rebellionen, Krieg und Elend für das chinesische Volk. Ursachen für den Niedergang waren die zunehmende Schwäche des Reiches, entstanden u.a. aus der Armut des Volkes[220] und der nachlassenden Militärkraft.[221] Die im **III.** Monat sich ausbreitende Rebellenherrschaft des vorgenannten (a31)Li Zicheng bot den Anlaß, zur Bekämpfung auf Anregung des *Ming*-Befehlshabers (a54)Wu Sangui[222]吳三桂 (1612-1678) die Manjutruppen aus dem nördlichem Grenzland als Entsatzheer anzufordern. Doch Wu plagten Zweifel, ob er damit „Tiger in das Reich hereingelassen hatte, um Hunde zu vertreiben."[223] Offenbar hielt man die Kampfunterstützung durch den Jahrhunderte hindurch dem Kaiser tributär untergebenen Volksstamm der Manjuren, deren militärische Tatkraft[224] in gutem Ruf stand,

---

[220] Als etwa zeitgenössisches Dokument sei hier eine Briefstelle des P. Francois-Xavier Dentrecolles / Yin Hongxiu 殷弘緒(1664-1742, seit 1699 in China; Dehergne, Nr. 245) vom 19. Okt. 1720 herangezogen:
  „Die Sineser vermehren sich sehr, und pflegen dernwegen arm zu werden. Es ligt die Ehr eines Vatters daran, daß er seine Kinder alle verehliche und aussteure. Die erste Pflicht eines Sohns bestehet in dem, daß er seinen Stamm fortpflantze. Darum seynd in China so viel Kebsweiber und ein so bittere Armuth."

[221] Dazu Jean-Baptiste Grosier (1743-1823), in: *Allgemeine Beschreibung des Chinesi–schen Reichs*, Frankfurt: Fleischer (1789), Bd. 2, S. 302, nach damaliger Einschätzung
  … „der Tatar übertrifft den Chineser nicht nur in den Waffen, er kann sich auch in allen übrigen Dingen mit ihm messen"; denn … „die Sineser […] haben selber nicht Noth, indem sie ein lauteres phlegmatisches Volk seynd…"
Siehe auch Gottfried Xaver v. Laimbeckhoven S.J. (1707-1787; seit 1736 in China; Dehergne, Nr. 446) in einem Brief an seine Mutter vom 14. 9. 1741; *Welt-Bott*, Nr. 673, S. 37.

[222] Hauer, *General Wu San-kuei*, in: Asia major, 4 (1927), S. 563-611; Hummel, S. 877-880.

[223] Martini (1654), engl. Ausgabe, S. 95:
  „Usangueius [Wu Sangui], thirsting nothing but revenge, admitted all conditions, little thinking (as the *Chinese* say) that he brought in *Tygers to drive out Dogs.*"
Ähnlich bei J. C. Wagner (1689), Teil 4, S. 15.

[224] Der zweite manjurische Herrscher Hong Taiji (reg. 1627-1644) hatte am 13. XI. 1636 sein Volk ermahnt, die Stammestradition stets zu bewahren und das Bogenschießen zu Fuß und zu Pferde (*gabtambi, niyamniyambi*) nicht zu vernachlässigen, um nicht der chinesischen Art [des Wohllebens] zu verfallen:
  amaga jalan-i juse omosi fe doro be waliyafi gabtara niyamniyara be onggofi nikan-i doro be dosirahô seme olhongge kai.
Stets galt es, die alten manjurischen Prinzipien, *manjusai fe doro*, – die Miissionare nennen es „die tartarischen Sitten"– zu bewahren, d. h. die Muttersprache zu pflegen und Körperertüchigung zu üben.

für weniger gefährlich als die Gewaltherrschaft durch einen rebellierenden Heerführer.[225]

Aus Verzweiflung über die sich zuspitzende Situation hatte der seit 1627 regierende letzte Kaiser der *Ming*-Dynastie, [(a59)]YIZONG 毅宗(1611-1644), den SCHALL mit warmen Worten würdigte[226], sich bereits am 19. III. (25. April) das Leben genommen. Vorher hatte er der Überlieferung nach als Ermahnung an seine Widersacher mit Blut geschrieben:

> *wu hai wo min. wu yong wo chen* 勿害我民.勿恖我臣[227]
> „Schadet nicht meinem Volk, verschleißt nicht meine Beamten!"

Die manjurische Armee mit damals ca. 120.000 Kriegern[228] und 60.000 Söldnern anderer Völker erhob sich am 9. IV. (14. Mai) des Jahres 1644 unter dem späteren Regenten, *shezheng* 攝政, Fürst [(a12)]DORGON / DUOERGUN[229] 多爾袞, „Dachs" (1612-

---

[225] PALAFOX Y MENDOÇA führt in diesem Zusammenhang eine alte Prophezeiung ins Feld, nach der das Reich durch Fremde mit blauen Augen erobert werde. Man vermutete hier zunächst, die kriegerischen Eroberungsabsichten der Holländer oder Engländer zu erkennen, glaubte jedoch dann, die Manjuren mit Kaiser FULIN, dem man blaue Augen andichtete, zu sehen; PALAFOX y MENDOÇA (1671), franz. Übers. (1723), S. 319-323; weiteres s. KLEY (1976), S. 24 u. Anm.16.

[226] SCHALL, *Historia*, S. 205, nach VÄTH, S. 139:
> „So starb eines unwürdigen Todes dieser Monarch, der vielleicht der größte der Welt war und an Güte des Charakters keinem nachstand, ohne Gefährten, von allen verlassen, im Alter von 36 Jahren, ein Opfer seiner Unklugheit. [...] Obgleich der Kaiser, zu meinem Schmerz, mir nicht folgte, als ich ihm den Weg des Heils zeigte, so verdient er doch deshalb unser Mitleid, weil er das Christentum, das unter seinem Großvater nach China und an den Hof gebracht wurde, nicht nur bestehen ließ, sondern sogar lobte und förderte, zum größten Nutzen seiner Untertanen.".

[227] SCHALL, *Historica*: „*ue hai ngo min, ue jum ngo chin*", MANNSEGG, S. 145. – Statt 恖 wäre vielleicht auch 庸 möglich. Siehe dazu J. C. WAGNER (1689), Teil 4, S. 13:
> „[Der Kaiser] schrieb mit eigenem Blut ein Brieflein an den Licungzum [LI ZICHENG]; klagte darinnen die Beamten ihrer schändlichen Untreue und Meineidigkeit an; bat hingegen vor die Unterthanen / dieser nemlich zu schonen / jene aber als verrätherische Böswichter abzustrafen / und wünschte benebens Licungzo Glücke zum Reich / welches der Himmel ihme gegönnet."

[228] WAKEMAN, Bd. 1, S. 301 flg. Nach anderen Angaben soll die Militärmacht aus insgesamt ca. 250.000 Kämpfern bestanden haben.

[229] DORGON, den die Missionare AMAVANGUS, AMAWANG, „Väterchen Prinz" (manjur. *ama*, „Vater") oder PAT(O)ROCUM, PATOUROUKONG, PAT(O)ROGUNGUS o.ä. (aus < manjur. *baturu*, mongol. *bayatur*, Held + chines. *gong* 公) nannten, war der 14. Sohn des manjurischen Gründerkhans NURHACI (1559-1626) und erster Fürst von *Rui, Rui qinwang* 睿親王; BRUNEM, S. 130, GOLVERS, S. 183. Neben JIRGALANG (1599-1655) wurde er Regent für den damals noch min-

1.4 Die Zeit der Qing-Dynastie

1650) von der manjurischen Hauptstadt Mukden aus, die später im Laufe der *Qing*-Herrschaft den Rang einer sekundären oder subsidiären Hauptstadt, *pei du* 陪都, erhielt. Die manjurischen Truppen durchquerten die Große Mauer, okkupierten seit dem 2. V. (6. Juni) 1644 Beijing – damals die größte Stadt der Welt, nahmen sie ein und verschanzten sich zunächst in der Nordstadt.[230] Als Fazit stellte DORGON am Ende seines Ediktes vom 4. V. (8. Juni) beschönigend fest:

> „Die Beamten und das Volk waren hocherfreut und alle priesen die Menschlichkeit und das Pflichtbewußtsein unserer erhabenen [manjurischen] Dynastie, deren Ruhm sich auf zehntausend Generationen verbreiten wird."[231]

Aus den manjurischen Eingreiftruppen entstanden die fest stationierten Garnisonen, *zhufang* 駐防 / *seremšeme tehe ba*, die sich über das Land verteilten.

Sogleich nach Ankunft des Regenten im V. Monat präsentierte SCHALL dem Kaiserhof mehrere astronomische Instrumente, darunter ein Fernrohr, *wangyuan jing* 望遠鏡, vermutlich in der Absicht, damit auf seinen Wunsch zur Weiterführung seiner Aufgabe am Astronomischen Amt hinzuweisen und dieses Sachgebiet keinesfalls zu vernachlässigen.[232] In einer Eingabe an den Regenten vom 11. V. (15. Juni), in dem er sich vorstellte:

> 臣自大西洋八萬里航海來京[…]專以昭事上帝闡揚天主聖教為本.
> „Ich bin 80.000 Meilen zu Schiff aus Europa nach Peking gekommen [...], um auf der Grundlage, das Christentum zu verbreiten, dem Kaiser zu dienen"[233],

---

derjährigen Kaiser FULIN; E. HAUER, *Prinz Dorgon,* in: Ostasiatische Zeitschrift, N. F. 2 (13), 1925, S. 9-56; FAVIER, S. 141, 148 u. ö.; HUMMEL, S. 215-219; CHEN JIEXIAN, Heft 2, S. 117-123.

[230] Näheres über die Eroberung von Beijing siehe HAUER (1926), S. 580 flg.; VÄTH, S. 146-147; WAKEMAN, Bd. 1, S. 225-318; KLEY (1973); GIMM (2018, 1), S. 12-20 etc.

[231] *Huang Qing Kaiguo fanglüe*, HAUER (1926), S. 587.

[232] SCHALL, *Historica* (1665), S. 101, Übers. v. MANNSEGG (1834), S. 211: „Die östlichen Tartaren aber, nämlich eben diejenigen, welche jetzt über China herrschen, waren mehr an den Krieg und den Fischfang, als an die Beobachtung der Gestirne gewöhnt."

[233] FANG HAO (1969), S. 2. Ähnlich bemerkte SCHALL in einer späteren Throneingabe siehe Teil 5.2.5, Dok I., [146.], daß er nur deshalb aus dem Fernen Westen gekommen sei, „um die Lehre des Himmelsherrn zu verbreiten", *wargi ci dergi baru jihengge. daci tiyan ju-i tacihiyan be selgiyeki.*

ersuchte SCHALL, die begonnene Kalenderrevision[234] fortführen zu dürfen und bat darum, die astronomischen Instrumente, die Kalender-Druckplatten, die aus Europa eingeführten Bücher, ca. 3.000 an der Zahl, sowie das Kircheneigentum zu schützen und zu bewahren. Auch bat er, in der nahe dem *Xuanwu* Tor 宣武門/ *Horon be algimbure duka* gelegenen Kirche, später *Nantang*[235] 南堂 genannt, weiterhin das Evangelium verkünden zu dürfen.[236] Bereits einen Tag später, am 12. **V.** (16. Juni), verkündete DORGON in einem manjusprachigen Edikt, das später an der Kirchentüre angeheftet wurde, sein Einverständnis.[237]

Am 23. V. (27. Juni) und auch am 22. (25. Juli) und 26. **VI**. (29. Juli) folgen weitere Eingaben SCHALLs mit der Bitte, die Kalenderrevision[238] nach westlicher Methode fortführen zu dürfen, worauf das Ritenministeriums am 2. **VII**. (3. Aug.) mit einem Gutachten[239] betr. Vollendung der Kalenderrevision für das Jahr 1645 reagierte. Auch ersuchte SCHALL um die Reparatur der durch Banditen beschädigten astronomischen Instrumente. Der Kalender, seitdem *shixian li* 時憲曆/ *erin forgon-i hôwangli* genannt, wurde vom Ritenministerium

---

[234] HUC (1857), T. 2, S. 392 « Cette heureuse coïncidence de la réforme du calendrier avec la fondation de l'empire tartare Mantchou donnait au P. Schall une grande célébrité. »

[235] Näheres siehe Jahr 1650, 2. IX.

[236] *Zhengjiao fengbao* (1894), S. 21b; VÄTH, S. 148, 242; FANG HAO (1969), S. 2; ders., (1970), S. 7; ZHANG LI (1987), S. 55-58; AN (1992), S. 79; A. CHAN, in: LIPPIELLO u. MALEK (1997), S. 478, Anm. 9; TONG XUN (1999), S. 114-115; v. COLLANI (2010), S. 78 etc.

[237] *Zhengjiao fengbao* (1894), S. 22a; VÄTH, S. 145; BERNARD (1945), S. 361; ZHANG LI, S. 56-58.

[238] *Zhengjiao fengbao* (1894), S. 23a; TONG XUN (1999), S. 115; Abb. der Eingabe in *Ming Qing dang'an*, Serie I, S. 44, Nr. 113; *Qingshi gao*, S. 10019:
„Ich bin im 2. Jahre *chongzhen* [1629] der *Ming*-Dynastie in die Hauptstadt gekommen und habe den alten Kalender anhand der europäischen neuen Methode korigiert. Ich habe Meßinstrumente für Sonne, Mond und die Gestirne sowie verschiedene Geräte zur Zeitmessung und Beobachtung konstruiert, die neuerdings Opfer von Raub und Zerstörung geworden sind. Ich beabsichtige, sie neu restauriert zu präsentieren. Zuvor habe ich nach der neuen Methode für die am 1. Tag des VIII. Monats [1. Sept. 1644] eintretende Sonnenfinsternis Zeitdauer und Position in der Hauptstadt sowie die unterschiedlichen Werte für die verschiedenen Provinzen berechnet, die ich hier zur kaiserlichen Beachtung einreiche."

[239] In der Missionsliteratur *Libellum supplex*, Bittgesuch, genannt; VÄTH, S. 93.

1.4 Die Zeit der Qing-Dynastie

verteilt.²⁴⁰ Es folgte die Voraussage einer partiellen Sonnenfinsternis für den 1. VIII. (1. Sept.).²⁴¹

SCHALL meldete in einer Eingabe vom 9. VII. (10. Aug.) den Abschluß der Reparatur astronomischer Instrumente, darunter Himmelsglobus, Gnomon, Sonnenuhr, und eines Fernrohrs, *kuiyuan jing* 窺遠鏡, sowie die Übergabe von Landkarten und Fachbüchern.²⁴² Zwei dieser Instrumente mit der Inschrift SCHALLs befinden sich noch heute im Palastmuseum; darunter die kunstvolle Tischsonnenuhr, datiert VII. Monat, „an einem glücklichen Tag", mit der Widmungsinschrift *xiuzheng lifa yuanchen* chen *Tang Ruowang zhi* 修政曆法遠臣 臣 湯若望製, „Zur Kalenderrevision vom Untergebenen aus der Ferne Untertan Adam Schall hergestellt."²⁴³ Am 19. VII. (20. Aug.) folgte eine weitere Eingabe SCHALLs, die astronomische Fragen betraf.²⁴⁴

---

²⁴⁰ *Shunzhi shilu*, j. 6, S. 2a/b; *Qingchao rouyuan ji* (1880), j.1, S. 1; *Qing tongjian* (A), S. 706; *Qingshi gao*, S. 10020:

„[DORGON] antwortete ‚Die Verwaltung des Kalenders und die Bestimmung der Zeiten wurde von den [alten] Kaisern und Königen für bedeutsam erachtet. Der nach der neuen Methode korrigierte Kalender soll, um ehrfurchtsvoll den Segen des Himmels zu gewinnen, den Namen *Shixian li* 時憲曆 erhalten. Damit wird die höchste Absicht bekundet, die Dynastie zu erhöhen, den Himmel zu ehren und das Volk zu verwalten. Beginnend mit dem 2. Jahr *Shunzhi* [1645] soll der neue Kalender verbreitet werden.' "

²⁴¹ *Shunzhi shilu*, j. 5, S. 23b-24b, Übers. hierzu FU LO-SHU (1966), S. 3-4; *Gezhi huibian*; HOANG (1925), S. 89; WAKEMAN (1985), S. 858; AN (1992), S. 79; LI WENCHAO (2000), S. 595; *Qingshi gao*, S. 10020:

„In einer neuerlichen Eingabe vermerkte Tang Ruowang [Schall]: ‚Die ehrfuchtsvolle Bestimmung der menschlichen Zeit hängt gänzlich davon ab, ob man die Verteilung der Solarabschnitte, den Sonnenauf- und untergang sowie die Einteilung des Tages und der Nacht für wichtig nimmt. Jetzt haben wir die Jahresabschnitte, die Tages- und Stundeneinteilung sowie die Zeiten der Sonnenauf- und untergänge und die Tages-Nacht-Zeiten nach [unseren] Grundsätzen für nah und fern berechnet und dies zu Beginn des Kalenders eingefügt, damit das Volk seine Zeiten danach abstimmen und [aus dem Gebrauch des Kalenders] Nutzen ziehen kann.' Der Prinz [DORGON] lobte seine Genauigkeit."

²⁴² *Xinfa lishu*; *Shunzhi shilu*, j. 6, S. 5b; *Zhengjiao fengbao* (1894), S. 23a; *Qing shigao*, j. 225, Bd. 10, S. 7787; VÄTH, S. 157; AN (1992), S. 79. – Zu astronomischen Instrumenten siehe Jahr 1673, Beginn.

²⁴³ Siehe Abb. 20. Das andere Gerät im Palastmuseum ist ein Triangulationsinstrument, *sanjiao xing biao* 三角形表, desselben Datums mit der Inschrift *Tang Ruowang zhi* 湯若望制, „hergestellt von Adam Schall".

²⁴⁴ *Shunzhi shilu*, j. 6, S. 12b.

Die für den 1. Tag des **VIII**. Monats (1. Sept.) 1644 von den Jesuiten für 11 Uhr berechnete Sonnenfinsternis, an deren Beobachtung auch hohe Würdenträger, wie der damalige Großsekretär, seit 1645 Präsident des Ritenministeriums, (a15)FENG QUAN[245] 馮銓 (1595-1672), teilnahmen, erwies sich als viel genauer als die einheimischen Berechnungen nach muslimischer Methode, die den richtigen Wert bis zu einer Stunde verfehlten.[246] Nach diesem spektakulären Test befahl DORGON am 7. VIII. (7. Sept.), die Reform des Kalenders, jetzt *shixian li* 時憲曆 genannt, nach westlicher Methode, *yi xiyang xinfa* 依西洋新法, vorzunehmen.[247] P. SCHALL reichte seine Throneingabe hierzu am 19. VIII. (19. Sept.) ein, in der er sich wie zuvor als *yuanchen* 遠臣, „Untertan aus der Ferne", bezeichnete.[248]

Am 20. **VIII**. (20. Sept.) 1644 verließ der im Jahr zuvor als neuer Herrscher ausgewählte Enkel des Staatsgründers NURHACI (1559-1626), der sechsjährige (a17)FULIN[249] 福臨 (1638-1661), die alte Hauptstadt Mukden und traf einen

---

[245] HUMMEL, S. 240-241. SCHALL, *Historica* (1658); n. BERNARD-BORNET, S. 151: „cum uno ex Senatu supremo".

[246] *Qingshi gao*, S. 10020:
„Am Tag *bingzhen* [1. Tag] des VIII. Monats [1. Sept.] ereignete sich die [vorausgesagte] Sonnenfinsternis. Der Prinz befahl dem Direktor des Großsekretariats Feng Quan und Tang Ruowang [Schall] mit den Beamten des Astronomischen Amtes in der Sternwarte das Ereignis zu verfolgen. Nur die neuen Berechnungen stimmten genau; die Bestimmungen nach der *Datong*- 大統曆 und Mohammedaner-Methode waren unrichtig."
Unter *Datong* ist die von von dem bekannten Astronomen GUO SHOUJING 郭守敬 (1231-1316) um 1280 fertiggestellte Kalenderform zu verstehen, die von der *Ming*-Dynastie übernommen wurde; de MAILLA, Bd. 9 (1777), S. 407,474-475; VÄTH, S. 158; D'ELIA, Bd. 1 (1942), S. 41, Nr. 58; FU LO-SHU, S. 4 etc.; siehe a. Teil 3.1.4.

[247] *Qingdai neifu keshu*, S. 351.

[248] Faksimile mit DORGONs roter Beischrift in *Qingzhong qianqi*, Bd. 1, Nr 1, S. 1-7.

[249] Der unter der Ärabezeichnung SHUNZHI bekannte Kaiser war der erste der in China neu errichteten *Qing*-Dynastie der Manjuren; mit persönlichem Namen FULIN 福臨, manjur.: „Bildung, Aufschwung", und postum verliehenem Tempelnamen SHIZU 世祖. Lebensdaten: geb. 30. I. (15. März) 1638 in Mukden, gest. 7. I. (5. Febr.) 1661 in Beijing, Krönung 26. VIII. (8. Okt.) 1643 in Mukden, 1. X. 1644 Kaiser in Beijing. Er war der 9. Sohn des zweiten manjur. Herrschers HÔNG TAIJI / HUANG TAIJI 皇太極 (1592-1643) und der Kaiserin (a4)XIAOZHUANG 孝莊 / bekannt als BUMBUTAI (1613-1688), einer mongolischen Prinzessin aus dem BORJIGID-Klan des Herrschers CHINGGIS KHAN (1167 ?-1227). FULIN kam im Alter von 6 Jahren in Beijing an und verstarb bereits nach zwei Jahrzehnten, drei Wochen vor seinem 23. Geburtstag, an Pocken; GIMM (2018,1), S. 46-59, 76-85.

Monat später, am 19. **IX**. (19. Okt.) zwischen 13 und 15 Uhr, in der ‚Verbotenen Stadt'[250] in Beijing ein.[251] Zwei Wochen danach, am 1. **X**. (30. Okt.), bestieg er als erster, sakrosankter Kaiser, *huangdi* 皇帝 / *hôwangdi* oder *tianzi* 天子 / *abkai jui*, der im chinesischen Kernland neu konstituierten *Qing*-Dynastie den Thron – einer Dynastie, die bereits am 11. IV. (15. Mai) 1636, unter dem Namen *Daicing / da(i) Qing*[252] 大清 in der Manjurei feierlich etabliert worden war und nun China für 265 Jahre und 3 Monate, vom 1. X. (30. Okt.) 1644 bis 25. XII. (12. Febr.) 1912, beherrschen sollte.

Nach den vorausgegangenen Unruhen verlief die eigentliche Einnahme und Aneignung der chinesischen Hauptstadt mit Umland durch die Manjuren, die ja als Hilfstruppen in Notlage gekommen waren, unerwartet ruhig. SCHALL hielt sich als angeblich einziger Jesuitenmissionar in Beijing auf und übte christliche Nächstenliebe, indem er Arme unterstützte und Bedrohten Unterkunft vermittelte, darunter auch dem abtrünnigen späteren Sekretär [(7)]CHEN MINGXIA 陳名夏 (gest. 1654), der ihn in seinen eigenen Gedichten pries.[253]

Der Übergang von der *Ming*- zur *Qing*-Dynastie unter dem jungen Kaiser und seinem Hofstaat verlief wegen der fast unveränderten Übernahme des chinesischen Regierungs- und Verwaltungssystems nahezu nahtlos.[254] Es war

---

[250] Bei dem von Europäern „Verbotene Stadt", chines. *zijin cheng* 紫禁城 / *dabkôri (dorgi) hoton*, „mehrstöckige (innere) Stadt", oder *gugong* 故宮, genannten Palastareal handelt es sich um die von den *Ming*-Kaisern z.T. neu eingerichtete kaiserliche Wohn-, Regierungs- und Repräsentationanlage im Zentrum der Stadt.
„Der Kayserliche Palast / gelegen an der Nord-Seite der Stadt / übertrifft alle Europäischen Gebäue / sowol an Grösse als herrlichem Zierath. […In] deß Kaysers Wohnung / darein darff niemand kommen als Weiber und Verschnittene / welche dem Kayser alle Dienst thun / ein jeder in seinem Ampf. Man sagt / das solcher Weiber wol 5000. seyn." J. C. WAGNER (1689), Teil 4, S. 9.
Die chines. Bezeichnung *zijin cheng*, „purpurne verbotene Stadt", weist sowohl auf die Farbe der Außenmauer wie auf die Symbolik des mit der Idee des Kaisertums verknüften Polarsterns, *ziwei xing* 紫微星, und seinen 15 ihn umkreisenden Ringsternen hin.

[251] *Shunzhi shilu*, j. 7, S. 1b; Übers. FU LO-SHU, S. 4.

[252] *Shunzhi shilu*, j. 8, S. 15b; j. 9, S. 1b-6b. Siehe a. Teil 1.3, Jahr 1636.

[253] HUMMEL, S. 95; *Beiyou lu*, Neudruck S. 278.

[254] SCHALL, *Historica* (1658); n. BERNARD und BORNET (1942), S. 177:
Sinense imperium in legibus, magistratibus politiaque quam proximè imitatus;
ders., *Historia* (1665), S. 103; MANNSEGG, S. 215:
„daß er die Form ihrer Regierung in Ansehung der Gesetze, der Obrigkeiten, so wie auch ihrer Liebe zu den Wissenschaften möglichst nachzuahmen suchte". S.a. GIMM (2018,1), S. 25-39.

> „ein Meisterstreich von Staatsklugheit, den man von einem für nur halb gesittet gehaltenen Völkerstamme nur wenig erwartet hätte."[255]

Die Manjuren waren im Grunde von der Überlegenheit der chinesischen Kultur überzeugt, so daß Kaiser Kangxi noch am 7. VI. (15. Juli) 1687 bezüglich der Erziehung des Kronprinzen notieren konnte:

> „Das chinesische Wissen übertrifft das der Manjuren um das Hundertfache; das ist mir seit langem bekannt."[256]

Es galt, das despotische Herrschaftssystem der Manjukhane und Heerführer allmählich an die zivile Staatsideologie des traditionellen Chinas anzupassen, nach der der Kaiser als sakrosankte Person, ‚Himmelssohn', *tianzi* 天子 / *abkai jui*, als Mittler zwischen den Menschen und dem himmlischen Empyreum, fungiert.

SCHALL und seine Gefährten erfuhren von den Eroberern, die den „Gelehrten aus dem Westen"[257] von Beginn an Anerkennung zollten, höfliche Behandlung.[258] Er „lernte den Charakter der Mandschu kennen und bewunderte ihre Bildungsfähigkeit und Kriegstüchtigkeit"[259] und bemerkte:

> „Daß sich die Dinge so reibungslos entwickeln würden, hatte wohl keiner gedacht."[260]

Das vergangene Geschehen resümierte er mit den Worten:

---

[255] JOHN BARROW (1764-1848), der sich als Privatsekretär des englischen Gesandten MACARTNEY in den Jahren 1793-1794 in China aufhielt, übersetzt v. HÜTTNER (1805), S. 59. Lebendige Eindrücke von den Ereignissen in der Umbruchszeit vermittelt das Werk von LYNN A. STRUVE (1993).

[256] 漢人學問勝滿洲百倍. 朕未嘗不知; *Qiju zhu* 起居注, Nachdruck Beijing (1984), Bd. 2, Kangxi 26, 7. VI.

[257] meist *yuanchen* 遠臣 / *goroki amban,* „Untertan aus der Ferne", genannt.

[258] SCHALL, *Historica*, BERNARD-BORNET (1942), S. 128 flg.
MANNSEGG (1834), S. 159, versteigt sich dabei zu der Aussage:
> „Die Ersten, welche die Segel nach dem neuen Winde umdrehten, waren die Mathematiker [Astronomen], welche glaubten, daß für sie ein günstiger Stern aufgegangen sei."

[259] VÄTH, S. 162. Über die (östlichen) „Tartaren" [d. i. Manjuren] und die Disziplin der Bannertruppen urteilte man meist verhalten positiv; WAKEMAN, Bd. 1, S. 465.

[260] VÄTH, S. 146.

1.4 Die Zeit der Qing-Dynastie

„So zeigten sich die Mandschu, die von den Chinesen als ‚unvernünftige Tiere' verachtet wurden, viel edelmütiger von höherer Achtung für den kaiserlichen Namen erfüllt als die Chinesen."[261]

Solche Bedingungen schienen die Kräfte SCHALLs zu fördern, und

„dem Pater Adam kommt es nun schon vor, als ob er unter seinen deutschen Landleuten lebe."[262]

Auch andere zeitgenössische europäische Darstellungen des dynastischen Umschwungs sind von einer, wenn auch nicht ganz selbstlosen, wohlwollenden Haltung den Manjuren gegenüber gekennzeichnet.[263] Daß die Akzeptanz der neuen Beherrscher später jedoch nicht in allem mehr der Wirklichkeit entsprach, beweist ein Gespräch, das der russische Gesandte NIKOLAJ GAVRILOVIČ SPAFARIJ (1636-1708) eine Generation nach der Übernahme, am 19. Juni 1676, mit einigen Missionaren führte.[264]

---

[261] SCHALL, *Historica narratio*, S. 205b; hier nach VÄTH, S. 140. Siehe a. A. CHAN (1981/83), S. 75-109. In ähnlicher Weise bewertete Bischof PALAFOX y MENDOCA in seiner *History* (1671), S. 227, 331, die Manjuren, die er ihrem Wesen nach mit den Europäern verglich.

[262] *Jam Pater Adamus inter Germanos suos & conterraneos se vivere existimat*, in: SCHALL, *Historica narratio*, S. 163; deutsche Übersetzung MANNSEGG, S. 318. Ähnlich bei VÄTH, S. 244-245: „Ich fühle mich unter den Mandschu zu Hause, wie unter Deutschen und Landsleuten."

[263] Siehe J. G. REID, *Peking's first Manchu Emperor*, in: Pacific Historical Review, 5 (1936), S. 131-146; KLEY (1973), bsd. S. 563-571; cf. auch CHAN (1984), S. 82, nach einem Dokument des Jahres 1651.

[264] Aus einer Aussage von Missionaren:
"Danach aber ergriffen mit dem Willen Gottes die Mongolen oder Tataren [Manjuren], die unbedeutendste und niedrigste Rasse, der Auswurf aller anderen Nationen, zusammen mit den Chinesen, die ihnen ergeben waren, die Gelegenheit [...] verbündeten sich mit ihnen und eroberten das berühmte Reich." B. HILL-PAULUS, S. 97-98, nach TICHVINSKIJ.
Zu N. G. SPAFARIJ / Спафарий (in europ. Transkription auch SPATHARI), siehe a. in J. F. BADDELEY (1854-1940), *Spathary's Mission*, S. 330-396, 425-446; N. CAMERON, S. 250-262 etc. Der später regelmäßig aufflammende Konflikt zwischen der Minderzahl der beherrschenden Manjuren und der Mehrheit der unterworfenen oder unterwürfigen Chinesen, konnte in der Folgezeit kaum bewältigt werden; denn, wie ein Jahrhundert später der europäische Berichterstatter JOHANN CHRISTIAN HÜTTNER (1766-1847) bei seiner Reise 1792/94 vermerkte:
„Beide Nationen hassen einander sehr herzlich, und das Wort Tartar ist in China, wie wir oft zu bemerken Gelegenheit hatten, gleichbedeutend mit grausam und tückisch." HÜTTNER (1797), S. 166.

Die Jesuitenmissionare empfanden im Grunde die Beseitigung der dem Christentum gegenüber intoleranten *Ming*-Dynastie durch die ihnen freundlich und aufgeschlossen gesinnten manjurischen Fremden als eine göttliche Fügung.

> „GOtt strafft die Sineser / wegen Verfolgung der christlichen Religion; in welcher den Patribus das Kayserthumb verbotten / vnd vil vngemachs zugefügt worden."[265]

Der jugendlichen Kaiser FULIN galt als gutmütig, jedoch leicht erregbar; er war begabt, an Neuerungen interessiert und verfügte über ein natürliches Gerechtigkeitsgefühl.[266] Ein Zeitgenosse, Pater [(a35)]MARTIN MARTINI[267] S.J. / WEI KUANGGUO 衛匡國 (1614-1661), charakterisierte ihn im Jahre 1654:

> „Zungteu [Zhongde 崇德], der Tartarn König [gemeint ist Kaiser FULIN / SHUNZHI], ziehet mit seiner lieblichen Freundtlichkeit vil Sineser an sich."[268]

---

[265] P. MARTIN MARTINI S.J., *De bello Tartarico historia* (1654); historische Beschreibung, S. 21; hierzu auch die englische Ausgabe *Bellum Tartaricum or the Conquest of The Great and most renowned Empire of China...*, London: Crook (1654), S. 21:
"God punished China for their persecution of Christians."

[266] MARTINI in einem Brief vom 6. Febr. 1659: *Xunxi* [Shunzhi / Fulin] *iuvenis quidem, sed prudentia, comitate et praecipue iustitia insignis*; nach VÄTH, S. 171, Anm. 1.

[267] aus Trient, seit 1643 in China, DEHERGNE, Nr. 520; STREIT, Bd. 5, S. 797; METZLER (1980), S. 20; L. A. STRUVE (1993), S. 49-54, 269; DEMARCHI (1995); PATERNICO (2016); v. COLLANI (2016,2).
Innerhalb der Auseinandersetzungen bezüglich der Teilnahme der Christen an den chinesischen Konfuzius- und Ahnenkulten, die in einem Dekret vom 12. Sept. 1645 verboten wurde, war MARTINI nach Rom gesandt worden. Seine Mission erwirkte ein neues Dekret vom 23. März 1656, das den Christen die Teilnahme an chinesischen zivilen Gebräuchen gestattete. Bei dieser Gelegenheit charakterisierte ihn die *Zeitung Auß der newen Welt oder Chinesischen Königreichen ...*, von 1654 bei seiner Ankunft wie folgt:
> „[...] ist auß China ankommen / der Ehrwürdige Pater Martinus Martini von Trient gebürtig / der Soc. IESV in den Chinesischen Königreichen Procurator, von Statur lang / wol proportioniert an der dicke / hat einen Barth / fast biß auff die mitte deß Leibs reichendt / ein ansehlicher Geistreicher Mann." MARTINI (1998), Bd. 2, S. 152.

MARTINI war wohl der erste, der auf seiner Reise einen Geomantenkompaß, *luopan* 羅盤, nach Europa brachte; eine Abb. dieses als „pyxis sortilega" bezeichneten Instrumentes befindet sich im *Museum Wormianum* des dänischen Sammlers OLE WORM (1588-1654); siehe sein *Museum Wormianum...*, Leiden: Elsevirius (1655), S. 372, wo auch die chines. Hexagramme erläutert sind.

[268] MARTINI, hier nach der seltenen deutschen Ausgabe *Historische Beschreibung deß Tartarischen Kriegs in Sina* (1654), S. 55.

Nachdem er am 19. IX. (19. Okt.) als neuer Kaiser in die Palaststadt eingezogen war, wurde Beijing am 1. X. (30. Okt.) zur Hauptstadt erhoben[269], und bereits am 1. oder 2. des X. Monats (31. Okt.) gestaltete man den Kalender für das Jahr 1645 „nach neuer westlicher Methode", *yi xiyang xinfa* 依西洋新法, und reichte ihn dem Hof ein.[270]

SCHALL meldete in einer Throneingabe vom 15. X. (13. Nov.) die Fertigstellung des revidierten astronomischen Sammelwerkes *Chongzhen lishu*, 崇禎曆書, das jetzt *Xiyang xinfa lishu* 西洋新法曆書, „Schriften zum Kalenderwesen nach neuer, europäischer Methode", benannt wurde.[271] In einer weiteren Eingabe vom 25. des XI. Monats (23. Dez.) informierte er über die Berechnung von Sonnen- oder Mondfinsternissen.[272]

Beeindruckt von seinen wissenschaftlichen Erfolgsmeldungen ernannte der Regent DORGON Pater SCHALL am 26. XI. (24. Dez.) 1644 in Fortführung seiner bisherigen Aufgaben unter der Vorgängerdynastie zum Direktor des Astronomischen Amtes, *Qintian jian jianzheng*[273] 欽天監監正 / *Res astronomicæ præfec*, was noch im gleichen Monat vom Kaiser bestätigt wurde. Ein spanisches Dokument vom Jahre 1649 notiert:

"Father John Adam [...] was so esteemed by the Tartar king that he made him the highest mandarin of mathematics and supervisor of the royal seal [Direktor des Astronomischen Amtes], and confirmed the

---

[269] VÄTH, S. 148; GIMM (2018), S. 19.

[270] Mit Einführung der neuen, westlichen Methode wurde die sog. muslimische, *huizi* 回子/ *hoise*/ Turki: *musulman*, Praxis zeitweilig außer Kraft gesetzt; die SCHALL-Biographie des *Qingshi gao*, S. 10021, spricht von der Abschaffung der Mohammedaner-Abteilung, *huhui ke* 回回科. SCHALL, *Xiyang xinfa lishu*; *Shunzhi shilu*, j. 5, S. 23b, j. 8, S. 20a, j. 9, S. 6b; *Miben dang*, j. 152, S. 267, nach AN (1992), S. 79; WERFER (1871), S. 42-43; *Qingchao rouyuan* (1880), j. 1, S. 3; *Zhengjiao fengbao* (1894), S. 23b; P. HOANG (1925), S. 89; DEHERGNE (1957), S. 99; FU LO-SHU, S. 4; SPENCE (1969), S. 3-4; YOUNG (1983), S. 81-82; Wakeman (1985), S. 858; ZHANG LI (1987), S. 56-58; TONG XUN (1999), S. 115; LI WENCHAO (2000), S. 595 etc.

[271] Siehe in Teil 1.6.3; QU ZHILIAN (1939), S. 29; XU (1949), S. 248.

[272] *Shunzhi shilu*, j. 11, S. 9b; Dok. III., S. 544. – Die Abkürzung Dok., für Dokument, weist auf die Nr. der manjurischen Geheimakten hin; siehe Teil 2 und 5.

[273] HUCKER, Nr. 1185. Das Direktorenamt war zunächst dem Rang 5A, seit 1667 Rang 3A, zugeordnet. Leider haben sich Originalakten aus dieser Zeit nicht erhalten (siehe Teil 1.4.0, Beginn). Dokumente in ARSI, Jap-Sin 143, 161-180; *Qingchao rou*, j. 1, S. 3; *Qingshi gao*, S. 8632; ROUGEMONT (1673), S. 76; *Da Qing huidian* (1690), j. 161; du HALDE (1735), Bd. 2, S. 47 u.ö.; DEHERGNE, Nr. 747; WILKINSON, S. 912.

donation of land and all other privileges and exceptional favors that he enjoyed formerly." [274]

SCHALL hatte die Ernennung zuvor angeblich siebenmal abgelehnt. [275] Er stimmte erst nach Intervention des Vizeprovinzials [(a18)]FRANCESCO FURTADO / FU FANJI 傅汎濟 (1589-1653) zu. [276] Papst ALEXANDER VII. entschied im April 1664, daß die Übernahme des Direktorenamtes legitim sei. [277]

Im XI. Monat schickte P. SCHALL zwei Beamte nach Mukden zur Sonnenbeobachtung. [278]

In seiner Tätigkeit als Direktor des Astronomischen Amtes schien sich P. SCHALL zunächst primär mit der Kalenderrevision beschäftigt zu haben. In

---

[274] Englische Übersetzung von ALBERT CHAN (1981/3), S. 84. Siehe a. *Qingshi gao*, S. 8632, 10020; *Qingchao rou*, j. 1, S. 3; *Zhengjiao fengbao* (1894), S. 24a; SCHALL, *Historica*, n. BERNARD-BORNET (1942), S. 152, 155; VÄTH, S. 159; QU ZHILIAN (1939), S. 29; DEHERGNE (1973), S. 241.

[275] Eine Begründung findet sich bereits in seiner Schrift *Zhujiao yuanqin* an den Kaiser von 1643 anläßlich seiner Berufung in das Kalenderamt; siehe in Teil 1.6.3. Engl. Übersetzung bei A. DUDINK (1998), S. 866:
"I came from the West to the East, a distance of 80.000 li, to propagate the teachings [of the Lord]. Because in my youth I did [some] calender studies, You mistakenly ordered me to hold office. In fact, the calender was only my secondary study, while the propagation of the teachings was my fundamental study."
Eine Throneingabe vom VIII. Monat 1646, unter der der Kaiser seine Ablehrnung verfügte, findet sich in den Akten *Manwen piaoqian dang* 滿文票簽檔, j. 213; zitiert in: AN (2015), S. 1.

[276] S. in den Missionsberichten ARSI, Jap-Sin. 104, S. 175b; ROUGEMONT (1673), S. 76; PFISTER, S. 167; VÄTH, S. 159; DUNNE (deutsche Übers.), S. 397; DEHERGNE, Nr. 342; GIMM (2018,1), S. 12-13. *Qingshi gao*, S. 10020:
„Als Tang Ruowang seine Ablehnung erklärte, war der Kaiser dagegen. In seiner Eingabe bat [Schall] darum, ihm Ernennung und Amtssiegel nicht zu übermitteln, sondern das Siegel dem [Riten]ministerium zurückzugeben. Er sagte: ,Nur so läßt sich die [staatliche] Pflicht der Kalenderregulierung und [meine] Absicht, die [christliche] Lehre zu verbreiten, miteinander vereinen'. Auch hier stimmte der Herrscher nicht zu, und es erging das Edikt: ,Tang Ruowang möge dem Befehl gehorchen und die Leitung übernehmen. Er hat die Kalenderrevision genau durchzuführen und das Amtsreglement durchzusetzen. Faulheit und Nachlässigkeit ist sogleich an den Thron zu berichten.' "
In einem undatierten Brief von P. MARTINI (ca. 1649), in: MARTINI (1998), Bd. 1, S. 172, nach dem dort, S. 181, zitierten Schreiben von P. FR. BRANCATI (1607-1671) von 1650 heißt es: *Recusavit Pater Adamus semel atque iterum illam dignitatem; sed tandem coactus est obedire ne rem catholicam perderet.* Angeblich hatte der Kaiser dazu geäußert: „pu pie liu çu" (d.i. *bu bi liuzhu* 不必留注 ? ?).

[277] VÄTH, S. 291.

[278] Dok. VIII., S. 1264.

1.4 Die Zeit der Qing-Dynastie   67

einer seiner aufgezeichneten Aussagen heißt es: „Die Kalenderberechnung nach westlicher Methode begann im Jahr *Shunzhi* 1 [1644], und im folgenden Jahr [1645] wurde der Kalender offiziell verteilt. Vor dieser Zeit gab es keinen nach westlichem Verfahren erstellten Kalender in China."[279]

Daneben war er in dieser Zeit auch mit anderen Bereichen beschäftigt. So stand er im Ruf, im Rahmen seiner medizinisch-botanischen Kenntnisse ein Medikament zur Lebensverlängerung herstellen zu können.[280] Prinz YIGENG[281] 奕賡 erwähnt kunstreiche Spiel- und Schlaguhren in SCHALLs Besitz, bei denen das Zahnrad pro Sekunde jeweils einen Schritt weiterrückte, sowie Teleskope und Megaphone, mechanische Spielzeuge und Feuerwerk.[282]

1645
Das Kalenderjahr 1645 war durch vielfältige Tätigkeiten astronomischer und kalendarischer Art charakterisiert. Am 4. **XII.** (4. Jan.) schrieb er eine Eingabe betr. Kalenderreform, in der er sich auf ein Schriftstück vom 15. XI. bezog.[283] Am 7. XII. (7. Jan.), 21. XII. (21. Jan.) und 26. XII.(26. Jan.) verfaßte er weitere Schriften betr. Kalender und über astronomische und personelle Fragen.[284] Es folgten Eingaben, so am 12. **I.** (8. Febr.) zu der am 15. I. (11. Febr.) zu erwartende Mondfinsternis mit Erklärungen und einer Kartenskizze[285], weiterhin am 2. **V.** (26. Mai) über die am 16. des VI. Schaltmonats (7. August) stattfindende Mondfinsternis mit detaillierten Angaben[286], am 12. V. (5. Juni) mit dem Ersuchen, die zerstörten Palastanlagen in altem Glanz wiedererstehen zu lassen[287], am 26. V. (19. Juni) zu astronomischen Fragen, am 13. **VI.** (6. Juli) zur

---

[279] Übersetzng aus Dok. III., S. 498.

[280] Nach einem Eintrag im *Beiyou lu* von 1653/6, Neudruck, S. 370, war SCHALL imstande, ein Arkanum zur Lebensverlängerung, *yansheng baoming dan* 延生保命丹, aus ca. 260 Ingredienzen zusammenzustellen.

[281] Nachkomme 4. Generation des 16. Sohnes YINLU 胤祿 (1695-1767) des KANGXI-Kaisers.

[282] *Jiameng xuan congzhuo*, S. 14.

[283] Text in *Zoushu*, siehe Teil 1.6.3; QU ZHILIAN (1939), S. 30; *Shiliao congbian*, Bd. 2, S. 1a, 589.

[284] *Shiliao congbian*, Bd. 2, S. 2b, 3a, 8b, 9b, 11a, 592/3, 604, 608.

[285] WERFER (1871), S.43; P. HOANG (1925), S. 149.

[286] P. HOANG (1925), S. 149.

[287] *Ming Qing shiliao*, Serie 1, Heft 2, S. 108; QU ZHILIAN (1939), S. 31; VÄTH, S. 262.

Mondfinsternis[288], am 24. VI. Schaltmonat (15. Aug.) mit dem Ersuchen um Personalerweiterung des Astronomischen Amtes um 4 Fachkräfte, *bitieshi* 筆帖式 / *bithesi*[289], im **VIII**. Monat (Sept.-Okt.) betr. der Möglichkeit, das Astronomische Amt zwecks Übernahme westlicher Methoden umzugestalten[290], am 23. **IX**. (10. Nov.) betr. Sonnenfinsternis[291] etc.

1646

Am 19. **XI**. (5. Jan.) vollendete P. SCHALL den neuen, korrigierten Kalender, *Xinli quanshu* 新曆全書, und reichte ihn bei Hofe ein.[292] Es folgten Eingaben, so am 21. XI. (7. Jan.) betreffend Abschluß astronomischer Bücher, darunter der Neubearbeitung des kalenderwissenschaftlich-astronomischen Sammlung *Chongzhen lishu*[293], das den neuen Titel *Xiyang xinfa lishu* 西洋新法曆書, „neues europäisches Kalenderbuch", später verkürzt: *Xinfa lishu*, erhielt.[294] Es ist zu vermuten, daß SCHALL in diesen Jahren das Amt nach westlichen Standards umzugestalten versuchte. Am 23. XI. (9. Jan.) folgte eine weitere Eingabe betr. der am 1. XII. (17. Jan. 1647) zu erwartenden Sonnenfinsternis.[295]

Am 22. **XII**. (7. Febr.) reichte Schall eine Throneingabe ein, in der er feststellte, daß die natürliche Harmonie der Welt gestört sei. Er ersuchte daher den Kaiser, dem Himmel zu opfern und den Armen zu spenden. Der Kaiser bestätigte seine Kenntnisnahme.[296]

---

[288] *Qingchao rou,* j. 1, S. 3; *Chouren zhuan,* j. 45, S. 581; QU ZHILIAN (1939), S. 31-32.

[289] *Shunzhi shilu,* j. 18, S. 20a; HUCKER, Nr. 4601.

[290] *Chouren zhuan,* j. 45, S. 581; AN (1992), S. 80.

[291] *Qing shigao,* S. 8632; *Qingchao rou,* j.1, S. 3; QU ZHILIAN (1939), S. 32.

[292] *Shunzhi shilu,* j. 21, S. 17b-18a, Übers. FU LO-SHU, S. 4; hierzu siehe auch das Dokument vom XII. Monat (Jan. – Febr. 1646), in *Qingzhong qianqi,* Bd. 1, Nr. 2, S. 8-9, sowie ein in der Geburtstagskollektion vom 3. IV. 1661 (s. Teil 1.6.2) der Sammlung ORBAN enthaltenes Schriftstück, S. 2a-4a.

[293] Siehe unter 24. XI. 1634 und in Teil 1.6.3.

[294] HUANG SHIJIAN (1994), S. 448; AN (1992), S. 80; IANNACCONE (1997), S. 584-587. In seinem Reskript belobigte er SCHALL.

[295] P. HOANG (1925), S. 89.

[296] *Shunzhi shilu,* j. 22, S. 9b; Übers. FU LO-SHU, S. 4-5; QU ZHILIAN (1939), S. 32-33; YOUNG (1983), S. 82.

1.4 Die Zeit der Qing-Dynastie

Im **V.** Monat (Juni-Juli) verbot der Kaiser die Kalenderberechnung nach mohammedanischer Methode.[297]

Am 14. **VI.** (26. Juli) wurde SCHALL wegen seiner Verdienste um die Kalenderrevision ehrenhalber zum Vizedirektor, *shaoqing* 少卿, im Rang 4 des Kaiserlichen Opferamtes, *Taichang si* 太常寺, erhoben, das wie das Astronomische Amt dem Ritenministerium, *Libu*, zugeordnet war.[298] Mit dieser Ernennung wurde er gleichsam externes Regierungsmitglied, was bei der späteren Anklage von YANG GUANGXIAN,[299] als ein Angriffspunkt verwendet wurde.

Im **VIII.** Monat sandte er eine Eingabe betreffs einer am 16. XII. (21. Jan. 1647) zu erwartenden Mondfinsternis.[300]

In diesem Jahr traf sich SCHALL mit einem Prinzen aus Korea zu einer Beratung über astronomische und kalendarische Fragen.[301] Daraufhin erhielt der zuständige koreanische Minister KIM YUK 金堉 (1580-1658) den Befehl, eine Kalenderreform nach europäischem Verfahren durchzuführen.

In dieser Zeit kam SCHALL in den Besitz der 1627 von JOHANNES KEPLER (1571-1630) veröffentlichten Rudolphinischen Tafeln der Planetenpositionen, *Tabulae Rudolphinae, quibus Astronomicae Scientiae [...] continetur [...]*, Ulm (1627), die ihm als nützliches Werkzeug dienten.[302]

---

[297] Dok. III., S. 545; *Da Qing huidian* (1690), j. 161, S. 8a.

[298] *Shunzhi shilu*, j. 26, S. 19a, Übers. FU LO-SHU, S. 5; *Zhengjiao fengbao (1894)*, S. 24b, 25a (hier: *Zhongyi dafu* 中議大夫); VÄTH, S. 201; HUCKER, Nr. 6145.

[299] Siehe Jahr 1660.

[300] AN (2015), S. 2.

[301] *Zhengjiao fengbao (1894)*, S. 24ab; HUC (1857), T. 2, S. 393-396; VÄTH, S. 163; ROW–BOTHAM (1942), S. 312; H. BERNARD, *En Mandchourie et en Corée influences cuturelles de l'occident avant le XIXe siècle*, in : Bulletin de l'Université l'Aurore, 40, Shanghai (1940), S. 117-118.

[302] P Astronomische Tafeln nach den Beobachtungen TYCHO BRAHES zur Bestimmung der Örter von Sonne, Mond und Planeten. J. KEPLER war der Nachfolger TYCHO BRAHES als Hofmathematiker in Prag. – P. SCHRECK hatte sich 1623 in einem Brief an GALILEO GALILEI (1564-1642) um Hilfe bei seinen kalendarischen und astronomischen Arbeiten gewandt, auf die dieser jedoch im Zuge seiner Auseinandersetzung 1616 mit dem Heiligen Offizium nicht reagierte; D'ELIA (1947), S. 22-23. Erst JOHANNES KEPLER antwortete auf seine Anfragen mit Vorschlägen zur Kalenderverbesserung und ließ seine neu erschienenen Rudolphinischen Tafeln durch P. M. BOYM nach Macao senden. Diese gelangten nach P. SCHRECKs Tod in die Hände SCHALLs; BERNARD (1938), S. 65-77; VÄTH, S. 103; d'ELIA (1947), ders. (1960), S. 28-31, UDÍAS (1994), S. 467-469; H. WALRAVENS, in: C. v. COLLANI-E. ZETTL (2016), S. 364, und I. IANNACCONE, daselbst, S. 101-102.

1647

Ein weiteres Schriftstück P. SCHALLs an den Kaiser vom 22. **XII.** (27. Jan.) betraf astronomische Merkzeichen, die eine kaiserliche Reaktion, wie Amnestie, Strafminderung oder Verteilung von Almosen, erforderten, um die defizitäre kosmische Harmonie zu wiederherzustellen.[303] Am 14. **III.** (18. April) folgte eine weitere Eingabe.[304]

1648

In diesem Jahre wurde SCHALL zum Ordenssuperior von Beijing erhoben.[305]

1649

Im folgenden Jahr verstärkten sich die Anfeindungen gegen SCHALL. Die Patres [(a9)]LODOVICO BUGLIO[306] / LI LEISI 利類思(1606-1682,) und [(a10)]GABRIEL de MAGALHÃES[307] / AN WENSI 安文思(1610-1677) lebten seit 1640 bzw. 1642 in der Provinz Sichuan. Bei Dynastieumbruch gerieten sie in Gefangenschaft des dortigen Rebellenführers und Usurpators [(a60)]ZHANG XIANZHONG[308] 張獻忠 (ca.1605-1647) und wurden von den manjurischen Eroberern als Kollaborateure betrachtet. 1648 wurden sie nach Beijing gebracht, dort gefangengesetzt und erst nach zwei Jahren freigelassen.[309] Während ihres Aufenthalts in der Hauptstadt machten sie SCHALL für ihre Mißgeschicke und ihr Unglück verantwortlich. Sie richteten am 10. **IV.** (20. Mai) 1649 durch den Vizeprovinzial [(a11)]MANUEL DIAS[310] (1574-1659) eine Petition an die Ordensleitung in Rom, in

---

[303] Zur vorjährigen Eingabe siehe 1646, 22. XII.; *Shunzhi shilu*, j. 22, S. 9b; FU LO-SHU (1966), S. 4-5; YOUNG (1983), S. 82.

[304] *Ming Qing shiliao*, Serie 3, Heft 3, S. 280.

[305] DEHERGNE (1973), S. 241; Dokumente in ARSI Jap-Sin I, 134.

[306] Aus Sizilien, seit 1636 in China, DEHERGNE, Nr. 121; BERTUCCIOLI (1985) ; PFISTER, Nr. 80; XU ZONGZE, S. 381.

[307] Aus Coïmbre, seit 1640 in China, DEHERGNE, Nr. 506; I. PIH (1979); Pfister, Nr. 88; XU ZONGZE, S. 381. Er war ein Nachkomme des bekannten portugiesischen Seefahrers FERDINAND MAGELLAN (FERNÃO DE MAGALHÃES, 1470-1521).

[308] GILES (1898), Nr. 58: "He is chiefly known as one of the most murdrous ruffians who have disgraced the annals of China." VÄTH, S. 150; HUMMEL, S. 37-38; DUNNE (deutsche Übers.), S. 398-401; v. COLLANI , S. 71-72 u.ö.

[309] HUC (1857), Bd. 2, S. 385 flg.; VÄTH, S. 150-151; LACH (1993), S. 193.

[310] Siehe Teil 1.3.1, Jahr 1622, IV.

der sie SCHALLs Entfernung aus der Gesellschaft Jesu forderten. Wohl aufgrund von Mißverständnissen warfen sie ihm darin u.a. auch Gehorsamsverweigerung und Förderung des Aberglaubens vor.[311] Nach einem längeren Untersuchungsverfahren, während dessen SCHALL am 7. VIII. (13. Sept.) durch P. MAGALHÃES in einer Denkschrift[312] aufgefordert wurde, von seinem Amt zurückzutreten, wurde er erst nach Jahren vollständig rehabilitiert. Offenbar war man allmählich zu der Einsicht gekommen, daß der Verlust des Direktorenamtes für den von der Obrigkeit fachlich hochgeschätzten P. SCHALL möglicherweise auch Maßnahmen gegen die Mission zur Folge haben könnte.[313] Ähnliche Klagen gegen SCHALL wurden später wiederholt[314], weitere Auseinandersetzungen mit den beiden Patres schlossen sich in den folgenden Jahren an.[315]

Zuvor war SCHALL am 1. VI. (10. Juli) ehrenhalber zum Direktor des kaiserlichen Marstalls, *Taipu si qing* 太僕寺卿, wohl im Rang 4 erhoben worden.[316]

1650

Am 2. IX. (27. Sept.) 1650 schilderte P. [(a13)]FRANCESCO BRANCATI[317] S.J. / PAN GUOGUANG 潘國光(1607-1671) in einem lobenden Brief an den Ordensgeneral VINCENZO CARAFA (1585-1649) den Sachverhalt der Verleumdung und verteidigte SCHALL:

---

[311] Hierzu auch mehrere Briefe von SCHALL; s. VÄTH, S. 356-358, und S. 274-277; DUNNE (deutsche Übers.), S . 401; PIH, S. 61-110.

[312] Die darin ausgebreiteten zehn Punkte sind bei VÄTH, S. 276-277, zusammengefaßt. Als wichtigster erscheint Punkt 1, zu dem VÄTH, S. 278, vermerkt: „Enthalten der Kalender und die amtlichen Meldungen an den Kaiser Aberglauben und Wahrsagerei, und deckt der Direktor alles mit seinem Namen?" SCHALL verfaßte dazu 1652 eine Verteidigungsschrift, *Apologia pro novo Calendario Sinico*, siehe Jahr 1652, 28. I. und in Teil 1.6.3; LACH (1993), S. 194; ROSS (1997), S. 170-171.

[313] VÄTH, S. 285.

[314] Diese bezogen sich u.a. auf seinen angeblich zu aufwendigen Lebensstil nach Mandarinart, der Adoption eines Kindes, siehe Jahr 1661, 1. IX., und seines angeblich unkeuschen Lebenswandels; siehe Teil 1.5, Jahr 1751.

[315] Siehe den Brief vom 14. Aug. 1650 an P. [(a47)]NIKOLAUS SMOGULECKI / MU NIGE 穆尼各 (1610-1656, siehe Jahr 1651), einen „der treuesten Freunde Schalls" (VÄTH, S. 219); ders., S. 356.

[316] *Shunzhi shilu*, j. 26, S. 12; HUCKER, Nr. 6204.

[317] Aus Palermo, ca. 1647 in China, DEHERGNE, Nr. 109.

„Nächst der göttlichen Hilfe ist es das Pater Adam erwiesene Wohlwollen, an dem wir alle Anteil haben auf der Reise, in den Städten und im Verkehr mit den Beamten."[318]

Der genannte Vizeprovinzial [(a11)]MANUEL DIAS erklärte in demselben Jahr:

„Ich wünschte, wir hätten hundert Männer wie Adam."[319]

Der Kaiser versagte ihm nicht seine Zuneigung.[320] Im Frühjahr 1650 schenkte er ihm ein Grundstück in vornehmer Nähe des Palastes und des Astronomischen Amtes sowie Silberbarren zum Neubau einer Kirche, der *Church of the Immaculate Conception* „innerhalb des *Xuan–wu*-Tores", 宣武門內 / *Horon be algimbure duka* , dem westlichen Tor in der Südmauer der Tatarenstadt. Diese – seit ca. 1723 unter dem Namen „Südkirche", *Nantang*[321]南堂, bekannt,

---

[318] DOEPKEN (1982), S. 148, ohne Quellenangabe; VÄTH, S. 170, 260; DUNNE (deutsche Übers.), S. 397.

[319] DUNNE (deutsche Übers.), S. 397.

[320] HUONDER (1899), S. 192: „Der Kaiser selbst war dem Christentum aufrichtig gewogen. Er baute Sch. zuliebe eine ‚herrliche Kirche, welche mit denen schönsten Gottes-Häusern in Europa kann verglichen werden' […]."

[321] Die kaiserliche Schenkung von 1650 ist durch eine chines.-latein. Inschrift dokumentiert, *Dumen jiantang beiji* 都門建堂碑記; siehe ARSI Jap-Sin IV, 2, chines. Text Jap-Sin I, 174.5, siehe CHAN (2002), S. 511-513, 239-240; Paris Bibl. nat., Sign. Chinois 6888 II. Neben der kaiserlichen Schenkung hatten auch die Kaiserinmutter BUMBUTAI und einige Prinzen mit Silbergeschenken zum Bau beigetragen; QU ZHILIAN (1939), S. 33. Ein erster Kirchenbau, genannt *Tianzhu tang* 天主堂, war im April 1610 erfolgt. Der Neubau einschließlich neuem Grundstück unter SCHALL war 1657 abgeschlossen. Die Kirche wurde seit 1662 *Xitang* 西堂, Westkirche, heute jedoch *Nantang* 南堂, Südkirche, in der Literaturuch *Église du Sauveur* genannt. Renovierungen z. T. nach Bränden fanden 1712, 1775, 1776, 1860 und nach Erdbeben von 1720 und 1730 statt. Der jetzige Kirchenbau, heutige Adresse: *Qianmen xidajie* 前門西大街, Nr. 41, stammt aus dem Jahre 1904; PFISTER, S. 170; VÄTH, S. 168.
In den Folgejahren wurde die Nordkirche, *Beitang* 北堂, zur Zentrale der französischen Jesuiten, die spätere Westkirche, *Xitang* 西堂, zum Zentrum der Lazaristen und die Süd- und Ostkirche, *Nantang* 南堂 und *Dongtang* 東堂, zu Mittelpunkten der Jesuiten.
Zur Einführung für Besucher war i. J. 2001 folgender Aushang auf dem Gelände der *Nantang*-Kirche installiert:
"The Cathedral of Immaculate Conception of Blessed Virgin Mary situated in 41 Qian men Xi da jie Avenue Beijing. Today here is also the Bishop's Residence. The Italian Jesuit Father Matteo Ricci arrived in Beijing in 1601. The Emperor of China bestowed him the land and funds to build a chapel here. He lived here and worked hardly for the propagation of Gospel and cultural exchanges. A church was built by German Jesuit Father Adam Schall in 1650. The Ching Dynasty Government granted him a lot of silver coins for it and the Emperor Shun Zhi 24 times came here and have had heart-to-heart talking with Father Adam Schall. But the church was burned away in 1775 and in the year of 1900 it was set on fire. So the present cathedral was rebuilt in 1904. – Xuan Wu Men Nan Tang 1998. 12."

1.4 Die Zeit der Qing-Dynastie 73

befand sich sn dem Ort, an dem seit 1601 P. ^(A41)MATTEO RICCI gelebt hatte. Sie wurde zu einem Zentrum des portugiesischen *Padroado*. Zum Baubeginn verfaßte SCHALL eine lateinische Inschrift, in der er auf die christliche Tradition Chinas Bezug nimmt.[322] Die Kaiserinmutter ^(a4)BUMBUTAI / XIAOZHUANGWEN[323] huanghou 孝莊文皇后(1613-1687) aus dem mongolischen BORJIGIT-Klan und

---

Für das anliegende Wohngebäude mit seinen Einrichtungen aus früherer Zeit (um 1640) findet sich in *Dijing jingwu lüe*, j. 4, S. 3621-3624, eine kurze Beschreibung. Unter den nicht-religiösen, fremden Gegenständen fielen dem Verfasser auf: ein Teleskop, *yuanjing* 遠鏡, eine Schlaguhr, *houzhong* 侯鐘, eine Art Spinett oder Klavichord, genannt *tianqin* 天琴, „himmlische Zither". Siehe hierzu *Edictum Sinico-Tartaricum, quo Christianæ Legis Approbatio*, in: KIRCHER (1667), S. 105-106; NAVARRETE (1676), engl. (1704), siehe CUMMINS (1962), S. 213; *Rixia jiuwen kao* (1785/7), j. 49, Bd. 3, S. 778; RIPA, *Storia*, S. 461-462; VÄTH, S. 343-304; *Sinica Franciscana*, Bd. V, S. 418, 428; FANG HAO (1954), S. 891-892; TONG XUN (1999), S. 118, 281-295; 28; CHA SHIJIE 查時傑, in: *Lishi yu zongjiao* 歷史與宗教, S. 61-87; CHAN (2002), S. 504-505; WANG LIANMING (2014).
– Später wurden auf dem *Nantang*-Areal auch Orgeln und Spieluhren hergestellt. P. TOMÁS PEREIRA (1645-1708, aus Portugal; siehe Jahr 1692, 16. XII.) erbaute 1679-1680 für die Kirche eine Orgel mit 3 oder 4 Registern, die möglicherweise nach einer Vorlage in ATHANASIUS KIRCHERs *Musurgia Universalis* (1650) konstruiert wurde; Näheres siehe in der im Internet zugänglichen Datei *The Pipe Organ in China Project*, Teil *Pek1680* und *Pek 1713b*. Das Instrument wurde ab 1705 durch den genannten P. TOMAS PEREIRA, nach 1707 durch P. LEOPOLD LIEBSTEIN (1667-1711, aus Schlesien; seit 1707 in China, DEHERGNE, Nr. 65) und nach den Zerstörungen durch die Erdbeben von 1720 und 1730 durch P. FLORIAN BAHR (1706-1771, aus Schlesien, seit 1739 in China, DEHERGNE, Nr. 65) und P. TEODORICO PEDRINI C.M. (1671-1746, aus Fermo) 1743 wiederhergestellt. Näheres zu PEREIRAs Orgeln siehe URROWS, S. 29-35. Auch für Kaiser KANGXIs Geburtstag wurde dort eine Orgel gebaut; dokumentiert durch L. APPIANI in einem Brief, in: Archive des Collegio Leoniano, Sign. Cina II. In den Aufzeichnungen von P. VERBIEST ist vermerkt, daß Kaiser KANGXI bei einem Besuch vom 11. Mai 1684 neben zwei Glockenspielen auch eine Orgel inspizierte (*Rex venit* [...] *vidit organum et 2 campanas majores horologii suspendas in turre*); BERNARD (1940), S. 111.
– In diesem Zusammenhang ist darauf hinzuweisen, daß der berühmte Mathematiker LEONARD EULER (1707-1783) eines seiner Werke über Musik, *Tentamen novae theoriae mvsicae ex certissimis harmoniae principiis...*, Petersburg (1739), der Südkirche, *Nantang* i. J. 1745 mit eigenhändiger Widmung dedizierte „Nām-t'ām Collegij S. J. Pekinj donô ipsius"; VERHAEREN, Nr. 1568; BERNARD (1936), S. 24, Anm. 3.

[322] Das in Marmor geschnittene Monument wurde während der Verfolgung durch YANG GUANGXIAN im Jahre 1664 zerstört; CHAN (2002), S. 511. Der Text der *Epigraphe Ecclesiæ Pekinensis Soc. Jesu* beginnt: *Post Fidem À. D. Thoma Apostolo primum advectam, postque eandem a Syriis Tempore Imperii Tam* [Tang]*, iterum et latius propagatam* etc.; nach: A. KIRCHER (1667), S. 107; SCHALL, *Historica*, Druck (1665), n. MANSSEGG (1834), S. 357-358:
„Nachdem der christliche Glaube zuerst von dem heiligen Apostel Thomas hieher war gebracht, dann zur Zeit der Dynastie Tam [Tang] nochmals und weiter nach China war verbreitet"...;
chines. Text in: *Zhengjiao fengbao* (1894), S. 24b-25a; latein. u. chines. Text s. CHAN (2002), S. 511-512; s.a. FAVIER (1902), S. 147-148; WERFER (1871), S. 61; PFISTER, S. 170, Anm.1; GOLVERS, S. 169-170; Abb. der Inschrift s. CHAN (2002), S. 513.

[323] BRUNEM, Bd. 2, S.135-138 ; siehe a. Jahr 1665, 12. III.

die Prinzen bedachten ihn mit Silbergeschenken.[324] Den neuen, im Jahre 1652 fertiggestellten, ansehnlichen Gebäuden verlieh man später die Ehrenbezeichnung *Tongxuan jiajing*[325], und der Kaiser übersandte eine Kalligraphie *qinchong tiandao* 欽崇天道, „Kaiserliche Verehrung der himmlischen Lehre"[326]. Es folgten Inschriften eines der Präsidenten des Ritenministeriums und eines Nachkommens von KONFUZIUS in 66. Generation, (a28)KONG XINGSHAN 孔興煽 (gest. 1672); denn KONFUZIUS wurde „auch von Pater Adam sehr werth geschätzt".[327]

Die Kirche wurde schließlich mit einer kaiserlichen, ca. 2 Meter hohen, zweisprachigen steinernen Stele, *Yuzhi tianzhu tang beiji* 御製天主堂碑記, geehrt, die, auf den 1. II. (15. März) 1657 datiert, sich noch heute dort befindet.[328]

Am 9. XII. (31. Dez.) kam der Regent (a12)DORGON, nur 39 Jahre alt, bei einem Jagdunfall in Jehol oder Kalgan ums Leben.

1651

Die Jahre 1651 bis 1657 waren für SCHALL von zentraler Bedeutung; denn er kam mit dem jugendlich aufgeschlossenen Kaiser FULIN in engeren persönlichen Kontakt, angeblich vermittelt durch den Großsekretär (a14)FAN WENCHENG[329] 范文程 (1597-1666), eines Vertrauten des Regenten DORGON.« Ce Prince [Fulin] eut une singulière affection pour le Pere Adam Schaal [!] »[330]

---

[325] Siehe Jahr 1657, 1. II.

[326] Qu Zhilian (1939), S. 34.

[327] SCHALL, *Historica* (1665), n. MANNSEGG (1834), S. 359; *Zhengjiao fengbao* (1894), S. 25b; WERFER (1871), S. 62; ROWBOTHAM, S. 80 (dafür *pailou*); VÄTH, S. 168; TONG XUN (1999), S. 118-119.

[328] Näheres siehe Jahr 1657, 1. II.

[329] HUMMEL, S. 231-232; VÄTH, S. 177; s.a YANG ZHEN 楊珍, in: *Qingshi yanjiu* (1999), Heft 3, S. 86. – Eine Tochter FAN WENCHENGs bekehrte sich zum Christentum.

[330] du HALDE (1735), Bd. 1, S. 53. Hierzu in einer seinerzeit populären Sammlung von Reisebeschreibungen, *Allgemeine Historie der Reisen zu Wasser und Lande*, 6. Band (1750), S. 400-401:
„Um das Jahr 1631 wurde der Jesuit, Adam Schaal, nach Hofe gesendet. Dieser gewann gar bald durch seine Erfahrung in der Meßkunst, die Gunst des Kaisers und der Großen. [...] Adam Schaal, der allein in Peking verblieb, um die dasige Kirche zu besorgen, wurde von dem tartarischen Kaiser Schun-chi [Fulin], so bald er ihm bekannt geworden war, geliebkoset, und zum Präsidenten vom Gerichte der Meßkundigen [des Astronomischen Amtes] gemacht."
Aufgrund der Jesuitenberichte ging der Modeschriftsteller EBERHARD HAPPEL (1647-1690; siehe Jahr 1667) in seinem *Thesaurus Exoticorum* von 1688, S. 689, so weit zu schreiben:
„Der Kaiser hat den Pater sehr lieb."

1.4 Die Zeit der Qing-Dynastie

Offenbar waren es persönliche Interessen des Heranwachsenden an den Besonderheiten der Fremden, daß der Kaiser, der ebenso wie diese fremder, nichtchinesischer Abstammung war, für Kontakte zugänglich machten, so daß er mehrfach Gespräche suchte – ein Geschehen, das unter anderen Herrschern undenkbar gewesen wäre. Die Vertrautheit P. SCHALLs mit dem Kaiser war in dieser Zeit allseitig spürbar, so daß P. [a47]NIKOLAUS SMOGULECKI[331] / MU NIGE 穆尼各 (1610-1656) feststellen konnte:

> „Schall hält die Gunsterweise des Kaisers in der Hand […]. Wir alle predigen das Evangelium unter dem Schatten seines Namens."[332]

Nach P. VERBIESTs Äußerung war SCHALL

> „nächst Gott die Grund-Veste und Zuflucht der Christgläubigen."[333]

Die Gunst der Zeit nutzend förderte man vielerorts den Kirchenbau mit Stiftungen, so in Beijing und den Provinzen Shandong, Anhui, Jiangsu, Zhejiang, Fujian, Jiangxi, Guangdong, Guangxi, Sichuan, Hubei, Shaanxi, Henan, mit insgesamt ca. 30 Neubauten.[334] Im Zuge erfolgreicher Missionsarbeit fanden jährlich je ca. 60 Gottesdienste mit jeweils 20 bis 30 Teilnehmern statt. In den 1650er bis 1660er Jahren zählte man mehr als 100.000 Konvertiten und Sympathisanten der christlichen Lehre – eine Tatsache, die Kritik und Neid erzeugte.

Nach dem Tod des mächtigen Regenten DORGON übernahm Kaiser [a17]FULIN, knapp 13 Jahre alt, etwa am 12. II. (3. März) 1651 offiziell die Regierung[335], und kurz danach, am 21. II. (12. März), erfolgte postum die Anklage gegen DORGON wegen Rebellion.

Im III. Monat (April/Mai) reichte P. SCHALL zwei Eingaben ein, in denen er sich für die Renovierung der Palaststadt und gegen die erstarkende Macht der Lamapriester äußerte.[336]

---

[331] aus Krakau, seit 1646 in China, DEHERGNE, Nr. 794.

[332] VÄTH, S. 220; hierzu siehe auch einen Brief an SMOGULECKI vom 21. Okt. 1651, VÄTH, S. 357, Nr. 14.

[333] In einem Brief von 1661 berichtete VERBIEST:
  „Schall hat mehr Einfluß auf den Kaiser als alle Vizekönige oder der angesehenste Fürst, und der Name Pater Adams ist in China bekannter als der Name jedes berühmten Mannes in Europa." DUNNE (deutsche Übers.), S. 424.

[334] AN (1992), S. 80.

[335] *Zhengjiao fengbao* (1894), S. 25a; VÄTH, S. 166.

[336] VÄTH, S. 174.

Im **IV.** Monat (Mai/Juni) gelang ihm angeblich die Krankenheilung einer kaiserlichen Nebenfrau durch Gebete und Auflegen eines Kreuzes.[337]

Die herrschaftlichen Kontakte während dieses Jahrzehnts begleiteten die Anerkennung seiner wissenschaftlichen Leistungen bei Hofe. Am 1. **VIII.** (15. Sept.) 1651 verlieh man ihm den zivilen Prestigetitel, *sanguan* 散官, eines *Tongyi dafu*[338] 通議大夫 im Rang 3A; am 21. VIII. (5. Okt.) folgte die kaiserliche Erhöhung von SCHALLs Vater und Großvater ebenfalls zum *Tongyi dafu* sowie von seiner Mutter und Großmutter zu *Erpin furen* 二品夫人, Palastdamen im 2. Rang.[339] Drei kaiserliche Edikte vom 15. **IX.** (28, Okt.) und 5. X. (17. Nov.) folgten zu seinen Ehren.[340]

1652

Am 28. **I.** (7. März) verfaßte SCHALL seine Verteidigungsschrift gegen die Angriffe auf die Kalendererstellung nach westlicher Methode und auf seine Amtsstellung, genannt *Apologia pro Novo Calendario Sinico scripta scripta a P. Adamo Schall Soc. Jesu*[341], die 1655 von Rom gutgeheißen wurde.

Am 2. **III.** Monat (30. März) erfolgte seine Erhebung zum Direktor des kaiserlichen Opferamtes[342], *Taichang si qing* 太常寺卿, ehrenhalber, im Rang 3A.[343]

---

[337] VÄTH, S. 175; TONG XUN (1999), S. 118. Angeblich hatte SCHALL schon im Jahre 1644 der Frau eines kaiserlichen Prinzen bei Geburtswehen durch Auflegen einer Reliquie medizinisch helfen können; nach VÄTH, S. 217, handelte es sich dabei um die Gattin des Enkels des 1. Sohnes CUYENG / ZHUYING 褚英 (1580-1615) des Gründerkhans NURHACI namens DURHU / DUERHU 杜爾祜 (1615-1655), bei den Missionaren TURHU POYLIE (d.i. manjur. DURHU beile) genannt.

[338] WERFER (1871), S. 88-89; PLATZWEG (1882), S. 239-240; *Zhengjiao fengbao (1894)*, S. 26a; YU LUNIAN (1992), S. 1258; TONG XUN (1999), S. 120; HUCKER, Nr. 7490.

[339] *En lun* 恩諭 *Libellus continens encomia & titulos* […], 18 Seiten, siehe in Teil 1.6.2; Jahr 1651, 1. VIII. und Teil 1.6.3; SCHALL, *Historica narratio* (1665), S. 262-267; MANNSEGG, S. 343-349; WERFER (1871), S. 90-91; PLATZWEG (1882), S. 240-204; *Zheng–jiao fengbao (1894)*, S. 25a/b; CORDIER (1901), S. 48; COURANT (1902), Nr. 1324; VÄTH, S. 370; BERNARD (1945), S. 362; STREIT, Bd. 5 (1964), S. 2098; ZHOU RUCHANG, S. 459; HUANG SHIJIAN (1994), S. 449. cf. hierzu die kuriose deutsche Wiedergabe in der *Weltgeschichte* von JOHANN BAPTIST v. WEISS, Graz, Leipzig: Styria (1899), S. 130.

[340] Siehe Teil 1.6.2, Jahr 1651, 15, IX. und 5. X.

[341] ARSI, Jap-Sin I. 143, S. 86, 96a-147b; CHAN (2002), S. 189; VÄTH, S. 357; DUNNE (1962), S. 325-338; v. COLLANI (2013), S. 79-80; siehe a. in Teil 1.6.1.

[342] *Zhengjiao fengbao (1894)*, S . 26a; VÄTH, S. 201; HUCKER, Nr. 6145.

[343] *Shunzhi shilu*, j. 73, S. 2b; *Qing shigao*, S. 8632, dort wohl fälschl. 1645; VÄTH, S. 357, Nr. 15; WILLEKE, S. 1154; HUCKER, Nr. 6145; siehe a. Teil 1.6.3; andere Quellen überliefern den II. Monat.

1.4 Die Zeit der Qing-Dynastie

Im **V.** Monat (Juni) erging eine kaiserliche Weisung gegen die Tätigkeit der mohammedanischen Abteilung des Astronomischen Amtes.[344] In einem Brief vom 3. Juni an den damaligen Jesuitengeneral Francesco Piccolomini (1582-1651), über beteiligte Personen charakterisierte P. Smogulecki (s.o.) den Mitbruder Schall: „Äußerlich ein ziemlich schroffer Mann, sehr reizbar und mürrisch, nach deutscher Art".[345]

Am 3. **VI.** (8. Juli) bat Schall darum, den Mitarbeitern der Sternwarte zu danken und ersuchte das Ritenministerium, deren Lohn zu verdoppeln.[346]

Am 5. **VII.** (8. Aug.) erfolgte Schalls Präsentation von astronomischen Instrumenten[347]: Himmelsglobus, *huntian* 渾天, Gnomon, *xingqiu* 星球, Theodolit, *diping* 地平, Sonnenuhr, *rigui* 日晷 etc, die der Kaiser mit Geschenken von goldbestickter Hofkleidung, darunter Hüte, Schuhe und Strümpfe, erwiderte.[348]

Nach einer Throneingabe vom VII. Monat (August) bewies Schall seine Fertigkeiten in den mechanischen Künsten, indem er eine Beschreibung für eine Spieluhr mit rotierendem Himmelsglobus, *Tianqiu ziming zhong shuolue*[349] 天球自鳴鐘說略, verfaßte. Das Sammeln von Spieluhren mit komplizierter Mechanik war eine Modeerscheinung der Zeit.[350]

1653

Etwa seit dieser Zeit war eine verstärkte Rivalität zwischen Schall und seinen inzwischen etablierten Mitarbeitern und eingesessenen Wissenschaftlern spürbar.[351]

---

[344] Dok. III., S. 545; *Da Qing huidian* (1690), j. 161, S. 8a.

[345] Siehe Jahr 1651; Dunne (deutsche Übers.), S. 408, Quelle ARSI, Jap-Sin 142.

[346] Väth, S. 178.

[347] Zu astronomischen Instrumenten siehe Jahr 1673, Beginn.

[348] *Shunzhi shilu*, j. 66, S. 3a; *Qingchao rou*, j. 1, S. 9; Schall, *Historica* (1658); Bernard-Bornet, S. 299-300; Tong Xun (1999), S. 117.

[349] Siehe in Teil 1.6.3; Abb. der Eingabe in *Ming Qing dang'an*, Serie I, S. 44, Nr. 115; *Ming Qing shiliao*, Serie 4 *(bing)*, Heft 4, S. 323.

[350] Hierzu siehe in Teil 1.3, Jahr 1640.

[351] Väth, S. 110.

Am 2. **I.** (18. Febr.) und danach stattete der bekannte Historiker ⁽ᵃ⁴⁸⁾TAN QIAN³⁵²談遷(1594-1658) SCHALL seine Besuche ab, die vermutlich durch einen seiner Texte angeregt waren. In der Schrift *Beiyou lu*³⁵³北游錄 berichtet TAN Einzelheiten über die Geschichte des Christentums und über SCHALLs Wohnstätte: Im oberen Stockwerk fand er neben Schriften mehrere astronomische Geräte, Teleskope und Glocken, vor, vermulich sind Schlaguhren, *ziming zhong* 自鳴鐘, gemeint, sowie ein etwa 5 Fuß [ca. 1,6 m] langes und 9 Zoll [ca. 30 cm] hohes *tianqin*³⁵⁴天琴 mit 45 Metallsaiten und Tasten. Auch erwähnt er die zahlreichen Bücher in den Regalen, worunter sich angeblich zwei seltene Texte, *mice* 密冊, befanden, die von der Umwandlung von Metall in Gold und Silber handelten.³⁵⁵

Etwa am 5. **II.** (4. März) 1653 fand eine Beratung mit dem Kaiser statt.³⁵⁶

Kurz darauf, am 4. **III.** (1. April), wurde P. SCHALL der Ehrentitel *Tongxuan jiaoshi* 通玄教師, „Lehrmeister, der das Geheimnisvolle durchschaut", mit Rangerhöhung verliehen.³⁵⁷ Am 1. **IV.** (27. Apr.) wurde ihm das kaiserliche

---

³⁵² FANG CHAO-YING, in: GOODRICH, Bd. 2, S. 1239-1242.

³⁵³ *Beiyou lu* (1653/6), Neudruck, S. 45; A. CHAN, in: MALEK (1998), Bd. 1, S. 274-302.

³⁵⁴ „Himmlische Zither", gemeint ist SCHALLs eigenes Tasteninstrument, Cembalo oder Klavichord und nicht das hier unter dem Jahr 1640, 25. III. erwähnte Instrument aus P. MATTEO RICCIs Sendung, für dessen Reparatur SCHALL ein Jahrzehnt zuvor den Auftrag erhalten hatte. Als Eigenheit dieses Instrumentes werden *shuichou* 水籌 (CHAN, S. 277: *quills*, Plektren ?) genannt, was auf ein Kielinstrument (Cembalo) hindeuten könnte. Auch im *Dijing jingwu lüe* j. 4, Nachdruck, S. 3622-3623, des etwa gleichaltrigen LIU TONG 劉侗 (1594-1637), Vorworte von 1643, werden 3 fremdländische Gegenstände mit kurzen Beschreibungen in SCHALLs Besitz erwähnt: ein Teleskop, *yuanjing* 遠鏡, eine Schlaguhr, *houzhong* 侯鐘 und ein Tasteninstrument, das dort auch *tianqin* 天琴 benannt ist.

³⁵⁵ *Beiyou lu*, S. 277; A. CHAN (1998, s.o.), S. 278-279.

³⁵⁶ *Shunzhi shilu*, j. 73, S. 2b-3b, Übers. FU LO-SHU, S. 12-13; *Qing shigao*, S. 8632, dort wohl fälschlich 1645; WILLEKE, S. 1154.

³⁵⁷ Der Ehrentitel leitet sich möglicherweise von *Tongxuan yuan* 通玄院, dem Namen der *Tang*-Zeit für das Astromische Amt, her; siehe *Tang huiyao* 堂會要 des WANG PU 王浦(922-982), j. 44, Ende; HUCKER, Nr. 7487. Das 2. Zeichen im Titel (*xuan* 玄) mußte 1661/2 wegen Tabuisierung des persönlichen Namens von Kaiser KANGXI, der XUANYE 玄曄 hieß, in das gleichbedeutende *wei* 微 oder in ein anderes Zeichen mit der Lesung *xuan* geändert werden. Die Kaiserinmutter stimmte dieser Änderung zu; siehe Edikt in *Shunzhi shilu*, j. 73, 2b-3b; SCHALL, *Historica*, Mskr. (1658), n. BERNARD-BRONET, S. 451, dort Änderung des Titels von *penetrans res coelestes magister* in *penetrans sublimissima quaeque magister*; bei MANSSEGG (1834), S: 456: „Ein die himmlischen Geheimnisse durchdringender Lehrmeister", geändert in „Ein die verborgendsten Dinge durchdringender Lehrmeister"; auch genannt *penetrans profunda doctrinae (coeli-astronomiae) magister*. SCHALL, *Historica*, Mskr. (1658), n. BERNARD-

1.4 Die Zeit der Qing-Dynastie

chinesisch-manjurische Edikt für die Verleihung der Ehrenurkunde, *texi jiaming* 特錫嘉名, überreicht.[358]

Am 14. IV. (10. Mai) übersandte SCHALL eine Eingabe betreffs der astronomischen Konstellation des Planeten Mars.[359]

1654

Obwohl P. SCHALL das Vertrauen des Großteils seiner Untergebenen genoß, kamen im Jahr 1654 Intrigen und Mißhelligkeiten gegen ihn auf, und man warf ihm u.a. vor, in Verbindung mit den Kalenderarbeiten den Aberglauben zu begünstigen.[360]

Am 13. **XI**. (1. Jan.) wurde aus Anlaß einer an diesem Tag erschienenen Nebensonne (*Parhelion*), *er* 珥, eine angeblich von SCHALL lancierte Weissagung,

---

BORNET, S. 305; MANNSEGG (1834), S. 330: „Hium-Hun-Kun-Xy"; RIBADENEIRA (1676), S. 398: „*Magister Arcanuorum Cœlesticum*"; COUVREUR (1898), S. 531-533: «Qui intelligit subtilia doctrinae magister». Siehe a. Teil 1.6.2.

[358] Kaiserliches Edikt, *chiyu* 勅諭, zur Titelverleihung, siehe Teil 1.6.2, Jahr 1653, 4. III., hier nach *Qingshi gao*, S. 10020:
> „Das Edikt des Kaisers führte hierzu an: ‚Seit Gründung unseres Reiches habe ich es als vordringliche Aufgabe betrachtet, die Zeiten zu bestimmen und den Kalender zu regulieren. Auf [Fu]xi 伏羲 und He 和 [der mythischen Zeit] folgten Luoxia Hong 洛下閎 [156 v. – 87 n. Chr.] und Zhang Heng 張衡 [gest. 139 n. Chr.] in der *Han*-Dynastie, Li Chunfeng 李淳風 und der Mönch Yixing 一行 [683-727] der *Tang*-Dynastie. Sie alle hatten bezüglich des Kalenderverfahrens ihr Vorzüge und Nachteile. Unter den *Yuan* genoß Guo Shoujing 郭守敬 [1231-1316; s.o.] den Ruf großer Genauigkeit; bei der Vermessung der Längen- und Breitengrade indes konnte er keine Übereinstimmung erreichen. Danach häuften sich noch die Fehler bei den mittels Gnomon vorgenommenen Vermessungen. Du, Tang Ruowang bist [aus einem Land] vom westlichen Meer gekommen. Du kennst dich in den Himmelserscheinungen gut aus und verstehst auch die Kalendermethoden. Xu Guangqi hatte dich eigens an den Hof empfohlen. Kalenderfachleute deiner Zeit, wie Wei Wenkui 魏文魁 [siehe Teil 1.3 Jahr 1631] u.a., konnten dich nicht erreichen. Da du ein Ausländer bist, beneidete man dich um deinen Erfolg und wollte dich am Ende nicht tolerieren.'"

Aus der Urkunde, Übers. von A. CHAN (1998), S. 285-286:
> "And you are able to keep yourself straight, devoting yourself entirely to your work and set a good example to the other ministers. [...] We therefore exhort you to continue your pursuits more diligently in your ministerial offices so as to keep your good name in history."

Zur Ehrenurkunde siehe a. *Zhengjiao fengbao* (1894), S. 26a; Übersetzung COUVREUR, S. 533-534; VÄTH, S. 201, Übers. und Abb. der Urkunde, S. 202-203; BERNARD (1945), S. 362; STARY (1998), S. 166-170, Text S. 171-189.

[359] *Shunzhi shilu*, j. 74, S. 11a.

[360] *Sinica Franciscana*, Bd. 2, S. 423; ROSSO (1949), S. 116.

zhan 占/ foyodon, an den Kaiser publik, die diesen veranlassen sollte, sich zunutzen der Regierungsgeschäfte weniger von weiblichen Reizen ablenken zu lassen.[361]

Im **IV**. Monat (Mai-Juni) versuchte SCHALL aufgrund ungünstiger Wettervorhersagen den Kaiser von einer Reise in die Manjurei abzubringen, was ihm schließlich auch gelang.[362]

Am 12. oder 13. IV. (27./28. Mai) erfolgte eine Eingabe SCHALLs zur Kalenderberechnung nach neuer (westlicher) Art, *xinfa* 新法 / *ice fa*.[363]

Der **VII**. Monat (August) brachte ihm kaiserliche Zuwendungen.[364]

1655
Aufgrund einer Eingabe vom 25. III. (1. Mai) erfolgte ein Edikt des Kaisers wegen Landschenkung zur Erweiterung des Jesuitenfriedhofs für SCHALLs Grabstätte außerhalb des Tores *Fucheng men* 阜城門/ *Elgiyen-i mutehe duka* neben dem Grab von MATTEO RICCI.[365] Dort ließ Schall zunächst eine Marienkapelle, *Shengmu tang* 聖母堂, bauen und später (1660) noch eine zweisprachige Gedenksäule errichten.[366]

Im August 1655 entschied der Prüfungsausschuß in Rom über die mit der Erstellung des Kalenders aufgekommenen Fragen, die meist positiv beschieden wurden. Der Bescheid erreichte die Missionare in China jedoch erst 1659 und dieser wird am 1. XII. (12. Jan.) 1660 bekanntgegeben.[367]

Am 20. **VIII**. (19. Sept.) erhielt SCHALL aus Anlaß seiner neunjährigen Tätigkeit als zusätzlichen Amtstitel den eines Leiters des Büros für die Bearbeitung der Memoriale, *Tongzheng shi si* 通政使司 im Rang 3A.[368]

---

[361] *Ming Qing shiliao*, Teil 3, Heft 4, S. 317a; Text siehe ROSSO (1949), S. 117.

[362] *Beiyou lu*, S. 373; A. CHAN, in: MALEK (1998), S. 283.

[363] QU ZHILIAN (1939), S. 34; AN (2015), S. 3.

[364] *Zhengjiao fengbao* (1894), S. 26b; VÄTH, S. 199.

[365] Hierzu siehe eine Eingabe des zuständigen Finanzministeriums, *Hubu* 戶部, vom 5. VI. (8. Juli); AN (2015), S. 4-5; siehe a. *Zhengjiao fengbao* (1894), S. 26b; TONG XUN (1999), S. 119. Zur Marienkapelle siehe Teil 1.6.5, Ende.

[366] *Zhengjiao fengbao* (1894), S. 28a; VÄTH, S. 199-200.

[367] VÄTH, S. 287-294.

[368] *Shunzhi shilu*, j. 93, S. 5a-b; HUCKER, Nr. 7467; Grabstele v. 15. X. 1655; *Qing shigao*, , S. 10021; *Qing tongjian* (A), S. 1130; VÄTH, S. 204-205; TONG XUN (1999), S. 120. Siehe a. den Eintrag auf dem chines. Kalender des Jahres 1658, siehe hier Teil 3.1.3, Anhang, Ende.

Unter dem Datum 15. **X.** (12. Nov.) ist eine chines.-manjur. Steinstele über die vorerwähnte (25. III.) kaiserliche Landschenkung für P. SCHALLs Grabstelle neben der Begräbnisstätte des P. M. RICCI erhalten.³⁶⁹

Am 9. **XI.** (6. Dez.) begab sich der Kaiser in den südlichen Jagdpark, *Nan haizi* 南海子, da in den Frauengemächern des Palastes die Pocken³⁷⁰ ausgebrochen waren.

Am 14. **XI.** (11. Dez.) verstarb SCHALLs langjähriger Hausgenosse P. ⁽ᵃ³³⁾NICOLO LONGOBARDO.³⁷¹

1656

Anläßlich des Besuches der holländischen Gesandtschaft im **V.-VIII.** Monat (Juli-Okt.) unter Leitung der Kaufleute PIETER de GOYER (gest. 1644) und JACOB de KEYZER (geb. ca. 1613) von der Niederländischen Ostindien-Kompanie mit Hauptsitz in Batavia nahm SCHALL die portugiesischen Interessen gegenüber den ‚kalvinischen Holländern' wahr und betätigte sich als Dolmetscher.³⁷² JOHAN NIEUHOF (1618-1672), der an der vom 14. Aug. 1655 bis 31. März 1657 währenden Gesandtschaft als Hofmeister teilnahm, erwähnt SCHALL, dort genannt ADAM SCHALIGER, in seinem Reisebericht unter dem Datum 28. **V.** (19. Juli) als Gast bei einem Bankett, das der damalige Präsident

---

Manche datieren das Ereignis auf den X. Monat 1657; *Bu deyi bian* l.c.; *Zhengjiao fengbao (1894)*, S. 30a.

³⁶⁹ Manjur.-chines. Steininschrift, *Chici tongwei jiaoshi Tang Ruowang fendi bei* 敕賜通微教士湯若望墳地碑 / *Šeng mu Tang de ilibuha bei gisun*; 126 x 61 cm und 1,60 x 0.85 m, an der ehemaligen Kirche, Textbeginn: *Shaobao jian taizi taibao heibo angbang* 少保兼太子太保黑白昂邦 / *Dergi hese šooboo bime taize taiboo hebei amban*; Abreibung vorhanden in der Nationalbibliothek Beijing, Sign. *jing* 京 1882; Reproduktion in: *Beijing tushuguan...*, Bd. 61 (1990), S. 81, und im Field-Museum von Chicago, *Sign. 1148*; *Catalogue of Chinese Rubbings* (1981), Nr. 1148, S. 277, Teilabb. S. 563; PLANCHET (1928), S. 137; VÄTH, S. 199-200; MALATESTA u. GAO (1995), S. 36; MALATESTA (1998), Abb. d. Inschrift und SCHALLs Antwort, S. 248-249; STARY (1998), S. 159-163 mit Abb. In dem damaligen Gebäude der Marienkapelle *Shengmu tang* 聖母堂 befindet sich heute die Bibliothek der Parteihochschule. Zur Kapelle siehe Teil 1.6.5, Ende.

³⁷⁰ Siehe Jahr 1661, I. Monat

³⁷¹ Siehe in Teil 1.1.2, 1623, 1625 u.ö.; VÄTH, S. 213; DEHERGNE, Nr. 483. Nach der chines.-latein. Grabinschrift (dort LONGOBARDI) starb er bereits i. J. 1654.

³⁷² COUPLET (1701), S. 186; BADDELEY (1919), Bd. 2, S. 158-159; J. STEIN (1925); VÄTH, S. 225-232; KLEY (1973), S. 568; WILLEKE (1976), S. 1154; PIH, S. 111-130; ROWBOTHAM, S. 80; DOEPKEN (1982), S. 149; ULRICHS, Mskr., S. 9.

des Ritenministeriums ⁽⁸⁵⁾ENGGEDEI³⁷³恩格德 veranstaltete.³⁷⁴ Er bezeichnet ihn als einen „sehr alten Mann mit einem langen Bart, auf Mandschu-Art geschoren und gekleidet."³⁷⁵ Als die holländische Gesandtschaft mit ihren Vorhaben scheiterte, beschuldigte man die Jesuiten.³⁷⁶

---

³⁷³ ENGGEDEI, Manjure aus dem *Nara*-Klan vom Umränderten blauen Banner, in den Jahren 1655 bis 1658 manjur. Präsident des Ritenministeriums, wurde im folgenden Jahr in der Affäre um den Prinzen RONG als Gegner SCHALLs bekannt; Näheres siehe GIMM (2018,1), S. 32-37 und in Teil 3.1.1; weiterhin *Baqi manzhou shizu tongpu*, j. 24, manjur. S. 11a, chines. S. 7b; *Qing shigao jiaozhu*, Bd. 1, j. 5, S. 127, Bd. 7, j 185, S. 5506-5507; *Qingshi gao*, j. 178, S. 6341-6353; VÄTH, S. 403; HUMMEL, S. 224-225; ROSSO (1949), S. 120; *Qingdai zhiguan nianbiao*, Bd. 1, S. 166-168. Nach damaligem Gebrauch wurde ENGGEDEI vertraulich auch GUEN LAOYE (d.i. NGEN / EN LAOYE 恩老爺) betitelt; siehe *Sinica Franciscana*, Bd. II, S. 505, 510, 513, 534, 558. ENGGEDEI wird in der westlichen Literatur öfter mit ENGGEDER / EN'GEDEER 恩格德爾, einem Mongolen aus dem BORJIGID-Klan, der bereits 1636 verstarb, verwechselt; so bei ROSSO, S. 120-121. Weiteres siehe in Teil 3.1.3.

³⁷⁴ NEUHOF (1669, deutsche Ausgabe), S. 163-164, schildert SCHALLs damalige Tätigkeit: „Neben ihm [ENGGEDEI] sassen zur rechten seiten zween Tartarische Herren / und zur lincken ein Jesuit / welcher albereit vor 46. Jahren / als da die Sinischen Keyser annoch die Regierung gehabt / an dem Hofe zu Peking in grossen Ehren und Ansehen gewesen / und sich Adam Schaliger [Adam Schall] nennen ließ. Er war / seiner selbsteigene Aussage nach / aus Cölln bürtig / ein sehr alter Mann / mit einem langen Barte / auff die Tatersche Manier geschoren / und bekleidet. [...] So bald obgedachter ReichsCantzler die Gesandte / mit wenig Worten / willkommen geheissen / und / wie gesagt / sich zu setzen genöthiget; hieß sie auch vorangeregter Jesuit sehr bescheident- und ehrerbietiglich willkommen / und solches in Hochdeutscher / als seiner Mutter-sprache / welche er noch vollkömlich reden konnte. Daneben fragte er sie / unter andern / nach etlichen der Römisch-Catholischen Religion zugethanen / und zu Amsterdam wohnhafften Personen; war ein Zeichen / daß er vor diesem einsmahls alda müste aufgehalten haben. [...] Sein Dollmetscher war mehrgedachter Herr Schaliger [SCHALL], welcher der Gesandten antwort / auf die Fragen des ReichsCantzlers / mit seinem Gezeugnüß bestettigte.[...] Mitlerweile kam ein Keyserlicher Befehl ins Collegium, daß der Herr Pater Adam (mit dem Zunahmen Schaliger) schrifftlich verzeichnen / und noch am selbigen Abend S. Keys. Maj. einhändigen sollte / nach folgenden Puncten: Ob die Holländer Land hätten / oder nicht [...], Darauff antworteten die Gesandten frey herauß. [...] Als nun Pater Adam eine zimlich lange und weitläufftige Schrifft verfertiget / überreichte er selbige dem ReichsCantzler / umb sie vorhin durch zu sehen [...] und befahl Pater Adam, seine geänderte Schrifft von neuen auffs Papier zu bringen / welches auch geschah. [Die dritte Fassung wurde] vor gut erkant / mit eigener Hand unterschrieben / und alsbald / neben andern geringfügigen Schrifften eingeschickt."
Siehe a. die deutsche Fassung in: *Allgemeine Historie der Reisen,* Bd. 5 (1749), S. 427.

³⁷⁵ Hier nach VÄTH, S. 228; DUNNE (deutsche Übers.), S. 422.

³⁷⁶ VÄTH, S. 231.

1.4 Die Zeit der Qing-Dynastie

In den Jahren 1656 und 1657 sind frühe persönliche Besuche des damals 18-jährigen Kaisers in Haus und Kirche des etwa 65-jährigen P. SCHALL zu belegen, die sich angeblich 24-mal wiederholten. Unangekündigte kaiserliche Visiten in Privathäusern entsprachen nicht den traditionellen Ritualvorschriften und galten als etwas unerhört Seltenes. Die persönlichen Interessen des Kaisers konzentrierten sich zunächst wohl auf die astronomischen und technischen Gerätschaften und die sonstigen Eigenheiten der Europäer. Die eigentlich Aufgabe der Fremden, nämlich die christliche Religion im Lande bekannt zu machen und zu verbreiten, nahm er vermutlich kaum wahr oder betrachtete sie als eine den Ausländern anhängende Kuriosität.[377]

Bei seinen Besuchen redete der 18-jährige Kaiser ihn, der mit seinem langen Bart und grimmigen Blick beeindruckend wirkte, familiär mit (manjur.) *mafa / mafa* 瑪法, „Großvater, alter Herr", entsprechend der chinesischen Titulierung *laoye* 老爺, an.[378] Im Zuge wachsender Vertrautheit erlaubte er ihm Zugang zu seinen Privaträumen, er machte ihm Geschenke, erließ ihm den ehrerbietigen Kniefall, *koutou* 扣頭 / *hengkin*, und ermöglichte, persönliche Eingaben an ihn zu richten.[379] Der christlichen Tradition und dem europä-

---

[377] Geheimakten, siehe Teil 5.2, Dok. I, [109] :
„Der Kaiser rühmte Schall wegen seiner astronomischen Berechnungen. Von der Propagierung der Lehre des Himmelsherrn [Christentum] in alle Welt, Anhänger zu sammeln, Bücher über die europäische Irrlehre zu verfassen und zu verbreiten, erwähnte er nichts."
Eine Inschrift vom II. Monat spricht von des Kaisers Besuchen und Gesprächen bei SCHALL, und zwar gelegentlich seiner Ausflüge in den Südlichen Jagdpark *Nan haizi* 南海子:
„Als ich das südliche Parkgelände inspizierte, führte mich mein Weg auch hierhin [zu Schalls Wohnung]. Hier sah ich die heiligen Gegenstände nach deren [ausländischen] Art. Als ich mich nach den Büchern auf seinem Pult erkundigte, sagte er [Schall]: ‚Das sind Erläuterungen zur christlichen Lehre.' Solche westlichen Bücher der christlichen Lehre hatte ich bislang noch nie gesehen."
Siehe a. *Rixia jiuwen kao*, Neudruck, S. 780.

[378] du HALDE, deutsche Übers., Bd. 1, S. 417:
„Es hegte dieser Kayser eine sonderliche Neigung zu dem P. Schall. Er nennete ihn nicht anders als Ma fa, welches eine Ehrenbenennung ist, die so viel heisset, als: Mein Vater. Er machte ihn zum Präsidenten des mathematischen Collegii, daß er die chinesische Astronomie verbessern und die Muhammedaner ausbeissen sollte, die seit 300 Jahren im Besitz dieser Wissenschaft gewesen waren."
S.a. Brief von [(11)]VERBIEST von 1661, bei JOSSON (1938), S. 76. SCHALL, *Historica*, Mskr. (1658), n. BERNARD-BORNET, S. 219: „Ma fa (sic honoris causa semper me nominat, titulus senioribus...) "; MANSSEGG (1834), S. 255: „Massa" (Druckfehler !), S. 325 u.ö.: „Maffa"; KIRCHER (1667), S. 104: „Maffa, venerabilis pater"; COUPLET (1687), S. 98: „senior pater"; de MAILLA, *Histoire générale* , T. 11, S. 54: „Ma-fa, le respectable pére"; HUC (1857), Bd. 2, S. 413 : „vénérable vieillard"; WERFER (1871), S. 77: „Miaofu"(!).

[379] VÄTH, S. 177; DUNNE (deutsche Übers.), S. 422; NAQUIN, S. 304.

ischen Leben gegenüber soll er sich aufgeschlossen gezeigt haben.[380] Er soll westlichen Traubenwein von dem missionseigenen Weinberg in *Shanxi* zwar gekostet, aber nur mäßig geschätzt haben.[381] Einen seiner Geburtstage hatte der Kaiser angeblich auch in der Mission verbracht. Vermutungen gingen später so weit, daß man annahm, Teile der Heiligen Erlasse, *shengxun* 聖訓, des Kaisers könnten auf P. SCHALL zurückzuführen sein.[382]

SCHALL wußte die Begegnungen in seinen Erinnerungen gebührend zu würdigen.[383] Auch ist anzunehmen, daß er einen Großteil seiner Informationen zur Geschichte und den Gebräuchen der Manjuren bei diesen Gesprächen erhalten hatte.[384]

---

[380] Angeblich ließ er sich über das Christentum und das Leben in Europa in privaten Gesprächen, "privates sermones" (ROUGEMONT (1673), S. 122), aufklären und besah sich die Weihnachtskrippe; MUNGELLO (1999), S. 24. In einer Befragung von 1664/5 äußerte sich Schall; s. Teil 5.2.1, Dok I, [35.]: „Mehrere Male konnte ich dabei dem Kaiser die Lehre des Himmelsherrn erklären"; an anderer Stelle: „[…] Ferner habe ich dem Shunzhi-Kaiser persönlich über die Verbreitung der Lehre bis in die äußeren Provinzen berichtet." Der Kaiser probierte wohl auch europäischen Kuchen und kostete Alkoholika. Näheres siehe *Qing tongjian* (A), S. 1387; du HALDE (1735), Bd. 3, S. 86; WERFER (1871), S. 79, 83; FANG HAO (1969), S. 3; DOEPKEN (1982), S. 148, ohne Quellenangabe; A. CHAN, in: MALEK (1998), Bd.1, S. 298; TONG XUN (1999), S. 12.

[381] *Keshe ouwen*, s. CHAN (1998), S. 298; siehe a.VÄTH, S. 183-199.

[382] PHILOSINENSIS [d.i. W. H. MEDHURST (1796-1857)], *Ta Tsing hwang te Shing Heun, or Sacresd Instructions of the emperors of the Ta Tsing dynasty*, in: Chineses Repository, X, Nov 1841, Nr. 11, S. 596:
"A question may naturally arise here, whether some of these sermons were not written by Adam Schaal [!], the Jesuit, the emperor's adviser and steady friend?"

[383] […]; SCHALL, *Historica* (1665), S. 143; Übers. v. MANNSEGG, S. 286:
An non inclinatissimi animi indicium sit, quòd intra biennium, per annum videlicet, quinquagesimum sextum, & septimum currentis seculi, viginti quatuor vicibus ad ædes P. P. venire, ijsq´ue diutiùs immorari, comedere et bìbere
„Sollte es nicht als ein Beweis der innigsten Gewogenheit angesehen werden, daß er innerhalb der zwei Jahre 1656 und 1657 vier und zwanzigmal in die Wohnungen der Väter kam, dort längere Zeit sich aufhielt, aß und trank."

[384] Beispiele hierzu siehe bei GIMM, *Nurgači versus Nurhači – an annotation to P. Adam Schall*, in: Central Asiatic Journal, 49 (2005), S. 210-211, und in *Die früheste Erwähnung der manjurischen Stammessage von den „Drei himmlischen Mädchen" in der europäischen Literatur*, in: H. R. KÄMPFE, C. NÄHER (Hsg.), Ultra Paludes Maeoticas (Tunguso Sibirica, 23), Wiesbaden: Harrassowitz (2006), S. 32-33. – Nach VÄTH, S. 162, scheint auch [(a10)]DAIŠAN / DAISHAN 代善 (1583-1648), der zweite Sohn von FULINs Großvater NURHAČI, während seines Aufenthalts in Beijing seit 1644 SCHALL zu solchen Gesprächen aufgesucht zu haben; HUMMEL, S. 215; DUNNE (deutsche Übers.), S. 397.

1.4 Die Zeit der Qing-Dynastie

Die freundschaftlichen Beziehungen des Kaisers zu P. SCHALL, die wohl primär von seinem Wissensdurst dem Neuen und Fremdartigen gegenüber geprägt waren, wurden in der europäischen Literatur als außerordentlich bedeutsam für die Christianisierung Chinas bewertet.[385]

„Dieses Ansehen, in welchem Pater Adam bei dem Kaiser stand [...] verschaffte sowohl ihm wie seinen Genossen große Vortheile, ja es diente auch als eine wichtige Beihülfe zur Verbreitung des Christenthums."[386]

Dazu der Zeitgenosse P. (a35)M. MARTINI:

„Höchstgedachter König [Kaiser Fulin] der Tartarer liebt vnd ehrt die Patres der Societet JEsu sehr / begehrt auch alle seine Reich von ihnen im Catholischen Glauben vnderrichtet zuwerden. Hat an seinem Hoff Patrem Adamum Schall vnd Patrem Longobardum, beede Priester der Societet."[387]

Auch chinesische Quellen bezeugen das freundschaftliche Verhältnis zwischen SCHALL und dem Kaiser.[388]

---

[385] „Mira affabilit[at]e tractat P Adamum"...; Schreiben von P. (a35)M. MARTINI vom 6. Febr. 1659; in: MARTINI, Opera (1998), Bd. 1, S. 486. „..quod inde sequitur Christianitatis bonum et augmentatum spectare"...; SCHALL, Historica, Mskr. (1658); BERNARD-BORNET, S. 243; ders., Historica (1665) S. 135; Übers. MANNSEGG, S. 286.

[386] SCHALL, Historica, Druck (1665), Übersetzung MANNSEGG, S. 272. Dazu spätere Äußerungen: J. H. PLATH (1830), S. 307, Anm. 1:
„Der P. Adam Schall stand mit ihm für einen asiatischen Despoten auf einen ziemlich vertrauten Fuss".
GEORGE H. DUNNE (deutsche Übers.), S. 403, verstieg sich zu folgender Bemerkung:
„der Kaiser pflegte oft vorbeizukommen. Er hatte die Gewohnheit, in Schalls Schlafzimmer zu gehen, sich auf sein Bett zu setzen oder sich mit einem Buch darauf auszustrecken." Siehe a. dort S. 423.

[387] MARTINI, Zeitung Auß der newen Welt (1654), ohne Paginierung; auch in: MARTINI, Opere (1998), Bd. 2, S. 154-155.

[388] So notierte der oben erwähnte Historiker TAN QIAN (1594-1658, siehe Jahr 1653, 2. I.), der SCHALL i. J. 1654 Hausbesuche abgestattet hatte, eine angebliche Äußerung des Kaisers; engl. Übersetzung von A. CHAN (1998), S. 282:
"Mafa is an extraordinary person. The other Mandarins do not love me and they do not serve me except for their own interests. They keep begging for favors. Although I frequently urge Mafa to ask for favors he is satisfied under my patronage. This is what I mean by serving with love, and love without self-interest."

Im Jahre 1656 kam auch ⁽⁷⁾YANG GUANGXIAN³⁸⁹楊光先 (1597-1669), « Ce terrible ennemy des Chrestiens »³⁹⁰, SCHALLs Widersacher und eingeschworener Ausländerfeind, nach eigenen Angaben in die Hauptstadt.³⁹¹

1657
Am 1. II. (15. März) 1657 stiftete der Kaiser eine waagerechte Ehrentafel, *e* 額, mit eigener Kalligraphie für die Kirche *Nantang*³⁹² mit der Aufschrift *Tongxuan jiajing*³⁹³通玄佳境; dies in Anlehnung an den am 4. III. 1653 verliehenen Ehrentitel. Die Inschrift fand danach im Mittelteil eines später zerstörten Ehrenbogens ihren Standort.

Am gleichen Tag, den **1. II.**, widmete der Kaiser die bereits oben erwähnte, zwei Meter hohe (ca. 87 cm breite), zweisprachige Steinstele, *Yuzhi tianzhu tang beiji*³⁹⁴御製天主堂碑記/ *Han-i araha tiyan ju tang-ni bei bithe*, der Kirche des

---

³⁸⁹ Näheres siehe Teil 3.2.1, etc.

³⁹⁰ GRESLON (1671), S. 35. – NAVARRETE (1676), engl. (1704), siehe CUMMINS (1962), S. 258 u.ö.: "Our Chinese Enemy"; s.a. VÄTH, S. 208 u.ö.; GIMM (2018), S. 52-55.

³⁹¹ Siehe Teil 5.2.1, Dok. I., [69.]. *Allgemeine Historie*, Bd. 6 (1750), S. 401:
„Nicht lange zuvor aber wurde von dem Jang-quang-syen [Yang Guangxian], einem von den Gelehrten, der sich, wie man uns erzählet, durch seine Ränke und Gewaltthätigkeiten bey den größten Mandarinen furchtbar machte, eine allgemeine Verfolgung eingerichtet ."
Siehe a. Teil 3.2.1.

³⁹² Siehe Jahr 1650, 2. IX.

³⁹³ SCHALL, Historica (1658), n. BERNARD-BORNET, S. 315, Übers. MANNSEGG, S. 341:
ejus Ecclesiae titulum praefigo: Che su tum hiueu [recte: hiuen] Kia Kiveu [Kim], quae voces ad verbum significant: Excellentem penetrando caelo locum, domui Regiae charum
„Che su tum hieueu [hiuen] Kia Kiveu [Kim]. [通玄佳境] Diese Worte heißen wörtlich: Ein vortrefflicher, dem kaiserlichen Hause werther Ort, um in den Himmel einzudringen."
S.a. KIRCHER (1667), S. 106; *Zhengjiao fengbao* (1894), S. 28a; FAVIER (1902), S. 145-147, ebenso PLANCHET (1923), ohne Pagin. (dort Abb. des Ehrentores mit 2-sprach. Inschrift; manjur. Teil ist unrichtig); HUBRECHT (1928), S. 183; PFISTER (1932), S. 170; VÄTH, S. 166-167, 202-204 (Übersetzung); BERNARD (1945), S. 364; Qu; ZHOU (1993), S. 460 (dort fälschlich: 1655); HUANG SHIJIAN (1994), S. 449; CHAN (2002), S. 504-505. Siehe a. Teil 1.6.2, Jahr 1657, 1. II.

³⁹⁴ Größe: 200 x 85 cm und 16 x 23 cm, Unterteil beschädigt; Zur Zeit nachweisbare Exemplare: Abreibung in der Staatsbibliothek Beijing, Sign. *jing* 京 4549; Wiedergabe in: *Beijing tushuguan cang zhongguo lidai*, Bd. 61 (1990), S.95; Universitätsbibliothek München, Sign.: 2⁰ P. or. 20, chines., 7 Bl, Aufschrift *Apographum eius elogii quo Sinarum imperator tam legem dei, quam eius praeconem P. Joannem Adamum Schall Soc. Jesu extollit, quodque marmori insculptum ante fores ecclesiae in ipso atrio statuit anno imperii sui 14*; Vatikanbibl. Chines. Text siehe *Rixia jiuwen kao* (1785/7), j. 49, Nachdruck (1987), Bd. 2, S. 779-780. Siehe SCHALL, *Historica narratio*

1.4 Die Zeit der Qing-Dynastie

P. SCHALL; diese wurde am 15. III. (28. April) aufgerichtet und befindet sich noch heute dort. Der Text endet mit einem 20-zeiligen Lobgedicht, *ming* 銘, des Kaisers.³⁹⁵ Der bilingue, heute leider stark verwitterte Inschriftstein, aufgestellt an der Ostseite – die Westinschrift ist heute nicht mehr lesbar – bietet einen Überblick über die Geschichte der chinesischen Kalendererstellung und SCHALLs diesbezügliche Unternehmungen. Am Ende berührt der Kaiser den Kirchenbau, *ciyu* 祠宇, seine Besuche und Gespräche bei SCHALL und die Stiftung der vorgenannten Torinschrift.

Am 28. III. (11. Mai) präsentierte SCHALL einige astronomische Bücher.

Es begannen neue Intrigen gegen die europäischen Astronomen.

Am 8. IV. (20. Mai) verfaßte der damalige Leiter der Herbstabteilung, *qiuguan ke* 秋官科, des Astronomischen Amtes ⁽ᵃ⁵³⁾WU MINGXUAN 吳明烜 eine Eingabe, in der er SCHALL falscher astronomischer Berechnungen beschuldigte.³⁹⁶ Diese wurden jedoch am 4. XII. (7. Jan. 1658) als haltlos zurückgewiesen.³⁹⁷ Durch diesen Mißerfolg veranlaßt verbündete sich WU mit ⁽⁷⁾YANG

---

von 1672, besonders Cap. X, S. 84 flg.; deutsche Übersetzung von MANNSEGG, Kap. 10, ab S. 181; *Innocentia victrix* (1671), S. 17b; SOMMERVOGEL (1846), S. 708; *Zhengjiao fengbao* (1894), S. 28a-29b;; VÄTH, S. 371; Bulletin catholique de Pékin, 31 (1944), S. 586-593; BERNARD (1945), S. 364; GROOTAERS (1950); STREIT, Bd. 5 (1964), S. 2098; ZHOU, S. 460 (dort fälschlich: 1655); TONG XUN (1999), S. 118, 282-283. Offenbar war es diese Inschrift, die in Kopie als früheste (wohl um 1730) in eine europ. Sammlung, nämlich in St. Petersburg, gelangte: „von einem in Stein gehauenen, den Jesuiten vom Chan Schun-Dshi [Khan SHUNZHI] gegebenen, bei der Jesuitischen Kirche befindlichen Privilegio", Abschrift nach *Journal von Rußland*, 1788, siehe H. WALRAVENS, in: Monumenta Serica, 46 (1998), S. 404. – Die i. J. 1671 in Kanton veröffentlichte Rechtfertigungsschrift *Innocentia victrix* war bereits 1669 an Kaiser KANGXI eingereicht worden. Hierzu siehe latein. Schreiben der PP. BUGLIO, MAGALHÃES, VERBIEST an den Kaiser v. 21. Juni 1669; JOSSON (1938), S. 155-159.

³⁹⁵ Es beginnt mit den Worten *dayuan zai shang, zhouhui bu ji* 大圓在上．周迴不已, das SCHALL, in *Historica* (1658), BERNARD-BROSET, S. 315-317, übersetzt: *Immensa caeli machina / Numquam rotando deficit;* n. MANNSEGG, S. 342: „Des Himmels grenzenlose Halle / Zeigt uns den hohen Wunderbau."

³⁹⁶In seiner Eingabe erwähnte er u.a., daß das bisher gültige Kalendersystem von einem gewissen ⁽ᵃ³⁷⁾MOSHAYIHEI 默沙衣黑 herrühre, der zusammen mit 18 Begleitern aus Zentralasien gekommen sei und seit dem Jahre 599 als Kalenderbeamter mittels mehrsprachiger Dolmetscher, *chongyi* 重譯, den dortigen Lehrstoff übersetzt habe. – Nach P. PELLIOTs Vermerk in T'oung Pao, 31 (1934/5), S. 178-187, wäre dies 2 Jahrzehnte vor der *Hidschra* gewesen. – 1059 Jahre lang habe man sich daran gehalten, bis ADAM SCHALL im Jahre 1646 davon abgewichen sei; VÄTH, S. 374, nach *Qingshi gao*, S. 10021; FAN HONGYE, S. 145; YOUNG (1983), S. 82.

³⁹⁷ *Shunzhi shilu*, j. 113, S. 11a-b.

GUANGXIAN (s.o.), dem Hauptgegner SCHALLs, der am 23. V. (4. Juli) seine Schrift *Pixie lun*[398] 闢邪論/ *Miosihon be ashôre bithe* und eine Throneingabe eingereicht hatte.[399] Dieser in über 5.000 Exemplaren gedruckte Text besteht aus 3 Abhandlungen, die später in seine Schrift *Bu deyi*[400] aufgenommen wurden. Darin bezeichnet er SCHALL als Anhänger JESU und diesen als einen Rädelsführer und betrügerischen Banditen aus dem Königreich Judäa. In der *Ming*-Dynastie sei SCHALL heimlich nach China gekommen, um unter dem Vorwand des Kalendermachens seine häretische Propaganda zu betreiben. Dem chinesischen Beamten LI ZUBO[401] habe er befohlen, ein verderbliches Buch zu schreiben, nach dessem Wortlaut die chinesischen Staaten Nachfolger von Judäa seien, zu denen auch der antike Herrscher FUXI gehöre. Die kanonischen Bücher Chinas seien nur Kommentare zu den Schriften der Juden. Er nennt die Namen der Beteiligten und kritisiert die Verbreitung des Christentums, das bereits an 28 Orten mit 30 Kirchen vertreten sei.

Am 7. VII. (16. Aug.) folgte eine Eingabe des vorgenannten WU MINGXUAN, die drei angebliche astronomische Fehler SCHALLs betrafen.[402] Angeblich erging im VII. Monat ein Verbot, die christliche ‚Irrlehre' zu verbreiten, dem sich SCHALL in einer Throneingabe vom 7. X. (12. Nov.) widersetzte.[403]

---

[398] Nachdruck in: *Tianzhu jiao dongchuan wenxian xubian*, Bd. 3, S. 1103-1190. Auszüge:
„Schall hat unter dem Vorwand des Kalendermachens das Tor des Goldenen Palastes erreicht und widmet sich dem Ausspionieren der Geheimnisse unseres Kaiserhofes".
„Ihr [der Jesuiten] Ziel ist es, unseren heiligen Konfuzianismus zu zerstören und ihren Katholizismus zu glorifizieren".
„In den letzten 20 Jahren haben sie über eine Million Anhänger gewonnen, die sich überall ausbreiten. Was ist ihre Absicht? Offenbar bereiten sie seit langem eine Rebellion vor."
Eine Zusammenfassung der Vorwürfe in 29 Punkten findet sich bei NAVARRETE; CUMMINS, S. 246-247; GRESLON (1671), Kap. IX, S. 40 flg. : « Pi-sie-lun, Refutation d'une doctrine également fausse & pernicieuse » ; NAVARRETE (1676), engl. (1704), n. CUMMINS (1992), S. 246-248; *Zhengjiao fengbao* (1894), S. 30b-31a; VÄTH, S. 296; STREIT, Bd. 5 (1964), S. 2320 (dort weitere Literaturangaben); FU LO-SHU (1966), S. 36; HUANG YINONG (1990, 2), S. 5, 8; AN (1992), S. 80; siehe a.Jahr 1660.

[399] Siehe Teil 5.2.1, Dok. I., [2.].

[400] Siehe Jahr 1663.

[401] Siehe Jahr 1663, Beginn.

[402] Siehe oben, 8. IV.; *Shunzhi shilu*, j. 110, S. 13b.

[403] Teil 5.2.1, Dok. I., [3.- 5.] u.ö.; Teil 5.2.5., Dok. I. , [135.].

1.4 Die Zeit der Qing-Dynastie

Im **VIII.** Monat lieferte SCHALL eine Eingabe bezüglich den Planeten Merkur sowie gegen die Verwendung des mohammedanischen Kalenders.[404] Eine erneute Throneingabe bezüglich anderer Fragen datiert auf den 29. **X.** (4. Dez.).[405]

Etwa seit dieser Zeit war bei dem 19-jährigen Kaiser aus noch ungeklärten Umständen ein verstärkter Hang zum Buddhismus mit unheilvollem Einfluß buddhistischer Priester der *Chan-/ Zen*-Sekte 禪宗/ *samadi tacihiyan* festzustellen.[406] Dadurch schien das kaiserliche Wohlwollen gegenüber SCHALL allmählich zu verblassen – ein Umstand, der das Aufkommen erneuter Auseinandersetzungen mit ausländerfeindlichen Elementen erleichterte. Gewisse Kreise der Eunuchen und *Chan*-Buddhisten, darunter YULIN XIU 玉林琇 (1614-1675) und MU CHENMIN[407] 木陳忞 (1596-1674), gewannen unter kaiserlicher Duldung zeitweise an Einfluß bei Hofe, wodurch die Aussicht auf Christianisierung des Hofes und des Kaisers in weite Ferne rückte. SCHALL indes war der Meinung, er hätte den Kaiser bekehren können, wenn dieser nicht ständig das 6. Gebot mißachtet hätte:

„Die Fleischeslust konnte er nicht überwinden." [408]

---

[404] Dok. III., S. 546, 593; *Chouren zhuan*, j. 45, S. 582.

[405] AN (2015), S. 6.

[406] Hierzu siehe GIMM (2018,1), S. 52-55; zu ergänzen: PENG GUODONG 彭國棟, *Qing shizu taochan kao* 清世祖逃禪考, in: *Qingchu liang da yian kaozheng* 清初兩大疑案考證, Taipei: Shangwu u.a. o.J. (ca. 1980), S. 13-42. In diesem Zusammenhang ist auch auf die Legende von einer späteren buddhistischen Mumifizierung des Kaisers hinzuweisen; hierzu s. GIMM (2018-2019), S. 267. Auch dichtete man dem Kaiser später gemäß der manjurischen Ursprungslegende eine übernatürliche Geburt an; s. J. F. MEYER (1991), S. 186-187.

[407] Das Erinnerungswerk des Priesters, *Beiyou ji* 北遊集, wurde später verboten; CHEN YUAN (1938).

[408] VÄTH, S. 198-199; SCHALL, *Historica*, S. 236. Ähnlich EBERHARD HAPPEL (1647-1690) in seinem *Thesaurus Exoticorum* von 1688, S. 370:
„Er war ein leutseliger Herr von guter Art, aber so verliebt in schöne Frauenzimmer, daß um seiner vielen Gemahlinnen und Kebsweiber willen er auch einzig und allein sich nicht hat zu dem christlichen Glauben bequemen können […]."
Allgemeine Historie, Bd. 6 (1750), S. 400-401:
"Nach der Erzählung des Verfassers würde der Kaiser gewiß die katholische Religion angenommen haben, wenn ihn nicht seine Gemahlinnen abgehalten hätten, welche den Bonzen auf eine abergläubische Art ergeben gewesen waren. Doch wurde er kaltsinnig gegen den Schaal [Schall], weil er seine letzte Vermählung so oft getadelt hatte."
PLATZWEG (1882), S. 234:

"Der Hauptzweck, die Bekehrung des Kaisers, wurde nicht erreicht. Chunchy [Shunzhi] konnte es nicht über sich gewinnen, auf das Recht der Polygamie zu verzichten."⁴⁰⁹

Wenn auch die Tätigkeit SCHALLs als Direktor des Astronomischen Amtes zweifellos den derzeitigen Höhepunkt des Einflusses der Missionare bei Hofe bedeutete, sah er sich doch in dieser Situation der Notwendigkeit gegenüber, mit buddhistischen Mönchen um die Gunst des Kaisers zu streiten. Auch begann in dieser Zeit das hohe Ansehen der Missionare von Rang bei den einheimischen Astronomen nur Neid und Mißgunst zu wecken, vor allem bei denjenigen, die wegen der eingeführten Neuerungen ihre seit Generationen gesicherten Anstellungen verloren.

In diesem Jahr leistete SCHALL medizinische Hilfe bei der Pockenbekämpfung des Prinzen und späteren Kaisers KANGXI.⁴¹⁰

1658

Zu Jahresbeginn, am 1. I. (2. Febr.) 1658, erfolgte die Ernennung SCHALLs zum *Guanglu dafu*⁴¹¹ 光祿大夫, Prestigetitel im höchsten Rang 1A durch kaiserliche

---

„An der Polygamie scheiterte seine Bekehrung. [...] Die Leidenschaft hatte ihn verblendet. Sie brachte ihn auch in das Grab. Die Wollust unterwühlte früh seine Gesundheit."
DUNNE (1962), S. 351:
"He could not overcome the lusts of flesh."
Siehe a. L. LANGE, Reisebeschreibung von 1789 (1985), S. 91; MUNGELLO (1999), S. 25.
Offiziell verfügte Kaiser FULIN über 18 Frauen, nämlich 4 Kaiserinnen und 14 Konkubinen (vermutlich 5 manjur-, 4 mongol., 5 chines. Herkunft); auf dem Areal des *Dongling*-Mausoleum wurden jedoch mindestens 32 seiner Konkubinen beigesetzt. Zu seinen offiziellen Nachkommen zählten 8 Söhne und 6 Töchter.

⁴⁰⁹ WERFER (1871), S. 93.

⁴¹⁰ HUANG SHIJIAN (1994), S. 449. SCHALL verfügte auch über medizinische Grundkenntnisse; CHAN (1998), S. 297-298.

⁴¹¹ Nr. 1 der 18 zivilen Ehrentitel in den Rängen 1A bis 9B, *fengzeng* 奉贈 oder *chigao* 勅誥, « décoration conférée par diplôme imperial »; *Zhengjiao fengbao* (1894), S. 30b; VÄTH, S. 205; BRUNNERT-HAGELSTROM, Nr. 945; P. HOANG, S. 94; DOEPKEN (1982), S. 152; A. CHAN, in: MALEK (1998), S. 290, Anm. 18; HUCKER, Nr. 3349. Diese Titel konnten auch an die Eltern des Geehrten vergeben werden, und zwar sowohl an die lebenden (*shou* 授) wie die bereits verstorbenen (*zeng* 贈).
P. SCHALL in seiner Funktion als hochrangiger Beamter ist in dem bekannten Titelbild dargestellt; siehe Abbildung 1 im Anhang. Man findet dieses u.a. in: SCHALL, *Historica narratio* (1665), vor S. 1; Inschrift auf der im Kupferstich oben links dargestellten Weltkarte: „Adam Schall Germanus I. ordinis Mandarinus"; bei A. KIRCHER, in: *China monumentis* (1667), vor S. 113. Der Kupferstich stellt den bärtigen SCHALL, umgeben mit astronomischen

1.4 Die Zeit der Qing-Dynastie

Gnaden, *enzhao* 恩詔. Es ist der höchste jemals von einem Europäer im chinesischen Kaiserreich erreichte Beamtenrang.[412] Die Ehrung seiner Vorfahren bis zur 3. Generation fand am 25. II. 1662 statt.

Am 6. I. (7. Febr.) sandte P. SCHALL die kalenderkundliche Schrift *Xiangju li* 相距曆 an den Hof.[413]

Am 11. V. (11. Juni) reichte er eine Throneingabe ein und am 12. V. kam eine manjurische Erklärung von der kaiserlichen Hofverwaltung zurück.[414]

In der zweiten Hälfte des Jahres 1658 schien sich das Blatt zu wenden; es brachen für SCHALL eine Reihe unliebsamer Ereignisse herein, und sein Einfluß auf den Kaiser begann zusehends zu schwinden.

Utensilien dar, bekleidet mit einem hochrangigen Amtsgewand mit Brustschild, *fufu* 黼黻 oder *fuzi* 黼子, und Beamtenmütze, *jijin* 祭巾, mit rotem Edelsteinknopf. Zur Geschichte der SCHALL-Portraits informiert CHANG SHENG-CHING, in: MALEK, umfassend. Nach VÄTH, S. IX, 351, schuf das Bild der bekannte böhmische Kupferstecher WENZEL HOLLAR (1607-1677), der sich um 1632/36 in Köln aufhielt. Die Vorlage dazu soll auf eine Zeichnung von P. JOHANN GRUEBER (1623-1680) beruhen. Der auf dem Gewand dargestellte Kranich, *xianhe* 仙鶴, gilt als Kennzeichnung für den 1. zivilen Beamtenrang, *wen yipin* 文一品. Da das Brustschild auf der Darstellung indes auch einer Wildgans, *yunyan* 雲雁, die den 4. Beamtenrang kennzeichnet, ähneln könnte, den SCHALL als *Taichang shaoqing* 太常少卿, Vizedirektor des Ritualamtes, seit dem 14. VI. 1646 innehatte, könnte es sich bei der Vorlage ursprünglich auch um ein Bild aus früheren Jahren und nicht aus seiner Zeit als ‚Mandarin' des 1. Ranges handeln. Zu den Rangabzeichen siehe JACKSON, BEVERLEY u. DAVID HUGUS, *Ladder to the Clouds, Intrigue and Tradition in Chinese Rank*, Berkeley, Calif.: Ten Speed (2000), S. 147, 240 u.ö.; WILLY LESON, *Wenzel Hollar* (1979).

[412] Dokumente in ARSI, Jap-Sin 134, 348. Siehe Teil 1.6.2.
Dieses Ereignis bot manchen westlichen Autoren Anregung, SCHALL als den eigentlichen Machthaber des damaligen China anzusehen, eine Vorstellung, die nicht den Tatsachen entspricht. Der Titel *Guanglu dafu* ist allein als Ehrung hohen Grades anzusehen, mit der keinerlei politische Macht verbunden ist. Die folgenden Äußerungen entsprechen daher nicht der Wirklichkeit:
GÜTZLAFF (1838), S. 27:
„[SCHALL] was in fact prime minister of China."
VÄTH, S. 192:
„Rückblickend auf die zehn Jahre 1651-1660 möchte man fast behaupten, daß T'ang Jo-wang [SCHALL] der eigentliche Regent Chinas war". (Dazu OTTO FRANKE, in: Orientalistische Literaturzeitung, 1935, 8-9, S. 574).

[413] *Shunzhi shilu*, j. 114, S. 6b; *Qing tongjian* (A), S. 1192.

[414] Siehe Teil 5.2, Dok. I., [134., 135.].

Am 5. **VIII.** (2. Sept.) legte man den Termin für die Beisetzung des jungverstorbenen Kronprinzen RONG 榮親王 fest und reichte das dazugehörige Dokument am 8. VIII. (5. Sept.) bei Hofe ein.[415]

Als die Funeralien am 27. VIII. (24. Sept.) zu einer geomantisch angeblich unglückverheißenden Zeit, zur Doppelstunde 7 bis 9 Uhr, stattfanden, wurde P. SCHALL als Leiter des dafür zuständigen Astronomischen Amtes dafür verantwortlich gemacht.[416] Am 5. **IX.** (1. Okt.) wurde wegen chronomantischer Fehlberechnung aufgrund eines falschen Verfahrens seine Bestrafung gefordert, obschon dem damaligen Präsidenten des Ritenministeriums [85]ENGGEDEI[417], einem Gegner der Fremden, die Schuld daran zuzuweisen war. Der Rechtsfall um Prinz RONG wurde zu einem der schwerwiegendsten Punkte der i. J. 1664 initiierten Anklage gegen SCHALL.

„This was, in reality, the principal and only origin of the Persecutions; to which they added Blasphemies against God and his Holy Mother."[418]

Am 21. **XI.** (15. Dez.) entschied der Kaiser über die Bestrafung der Personen, die an der Fehlbestimmung des Begräbnistermins für den Prinzen RONG beteiligt waren.[419]

---

[415] *Shunzhi shilu*, j. 121, S. 22; Dok. XI., S. 1658.

[416] Zu den Ereignissen um die Beisetzung des Prinzen RONG siehe GIMM, *Der Fall Prinz Rong* (2018,1); weiterhin Teil 3.1.2; Teil 5.2. [69.], [70.] sowie in Dok. IV.,XI., XII., XIII., XIV., XVI., XXII.; VÄTH, S. 207-208.
Der im Alter von 3 Monaten verstorbene Prinz RONG, geb. 7. X. (12. Nov.) 1657, gest. 24. I. (25. Febr.) 1658, wird im *Aixin jueluo zongpu*, S. 1379, als „nachträglich geadelter Prinz", *chuifeng* 追封親王, und 4. Sohn ohne Namen bezeichnet. Er erfreute sich als erstes Kind von Kaiser FULINs derzeitigen Favoritin der besonderen Zuneigung. Seine Mutter, Tochter des Kommandanten OŠO aus dem DONGGO-Klan (1639-1660), zu dem auch die Kaiserinmutter gehörte, hatte Kaiser FULIN 1656 zur Konkubine ersten Ranges, *huang guifei* 皇貴, ernannt und postum zur Kaiserin erhoben. Prinz RONG war offenbar als Thronfolger vorgesehen, und der Kaiser bezeichnete ihn, obwohl er sein 4. Kind war, aus nicht sicher geklärter Ursache als „Sohn Nr. 1". Entgegen dem üblichen Verfahren, nach dem Neugeborenen erst nach einigen Jahren (d.h. nach Überwindung der Kinderkrankheiten) ein Name gegeben wurde, hatte man ihm ausnahmsweise und dazu noch postum Personenname und Adelstitel verliehen.

[417] Näheres siehe Jahr 1656 V. Monat.

[418] NAVARRETE (1676), engl. (1704), siehe CUMMINS (1962), S. 191; *Qingchao rou*, j. 2, S. 17.

[419] *Shunzhi shilu*, j. 121, S. 22b-23a.

1659

Am 25. I. (16. Febr.) 1659 reichte SCHALL eine Eingabe an den Hof mit dem Ersuchen ein, einige Patres aus Macao[420] einreisen zu lassen.

Am 29. IV. (18. Juni) bemühte er sich um Mittel für die Renovierung des Amtsgebäudes, die vom Arbeitsministerium übernommen wurde.[421]

Seit dem V. Monat 1659 begann[(7)]YANG GUANGXIAN[422] seine Anklage- und Bestrafungsaktionen gegen die Missionare und deren Anhänger. Er veröffentlichte antichristliche und ausländerfeindliche Schriften, darunter *Zhemiu (shi)lun*[423] 摘謬十論/ *Tašaraha be tucibuhe juwan leolen*, in der er SCHALL zehn Irrtümer bezichtigt, und *Xuanze yi*[424]選擇議 / *Sonjome tuwara be gisurere*, in der er ihm vorwirft, bei der Festlegung der Begräbniszeit des Prinzen RONG das falsche Divinationsverfahren, genannt *hongfan wuxing* 洪範五行/ *hông fan sunja feten*, verwendet zu haben.[425] Es waren Anschuldigungen, die vom Ritenministerium zunächst zurückgewiesen wurden und im Grunde erst nach Kaiser FULINs Tod am 2. I. (31. Jan.) 1661 bei dem neu ernannten, christenfeindlichen Regenten OBOI[426] Gehör fanden.

---

[420] damals meist *Xiangshan ao* 香山澳 / *Hiyangšan oo*, Bucht von *Xiangshan*, genannt.

[421] VÄTH, S. 180.

[422] Siehe Jahr 1656 Ende,

[423] In seiner Schrift hatte er SCHALL und seinen Anhängern „zehn Vergehen", *shi miu* 十谬 / *juwan tašaran*, in missionarischen, astronomischen und kalenderwissenschaftlichen Fragen vorgeworfen, darunter:
1) Verbreitung von Irrlehren durch christliche Missionen auch in den Provinzen durch Errichtung neuer Kirchen etc.;
2) Anstiftung zur Rebellion, ausgehend von Macao, mit dem Versuch, ähnlich wie auf den Philippinen und in Indien, Teile Chinas zu anektieren;
3) Verbreitung der westlichen Astronomie, die falsch und eine Schande für China sei;
4) Einrichtung des offiziellen Kalenders nur für 200 Jahre;
5) Fehlberechnung der Bestattungszeit für den verstorbenen Prinzen RONG etc.
Text in *Bu deyi*, Nachdruck in: *Tianzhu jiao dongchuan wenxian xubian* S. 1169-1180.

[424] *Xuanze yi*, „Über die Wahl [des Zeitpunktes für die Beisetzung]", in: *Bu deyi*, j. *shang*, Nachdruck, Bd. 3, S. 1163-1167; siehe a. Dok. IV., S. 868

[425] Nach *Qingshi gao*, S. 10021, fand die Einreichung an den Hof erst i. J. *Kangxi* 5 (1666) statt; AN (1992), S. 80; Dok. I. [74.].
Zu *hongfan wuxing* siehe in *Xingli kaoyuan*, j. 2, S. 8a-14b. Das für richtig gehaltene Verfahren wurde *zheng wuxing* 正五行 / *jingjini sunja feten* genannt; siehe *op. cit.*, j. 2, S 4a-b.

[426] Siehe Jahr 1661 I. Monat.

In seinen Schriften bezeichnete YANG das Christentum als „Irrlehre", *xiejiao* 邪教 / *miosihon tacihiyan*, und SCHALLs Kalendermethode als „in allen Teilen wider die Vernunft und betrügerisch".[427] Er verdammte die westliche Astronomie nicht nur weil sie fremd, ‚barbarisch' war, sondern weil sie neumodisch war und daher nicht mit der alteingesessenen konfuzianischen Lehre harmonierend.[428] Im gleichen Monat reichte er beim Ritenministerium eine Klageschrift ein, in der er die Aufschrift *yi xinyang xinfa* 依西洋新法, „gemäß neuer westlicher Methode", auf dem gedruckten Kalender verurteilte.[429]

Im Rahmen der kriegerischen Aktionen des Kaisers im VI. Monat (Juli) 1659 gegen den *Ming*-Loyalisten ZHENG CHENGGONG[430] 鄭成功 (1624-1662), genannt KOXINGA (< chines. GUOXINGYE 國姓爺), riet SCHALL den in seinen Handlungen oft ungestümen und leicht erzürnbaren Kaiser auf Ersuchen anderer davon ab, persönlich in den Krieg zu ziehen.[431]

1660

Auch im Jahre 1660 verfaßte YANG GUANGXIAN mehrere Pamphlete gegen SCHALL, in denen er ihn als „nicht von unserer Stammesart", *fei wo zulei* 非我族類 bezeichnet, dessen „Gesinnung abgetötet gehört", *qi xin bi shu* 其心必殊. Seine antichristliche Schrift *Pixie lun*[432] 闢邪論, „Widerlegung der schädlichen Lehre" in 3 Abhandlungen, in denen er die christliche Lehre ins Lächerliche zieht und JESUS als einen „rebellischen Verbrecher", *moupan zhi zuikui* 謀叛之罪魁, bezeichnet, verbreitete er in über 5.000 Exemplaren. Etwa drei Jahre später erschien zur Richtigstellung eine Art christliche Verteidigungsschrift mit dem Titel *Tianxue chuan'gai* 天學傳概, die auch Verhandlungsgegenstand beim Prozeß wurde.[433]

---

[427] AN (1992), S. 80; Dok. I., [69.] bis[71.].

[428] MOORTGAT, S. 276.

[429] Siehe Teil 5.2, Dok. I. [73., 127.] u.ö.

[430] HUMMEL, S. 108-110.

[431] VÄTH, S. 189-190; CHEN YUAN, deutsche Übers., S. 326-327; TONG XUN (1999), S. 120.

[432] Siehe Jahr 1657, 23. V. sowie Teil 5.2, Dok. I. [69.]; VÄTH, S. 296, 298

[433] Näheres siehe Jahr 1663, Beginn und Teil 5.2, Dok. I. [1.] u.ö.

1.4 Die Zeit der Qing-Dynastie

Seine Schrift *Zheng guoti cheng gao*⁴³⁴ 正國體呈稿 (1660), die YANG GUANGXIAN am 23. und 26. V. (30. Juni, 3. Juli) zweimal bei den Ämtern mit einer Throneingabe einreichte, wurde von dem Behördenleiter ⁽⁸⁰⁾YABULAN 雅布蘭 (gest. 1665) u.a. zunächst zurückgewiesen.⁴³⁵ Hierin griff er den von SCHALL eingereichten Kalender insbesondere wegen des Untertitels „nach europäischer neuer Methode", *yi xiyang xinfa* 依西洋新法, an und seine angeblich damit ausgesprochene Diskriminierung Chinas und der chinesischen Astronomie.⁴³⁶ Ähnliches geschah zu Lebzeiten des Kaisers auch bei anderen seiner Eingaben.

Am 2. V. (9. Juni) 1660, nach chines. Quellen am 9. V., kam P. ⁽¹¹⁾FERDINAND VERBIEST⁴³⁷ S.J. / NAN HUAIREN 南懷仁(1623-1688), nur ein Jahr nach seiner

---

⁴³⁴ manjur. *Gurun-i doro be tuwancihiyara jalin-i alibuha bithe*, später auch Teil des *Bu deyi*; Nachdruck in: *Tianzhu dongchuan wenxian xubian*, Bd. 3, S. 1143-1155; FAN HONGYE, S. 146.

⁴³⁵ GABIANI (1673), S. 116; AN (1992), S. 81; nach Dok. I. [75.] wurde die Schrift am 3. XII. [3. Jan.] 1661 vom Ritenministerium angenommen. – YABULAN (< manjur. *yabulan*, „Schleiereule"), der zum GIORO-Klan vom Umränderten roten Banner gehörte, war von VIII. 1662 bis VIII. 1666 Linker Zensoratspräsident, *zuo du yushi* 左都御史, im Rang 2A; HUCKER, Nr. 7335; *Qingshi gao*, j. 178, S. 6360-6362, j. 180, S. 6375; Teil 1.4.1, Jahr 1660, V. Monat.

⁴³⁶ YOUNG (1983), S. 82; AN (1992), S. 81; Teil 5.2., Dok. I. [69., 125.].

⁴³⁷ PFISTER, Nr. 124; JAEGHER (1923); VÄTH, S. 222; DEHERGNE, Nr. 883; FANG HAO (1969), S. 4-5; GOLVERS (1993); WITEK (Hg.), S. 17 etc. SCHALL hatte am 16. I. (26. Febr.) einen Brief an ihn gerichtet; JOSSON (1938), S. 38.
VERBIEST war einer der ersten Europäer, der sich intensiv mit dem Manjurischen (siehe Teil 2.1), der Amtssprache des Kaiserhofes, beschäftigte und um 1670, zehn Jahre nach seiner Ankunft in Beijing, eine lateinische Grammatik dieser Sprache, genannt *Elementa Linguae Tartaricae*, schrieb (veröffentlicht 1681). Er betonte, daß das Manjurische im Unterschied zum Chinesischen, für dessen Bewältigung nach P. JEAN-JOSEPH M. AMIOT (1718-1793, aus Toulon, seit 1694 in China, DEHERGNE, Nr. 34) ein ganzes Leben nicht ausreiche, in „brevi tempore" (man rechnete i.a. mit einem Jahr) zu schaffen sei. Bei der SPAFARIJ-Gesandtschaft des russischen Zaren im Sept. 1676 diente VERBIEST als latein.-manjur. Dolmetscher. Als die genannte Grammatik anonym erschien, wurde P. JEAN-FRANÇOIS GERBILLON (1654-1707, aus Verdun, seit 1687 in China, DEHERGNE, Nr. 360) als Verfasser vermutet. PAUL PELLIOT ermittelte den wahren Autor; siehe P. PELLIOT, *Le véritable auteur des « Elementa linguae tartaricae »*, in: Toung Pao, 21 (1922), S. 367-386, und 24 (1925), S. 64-67. P. PH. COUPLET (siehe Jahr 1665, III.) hatte das Manuskript 1681 nach Europa gebracht und von dem königl. Bibliothekar MELCHISÉDECH THÉVENOT (ca. 1620-1692) in Paris drucken lassen. Dieser übernahm das Werk in die 2. Ausgabe seines Werkes *Relations des divers voyages curieux [...]*, erschienen 1672, 1683, Suppl. zu Bd. 4, Paris (1696), getr. Pag., S. 1-34. Eine Fassung, für die fälschlich P. AMIOT als Autor angegeben ist, erschien in *Mémoires concernant*, T. 13 (1788), S. 39-73 (1787 auch separat gedruckt). Hierzu siehe PENTTI AALTO, in: Tractata altaica Denis Sinor sexagenario dedicata, Wiesbaden: Harrassowitz (1976), S. 1-10, und in: Zentralasiatische Studien, 11 (1977), S. 35-120. Teile der *Elementa* hatte auch LEIBNIZ (1646-1716) für seine

Ankunft in China (1659), nach Beijing. Er hatte den Auftrag, SCHALL bei seiner Kalenderarbeit zu unterstützen. Er reichte angeblich noch in diesem Jahre einen Kalenderentwurf ein.[438]

Am 22. **VI**. (28. Juli) fand ein Gespräch mit dem Kaiser statt.[439] Mit dem Tod seiner favorisierten Konkubine am 19. **VIII**. (23. Sept.) 1660 begann für FULIN eine lange Trauerzeit.[440]

1661

Am 3. **XII**. (3. Jan. 1661) reichte YANG GUANGXIAN eine Eingabe wegen angeblicher Fehler bei der Berechnung des Schaltmonats beim Ritenministerium ein.[441]

Bei SCHALLs Neujahrsbesuch am 2. I. (31. Jan.) im Palast erließ ihm der Kaiser den rituellen Kniefall ‚Kotau' / *koutou* 叩頭 und bot ihm Tee an.[442] An diesem Tag reichte YANG GUANGXIAN erneut eine Throneingabe ein, die jedoch ignoriert wurde.[443]

Am 3. oder 4. I. (1.-2. Febr.) 1661 unternahm SCHALL seinen letzten Besuch bei dem an Pocken erkrankten Kaiser, der wenige Tage später, am 7. I. (5. Febr.), im Alter von nur 22 Jahren verstarb.[444] Wahrscheinlich war die Entscheidung, seinen sechsjährigen 3. Sohn XUANYE 玄燁 (später: KANGXI 康熙) statt des frühverstorbenen Prinzen RONG als Nachfolger auszuwählen, von SCHALLs Ratschluß bestimmt gewesen.[445] Ein wichtiger Grund, sich für KANGXI zu entscheiden, war wohl auch, daß er die Pockenkrankheit, *tianhua*

Chinastudien verwendet und in sein eigenes, kopiertes Exemplar handschriftliche Zusätze eingefügt; Abschrift in der Landsbibliothek Hannover, Sign. LH V, 6, 2, bl. 9r⁰ bis 29v⁰.

[438] Dok. XV., S. 776.

[439] P. Fr. BRANCATI, siehe Jahr 1650 V. Monat, überlieferte die Einladung; VÄTH, S. 208-209.

[440] Näheres siehe GIMM (2018,1), S. 55-59.

[441] Siehe Dok. I., [73.], [126.] u.ö.; QU ZHILIAN (1939), S. 34.

[442] *Zhengjiao fengbao* (1894), S. 31a.

[443] YOUNG (1983), S. 82.

[444] GIMM (2018,1), S. 76-80; nach PFISTER, S. 172, rief der Kaiser sinngemäß aus: « J'ai péché, je l'avoue; maintenant il est trop tard, ma maladie est incurable »

[445] Eine von A. CHAN (1998), S. 297, Anm. 24, herangezogene Aussage des Franziskaners MARTI CLEMENT / DING RUOWAN 丁若望 (1635-1704) von ca. 1672 bestätigt, daß die Benennung des Thronfolgers auf die Beratung mit P. SCHALL zurückgeht: „Este emperador sinico, es bien que sepa como llegó al solio y trono por la dirección y consejos del P. Juan Adamo." Siehe a. GIMM (2018,1), S. 80-84.

天花, *chen* 疹 / *mama*, bereits überstanden hatte.[446] Noch in diesem I. Monat (Febr.) beriet sich SCHALL mit der Kaiserinmutter.[447]

Am 9. I. (7. Febr.) erfolgte die Inthronisierung des neuen Kaisers XUANYE[448]/ KANGXI (1654-1722). Für den noch Minderjährigen wurden vier Regenten, nämlich OBOI[449] / AOBAI 鼇拜（ca. 1610-1669), SUKSAHA[450] / SUKESAHA 蘇克薩哈 (gest. 1667), SONI[451] / SUONI 索尼 (gest. 1667) und EBILUN[452] / EBILONG 遏必隆 (gest. 1674), eingesetzt sowie nach altem Brauch eine Amnestie, *she* 赦, *guwebure hese*, verkündet.[453] Da die Regenten, und insbesondere SUKSAHA, dem Christentum im Grunde ablehnend gegenüberstanden[454], eröffneten sich neue Wege, Pater SCHALL, den „ausländischen Untertanen", *xiyang yuan chen* 西洋遠臣, zu denunzieren und herabzuwürdigen.[455]

---

[446] „Die Manjuren kannten [in ihrer Heimat] keine Pocken. Als sie nach Peking kamen, litten sie oft an Pocken, an denen die Menschen starben"; *Beiyou lu* (1653/6), Neudruck, S. 355. Weiteres zu den Pocken in dieser Zeit siehe in: *Welt-Bott*, T. 3 (1732), No. 431, S. 14, Brief des P. F. X. d'ENTRECOLLE (1664-1741) an P. J. A. du HALDE (1674-1743) v. 26. Mai 1726 mit 3 Rezepten, S. 14-24; CHAN (1998), S. 295-297 etc.

[447] GIMM (2018,1), S. 83-84.

[448] DU HALDE (1735); Bd. I, S. 540-550 u.ö.; CIBOT (1779); HUMMEL, S. 327-329; SPENCE (1967), (1974); KESSLER (1976) etc.

[449] HUMMEL, S. 599-600; VÄTH, S. 210; in Missionsberichten: PATROCUM.

[450] HUMMEL, S. 600, in Missionsberichten: SUKAMA (Suk + *ama*, ‚Vater'). SUKSAHA wurde 1667 wegen Veruntreuung von Staatsvermögen zum Tode verurteilt, seine Familie ausgerottet und sein Vermögen eingezogen; GABIANI, S. 603; VÄTH, S. 326-327.

[451] HUMMEL, S. 663, 600; OXNAM (1970).

[452] *Qing tongjian* (B), S. 481; *Qing tongjian* (A), S. 1295; HUMMEL, S. 219-221; in Missionsberichten: ERBICUM.

[453] *Kangxi shilu*, j. 1, S. 8b.

[454] J. L. v. MOSHEIM (1693-1755), *Authentic Memoirs of the Christian Church in China*, in: [THOMAS PERCY (1729-1811)], *Miscellaneous Pieces Relating to the Chinese*, vol. II, London: Dodsley (1762), S. 38:
  "During his [KANGXIs] minority, his regents conspired with the nobles to extirpate the christian doctrine, which had then spread very far."

[455] OXNAM (1975), S. 148; *Qing tongjian* (A), S. 1364.

Am 11. I. (9. Febr.) sandte SCHALL eine Eingabe an den Hof mit dem Ersuchen, die Not im Volke lindern zu helfen.[456] Auf einem Bild des Jahres 1665 wird SCHALL als *Regis Chinensis Monitor*, „Mahner des chinesischen Kaisers", bezeichnet.

Nach dem frühen Tod des kaiserlichen Vaters FULIN gewann bei den Regenten das alte Denkschema des Neokonfuzianismus wieder an Einfluß. Sie bewerteten die Jesuiten ähnlich den buddhistischen Mönchen als eine dem traditionellen Kaisertum fremde und ablehnend gesinnte Faktion, die den Herrscher in seinem Wirken behindert und dem Reich nur Unheil zufügt.[457] Obwohl nun das Christentum argwöhnischer betrachtet wurde, konnte P. SCHALL als ehemaliger Favorit des verflossenen Kaisers FULIN, der die europäischen Wissenschaften im Grunde protegiert hatte und den Jesuiten recht wohlwollend gegenüberstand, noch etwa 3 Jahre auf moderate Unterstützung der Regenten zählen. Als jedoch die Förderer und einflußreichen Freunde der Missionare abgesetzt oder verstorben waren, brachten ihm die Regenten nur noch eingeschränkt Sympathie entgegen.

YANG GUANGXIAN nahm die Gunst der Stunde wahr und attackierte die Jesuiten mit ihrer „Irrlehre" und ihrem falschem Wissen erneut. In einer solchen für ihn günstigen Situation brachte er mit Hilfe von Gleichgesinnten P. SCHALL mit einer verleumderischen Klage vor Gericht, das bei dem daran anschließenden Prozeß der Jahre 1664-1665 den Jesuiten schadete und damit der christlichen Missionierung Chinas ein vorläufiges Ende bereitete.

"Fr. Matthew Ricci brought us into China by the Mathematicks, and Fr. John Adam [Schall] now banishes us by this."[458]

Am 15. III. (13. April) führte P. [(a22)]JOHANN GRÜBER[459]/ BO NAIXIN 白乃心 (1623-1680) bei seiner Reise von Beijing nach Rom, die er zusammen mit P. ALBERT

---

[456] WERFER (1871), S. 98.

[457] FANG (1970), S. 8-9. SCHALL war gegenüber den Buddhisten kaum feindlich eingestellt.

[458] Nach einem Ausspruch der P. ANTONIO de GOUVEA / HE DAHUA 何大化 (1592-1677, aus Portugal, seit 1636 in China, DEHERGNE, Nr. 381) und PIETRO CANEVARI / NIE BODUO 聶伯多 (1622-1675, aus Genua, seit 1630 in China, DEHERGNE, Nr. 135); NAVARRETE (1676), engl. (1704), siehe CUMMINS (1962), Bd. 2, S. 257, s.a. Bd.1, S. lxxvii.

[459] Aus St. Florian, Österreich, seit 1659 in China; DEHERGNE, Nr. 393. C. WESSELS S.J., *New Documents Relating to the Journey of Fr. John Grueber*, in: Archivum Historicum Soc. Jesu, 9 (1940). S. 281-302; BR. ZIMMEL, *Johann Grueber in China*, in: Biblos, österr. Zeitschr., 13 (1964),

1.4 Die Zeit der Qing-Dynastie

d'ORVILLE⁴⁶⁰ / WU ERDUO 吳爾鐸(1621-1662) u.a. auf dem Landweg über Xi'an, Lhasa und Agra unternahm, eine Kopie von SCHALLs Manuskript *Historica narratio* mit.⁴⁶¹

Am 3. IV. (1. Mai) feierte man trotz wachsender Anwürfe SCHALLs 70. (nach europäischer Rechnung 69.) Geburtstag. Etwa 16 hohe Würdenträger, darunter ⁽ᵃ²⁵⁾JIN ZHIJUN⁴⁶²金之俊(1593-1670), damals Großmentor des Kronprinzen im Rang 1B, sowie der Großsekretär ⁽ᵃ⁵²⁾WEI YIJIE 魏裔介(1616-1686) und der Minister ⁽ᵃ¹⁹⁾GONG TINGCI 龔鼎孳 (1616-1673) ⁴⁶³ , trugen ihre Glückwunschadressen und Gratulationsverse bei.⁴⁶⁴ Sie alle sprachen P. SCHALL und seinen Leistungen hohe Anerkennung aus.

Im Sommer veröffentlichte YANG GUANGXIAN seine Schrift *Shixin lu*⁴⁶⁵ 始信錄.

Am 1. IX. (23. Okt.) empfing SCHALL ein kaiserliches Edikt mit der Anweisung, mangels eigener Nachkommenschaft einen Sohn als Erben zu adoptieren, *qiyang* 寄養.⁴⁶⁶

S. 161-178. – P. GRÜBER (GRUEBER) gilt als Autor von P. SCHALLs Porträtzeichnung, der Vorlage von HOLLARs Kupferstich (siehe Jahr 1658, Beginn).

⁴⁶⁰ aus Bruxelles, seit ca. 1662 in China; DEHERGNE, Nr. 261.

⁴⁶¹ Das Werk, das mit dem Jahr 1658 endet, wurde von P. GRÜBER um 4 Kapitel bis zum Jahr 1665 erweitert und so 1672 in Regensburg erstmals gedruckt. SCHALLs Schrift bildete eine der Hauptquellen für die damalige China-Information, so z. B. für ATHANASIUS KIRCHERs (1602-1680) frühes Standardwerk *China monumentis* von 1667; siehe Quellen- und Literaturverzeichnis; VÄTH, S. 233-241.

⁴⁶² HUMMEL, S. 160-161.

⁴⁶³ HUMMEL, S. 849-850, 431.

⁴⁶⁴ Näheres hierzu siehe in Teil 1.6.2, Jahr 1661, 3. IV, Glückwunschbuch *Shouwen* 壽文; Details siehe CHAN (1998), S. 290-291.

⁴⁶⁵ Dok. I, [81.]; siehe in *Bu deyi*, Nachdruck S. 1181-1186.

⁴⁶⁶ P. SCHALL wählte den Sohn seines Dieners ⁽⁷⁵⁾PAN JINXIAO (Taufname: JOHANN) 潘盡孝 als Adoptivsohn oder -enkel, *yizi* 義子 / *araha jui*; in zeitgenössischen Quellen: *Pountsin-hiao*, in SCHALL, *Historica* (1658), S. 267: „famulus meus", MANNSEGG (1834), S. 294: „Diener vom Hause".
Der ‚Sohn' mit Namen PAN SHIHONG 潘士宏, dem der Kaiser einen militärischen Dienstgrad verlieh, übernahm SCHALLs eigenen ‚Familiennamen' und nannte sich TANG SHIHONG 湯士宏. Diesem wurde das Privileg eingeräumt, ab dem XI. Monat 1661 die Adelsakademie, *Guozi jian* 國子監 / *Gurun-i juse be hôwašabure yamun*, zu besuchen. Später wurde er Abteilungsleiter der kaiserlichen Palastgarde des Kriegsministeriums, *Zhiyi zheng* 治儀正 (BRUNNERT, HAGELSTROM, Nr. 123) im 5. Rang, und Mitglied der kaiserlichen Repräsentationsgarde *Luanyi wei* 鑾儀衛 (HUCKER, Nr. 3865; bei SCHALL, *Historica*: *Luon y guay*). Er

Am 1. **X**. (22. Nov.) verteilte man den Kalender für das Jahr 1662.[467]

Im **XII**. Monat fanden Auseinandersetzungen mit den traditionell ausgebildeten Astronomen über die Positionierung der Schaltmonate statt.[468]

Wahrscheinlich noch in diesem Jahr 1661 wurde SCHALL von den Regenten vor das Oberste Gericht, *Sanfa si*[469] 三法司 / *ilan fafun-i yamun*, geladen, um nach dem Tod des Kaisers FULIN für seine weitere Loyalität Bürgschaft abzulegen. Er verweigerte sich jedoch, da das Zeremoniell vor einem ‚Idol' stattfinden sollte. Die Regenten zeigten sich angeblich von SCHALLs Standhaftigkeit beeindruckt[470].

1662

Im Jahre 1662 intervenierte SCHALL bei den Machthabern, um Macao vor der Zerstörung zu bewahren.[471]

Ein Edikt vom 25. **II**. (13. April) bestimmte die Ehrung von SCHALLs Vorfahren bis zur 3. Generation, *Enrong sishi lu* 恩榮四世錄 mit Verleihung des Ehrentitels *Guanglu dafu* 光祿大夫 im Rang 1A. [472]

1662 veröffentlichten SCHALL und VERBIEST eine chinesische Schrift zu Fragen des Volkskalenders *Minli buzhu jiehuo*[473] 民曆鋪註解惑.

---

starb i. J. 1665. *Xichao ding'an* (1668/72), S. 175; GRESLON (1671), S. 100: « Iean Puon Tsin-hiao domestique du P. Adam »; BERNARD u. BORNET, S. 267; MANNSEGG, S. 294; *Zhengjiao fengbao (1894)*, S. 41a; PLANCHET (1928), S. 17; PFISTER, S. 171-172, Anm. 3; VÄTH, S. 249-250; SPENCE (1969), S. 19; FANG (1970),S. 11-12; QU. – In manchen Quellen wird der Diener PAN JINXIAO mit dem Adoptivsohn verwechselt; YOUNG (1983), S. 83 etc.

[467] *Kangxi shilu*, j. 5, S. 1b. Nach *Da Qing huidian* (1690), j. 161, S. 1b, war der 1. X. das alljährlich übliche Datum der Kalenderverbreitung.

[468] Teil 5.2.1, Dok I. [75.- 79.].

[469] Siehe Teil 3.2.3, Nr. (6.).

[470] GRESLON (1671), S. 69-71, 111, nach OXNAM (1970), S. 148.

[471] DU HALDE, deutsche Übers. (1747), Bd. 1, S. 420; WILLEKE, S. 1154-1155.

[472] SCHALL *Historica*, Mskr. (1658), n. BERNARD-BORNET (1942), S. 455: *Elogia ac Privilegia ab Imperatore Chinensium P. Joanni Adamo Schall ejusque progenitoribus Patri, Matri, Avo et Aviae, in pignus Regiae benevolentiae collata*. SCHALL, *Historica*, Druck (1665), S. 264-267; MANNSEGG, S. 334-335, 349-352; SOMMERVOGEL (1846), S. 708; *Zhengjiao fengbao* (1894), S. 30b; CORDIER, Bd. 2 (1904), S. 1094; PFISTER (1932), S. 171; VÄTH, S. 204-206, 371; BERNARD (1945), S. 367; STREIT, Bd. 5 (1964), S. 2098; DEHERGNE (1973), S. 241; QU; PELLIOT (1995), S. 73; CHAN (2002), S. 506. Siehe a. Teil 1.6.2, Jahr 1662, 25. II.

[473] Siehe in Teil 1.6.3; Teil 5.1.1., [35.]; VÄTH, S. 290.

1.4 Die Zeit der Qing-Dynastie

In diesem Jahr wurde mit finanzieller Unterstützung adliger Kreise die sog. Ostkirche, *Dongtang* 東堂, in europäischem Stil neu erbaut.[474]

1663

Als Reaktion auf die Anwürfe des YANG GUANGXIAN in seiner Schrift *Pixie lun*[475] verfaßte [(44)]LI ZUBO[476] 李祖白 (hingerichtet 1665), ein zum Christentum konvertierter Beamter des Kalenderamtes, im Jahre 1663 den Traktat *Tianxue chuan'gai*[477] 天學傳概, angeblich mit Unterstützung und Beihilfe der Patres BUGLIO, MAGALHÃES und SCHALL. Das auf 1664 datierte Vorwort trug der Sekretär [(78)]XU ZHIJIAN[478] (Taufname: BASILE) 許之漸 bei.

---

[474] Die Ostkirche, i. J. 1655 begründet, wurde als Wirkungstätte der Patres BUGLIO und MAGALHÃES bekannt. Sie lag östlich des *Donghua men* 東華門 / *Dergi eldengge duka*, des Osttores der Verbotenen Stadt, an der heutigen Geschäftsstraße *Wangfu jing* 王府井, und wurde um 1990 neu renoviert; GABIANI, S. 25; VÄTH, S. 293. Siehe a. Teil 1.6.5 Ende.

[475] Hierzu siehe Jahr 1660.

[476] [(44)]LI ZUBO (christl. Name: JOHANNES / JEAN) war der derzeitige Leiter der Sommerabteilung, *Xiaguan ke* 夏官科 des Astronomischen Amtes im Rang 6B. Außer der genannten Schrift war er auch Autor des christlichen Textes *Tongshan shuo* 同善說, gedruckt 1660; siehe BERNARD (1945), Nr. 384: „Communis boni explicatio", CHAN (2002), S. 172-173, Text in ARSI, Jap-Sin I, 127, dazu manjur. Übersetzung *Sain be uherilere leolen*, in der Nationalbibl. Paris und in ARSI, Jap-Sin I, 128. Der Gerichtsprozeß für ihn endete mit dem Urteil: Tod durch Enthauptung, Konfiskation des Vermögens und Sippenhaft; GRESLON (1671), S. 100, 88: « Iean ly-Tsou-pe »; PRAY, Bd. 1 (1791), S. 189; FANG CHAO-YING, in: HUMMEL, S. 890-891; MUNGELLO (1982), S. 26-27.

[477] Beijing o. J. (ca. 1664); manjurische Titelübersetzung *Abkai tacin be ulara amba muru*; Verfasser LI ZUBO, Vorwortautor XU ZHIJIAN, Nachdruck in: *Tianzhu jiao dongchuan wenxian xubian*, Bd. 2, S. 1045-1068. Das im Jesuitenarchiv in Rom aufbewahrte Exemplar, Sign. Jap-Sin, I, 89, s. CHAN (2002), S. 140-142, trägt eine Aufschrift des belgischen Paters ANTOINE THOMAS (1644-1709, siehe Jahr 1692 XII.), die wie folgt beginnt: *Libellus de Lege divina a quo yam quam sien* [Yang Guangxian] *sumpsit exordium suae accusationis contra P. Adamum Schal soc[tis] Iesu...* GRESLON (1671), S. 84; GABIANI (1673), S. 144-145; VÄTH, S. 297; PFISTER, S. 237; HUMMEL, S. 890-891; MUNGELLO (1982); CHAN (2002), S. 140-142; CHAN, in: HEYNDRICKX (1990), S. 59; siehe auch Dok. I., in Teil 5.2 und später.

[478] *jinshi* von 1655; Sohn der christlichen Dame CANDIDA XU (1607-1680, siehe Teil 1.1.2, Jahr 1611 und), einer Enkelin des obengenannten christlichen Ministers XU GUANGQI, siehe Teil 1.1.2, Jahr 1611; *jinshi* von 1655; Instruktor, Sekretär, *zhushi* 主事, im Finanzministerium, später Hilfslehrer, *zhujiao* 助教 / *aisilaha tacibure hafan*, an der kaiserlichen Akademie *Guozi jian* 國子監 im Rang 7B oder 8B. GRESLON (1671), S. 100: « le Docteur Hieu-chycien »; GABIANI (1673), n. PRAY, Bd. 1 (1791), S. 189: „Hiu-chi-sien"; *Guochao qiyilei leizhen*, j. 133, S. 54a; PFISTER (1932), S. 237 (dort mit XU ZUANZENG verwechselt); FANG CHAO-YING, in: HUMMEL, S. 876, 890; MUNGELLO (1985), S. 92-94; TONG XUN (1999), S. 121; QU; CHAN (2002), S.140 u.ö.

In dieser Schrift, die zur Einführung in die christliche Lehre dienen sollte und nur in kleiner Auflage erschien, schoß LI ZUBO über das Ziel hinaus. So bezeichnete er die Bewohner von Judäa, *Rudeya* 如德雅, als Abkömmlinge der ersten, von Gott erschaffenen Menschen und den legendären chinesischen Herrscher FUXI 伏羲(angeblich 3. Jahrtausend v. Chr.) als ersten, von Judäa eingewanderten Bewohner Chinas, der von ADAM abstamme.[479] Den christlichen Gott, *tianzhu* 天主, hielt er mit dem chinesischen höheren Wesen, genannt *tian* 天 oder *shangdi*[480] 上帝, für identisch – eine Vorstellung, die angeblich in der *Zhou*-Zeit verlorengegangen und erst von MATTEO RICCI wieder aufgegriffen worden sei. In der Zwischenzeit habe der Heilige THOMAS, *sheng DUOMO* 聖多墨, in der *Han*-Zeit die Lehre Jesu nach China gebracht, die indes dort keine Verbreitung fand.[481] Erst i. J. 635 sei mit den Nestorianern[482] das Christentum wieder in Erscheinung getreten. Die Weisheit Chinas hielt er für ein schwaches Licht im Vergleich zum Glanz der christlichen Lehre.[483]

Auf diese Veröffentlichung reagierte YANG GUANGXIAN mit seinem Pasquill *Bu deyi*[484] 不得已, „Ich kann nicht anders", in dem er das Christentum

---

[479]Ähnliche Vorstellungen herrschten auch in Europa, als man die chinesische Geschichtsüberlieferung mit der der Bibel in Übereinstimmung zu bringen versuchte; so identifizierte z.B. CHRISTIAN MENTZEL (1622-1701), Arzt und früher Chinakenner in Berlin, in: *Kurtze chinesische Chronologia oder Zeit-Register aller chinesischen Kayser...*, Berlin (1696), S. 18-19, ADAM mit dem legendären FUXI 伏羲 und „unsere Mutter Eva" mit der mythischen NÜGUA 女媧; siehe a. MUNGELLO (1990), S. 186, ders. in: HEYNDRICKXS (1999), S. 66. In *Welt-Bott*, T.2 (1729), Nr. 362, S. 66, wird sogar „Fohi [FUXI]" „Thiensu [*tianzhu*], GOttes-Sohn" genannt, d.h. mit JESUS gleichgesetzt. Die Identifikation des legendären FUXI mit einem Ausländer faßte YANG GUANGXIAN als besonderen Affront gegen die konfuzianischen Grundanschauung auf; YOUNG (1983), S. 86; JAMI (2012), S. 85-86.

[480] *shangdi* in der Bedeutung „Gott" z. B. in *Shujing*, LEGGE, Bd. III, S. 79, 189, 198, 286.

[481] MUNGELLO (1985), S. 94. Siehe Teil 5.2.1 [25.].

[482] Näheres zur Nestorianerinschrift siehe in Teil 1.3, Jahr 1623.

[483] VÄTH, S. 297.

[484] Antichristliche Schrift mit Teilen verschiedenen Inhalts, 2 j., Vorwort undatiert, beginnend mit einem gegen LI ZUBO (s.o.) gerichteten Brief vom 25. III. (20. April) 1664 an den Zensor XU QINGXU 許青嶼, d.i. (78)XU ZHIJIAN 許之漸, Verfasser des Vorwortes zu *Tianxue chuan'gai* (siehe Jahr 1663, Beginn). Es folgen weitere Traktate, wie *Pixie (lun)* 闢邪論 (siehe 1657, 23. V.), „Widerlegung der schädlichen Lehre", darin (S. 32-35) auch Bemerkungen zu den christlichen Bildern, die P. SCHALL früher dem Kaiser präsentiert hatte, und *Niejing* 孽鏡, „Spiegel des Üblen" (*Bu deyi*, j. 2); Nachdruck in: *Tianzhujiao dongchuan wenxian xubian*, Bd. 3, S. 1071-1332. Bibl.: ARSI, Jap-Sin I, 89.1-2; s. CHAN (2002), S. 142-144. Näheres siehe Dok. I. [69.] u.ö.; GRESLON (1671), Kap. V, S. 88 flg.; ROUGEMONT (1673), S. 135; GABIANI

weiter lächerlich zu machen versuchte. So sei die Sonnenfinsternis, die man beim Tod Christi beobachtete, ein Schwindel; denn in China wußte man davon nichts, und Christus sei als Rebell und Bandit zu Recht zum Tode verurteilt worden.

Im **VIII.** Monat fand unter Anwesenheit des hohen Beamten (a1)AISINGGA / AIXING'A 愛星阿 (gest. 1664) aus dem ŠUMURU-Klan und mehrerer Minister eine gemeinsame Beobachtung des Merkur auf der Sternwarte, *Guanxiang tai* 觀象臺, statt.[485]

1.4.3 Die Zeit der Gerichtsverfahren 1664 bis 1666

Die letzte Epoche der Lebenszeit P. SCHALLs war von amtlichen und persönlichen Auseinandersetzungen und dem Gerichtsprozeß der Jahre 1664-1665 beherrscht, für den sein Erzfeind YANG GUANGXIAN das Fundament gelegt hatte. Die bis heute erhaltenen sog. Geheimakten, miben dang 密本檔 */ narhôšaha dangse, vermitteln ein autoritatives und ausführliche Bild von den Verhandlungen nach chinesischer Verfahrensweise, die die kaiserlichen Justizinstitutionen auf Betreiben der Ankläger in die Wege geleitet hatten.*[486]

1664

Ein kaiserliches Dekret vom 19. **XI.** (4. Jan.) bestimmte, YANG GUANGXIAN aufgrund seiner Aussagen nicht dem Justizministerium zu überstellen sowie die Ausländer in die Hauptstadt zurückzuführen und die christlichen Bücher und Bilder zu konfiszieren, jedoch nicht zu vernichten.[487]

Auf den 31. Jan. datiert ein Gutachten für den Ordensoberen in Rom, Generalvikar GIAN PAOLO OLIVA S.J. (1600-1681), bezüglich der gegen P.

(1673), S. 117; NAVARRETE (1676), engl. (1704), siehe CUMMINS (1992), 248; HAVRET (1897), S. 102, No. 2; MENEGON (1998), S. 311-337; HUANG YINONG (1990,2), S. 6-13 etc., Interpretation des Titels: "Po Te I, that is, ‚as a faithful Subject I cannot forbear appearing and speaking the truth'."
Eine erste Erwiderung zu den im *Bu deyi* vorgebrachten Anschuldigungen, genannt *Bu deyi bian* 不得已辯, wurde 3 Jahre später (1665) von P. (a9)LODOVICO BUGLIO (1606-1682, siehe Jahr 1646) konzipiert; hierzu s. die ausführliche Untersuchung mit Textanhang von M. KLAUE (1997); siehe a. COURANT (1900), 4984-4991; PFISTER (1932), S. 241; XU (1949), S. 235-236. Auch P. VERBIEST äußerte sich später unter diesem Titel *Bu deyi bian* gegen YANG.

[485] *Qingshi gao*, S. 10021, ohne Jahresangabe; HUMMEL, S. 898. Näheres zur Sternwarte siehe Jahr 1673, Beginn.

[486] GRESLON (1671), S. 100-181; d'ORLEANS (1688), S. 59-69; PFISTER, S. 173-176; DUNNE (1962), S. 362-363; OXNAM (1970), S. 148-150 etc.

[487] Dok. IX., S. 1375.

SCHALL geäußerter Bedenken und Vorwürfe, die u.a. seine Verbindungen zu chinesischem Aberglauben und sein angebliches Streben nach weltlichen Ämtern und Ehrungen betrafen. Die Beurteiler kamen zu dem Schluß: „Es besteht keine Schwierigkeit, daß der Pater wie bisher weiterarbeitet und das Amt verwaltet, das für so großer Bedeutung ist für das Ansehen, den Schutz und die Ausbreitung der christlichen Religion in jenem Reich."[488]

Am 8. I. (4. Febr.) folgte eine Throneingabe des P. SCHALL bezüglich des Frühlingsbeginns als Antwort auf eine Eingabe des YANG GUANGXIAN.[489]

Am 20. Febr. traf P. [(a22)]GRÜBER in Rom ein und erwirkte dort am 9. III. (4. April) 1664 die nachträgliche päpstliche Billigung von SCHALLs Tätigkeit als Direktor des Astronomischen Amtes.[490]

Umgeben von einer Atmosphäre des Widerstandes wurde P. SCHALL ab dem II. Monat (März) etwa zwölfmal verhört.

In einer Throneingabe des Kriegsministeriums vom 20. II. (17. März) wurde festgelegt, daß man die in den Außengebieten von Macao seit langem lebenden Ausländer weiterhin tolerieren und mit dem Nötigsten zu versorgen beabsichtige. Der Kaiser stimmte am 22. II. (19. März) zu.[491]

Am 15. III. (10. April) 1664 richtete YANG GUANGXIAN ein Schreiben an XU ZHIJIAN, den Mitautor der Schrift *Tianxue chuan'gai*, der sich indes nicht beeinflussen ließ.[492]

Am 25. III. (20. April) 1664 erlitt P. SCHALL einen Schlaganfall mit halbseitige Lähmung (Hemiplegie). Wegen seiner damit verknüpften Sprechbehinderung unterstützte ihn P. VERBIEST bei den Verhören.

Nach einer Serie von Pamphleten, die P. SCHALLs Erzfeind YANG seit den Jahren 1659-1660, z. T. unter direkter Ansprache an den Kaiser[493], *kouhun* 叩閽, „am Palasttor anklopfend", gegen ihn veröffentlicht hatte, reichte er am 26. VII. (15. Sept.) eine erneute Klage gegen ihn und die Missionare beim Ritenminis-

---

[488] VÄTH, S. 291.

[489] Dok. VII., S. 588, 604; Dok. VIII., S. 1240; Dok. XXI., S. 752.

[490] Siehe Jahr 1661, III.; HUONDER (1899), S. 192; VÄTH, S. 291; STREIT, Bd. 5 (1964), S. 2274.

[491] Dok. XXIII., S. 96.

[492] Siehe Jahr 1663.

[493] KESSLER, S. 58.

1.4 Die Zeit der Qing-Dynastie

sterium ein.[494] In *Qingzhu xiejiao zhuang* 請誅邪教狀, „Memorial mit der Bitte, die Irrlehre zu vertilgen", wollte YANG die Verwendung der „westlichen Methode" bei der Kalenderberechnung usw. unter Anklage gestellt wissen, und er ersuchte den Kaiserhof, rechtzeitig Maßnahmen zu ergreifen, um sich keinen „Tiger heranzuzüchten", der „unter dem Vorwand, den Kalender zu verbessern, heimlich Irrlehren verbreitet" und die „Geheimnisse des Hofes ausspioniert".[495]

Er beschuldigte SCHALL der Fehler in seinen astronomischen Kalkulationen und die fremden Missionare mit ihren angeblich „Millionen Anhängern" insgesamt der Absicht, eine Rebellion vorzubereiten und erklärte, daß es besser sei, auf gutes Kalenderwissen zu verzichten, als Europäer in China gewähren zu lassen.[496]

Aufgrund der Anklagen erging am 5. VIII. (24. Sept.) ein Edikt des Hofes an das zuständige Ritenministerium, *Lǐbù* 禮部, und Beamtenministerium, *Lìbù* 吏部, die Untersuchung des Falles SCHALL einzuleiten. Nach europäischer Darstellung eröffneten beide Ministerien am 6. VIII. (25. Sept.) das Verfahren[497], und am 7. VIII. (26. Sept.) begann die erste Sitzung gegen SCHALL und seine Mitangeklagten.[498] P. SCHALL, der sich nach einem Schlaganfall nur eingeschränkt artikulieren konnte und durch P. VERBIEST tatkräftig unterstützt wurde, beschuldigte man, nur deshalb das Astronomische Amt übernommen zu haben, um das Christentum im Land verbreiten zu können. Als Haupt einer Verschwörung zum Sturz der Dynastie, deren Zentrum man

---

[494] Dok I., [74.]; *Yun zizaikan biji*, Nachdruck S. 1688; GABIANI (1673), S. 155; VÄTH, S. 299; YOUNG (1983), S. 83; GIMM (2018,1), S. 20. Zuvor hatte YANG im V. Monat eine Klageschrift gegen die Beischrift *yi xiyang xinfa* 依西洋新法, „gemäß neuer westlicher Methode", auf dem Umschlag des Kalenders eingereicht, die aber offenbar den Kaiser nicht erreichte; siehe Teil 5.2, Dok I., [69.].

[495] *Qing shigao*, S. 8633; *Zhengjiao fengbao (1894)*, S. 43a/b; GABIANI (1673), S. 208; PRAY, Bd. I (1791), S. 178-193; FU LO-SHU (1966), S. 35-36; SPENCE (1969), S. 21; MUNGELLO (1985), S. 94; ders. (1999), S. 44; HUMMEL, S. 890; GOLVERS (1993), S. 19; LI WENCHAO (2000), S. 257.

[496] Siehe in *Bu deyi*, j. 2, Nachdruck, S. 1249.

[497] GRESLON (1671), S. 100; GABIANI (1673), S. 157.

[498] *Qing tongjian* (A), S. 1364.

in Macao wähnte, wurde er des Hochverrats angeklagt.[499] Weiterhin galt die Anklage dem Christentum als einer verwerflichen Religion.[500]

In einer Verhandlungspause sandte man Boten nach Kanton, um sich über die Lage in Macao zu informieren. Zwei christliche Sympathisanten [(76)]TONG GUOQI 佟國器[501], Freund von P. M. [(a35)]MARTINI, und [(79)]XU ZUANZENG[502] (Taufname: BASILIUS HÜ), Enkel des christenfreundlichen Ministers XU GUANGQI[503](1562-1633), wurden zur Aussage vorgeladen. Angeklagte waren neben P. SCHALL auch die Patres [(11)]VERBIEST, [(9)]BUGLIO, [(10)]MAGALHÃES sowie die 4 chinesischen Sympathisanten [(44)]LI ZUBO und [(78)]XU ZHIXIAN[504] sowie SCHALLs Diener [(75)]PAN JINXIAO[505] (Taufname: JOHANN)潘盡孝 (gest. 1665) und [(77)]XU QIAN (Taufname: PAUL) 徐乾 oder 許謙 u.a.[506]. Die Anklage lautete auf Hochverrat, Verbreitung schädlicher Religion und falscher astronomischer Lehren.[507] Mehrere Behörden, darunter die höchste Gerichtsinstitution San

---

[499] Zur angeblichen Rolle von Macao bemerkte NAVARRETE (1676), engl. (1704), siehe CUMMINS (1962), S. 271: "Among other things our Enemy [Yang Guangxian] alledg'd in his Memorials to the Emperor, one was that Father Adam had 30.000 Men conceal'd at Macao to invade China." Siehe a. FAN HONGYE, S. 146; YOUNG (1975) etc.

[500] VÄTH, S. 302.

[501] Angehöriger des manjurischen TUNGGIYA-Klans aus Fushun, Provinz Liaoyang, vom chinesischen Einfachen blauen Banner, von VI. 1658 bis II. 1660 Provinzgouverneur von Zhejiang, später von Fujian. Im Jahre 1655 finanzierte er den Bau einer Kirche in Fuzhou und förderte die Publikation christlicher Schriften. Seine angebliche Taufe von 1674 in Nanjing stritt er in späteren Befragungen ab; Dok. I., [31.], II., X.; FANG CHAO-YING, in: HUMMEL, S. 792-794; Guochao qixian, j. 151, S. 23a-24b.

[502] aus Jiangnan, jinshi-Prüfung von 1649, Hanlin-Bakkalaureus, shuji shi 庶吉士, und bis 1664 Kontrollkommissar, ancha shi 按察使, der Provinz Henan; siehe in Teil 1.1.2; Guochao shiren zhenglue, j. 1, S. 3a; C. JAMI u.a. (2001) etc. Seine Mutter war die bekannte Christin CANDIDA 徐甘弟大; siehe Teil 1.1.2, Jahr 1611, Jahr 1663; PFISTER, S. 300, 302 u.ö.; HUMMEL, S. 318; Guochao shiren zhenglue, j. 1, S. 3a; Dok. I., [31.], Dok. II.

[503] Näheres siehe in Teil 1.1.2, Jahr 1611.

[504] Zu beiden siehe Jahr 1663, Beginn. LI ZUBO und XU ZHIXIAN waren die Autoren der christlichen Schrift Tianxue chuan'gai; zu dieser siehe Teil 1.4.1, Jahr 1663.

[505] Siehe Jahr 1661 1. X.

[506] Der getaufte Eunuch XU QIAN, meist XU BAOLU 許保祿 (PAUL HÜ), bei GRESLON, S. 100 « l'eunuque Paul » genannt, und SCHALLs Diener PAN JINXIAO waren an der Verbreitung dieser Schrift beteiligt; VÄTH, S. 297.

[507] VÄTH, S. 299.

fasi 三法司] und weitere Ministerien sowie hohe Würdenträger wurden einbezogen.[508]

Am 25. IX. (12. Nov.) fanden weitere Aktionen statt. Seit dem 26. IX. (13. Nov.) erschien ein Komet am Himmel, was manche als Warnzeichen des Himmelsherrschers deuteten.[509]

Im X. Monat (Dez.) begann der Prozess gegen P. SCHALL und seine die Mitangeklagten.[510] Nach ausgiebigen Untersuchungen reichte die zuständige Behörde, das Justizministerium, am 13. X. (30. Nov.) erste Throneingaben mit den Ergebnissen ein, auf die z. T. noch am gleichen Tag Antwort eintraf.[511]

Am 11. XI. (27. Dez.) wurde SCHALL für schuldig befunden. Auf Vorschlag des Ritenministeriums sollte er aufgrund der Anklage in 14 Punkten seiner Ämter enthoben und dem Justizministerium zur Schuldzuweisung überstellt werden.[512]

1665

Aufgrund des mit der Anklage einhergehenden Stimmungsumschwungs verwendete man ab 1665 bei der Kalendererstellung wieder die „alte Methode, die muslimische Art"[513], die P. VERBIEST wegen ihrer Fehlerhaftigkeit kritisiert hatte.

Nach europäischen Quellen wurde SCHALL am 19. XI. (4. Jan. 1665) verhaftet und mit seinen drei Mitgefangenen einer strengeren Behandlung unterzogen.[514] An seiner Stelle wurde YANG GUANGXIAN im Astronomischen Amt eingestellt. Etwa gleichzeitig liefen Untersuchungen zu den an der Fehlbestimmung der Grablegung des Prinzen RONG beteiligten 7 Beamten sowie zum Wesen der christlichen Religion.[515]

---

[508] Zu den beteiligten Ämtern siehe Teil 3.2.3.

[509] VÄTH, S. 304.

[510] Die Geheimakten beginnen etwa im XII. Monat (Jan.) 1665; siehe Dok. I. in Teil 5.2.4.

[511] Siehe Teil 5.2.5, Dok. I., [87., 88.]; Dok. II., Dok. X., S. 1425.

[512] Siehe Teil 5.2,. Dok I., [139.].

[513] Siehe Teil 3.1.3.

[514] GRESLON (1671), S. 114-119; GABIANI (1673), S. 193; VÄTH, S. 303; DEHERGNE, S. 241; ROWBOTHAM, S. 84.

[515] VÄTH, S. 303-304; GIMM (2018,1), S. 20-21.

Auf die Throneingabe des Ministeriums bezüglich der Klage des YANG GUANGXIAN sowie der Arretierung der Europäer in den Provinzen, der Beseitigung der Kirchen usw., anteortete der Kaiser am 19. XI. (4. Jan.).[516] Am selben Tag wurde SCHALL unter Entzug aller seiner Ämter zusammen mit anderen festgesetzt und dem Justizministerium zur Straffestlegung überstellt.[517] Der 73-Jährige konnte sich wegen seiner Lähmung kaum verteidigen.[518]

Am 28. XI. (13. Jan.) wurde dem Thron über die Befragung von SCHALLs Diener [(75)]PAN JINXIAO (s.o.) berichtet und am 30. XI. (15. Jan.) die Antwort empfangen.[519]

Am 30. XI. (15. Jan.) verkündete das Ritenministerium die Ergebnisse der Untersuchungen[520]: SCHALL wurden Vergehen zur Last gelegt, die seine christliche Lehrtätigkeit sowie seine angeblich umstürzlerischen Beziehungen zur Hafenstadt Macao[521] betrafen, in der nach YANG GUANGXIANs Anschuldigungen 30.000 portugiesische Soldaten auf SCHALLs Angriffssignal zur Rebellion warteten. Die Bestrafung wurde am 7. II. festgesetzt.[522]

Geringere Strafen, 40 Stockschläge und Verbannung, wurden den anderen drei europäischen Missionaren, BUGLIO, MAGALHÃES und VERBIEST zugeteilt. Die an den Missionskirchen tätigen Ausländer sollten ermittelt und in Beijing zur Untersuchung durch das Justizministerium arretiert werden. Zur Frage der in Macao ansässigen Ausländer soll der Gouverneur der Provinz Guangdong einen Geheimbericht einreichen.

Auch [(44)]LI ZUBO wurde unter Verlust seines Amtes an das Justizministerium überstellt, ebenso der vorgenannte Eunuch [(77)]XU QIAN. SCHALLs Diener [(75)]PAN JINXIAO soll unter Verlust seiner militärischen Ämter dem Kriegsministerium, später dem Justizministerium, zugewiesen werden. Die folgenden Personen wurden ihrer Ämter enthoben: [(48)]LIU YOUTAI, [(53)]SONG FA,

---

[516] Siehe Teil 5.2, Dok. I., [139.]; *Chouren zhuan*, j. 45, S. 582; s.a. GIMM (2018,1), S. 21.

[517] Siehe Dok. I., S. 185; Dok. IV., S. 784.

[518] ROBOTHAM, S. 84.

[519] Siehe Teil 5.2, Dok. I., [129., 140.].

[520] Dok. IV., S. 783.

[521] Siehe Jahr 1664, VIII. Monat u.ö.; Dok. IV., S. 783.

[522] Siehe unter diesem Datum.

1.4 Die Zeit der Qing-Dynastie

(54)SONG KECHENG, (78)XU ZHIJIAN, (61)YIN KAI, (65)ZHANG WENMING, (71)ZHOU YIN, (72)ZHU GUANGXIAN.

Die obengenannten beiden Personen (76)TONG GUOQI und (79)XU ZUANZENG (Taufname: BASILE), die den Ausländern Geldmittel für den Kirchenbau gestiftet hatten, sind nach Beijing zu überführen, um ihren Fall dort zu untersuchen.[523]

Alle Kirchen, ausgenommen die mit kaiserlicher Unterstützung erbaute Südkirche *Nantang*, dem Aufenthalts- und Wirkungsort des P. SCHALL, sollen zerstört werden, ebenso die christlichen Kultgegenstände, religiöse Bilder, Bücher etc. sowie die Druckplatten der Schrift *Tianxue chuan'gai* 天學傳概. Für die beiden anderen Kirchen[524], die von P. BUGLIO betreute Ostkirche, *Dongtang* 東堂 sowie die Kirche[525] außerhalb des *Fucheng*-Tores 阜成門 / *Elgiyen-i mutehe duka*, soll das Arbeitsministerium die Beseitigung veranlassen. Die von der Untersuchung ausgenommenen Personen sollen die ihnen gehörenden religiösen Gegenstände, Figuren, Brokatbänder und Publikationen, dem Ritenministerium zur Kontrolle und evt. Vernichtung einreichen. Die Regenten stimmten mit geringfügigen Änderungen diesen Urteilen zu.[526]

Bei der Vorhersage der Sonnenfinsternis[527] vom 1. XII. (16. Jan.) hatten sich die Mohammedaner im Vergleich mit dem Ergebnis der Europäer, das P. VERBIEST in Gefangenschaft berechnet hatte, um eine halbe Stunde und die chinesischen Astronomen um dreiviertel Stunden verkakuliert.

Am 17. XII. (1. Febr.) wurde eine Throneingabe betreffend Anschuldigungen des YANG GUANGXIAN gegen P. SCHALL eingereicht.[528]

---

[523] Siehe Teil 5.2, Dok. I., [128.] u.ö., II., V. Monat; Verteidigungsschrift des P. JAQUES LE FAURE (FAVRE) S.J. (1613-1675, aus Paris, seit 1656 in China, DEHERGNE, Nr. 458), zugunsten der PP. SCHALL und VERBIEST; ROWBOTHAM (1942), S. 84; STREIT, Bd. 5 (1964), S. 2320.

[524] Siehe Jahr 1662, Ende; Teil 1.6.5.

[525] Gemeint ist die Marienkapelle am *Shala*-Friedhof; siehe Teil 1.6.5, Ende.

[526] VÄTH, S. 305-306.

[527] VÄTH, S. 307-308; RICHTER, S. 229.

[528] Dok. III., S. 609.

Am 19. XII. (3. Febr.) verfaßte ⁽⁶³⁾ZHANG QICHUN⁵²⁹張其淳, Beamter der Abteilung Zeitmessung, eine Throneingabe bezüglich Frühlingsbeginn. Am 20. XII. (4. Febr.) folgte eine weitere Eingabe.⁵³⁰

Am 9. I. (23. Febr.) reichte das Ritenministerium eine Throneingabe mit dem Vorschlag ein, die Missionare in den Provinzen wegen Glaubensverbreitung in die Hauptstadt zu überführen, dort ihre Schuld festzulegen sowie die Kirchenbauten, außer die mit kaiserlicher Inschrift ausgestatteten, und die christlichen Schriften und Statuen zu zerstören.⁵³¹

Am 13. I. (27. Febr.) fanden Verhandlungen über angebliche Fehler in den astronomischen Bestimmungen statt, anhand deren der europäische Kenntnisstand als niedrig und fehlerhaft verurteilt wurde. Die Regenten bestätigten das Urteil.⁵³² Es folgten Untersuchungen bezüglich der Spenden des obengenannten XU ZUANZENG⁵³³ sowie dessen Amtsenthebung wegen unerwünschtem Kircheneintritts. Danach ergaben sich weitere Verhandlungen über SCHALLs „Zehn Irrtümer" und seine Verteidigungsrede.⁵³⁴

Am 20. I. (6. März) diskutierte man über YANG GUANGXIANs Schrift *Xuanze yi*⁵³⁵ 選擇議 und befragte P. SCHALL und seine chinesischen Mitarbeiter über die Fehler bei der Grablegung des Prinzen RONG bezüglich Bestattungszeit und Lage des Grabes, *shan* 山/ *sindara ba*.⁵³⁶ SCHALL antwortete auch bei dieser Gelegenheit, daß er die chinesischen ‚Wissenschaften' nicht beherrsche, sondern nur „die Lehre von der Astronomie und des Kalenders."⁵³⁷ Der Kaiser antwortete bereits am 22. I. (8. März).⁵³⁸

---

⁵²⁹ Seit 1666 chinesischer Direktor des Astronomischen Amtes; Dok. II., Dok. VIII., S. 1249; Dok. XXI., S. 753.

⁵³⁰ Dok. IV, S. 812.

⁵³¹ Dok. IX., S. 1353.

⁵³² GRESLON (1671), S. 152-153; GABIANI (1673), S. 288-303; VÄTH, S. 311.

⁵³³ Siehe Jahr 1664, VIII.

⁵³⁴ Dok. III.; VÄTH, S. 311; siehe Jahr 1659, V.

⁵³⁵ Siehe Jahr 1659, 29. IV. und Teil 3.1.2. Teilübersetzung in GIMM (2018,1), S. 30.

⁵³⁶ Dok. I., S.185; Dok. IV., S. 784 und Dok. XI., S. 1796.

⁵³⁷ *bi damu abkai šu hôwangli-i baita be sambi*; Dok. IV., S. 512. Siehe a. Dok. XI., S. 1800, Dok. XIII.

⁵³⁸ Dok XI., S. 1796.

1.4 Die Zeit der Qing-Dynastie 111

Nachdem der Präsident des Ritenministeriums P. SCHALLs Fehler bei der chronomantischen Bestimmung der Begräbniszeit für den jungverstorbenen Prinzen RONG festgestellt hatte, eröffnete er die Verhandlung mit neuen Weisungen. Weitere Maßnahmen bezüglich P. SCHALL und (44)LI ZUBO folgten.

Am 29. I. (15. März) ordnete der Kaiser wegen vermuteter Ungenauigkeit in den Beurteilungen erneute Untersuchungen an.[539] Am 30. I. (16. März) reichte das Ministerium eine Eingabe bezüglich der Untersuchung der Angelegenheit Prinz RONG ein, die der Kaiser am selben Tag beantwortete.[540]

Zwischen dem II. und IV. Monat (März-Mai) folgten an 12 Tagen weitere Verhöre.[541]

Am 7. II. (23. März) setzte das Justizministerium als Strafe für P. SCHALL die leichtere Form der Todesstrafe, die Erdrosselung, *jiao* 絞 oder *yi* 縊 / *tatame wambi* / *strangulare* fest.[542] Er wurde der höchsten Gerichtsinstanz zur Entscheidung überstellt.[543]

Einen Tag später, am 8. II. (24. März) erfolgte eine Throneingabe zur Befragung von Angehörigen des Astronomischen Amtes bezüglich geomantischer Fragen.[544] Der Justizminister (6)NIMAN[545] schlug vor, die Probleme der christlichen Missionierung erst nach der Untersuchung der Begräbnisangelegenheit Prinz RONG zu verhandeln.[546]

---

[539] Dok. V.

[540] Dok. XII., S. 39.

[541] PFISTER, S. 175; VÄTH, S. 309-310.

[542] Dok. I. [147.], Dok. VI., S. 272, Dok VII., S. 602. – Zur Strafe siehe Teil 3.2.4, Nr. (6.) a.); GRESLON (1671), S. 133-135; GABIANI (1673), S. 220-226; VÄTH, S. 307; GIMM (2018,1), S. 21. *Allgemeine Historie*, Bd. 6 (1750), S. 402:
„Erstlich verurtheilten sie den Adam, daß er erdrosselt werden sollte, welches noch der ehrlichste Tod bey ihnen ist. Nachgehends aber änderten sie ihr Urtheil, und verdammten ihn dazu, daß er in zehntausend Stückchen zerhauen werden sollte, welches die allerschmählichste Strafe bey ihnen ist."
Bei Todesstrafen waren vor der kaiserlichen Urteilsratifizierung insgesamt fünf Instanzen auf Verwaltungs- und Justizebene zuständig; BODDE, S. 116; WEGGEL, S. 210; VÄTH, S. 309. ARSI, Jap-Sin. I, 104, S. 185a; CHAN (2002), S. 155.

[543] *Sanfa si* 三法司; siehe Teil 3.2.3, Nr. 6.

[544] Dok. XI., S. 1810.

[545] Siehe in Teil 3.2.2.

[546] Dok. VI., S. 275. Am 3. III. (17. April) ersuchte (4) KICEBE um Fristverlängerung für die Untersuchung; Dok. XII.

Am 9. II. (25. März) folgten weitere Befragungen bezüglich astronomischer Probleme.⁵⁴⁷

Am 24. II. (9. April) setzte man die Befragungen zu astronomischen Problemen und über die sachgerechten Aufgaben des Astronomischen Amtes fort. Man entschied über die Strafzumessung für beschuldigte Beamte seitens des Beamtenministeriums.⁵⁴⁸ Nach einer Throneingabe vom 24. II. des Gouverneurs ⁽⁵⁾LU CHONGJUN⁵⁴⁹ 盧崇峻 (gest. 1701) wurden europäische Missionare in den Provinzen festgenommen und nach Beijing gebracht, um über deren weiteren Verbleib zu beraten. Kircheneigentum wurde konfisziert und YANG GUANGXIAN freigesprochen.⁵⁵⁰

Am 27. II. (12. April) wurden Untersuchungen gegen den Beamten ⁽⁷⁶⁾TONG GUOQI eingeleitet, der mit den Missionaren sympathisiert und ihnen Geld für den Kirchenbau gespendet hatte. Er wurde dem Justizministerium überstellt.⁵⁵¹

Am 29. II. (14. April) oder 1. III. (15. April) wurde P. SCHALL wegen unrichtiger geomantischer (chronomantischer) Berechnungen bei dem Begräbnis des Prinzen RONG, für die er als Direktor des Astronomischen Amtes verantwortlich zeichnete, die Schuld am Tod eines Kaisers, einer Kaiserin sowie am postmortalen Unheil eines Kronprinzen zugeschoben.⁵⁵² Daraufhin verschärfte das Justiz- und Ritenministerium den bisherigen Richterspruch vom 7. II. (23. März) und verurteilte ihn zum Tode durch Enthauptung, *zhan* 斬/ *sacime wambi*.⁵⁵³ Danach änderte man – angeblich auf Anordnung des christenfeindlichen Regenten OBOI⁵⁵⁴ – das Urteil zur Todesstrafe durch Zer-

---

⁵⁴⁷ Dok. VII.

⁵⁴⁸ Dok. VIII.

⁵⁴⁹ Siehe in Teil 3.2.2.

⁵⁵⁰ Dok. IX., XIX., S. 354.

⁵⁵¹ Dok. X.

⁵⁵² Gemeint ist der Tod des Kaisers FULIN (gest. 1661) und der Konkubine XIANFEI, später Kaiserin XIAOXIAN ZHUANGHE (gest. 1660) sowie die jenseitige Existenz des Kronprinzen RONG (gest. 1658); Näheres siehe GIMM (2018,1), S. 42-65.

⁵⁵³ Siehe in Teil 3.2.4, Nr. (6.) b.); Dok. XI., XIV., XIX. Die kaiserliche Antwort erfolgte am 2. III. (16. April), s. Dok. XIV.

⁵⁵⁴ Siehe Jahr 1661, I.

stückelung, *lingchi* 凌遲 oder *gua* 剐/ *faitarame wambi*.⁵⁵⁵ Es war die größte Erniedrigung, die P. SCHALL je im Leben erfuhr.⁵⁵⁶

Sieben chinesische Astronomen, ⁽³⁹⁾DU RUYU, ⁽⁴⁴⁾LI ZUBO, ⁽⁴⁸⁾LIU YOUTAI, ⁽⁵³⁾SONG FA, ⁽⁵⁴⁾SONG KECHENG, ⁽⁶⁰⁾YANG HONGLIANG und ⁽⁷²⁾ZHU GUANGXIAN, erlitten das gleiche Schicksal. Fünf Chinesen, ⁽⁴²⁾JIA WENYU – der Sohn des verstorbenen JIA LIANGQI, ⁽⁴⁵⁾LIU BIYUAN – der Sohn des verstorbenen LIU YOUQING, ⁽⁴⁶⁾ LIU KUI, ⁽⁵⁷ᵃ⁾SONG ZHEPU – der Sohn des SONG KECHENG, ⁽⁴³⁾LI SHI – der Sohn des LI ZUBO, wurden (anstelle ihrer Väter) zur Todesstrafe durch Enthauptung, *zhan* 斬, verurteilt.⁵⁵⁷

Die Patres VERBIEST, BUGLIO und MAGALHÃES wurden mit Stockschlägen und Verbannung bestraft.

Die Ländereien, Wertsachen, minderjährigen Söhne, Frauen, Hausangestellten usw. von ADAM SCHALL, DU RUYU, LI ZUBO, LIU YOUTAI, SONG FA,

---

⁵⁵⁵ Siehe in Teil 3.2.4, Nr. (6.) c.); Dok. XI., S. 1846; GABIANI (1673), S. 217flg.; PRAY, Bd. 1 (1791), S. 191; *Zhengjiao fengbao* (1894), S. 43b; GOLVERS, S. 158, s.a. ROWBOTHAM, S. 84; ALLAN (1935), S. 159 etc. – JEAN-BAPTISTE du HALDE S.J. (1674-1743), Bd. 1, S. 541:
« on le condamna à être coupé tout vivant en dix mille morceaux »;
deutsche Übers., Bd. 1, S. 420:
„ihm zu erkant, daß er lebendig in zehen tausend Stücke zerhackt werden sollte; welches die höchste Strafe ist, damit man die gröbesten Verbrecher strafet."
Ähnlich bei LORENZ LANGE (gest. 1749; siehe in Teil 3.2.1), S. 78:
„Den Pater Adam Schall hat er [der Kaiser] verdammet, daß er in 100 Stücke sollte zerrissen werden als ein Rädelsführer einer bösen Religion."
Nach der manjurischen Akte Dok. XI., nachträgliche Paginierung S. 1846, lautete das Urteil ursprünglich wie folgt:
„[...] So gesehen, haben die Angeklagten große Schuld auf sich geladen. Prüft man das Gesetzbuch, so gilt ihre Schuld als umfangreich und niederschmetternd. Sie richtet sich gegen den Herrscher, vernichtet die Ahnentempel und zerstört die Paläste. Alle darin verwickelten Personen sollen daher – ohne Rücksicht auf ihre Rangfolge – durch Zerstückelung hingerichtet werden.
Deren Großväter, Väter, Söhne, Enkel und Brüder sowie die zum Haus gehörenden Personen – ob sie nun in nur einer Akte oder in verschiedenen Akten aufgeführt, ob sie hochgestellt, blind, lahm oder krank sind – sollen, sofern älter als 16 Jahre, alle ohne Unterschied durch Enthauptung hingerichtet werden. ADAM SCHALL [und sieben Mitarbeiter] sollen sofort durch Zerstückelung hingerichtet werden."

⁵⁵⁶ OTTO FRANKE, in: Orientalistische Literaturzeitung (1934), Nr. 8/9, S. 574:
„Er hat während dieser Jahre die höchsten Höhen und die tiefsten Tiefen missionarischer Wirksamkeit kennen gelernt, er hat die größten Ehren, die glänzendsten Triumphe erfahren und dann die schmerzlichsten Demütigungen, die rohesten Mißhandlungen erduldet, bis er schließlich, ein mit Anklagen und Verleumdungen gehetzter, von schwerer Krankheit geschlagener Mann, die müden Augen schloß."

⁵⁵⁷ GABIANI (1673), S. 217; deutsche Fassung siehe PRAY, Bd. 1 (1791), S. 191; *Zhengjiao fengbao* (1894), S. 43b.

SONG KECHENG, YANG HONGLIANG, ZHU GUANGXIAN u.a. wurden eingezogen, *ruguan* 入官, ebenso die Verwandten und Hausgenossen des SONG KECHENG und des DU RUYU etc.[558]

Die Patres VERBIEST, BUGLIO und MAGALHÃES, sowie [(44)]LI ZUBO und [(75)]PAN JINXIAO, die mit dem für die christliche „Irrlehre" zusammengestellten Pamphlet *Tianxue chuan'gai* den Menschen schadeten, wurden gemäß der Beurteilung durch das Justizministerium mit jeweils 40 Stockschlägen, *zhangxing* 杖刑, und anschließender Verbannung nach Ningguta bestraft.[559] Da es sich bei dem Palasteunuchen [(77)]XU QIAN um einen kaiserlichen Leibeigenen handelte, soll er 3 Monate den schweren Holzkragen, *jia (hao)* 枷號 / *selhen*, tragen und 100 Peitschenhiebe, *bian* 鞭 oder *zhang* 杖/ *šuwarkiyalambi*, erhalten.[560]

Beginnend mit dem folgenden Tag, den 2. III. (16. April), erschütterten vier Tage lang fünf schwere Erdbeben das Land[561]; kurz zuvor war am 13. April ein Komet erschienen.[562] Diese Erscheinungen wurden als Omina, als Zeichen himmlischen Mißfallens, *cœli & terræ flagella*[563], gegen die ergangenen Gerichtsurteile gedeutet.[564] 13 Tage danach brach ein Feuer im Palast aus; die

---

[558] Dok. XI.

[559] Siehe Teil 3.2.4. (3.) und (5.); ROUGEMONT (1673), S. 226-227; GABIANI (1673), S. 217; deutsche Fassung siehe PRAY, Bd. 1 (1791), S. 191; *Zhengjiao fengbao* (1894), S. 43b; VÄTH, S. 311-312. Nach europäischen Quellen geschah die Verhaftung von insgesamt 9 Personen am 4. I. (18. Febr.); PFISTER, S. 175.

[560] Siehe Teil 3.2.4 (7.) und (2.).

[561] BADDELEY, nach SPAFARIJ (1919), S. 434; HOANG, *Tremblements* (1913), S. 169; ARSI, Jap-Sin. I, 104, S. 185b; Chan (2002), S. 155.

[562] VÄTH, S. 313.

[563] ARSI, Jap-Sin. I, 104, S. 186a; CHAN (2002), S. 155.

[564] *Biannian*, S. 48; *Qing tongjian* (A), S. 1371; *Qing tongjian* (B), S. 553; *Zhengjiao fengbao* (1894), 43b; FANG (1970), S. 12; IANNACCONE (1996). COMTE (1739), engl., S. 369-370:
"but God, who had till then seemed to have relinquished his servant, began to speak in favour of his cause by a terrible earthquake. The whole land was confounded at this prodigy. Every body exclaimed that Heaven itself would punish the injustice of the magistrates, who therefore, to apease the people, opened all the prisons in the town [...] They set father Adam at liberty, and permitted him to go home to his house".
Allgemeine Historie, Bd. 6 (1750), S. 402:
„Jedesmal wenn der Urtheilsspruch abgelesen werden sollte, wurde die Versammlung durch ein erschreckliches Erdbeben genöthigt, den Saal zu verlassen. [...] Allein das Erdbeben [...] und ein Feuer, welches den größten Theil des Pallastes verzehrte, wozu noch verschiedene andere Wunderzeichen kamen; dieses alles öff-

1.4 Die Zeit der Qing-Dynastie

Mauer zerbrach an 100 Stellen, und angeblich 300.000 Menschen fanden durch hereinbrechende Stürme und Feuersbrunst den Tod.⁵⁶⁵ Diese Naturereignisse ..."were taken by the superstitious Manchus as a warning from Heaven against further harm to the Roman Catholic fathers".⁵⁶⁶

Der Kaiserhof verkündete am 5. III. (19. April) eine Teilamnestie.⁵⁶⁷

Am 6. III. (20. April) wurden einige Patres, darunter VERBIEST, angeblich wegen ihrer engen Kontakte zu dem verstorbenen Kaiser FULIN begnadigt.⁵⁶⁸

Am 9. III. (23. April) wurden SCHALL und die 7 Beamten des Astronomischen Amtes wieder vorgeführt.⁵⁶⁹

Am 12. III. (26. April) erfolgte eine Eingabe des Ritenministeriums.⁵⁷⁰

Am 13. III. (27. April) wurde das Todesurteil gegen SCHALL nach Untersuchungen durch das Justizministerium auf Anweisung des Regenten und damaligen Machthabers OBOI aufgehoben.⁵⁷¹ Dieses war am 7. II. wegen angeblicher Fehlbestimmung des Begräbnistermins für Prinz RONG ausgesprochen und danach zweimal verschärft worden. Es heißt, daß die Kaiseringroßmutter, nämlich die Mutter des Kaisers FULIN⁵⁷², und wohl auch Prinz

---

nete den ungerechten Richtern die Augen, und überführte sie endlich, daß sich der Himmel selbst für die Gefangenen ins Mittel schlüge."
Auch P. SCHALL glaubte, daß Gott durch besondere Naturerscheinungen den Herrscher ermahne; VÄTH, S. 286; zum Zusammenhang von Erdbeben und göttlicher Bestrafung, s. IANNACCONE (1996).

⁵⁶⁵ VÄTH, S. 296.

⁵⁶⁶ SAVAGE-LANDOR (1901), Bd. II, S. 296.

⁵⁶⁷ Dok. XI., Dok. XVII., S. 977; *Kangxi shilu*, j. 14, S. 17b, 18b; VÄTH, S. 314. Im Unterschied zu den oben erwähnten Quellen gehen die manjurischen Geheimakten nicht ausdrücklich auf den angeblichen Zusammenhang zwischen Erdbeben und Begnadigung ein.

⁵⁶⁸ GOLVERS, S. 158.

⁵⁶⁹ VÄTH, S. 314.

⁵⁷⁰ Dok. XIII.

⁵⁷¹ Nach einem Bericht des Ritenministeriums vom 20. III. (4. Mai, siehe Dok. XIX., S. 356) wurden aufgrund eines Schreibens des Justizministeriums vom 5. III. (19. April) P. SCHALL und die Missionare BUGLIO, MAGALHÃES und VERBIEST sowie der christliche Konvertit ⁽⁷⁷⁾XU QIAN (s.o.) freigesprochen.

⁵⁷² Zur Mutter des Kaisers FULIN, XIAOZHUANGWEN *huanghou* 孝莊文皇后 (1613-1688), mit persönlichem Namen ⁽ᵃ⁴⁾BUMBUTAI, aus dem mongolischen BORJIGIT-Klan, hatte SCHALL ein freundliches Verhältnis, „eene wonderlijcke goedtjonstig-heydt", wie es in einem Brief von P. VERBIEST an P. PHILIPPE COUPLET vom 7. Mai 1661 heißt; ROUGEMONT (1673), S. 275;

⁽³⁾GIYEŠU⁵⁷³ (1646-1697) dazu beigetragen hätten. Als Grund wurde sein hohes Alter und seine angegriffene Gesundheit angeführt.⁵⁷⁴ Weitere Gründe für den Freispruch waren SCHALLs Unkenntnis der chinesischen Geomantik, die man europäischerseits als Aberglaube bewertete, und seine wissenschaftlichen Verdienste. Kaiserliche Weisung:

> „Joh. Adam Schall hat als Leiter der Behörde⁵⁷⁵ bei dem Auswählen [der Begräbniszeit] nicht ausreichend Prüfung obwalten lassen, sondern sogleich die Genehmigung erteilt. Gemäß geziemender Untersuchung müßte er deshalb mit dem Tode bestraft werden. Nun hat dieser sich allein auf die ‚Himmelswissenschaft' [Astronomie] spezialisiert und [das Verfahren] des Auswählens [Geomantik] nicht studiert. Da er ferner Jahre hindurch seine Kraft zur Verfügung gestellt und dabei alt und schwach geworden ist, sei ihm die Todesstrafe erlassen."⁵⁷⁶

Über eventuelle andere Strafen gegen P. SCHALL und Mitangeklagte hatten andere Instanzen zu entscheiden.⁵⁷⁷

TONG XUN (1999), S. 122, ohne Quellenangabe; *Zhengjiao fengbao*, S. 43b-44a; JOSSON (1938), S. 107; HUMMEL, S. 300-301; WANG PEIHUAN, in: Aetas Manjurica, 6 (1998), S. 146-155; GIMM (2018,1), S. 47 u.ö.

⁵⁷³ Urenkel des 1. Manjuherrschers NURHACI und Richter beim Strafprozeß; siehe in Teil 3.2.2.

⁵⁷⁴ Dok. XIV.; *Kangxi shilu*, j. 14, S. 27a-29a, Übers. FU LO-SHU, S. 37-38; *Qing tongjian* (A), S. 1373.
NAVARRETE (1676), engl. (1704), siehe CUMMINS (1962), S. 223-224:
"Father Adam was adjudged to be cut in a thousand pieces but the Judgement was not approv'd; they reduced the sentence to quartering but that sentence also was rejected; nor would they admit the last, which was, to banish us all into Tartary".
ROUGEMONT, S. 275; *Zhengjiao fengbao* (1894), S. 43b-44a; TONG XUN, S. 122; GOLVERS, S. 158; ALLAN (1935), S. 161; GIMM (2018,1), S. 24, 46, 75.

⁵⁷⁵ Offiziell: „Bewahrer des Siegels".

⁵⁷⁶ Dok. XIV. vom 13. III. (27. April) 1665, S. 708: *Tang žo wang. doron jafaha hafan bime. sonjome tuwara baita be gingguleme kimcirakô. uthai doron gidafi yabubuha jalin.giyan-i beidehe songkoi waci acambihe. damu abkai šu be cohome tuwara dabala sonjome tuwara be tacihakôbi. geli hôsun bume aniya goidaha. sakdaka ebereke be dahame wara be guwebu.*
Siehe a. FU LO-SHU, S. 37-38.

⁵⁷⁷ Dok. XIV., S. 708; siehe a. *Kangxi shilu*, j. 14, S. 27a-29a; *Qing tongjian* (A), S. 1373; ROUGEMONT (1673), S. 275; FU LO-SHU (1966), S. 37-38; TONG XUN (1999), S. 122 (ohne Quelle).

1.4 Die Zeit der Qing-Dynastie

Die Todesstrafe durch Enthauptung gegen [45]LIU BIYUAN und 4 andere wurden durch kaiserliches Edikt modifiziert. [39]DU RUYU UND [60]YANG HONGLIANG wurden wegen ihrer Verdienste bei der Gestaltung der Mausoleen in *Hetu ala* und *Mukden* usw. von der Todesstrafe freigesprochen.[578]

Am 14. III. (28. April) wurden die folgenden Missionare, die sich in den neun Provinzen Shandong, Shanxi, Jiangnan, Jiangxi, Zhejiang, Heguang, Fujian, Guangdong und Shaanxi lebten, im Justizministerium verhört und teilweise von Schuld freigesprochen [579] : [12]HUMBERT AUGERY [580] S.J., [a5]FRANCESCO BRANCATI [581] S.J., [9]BUGLIO [582], [14]PIETRO CANEVARI [583] S.J., [16]INÁCIO DA COSTA [584] S.J.; [15]DOMINGO CORONADO [585] O.F.M, [17]PHILIPPE COUPLET [586] S.J., [19]GIOVANNI DE FERRARIIS [587] S.J., [20]GIANDOMENICO

---

[578] Fortsetzung des obigen Zitates aus Dok. XIV. vom 13. III. (27. April) 1665, S. 708:
> Du žu ioi. Yang hông liyang be giyan-i beidehe songkoi waci acambihe damu ENteheme munggan. HÔturingga munggan. ELdengge munggan. HIyošungga munggan-i fung šui be gemu ese tuwame toktobuha. hôsun buhe be bisire de dahame inu wara be guwebu. Tang žo Wang. Du žu ioi. Yang hông liyang. ese de holbobuha niyalma. jai Li zu be. Sung k'o ceng. Sung fa. Ju guwang hiyan. Lio io tai. ese de | holbobuha niyalma besuwaliyame kemuni hebei wang. beile. ambasa. uyun king. k'o doo-i hafan acafi yaka [?] weile araci acara babe dasame yargiyalame kimcime ilgame toktobume gisurefi wesimbu.

Übersetzung:
> „Du Ruyu und Yang Hongliyang sollten gemäß ordnungsgerechter Untersuchung hingerichtet werden. Da sie jedoch bei der Untersuchung der Geomantik für die [vier kaiserlichen Mausoleen…richtig] entschieden und ihre Kräfte bis zum heutigen Tag eingesetzt haben, seien sie ebenfalls von der Todesstrafe befreit."

[579] Dok. XV., S. 772-774; Dok. XX., S. 395. – In den Provinzen Zhili, Henan, Sichuan und Guangxi hielten sich i. J. 1665 keine Europäer auf; Dok. XXIV., S. 771.

[580] / HONG DUZHEN 洪度貞 (1616-1673); PFISTER, Nr. 101; DEHERGNE, Nr. 53.

[581] / PAN GUOGUANG 潘國光 (1607-1671); PFISTER, Nr. 79; DEHERGNE, Nr. 109; siehe Jahr 1650 IX.

[582] Siehe Jahr 1646.

[583] / NIE BODUO 聶伯多 (1594-1675); PFISTER, Nr. 64; DEHERGNE, Nr. 135; siehe Jahr 1661.

[584] / GUO NAJUE 郭納爵 (1603-1666); DEHERGNE, Nr. 212.

[585] / GUO DUOMIN 郭多民 (1614-1665); PFISTER, S. 175, 281.

[586] / BO YINGLI 柏應理 (1624-1693); PFISTER, Nr. 114; DEHERGNE, Nr. 221; XU ZONGZE, S. 392; siehe Teil 1.1.2.

[587] / LI FANGXI 理方西 (1609-1671); DEHERGNE, Nr. 237.

GABIANI [588] S.J., [(21)]ANTONIO DE GOUVEA [589] S.J, [(22)]ADRIEN GRE(S)LON [590] S.J., [(23)]CHRISTIAN HERDTRICH [591] S.J., [(24)]PROSPERO INTORCETTA [592] S.J., [(18)]JAQUES LE FAVRE [593] S.J., [(26)]PHILIPPE LEONARDO [594] O.F.M., [(27)]ANDREA GIOVANNI LUBELLI [595] S.J., [(28)]CLAUDE MOTEL [596] S.J., [(29)]JACQUES MOTEL [597] S.J., [(30)]DOMINGO F. DE NAVARRETE [598] O.F.M., [(31)]FELICIANO PACHECO [599] S.J., [(32)]FRANÇOIS DE ROUGEMONT [600] S.J., [(33)]ANTONIO DE SANTA MARIA [601] O.F.M., [(34)]DOMINICO

---

[588] / Bi Jia 畢嘉 (1623-1694, seit 1659 in China); PFISTER, Nr. 118; DEHERGNE, Nr. 344; STREIT, Bd. 5 (1964), S. 2413; Verfasser des seit 1659 zusammengestellten Quellenwerkes *Incrementa Sinicae Ecclesiae*, das 1673 in Wien erschien.

[589] / HE DAHUA 何大化(1592-1677); PFISTER, Nr. 78; DEHERGNE, Nr. 381; XU ZONGZE, S. 379.

[590] / NIE ZHONGQIAN 聶仲遷 (1614-1695); PFISTER, Nr. 104; DEHERGNE, Nr. 390; siehe Teil 1.4.0.

[591] / EN LIGE 恩理格, (1625-1684); PFISTER, Nr. 126; DEHERGNE, Nr. 404; XU ZONGZE, S. 394.

[592] / YIN DUOZE 殷鐸澤 (1625-1696); PFISTER, Nr. 120; DEHERGNE, Nr. 414.

[593] / LIU DIWO 劉迪我 (1613-1675); PFISTER, NR. 102; DEHERGNE, Nr. 458.

[594] / FEILIBO 費利白; PFISTER, S. 175.

[595] / LU ANDE 陸安德 (1628-1685); DEHERGNE, Nr. 497.

[596] / MU GEWO 穆格我 (1618-1671); DEHERGNE, Nr. 572.

[597] / MU DIWO 穆迪我 (1618-1692); PFISTER, Nr. 108; DEHERGNE, Nr. 573.

[598] / MIN MINGWO 閔明我 (1618 oder 1635 - 1689), später 1674 Missionsprokurator für die Philippinen, 1677 Erzbischof von Santo Domingo; CUMMINS (1962), Bd.1, S. xix-xxxvii. – Seinen chines. Namen übernahm später P. CLAUDIO GRIMALDI, S.J. (1638-1712), der erst i. J. 1671 nach Beijing kam; DEHERGNE, Nr. 391.

[599] / CHENG JILI 成祭理 (1622-1687); DEHERGNE, Nr. 601.

[600] / LU RIMAN 魯日滿 (1624-16769); DEHERGNE, Nr. 724.

[601] / LI ANDANG 利安當 (1602-1669), Sohn eines spanischen Adligen, zeitweilig Apostolischer Präfekt; Begründer der Franziskanermission in China, der die Akkomodationsbestrebungen der Jesuiten kritisierte; enger Vertrauter P. SCHALLS, für den er auch die Grabrede hielt; PFISTER, S. 135, 175, 223, 281; Cl. v. COLLANI, in: China heute, Jg. 21, 6 (2002), S. 185-186.

1.4 Die Zeit der Qing-Dynastie

SARPETRI [602] S.J., (35)STANISLAO TORRENTE [603] S.J., (36)MICHEL TRIGAULT [604] S.J., (37)JEAN VALAT [605] S.J., sowie 2 chinesische Beteiligte [606].

Am 16. III. (30. April) erging dazu die kaiserliche Weisung, nach der aufgrund der erlassenen Amnestie die PP. CORONADO, HERDTRICHT, SANTA MARIA, TRIGAULT und VALAT vom Justizministerium freizulassen sind. [607]

Trotz Freispruchs von der Todesstrafe begannen erneut Untersuchungen gegen SCHALL und 8 weitere Personen, denen YANG GUANGXIAN in einer Schrift von 1659 „zehn Vergehen", *shi miu* 十謬 / *juwan tašaran*, vorgeworfen hatte. [608]

Am 23. III. (7. Mai) fand eine Beratung über die Bestrafung der an der Bestimmung des Grabmals für Prinz RONG beteiligten chinesischen Astronomen statt. [609]

In dieser Zeit entschied man, die von Kaiser FULIN favorisierte Ostkirche *Dongtang* des P. SCHALL zu bewahren und die zuvor konfiszierten religiösen Bilder und Gegenstände zurückzugeben. Auch andere Kirchen in Beijing und in den Provinzen fielen nicht der Zerstörung anheim. [610]

---

[602] / BO DAOMING 白道明 oder BO MIN'E 白敏峩 (1623-1683); PFISTER, S. 175, 287.

[603] (auch irrtümlich TORRETO) / QU DUDE 瞿篤德 (1616-1681); PFISTER, Nr. 123; DEHERGNE, Nr. 845.

[604] / JIN MIGE 金彌格 (1597/1602-1667); PFISTER, Nr. 70; DEHERGNE, Nr. 849.

[605] / WANG RUWANG 汪儒望 (1632-1696), vorwiegend in Shandong tätig; PFISTER, Nr. 96; DEHERGNE, Nr. 859.

[606] (117)WEN GONGSHAN aus Shandong und (121)YANG MA'ERGU (MARCUS) aus Fujian, chines. Zeichen nicht bekannt; angeblich Diener oder Zöglinge des P. CORONADO.

[607] Dok. XXIV., S. 769. Das Ergebnis der Beratungen ist unter dem Datum 29. VII. vermerkt.

[608] Siehe Jahr 1659 V. Monat; Dok. XIV., S. 249; *Kangxi shilu*, j. 14, S. 27a-29a; *Qing tongjian* (A), S. 1373; FU LO-SHU, S. 37-38. Es handelte sich u.a. um Anschuldigungen, Irrlehren durch die christliche Mission zu verbreiten und Rebellionen anzustiften. Die westliche Astronomie wurde als falsch und als Schande für China gebrandmarkt. Durch die Berechnung des Kalenders auf nur 200 Jahre sei die Dynastie und das Reich geschädigt worden usw.

[609] Dok. XVI., siehe a. *Kangxi shilu*, j. 16, S. 2b.

[610] Dok. XVII.

Am 26. III. (10. Mai) wurden 7 Astronomiebeamte ihrer Ämter enthoben: ⁽³⁹⁾Du Ruyu, ⁽⁴⁴⁾Li Zubo, ⁽⁴⁸⁾Liu Youtai, ⁽⁵³⁾Song Fa, ⁽⁵⁴⁾Song Kecheng, ⁽⁶⁰⁾Yang Hongliang, ⁽⁷²⁾Zhu Guangxian; andere wurden weiteren Untersuchungen zugewiesen.⁶¹¹

Am 27. III. (11. Mai) reichte der vermutlich vom Kaiser deputierte Prinz ⁽²⁾Fušeo⁶¹² / Fushou 富授(1643-1670) seine (einzige) Throneingabe ein, in der er die bisherigen Prozeßverhandlungen spezifizierte.⁶¹³

An diesem Tag wurde Adam Schall sowie den von der Todesstrafe befreiten Geomanten ⁽³⁹⁾Du Ruyu und ⁽⁶⁰⁾Yang Hongliang eine Strafe von jeweils 40 Stockschlägen mit dem leichten Bambus auferlegt.⁶¹⁴ Familienangehörige, Frauen und Töchter der beiden genannten Chinesen, wurden nach Ningguta verbannt. Bei ⁽⁴⁴⁾Li Zubo, ⁽⁴⁸⁾Liu Youtai, ⁽⁵³⁾Song Fa, ⁽⁵⁴⁾Song Kecheng und ⁽⁷²⁾Zhu Guangxian wurde wegen ihrer Vergehen beim Begräbnis des Prinzen Rong die Todesstrafe aufrechterhalten, aber im Einklang mit der Amnestie im Falle Schall die Strafe in Tod durch Enthauptung abgemildert. Ihre Länderein und Wertgegenstände wurden von Amts wegen eingezogen. Die Beteiligten ⁽⁴²⁾Jia Wenyu, Sohn des Jia Liangqi, ⁽⁴³⁾Li Shi, Sohn des Li Zubo, ⁽⁴⁵⁾Liu Biyuan, Sohn des Liu Youqing, ⁽⁴⁶⁾Liu Kui, ⁽⁷⁵⁾Pan Jinxiao, der Diener Schalls, ⁽⁵⁷ᵃ⁾Song Zhepu, Sohn des Song Kecheng, sollen von der Todesstrafe verschont, aber mit 40 Stockschlägen bestraft und ihre Angehörigen von der Großvater- bis zur Enkelgeneration, sowie die Onkel, Neffen und Hausgenossen nach Ningguta verbannt werden.⁶¹⁵ Die Verwandten und Angehörigen des ⁽³⁹⁾Du Ruyu und des ⁽⁶⁰⁾Yang Hongliang sollen unbehelligt bleiben.⁶¹⁶ Weitere Entscheidungen lauteten: ⁽⁴⁴⁾Li Zubo, ⁽⁴⁸⁾Liu Youtai, ⁽⁵³⁾Song Fa, ⁽⁵⁴⁾Song Kecheng und ⁽⁷²⁾Zhu Guangxian sollen enthauptet werden. P. Adam Schall, ⁽³⁹⁾Du Ruyu und ⁽⁶⁰⁾Yang Hongliang sind von Schuld freizusprechen. ⁽⁷⁵⁾Pan Jinxiao sowie die Verwandten von Du Ruyu und Yang Hongliang sind ebenfalls freizusprechen.⁶¹⁷

---

⁶¹¹ Dok. XIX.

⁶¹² Siehe in Teil 3.2.2 (2.).

⁶¹³ Dok. XVIII., das sich vorwiegend auf Dok. XI. und XIV bezieht.

⁶¹⁴ Dok. III., Dok. XVIII.

⁶¹⁵ Dok. XVIII.

⁶¹⁶ Dok. XVIII.

⁶¹⁷ Dok. XVIII.

1.4 Die Zeit der Qing-Dynastie

Am 1. IV. (15. Mai) verfaßte der Präsident des Beamtenministeriums ⁽¹⁾ASHA[618] / ASIHA 阿思哈 (hingerichtet 1669) eine Throneingabe zu astronomischen Fragen.[619] ⁽⁶³⁾ZHANG QICHUN sollte amtsenthoben und dem Justizministerium überstellt werden. Die Untersuchung der bereits verstorbenen Mitarbeiter des Astronomischen Amtes, ⁽⁴⁰⁾HUANG DAOLONG, ⁽⁵⁰⁾PAN GUOXIANG, ⁽⁵¹⁾SHENG MING, ⁽⁶⁴⁾ZHANG GUANGXIANG, ⁽⁶⁸⁾ZHOU SHICHANG, ⁽⁷³⁾ZHU TINGSHU, und ⁽⁷⁴⁾ZUO YUNHE, wurde eingestellt. ⁽³⁸⁾BAO YINGQI, ⁽⁴⁹⁾OU JIWU, ⁽⁵²⁾SI ERGUI, ⁽⁵⁹⁾XU HU, ⁽⁶⁴⁾ZHANG WEIYING, ⁽⁶⁹⁾ZHOU SHICUI und ⁽⁷⁰⁾ZHOU SHITAI wurden ihrer Ämter enthoben und dem Justizministerium überstellt. Wegen der am 5. III. erlassenen Amnestie waren sie freizusprechen.[620] Fünf chinesische Astronomen jedoch wurden wegen falscher chronomantischer Bestimmung für den Begräbnistermin des Prinzen RONG am 4. IV. (18. Mai)[621] zur Enthauptung verurteilt, darunter auch SCHALLs Diener ⁽⁷⁵⁾PAN JINXIAO.[622] Auch wurden Kirchen geschlossen und Missionare vom Landesinneren nach Macao deportiert.[623]

Am 3. IV. (17. Mai) reichte der Präsident des Ritenministeriums eine Throneingabe ein, die der Kaiser am 5. IV. (19. Mai) beantwortete[624] Nach weiteren Verhandlungen folgte aufgrund der Amnestie vom 5. III. die endgültige Begnadigung[625] SCHALLs wegen körperlicher Schwäche und hohem Alter,

---

[618] Siehe in Teil 3.2.2.

[619] Dok. XIX., bezüglich Dok. VIII.

[620] Dok. XIX.

[621] VÄTH, S. 315.

[622] Brief von Fr. VICTOR(IUS) RICCI(O) O.P., Dominikaner, *vicarius Provincialis Sinarum*, vom 15. Mai 1666; in: MURR (1779), S. 225: Todesurteil ... „ut forcipibus excarnificaretur eique caput amputaretur, unà cum filio ipsius legali Puon [Pan Jinxiao] amputaretur".

[623] *Kangxi shilu*, j. 15, S. 1b-2a, Übers. FU LO-SHU, S. 38; *Qing shigao*, S. 8634; *Biannian*, S. 50; *Qing tongjian* (A), S. 1373; GOLVERS, S. 170.

[624] Dok. XX.; Dok XXI., S. 760; Dok. XXIV., S. 771.

[625] Dok. XXII.; *Kangxi shilu*, j. 15, S. 1b-2a; *Qingshi gao jiaozhu*, j. 279, S. 8634; Übersetzung v. VÄTH, S. 375, der kaiserliche Erlaß besagte:
„Mit Rücksicht auf die langjährigen verdienstvollen Arbeiten und das hohe Alter T'ang Jo-wangs, ferner mit Rücksicht auf die löblichen Bemühungen von Tu Juyü [DU RUYU] und Yang Hung-liang [YANG HONGLIANG], einen günstigen Ort für das Prinzengrab zu finden, schenken wir den dreien das Leben."
Nach VÄTH, S. 315, erfolgte die Begnadigung SCHALLs sowie seines Dieners und zweier Beamter schon am 1. IV. (15. Mai) 1665, nach anderen (wohl irrtümlich) am 2. III. (16. April); *Zhengjiao fengbao* (1894), S. 43b-44a.

xiaoli danian you fu shuailao 效力大年 又復衰老. Die von den Regenten angeordnete Verbannung SCHALLS wurde ihm vom Kaiser erlassen.[626]

In einer Eingabe ersuchte man, die in den Provinzen lebenden Missionare nach Beijing zu bringen.[627] Es folgten ausgiebige Verhandlungen.[628]

Am 7. IV. (21. Mai) stieg SCHALLS Gegner und Hauptankläger (7)YANG GUANGXIAN zum Vizedirektor des Astronomischen Amtes auf.[629] Er hatte formal einen Sieg errungen und ordnete sogleich an, zu den traditionellen Methoden zurückzukehren und die westlichen Verfahren zu verwerfen.[630] Wegen mehrerer fachlicher Fehlschläge und Mißerfolge in astronomischen Fragen jedoch bat er in den Folgemonaten um seine Versetzung, unter dem Vorwand, er sei zu alt und zu krank für diese Aufgabe; er hatte jedoch keinen Erfolg.

Am 9. IV. (23. Mai) wurde P. SCHALL mit P. VERBIEST endgültig freigelassen, und er kehrte in seine Bleibe an der Südkirche *Nantang* zurück.[631]

Am 12. IV. (26. Mai) fand eine Befragung der Festgenommenen über bestimmte astronomische Probleme statt. Aufgrund der Amnestie vom 5. III. wurde den Belasteten die Schuld vergeben.[632]

Am 15. IV. (29. Mai) verfaßte der Präsident des Justizministeriums eine Throneingabe.[633]

Am 23.-25. IV. (6.-8. Juni) erfolgten auf Anregung des YANG GUANGXIAN Übergriffe gegen Ausländer mit Zerstörung kirchlichen Eigentums.[634]

---

[626] FU LO-SHU, S. 38.

[627] Dok. XX.

[628] *Kangxi shilu*, j. 15, S. 1b-2a; *Qing shigao*, S. 8634; *Biannian*, S. 50; *Qing tongjian* (A), S. 1373;. FU LO-SHU (1966), S. 38; GOLVERS, S. 170.

[629] *Qingchao rou*, j. 2, S. 18; AN (1992), S. 86. Am 5. VIII. wurde er Direktor des Amtes.

[630] *Qingchao rou*, j. 2, S. 18; AN (1992), S. 86.

[631] *Kangxi shilu*, j. 15, S. 2a; *Qing shigao*, S. 8634; *Biannian*, S. 50; *Qing tongjian* (A), S. 1373; Brief v. VERBIEST v. 3. Sept. 1667; siehe JOSSON (1938), S. 119; *Zhengjiao fengbao* (1894), S. 44a; QU; FU LO-SHU (1966), S. 38; GOLVERS, S. 169-170. – Als das Areal der Südkirche zeitweilig an seinen Gegner YANG GUANGXIAN übereignet wurde (siehe 3. X.), hatte SCHALL in der Ostkirche, *Dongtang* 東堂, der Bleibe der Patres BUGLIO, VERBIEST und MAGALHÃES, Wohnung gefunden; GOLVERS, S. 170.

[632] Dok. XXI.

[633] Dok. XXII, S. 785.

[634] GABIANI (1673), S. 484-493; VÄTH, S. 316.

1.4 Die Zeit der Qing-Dynastie

Am 5. V. (17. Juni) verfaßte der Präsident des Ritenministeriums eine Throneingabe. Man ersuchte um kaiserliche Weisung an das Kriegsministerium, in Sachen Ausweisung oder Verbleib der Missionare im Lande zu entscheiden.[635]

Am 9. VI. (21. Juli) oder 20. VI. veröffentlichte SCHALL im Angesicht des Todes sein religiöses Schuldbekenntnis, *Culpa*, vor seinen Mitbrüdern, bei dem es ihm um unzureichenden kirchlichen Gehorsam, mangelnde Armut und zu große Nachsicht gegenüber seinem Diener und seinem Adoptivsohn ging.[636] Das Dokument wurde gemäß mündlicher Äußerung von P. VERBIEST niedergeschrieben.

Am 9. VII. (19. Aug.) ordnete das Ritenministerium an, mehrere christliche Bücher zu vernichten.[637]

Am 29. VII. (8. Sept.) verfaßte der Präsident des Ritenministeriums eine Throneingabe, nach deren Angaben die PP. [(9)]BUGLIO, [(23)]HERDTRICHT, [(25)]JORGE, [(10)]MAGALHÃES, [(33)]SANTA MARIA O.F.M, [(36)]TRIGAULT, [(37)]VALAT und [(11)]VERBIEST geduldet und versorgt werden sollen.[638] Für die 25 europäischen Missionare aus den Provinzen Shandong, Jiangnan, Heguang, Jiangxi, Zhejiang, Shaanxi, Guangdong wurde beschlossen, diese zur Untersuchung ins Ministerium zu bringen.[639] Nach kaiserlicher Weisung wurden die PP. [(15)]CORONADO, [(23)]HERDTRICHT, [(33)]SANTA MARIA, [(36)]TRIGAULT und [(37)]VALAT von Schuld freigesprochen.[640]

„Damit diese Irrlehre nicht durch ihre Verbreitung eine Rebellion verursacht"[641], wurden die Fremden nach kaiserlicher Weisung dem General-

---

[635] Dok. XXIII.

[636] *Epistola P. Adami Schall S.J. ad Patres Societatis Jesu*, Text bei B. DUHR (1901), S. 332-333, Übersetzung bei VÄTH, S. 316-317; SOUTHWELL (1676), S. 398; VÄTH, S. 360; PFISTER, S. 172; DUNNE (deutsche Übers.), S. 439, dort SCHALLS Unterzeichnung, S. 441; ATTWATER, S. 153-154; STREIT, Bd. 5, S. 2327; *Qing tongjian* (A), S. 1386.

[637] *Kangxi shilu*, j. 16, S. 2a-b.

[638] Dok. XXIV., S. 770.

[639] Es handelte sich um die unter dem Datum 14. III. genannten PP. AUGERY, BRANCATI, CANEVARI, COUPLET, GABIANI, GRESLON, HERDTRICHT, INTORCETTA, JORGE, LE FAVRE, LEONARDO, J. MOTEL, PACHECO, ROUGEMONT, SANTA MARIA, SARPETRI, TRIGAULT, VALAT etc.

[640] Dok. XXIV., S. 774.

[641] Dok. XXIV, S. 777: *geli miosihôn tacihiyan be selgiyeme facuhôn yaburahô*. Es sind die Schlußworte der 24 Geheimakten.

gouverneur von Guangdong zur Entscheidung überstellt.[642] Den Patres SCHALL, BUGLIO, MAGALHÃES und VERBIEST wurde erlaubt, unter strenger Bewachung des Ritenministeriums in Beijing zu bleiben.[643]

Am 5. **VIII**. (13. Sept.) 1665 wurde YANG GUANGXIAN trotz früherer geäußerter Versetzungswünsche als SCHALLs Nachfolger zum Direktor des Astronomischen Amtes eingesetzt; das Amt hatte er bis zum Jahre 1668 inne.[644] Vizedirektor wurde der Abteilungsleiter [(a53)]WU MINGXUAN. Bei der Kalenderberechnung war die westliche Methode inzwischen aufgegeben und zum alten Verfahren zurückgekehrt worden. An diesem Tag erhielt die Veröffentlichung von SCHALLs Lebenserinnerungen *Historica Narratio, De Initio et Progressu Missionis Societatis Jesu* [...] die Approbation.

Am 3. **X**. (9. Nov.) wurde SCHALL befohlen, seine Residenz zugunsten des YANG GUANGXIAN zu verlassen, der am 5. X. (11. Nov.) darin einzog.[645] In neuerlichen Eingaben intrigierte YANG gegen die christlichen Missionare, so daß SCHALL noch dreimal vor Gericht erscheinen mußte.[646]

In einem kaiserlichen Reskript vom 19. **XI**. (25. Dez.) zu einer Eingabe wurde festgestellt, daß YANG GUANGXIENs Anklage gegen die Missionare berechtigt war, und er wurde von einer Untersuchung durch das Justizministerium freigestellt.[647]

1666

Am 28. **XI**. (3. Jan.) bestätigte das Justizministerium den abschließenden Bericht vom 11. XI. und informierte den Kaiser.[648]

In einem kaiserlichen Reskript vom 30. XI. (5. Jan.) zu einer Eingabe wurde angeordnet, die Angelegenheit durch die höchste Justizinstanz *Sanfa si* erneut

---

[642] Dok. XXIV, S. 776-777. Nach europäischen Quellen trafen die 25 Jesuiten erst am 25. März 1666 in Kanton ein; GOLVERS, S. 158; VÄTH, S. 319, AN (1992), S. 86.

[643] Dok XXIV., S. 777.

[644] FANG CHAO-YING, in: HUMMEL, S. 891; AN, S. 86. Andere Autoren sprechen von einer Zeit 1667 bis 1670.

[645] GABIANI (1673), S. 585-586; VÄTH, S. 319.

[646] VÄTH, S. 319-320.

[647] ROWBOTHAM,, S. 84.

[648] Teil 5.2,, Dok. I., [140.].

prüfen zu lassen und darüber zu berichten. Diese Anweisung erging am 2. **XII.** (6. Jan.) an die Behörden.[649]

Am 19. XII. (23. Jan.) wurden Untersuchungen bezüglich der Spenden des (79)XU ZUANZENG angeordnet und Amtsenthebungen wegen unerwünschtem Kircheneintritt durchgeführt.[650]

Einen Tag später, am 20. XII. (24. Jan.), sandte der Ankläger (4)KICEBE[651] (gest. 1674) eine Eingabe betreffs Bestrafung chinesischer Mitarbeiter an den Hof. Der Kaiser ordnete am gleichen Tag eine weitere Befragung an. Die erneute Beurteilung wurde am 21. XII. (25. Jan.) eingereicht und vom Kaiser bestätigt. Es folgt eine weitere Befragung der chinesischen Mitarbeiter wegen der Begräbnisangelegenheit.[652]

Nachdem am 21. XII. (25. Jan.) der Präsident des Ritenministeriums die angeblichen Fehler P. SCHALLs bei der chronomantischen Bestimmung der Begräbniszeit für Prinz RONG festgestellt hatte, verkündete er folgende Weisungen:

Die SCHALL und (44)LI ZUBO betreffenden Angelegenheiten sollen weiterhin vom Justizministerium bearbeitet werden. Die Mitarbeiter des Astronomischen Amtes, (48)LIU YOUTAI, (53)SONG FA, (54)SONG KECHENG und (72)ZHU GUANGXIAN sind ebenfalls dem Justizministerium zu überstellen. (39)DU RUYU und (60)YANG HONGLIANG werden ihrer Ämter enthoben und gleichfalls dem Justizministerium überstellt. Die Angelegenheit der inzwischen verstorbenen (41)JIA LIANGQI und (47)LIU YOUQING braucht nicht weiter verfolgt zu werden. Im Zuge der Sippenhaftung sollen der Sohn (für seinen bereits verstorbenen Vater) LIU YOUQING, (45)LIU BIYUAN und der Bruder des SONG KECHENG, (55)SONG KELI ihre Stellungen als Mitarbeiter, *boshi*[653]博士, verlieren. Der Sohn des (bereits verstorbenen) JIA LIANGQI, (42)JIA WENYU, und (46)LIU KUI, der Sohn des LIU YOUQING, beides Studenten durch Kauf 4. Grades, *jiansheng*[654]監生, sollen relegiert und alle vier Genannten dem Justizministerium überstellt werden. Die jüngeren Verwandten ohne Amt von DU RUYU, Jia LIANGQI, LI ZUBO, LIU YOUTAI, LIU YOUQING, SONG FA, SONG KECHENG, YANG HONGLIANG, ZHU

---

[649] Dok I.

[650] Dok. II.

[651] Siehe Teil 3.2.2.

[652] Dok. IV.

[653] HUCKER, Nr. 4746.

[654] HUCKER, Nr. 856.

GUANGXIAN sollen dem Justizministerium zur Untersuchung übergeben werden. [(81)]BICECI wurde freigesprochen.[655]

Am 20. II. (25. März) landeten etwa 30 Missionare, 25 Jesuiten, 4 Dominikaner, 1 Franziskaner[656], in Kanton, vermutlich mit der Perspektive, nach Macao abgeschoben zu werden. Doch die Behörden internierten sie für 5 Jahre in der dortigen Jesuitenresidenz, wo zwei Jahre später, zwischen dem 18. und dem 26. Jan. 1668, unter dem Vorsitz des Vizeprovinzials FELICIANO PACHECO[657] / CHENG JILI 成際理 (1622-1687) eine Konferenz über Glaubensfragen mit 42 Resolutionen stattfand.[658]

Bei der nach alter Methode durchgeführten Berechnung der Mondfinsternis am 15. V. (17. Juni) und der Sonnenfinsternis am 1. VI. (2. Juli) stellte man erhebliche Fehler fest.[659]

P. ADAM SCHALL verstarb am 15. VII. (15. Aug.) 1666 am Tag Mariae Himmelfahrt gegen 4 Uhr nachmittags.[660] P. [(a5)]FRANCESCO BRANCATI[661](1607-1671), schrieb in einem Brief an den Ordensgeneral OLIVA:

---

[655] Dok. IV.

[656] In einer Schrift des P. [(24)]INTORCETTA des Jahres 1671 werden genannt: Jesuiten: SCHALL, GOUVEA, DA COSTA, TRIGAULT, FERRARI, LUBELLI, LA FAVRE, BRANCATO, BUGLIO, MAGALHÃES, TORRENTE, PACHECO, GABIANI, VALAT, JORGE, AUGERI, CL. MOTEL, J. MOTEL, COUPLET, VERBIEST, HERDTRICHT, ROUGEMONT, GRESLON, INTORCETTA; Dominikaner: CORONADO, NAVARRETE, SARPETRI, LEONARDO; Franziskaner: SANTA MARIA; siehe *Compendiosa Narratio De Statu Missionis Chinensis*, S. 9-10, Mskr. im Bayrischen Hauptstaatsarchiv, Sign. Jesuitica 587/2; siehe a. *Innocentia victrix* (1671), S. 41b-42a; PFISTER, S. 175-176, Anm. 2. Zu den Namen siehe die früheren Einträge.

[657] aus Portugal, seit 1651 in China, DEHERGNE, Nr. 601; STREIT, Bd. 5 (1964), S. 835.

[658] METZLER (1980), S. 22-29.

[659] GABIANI, S. 602; HOANG (1925), S. 90, 151; VÄTH, S. 326.

[660] Dok. in ARSI, Jap-Sin I, 134, 352; *Qing tongjian* (A), S. 1386; ROUGEMONT (1673), S. 305; GRESLON (1681), S. 322; *Zhengjiao fengbao* (1894), S. 44a (dort fälschlich, wie in Grabinschrift: Todesjahr 1665); CORDIER (1901), S. 46; PLANCHET, S. 223-224; GIMM (2018,1), S. 25. – Die Grabinschrift vom 16. XI. 1669 gibt im chinesischen Teil fälschlich das Jahr 1665, im latein Teil dagegen richtig 1666 an. Ebenso bei Ch. le GOBIEN (1698), S. 31:
  « Ce Pere fut justifié, & mourut fort tranquillement le 15. d'Aoust 1665. Ses ennemis l'avoient fait condamner à estre mis en pieces, & haché par morceaux ».
In früheren Quellen wird wegen des Datums der Grabinschrift auch fälschlich 1669 als Todesjahr angenommen; RÉMUSAT (1829), S. 219; s.a. CORDIER, *Bibliotheca*, Bd. 2, S. 1094. *Chouren zhuan*, j. 45, S. 588, vermerkt sogar 1678 (*Kangxi* 17) als Todesjahr.

[661] Siehe Jahr 1650 IX.

1.4 Die Zeit der Qing-Dynastie 127

„Am 15. August 1666 ging P. Johann Adam in ein besseres Leben ein, ein Mann ausgezeichnet in den Wissenschaften, hervorragend durch Klugheit, Frömmigkeit und Seeleneifer, berühmt wegen seiner angesehenen Stellung unter chinesischen und tatarischen Kaisern, bewunderungswürdig wegen seiner Standhaftigkeit in so vielen Leiden."[662]

Die Totenmesse hielt P. (33)ANTONIO DE SANTA MARIA[663], ein enger Vertrauter SCHALLs. Die Beisetzung fand am 29. VII. (29. Aug.) unter reger Anteilnahme auf dem Jesuitenfriedhof *Shala / Zhalan*[664] nahe der Ruhestätte von P. MATTEO RICCI statt. Nach (a41)MATTEO RICCI und (a43)JOHANN SCHRECK erhielt SCHALL als dritter Jesuitenmissionar dort seine Ruhestätte. Am 3. VIII. (1. Sept.) 1666

---

[662] VÄTH, S. 324-325.

[663] Siehe Jahr 1665 III.

[664] *Shala*-Friedhof, auch *Zhalan (mudi)* 栅欄墓地, *Chala, Chalan* etc. genannt; von *zhalan* 栅欄, „Barrikade, Palisadenzaun"; wohl Lehnwort aus dem Mongolischen < *jalan,* Militäreinheit, oder Jürchenischen < *jalan,* „Gruppe, Generation", manjur. *jalan,* „Gelenk, Generation, Welt". Die auch Französischer oder Portugiesischer Friedhof genannte Gedenkstätte wurde um 1610-1611 eingerichtet; Details siehe bei MALATESTA (1998), S. 191-270. Bei RICCI auch als *Ttem com cce lan* bezeichnet, d.i. *Tenggong zhalan* 滕公栅欄, benannt nach dem früheren Besitzer dieses Areals, einem Eunuchen namens TENG, *Recinto del Sig. Ttem.* Bis zum 18. Jh. fanden dort 72 europäische und 16 chinesische Jesuiten ihre letzte Ruhestätte; heute befinden sich dort noch 63 Grabmonumente, darunter von 49 ausländischen (6 deutschen) und 14 chinesischen Missionaren. In der Folgezeit erfuhr der Friedhof wechselhafte Schicksalsschläge, darunter die Zerstörung der Grabmale während der Boxeraufstände um 1900. Im Jahre 1956 wurde auf dem Missionsgelände die Zentrale Parteiakademie, *Zhongyang beijing shi weidang xiao* 中央北京市委黨校, sowie das *Beijing Administrative College, Beijing xingzheng xueyuan* 北京行政學院, errichtet; Adresse: *Beijing xicheng qu, Chegong zhuangda jie* 西城區 車公莊大街 6 號; E-Mail: lmdmr@yahoo.com. Der Friedhof wurde seit 1979 mehrfach restauriert und 1984 von der Pekinger Stadtregierung als schützenswertes Monument anerkannt; siehe die von dem Beijing Administrative College herausgegebene Liste *Zhalan and Zhengfusi, Maps and the Name Lists of the Existing Tombstones of Original Foreign Missionaries,* Compiled by YU SANLE, o.J. Zum *Shala*-Friedhof siehe *Dijing jingwu lüe,* j. 5, S. 3711-3713; *Rixia jiuwen kao (1785/7),* j. 96, S. 1609-1610; PRAY, Bd. 2, S. 317, Anm.; *Welt-Bott,* 5. Theil, Nr. 97, Jahr 1703, S. 9; *Zhengjiao fengbao (1894),* S. 62a/b; FAVIER (1902), S. 133, 155-158, Abb. vor S. 48; HUBRECHT (1928), S. 382-383, 497-499; PLANCHET (1928), S. 223-224; VÄTH, S. 331-332, 345-348; H. BERNARD (1934); d'ELIA, *Fonti,* Bd. 2 (1949), S. 617-619; DEHERGNE (1957), S. 99 (dort frühere Quellen seit 1619); *Catalogue of Chinese Rubbings* (1981), S. 1164; STANDAERT, S. 588; *Lishi yihen* (1994), S. 7-21; MALATESTA u. GAO (1995), S. 132-135; MALATESTA, in: MALEK (1998), S. 191-270 etc. – Der *Troja*-Entdecker HEINRICH SCHLIE–MANN, der China und Japan im Jahre 1865 besuchte, vermerkt über „die Grabstätte des berühmten Mannes": „Ich fand sie ohne Mühe, denn sie ist fünfmal so groß wie jede andere auf diesem Friedhof"; SCHLIEMANN (1984), S. 28.
— Von dem oben erwähnten *Zhengfu si*-Friedhof 正福寺墓地, sog. Französischer Friedhof, mit Kirche und Steinmonumenten, der erst seit 1777 fertiggestellt wurde, existieren heute (2004) nur noch Fragmente. Etwa 36 der dortigen Grabsteine befinden sich heute im Museum für Steinskulpturen, *Beijing shike yishu bowuguan* 北京石刻藝術博物館.

berichtete P. VERBIEST in einem Brief an den Vizeprovinzial über das Lebensende SCHALLs und die Trauerfeierlichkeiten:

> „Pater Adamus Schall ruhet an einem andern Ort dieses Gartens [als M.Ricci] / in einem recht Königlichen Grab-Gestell / welches ihm der heut regierende Käyser / als er sein Andencken wieder in den vorigen Ehren-Ruhm setzte / hat bauen lassen."[665]

YANG GUANGXIAN, der seine Angriffe und Verleumdungen weiterhin verkündete, hatte angeblich zu P. SCHALLs Tod geäußert:

> „Der elende Sklave ist tot. Doch leben noch drei Hunde [P. BUGLIO, MAGALHÃES, VERBIEST] in Peking. Aber ich werde sie zu vernichten wissen."[666]

Die Nachricht vom Tod P. SCHALLs gelangte verspätet nach Rom, so daß erst 1672 das Requiem im *Collegium Germanicum* abgehalten werden konnte.[667]

Eine frühe Kurzfassung seines Lebensgangs nach einer alten Volksdarstellung (s. Abb. 4b) sei hier angefügt:

> „P. Adamus Schall, S.J. von Cölln / war bey 3. Sinischen Käysern in so hohem Wehrt / daß er von ihnen dem Mathematischen Hof Gericht vorgestellet / und des Reichs Admonitor ist bestellet worden. Es pflegte ihn einer aus denen Käysern nur den Lehrmeister der himmlischen Geheimnussen zu nennen. Nichts destoweniger muste er viel leyden / und unter grossen Betrangnussen dieses Zeitliche seegnen.
> 15. Aug. 1606 [richtig: 1660]. aet. 75."

1.5 Nachleben und Wertschätzung

Unumstritten bei der Beurteilung von P. SCHALLs Lebensleistung waren seit den 1660er Jahren seine großen Verdienste um die Verbreitung europäischen naturkundlichen Wissens, wenn auch in seinen Handlungen überschattet von seiner primären Aufgabe, der christlichen Missionierung Chinas. Charakteris-

---

[665] Anhang zu einem Brief von P. J. de FONTANEY von 1704, in: *Welt-Bott*, 5. Theil, Nr. 97, Jahr 1703, S. 9: latein. Text in JOSSON (1938), S. 114, 116; SAVAGE-LANDOR, Bd. 2, S. 196; VÄTH, S. 320.

[666] GABIANI, S. 597; hier nach VÄTH, S. 326.

[667] VÄTH, S. 335.

1.5 Nachleben und Wertschätzung

tisch hierzu ist eine Äußerung der Richter innerhalb des Prozesses von 1664 bis 1666:

> „Schall empfing wegen seiner astronomischen Berechnungen Lob vom Kaiser, jedoch nicht für die Verbreitung der Lehre vom Himmelsherrn."[668]

Bei den Angriffen gegen SCHALL, die Europäer und deren Naturwissenschaften ging es vor allem darum, der Ausbreitung des als fremd und offensiv empfundenen Christentums, das man als eine staatsgefährdende, der imperialen konfuzianischen Tradition widersprechende „schädliche Lehre" interpretierte, Einhalt zu gebieten.[669]

1667

Nachdem YANG GUANGXIAN, der Erzfeind der Fremden, 1665 zum Direktor des Astronomischen Amtes aufgestiegen war und P. SCHALL nach mehreren Niederlagen 1666 verstorben war, wurde Letztgenannter gleichsam als tragische Figur der europäisch-chinesischen Beziehungen Gegenstand einschlägiger historischer und belletristischer Darstellungen.

Veranlaßt durch die sachkundigen Publikationen der Missionare und in Zusammenhang mit der von St. Petersburg bis Madrid zu spürenden Mode der *Chinoiserien* seit dem 1. Drittel des 17. Jh.s hinterließen die Nachrichten über Leben und Wirken des P. ADAM SCHALL einen nachhaltigen Eindruck bei den europäischen Gelehrten und Literaten. Es erbot sich eine andere, nach außen hin friedlich erscheinende, stabile und rationalistisch geprägte Welt des Fernen Ostens als idealisierten Gegenpol zum damals zerissenen, konfliktreichen Europa. Zu denken ist hier besonders an G. W. LEIBNIZ (1646-1716) mit seiner Schrift *Novissima Sinica* (1699) und seinen unermüdlichen Bemühungen, durch wissenschaftliche Kontakte mit gelehrten Missionaren vor Ort ein gedankliches Bild vom chinesischen Staatswesen und seiner Ideologie zu gewinnen.

Erwähnung gebührt auch dem niederländischen Nationaldichter JOOST VAN DEN VONDEL[670] (1587-1679, geb. in Köln, Große Witschgasse), der nur ein

---

[668] *Tang žo wang be abkai šu be bodoro mangga seme saišame HEse wasimbume dabala. tiyan ju-i tacihiyan be. geren de selgiyeme [...] selgiyehe sehe ba akô bime*; siehe Dok. I. [144.], Teil 5.2.

[669] VÄTH, S. 321-324.

[670] Siehe VEKEMAN, S. 194-208, 133-135; VÄTH, S. 348: „Adam Schal, Agrippijner, Overste der priesteren van de Societeit"; KLEY (1973), S. 579; ders. (1976), S. 28, 30; GREGORY BLUE, in: MALEK (1998), S. 951-981. Als Quellen dienten vor allem M. MARTINI, *De bello tartarico historia*, Amsterdam (1654) und ders., *Sinicae Historiae Decas Prima Res...*, Amsterdam (1654),

Jahr nach SCHALLs Tod i. J. 1667 sein Drama in 5 Akten verfaßte: *Zungchin*[671] *of ondergang der Sineesche Herrschappye,* verlegt in Amsterdam bei A. de Wees (1667). Es behandelt die Tragödie vom Untergang des letzten *Ming*-Kaisers ZHU YOUJIAN[672] 朱由檢 (1611-1644). P. SCHALL erscheint darin als eine der Hauptfiguren im 1. Akt, als „Inbegriff christlicher Gelassenheit". Etwa gleichzeitig schrieb nach denselben Quellen JOANNES ANTONIDES VAN DER GOES (1647-1684) sein Trauerspiel *Trazil of Overrompelt Sina,* das jedoch erst später einen Verleger fand, Amsterdam: Rieuwertsz (1685). Es handelt von der manjurischen Eroberung der chinesischen Hauptstadt.[673]

Als weitere Beispiele für die Verwendung chinesischer Stoffe der Zeit sind Romane zu erwähnen, darunter:

CHRISTIAN WILHELM HAGDORN (um 1660), *Æyquan, oder der Große Mogol. Das ist / Chinesische und Indische Stahts. Kriegs. und Liebes-geschichte. In unterschiedliche Teile verfasset,* Amsterdam: J. von Mörs (1670); holländ. Ausgabe, Amsterdam: J. van Meurs (1671);

EBERHARDT GUERNER HAPPEL (1647-1690), *Der Asiatische Onogambo Darin der jetzt-regierende grosse Käyser Xunchius. Als ein umbschweiffender Ritter vorgestellet / nächst dessen and anderer Asiatischer Printzen Liebes-Geschichten und ritterlichen Thaten / auch alle in Asien gelegenen Königreiche und / sampt deren Beschaffenheitzen / Ordnung ihrer Regenten / und deren vornehmsten Thaten &c. kürtzlich mit eingeführt werden,* Hamburg: Naumann, Wolff (1673)[674];

München (1658) sowie J. NIEUHOF, *Het gesandtschap,* Amsterdam (1665). S.a. HSIA (1998), S. 28-34. Das Theaterstück wurde angeblich i. J. 1987 in Rom in deutscher Sprache aufgeführt.

[671] Der Name *Zungchin* geht auf die Ärabezeichnung des letzten *Ming*-Kaisers, *chongzhen* 崇禎 (1628-1644), zurück; bei P. BOYM, in: Welt-Bott, T. 1, Nr. 13, S. 14: *Zum-tschim, Cum-schim*; P. M. MARTINI, *Atlas* (1655), Vorrede, S. 18: *Zungchinius, Ciun Chin, Cum Chin*; SCHALL, *Historica,* MANNSEGG, S. 43: *Zunchim* etc. genannt.

[672] YIZONG 毅宗; siehe Teil 1.3.2, Jahr 1627.

[673] KLEY (1973), S. 579; ders. (1976), S. 28-30.

[674] Kaiser FULIN / SHUNZHI, „Xunchius", wird darin unter dem Phantasienamen ONOGAMBO oder ENOMANZA als fahrender Ritter in unchinesisch-exotischer Umgebung vorgestellt und ihm eine Liebesgeschichte in heroisch-galantem Stil angedichtet; siehe HAMMITZSCH, S. 601-603; KLEY (1973). S. 580; ders. (1976), S. 32-35; B. EBERSTEIN, *Hamburg – China, Geschichte einer Partnerschaft,* Hamburg (1988), S. 18.

1.5 Nachleben und Wertschätzung

RUDOLF GASSER (1647-1709), *Außforderung mit Aller-demütigst gebottenem Vernuft-Trutz an alle Atheisten / Macchiavellisten / gefährlich Romanen* […], Zug: D. Müller (1686)[675].

Auch im lateinischen Barocktheater, in den sog Jesuitendramen, ist P. SCHALL und sein Wirken ein Sujet.[676]

Im Bereich der Kunst ist seit Beginn des 18. Jh.s auch das Jesuitenporzellan zu erwähnen.[677] Daneben fand das Phänomen SCHALL auch in anderer Weise seine Ausprägung, so auf bekannten Tapisserien seit dem Ende des 17. Jh.s, die SCHALL und den Kaiser, umgeben von astronomischen Geräten und Höflingen, darstellen.[678]

In der 2. Jahreshälfte 1667 wurde der muslimische Kalender, *huihui li* 回回曆, wieder eingeführt[679]. In den Kalendern der Jahre 1667-1670 ist YANG GUANGXIAN als chinesischer Direktor des Astronomischen Amtes angegeben.[680] (A53)WU MINGXUAN, Anführer der muslimischen Gruppe und Mitverschwörer, war für die Kalendererstellung verantwortlich.[681] P. MAGALHÃES stellte 1667 in YANG GUANGXIANs Kalender ca. 100 Fehler fest.[682]

---

[675] Angeregt durch das Wirken des P. SCHALL schildert der Roman die Möglichkeit einer allgemeinen Christianisierung Chinas. Der chinesische Kaiser trägt dort den Phantasienamen HAMILAR, die beiden Kaiserinnen heißen CARABELLA und ROSALINDA und ein Wächter, wie bei LESSING, SALADIN. Die Fortsetzung (Band 2-3) trägt den Titel: *Deß Demühtigst gebottnen Vernunfts-Trutz Und Vernunfts-Kampffs Fortsetzung Oder Der Andere Theil Des Gedichten mit Warheit beschrengten Historia. Von Philologo und Carabella durch V. P. F. Rudolphum Suitens…*, Baden: J. L. Baldinger (1687, 1688) für Damian Müller in Zug.

[676] S. N. FOSS und D. LACH, in: H. C. LEE (ed.), *China and Europe*, Hongkong: Chinese University Press (1991), S. 165-188; HSIA (2005); v. COLLANI (2012), S. 159-160.

[677] EVA BÜTTNER, in: NEITE, Neuss, S. 69-74.

[678] Wandteppiche aus Wolle und Seide, „Die Astronomen" der sog. „Großmogulfolge", aus der Manufaktur Beauvais nach Entwürfen von FRANÇOIS BOUCHER (1703-1770), Höhe ca. 3,50 m, etwas voneinander abweichend, Exemplare u.a. in München, Residenz (Kurfürstenzimmer), Bayer. Schlösserverwaltung, Inv. BSV. WA 139, und in Nürnberg, Neue Residenz, Inv. BSV. WA 140. Hierzu siehe HERBERT BRUNNER, GERHARD HOJER u.a., *Residenz München, Amtlicher Führer*, München (1996), S. 59-60. Die Darstellung zeigt SCHALL, „ein stattlicher Greis in Mandarinentracht und wallendem weissen Bart"; MÜNSTERBERG (1894), S. 18.

[679] Nach dem *Da Qing huidian* (1690), j. 161, S. 6a, war der muslimische Kalender bereits 1664 eingeführt worden.

[680] HUANG YINONG (1991, 2), S. 82.

[681] VÄTH, S. 327; GOLVERS, S. 191; OXNAM (1970), S. 148; siehe Jahr 1657, 8. IV.

[682] GOLVERS, S. 191.

Am 12. X. (25. Aug.) übernahm KANGXI die Regierungsgeschäfte, und mit seiner Ära begann für die nächsten zwei Jahrhunderte eine der kulturell ertragreichsten Epochen chinesischer Geschichte. Allmählich bildete sich wieder ein wohlwollenderes Verhältnis der Obrigkeit den ausländischen Wissenschaftlern gegenüber, wenn auch nach dem Tod ADAM SCHALLs die relativ freundschaftliche Atmosphäre zwischen Kaiser und Missionaren sich nicht wieder einstellte. Dennoch gewährte der Kaiser manche Freizügigkeit, so den Zutritt zu seinem hochgeschätzten Gartenpalast *Changchun yuan* 暢春園 und den Aufenthalt in seiner Nähe.[683] KANGXIs Haltung zur christlichen Religion war von meist wohlmeinendem, aber verhaltenem Zuspruch bestimmt. Beim Umgang mit den Missionaren zeigte er Sympathie, Verständnis und Interesse am Wissen der westlichen Welt.[684]

1668

Seit diesem Jahr, in dem der Einfluß des YANG GUANGXIAN allmählich zu Ende ging, zog man die Europäer wieder stärker zur Mitarbeit heran.[685] Aufgrund einer Eingabe von P. VERBIEST wurden neue Untersuchungen gegen die Verleumdungen eingeleitet, und im **VII**. Monat (Aug.) ordnete der Kaiser Nachforschungen zu angeblichen Fehlern bei der Kalendererstellung an und erkundigt sich diesbezüglich am 23. XI. (29. Dez.) bei P. VERBIEST, der mehrere Irrtümer festgestellt hatte.[686] Diese ließ der Kaiser durch Astronomen unter Leitung des Fürsten TUHAI[687] 圖海 aus dem MAGIYA / MAJIA 馬佳-Klan (gest. 1682) nachprüfen.[688] Am 24. bis 26. XI. (30. Dez.-1. Jan. 1669), fanden weitere Untersuchungen zu den Fehlern des YANG GUANGXIAN statt.[689]

---

[683] GIMM (2015), S. 123 flg.

[684] Siehe a. YOUNG (1983), S. 109-123, *The Kanghsi Emperor and Christianity*.

[685] *Da Qing huidian* (1690), j. 161, S. 6a.

[686] *Zhengjiao fengbao* (1894), S. 44b.

[687] HUMMEL, S. 784.

[688] *Kangxi shilu*, j. 28, S. 6; *Chouren zhuan* (1799), zit. in: *Zhengjiao fengbao* (1894), S. 44b, 45ab; AN (1992), S. 86.

[689] *Zhengjiao fengbao* (1894), S. 45a/b.

1.5 Nachleben und Wertschätzung

1669

In diesem Jahr wurde mit der Herstellung neuer astronomischer Instrumente begonnen und i. J. 1672 beendet.[690]

Am 26. VII. (22. Aug.) erließ der Kaiser ein Dekret zu YANG GUANGXIAN.[691]

Am 29. XII. (30. Jan.) 1669 befahl der Kaiser 20 hohen Beamten am Astronomischen Amt Untersuchungen durchzuführen. Da ihn deren Berichte nicht zufriedenstellten, ordnete er am 26. I. (26. Febr.) erneute Prüfungen an.[692]

Im XII. Monat (Jan.) erfolgten weitere Rechtfertigungsversuche YANG GUANGXIANS sowie am 26. I. (26. Febr.) Eingaben VERBIESTS zur Verteidigung SCHALLS, in denen er auch die Fehler von YANG GUANGXIAN und WU MINGXUAN ansprach.[693] Es schlossen sich erneute Untersuchungen an.[694]

Aufgrund der Prüfungsergebnisse erließ der Kaiser am 7. II. (8. März) ein Edikt mit der Maßgabe, daß der Kalender wieder nach westlichem Verfahren anzulegen sei, und man erklärte YANG GUANGXIANS Bericht, der sich dort über die Fehler der Europäer ausgelassen hatte, für unbegründet.

Man sagt, daß Kaiser KANGXI im Zuge der Auseinandersetzungen zwischen einheimischer und europäischer Tradition und eingedenk der unzureichenden Kenntnisse seiner Beamten die Anregung empfangen habe, sich selbst mit den westlichen Wissenschaften zu beschäftigen.[695] Unter europäischen Literaten wurde KANGXI damit nicht nur als ein dem Neuen aufgeschlossener Herrscher gerühmt, als „ein wahrhafftig auf alle Weise lobwürdigster Monarch / dergleichen die Welt von ihrem Anbeginn wenig gesehen hat"[696], sondern,

---

[690] *Da Qing huidian* (1690), j. 161, S. 6a. Zu den Instrumenten siehe Jahr 1673, Beginn.

[691] *Innocentia victrix*, S. 18b-19a.

[692] *Zhengjiao fengbao* (1894), S. 47b, 48b.

[693] *Kangxi shilu*, j. 28, S. 6a, Übers. FU LO-SHU, S. 44; *Zhengjiao fengbao* (1894), S. 46a/b; STREIT, Bd. 5 (1964), S. 2267.

[694] *Zhengjiao fengbao* (1894), S. 48b.

[695] Nachweislich beschäftigte sich der Kaiser mit diversen naturwissenschaftlichen Fragen. So hat sich von ihm ein manjurisch-chinesischer Traktat über sphärische Triangulation, datiert 24. XI. 1704, erhalten, *Yuzhi sanjue xing tuizuanfa lun* 御製三角形推篹法論 / *Han-i araha ilan hošonggo arbun-i badarambume bodoro arga-i leolen*, in: *Qiben tou* 七本頭, hgg. v. HESU (1652-1718); FUCHS (1936), S. 27-28; WALRAVENS (2014), S. 151.

[696] *Welt-Bott*, T. XVI (1739), No. 368, S. 69.
Hierzu siehe *Nachruhm des Grossen Camhi weiland Kaysers in China / und Beherrschers der Ost-Tartarey* eines anonymen Autors, in *Welt-Bott*, T. 2 (1729), No. 287, S. 7:

"Niemals / so lang die Christenheit stehet / hat ein Heidnischer Potentat das Evangelium samt dessen Verkünder mehr geehrt und standhaffter beschützt / als vorgenanter Kayser Camhi [KANGXI].[...] Ein dergestalt preyßwürdiger Kayser / den wir schmerzlich missen / ist nicht allein von allen Völckern in groß-Asien als ein göttliches Wunder hochgeschätzt worden: sonder es hat der unvergleichliche Ruhm seiner glorwürdigsten Regierung / der Ruff seiner seltsamen Klugheit / und das Lob seiner Thaten / Worten und Wercken sich über das unermessene Welt-Meer in gantz Europam ausgegossen. [...] Obwolen er nun seine Sorgen auf so mancherley unterschidliche Geschäfften auszutheilen bemüssiget ware / hat er dannoch eine übrige Zeit gefunden sich auf die Wissenschafften und freye Künsten zu verlegen / welche sein gröste Freud und vornehmste Ergötzlichkeit / so er je auf diser Welt geniesen möge / gewesen seynd." S. 10: „Zum Beschluß [...] soll ich nicht umgehen zu melden / daß Kayser Camhi aus angeborner Großmütigkeit und einer unersättlichen Begierde zu lehrnen zwar alle Fremdling beschützet / doch in seiner Hochachtung und Liebe denen Teutschen [gemeint ist P. SCHALL] nach dem Beyspihl seines Vatters Kaysers Schuntschi [SHUNZHI] einen unvergleichlichen Vorzug gegeben habe. Man hat unter andern beobachtet / daß wann neue Missionarii aus unterschidlichen Europäischen Ländern das erste mal zu seiner sonderbaren Ergötzung zur Audienz eingeführt worden / er in dem Anblick und in der Betrachtung ihrer Angesichten den Teutschen von allen andern zu unterscheiden gewußt / und seine Augen mit Lust öffters auf ihn als andere geworffen habe; daß kein Wunder ist / wann die Teutschen Missionarii bey diesem Monarchen alles vermögt / wann er sie allein zu der hohen Stelle eines Vorstehers der Stern-Kunst erhoben: wann er ihnen vor allen andern in verworrenen und streitigen Sachen geglaubt / kurtz um zu sagen sie für die redlichste Leut der Welt gehalten hat. Ein Teutscher / welchen Kayser Camhi nur ein mal gesehen hatte / stunde in ewiger Gefahr nach Hof beruffen zu werden / weil er gleichwie auch sein Sohn / der heutige Kayser [YONGZHENG] / unserer Nation mit unbeschreiblichen Gnaden zugethan ware."

Kaiser YONGZHENG (reg. 1723-1735), der dem Buddhismus zuneigte, hatte jedoch in einem Edikt des Jahres 1724 alle Missionstätigkeiten außerhalb der Hauptstadt verboten; siehe a. EUGENIO MENEGON, *Yongzheng's Conundrum. The Emperor on Christianity, Religions, and Heterodoxy*, in: B. HOSTER u.a. (Hg.), Bd. 1, S. 311-335.
DENIS DIDEROT (1713-1784) bezeichnete Kaiser KANGXI als
„den Marc Aurel Chinas wegen seiner Weisheit und dessen Ludwig XIV. wegen seines Despotismus und der Dauer seiner Herrschaft."
Die von P. PIERRE-MARTIAL CIBOT S.J. (1727-1780) verfaßten *Observations* (1779), S. 452, charakterisieren den Kaiser einleitend mit folgenden Worten:
« L'empereur Kang-hi est un des plus grands Princes qu'ait eu la Chine. Homme de lettres, savant, philosophe, grand politique, citoyen, ami des hommes, & un peu guerrier, il réunissoit dans un degré supérieur les talents, les qualités & les vertus que tous les siecles ont destinés à l'administration publique. »
Eine sehr ausführliche, nahezu zeitgenössische chinesische Einschätzung des Kaisers mit Darstellung seines Lebens und Würdigung seiner Leistungen liegt in einer *Shilu*-Eintragung vor, die anläßlich der Errichtung des Epitaphs im Mausoleum *Jingling* 景陵 am 21. Tag des auf den III. Monat folgenden Schaltmonats (11. Mai) 1727 verfaßt wurde; siehe *Shizong shilu*, j. 55, S. 17a-35a.
Das in der europäischen Literatur bis in die Neuzeit vorherrschende positive KANGXI-Bild, das in manchem auch von gewichtigen Eigeninteressen der Jesuitenmissionare geformt wurde, fand in der einschlägigen, in mehreren Ausgaben verbreiteten Schrift *Portrait historique de l'Empereur de la Chine présenté au Roy*, Paris: Pepie (1697, 1698) des Jesuiten-

damit zusammenhängend, auch als Sympathisant und zumindest zeitweiliger Förderer des Christentums.

Am 7. III. (7. April) fanden erneut Untersuchungen zu den Vergehen des YANG GUANGXIAN statt.[697]

Am 17. III. (17. April) wurde VERBIEST aufgrund seiner Verdiente zum Vizepräsidenten des Astronomschen Amtes ernannt. Er hatte die Stelle bis zum Jahre 1688 inne.[698] Es war der Beginn einer langen Reihe westlich ausgebildeten Naturwissenschaftler im Priestergewand, die als Direktoren oder leitende Mitarbeiter dieser Behörde wirkten.[699] VERBIEST begann damit, den Kalender zu reformieren, er verwendete u.a. die europäische Einteilung des Tages in 96 (statt 100) Viertelstunden, *ke* 刻, und korrigierte mannigfaltige astronomische Irrtümer.[700]

Am 1. IV. (30. April) beobachtete der Kaiser eine hybride Sonnenfinsternis durch das Teleskop der Missionare.[701]

Am 5. V. (3. Juni) richteten drei Missionare eine Denkschrift an den Kaiser, in dem sie für die Rechtfertigung der Verdienste des P. SCHALL eintraten.[702]

Am 20. VII. (16. Aug.) fand die erneute Rehabilitierung SCHALLs und am 1. VIII. (5. Sept.) die seines Dieners PAN JINXIAO statt.[703] Damit war SCHALLs Ruf drei Jahre nach seinem Tod wiederhergestellt, und seine früheren Titel und Ehrungen waren ihm wieder zuerkannt. Wenn auch das Versammlungsverbot weiterhin gültig blieb, wurde kirchliches Eigentum zurückerstattet und früher

---

paters JOACHIM BOUVET / BO JIN 白晉 (1656-1730), seine prägende Form; PFISTER, Nr. 171; HUMMEL, S. 892; DEHERGNE, Nr. 106.

[697] *Zhengjiao fengbao* (1894), S. 50a.

[698] Nach DEHERGNE, S. 289, wurde VERBIEST am 1. III. (1. April) 1669 Direktor des Astronomischen Amtes. *Kangxi shilu*, j. 28, S. 15b; ROUGEMONT (1673), S. 18; HENRI BOSMANS, *La correspondance inédite du P. Jean de Haynin d'Ath S.J.*, Louvain (1908), S. 17; VÄTH, S. 328; DEHERGNE, Nr. 398, 883, S. 289; MUNGELLO (1985), S. 94; s.a. *Qingshi gao*, j. 272, S. 10024-10025.

[699] Hierzu siehe Teil 1.4.0.

[700] Hierzu hat sich ein chines.-manjur. Druck erhalten, *Kangxi banian siyue chu yiri guihai shuo rishi tu*, siehe in Teil 1.6.3; *Kangxi shilu*, j. 28, S. 15b; MUNGELLO (1985), S. 94.

[701] P. HOANG (1925), S. 90; BLONDEAU, in: WITEK (ed.), S. 50; H. WALRAVENS, *Vorhersagen von Sonnen- und Mondfinsternissen in mandjurischer und chinesischer Sprache*, in: Monumenta Serica, 35 (1981/83), S. 437-438, mit näheren Angaben; hierzu auch BAYER, *Museum Sinicum* (1730), Bd. 2, S. 368: *Eclipsis solaris*.

[702] *Innocentia victrix*, S. 6b; Übersetzung bei VÄTH, S. 329.

[703] *Zhengjiao fengbao* (1894), S. 55-57; QU; siehe a. Jahr 1661, 1. IX.

ergangenes Unrecht wiedergutgemacht. Die amtsenthobenen Mitarbeiter erhielten ihre Ämter zurück. Die fünf zum Tode Verurteilten wurden postum rehabilitiert, und die ins nördliche Grenzgebiet Verbannten durften heimkehren.

In dieser Zeit wurde aufgrund einer Eingabe von VERBIEST und seines Mitarbeiters (100)LI GUANGHONG 李光宏 eine neue Untersuchung eingeleitet, nach der YANG GUANGXIAN am 11. VIII. (5. Sept.) als Günstling des verstorbenen Regenten und Gewalttäters OBOI[704] bezeichnet und als Verleumder ADAM SCHALLs und des LI ZUBO verurteilt wurde.[705]

Auch Prinz (3)GIYEŠU[706] (1646-1697), einer der Richter im Prozeß, der seinerzeit die Todesstrafe für P. SCHALL abgewendet und für weitere Verhandlungen plädiert hatte, wendete sich gegen YANG und verklagte ihn wegen falscher Anschuldigung gegen die fünf konvertierten Mitarbeiter SCHALLs. In seiner Klageschrift äußerte er sich sinngemäß:

„Kirchen zu bauen und Gottesdienste zu feiern, gehört zu den Sitten der Europäer. Man soll ihnen so etwas nicht verbieten."

Auch (a53)WU MINGXUAN, der Anhänger YANG GUANGXIANs, wurde bestraft.[707]

YANG GUANGXIAN wurde u.a. wegen falscher Beschuldigungen zum Tod durch Enthauptung und seine Frau und Kinder zur Verbannung verurteilt. Wegen seines hohen Alters jedoch wurde er am 11. VIII. (5. Sept.) vom Kaiser begnadigt und unter Verlust seiner Ämter in seine Heimat ausgewiesen.[708] Angeblich verstarb er im November 1669 auf der Reise. Später verbreiteten seine Anhänger das Gerücht, er sei von den Missionaren vergiftet worden.

Unter Teilnahme hoher Würdenträger sowie der Patres BUGLIO, MAGALHÃES und VERBIEST wurde SCHALL am 26. VIII. (20. Sept.) mit einer offiziellen Ge-

---

[704] Siehe Jahr 1661 I.

[705] *Kangxi shilu*, j. 31, S. 4a/b, Übers. FU LO-SHU, S. 45; AN (1992), S. 86-87; s.a. Edikt v. 26. VII. in: *Innocentia victrix* (1671), S. 18b-19a; *Zhengjiao fengbao* (1894), S. 57-61.

[706] Siehe Teil 3.2.2

[707] WU MINGXUAN wurde schließlich der Lüge bezichtigt und zum Tod durch Erdrosselung verurteilt, aber schließlich amnestiert; *Qingshi gao*, S. 10021; VÄTH, S. 375.

[708] *Innocentia victrix*, S. 22b, 25a, nach VÄTH, S. 330; *Zhengjiao fengbao* (1894), S. 60-61; LI WENCHAO (2000), S. 257; AN (1992), S. 87. NAVARRETE (1676), engl. (1704), siehe CUMMINS (1962), S. 240:
   "The Emperor's word were, 'Jang Kuang Sien [...] deserves Death, but in regard he is very aged, making use of our Magnanimity, and Bounty, we forgive him at present, and also remit the Penalty of Banishment to his Wife and Children."

denkfeier geehrt.[709] Der Kaiser stiftete am 5. X. (29. Okt.) 524 Unzen Silber zur Einrichtung der Grabstätte und der Ausstattung mit Kultgeräten, wie Weihrauchbrenner, sowie mit je zwei ca. 2 m hohen, steinernen Wächter-, Pferde- und Schafsfiguren.[710]

Am 16. XI. (8. Dez.), drei Jahre nach seinem Tod, erfolgte unter Teilnahme hoher Würdenträger des Ritenministeriums sowie der drei Patres die feier-

---

[709] *Kangxi shilu*, j. 31, S. 7b. Hierüber äußerte sich GIOVANNI FILIPPO de MARINI (1608-1682) aus Macao in einem Brief an den bekannten Drucker BALTHASAR II. MORETUS (1615-1674) in Antwerpen vom 7. IX. (20. Okt.) 1670; *Welt-Bott*, Bd. 1 (1728), Nr. 14, S. 46-47:

„Pater Werbiest [Verbiest] hat nebst zwey anderen aus unserer Gesellschaft nicht allein des Sinischen Kaysers Gunst erworben / sondern auch des Patris Adami Schall seelig Ehr dermassen nachdrücklich hergestellt / daß ihn der Kayser auf Rechnuing seiner Hof-Cammer mit einer kostbaren Leich-Begängnus beehrt / und derselben durch seinen Herrn Schwieger-Vatter beyzuwohnen sich gewürdigt hat. Ihro Majestät haben auch über dessen Ruhestatt ein prächtiges Mausoleum oder Grabmahl bauen lassen / und seinetwegen mit denen Hof-Mandarinen ein Todten-Gastmahl gehalten / von solchem aber unsern Patribus vier Schüssel mit Speisen (welches in Sina die gröste Ehr ist) zugeschickt:"

Unter dem „Schwieger-Vatter" ist möglicherweise GABULA 噶布拉 (gest. ca. 1681), der Vater der ersten Kaiserin XIAOCHENG REN 孝誠仁 (1654-1674), die dem HEŠERI-Klan angehörte, zu verstehen; HUMMEL, S. 664, 924. Seine Teilnahme ist in chinesischen Quellen bisher nicht nachgewiesen. Derselbe Pater schrieb in einem Brief vom 28. X. (8. Dez.) 1670; *Welt-Bott*, T. 1 (1728), Nr. 14, S. 46-47:

„Der Kayser befiehlt / man solle in seinem Nahmen der Leich *Patris Adami Schall*, weiland der *Matematischen* Raths-Versammlung / Vorstehers und *Ober-Mandarins* ein feyerliche Leich-Begängnus anstellen / in Erwegung / daß dieses unsers ehemaligen Beamtens vortreffliche Verdiensten und lobwürdigste Thaten in jenem weiland grossen *Colao* oder geheimen Staats-Rath *Tschiu-Co-leam* [Zhuge Liang, lebte 181-231] gleich machen / welcher unter denen aus dem Geschlecht *Haan* entsprossenen Kaysern geblühet hat. Es gehet uns gewißlich der Todesfall *P. Adami* sehr zu Hertzen: dernwegen haben wir ihm seine gegen dis Reich erworbene Verdiensten hiemit vergelten wollen.

Mein liebster *Joannes Adame*! du bist von denen äussersten gegen Untergang der Sonnen gelegenen Ländern hieher gekommen mit einer derart ausbündigen Wissenschafft himmlischer Dingen / daß dich der vorige Kayser nicht allein der Stern-Kunst und Verbesserung des Calenders vorgesetzt / sondern auch mit dem Titel / daß du ein allerdings verständiger Lehrer eines auserlesenen Gesätzes seyest / begnadet hat: weil du aber uns jetzt verlassen hast und in ein weit-entlegenes Land verreiset bist / als betrübt mich dieser dein Abschied gar schmertzlich. Darum hab ich dich mit dieser Grabschrifft preisen wollen und einem aus meinen Räthen befohlen / dir meinetwegen gegenwärtige letzte Ehr zu erweisen. Du aber bist wie eine Sonne / deren Glantz niemals einige Finsternuß verdunckeln wird. So nimm dann hin und halte genehm diese Leich-Ehr als eine Belohnung deiner uns erwiesenen Diensten. Gleichwie du aber verständig bist / mithin meinen guten Willen / mit dem ich dir geneigt bin / gar wohl kennest / also lebe ich der Zuversicht / du werdest mir alles gut ausdeuten. So weit gehen die Worte des jungen aber unerhört klugen Kaysers Camchi."

[710] *Zhengjiao fengbao* (1894), S. 62a; NAVARRETE (1676), engl. (1704), siehe CUMMINS (1962), S 239; PLANCHET (1928), S. 18; VÄTH, S. 331; TONG XUN (1999), S. 320-321; QU.

liche Errichtung der chinesisch-manjurisch-lateinischen Grabstele[711], die man zu Ehren SCHALLs *sur la modèle des sépultures princières*[712]gestaltet hatte, auf dem sog. *Shala / Zhalan*-Friedhof.[713]

> „Pater Adamus Schall ruhet an einem andern Ort [als Ricci und Verbiest] dieses Gartens / in einem recht Königlichen Grab-Gestell / welches ihm der heut regierende Käyser / als er sein Andencken wieder in den vorigen Ehren-Ruhm setzte / hat bauen lassen."[714]

Nach einer Quelle nahm der Kaiser und seine Großmutter persönlich daran teil.[715] Das Monument trägt auf seinem Oberteil die Inschrift „Vom Kaiser gestiftet", *qin ci* 钦赐. Außer der Stele für P. VERBIEST wurde die für P. SCHALL als einzige einer manjusprachigen Parallelversion für würdig befunden.

Die Grabinschrift für SCHALL, die das Datum 16. XI. (8. Dez.) 1669 trägt, war vom Ritenministerium erstellt worden und enthält einige Inkonsequenzen sowie neuerdings Beschädigungen, die im Zuge der Boxer-Aufstände im Juni 1900 entstanden. Text mit Übersetzung siehe in Teil 1.6.4.

Von diesem Tag 16. XI. (8. Dez.) datiert auch ein kaiserliches Edikt, in dem KANGXI sein Betrübnis zum Tod P. SCHALLs sowie sein Gedenken und seine offizielle Würdigung ausdrückt.[716]

Am 20. XI. (31. Dez.), erschien eine Denkschrift der Patres BUGLIO, MAGALHÃES und VERBIEST zur Ehrenrettung SCHALLs, betitelt: *Libellus supplex, quem offerebant Ludovicus Buglius, Gabriel Magallanius, Ferdinandus Verbiestus. Imperantis Khamhi anno 9. die 20. Lunae 11.*[717]

---

[711] Zweiseitige Steinstele, Textgröße ca. 185 x 84 und 106 x 84 cm. Die Stele wurde mehrfach restauriert, so auch um 1900; *Lishi yihen*, S. 28. Abreibungen in: Nationalbibliothek Beijing, Sign. *jing* 京 1890, 1892, auch in: *Beijing tushuguan cang*..., Bd. 62, S. 142; in Field-Museum Chicago, Sign. 1164; chines. Text mit latein. Übersetzung in: *Innocentia victrix* (1671), S. 27a-28b: *Elogivm Exeqviale...Imperator deferri iubens honores funebres piis manibus Ioannis Adami...*; siehe *Zhengjiao fengbao* (1894), S. 62b; PLANCHET (1928), S. 223-226; VÄTH, S. 331-332, 347; STARY (1998), S. 163-166; engl. Übersetzung: FERGUSON (1933), S. 32; Nachbildung der latein. Inschrift: HUBRECHT (1928), S. 228; siehe Teil 1.6.4.

[712] PLANCHET (1928), S. 20.

[713] Hierzu siehe Jahr 1666, 29. VII.

[714] Brief von JEAN de FONTANEY / HONG RUOHAN 洪若翰(1643-1710) v. 15. Febr. 1703: *Welt-Bott*, T. 1, Nr. 97, S. 9 (mit Lageplan).

[715] VÄTH, S. 331.

[716] Chines. u. engl. Text, in: FERGUSON, in: Collectanea commissionis, 6 (1933), S. 32.

1670

Weitere Rehabilitationsschriften schlossen sich im **XII**. Monat (Jan.-Febr.) 1670 an[718] und man wandte sich wieder der neuen Kalendermethode zu.[719] Zeitgenossen spendeten Lob.[720] Aus diesem Jahr datiert auch eine erst kürzlich entdeckte Grabinschrift für den SCHALL-Anhänger LI ZUBO.[721]

1673

Gefördert von des Kaisers Interesse an den westlichen Wissenschaften werden zwischen 1669 und 1673 auf kaiserlichen Befehl unter Leitung von P. VERBIEST 6 astronomische Instrumente der Sternwarte aufwendig restauriert oder neu konstruiert.[722] Einige Instrumente, die die Herstellungsinschrift von P. SCHALL tragen, sind anderenorts erhalten.[723]

---

[717] *Innocentia vixtrix* (1671), Kap. 8; latein. Text in JOSSON (1838), S. 184-187; *Zhengjiao fengbao (1894)*, S. 62b-63b; STREIT, Bd. 5 (1964), S. 2384.

[718] *Zhengjiao fengbao (1894)*, S. 64a.

[719] *Chouren zhuan*, j. 45, S. 582.

[720] A. CHAN (1998), S. 286, führt z. B. ein Gedicht von WU WEIYE 吳偉業 (1609-1671) an. Auch von TAN QIAN, dem Verfasser des *Beiyou lu*, und anderen Poeten der Zeit sind Lobgedichte bezeugt; s. CHAN, S. 287-289.

[721] FANG HAO, in: *Tianzhu jiao dongzhuan ..., sanbian*, Bd. 1, Einleitung, S. 44.

[722] Das heutzutage auf einem Teil der früheren Stadtmauer befindliche alte Observatorium *Gu guanxiang tai* 古觀象臺, dessen Vorformen auf die *Yuan*-Dynastie um 1179 zurückgehen, zählt zu den wichtigen Sehenswürdigkeiten der Stadt Beijing. In der Umgebung der Sternwarte befinden sich auch Repliken von z. T. älteren Instrumenten. – Die Sammlung umfaßt heute 8 bronzene Instrumente, die z. T. auf P. VERBIEST basieren und nach dem Vorbild von TYCHO BRAHES Observatorium *Uraniborg* auf der Insel *Ven* (Dänemark) aus der Zeit um 1576-1597 konstruiert wurden:
(1.) Quadrant (Gerät zum Messen der Durchgangshöhe der Sterne), *xiangxian yi* 象限儀, erbaut 1673; siehe *Huangchao liqi*, j. 3, S. 9-10;
(2.) Himmelsglobus, *tianti yi* 天體儀 , 1673; *Huangchao liqi*, j. 3, S. 1-2;
(3.) Ekliptische Armillarsphäre (Gerät zum Messen der Himmelskreise), *huangdao jingwei yi* 黃道經緯儀, 1673;
(4.) Altazimut (Gerät zur Messung der Höhe und des Azimut), *dipingjing yi* 地平經儀, 1673; *Huangchao liqi*, j. 3, S. 7-8; gefertigt von KILIAN STUMPF (1655-1720, aus Würzburg);
(5.) Sextant (Gerät zum Messen der Winkeldistanzen zweier Objekte), *jixian yi* 紀限儀, 1673; *Huangchao liqi*, j. 3, S. 11-12.
(6.) Äquatoriale Armillarsphäre (Gerät zur äquatorialen Koordinatenbestimmung), *chidao jingwei yi* 赤道經緯儀, 1673; *Huangchao liqi*, j. 3, S. 3-4.
Die folgenden Instrumente wurden später hinzugefügt:
(7.) neue Armillarsphäre (Gerät zur Betimmung der äquatorialen Koordinaten und der Auf- und Untergangszeiten), *jiheng fuchen yi* 璣衡撫辰儀; *Huangchao liqi*, j. 3, S. 28; erbaut

1676

Als früheste Biographie des ADAM SCHALL ist wohl die von PEDRO de RIBADENEIRA O.F.M. (1527-1622) und PHILIPPO ALEGAMBE S.J. (1592-1652) in ihrer *Bibliotheca Scriptorum S.J.* zu nennen. Während die 1. Ausgabe, Antwerpen (1643), S. 217, nur einen kurzen Eintrag „Ioannes Adamvs Sciall [Schall]" mit einem einzigen Titel seiner Schriften enthält, berichtet die von N. SOUTHWELL (d.i. NATHANIEL BACON, 1598-1676) erweiterte Neuausgabe, Rom (1676), S. 397-399, gemäß SCHALLs inzwischen gewachsener Bedeutung bereits ausführlich auf 3 Folioseiten über sein Leben und führt die Titel von 14 astronomischen und 3 christlichen Schriften an.[723]

Etwa zur gleichen Zeit – beginnend mit den gegen die Jesuiten gerichteten Schriften des spanischen Dominikaner [(a30)]DOMINGO F. NAVARRETE[724] / MIN MINGWO 閔明我 (ca. 1610-1689) – erschienen aus bislang nicht klar ermitteltem Anlaß Verleumdungen gegen P. SCHALL, die ihm eine angeblich unmoralische Lebensführung unterstellen.[725]

1744 von P. I. KÖGLER (1680-1746, aus Landsberg am Lech) und P. A. v. HALLERSTEIN (1703-1774, aus Laibach);
(8.) Theodolit (Instrument zur Horizontal- und Höhenwinkelmessung), *diping jingwei yi* 地平經緯儀, erbaut 1715; *Huangchao liqi*, j. 3, S. 13-14.
Die in dem kaiserlichen Werk *Huangchao liqi* anhand von Holzschnitten detailliert beschriebenen Instrumente vermerken nicht die europäische Herkunft
Im Gefolge des Boxeraufstandes waren fünf dieser Instrumente (obige Nr. 2, 3, 4, 5, 7) i. J. 1900 nach Europa gebracht und bis 1921 auf einer Terasse des Potsdamer Schlosses aufgestellt worden; aufgrund des Versailler Friedensvertrages von 1919 wurden diese zurückgeführt.
Näheres siehe VERBIESTs Werk *De Theoria, Usu et Fabrica Instrumentorum Astronomicorum et Machanicorum,* chines. Version *Xinzhi lingtai yixiang zhi* 新製靈臺儀象志 (1674), mit 117 Holzschnitten über Bau und Errichtung der Instrumente; ders. *Astronomica Europæa* (1687); Le COMTE (1697), in: *Lettre III* an Kardinal Fürstemberg, S. 111-124; *Gujin tushu jicheng* (1728), *lifa dian,* j. 93-95; du HALDE (1736), Bd. 1, S. 135, Tafel; d'ANVILLE, *Atlas* (1736), Tafel 51; GAUBIL (1765), S. 164-165; L. LANGE (1782), S. 137; *Rixia jiuwen kao* (1785/7), j. 46, S. 721-722; A. F., in: Der Ferne Osten, Hg. C. FINK, 1, Shanghai, (1902), S. 102-103; ARLINGTON, S. 158, Anhang; HASHIMOTO (1988), S. 201-226; GOLVERS (1993), S. 251-252; N. HALSBERGE, in: WITTEK (1994), S. 50; XI ZEZONG , in: WITEK, S. 191-202 etc. – Zum Himmelsglobus des P. VERBIEST siehe YI SHITONG und J. HEYNDRICKX, *The Verbiest Celestical Globe, a Symbol of China-Europe Cooperation,* Leuven: S. Vloeberghs, o. J. (ca. 1990).

[723] *Ioannes Adamus Sciall vel Schall* [...] *Magister Ascanorum Coelesticum.*

[724] DOMINGO FERNÁNDEZ de NAVARRETE O.P., seit 1658 in China, Dominikaner, 1674 Missionsprokurator für die Philippinen, 1677 Erzbischof von Santo Domingo; CUMMINS (1962), Bd.1, S. xix-xxxvii.

[725] VÄTH, S. 339; *Monumenta sinica...* (1700), S. 206 flg.

1.5 Nachleben und Wertschätzung

1677

Am 5. Mai verstarb P. (10)GABRIEL de MAGALHÃES. Der Kaiser betrauerte in einem Edikt vom 6. IV. (7. Mai) seinen Tod und stiftete 200 Tael und 10 Ballen Seide zur Finanzierung seiner Betattung.[726]

1682

Am 7. Okt. verstarb P. (9)LODOVICO BUGLIO. Der Kaiser betrauerte in einem Edikt vom 7. IX. (7. Okt.) seinen Tod und stiftete ebenfalls 200 Tael und 10 Ballen Seide.[727]

1688

Am 28. Jan. verstarb P. (11)FERDINAND VERBIEST.

1692

Am 16. **XII.** (2. Febr.) sandten die Patres TOMÉ PEREIRA[728] S.J. / XU RISHENG 徐日昇 (1645-1708) und ANTOINE THOMAS[729] S.J. / AN DUO 安多 (1644-1709) eine Denkschrift an den Kaiser mit dem Ersuchen, Freizügigkeit für die christliche Religion zu gewähren.[730]

Am 2. II. (19. März)[731] verkündete Kaiser KANGXI sein Toleranzedikt, in dem er die Verdienste der Missionare, darunter die Revision des Kalenders, die Herstellung von Kanonen, ihre Dolmetscherdienste bei diplomatischen Verhandlungen etc., hervorhob.

---

[726] FERGUSON, *Collectanea commissionis synodalis*, 6, Peking (1933), S. 32-33 ; PIH, S. 228.

[727] FERGUSON, *Collectanea commissionis synodalis*, 6, Peking (1933), S. 33.

[728] aus San Martinho do Valle, Portugal, seit 1672 in China, DEHERGNE, Nr. 627. Er wurde besonders wegen seiner Beiträge auf musikalischem Gebiet bekannt.

[729] aus Namur, seit ca. 1682 in China, DEHERGNE, Nr. 843. Zu seiner Tätigkeit am Astronomischen Amt siehe Teil 1.4.0; HAN QI, A. *Thomas and his Mathematical Activities in China*, in: The History of the Relations between the Low Countries and China in The Qing Era, ed. W. F. v. d. WALLE, N. GOLVERS, Leuven: Univers. Pr. (1995), S. 105-114.

[730] VÄTH, S. 333; LEIBNIZ, S. 109-149.

[731] In europäischen Quellen wird auch der 5. II. (22. März) genannt, siehe Le GOBIEN, S. 192; VÄTH, S. 333; P. PELLIOT, *La Brevis Relatio,* in: T'oung-pao, 23 (1924), S. 354.

1705

Am 4. Dez. erreicht der apostolische Visitator CHARLES-THOMAS MAILLARD de TOURNON (1668-1710) Beijing, um in päpstlichem Auftrag die Streitigkeiten zwischen den Missionaren bezüglich der chinesischen Riten zu schlichten.[732]

1715

Im Zuge des sog. Ritenstreits[733], *liyi zhi zheng* 禮儀之爭, und der in demselben Jahr veröffentlichten Bulle *Ex illa die*, in der Papst CLEMENS XI. (1649-1721) verbot, die katholischen Riten an die chinesischen anzupassen, erließ Kaiser KANGXI ein allgemeines Verbot aller christlicher Missionen in China. Lediglich den Astronomen der Sternwarte unter den Jesuiten wurde gestattet, im Lande zu bleiben. Eine Notiz des Kaisers aus dieser Zeit dokumentiert seine Desillusionierung.[734]

1751

Trotz Missionierungsverbote auch unter dem Nachfolger, Kaiser QIANLONG (reg. 1736-1796), die sich wohl vorwiegend auf den manjurischen Bevölkerungsteil bezogen, schien im Volk eine gemäßigte Haltung gegenüber fremden Religionen vorzuherrschen.[735]

---

[732] Siehe CL. v. COLLANI, *Cl. F. Grimaldi S.J. zur Ankunft des päpstlichen Legaten Ch.-Th. Maillard de Tournon in China*, in: Monumenta Serica, 42 (1994), S. 329-359; dies. in: *Europe meets China, China meets Europe*, St. Augustin: Monumenta serica (2014), S. 185 u.ö.; GIMM (2015), S. 127 etc.

[733] MINAMIKI (1985) etc. Nach einer Stelle bei TEODORICO PEDRINI S.J. (1671-1746) ging es dem Papst nicht darum, den Christen in China die chinesischen Sitten generell zu verbieten, sondern nur diejenigen, die den christlichen Regulationen zuwiderlaufen, *All' ora disse il Signor Pedrini, che nè l'intenzione del Sommo Pontefice era d'abolire tutti costumi di Cina , mà solamente di non permetterne à Cristiani alcuni, che ripugnano alla Cristiana leggeusu*; aus *Relazione sul ricevimento del Breve, 1712*. Das Verbot chinesischer Riten wurde erst 1742 durch Papst BENEDIKT XIV. ausgesprochen

[734] Bemerkung in Rotschrift in dem Dokument *Jinyue* 禁約 des Jahres 1715; *Kangxi yu Luoma*, S. 96: 只可說得西洋人等小人. 如何言得中國之大理. 況西洋人等. 無一人同漢書者. 說言議論. 令人可笑著多. „Ich kann nur sagen, daß die Europäer geringwertige Menschen sind. Wie sollen sie in der Lage sein, die chinesischen Traditionsgrundlagen zu begreifen. Umso mehr, als es unter den Europäern keinen einzigen gibt, der auf Chinesisch vernünftige Gespräche führen kann; es gibt sie in vielen Fällen nur der Lächerlichkeit preis."

[735] P. MICHEL BENOIST (1715-1774, aus Dijon, seit 1744 in China, DEHERGNE, Nr. 98) vermerkt in seinen *Denkwürdigkeiten* (1783), S. 349:
> „Der Zustand der christlichen Religion in Sina verhält sich unter der sanften Regierung des würdigen Kien-long, ruhiger, und vor allen Verfolgungen gesicherter, als unter seinen Vorfahren [Kaiser Yongzheng]."

1.5 Nachleben und Wertschätzung

Der frühere Kapuzinermönch NORBERT PLATEL[736] (1703-1769) begann im Jahre 1751 – 85 Jahre nach P. SCHALLs Tod – eine Verleumdungsaktion gegen ihn. Er behauptete u.a., SCHALL habe gegen das Gelübde der Ehelosigkeit verstoßen, er habe Konkubinen unterhalten und auch Kinder gezeugt. Auch ist von einem angeblichen Sohn die Rede.[737] Er diffamierte ihn mit der Aussage, er habe mit einer schönen Frau freizügig zusammengelebt, *viveva con ogni libertà [...] con una bellissima Donna*, die ihm zwei Kinder geschenkt habe.[738] Als Zeuge benannte er MARCELLIN ANGELITA (gest. 1749) von 1744, den Sekretär des Kardinals und päpstlichen Legaten für China CHARLES-THOMAS MAILLARD de TOURNON[739] (1668-1710).

1773

In diesem Jahr erfolgte das Verbot des Jesuitenordens durch Papst CLEMENS XIV. (1705-1774) und **1814** seine Wiederzulassung durch Papst PIUS VII. (1742-1823).

Ca. 1775

Der Name des P. ADAM SCHALL fand in dieser Zeit seinen festen Platz im kulturellen Leben Chinas. So wird dessen chinesisches Äquivalent TANG RUOWANG 湯若望 an nicht weniger als 164 Stellen in 29 Werken der in den Jahren 1772 bis 1787 zusammengestellten Kaiserlichen Bibliothek *Siku quanshu* 四庫全書 erwähnt.[740]

---

[736] PLATEL, Pseudonym des Kapuzinermönches PIERRE CURÉ-PARISOT (auch andere Namen), Ordensname: NORBERT DE BAR-LE DUC war ein Gegner der Jesuiten; STREIT, Bd. 6, S. 163; PFISTER, S. 171-172; VÄTH, S. 340-341.

[737] Auf kaiserliche Anordnung hatte P. SCHALL wegen seiner Ehelosigkeit einen Adoptivsohn akzeptieren müssen; hierzu siehe Jahr 1661, 1. IX.

[738] Siehe PLATEL, *Mémoires historiques Sur les Affaires des Jésuites avec le Saint Siége, Où l'on verra que le Roi de Portugal* [...], Lissabon [recte : Paris oder London] (1766), tome 3, S. 612-613. Solche Vorwürfe wiederholen auch spätere Autoren, so u.a. KARL FRIEDRICH NEUMANN (1793-1870), in: *Die erdichtete Inschrift* (1850), S. 34-35: „Die Jesuiten [...] lebten, so namentlich der Astronom und Stückegiesser Adam Schall (1591-1669), mit ihren Kebsweibern in ihren eigenen Häusern und erfreuten sich der Söhne und Töchter. Den Befehlen der Päpste gehörchten sie nur so weit, als sie ihren Absichten dienten." Ähnlich bei BERNHARD DUHR (1852-1930), in: *Jesuiten-Fabeln* (1891, 1892), S. 319-320: „Die Heirat des P. Adam Schall", weitere Auflagen (1899, 1901, 1904), sowie die dort genannten Autoren.

[739] PFISTER, S. 171-172; VÄTH, S. 340. Siehe Jahr 1705.

[740] Nach dem neuen elektronischen Index der Chinese University Press Hongkong, *Wenyuan ge Siku quanshu dianziban* 文淵閣四庫全書電子版 zu diesem etwa 10.250 Titel enthaltenen Sammelwerk des Kaisers QIANLONG.

Ca. 1800

Kaiser JIAQING (reg. 1796-1820) erläßt eine Verbot christlicher Bücher in manjurischer Sprache.[741]

1825

Im Nachklang der Chinoiserien-Mode ist zu erwähnen, daß bei den Figuren im großen Maskenzug des Kölner Karnevals des Jahres 1825 als Nr. 9 von 47 unter den Kölner Originalen „der grosse Mandarin Johann Adam Schall à Bell" erschien.[742]

1838

Der letzte europäische Direktor des Astronomischen Amtes in Beijing, der Lazaristenpater GAETANO PIRÈS-PEREIRA C.M. / BI XUE–YUAN 畢學源(1763-1838) starb in Nanjing.[743]

1860

In dieser Zeit gestaltete der Bildhauer WILHELM ALBERMANN (1835-1913) eine SCHALL-Skulptur, die bis zum letzten Krieg in die Fassade des 1861 eröffneten alten Wallraf-Richartz-Museum in Köln eingebunden war und seitdem verschollen ist. (Abbildung bei VÄTH, S. 353). Als Ersatz und zum Gedenken an den 400. Geburtstag wurde ein modernes, von WERNER STÖTZER (1931-2010) geschaffenes Standbild aus der Werkstatt von CARLO WLOCH (geb. 1948) von

---

Die Büchersammlung der vier Speicher, *Siku quanshu / Duin namun yooni bithe,* ausgearbeitet von ca. 4.200 Beamten in 7 Reinschriften, ist eine Art repräsentative kaiserliche Kollektion von z. T. aus Privatbesitz eingelieferten, damals als gesichert angesehenen Texten, die nicht für den Druck vorgesehen waren. Außerhalb der Hauptorte (Beijing. Mukden, Jehol) waren die Bibliotheken meist neben den kaiserlichen Reisepalästen, *xinggong* 行宮 / *tatara gung*, an den wichtigsten externen Aufenthaltsorten (Yangzhou, Zhenjiang und Hangzhou) eingerichtet. In diese Sammlung wurden insgesamt auch etwa 40 europäische Werke aus den Sachgebieten Musik, Geschichte, Philosophie, Astronomie, Technik etc. (darunter der Autoren EUCLID, PEREIRA, VERBIEST, SCHALL) in chinesischer Übersetzung aufgenommen. Demgegenüber finden sich darin nur 4 Titel mit manjurischem Text, nämlich je ein Werk in 2-, 3-, 4- und 6-sprachiger Form. Zum *Siku quanshu* siehe RENATE STEPHAN, *Ein Kaiser und sein Werk – Nachhall ins Jahr 2000,* in: Bibliotheksforum Bayern, 28, 1 (2000), S. 3-19.

[741] *Da Qing huidian shili*, j. 868, S. 8-10.

[742] H. REINBOTHE, in : Mitteilungsblatt der Deutschen China-Gesellschaft. vom 9. 2. 1988, S. 14-15 mit Abbildungen.

[743] Kurzbiogr. in: J. VAN DEN BRANDT, *Les Lazaristes en Chine 1697-1935, Notes biographiques Recueillies et mises à jour,* Pei-ping: Imprimerie des Lazaristes (1936), S. 15, Nr. 35.

der Deutschen China-Gesellschaft gestiftet und 1992 an der Südseite der Minoritenkirche in Köln aufgestellt.

1933

Die erste ausführliche Biographie P. ADAM SCHALLs aus europäischer Sicht des Autors P. ALFONS VÄTH[744] S.J. (1874-1937) erschien 1933 in Köln. Das unter Mitwirkung von LOUIS VAN HEE S.J. (1873-1951) gestaltete Werk *Johann Adam Schall von Bell S. J. Missionar in China, kaiserlicher Astronom und Ratgeber am Hof zu Peking 1592-1666,* Köln: Verlag Bachem (1933), ist, obwohl für katholische Laien gedacht, wegen seiner umfangreichen Dokumentationen ein bis heute wichtiges Standardwerk.[745]

1992

Anläßlich des 400. Geburtstages[746] P. SCHALLs fanden im Mai in der Geburtsstadt Köln zahlreiche kirchliche und städtische Feiern, begleitet von Rundfunk- und Fernsehsendungen, statt. Beteiligt waren u.a. die Universität Köln, das Museum für Ostasiatische Kunst, die Diözesan- und Dombibliothek. Als bedeutsamstes Ereignis ist das im Mai 1992 veranstaltete internationale Symposium mit umfangreichen Vorträgen von ca. 70 Wissenschaflern aus 14 Ländern zu erwähnen, das, unterstützt von der in Köln ansässigen Deutschen China-Gesellschaft und der Universität Köln, von dem China-Zentrum und Institut Monumenta Serica im nahegelegenen Sankt Augustin veranstaltet wurde. Zu Letzgenanntem erschien ein von P. ROMAN MALEK SVD. (1951-2019) herausgegebener wichtiger Sammelband der beteiligten Wissnschaftler in 2 Bänden, betitelt *Western Learning and Christianity in China. The Contribution and Impact of Johann Adam Schall von Bell, S.J. (1592-1666)*, Sankt Augustin (1998). Gleichzeitig veranstaltete man zwei Ausstellungen, im April-Mai in der Diözesan- und Dombibliotek Köln und im Juli-Sept. im Clemens-Sels-Museum Neuss. Im Sept. schloß sich das Dreikönigsgymnasium Köln mit einer SCHALL-Feier an. Auch der nahegelegene Ort Lüftelberg beteiligte sich mit Vorträgen und der Aufführung eines Gedenkschauspiels. Dazu wurden

---

[744] Siehe Nachruf, in: Die Katholischen Missionen, 65, Nr. 7 (1937), S. 157.

[745] Imprimatur J. Nr. 3959 des Kölner Generalvikars Dr. DAVID vom 19. 5. 1933. Unter den Rezensionen ist die des bekannten Sinologen PAUL PELLIOT hervorzuheben, in: T'oung Pao, 31 (1934/5), S. 178-187; s.a. OTTO FRANKE, in: Orientalistische Literaturzeitung, 1934, Nr. 8-9, S. 572-576; ausführliche Zusammenfassung von J. de la SERVIÈRE S.J., in: Revue d'Histoire des Missions, 11 (1934), S. 494-529.

[746] Näheres siehe MALEK (1997); s.a. LEO LEEB, *International Symposium on the Occasion of the 400th Anniversary of the Birth of Johann Adam Schall von Bell*, in: Verbum SVD, 33, 3 (1992), S. 241 flg.

Sonderbriefmarken sowohl in Deutschland wie in Taiwan herausgegeben. Die offizielle Übergabe der Briefmarke durch den damaligen Postminister CHRISTIAN SCHWARZ-SCHILLING fand am 14. 4. 1992 in Schloß Wahn bei Köln statt. China und Taiwan beteiligten sich ebenfalls an den Gedenkfeiern, so veranstaltete man im Oktober in Taiwan eine Internationale Konferenz an der Katholischen Fu-Jen-Universität in Taipei und gab einen Sammelband der Vorträge, *Lishi yu zongjiao* 歷史與宗教, heraus.

1.6 Anhang

1.6.1 J. A. Schall, Hauptlebensdaten[747]

– M i n g – D y n a s t i e –

1592	1. Mai, geboren in oder bei Köln.
1603	Besuch des Dreikronen-Gymnasiums in Köln.
1608	Studium am Collegium Germanicum in Rom.
1611	Eintritt in den Jesuitenorden.
1617	Schiffsreise nach China.
1619	Goa und Macao.
1622	Kanton, Hangzhou.
1623	Beijing, Beginn der Kalenderreform.
1627	Xi'an fu.
1628	letztes Ordensgelübde, Kontakte zum Kaiserhof.
1630	Beijing, Arbeiten zur Kalenderreform, Schriften.
1635	Bau von Kanonen.
1638	Beginn der kaiserlichen Ehrungen.

1639, 6. I. (8. Febr.)
Verleihung einer kaiserlichen Ehrentafel, *paibian* 牌匾, mit dem Text *qinbao tianxue* 欽褒天學, „Respektvolle Verehrung der Himmelswissenschaft"; eine weitere Ehrentafel lieferte das Ritenministerium mit einer parallelen Zeile *gongkan Xi He* 功堪義和, „Seine Verdienste gleichen denen von Xi He". I. J. 1641 wurden diese Texte auch an die Missionare in den Provinzen verteilt.

---

[747] Zu den Quellenangaben für die folgenden Einträge siehe in Teil 1.3, 1.4, 5.2 und 5.3.

1640
Verleihung zweier Verdienstplaketten mit goldenen Schriftzeichen: *jia Ruowang caide* 嘉若望才德, „Lob für die Fähigkeit und Tugend des Adam Schall", und *song tianzhu jiao daoli zhenzheng* 頌天主教道理真正, „Ehre für die Lehre und Wahrheit des Christentums."
Beginn der Missionierung von Angehörigen des Kaiserhofes.

1642
Einreichung des neuen Kalenders.

1644
Ehrung durch zwei eigenhändige Kalligraphien mit dem Text *jingzhong* 旌忠, „Bekunder der Loyalität", und *chongyi* 崇義, „Verehrer der Rechtlichkeit", durch den letzten *Ming*-Kaiser (a59)YIZONG 毅宗 (reg. 1627-1644).

– *Q i n g* – D y n a s t i e –

1644
Direktor, *jianzheng*[748] 監正, des Astronomischen Amtes, zu Dynastiebeginn im Rang 5A (mit steigender Bedeutung um 1667 auf Rang 3A angehoben). Fortsetzung der Kalenderrevision, astronomische Arbeiten.

1646, 14. VI. (29. Juli)
Verleihung des Titels *Taichang si shaoqing* 太常寺少卿, Vizedirektor des kaiserlichen Opferamts, im Rang 4.

1649, 1. VI. (10. Juli)
Erhebung zum Direktor des kaiserlichen Marstalls, *Taipu si qing* 太僕寺卿, im Rang 4. Beginn der Rivalitäten und Anfeindungen.

1650
Gunst und Wohlwollen des jungen Manjukaisers FULIN.

1651, 1. VIII. (15. Sept.)
Verleihung des Prestigetitels *Tongyi dafu* 通議大夫, im Rang 3A.

---

[748] In offiziellem Gebrauch „Bewahrer des Siegels", *zhangyin zhi guan* 掌印之官 / *doron jafaha hafan*, genannt.

1651, 21. VIII. (5. Okt.)
Kaiserliche Ehrung von SCHALLs Vorfahren bis hin zu den Großeltern, die wie er zum *Tongyi dafu* erhoben wurden, sowie von seiner Mutter und Großmutter, die zu *Erpin furen* 二品夫人, zu Palastdamen 2. Ranges, aufstiegen.

1651, 15. IX. (28, Okt.), 5. X. (17. Nov.)
3 kaiserliche Edikte zu Ehren von P. SCHALL.

1652, 2. III. (30. März)
Erhebung zum Direktor des kaiserlichen Opferamtes, *Taichang si qing* 太常寺卿, im Rang 3A.

1653, 4. III. (1. April)
Verleihung des Ehrentitels *Tongxuan jiaoshi* 通玄教師, „Lehrmeister, der das Geheimnisvolle durchschaut". Dazu Kaiserliches Edikt, *chigao* 勅誥 am 1. IV. (27. April).

1655, 20. VIII. (19. Sept.)
Verleihung des zusätzlichen Amtstitels eines Leiters des Büros für die Bearbeitung der Memoriale, *Tongzheng shi si* 通政使司 im Rang 3A aus Anlaß seiner neunjährigen Tätigkeit.

1656-1657
Besuche des Kaisers FULIN in SCHALLs Wohnstätte, angeblich an 24 Tagen.
1656 Holländische Gesandtschaft in Beijing.
SCHALLs Gegner YANG GUANGXIAN in der Hauptstadt.

1657, 1. II. (15. März)
Kaiserliche waagerechte Ehrentafel mit kalligraphischer Inschrift *Tongxuan jiajing* 通玄佳境 für die seit 1650 neu errichtete, später *Nantang* 南堂 genannte Kirche.
Am gleichen Tag kaiserliche Widmung einer zwei Meter hohen, zweisprachigen Steinstele, *Yuzhi tianzhu tang beiji* 御製天主堂碑記 / *Han-i araha tiyan ju tang-ni bei bithe*, für diese Kirche, aufgestellt am 15. III. (28. April).

1658, 1. I. (2. Febr.)
Ernennung zum *Guanglu dafu* 光祿大夫, Prestigetitel im Rang 1A.

1.6 Anhang

1658
Vorwurf der Fehlberechnung des Beisetzungstermins des kaiserlichen Prinzen RONG, Hauptanklagepunkt des 1664 beginnenden Strafprozesses.

1659
YANG GUANGXIAN veröffentlicht antichristliche und ausländerfeindliche Schriften, Anklage.

1662, 25. II. (13. April)
Kaiserliches Edikt zur Ehrung von P. SCHALLs Vorfahren bis zur 3. Generation der Urgroßeltern mit oben genanntem (1658, 1. I.) Ehren–titel.

1664
Strafprozeß, ca. VII. Monat 1664 bis XII. Monat 1666.

25. III. (20. April)
P. SCHALL erleidet Schlaganfall mit halbseitiger Lähmung.

26.VII. (15. Sept.)
Erneute Klage des YANG GUANGXIAN wegen Fehlleistungen und Vorbereitung von Rebellionen durch die Missionare.

5. VIII. (24. Sept.)
Beginn des eigentlichen Prozesses.

25. IX. (12. Nov.)
Erneute Untersuchungen.

26. IX. (13. Nov.)
Erdbeben und Kometenerscheinungen, von europäischer Seite als himmlische Warnzeichen gedeutet.

11. XI. (27. Dez.)
SCHALL wird für schuldig erklärt, seiner Ämter enthoben und dem Justizministerium überstellt.

1665, 30. XI. (15. Jan.)
Ergebnisse weiterer Untersuchungen.

13. I. (27. Febr.)
Verhandlungen über Fehler der westlichen Astronomie.

20. I. (6. März)
Verhandlungen über chronomantische Fehler bei dem Beisetzungstermin des Prinzen RONG.

7. II. (23. März)
Todesurteil durch Erdrosselung, festgesetzt vom Justizministerium.

29. II. (14. April) oder 1. III. (15. April)
Verschärfung der Strafe in Todesurteil durch Enthauptung, auch wegen Schuld am Tod des Kaisers und der Kaiserin; danach mit ungewissem Datum geändert in Todesurteil durch Zerstückelung.

2. III. (16. April)
Erdbeben, gedeutet als himmlisches Omen gegen das ergangene Urteil.

5. III. (19. April)
Daraufhin Verkündung einer Teilamnestie.

9. III. (23. April)
Wiedervorführung vor Gericht.

13. oder 16. III. (27. oder 30. April)
Aufhebung des Todesurteils aufgrund seiner Verdienste sowie aus Alters- und Krankheitsgründen.

16. III. (30. April)
Erneute Untersuchungen anläßlich der Vorwürfe des YANG GUANGXIAN.

27. III. (11. Mai)
Strafreduzierung auf 40 leichte Stockschläge.

3. IV. (17. Mai)
Endgültige Begnadigung wegen körperlicher Schwäche und hohem Alter.

9. IV. (23. Mai),
Freilassung und Heimkehr.

12. IV. (26. Mai)
Bestätigung der Urteilsaufhebung.

1666, 15. VII. (15. August)
Tod des P. SCHALL.

29. VII. (29. Aug.)
Beisetzung auf dem *Shala*-Friedhof.

1669, 20. VII. (16. August),
Endgültige Rehabilitierung P. SCHALLs mit Wiedererlangung seiner Titel und Ehrungen.

1.6.2   J. A. SCHALL, erhaltene Urkunden, Inschriften.

1651, 1. VIII. (15. Sept.)
Kaiserliches Edikt, *chiyu* 敕諭, chines.-manjur., zur Verleihung des Ehrentitels *Tongyi dafu*[749]通議大夫 im Rang 3A. Es folgte am 21. VIII. (5. Okt.) auch die Ernennung zu Ehren von Schalls Vorfahren, für Großvater YUHAN 玉函 [Johann] und Vater LIGUO 利國 [HEINRICH DEGENHARD] sowie seiner Großmutter, geb. LANG 郎氏[SOPHIA] und seiner Mutter, geb. XIE 謝氏 [MARIA SCHEIFFART] zu *Erpin furen* 二品夫人, Palastdamen im 2. Rang;
  in: *Tang Ruowang gaofeng ji beiji zengyan* 湯若望誥封及碑記贈言, Innentitel: *Chiyu* 敕諭, 5 Hefte in Kasten;
  Bibl.: Universitätsbibl. München, Sammlung ORBAN [750], A 26, I-V, Sign.2⁰ P. or. 21; 18 Bl.; *En lun* 恩論, lat. Titel: *Libellus continens encomia et titulos, quos Imperator Sinensis dedit P. Joanni Adamo Schall Coloniensi Soc. Jesu, ejus parentibus, et avis in tertiam scilicet generationem, anno Imperii sui octavo, ob restauratam ab eo apud Sinas Astronomiam editis Sinice libris ciiii*; weitere Exemplare: ARSI, Jap-Sin III, 24; III, 24 D; Vat., Racc. generale Oriente II, 63; Österr. Nationalbibl; Universitätsbibliotheken Gent und Prag; Stadtbibl. Lyon etc.; VÄTH (1933), S. 370-371; STARY (1985), S. 65; CHAN (2002), S. 503. Siehe Teil 1.4.1, Jahr 1651, 1. VIII.

---

[749] Hierzu siehe Teil 1.4.1, Jahr 1651 VIII.; HUCKER, Nr. 7490, Rang 3A.

[750] P. FERDINAND ORBAN S.J. (1655-1732), der mit LEIBNIZ in Briefwechsel stand, war u.a. Beichtvater des Kurfürsten von der Pfalz in Düsseldorf. Seine im Laufe der Zeit zusammengetragene Kuriositätensammlung war u.a. in Landshut aufgestellt und wurde später an verschiedene Orte zerstreut; MÜNSTERBERG (1984), S. 21-23.

1651, 15. IX. (28, Okt.), 5. X. (17. Nov.)
3 kaiserliche Edikte zu Ehren von P. SCHALL,
> Nationalbibl. Paris, N. F. Chinois 3464;
> COURANT, Nr. 1325.

1653, 4. III. (1. April)
Kaiserliches Edikt, *chiyu* 勅諭, chines.-manjur., zur Verleihung des Titels *tongxuan jiaoshi* 通玄教師, „Lehrmeister, der das Geheimnisvolle durchschaut", mit Rangerhöhung anläßlich seiner Verdienste,
> *Titulus honorificus & laudes, quas Sinarum Imperator Xún chí dictus anno Imperij sui decimo [1653] dedit P. Ioanni Adamo Schall Societatis Jesu ob navatam in restauranda Astronomia operam.*
> Außentext: *Chi yu* 敕諭 *hôwangdi hese*; Beginn des chines. Textes: *huangdi ciyu taichang siqing* 皇帝敕諭太常寺卿..., manjur.: | *hôwangdi* | *hese* : | *hôwangdi hese tai cang sse...Cohome sain gebu bume temgetulehe*;
> in: *Tang Ruowang gaofeng ji beiji zengyan* (siehe Jahr 1651, 21. VIII.), Teil 2, *Texi jiaming* 特錫嘉名, 21 unpagin. Seiten, chines.-manjur., Drachenfries, ca. 19 x 30 cm;
> Bibl.: Bayer. Staatsbibl. München, Sign. Cod. sin 112; Universitätsbibl. München, Sign. 2⁰ P.or.24; ARSI Jap-Sin III, 24.2; Fondo Corsini 44.A.XIV etc.; *Qing shigao*, S. 8633; *Zhengjiao fengbao (1894)*, S. 26b-26a; *Qingtongjian (B)*, S. 279; *Qing tong–jian (B)*, S. 1042; MANSSEGG (1834), S. 327-330; Text sowie französische und lateinische Übers.; siehe COUVREUR (1898), S. 531-533, „Qui intelligit subtilia doctrinae magister"; KLAPROTH, S. 59; SOMMERVOGEL (1846), 708; VÄTH (1933), S. 202, 370; STREIT, Bd. 5 (1964), 2098; FU LO-SHU (1966), S. 12-13; STARY (1998), S. 166-170, mit Übersetzung; WALRAVENS (2014), S. 85. Hierzu siehe Teil 1.4.1, Jahr 1653, 4. III.

1653, 1. IV. (27. April)
Dazu kaiserliches Edikt, *chigao* 勅誥, zur Verleihung obiger Ehrenurkunde, manjur.-chines., *texi jiaming* 特錫嘉名;
> Näheres siehe Teil 1.4.1, Jahr 1653, 1. IV.

1657, 1. II. (15. März)
Kaiserliche Inschrift, *Tongxuan jiajing* 通玄佳境, für die seit 1650 neu erbaute, später *Nantang*[751] 南堂 genannte Kirche.

---
[751] Siehe hierzu Jahr 1650, 2. IX.

Dazu kaiserliche, zweisprachige Steinstele, *Yuzhi tianzhu tang beiji* 御製天主堂 碑記 / *Han-i araha tiyan ju tang-ni bei bithe*, an der *Nantang*-Kirche, am 15. III. (28. April) aufgestellt.

Näheres siehe Teil 1.4.1, Jahr 1657, 1. II.

1661, 3. IV. (1. Mai)
Shouwen 壽文 oder *Zengyan (shouwen)* 贈言壽文,
Prosatexte (auch 2 Essays über SCHALLs Adoptivsohn) und Gedichte anläßlich des 70. Geburtstags[752] im Jahre 1661, empfangen im IV. Monat;
gedruckte Gedenkschrift, 5 Prosastücke, 17 Langgedichte; rein-chines. Druck, 6+20 pagin. Doppelseiten;
Bibl.: ARSI, Jap-Sin II, 76; III, 24.5; Vat.; Nationalbibl. Paris, N.F. Chinois 2770; Universitätsbibl. München, 2⁰ P.or.23, aus der Sammlung ORBAN (fragment. Titelschild : *yan heke...* 言合刻); ein Mskr. in der ehemal. Bibliothek von *Zikawei* bei Shanghai erhalten; Nachdr. in. *Xujia hui cangshu*, Bd. 2, S. 955-993.
Latein. Aufschrift *Aliquot panegyrici mandarinorum Sinensium (quales sunt Colai et tribunalium praesides) aliorumque illustrium virorum, in laudem P. Joannis Adami Schall Soc. Jesu e iusque astronomiae restauratae*, mit zusätzlichen Titeln.
Zhengjiao fengbao (1894), S. 32a-40b; MÜNSTERBERG (1894), S. 19; CORDIER (1901), S. 48; COURANT, Nr. 1325; VÄTH (1933), S. 371; BERNARD(1945), S. 366; FANG CHAO-YING, in HUMMEL, S. 890; STREIT, Bd. 5 (1964), S. 2098; FANG (1970), S. 10-11; ZHOU (1993), S. 460; CHAN (1998), S. 290-291, (2002), S. 383-384, 506-507; siehe a. Teil 1.4.1, Jahr 1661, 3. IV.

1662, 25. II. (13. April)
Kaiserliches Edikt zur Ehrung von Schalls Vorfahren bis zur 3. Generation mit Verleihung des Ehrentitels *Guanglu dafu* 光祿大夫 im Rang 1A, für seinen Urgroßvater väterlicherseits DULU 篤球 [JOHANN], seine Urgroßmutter väterlicherseits, geb. ZHAO *shi* 趙 [MARGARETHE v. GYMNICH], seinen Großvater YUHAN (s.o.)[753], seine Großmutter, geb. LANG (s.o.), seinen Vater LIGUO (s.o.), seine Mutter, geb. XIE (s.o.),
in: *Enrong sishi lu* 恩榮四世錄 und in: *Tang Ruowang gaofeng ji beiji zengyan*, Teil (4.) *Enrong sishi lu*, 26 Seiten;

---

[752] Nach europäischer Rechnung: des 69. Geburtstages; siehe Teil 1.4, Jahr 1661, 3. I.

[753] Eintrag vom 21. VIII. 1651.

Bibl.: Druck o. O., 28 Bl., Universitätsbibl. München, Sign.: 2⁰ P. or. 25, weitere Exemplare: ARSI, Jap-Sin III,24.4; Vat.; Lyon, Stadtbibl. etc; Näheres siehe Teil 1.4.1, Jahr 1662, 25. II.

1.6.3 J. A. SCHALL, Liste seiner Schriften

Vorbemerkung:

Als wichtigste Kollektion christlicher Schriften dieser Zeit in europäischen Sprachen in China ist die seit 1688 entstandene Bibliothek der Nordkirche, *Beitang* 北堂, auch genannt *Bibliotheca Sancti Salvatoris*, hervorzuheben.[754] Der größte Teil dieser Sammlung befindet sich heute in der Nationalbibliothek Beijing, *Guojia tushuguan* 國家圖書館, Department für seltene Bücher, *Shanben bu* 善本部. Kleinere Teile davon finden sich in der Bibliothek der Akademie für Sozialwissenschaften, *Zhongguo shehui kexue yuan tushuguan* 中國社會科學院圖書館. Die Bibliothek der Nordkirche war mit großen Teilen der Sammlungen dreier anderer Kirchen vereint worden, 1.) der Südkirche, *Nantang* 南堂 (mit den Büchern von P. [a41]MATTEO RICCI aus der Zeit seit 1601 und der Sammlung, die P. [a48a]N. TRIGAULT 1614 aus Europa mitbrachte, angeblich ca. 7.000 Bände), 2.) der Ostkirche, *Dongtang* 東堂 (Sammlung seit ca. 1655), 3.) der Westkirche, *Xitang* 西堂 (seit 1701) und einiger anderer kleiner Missionsbibliotheken.

Als weitere Bibliothek dieser Art in China ist die Sammlung des ehemaligen Zentrums der Jesuitenmission von *Zikawei*, d.i. *Xujia hui* 徐家匯 in der Nähe von Shanghai, zu nennen, deren Großteil sich heutigentags in der Shanghai Library, *Shanghai tushuguan* 上海圖書館, befindet.[755]

Der Hauptteil der von P. SCHALL und in Zusammenarbeit mit anderen geistlichen Autoren oder chinesischen Übersetzern auf Chinesisch publizierten Schriften, von denen die meisten noch unübersetzt sind, ist heute in der Vatikanbibliothek in Rom und in einigen anderen europäischen Sammlungen zugänglich.

Die folgende, noch unvollständige Aufstellung verzeichnet die Titel, an denen P. SCHALL als Verfasser oder Koautor bezeugt ist. Davon betrifft der weitaus größte Teil das Gebiet der Astronomie. Daneben war er auch als Zensor oder Mitarbeiter bei anderen einschlägigen Schriften beteiligt.[756] Die hier angeführten, oft mehrfach nachzuweisenden lateinischen Titelformulierungen folgen zeitgenössi-schen Angaben, u.a. den bei BERNARD (1945) verzeichneten der Jahre 1627 bis 1686; siehe dort die Listen A, B, D, F, G, Index S. 387.

---

[754] Siehe *Catalogue* (1949), darin H. VERHAEREN, C.M., *Aperçu historique*, S. V bis XXXIII; der Katalog verzeichnet 4101 Nummern; LAAMANN (1996); LI GUOQING und SUN LIPING (2003).

[755] Siehe den Katalog nach neuem Stand: *Shanghai tushuguan xiwen zhenben shumu* 上海圖書館西文珍本書目, Shanghai: Shehui kexue yuan (1992); verzeichnet 1831 Nummern.

[756] Beispiele hierzu siehe bei CHAN (2002), S. 114, 194, 195, 198, 294, 304, 309, 311-315.

1.6 Anhang

Zu leichterer Verwendung sind die Sachbereiche der aufgeführten Schriften wie folgt gekennzeichnet (Anzahl der Titel in Klammern):

A:	Astronomie	(41)
An:	Anatomie	(1)
G:	Geographie, Reisebeschreibung, Karten	(1)
H:	Historische Dokumente (Eingaben, Ehrungen)	(7)
K:	Kalenderwissenschaft	(14)
M:	Mathematik und Mechanik	(9)
Mu:	Musik	(1)
O:	Optik	(1)
R:	Religion	(7)
W:	Waffen, Kanonenguß, Metallurgie	(2).

Abkürzungen siehe in Teil 0. Einführung.

* * *

Apologia pro novo Calendario Sinico scripta a P. Adamo Schall Soc. Jesu [...], K
  Verf.: SCHALL,
  Verteidigung gegen die Angriffe auf die Kalendererstellung nach westlicher Methode,
  6 Abschnitte, latein. Original, datiert 7. März 1652,
  Bibl.: ARSI, Jap-Sin I, 143, No. 6, S. 86, 96a-147b,
  VÄTH (1933), S. 277, 357; DEHERGNE (1982), S. 256.

Baxian biao siehe *Gongyi getu baxian biao*.

Beiji zengyan heke 碑記贈言合刻 *1. Inscriptiones templi, 2.Complimenta,* H
  Gedenktexte zu Schalls 70. Geburtstag, ca. 29. IV. 1661, sowie zwei Texte anläßlich der Adoption des PAN SHIHONG 潘士弘 (später genannt TANG SHIHONG),
  Bibl.: ARSI, Jap-Sin II, 76, S. 11a-14b,
  BERNARD (1945), S. 366; PELLIOT (1995), S. 73; CHAN (2002), S. 383.

Bili guijie 比例規解, M
  Verf.: SCHALL und RHO,
  Beijing (1630),
  Bibl.: ARSI, Jap-Sin II, 31; BERNARD (1945), S. 343-344; (1995).

Briefe, siehe am Ende.

Carovane di Mercanti-Ambasciatori dalla Siria alla Cina attraverso l'Asia centrale nel 1627 secondo documenti inediti, G
    Verf.: SCHALL,
    Hgg. v. PASQUALE D'ELIA, in: Studia Missionalia, 1, Rom (1943), S. 303-379; siehe a. *Relação da vinda dos mouros á China por via de Socheu...*, in Teil 1.3.2, Jahr 1627.

Cartes célestes, A
    Verf.: SCHALL,
    Manuskripte oder Drucke, 1631,
    BERNARD (1945), S. 345.

Ceshi lue 測食略 *Brevis ratio calculandi eclipses*, A
    Verf.: SCHALL,
    Vorwort v. ZHOU ZIYU 周子遇 und ZHUO ERKANG 桌爾康, Beijing (1624), 2. j. mit Illustrationen,
    in: *Xiyang xinfa lishu* (1645) und in *Xinfa lishu* (1645, 1674,1678), siehe *Chongchen lishu*,
    Bibl.: Vat., Racc.Gen.Or. III.234; ARSI, Jap-Sin II,40.2; II,40.3; II,41; II,41.2; Nationalbibl. Paris,
    SOMMERVOGEL (1846), S. 706; CORDIER (1901), S. 48; COURANT (1902/12), Nr. 4921; PFISTER (1932), S. 180; VÄTH (1933), S. 364; BERNARD (1938), App. V, S. 514-527; BERNARD (1945), S. 237; STREIT, Bd. 5 (1964), S. 2098 ; CHAN (2002), S. 336, 337-338.

Cetian yueshuo 測天約說 *Compendium de coeli observationibus*, A
    Verf.: SCHALL und SCHRECK (?),
    Teil von *Chongzhen lishu*, 1628, 2 j.,
    Bibl.: ARSI, Jap-Sin II, 40.3, II, 50 ; Vat., Racc.Gen.Or. III.234, 3-4; Paris, Ms. Chin. 4911,
    SOMMERVOGEL (1846), S. 706; CORDIER (1901), S. 48; COURANT (1902/12), Nr. 4911; PFISTER (1932), S. 180; VÄTH (1933), S. 369; STREIT, Bd. 5 (1964), S. 2098; CHAN (2002), S. 337.

Chidao nanbei liang zongxing quantu 赤道南北兩總星全圖, A
    Verf.: SCHALL,
    Planisphäre, 2 Karten, ca. 1,7 x 0,6 m,
    Beijing (1634),
    Bibl.: Nationalbibl. Paris,
    COURANT (1902/12), Nr. 4912-4913; PFISTER (1932), S. 180; BERNARD (1945), S. 348; WILLEKE (1976), S. 1156.

Chongyi tang riji suibi 崇一堂日記隨筆, R
> Verf.: SCHALL, aufgezeichnet von (PHILIPP) WANG ZHE 王徵,
> Heiligengeschichten (Der Titelbeginn ist nach dem Wortlaut des ersten der Zehn Gebote gewählt),
> Vorwort v. 24. VIII. 1638, 1 j.,
> Bibl.: Vat., Borg.Cin. 336; ARSI, Jap-Sin II,36 III,
> VÄTH (1933), S. 363; PFISTER (1934), S. 181; BERNARD (1945), S. 354; TONG XUN (1999), S. 110; PELLIOT (1995), S. 28; CHAN (2002), S. 320.

Chongzhen lishu 崇禎曆書, A, K
> von XU GUANGQI 徐光啟 begonnen;
> Verfasser oder Bearbeiter der einzelnen Traktate: SCHALL, LONGOBARDO, RHO, SCHRECK, XU GUANGQI und (nach dessen Tod 1633) LI TIANJING sowie weitere ca. 75 chines. Mitarbeiter;
> Sammlung von verschiedenen übersetzten Schriften zur Kalenderwissenschaft und Astronomie etc., darunter auch Eingaben SCHALLs,
> Beijing 1629, mehrere Ausgaben in 30, 100, 103, 110, oder 137 j. und in 5 Teilversionen, eingereicht (1.) am 28. I. 1631, (2.) am 1. VIII. 1631, (3.) am 4. IV. 1632, (4.) am 19. VII. 1634, (5) am 24. XI. 1634,
> später, XI. 1644, von SCHALL unter dem Titel (*Xiyang*) *xinfa lishu* 西洋新法曆書 z. T. neu bearbeitet,
> Ausgabe von 1645, 30 Titel, 103 *juan*, siehe *Qingdai neifu keshu*, S. 317-319; Nachdruck in *Gugong zhenben congkan*, Bd. 383-387;
> in den Folgejahren weitere Ausgaben und Ergänzungen; siehe auch *Xinfa lishu*,
> Bibl.: Nationalbibl. Paris; Zentralbibl., N.F. Chinois 2906; Taipei (34 j., Mikrofilm No. 6279); Bibl. d. Academia Sinica Taipei; Palastbibl. Taipei; Univers.bibliothek Kyôto; Palastbibl. Beijing; Teile in Vat., Barb. Orient. 144, Racc.Gen.Or. III.244; ARSI, Jap-Sin II, 24.2; II,25; s.a. die Einzeltitel,
> SOMMERVOGEL (1846), S. 706; CORDIER (1901), S. 47; COURANT (1902/12), Nr. 4874, 4957, 4959, 4966; PFISTER (1932), S. 156, 180; VÄTH (1933), S. 369-370; BERNARD (1938), S 505-512 (ausführlich, mit Literaturangaben; Übersicht über die Teile I-XXX, siehe d. App. V, S 513-527); BERNARD (1945), S. 43, 351, 361; d'ELIA (1948), S. 57; NEEDHAM, Bd. 3 (1959), S. 447-449; PELLIOT (1995), S. 83; IANNACCONE (1997), S. 573-592 etc.

Chousuan 籌算, M
> Verf.: XU GUANGQI, SCHALL und RHO,
> Beijing (1628), 1 j.,
> Bibl.: Vat., Racc.Gen.Or. III.235; ARSI, Jap-Sin II,32; Nationalbibl. Paris,
> CORDIER (1901), S. 222; COURANT (1902/12), Nr. 4867; VÄTH (1933).

Chou suan zhi 籌算指, M
    Verf.: SCHALL,
    Beijing (ca. 1635),
    BERNARD (1945), S. 351.

Compendium utriusque sphaerae, A
    Verf.: SCHALL,
    STREIT, Bd. 5 (1964), S. 2098.

Culpa, siehe *Schuldbekenntnis.*

Dace 大測 *Trigonometria,* M
    Verf.: SCHRECK und SCHALL,
    (Teil von *Chongzhen lishu*), 2 j.,
    Bibl.: ARSI, Jap-Sin II,51; II, 51 D ; Vatikan Bibl., Racc. Gen. Or. III, 234, 1-2,
    SOMMERVOGEL (1846), S. 706; CORDIER (1901), S. 48; PFISTER (1932), S. 179; VÄTH (1933), S. 369; STREIT, Bd. 5 (1964), S. 2098.

Denkschriften, siehe am Ende.

Deux modéles de calendrier pour 1634, K
    Verf.: SCHALL,
    Manuskript,
    BERNARD (1945), S. 348.

Discurso com que se conclue a Relaçao da China, M
    Verf.: SCHALL,
    angeblich "an appendix to a memoir on the history of the Chinese missions, now lost", 3 S., Mskr., Goa, 11. Nov. 1638,
    Am 22. Nov. 1988 bei Sotheby's versteigert, *The Library of Philip Robinson,* part II, Nr. 131.

Dumen jiantang beiji 都門建堂碑記, H
    Inschrift anläßlich der Errichtung einer Kirche durch P. SCHALL i. J. 1650, 3 Seiten,
    in: *Tianzhu shengjiao sizi jingwen* 天主聖教四字經文, von P. GUILIO ALENI (1582-1649),
    Bibl.: ARSI, I, 174.5; CHAN (2002), S. 239-240.

Fanggen biao 方根表, A
    Verf.: SCHALL und RHO,
    Beijing (1635, 1646),
    BERNARD (1945), S. 349.

Gaohu biao 高弧表, A
    Verf.: SCHALL und RHO,
    Manuskript,
    BERNARD (1945), S. 350.

Geyuan baxian biao 割圜八線表, *Tabula, octo linearum Tangentis secantis,* M
    Verf.: RHO, SCHRECK, SCHALL,
    Bibl.: ARSI, Jap-Sin II, 35; 317,
    PFISTER (1932), S. 180; CHAN (2002), S. 317.

Gongyi getu baxian biao 共譯各圖八線表 *Tabulae sinuum, tangentium et secantium,* M
    Verf.: SCHRECK, RHO, SCHALL u.a.;
    (Teil des *Chongzheng lishu*), 1 j.,
    Bibl.: Vat., Barb.Orient. 144; Racc.Gen.Or. III.287; Borg.Cin. 350),
    SOMMERVOGEL (1846), S. 706; CORDIER (1901), S. 48; PFISTER (1932), S. 180; VÄTH (1933), S. 365; BERNARD (1938), S. 514; STREIT, Bd. 5 (1964), S. 2098; PELLIOT (1995), S. 3, 90.

Gujin jiaoshi kao 古今交日考 *Examen eclipsium modernorum et veterum,* A
    Verf.: SCHALL, revidiert v. RHO u.a.,
    Beijing (1633, 1635, 1646), 1 j.,
    in *Xiyang xinfa lishu* (1645), siehe *Chongchen lishu*,
    Bibl.: Vat., Racc.Gen.Or. III.239; ARSI, Jap-Sin II,41.3; Nationalbibl. Paris,
    SOMMERVOGEL (1846), S. 705; CORDIER (1901), S. 47; COURANT (1902/12), S. 4963; PFISTER (1932), S. 179; VÄTH (1933), S. 364/5; BERNARD (1945), S. 43, 52, 348, 350; STREIT, Bd. 5 (1964), S. 2098; PELLIOT (1995), S. 82; CHAN (2002), S. 338-339.

Hengxing biao 恒星表 *Tabulae ad fixarum calculum spectantes*, A
    Verf.: SCHALL, revidiert von LONGOBARDO, RHO u.a.,
    Teil von *Chongzhen lishu*, 4 oder 5 j.,
    Bibl.: Vat., Racc.Gen.Or. III.237; Nationalbibl. Paris;
    SOMMERVOGEL (1846), S. 706; CORDIER (1901), S. 48; COURANT (1902/12), Nr. 4966/7, 4970; PFISTER (1932), S. 180; VÄTH (1933), S. 365; BERNARD (1945), S. 43, 52, 346; STREIT, Bd. 5 (1964), S. 2098 ; PELLIOT (1995), S. 82; XU ZONGZE, S. 250-252.

Hengxing chumo biao 恒星出沒表 *Stellarum fixarum ortus et occasus*,   A
    Verf.: SCHALL, RHO und LI TIANJING 李天經,
    Beijing (1635), 2 j.,
    in *Xiyang xinfa lishu* (1645) und in *Xinfa lishu* (1645, 1674, 1678), siehe.
    Chongchen lishu,
    Bibl.: Vat., Racc.Gen.Or. III.237; ARSI, Jap-Sin II,38.2,
    SOMMERVOGEL (1846), S. 706; COURANT (1900), Nr. 4973; CORDIER (1901), S. 48; PFISTER (1932), S. 180; VÄTH (1933), S. 369; BERNARD (1945), S. 52, 350; STREIT, Bd. 5 (1964), S. 2098; PELLIOT (1995), S. 82; ; XU ZONGZE, S. 250-252; CHAN (2002), S. 323.

Hengxing jingwei biao 恆星經緯表 *De motu stellarum fixarum cum suis tabulis*,   A
    Verf.: SCHALL u.a.,
    2 j.,
    in: *Xiyang xinfa lishu* (1645), siehe *Chongchen lishu*,
    Bibl. : ARSI, Jap-Sin II, 38.4,
    COURANT (1900), Nr. 4966-4967; VÄTH (1933), S. 365; XU ZONGZE, S. 250-252; CHAN (2002), S. 324-325.

Hengxing jingwei tushuo 恆星經維圖說 *De motu stellarum fixarum cum suis tavolis*, A
    Verf.: SCHALL,
    1 j.,
    Bibl.: ARSI, Jap-Sin II, 38.1; in: *Xiyang xinfa lishu* (1645), *Chongchen lishu*,COURANT (1900), Nr. 4968 II ; VÄTH (1933), S. 368; XU ZONGZE, S. 250-252; CHAN (2002), S. 322.

Hengxing lizhi 恒星曆指 *De motu stellarum fixarum cum suis tabulis*,   A
    Verf.: SCHALL, revidiert von RHO und anderen,
    Beijing (1644), Manuskript von 1631, 3 oder 4 j.,
    in *Xiyang xinfa lishu* (1645) und in *Xinfa lishu* (1645, 1674, 1678), siehe *Chongchen lishu*; siehe a. in: *Wuwei lizhi* 五緯曆指,CHAN (2002), S. 307,
    Bibl.: Vat.,I.Racc. 338; RaccGen.Or. III.237; ARSI, Jap-Sin II,25; II,38.3; Nationalbibl. Paris,
    SOMMERVOGEL (1846), S. 706; CORDIER (1901), S. 47; COURANT (1902/12), Nr. 4966, 4968/9; PFISTER (1932), S. 180; VÄTH (1933), S. 365; BERNARD (1945), S. 43, 52, 346; STREIT, Bd. 5 (1964), S. 2098 ; PELLIOT (1995), S. 69, 82; XU ZONGZE, S. 250-252; CHAN (2002), S. 323-324.

Hengxing pingzhang 恒星屏障, A
    Verf.: SCHALL und RHO,

Beijing (1635, 1646),
BERNARD (1945), S. 349.

Hengxing tuxiang 恒星圖像, A
Verf.: SCHALL und RHO,
Beijing (1631),
BERNARD (1945), S. 346.

Hengxing zongtu 恒星總圖, A
Verf.: SCHALL und RHO,
Beijing (1631),
BERNARD (1945), S. 346.

Historica Narratio, De Initio et Progressu Missionis Societatis Jesu Apud Chinenses, Ac præsertim in Regia Pequinensi, Ex Litteris R. P. Joannis Adami Schall ex eadem Societate, Supremi ac Regij Mathematum Tribunalis ibidem Præsidis collecta, H
Wien: M. Cosmerovius (1665),
Verf.: SCHALL,
SOMMERVOGEL (1846), S. 707/8, Bd. 3 (1845), S. 877; PFISTER (1932), S. 181; VÄTH (1933), S. 358/9; DEHERGNE (1982), S. 258; WILLEKE, S.1155. Näheres siehe Quellen- und Literaturverzeichnis.

Historica Relatio de ortu et progressu fidei orthodoxæ in Regno Chinensi Per Missionarios Societatis Jesu ab Anno 1581. usque ad annum 1669.
Novissimè collecta Ex Literis eorundem Patrum Soc. Jesu Præcipuè R. P. Joannis Adami Schall Coloniensis Ex eâdem Societate. Editio altera, & aucta.
[...], H
Ratisbona [Regensburg]: A. Hanckwitz (1672),
Verf.: SCHALL,
Näheres siehe Quellen- und Literaturverzeichnis.

Huangdao zong xingtu 黃道總星圖, A
Verf.: SCHALL,
Äquatorialsternkarte, 130 x 33 cm;
Bibl.: Vat., Barb.Orient. 151; Nationalbibl. Paris; Oriental. Institut Leningrad, H 11, H 25,
COURANT (1902/12), Nr. 4930; VÄTH (1933), S. 368; PFISTER (1934), S. 180.

Huangping xiangxian biao 黃平象限表, A
    Verf.: SCHALL und RHO,
    Beijing (1635, 1646),
    BERNARD (1945), S. 349.

Huntian yishuo 渾天儀說 *De fabrica et usu Sphaerae coelistis et terrestris*, A
    Verf.: SCHALL, RHO, LONGOBARDO; Vorwort von LI TIANJING,
    Beijing (1636), 5 j.,
    auch in *Xiyang xinfa lishu* (1645) und in *Xinfa lishu* (1645, 1674, 1678),
    siehe *Chongchen lishu*,
    Bibl.: Vat., Racc.Gen.Or. III.235; ARSI, Jap-Sin II,39.9; Nationalbibl. Paris;
    SOMMERVOGEL (1846), S. 705; CORDIER (1901), S. 47; COURANT (1902/12), Nr. 4915;
    PFISTER (1932), S. 179; VÄTH (1933), S. 365; BERNARD (1945), S. 43, 52, 352; STREIT,
    Bd. 5 (1964), S. 209; PELLIOT (1995), S. 82; CHAN (2002) S. 330-331.

Huogong qieyao 火攻挈要, auch *Zeke lu* 則克錄 genannt, W
    Verf.: SCHALL mit JIAO XU 焦勖;
    Beijing (1643), 3 j., zu Beginn 27 Abb., Vorwort v. IV. 1643,
    Nachdruck u.a. in: *Haishan xianguan congshu* 海山仙館叢書, Heft 35 ;
    Baibu congshu jicheng 百部叢書集成, Bd. 60/8,
    Bibl.: Vat., Barb.Orient. 151; ARSI, Jap-Sin II,38.1,
    PELLIOT, Rez. zu CORDIER, *L'imprimerie*, in: Bulletin de l'Ecole Française d'Extrème
    Orient, 3 (1903), S. 114; VÄTH (1933), S. 370, 384; BERNARD (1945), S. 358; ÜBELHÖR
    (1968), S. 228; NEEDHAM (1976), S. 241; TONG XUN (1999), S. 112-113.

Jianjie zong xingtu 見界總星圖, A
    Verf.: SCHALL,
    2 Karten der sichtbaren Sterne, 125/9 x 65/7 cm;
    Bibl.: Vat., Barb. Oriente 151, 1c-d,
    CORDIER (1901), Nr. 278; VÄTH (1933), S. 368.

Jiaoshi biao 交食表 *Tabula eclipsium solis et lunae*, A
    Verf.: SCHALL, RHO, XU GUANGQI und LI TIANJING,
    Beijing (1632, 1634), 9 j., (Teil von *Chongzhen lishu*),
    nicht identisch mit einem unter gleichem Titel am 6. II. 1703 eingereichten Werk; siehe IANNACCONE (1997), S. 579,
    Bibl.: Vat., *Racc. Gen.Or. IIII.240*; ARSI, *Jap-Sin II,40.1*; Nationalbibl. Paris;
    SOMMERVOGEL (1846), S. 706; CORDIER (1901), S. 47; COURANT (1902/12), Nr. 4964/5,
    5007; PFISTER (1932), S. 180; VÄTH (1933), S. 369; BERNARD (1945), S. 43, 52, 347, 349;
    STREIT, Bd. 5 (1964), S. 2098; PELLIOT (1995), S. 82; CHAN (2002), S. 334-336.

Jiaoshi jianfa biao 交食間法表,　A
> Verf.: SCHALL und RHO,
> Beijing (1635, 1646),
> BERNARD (1945), S. 349.

Jiaoshi lishu 交食曆書,　A
> Verf.: SCHALL,
> 1 j.; in *Xinfa lishu* (1645, 1678, 1683), siehe *Chongchen lishu*.

Jiaoshi lizhi 交食曆指 *Theoria eclipsium solis et lunae*,　A
> Verf.: SCHALL und RHO u.a.,
> Beijing (1627, 1632, 1634, 1635), 3 oder 7 j.,
> in *Xiyang xinfa lishu* (1645) und in *Xinfa lishu* (1645, 1674, 1678), siehe *Chongchen lishu*; auch in *Wuwei lizhi* 五緯曆指, siehe CHAN (2002), S. 307; auch Übersetzung ins Koreanische,
> Bibl.: Vat., Racc.Gen.Or.III. 239; ARSI, Jap-Sin II, 25, II, 41.4; Nationalbibl. Paris, SOMMERVOGEL (1846), S.706; CORDIER (1901), S. 47; COURANT (1902/12), Nr. 4963; PFISTER (1932), S. 180; VÄTH (1933), S. 364; BERNARD (1945), S, 43, 52, 340, 347, 349; STREIT, Bd. 5 (1964), S. 2098; PELLIOT (1995), S. 82; CHAN (2002), S. 339-340.

Jiaoshi mengqiu 交食蒙求,　A
> Verf.: SCHALL,
> Beijing (1635, 1646), 1 j., Teil von *Chongzhen lishu*;
> BERNARD (1945), S. 350.

Jiaoshi zhubiao 交食諸表,　A
> Verf.: SCHALL,
> 9 j., in *Xiyang xinfa lishu* (1645), siehe *Chongchen lishu*.

Jiaoshi zhubiao yongfa 交食諸表用法,　A
> Verf.: SCHALL,
> Beijing (1635);
> BERNARD (1945), S. 349.

Jiaxu yihai richan xixing 甲戌乙亥日躔細行,　K
> Verf.: SCHALL und RHO,
> Beijing (1635, 1646),
> BERNARD (1945), S. 351.

Jincheng shuxiang, 進呈書像 *De Sancta Salvatoris Imagine libellus supplex ad imperatorem,* R
    Verf.: SCHALL,
    Hangzhou (1640), 1 j., auch Steingravierung,
    Bibl.: Univers.bibl. von Upsala; Nationalbibl. Rom u.a.,
    SOMMERVOGEL (1846), S. 705, CORDIER (1901), S. 47; COURANT (1902), S. 6757; P. PELLIOT, *Une liasse d'anciens imprimé chinois des Jésuites retrouvée à Upsal,* in: T'oung Pao, 29 (1932), S. 115-116; PFISTER (1932), S. 178; VÄTH (1933), S. 362; BERNARD (1945), S. 43, 52, 354-355; STREIT, Bd. 5 (1964), S. 2098; deutsche Ausgabe: WANG YAN, *Jincheng shuxiang, Ein Leben Jesu in Bildern für den chinesischen Kaiser verfasst von Adam Schall von Bell* (Mainzer Studien zur Neueren Geschichte, 31), Frankfurt a. M. (2014).

Kangxi banian siyue chu yiri guihai shuo rishi tu 康熙八年四月初一日癸亥朔日食圖 *Elhe taifin jakôci aniya duin biyai ice de. šun be jetere nirugan,* A
    Vorhersage einer Sonnenfinsternis am 1. IV. (30. April) 1669,
    1 Blatt, chinesisch und manjurisch, 145 x 29 cm,
    WALRAVENS, *Vorhersagen von Sonnen- und Mondfinsternissen in manjurischer und chinesischer Sprache,* in: Monumenta Serica, 35 (1981-1983), S. 449-451, 465-467; WALRAVENS (2014), S. 86.

[Klavierlehre], Mu
    Verf.: SCHALL,
    nicht erhalten,
    SCHALL, *Historica narratio* (1665), S. 192; VÄTH (1933), S. 370.

Kuiri jie dingwu 揆日解頂誤, K
    Verf.: SCHALL und RHO,
    Beijing (1631),
    BERNARD (1945), S. 346.

Kunyu gezhi 坤輿格致, W
    GEORGIUS AGRICOLA [GEORG BAUER] (1494-1555),
    De re metallica libri XII, quibus officia, instrumenta, machinæ [...], vollendet 1550,
    Basel: L. Rex (1556) u.ö.
    Übersetzung von SCHALL[757], LI TIANJING 李天經 u.a.,

---

[757] Das heute in der Nationalbibliothek von Beijing befindliche lateinische Exemplar von 1556, das ehemals der *Beitang*-Bibliothek zugehörte (siehe *Catalogue de la Bibliothèque du Pé-*

Beijing (1639/40), 4 oder 12 j.,
am 20. Juli 1640 (nach *Ming shilu* am 3. VII. 1639) an den Hof eingereicht,
VÄTH (1933), S. 367; BERNARD (1945), S. 355; NEEDHAM (1976), S.235-236, 239; PAN JIXING, H. U. VOGEL u. E. THEISEN-VOGEL, *Die Übersetzung und Verbreitung von Georgius Agricolas „De re metallica" im China der späten Ming–Zeit (1368-1644),* in: Journal of the Economic and Social History of the Orient, Leiden, 32 (1989), S. 153-201; PAN JIXING (1991), S. 108-118; H. U. VOGEL, in: Spektrum der Wissenschaft, Okt. 1992, S. 30-34; TONG XUN (1999), S. 111; deutsche Ausgabe: GEORG AGRICOLA, *Zwölf Bücher vom Berg- und Hüttenwesen* [...], übers. v. CARL SCHIFFNER u.a., Berlin (1928); davon Nachdruck o.O. o.J. (ca. 2002).

Lifa xizhuan 曆法西傳 *Europaea Kalendarii methodus,* K
nach anderen: *Index librorum astronomicorum à Ptolomaeo, Copernico, Tychone editorum*[758],
Verf.: SCHALL,
Beijing (1640), 2 j., am 1. V. 1656 (?) an den Kaiser eingereicht, in *Xiyang xinfa lishu* (1645), siehe *Chongchen lishu,*
Bibl.: ARSI, Jap-Sin II, 39.3; Vat., Racc.Gen.Or. III.244; Nationalbibl. Paris; SOMMERVOGEL (1846), S. 706; COURANT (1902/12), Nr. 4954; VÄTH (1933), S. 366; PFISTER (1934), S. 180; BERNARD (1945), S. 52, 363; d'ELIA (1948), S. 65; NEEDHAM, Bd. 3 (1956), S. 445; STREIT, Bd. 5 (1964), S. 2098; PELLIOT (1995), S. 83 ; CHAN (2002), S.327.

Minli buzhu jiehuo 民曆鋪註解惑 *Commentaria calendario populari annexa ad solvendas difficultates,* K
Verf.: SCHALL, Herausgeber: VERBIEST (1683)
Beijing (1662, auch später), 1 j.;
Bibl.: Vat., Borg.Cin. 324; ARSI, Jap-Sin II,39.8; II,39a.3; II,39a.4; II,39; Nationalbibl. Paris, N.F. Chinois 3026, 3027; Oriental. Institut St. Petersburg, D 360,
SOMMERVOGEL (1846), S. 706; CORDIER (1901), S. 47; COURANT (1902/12), Nr. 4982/3; PFISTER (1932), S. 179; VÄTH (1933), S. 290, 366; BERNARD (1938), S. 477; ders. (1945), S. 52, 367; STREIT, Bd. 5 (1964), S. 2098 ; PELLIOT (1995), S. 23; CHAN (2002), S. 330, 332, 333.

---

t'ang, Nr. 730), enthält eine große Zahl handschriftlicher latein. Zusätze, die angeblich von P. SCHALL herrühren.

[758] In dieser Schrift werden, der kirchlichen Regelung zuwiderlaufend, die Namen von GALILEI, BRAHE, KOPERNIKUS und KEPLER genannt.

Mutu jiajian biao 木土加減表, A
    Verf.: SCHALL,
    Beijing (1635, 1646),
    BERNARD (1945), S. 349.

Nanbei gaohu biao 南北高弧表, A
    Verf.: SCHALL und RHO,
    BEIJING (1635),
    BERNARD (1945), S. 347.

Rationes, quibus adductus mathematici tribunalis curam egit Jo. Adamus, Pechini, 10. Nov. 1663, A
    Verf.: SCHALL,
    Manuskript,
    STREIT, Bd. 5 (1964), S. 2098.

Relação da vinda dos mouros á China por via de Socheu etc., H
    Bibl.: ARSI, Jap.Sin 143, fol. 1v-7v,
    Text mit Anhang u. Einleitung siehe d'ELIA (1943), S. 314-337.

Renshen quanshu 人身全書, An
    Verf.: SCHALL,
    Beijing (ca. 1638),
    BERNARD (1945), S. 353.

Reposta as duvidas que o calendario novo Sinico causou n'alguns Padres, Christãos...commua aos Padres da missão de Pequin, 16. Decembro 1648, K
    Verf.: SCHALL,
    Manuskript,
    STREIT, Bd. 5 (1964), S. 2098.

Schuldbekenntnis (Culpa), *Confessio publica* vom 21. Juli 1665, H
    Verf.: SCHALL, niedergeschrieben von P. F. VERBIEST,
    Bibl.: ARSI, Jap-Sin 142, No. 57, S. 231-232,
    VÄTH (1932), S. 316-317; CHAN (2002), S. 186-189.

Shixian lishu 時憲曆書, K
    Verf.: SCHALL,
    Kalender ab 1652, ersetzt den ab 1644 gültigen *Xinfa zhengli*,
    VÄTH (1933), S. 368; BERNARD (1945), S. 362.

Tianwen shiyong 天文實用, A
    Verf.: SCHALL,
    Véritable usage de l'astronomie, 1 j.,
    Bibl.: Nationalbibl. Vittorio Emanuele, Rom;
    PELLIOT, in: T'oung Pao, 31 (1935), S. 186; BERNARD (1938), S. 452-453;
    BERNARD (1945), S. 351.

Tianqiu ziming zhong shuolue 天球自鳴鐘說略, M
    Verf.: SCHALL,
    Beschreibung einer Spieluhr mit rotierendem Himmelsglobus,
    Text in *Ming Qing dang'an*, Serie I, S. 44, Nr. 115; s.a. *Ming Qing shiliao*, Serie 4 (*bing*), Heft 4, S. 323.

Tongshuai biao 通率表, A
    Verf.: SCHALL, RHO, SCHRECK,
    Manuskript, 1631,
    BERNARD (1945), S. 345.

Tractatus de mathematices praefectura, quam iussu regis Sinensis administrat P. Joannes Adamus S.J., quatuor votorum professus: De novo ab eodem auctore recognitus et in multis auctus, M
    Verf.: SCHALL,
    Manuskript, 1652,
    STREIT, Bd. 5 (1964), S. 2098; DEHERGNE (1982), S. 256.

Wuwei zhubiao 五緯諸表, A
    Verf.: SCHALL und RHO,
    1635,
    BERNARD (1945), S. 43, 351.

Xinfa biaoyi 新發表異 *Differentia astronomiae sinicae ab Europaea*, A
    Verf.: SCHALL,
    am 1. X. 1656 eingereicht,
    Beijing, Vorwort 1662, 1 j.,
    siehe in: *Xiyang xinfa lishu*, in *Chongchen lishu*; Ed. *Zhaodai congshu* 昭代叢書, *renji* 壬集, j. 32, S. 1a–53b; Nachdruck in: *Congshu jicheng xubian* 叢書集成續編, Bd. 78, S. 605–631,
    Bibl.: Vat., Racc.Gen.Or. III.244; ARSI, Jap-Sin II, 39.4-5; Nationalbibl. Paris,

SOMMERVOGEL (1846), S. 706; CORDIER (1901), S. 48; COURANT (1902/12), Nr. 4952;
PFISTER (1932), S. 180; VÄTH (1933), S. 363; BERNARD (1945), S. 52, 363; STREIT, Bd.
5 (1964), S. 2098 ; PELLIOT (1995), S. 83; CHAN (2002), S. 327-328.

Xinfa lishu 新法曆書, K
    siehe *Xiyang xinfa lishu* und *Chongzhen lishu*.
    Sammlung von Traktaten verschiedener Verfasser, ergänzt von P. F.
    VERBIEST;
    spätere ergänzende Ausgaben des *Chongzhen lishu*,
    (1.) von 1674, Druck von 1678: 26 Titel, 100 j.,
    (2.) von 1678, Druck von 1683: 7 Titel, 30 j.,
    siehe *Qingdai neifu keshu*, S. 320-323.

Xinfa liyin 新法曆引 *Compendiosa introductio ad astronomiam*, K
    Verf.: SCHALL,
    Beijing (ca. 1634), 1 j.,
    Bibl.: ARSI, Jap-Sin II,39.1; Nationalbibl. Paris,
    SOMMERVOGEL (1846), S. 706; CORDIER (1901), S. 48; COURANT (1902/12), Nr. 4953;
    PFISTER (1932), S. 180 ; VÄTH (1933), S. 363; XU (1949), S. 373; STREIT, Bd. 5 (1964),
    S. 2098; PELLIOT (1995), S. 83; CHAN (2002), S. 325.

Xinfa suanshu 新法算書, M
    Verf.: SCHALL,
    Beijing (1669, 1674), 100 j.,
    revidierte Version des *Xiyang xinfa lishu*,
    BERNARD-MAITRE (1937), S. 35 flg.; NEEDHAM (1959), Bd. 3, S. 52; IANNAC–CONE
    (1997), S. 576.

Xinfa xiaohuo 新法曉或, A
    Verf.: SCHALL,
    1 j.,
    in : *Xinfa lishu* (1645, 1674, 1678), siehe *Chongchen lishu*.

Xinfa xizhuan 新法西傳, A
    Verf.: SCHALL, 1 j.,
    CORDIER (1901), S. 48.

Xinfa zhengli 新法正曆, K
    Verf.: SCHALL,
    Kalender, am 5. VIII. 1644 akzeptiert, ab 1652 *Shixian li(shu)*,
    VÄTH (1933), S. 368 (dort *Xinfa minli* 新法民曆); BERNARD (1945), S. 361.

Xingtu 星圖 *Mappa stellarum*,   A
    Verf.: SCHALL,
    Beijing (1634), 8 große Blätter, 172 x 65 cm,
    Teil des *Chongzhen lishu,*
    SOMMERVOGEL (1846), S. 705; CORDIER (1901), S. 47; PFISTER (1932), S. 180; VÄTH (1933), S. 368, 383; BERNARD (1945), S. 52, 345; STREIT, Bd. 5 (1964), S. 2098.

Xinli xiaohuo 新曆曉或 *Solutiones objectionum circa Astronomiam Europaeam,*
nach anderen: *Responsa ad dubia proposita circa ephemerides,*   A
    Verf.: SCHALL,
    Beijing (1645 oder 1649), 1 j.,
    in: *Xiyang xinfa lishu* (1645), siehe *Chongchen lishu,*
    spätere Ausgabe (nach 1669), Druck: *Zhaodai congshu* 昭代叢書, *gengji* 庚集, j. 41, 1a–6b, Nachdruck in: *Congshu jicheng xubian* 叢書集成續編, Bd. 78, S. 597–601,
    Bibl.: Vat., Racc.Gen.Or. III.232; ARSI, Jap-Sin II, 39.6; II,39.7; II, 39a.2,
    SOMMERVOGEL (1846), S. 706; CORDIER (1901), S. 48; COURANT (1902/12), Nr. 4952; PFISTER (1932), S. 179; VÄTH (1933), S. 366; BERNARD (1945), S. 52, 362; d'ELIA (1959); STREIT, Bd. 5 (1964), S. 2098; PELLIOT (1995), S. 81; CHAN (2002), S. 328-329, 332.

Xiyang lice (rili) 西洋曆測（日曆） *Europaeorum in concinendo Kalendario methodus*,   K
    Verf.: SCHALL,
    Beijing (1645-1646), 1 j., Teil des *Chongzhen lishu,*
    SOMMERVOGEL (1846), S. 705; CORDIER (1901), S. 47; PFISTER (1932), S. 179; VÄTH (1933), S. 367; BERNARD (1945), S. 52, 360; STREIT, Bd. 5 (1964), S. 2098 (*Si Iang Tsèe Je Li*).

Xiyang xinfa lishu, siehe *Chongchen lishu.*

Xueli xiaobian 學曆小辯 *Brevis explicatio pro calendarii usu*,   K
    Verf.: SCHALL,
    Erwiderung zu 2 Büchern der chinesischen Astronomen WEI WENKUEI 魏文魁 und WEI XIANGQIAN 魏象乾 von 1631,
    1 j.,
    Bibl.: ARSI, Jap-Sin II,64,
    SOMMERVOGEL (1846), S. 706; CORDIER (1901), S. 48; PFISTER (1932), S. 179; VÄTH (1933), S. 367; BERNARD (1945), S. 52, 345; XU (1949), S. 378; STREIT, Bd. 5 (1964), S. 2098; NEEDHAM, Bd. 3, S. 456; CHAN (2002), S. 369-371.

Yuanjing shuo 遠鏡說 *Explicatio tubi optici seu telescopii*, O
 Verf.: SCHALL, übersetzt von LI ZUBO 李祖白,
 Text beruht auf GIROLAMO SIRTORI (geb. 1580), *Telescopium*, Frankfurt: P. Jacobi (1618);
 Beijing (1626, 1630, 1639), Vorwort v. VIII. 1626 , 1 j. mit Ab–bildungen; in *Xiyang xinfa lishu* (1645), siehe *Chongchen lishu*; mehrere Nachdrucke, u.a. in: *Yihai zhuche* 藝海珠塵, enthalten in: *Baibu congshu jicheng* 百部叢書集成, Teil 35/11 etc.
 Bibl.: Vat., Racc.Gen.Or. III.235; ARSI, Jap-Sin II,39.2; II,39a.1; Nationalbibl. Paris, N. F. Chinois 338a,
 SOMMERVOGEL (1846), S. 705; CORDIER (1901), S. 47; COURANT (1902/12), Nr. 5657/60; PFISTER (1932), S. 180; VÄTH (1933), S. 364, 384; BERNARD (1938), S. 69; BERNARD (1945), S. 43, 52, 339, 344; d'ELIA (1948), S. 48-52; NEEDHAM, Bd. 3 (1956), S. 444-445; PELLIOT (1995), S. 82; CHAN (2002), S. 326, 332.

Zeke lu, siehe *Huogong qieyao*.

Zhenfu xunquan 真福訓詮 *De octo beatitudinibus*, R
 Verf.: SCHALL,
 Beijing (1634), 1 j.,
 Bibl.: Vat., Borg.Cin. 350; Nationalbibl. Paris,
 SOMMERVOGEL (1846), S. 705; CORDIER (1901), S. 47; COURANT (1902), S. 6941; PFISTER (1932), S. 178; VÄTH (1933), S. 361; BERNARD (1945), S. 43, 52, 348; STREIT, Bd. 5 (1964), S. 2098 ; PELLIOT (1995), S. 33.

Zhili qiyuan 治曆起緣, K
 Verf.: SCHALL und RHO,
 8 j. , ca. 1636, Teil des *Chongzheng lishu*,
 BERNARD (1945), S. 43, 351.

Zhufang banzhou fen biao 諸方半晝分表, A
 Verf.: SCHALL,
 Beijing (1635),
 BERNARD (1945), S. 347.

Zhufang chenhun fen biao 諸方晨昏分表, A
 Verf.: SCHALL,
 Beijing (1635),
 BERNARD (1945), S. 347.

Zhujiao yuanqi 主教緣起 *Christianae legis ortus et progressus, Christi passio et refutatio sectae gentiliciae,* R
    Verf.: SCHALL,
    Beijing (1643), 4 j.,
    Bibl.: Vat., Racc Gen.Or. III.224, 248 ; ARSI, Jap-Sin II,36; Nationalbibl. Paris, N.F. Chinois 3195; Oriental. Institut St. Petersburg, D 209/b 1,2,
    SOMMERVOGEL (1846), S. 705, CORDIER (1901), S. 47; COURANT (1902/12), Nr. 6937/9; PFISTER (1932), S. 178; VÄTH (1933), S. 361-362; BERNARD (1945), S. 52, 358; XU (1949), S. 174; STREIT, Bd. 5 (1964), S. 2098; PELLIOT (1995), S. 79, 85; CHAN (2002), S. 318.

Zhuqi yongfa 諸器用法, A
    Verf.: SCHALL,
    Näheres unbekannt, erhalten ?,
    VÄTH (1933), S. 368; BERNARD (1945), S. 351.

Zhuzhi qunqi 主制群起 *De origine Religionis christianae,* R
    Verf.: SCHALL,
    4 j.,
    Bibl.: ARSI, Jap-Sin II, 36,
    COURANT, Nr. 6937-6940; VÄTH (1933), S. 361; XU (1949), S. 174; CHAN (2002), S. 318; PELLIOT, S. 24.

Zhuzhi qunzheng 主制群徵 *De Providentia Numinis,* auch: *De Providentia Divina,* R
    Verf.: SCHALL, 2. Teil : MARTINO MARTINI,
    Bearbeitung von P. LEONHARD LESSIUS S.J. (1554-1623), *De Providentia numinis et Animi immortalitate libri duo,*
    Jiangzhou (ca. 1629), 2 j.,
    Nachdruck in *Tianzhu jiao dongchuan wenxian* , Ser. II, S. 497-616,
    Bibl.: Vat., Borg.Cin. 324, 370; Racc. Gen. Or. III. 224. 248; ARSI, Jap-Sin, II,36 I; II,36 II; Nationalbibl. Paris, N. F. Chinois 3200, 3201; Oriental. Institut St. Petersburg, D 215/t. 1:b.1,
    manjur. Übersetzung (Manuskript): *Abkai ejen-i toktobuha geren yargiyan temgetu,* in Universitätsbibl. von Vilnius;
    hierzu siehe. K. ALEXEEV u. K. JACHONTOV, *The J. Kowalevskij's Collection of Chinese, Manchu, Mongolian and Tibetan Books in Vilnius,* in: Peterburgskoe vostokovedenie, I, St. Petersburg (1992), No. 24; SOMMERVOGEL (1846), S. 705, CORDIER (1901), S. 47; COURANT (1902/12), Nr. 3417/21; PFISTER (1932), S. 178, Addenda 20*; VÄTH (1933), S. 362; BERNARD 1945), S. 43, 52, 342-343; CHEN YUAN;

STREIT, Bd. 5 (1964), S. 2098; PELLIOT (1995), S. 39, 79, 85; LI WENCHAO (2000), S. 40; CHAN (2002), S. 318-319.

Zoushu 奏疏 *Libelli supplices in favorem astronomiae Europeae*,   H
Verf.: SCHALL,
Beijing (1661), 4 j.;
Auswahl von Throneingaben zu Astronomie und Kalenderwesen der *Shunzhi*-Ära, v. 25. XI. 1644, 4. XII. 1645, 16. und 29. III. 1647, 7. X. 1657, Teil des *Chongzheng lishu*,
Bibl.: ARSI, Jap-Sin II,37; II,38; Nationalbibl. Paris, N. F. Chinois 2094, SOMMERVOGEL (1846), S. 706; CORDIER (1901), S. 48; COURANT (1902/12), Nr. 1326, 4950; PFISTER (1932), S. 180; VÄTH (1933), S. 367 (dort weitere Sammlungen); BERNARD (1945), S. 43, 52, 366; STREIT, Bd. 5 (1964), S. 2098; PELLIOT (1995), S. 81; CHAN (2002), S. 321-322.

B r i e f e , D e n k s c h r i f t e n , Berichte,
B r i e f e
datiert 2. Jan. 1616, 9. Febr. 1619, 1. Sept. 1634, 8. Nov. 1637, 11. Nov. 1638, 16. Dez. 1648, 4. Nov. 1649, 14. Aug. 1650, 20. Okt. 1651, 21. Okt. 1651, 4 Briefe v. 12. Juni 1652, Okt. 1654, 5. März 1655, 5. Juni 1657, 17. März 1660, 25. März 1660, 1661, März 1661, 10. April 1661, 10. Mai 1662, 20. Mai 1662, 16. Okt. 1663;
D e n k s c h r i f t e n und Berichte,
von 1629, 1. Sept. 1634, 7. März 1652, 6. Mai 1652, 1656, 1660 , 10. Nov 1663, 21. Juli 1665.
Liste mit Inhaltsangaben bei VÄTH 1933), S. 355-370; dass., neue Auflage, ergänzt v. Cl. v. COLLANI, S. 382-385. – Am 22. Nov. 1988 wurde ein Brief, (an P. M. DIAS jr.; bei VÄTH), datiert vom 1. Sept. 1634, bei Sotheby's versteigert, The Library of Philip Robinson, pt. II, Nr. 130.

1.6 Anhang

1.6.4 Die Grabinschrift von 1669[759]

SEITE A, *recto*

M i t t e (Titelzeile):
yesu huishi Tang gong zhi mu 耶穌會[760]士湯公之墓

T e x t (rechts: chinesisch, links: manjurisch)[761] :
HUangdi yu. ji yuangren tongzheng shi si tongyheng shi jia erji. you jia yiji chang qintian jian yinwu shi. 皇帝諭.祭原任通政使司通政使加二級.又加一級.掌欽天監印務事.
HÔwangdi hese. dade tung jeng ši ssi yamun-i hafumbure hafan juwe jergi nonggiha. geli emu jergi nonggifi gin tiyan giyan yamun-i doron-i baita be kadalara.

gu Tang Ruowang zhi ling. yue 故湯若望[762]之靈. 曰
akô obume Tang Žo wang de wecere gisun:

ju gong jin cui. 鞠躬盡瘁.
beyebe akômbume hôsun be wacihiyarangge:

chenzi zhi fang zong. xu si bao jin. guojia zhi sheng dian. 臣子之芳踪.邮 死報勤.國家之盛典.
amban oho niyalma-i sain yabun. akô oho be gosire. kicehe de karularangge. gurun booi wesihun kooli:

---

[759] Näheres siehe Teil 1.4, Jahr 1669, 16. XI. Der Text ist in mehreren Publikationen nachzuweisen, so mit engl. Übersetzung in: Collectanea commissionis synodalis, 6, Peking (1933), S. 32. Abreibungen befinden sich u.a. in der Chinesischen Nationalbibliothek Beijing, Sign. *jing* 京 1890.

[760] Oberhalb dieses Schriftzeichens ist das Zeichen *jia* 加, „zugefügt", klein eingeschnitten; der Sinnzusammenhang ist unklar. Die Vermutung von PLANCHET, S. 57 flg., siehe VÄTH, S. 346-345, Anm. 66, erscheint unzutreffend.

[761] Der besseren Übersicht halber sind im Folgenden beide Texte zeilenweise zusammengefügt. Im chinesischen Text, s.a. Lishi yihen (1994), S. 28-29, wurde die Interpunktion der manjurischen Version entsprechend von mir zugefügt.

[762] Der Text wurde aus bisher unbekannten Gründen hier nachträglich überschrieben mit: *ru yesuhui* 入耶穌會, „in die Jesuitengesellschft eingetreten"; der ursprüngliche Wortlaut ist aus anderen Quellen zu ermitteln.

er Tang Ruowang lai zi xiyu. xiaoxi tianwen. te suan xiang li zhi si.尔湯若望來自西域．曉習天文．特畀象曆之司．
Tang Žo wang si abkai šu be ure[bufi]. wargi baci jihe manggi. uthai hôwangli weilere be cohome kadalabufi.

yuan xi tongwei jiaoshi zhi hao. sui er chang zhi.爰錫通微教師之號．遂爾長逝．
tung wei giyoo ši sere gebu buhe bihe: gaitai akô ojoro jakade.

zhen yong dao yan. te jia en xu. qian guan zhi ji 朕用悼焉．特加恩郵．遣官致祭．
bi aname [?] gônime ofi. cohome hafan takôrafi. geli isibume wecembi:

wuhu. yu cheng buxiu zhi rong. shu xiang fei gong zhi bao. er ru you zhi. shang ke xin xiang 嗚呼．聿乘不朽之榮．庶享匪躬之報．尔如有知．尚克歆享．
ai gukurakô wesihun be tutabufi. sini[763] faššaha de karulaha: ere gese oci alime gaisu:

Kangxi ba nian shiyi yue shiliu ri. 康熙八年十一月十六日．
Elhe taifin-i jakôci aniya omšon biyai juwan niggun:

Übersetzung[764]

„Grabinschrift für Herrn Tang, Mitglied der *Societas Jesu*.
Kaiserliches Edikt für den ehemaligen Leiter des Amtes für den Schriftenverkehr[765], der [in seiner Beamtenwürde später] in die zweite Rangstufe und nochmals in die erste Rangstufe[766] erhoben wurde, und Siegelverwalter [Direktor] des Astronomischen Amtes, dem verstorbenen Tang Ruowang [Adam Schall]:

---

[763] Im Text wohl fälschlich: *mini*.

[764] In der folgenden Übersetzung wird versucht, die chinesische und manjurische Version zusammenzufassen. Weitere Versionen siehe in *Innocentia victrix* (1671), chines. und latein., S. 27a-28b; erste deutsche Übersetzung wohl in einem Brief von P. PHILIPP DE MARINI S.J. (1608-1682, aus Italien, seit 1649 in Macao, DEHERGNE, Nr. 243) an den bekannten Drucker BALTHASAR II. MORETUS (1615-1674) in Antwerpen vom 1. Dez. 1670, in: Welt-Bott, S. 46-47, Nr. 14. Siehe a. VÄTH, S. 331-332; STARY (1998), S. 164-166.

[765] Gemeint ist hier das am 20. VIII. (19. Sept.) 1655 verliehene Ehrenamt eines Direktors des Amtes für offizielle Eingaben an den Hof im Range 3A.

[766] Gemeint ist hiermit offenbar die nachfolgende Erhebung SCHALLs in weitere Beamtenfunktionen, bis zum Ehrentitel eines *Guanglu dafu* im Rang 1A am 1. I. (2. Febr.) 1658.

1.6 Anhang

Der Opfertext[767] lautet:
  Bis zur körperlichen Erschöpfung seine Kräfte zu verausgaben,
  das gehört zu den edlen Taten meiner Untergebenen.
  Es gilt, die Toten zu bedauern und ihre Mühen zu vergelten.
  das sind die hohen Prinzipien eines Staates.
Du, Adam Schall, nachdem du, mit der Astronomie vertraut, aus den Westlanden gekommen bist, warst hier besonders mit dem Aufgabengebiet der Himmelsphänomene und des Kalenderwesens beschäftigt. Dir wurde der Ehrentitel *tongwei jiaoshi*, „Geheimnisse durchdringender Lehrmeister", verliehen. Du bist plötzlich verstorben, und ich gedenke deiner in Mitgefühl und beauftrage einen Beamten, das Totenopfer zu vollziehen.

  Oh, da unvergänglich dein Ruhm überleben wird, soll dies auch durch mein Bemühen vergolten sein. Nimm all dies als unser Opfer an!

  Im Jahre *Kangxi* 8 [1669], im XI. Monat 16. Tag [8. Dez.]."

SEITE B, *verso*

Rechts: C h i n e s i s c h[768]
Tang xiansheng wei Ruowang hao Daowei. da xiyang Riermaniya guoren ye. zi you ru Yesu hui. 湯先生諱若望．號道未．大西洋日爾瑪你亞國人也．自幼入耶穌會．

yu Ming tianqi jiazi nian. lai zhonghua xingjiao. chongzhen gengzi nian. 於明天啟甲子年．來中華行教．崇禎庚子年．

qin qu xiu li. zhi shunzhi er nian. 欽取修曆．至順治二年．

Qingchao te yong xinfa. en lai you jia. zu yu kangxi si nian yi si. shou qishi you wu. 清朝特用新法．恩賚有加．卒于康熙四年乙巳．壽七十有五．

Ü b e r s e t z u n g :
„Herr Tang, mit Vornamen Ruowang und Beinamen Daowei war ein Mensch aus Germania, Groß-Europa. In seiner Jugend Mitglied der Jesuiten, kam er

---

[767] *ling* 靈 / *wecere gisun*.

[768] Der besseren Lesbarkeit wegen wurde die Interpunktion hinzugefügt.

im Jahre *jiazi* der Ära *Tianqi* der *Ming*-Dynastie [1624][769] nach China um zu lehren. Im Jahre *gengzi*[770] der Ära *Chongzhen* [1630] berief ihn der Kaiser für die Revision des Kalenders, für die die *Qing*-Dynastie i. J. *Shunzhi* 2 [1645] die neue Methode einführte und ihn mehrfach ehrte. Er verstarb im Jahre *yisi* im 4. Jahre *Kangxi* [1665][771] im Alter von 75 Jahren[772]."

Links: L a t e i n[773]
P. Ioannes Adamvs Schal [!] *coloniensis soc. Iesv proeessvs [professus] vixit in societate añis LVIII ex qvibus XLVII insumpsit in opvs evangelii in regno sinêsi. Evocatus a rege in curiâ collatis stvdiis cv̂ P. Iacobo Rho editis mvltis libris correxit kalêdariv̂ sinense qvod cv̂ totivs regni plavsv vt exciperetvr effecit. Obiit pekini an sal. MDCLVI die XV. avg. æt. vero LXXV*[774]

1.6.5 Zur missionarischen Tätigkeit

Bei den Angaben zur Missionierung und zu den christlichen Taufen, *xili* 洗禮, durch P. SCHALL und seinen Mitbrüdern und der Anzahl der Konvertiten, *jiaotu* 教徒, in dieser Zeit weichen die Quellen voneinander ab. In der ersten Hälfte des 17. Jahrhunderts wurden 12 Jesuitenniederlassungen in 7 Provinzen mit 23 europäischen Priestern und 5 chinesischen Laienbrüdern gezählt.[775] Bei einer Einwohnerzahl in China um 1662 von 277.554.431 Perso-

---

[769] Nach den Quellen erreichte er dagegen schon 1622 China und 1623 Beijing.

[770] Die Jahresangabe *gengzi* 更子 existiert nicht in dieser Zeit; richtig ist hier *gengwu* 更午, eine Zeitangabe [1630], die mit den sonstigen Quellen übereinstimmt.

[771] Richtig ist 1666.

[772] Nach europäischer Rechnung verstarb er im 74. Lebensjahr.

[773] Der im Original in Majuskeln geschnittene Text ist der besseren Lesbarkeit halber hier in Normalschrift wiedergegeben.

[774] Zusätzlich zu den vorgenannten Abschnitten informiert der lateinische Text über folgende Fakten: P. SCHALL war in Köln gebürtig, habe 58 Jahre in Ordensgemeinschaft und 47 Jahre in China gelebt. Er habe zusammen mit P. RHO viele Bücher verfaßt und sei mit der Kalenderrevision beschäftigt gewesen. Sein Todesdatum war der 16. August 1666.

[775] DUNNE (1962), S. 303-304; LACH (1993), S. 190; DEHERGNE (1957); s.a. TANG KAIJIAN 湯開建, in: *Qingshi yanjiu, Studies in Qing History*, 3 (Aug. 2002), S. 106-114. Bis Dynastieende war das Christentum nach chinesischen und anderen Zeugnissen in 13 Provinzen verbreitet.

nen[776] und 3.452.254 Einwohnern in Beijing um das Jahr 1650[777] rechnete man für die Jahre **1581-1650** mit ca. 150.000[778], nach anderen Quellen für die Zeit **1651-1664**, etwa bis zum Tode SCHALLs, mit 104.980 getauften Anhängern, darunter auch Höflinge, Prinzessinnen, Eunuchen etc.[779] Obwohl die Christianisierung der kaiserlichen Familie nicht gelang, waren die Missionare doch bei dem Personal des Kaiserhofes in dieser Zeit erfolgreich, nämlich bei etwa 50 Hofdamen, 40 Eunuchen und 140 Angehörigen des Adels, nach anderen Angaben sogar bei insgesamt 540 Personen.[780]

Weitere, z. T. stark abweichende Angaben zur Christianisierung Chinas einzelner Jahre: **1607**: 700 Personen[781]; **1617**: 13.000[782] oder 1627[783]; **1632**: 10 Palasteunuchen; **1636, 1640**: 38.000, darunter 140 kaiserliche Familienmitglieder, über 40 Eunuchen, 50 Palastdamen[784]; **1644**: 540 Palastangehörige; **1645**: etwa 15.000 Einwohner von Beijing[785]; **1651**: 119 Taufen in Beijing[786]; **1653**: 500 Tausend[787]; **1663**: 13.000 in Beijing, 2.000 in Hokien fu (Hejian 河間府)[788], **Ende des 17.** bis Anfang des 18. Jh.s: Gesamtzahl 115.000 Christen, 159 Kirchen, jährliche Taufen ca. 10.000[789].

---

[776] LAO GAN (1976), S. 1558.

[777] M. MARTINI, *Novvs Atlas Sinensis* (1655), S. 29.

[778] WERFER (1871), S. 93; VÄTH, S. 224.

[779] VÄTH, S. 224; TONG XUN (1999), S. 114.

[780] *Zhengjiao fengbao*, S. 10a-20b; PFISTER S. 164.165; CHAN (1982), S. 123 etc.

[781] TRIGAULT (1607), S. 315: „Im gantzen China möchten in allem biß in 700. Christen sein / darunter aber seind die meiste / ansehenliche Personen vû so gar Mandarinen oder fürnembste Landsverwalter." TONG XUN (1999), S. 114.

[782] WERFER (1871), S. 93.

[783] DEHERGNE (1973), S. 328.

[784] DEHERGNE (1973), S. 330; AN (1992), S. 80; LACH (1993), S. 190.

[785] TONG XUN (1999), S. 289.

[786] VÄTH, S. 215.

[787] VÄTH, S. 215.

[788] VÄTH, S. 216.

[789] VÄTH, S. 224.

Nach chinesischen und westlichen Quellen lassen sich folgende missionarischen Tatbestände in dieser Zeit belegen[790]: in **1654**: 30 Kirchen; in **1664**: Provinz Hebei: 35 Kirchen, 19.153 Gläubige; Provinz Shandong: 14 Kirchen, 3.000 Gläubige; Provinz Shanxi: 6 Kirchen, 6.328 Gläubige; Provinz Shaanxi: 82 Kirchen, 60.130 Gläubige; Provinz Gansu: 1 Kirche, 300 Gläubige; Provinz Henan: 1 Kirche; Provinz Sichuan: 4 Kirchen, 600 Gläubige; Provinz Huguang: 6 Kirchen, 2.200 Gläubige; Provinz Jiangxi: 6 Kirchen, 5.400 Gläubige; Provinz Fujian: 27 Kirchen, 7.090 Gläubige; Provinz Zhejiang: 6 Kirchen, 1.000 Gläubige; Provinz Jiangnan: 107 Kirchen, 61.799 Gläubige; Provinz Guangxi: 1 Kirche; Provinz Guangdong: 14 Kirchen, 3.000 Gläubige. – Der Missionserfolg war in Hebei und Shaanxi – den beiden Provinzen, in denen P. SCHALL tätig war – sowie in Jiangnan am größten.

Die Stadt Beijing[791] verfügte nach BUGLIO um **1665** angeblich über 7 größere und 14 kleinere Kirchen. Als die damals bedeutsamsten sind hervorzuheben: (1.) *Nantang* 南堂, Südkirche (bis ca. 1700 Westkirche genannt), am *Xuanwu*-Tor 宣武門 / *Horon be algimbure duka*, gegründet 1605, erster Bau 1610, Neubau 1657, verwaltet von P. RICCI, später um 1650 von P.SCHALL etc., renoviert 1712, nach der Zerstörung durch Erdbeben 1775/6 wiederaufgebaut, heutiger Zustand von 1904.[792]
(2.) *Dongtang* 東堂, Ostkirche, östlich des *Donghua*-Tores 東華門 / *Dergi eldengge duka*, erster Bau 1655, bewohnt von den PP. L. BUGLIO und G. de MAGALHÃES; Neubau 1661, nach Erdbeben von 1720 restauriert, um 1990 renoviert, an der Geschäftsstraße *Wangfu jing dajie* 王府井大街.[793]
(3.) *Shengmu tang* 聖母堂, Marienkapelle, westlich des *Fucheng*-Tores 阜城門/ E*lgiyen-i mutehe duka* am *Shala* / *Zhalan*-Friedhof, erbaut 1660.[794]

---

[790] TANG KAIJIAN (2002), S. 106-115. In Dok. I. [87.] ist belegt, daß 8 Beamte des Astronomischen Amtes zum Christentum übergetreten waren und daß die Zahl der christlichen Mitglieder und Kirchen sowie die Verbreitung christlicher Literatur recht groß sei, was den Kaiser zur Überprüfung veranlaßte

[791] Daten zur Missionsgeschichte von *Beijing* siehe bei DEHERGNE (1957), S. 96-100.

[792] Siehe Teil 1.4.1, Jahr 1650, 2. IX.; ARLINGTON, S. 13, 165.

[793] Siehe Teil 1.4.1, Jahr 1662, Ende; ARLINGTON, S. 142.

[794] Siehe Teil 1.4.1, Jahr 1654, 25. III., Jahr 1660, VII. Monat und Jahr 1666, 15. VII. Das Gebäude dient heute als Bibliothek der Parteihochschule.

1.6 Anhang

Die folgenden beiden Kirchen entstanden erst nach SCHALLs Wirken in Beijing:

(4.) *Beitang* 北堂, Nordkirche, auch *Jiushizhu tang* 救世主堂, Erlöserkirche, heute *Xishiku tianzhu tang* 西什庫天主堂 genannt, innerhalb des Palastareals, Adresse: *Xishiku dajie* 33; i. J. 1693 von Kaiser KANGXI gestiftet, erst im Dez. 1703 vollendet, mehrfach wiederaufgebaut.[795]

(5.) *Xitang* 西堂, Westkirche, am *Xizhi*-Tor 西直門 / *Tob wargi duka*, Adresse: *Xizhimen neijie* 130, erst 1723 von dem Lazaristenpater TEODORICO PEDRINI C.M. (1671-1745) gegründet, nach Bränden 1811, 1900, 1912 dreifach erneuert; chines-lat. Inschrift von Febr. 1913.[796]

---

[795] ARLINGTON, S. 136-137, 163.

[796] ARLINGTON, S. 204. Zu PEDRINI siehe GIMM, *Teodorico Pedrini C.M. (1671-1745) – ein italienienischer Hofmusikus im Palast des Kaisers Kangxi*, in: Deutsche China Gesellschaft Mitteilungsblatt, 50 (1/ 2007), S. 40-48.

B. Der Gerichtsprozeß gegen J. A. SCHALL

2. Die Geheimakten

2.1 Die staatliche Verwaltung der *Qing*-Dynastie war ihrer Entstehung gemäß dyarchisch strukturiert, was man nicht nur an der etwa paritätischen Besetzung der hohen Ämter durch Beamten manjurischer und chinesischer Herkunft, sondern auch an der Struktur des offiziellen Schrifttums, *gongwen* 公文, des Hofes und der Behörden erkennen kann; Letztgenanntes ist in überwiegender Zahl synchron zweisprachig manjurisch-chinesisch angelegt, im Besonderen auch drei- bis sechssprachig.[1] Bis heute beeindruckt die außerordentlich große Zahl von erhaltenen bilingualen, *manhan hebi* 滿漢合璧 / *manju nikan hergen-i kamciha*, Texten – Drucke und Manuskripte, darunter Übersetzungen chinesischer Standardtexte, die oft auf Anweisungen und Initiativen der großen, literarisch gebildeten Kaiser der *Qing*-Dynastie basierten. Vielfach, zumal bei zeitgenössischen Texten, erweist sich dabei die Version des Manjurischen, damals allgemein *guoyu* 國語 / *gurun-i gisun* oder *qingwen* 清文/ *manju gisun* genannt, als die verläßlichere und ihrer Natur nach präzisere Ausführungsart.[2]

---

[1] Im täglichen Gebrauch hatte sich eine Art amtliches Standardsystem der Fremdsprachen des Reiches in der Reihenfolge ihrer Bedeutung und Wertschätzung herausgebildet: Manjurisch, Chinesisch, Mongolisch, Tibetisch, Uigurisch (Turki), Sanskrit, südliche Minoritätensprachen. Aus dem 18. Jh. sind Aufzeichnungen in bis zu 42 Sprachen des Reiches und der Nachbarvölker bekannt.
Bei den zweisprachig, manjur.-chines. gedruckten Büchern unterscheidet man 2 Anlageformen, *manju nikan hergen-i kamciha*: (1.) Druck in getrennten Heften, manjurisch (Zeilenfolge von links nach rechts) und chinesisch (von rechts nach links), genannt *hekan ben* 合刊本, und (2.) beide Sprachen auf einer Seite, entweder nebeneinander oder auf zwei Halbseiten oben und unten, genannt *hebi ben* 合璧本. Allgemeines zur Mehrsprachigkeit in der *Qing*-Dynastie siehe M. GIMM, *Die manjurischen Kaiser und die Fremdsprachen*, in: CORFF, Bd. 1, S. IX-XIV.

[2] Das Manjurische ähnelt mit seiner aus dem Mongolischen übernommenen Buchstabenschrift, die Kaiser QIANLONG in seiner Werksammlung *Yuzhi shiji*, 5. Slg., j. 27, S. 28a, als „phonetisch", *guoshu yinhe zi* 國書音和字, bezeichnet, in seinem grammatischen Formenreichtum durchaus eher europäischen als chinesischen Sprachstrukturen. Schon P. [10]MAGALHÃES (1610-1677) bezeichnete das Manjurische 1647 als "easy to learn"…"The Manchu language is after the style of European languages; it has his methods and its rules; briefly speaking, one sees one's way clearly."; J. SEBES, 1977, S. 77.

Das hauptstädtische Idiom[3] des Manjurischen fungierte im Schatten der manjurischen Regionalsprachen als stardardisierte Hof- und Verwaltungssprache *intra muros* mit besonderer Wertung.

Eine der wenigen Abweichungen von der durchgängigen Bilingualität im amtlich-staatlichen Bereich bildeten die einsprachigen manjurischen Aufzeichnungen interner oder geheimzuhaltender Fakten, darunter des den Kaiser und seiner Familie unmittelbar betreffenden Materials. Dabei ist noch ungeklärt, nach welchen Prinzipien man hier verfuhr. Diese Texte wurden aus Furcht vor beabsichtigter oder ungewollter Verbreitung einsprachig, ohne chinesisches Gegenstück zu Papier gebracht und fanden meist keinen Eingang in die Kodizes der staatlich regulierten Geschichtsschreibung.[4] Dokumentarisch unbelegt sind auch die Beweggründe, warum für die hier ausgewerteten Geheimakten des P. SCHALL- Prozesses die einsprachige manjurische Aufzeichnungsart gewählt wurde; diese ungewohnte Form umgibt diese Textsammlung heute mit einer Atmosphäre des Geheimnisvollen.

Für den täglichen Umgang gebrauchte man fast gleichberechtigt das Chinesische, das sich die manjurischen und multinationalen Bannerangehörigen u.a. von den chinesischsprachigen Bannertruppen, *hanjun* 漢軍/ *ujen cooha*, auf der Grundlage des Shandong-Provinzdialektes angeeignet hatten. Die Standardform, das sog. „Beijing-Mandarin", *jingyu* 京語 / *gemun-i gisun*, wurde auch unter dem Namen *guanhua* 官話/ *hafan-i gisun*, „Beamtensprache" bekannt.[5]

2.2 Im Unterschied zu früheren Dynastien, von deren Amtsschrifttum sich je älter desto weniger Originaldokumente bewahrt haben, sind für die Zeit vom

---

[3] Die gepflegte manjurische Hofsprache hatte ihren Ursprung vermutlich im *Jürchen*-Dialekt aus der Gegend um die Orte Lalin 拉林 / Larin und Alechuke 阿勒楚喀 / Alcuka, in Jianzhou 建州, Provinz *Jilin* 吉林 / Kirin.

[4] Auf entsprechenden Manuskripten ist dies z. B. mit den Worten *ume*, „nein, verboten!" (nicht ins Chinesische übersetzen!) statt *ara*, „schreibe, kopiere!", angemerkt. Auch findet sich stellenweise bei manjurischen Handschriften die Anweisung *ere ben de nikan bithe akô*, „dieses nicht ins Chinesische übersetzen", oder der chinesische Zusatz *ni buyi* 擬不譯, „Verfügung: Nicht übersetzen !" Siehe CROSSLEY u. RAWSKI (1993), S. 70, 72.

[5] Hierzu siehe OKADA HIDEHIRO, *Mandarin, a Language of the Manchus: How Altaic?*, in: Aetas Manjurica, 3 (1992), S. 165-187. Eine frühe Äußerung findet sich bei TH.BAYER, *Museum sinicum* (1730), Bd. 1, Buch 1, S. 3: „Lingua Sinica est vel popularis, vel ab eruditis exculta. Illa dialectis prouinciarum continetur: hanc Quon hoa [guanhua] Sini appellant, nostri Mandarinicam, quod aulicorum et eruditorum sermonibus excolitur." Später verwendete man den Terminus *guanhua* für die chinesische offizielle Schriftsprache.

16. bis beginnenden 20. Jahrhundert etwa 20 Millionen Vorgänge (Konvolute) primärer Schriftquellen erhalten, und dies trotz großer Verluste in Zeiten des Umbruchs. Von diesen lagert heute der größte und wichtigste Teil – ca. 12 Millionen (in 75 Kategorien) – im Ersten Historischen Aktenarchiv Chinas[6]; etwa 2 bis 3 Millionen davon sind zweisprachig, manjurisch-chinesisch.[7] Der Hauptanteil stammt aus der sechs Jahrzehnte währenden *Qianlong*-Ära (1735-1796). Es handelt sich dabei fast ausnahmslos um primäre Geschichtsmaterialien, sog. *dang'an*[8]檔案 / *dangse*, „Akten", deren einzigartige Bedeutung für die historische Forschung erst heute richtig wahrgenommen wird.

Die einzigartige Bedeutung der Akten wird deutlich, wenn man die dort beschriebenen Vorgänge mit den zeitparallelen Aufzeichnungen in den gedruckt vorliegenden Werken der offiziellen Geschichtsschreibung, wie *Shilu, Qiju zhu, Donghua lu, Baqi tongzhi, Qingchao wenxian tongkao* etc., vergleicht, so z.B. mit denen der dreisprachig bearbeiteten *Shilu* 實錄, den „Wahrhaftigen Aufzeichnungen" des Kaiserhofes, die gemeinhin als relativ unparteiisch und wertungsneutral gelten. Wie alle staatlich kompilierten historischen Schriften waren auch diese bei der Bearbeitung durch das Historiographenamt einem Prozeß ausgiebigem staatlichen Skrutiniums unterworfen, so daß die aus den Originalakten zu erschließenden Geschehnisse möglicher-

---

[6] *Zhongguo diyi lishi dang'anguan* 中國第一歷史檔案館, im Südwestareal des Palastgeländes gelegen; Adresse: *Gugong xihua men nei* 北京故宮西華門內 100031 Beijing. Das Archiv wurde im April 1980 als Nachfolgeinstitution des *Ming Qing dang'an bu* 明清檔案部 des Zentralarchivs gegründet; es geht als Sammelort der Archivalien verschiedener Staatsinstitutionen nach mehreren Zwischenstationen auf die Dokumentenabteilung *Wenxian bu* 文獻部 oder *Wenxian guan* 文獻館 der 1925 eingerichteten Bibliothek des Palastmuseums der Republikzeit, *Beiping gugong bowuyuan tushuguan* 北平故宮博物院圖書館, zurück; siehe KÖSTER. Etwa Dreiviertel des Bestandes, mehr als 10 Millionen Vorgänge (in 5 Kategorien), bestehen aus den zentralen und ministeriellen Archiven der letzten Dynastie; umfassender Zeitraum: *Qing*-Dynastie mit Vorgeschichte, 1607 bis 1912, sowie Akten über PUYI der Zeit 1912 bis 1940. Etwa ein Fünftel davon besteht aus manjurischem Material. Näheres siehe KÖSTER, S. 181-190; KANDA, S. 157-162; BARLETT (1981); *Zhongguo diyi* (1985); YE WA, S. 33-45; WILKINSON, S. 904-914; WU YUANFENG (1994), S. 281; ders. (2000), S. 173; ELLIOTT (2001,1); ders. (2001,2), S. 19 etc. – Weitere Aktenbestände der *Qing*-Zeit finden sich im Taiwan Palastmuseum, *Gugong bowuyuan* 故宮博物院, in Taipei (ca. 100.000 Vorgänge) und in den Provinzarchiven, insbesondere von Liaoning, *Liaoning sheng dang'anguan* 遼寧省檔案館, in Shenyang, sowie von Heilongjiang, der Inneren Mongolei, in *Hulun Buir* / *Hulun beier* 呼倫貝爾 etc.

[7] ELLIOTT (2001,2), S. 18.

[8] *dang'an* ist ein seit dem 17. Jh. üblich gewordener Terminus, zusammengesetzt aus manjur. *dangse* (< *dangzi* 檔子, eigentl. Türrahmen, Regal) und chines. *anjuan* 案卷 (Tisch, Pult); s. WANG AIHUA 王愛華, in: *Qingqian lishi wenhua* 清前歷史文化, Shenyang: Liaoning daxue (1998), S. 227-233.

2. Geheimakten 183

weise unzulässig verkürzt oder entstellt, d.h. dynastiebegünstigend manipuliert wurden.

Die große Bedeutung der Originaldokumente der *Ming-Qing*-Archive – von den kaiserlichen Edikten und Befehlen, *yu* 諭 und *zhi* 旨 / *hese*, bis zu den Auswahlakten für kaiserlicher Konkubinen, *xiunü* 秀女檔案 / *sargan jui dangse* – für die historische Forschung ist durchaus mit anderen literarischen Entdeckungen des 19. bis 20. Jahrhunderts zu vergleichen, etwa mit der der *Jiagu wen* 甲骨文, der Schriften auf Knochen und Schildkrötenpanzern der *Shang/Yin*-Zeit des 3. bis 1. vorchristl. Jahrtausends, der Bambustäfelchen der *Han*- und *Jin*-Dynastien, *HanJin jiandu* 漢晉簡牘, aus dem 3. Jh. v. bis 4. Jh. n. Chr. oder der *Dunhuang*-Handschriften, *Dunhuang jingjuan* 敦煌經卷, aus dem 6. bis 9. Jh. n. Chr.

2.3 Bei den hier näher zu charakterisierenden „Geheimakten"[9], *Narhôšaha bithei dangse* oder *Narhôn-i dangse* / *Miben dang* 秘本檔, handelt es sich großenteils um offizielle rein-manjurische Kopien von Throneingaben, die die Vorgänge des Gerichtsprozesses gegen ADAM SCHALL und seine Anhänger protokollarisch zusammenfassen. Es sind die einzig bewahrten, zusammenhängenden Dokumente erster Hand zum Prozeßgeschehen und dessen Hintergründe. Die Geheimakten wurden bei der Neuordnung der bürokratischen Hinterlassenschaft der *Qing*-Kaiser etwa um 1935 entdeckt und ruhten in den letzten Jahrzehnten fast unbeachtet in den Regalen des Ersten Aktenarchivs in Beijing. Erst seit den achtziger Jahren des vergangenen Jahrhunderts erfuhren sie die Beachtung einiger chinesischer Bibliothekare und danach auch westlicher Sinologen.

Die überlieferten, in ihrer Urgestalt leider nicht erhaltenen Dokumente, haben trotz ihrer in die 1670er Jahre anzusetzenden Textzensur als einzigartige Quellen zu gelten. Dazu vermitteln sie Eindrücke von der Vorgehensweise der Justiz ranghoher Instanzen in der Mitte des 17. Jahrhunderts. Die Originalvorlagen, die vermutlich noch größeren Umfanges waren, fielen am 14. III. (15. April) 1677 – etwa ein Jahrzehnt nach der Rehabilitierung P. SCHALLs – gemäß kaiserlicher Anweisung der Vernichtung anheim.[10]

---

[9] Zur Einführung siehe R. MALEK, *J. A. Schall von Bell and his 1992 Anniversary*, in: MALEK, S. 28-29; R. MALEK, *Akten zu Johann Adam Schall von Bell*, in: China Heute, XIII, 5 (1994), S. 131; Deutsche China Gesellschaft Mitteilungsblatt, 2 (1994), S. 18, und 4 (1994), S. 21; WU YUANFENG 吴元丰, *Qingdai neige manwen dang'an shulue* / *lun* 清代內閣滿文檔案述略 / 論, Manxue yanjiu, 2 (1994), S. 281, und 6 (2000), S. 173;. ELLIOTT (2001, 2), S. 23.

[10] Näheres siehe *Kangxi chao manwen zhupi* (1996), S. 4, Nr. 8. Darin werden 8 Namen in chines. Umschrift zur Vernichtung der Originaldokumente genannt.

Das Gesamtkorpus der im Ersten Aktenarchiv in Beijing erhaltenen Geheimakten umfaßt insgesamt 153 Hefte. Außer den P. SCHALL betreffenden Dokumenten sind darin auch Aufzeichnungen zu den *Qing*-Militäraktionen in den Süd- und Mittelprovinzen Yunnan, Fujian, Guangdong, Zhejiang etc., zu den Unternehmungen gegen antidynastische Bauernaufstände, gegen die Aktionen des Abtrünnigen KOXINGA / ZHENG CHENGGONG 鄭成功 (1624-1662), sowie zu den *Taiwan*-Kriegen und den Kämpfen gegen Seeräuber enthalten.

Bei den P. SCHALL und seine Konfratres, Mitarbeiter des Astronomischen Amtes und sonstigen Beteiligten betreffenden Teilen der Akten des Zeitraums vom XII. Monat des Jahres *Kangxi* 3 (1664) bis VII. Monat *Kangxi* 4 (1665) handelt es sich um 24 Dokumente in Reinschrift (Kopien der nicht erhaltenen Originale) unterschiedlichen Umfangs (je 2 bis 326 Seiten); pro Seite 9 Zeilen, nachträglich in Manuskripthefte in Fadenheftung der Größe 40,2 x 28,4 cm zusammengefaßt. Die etwa chronologisch geordneten Hefte mit insgesamt über 2.700 nachträglich paginierten Seiten liegen heute in blauen *Tao* zusammengefaßt vor; ursprüngliche Signatur: *man* 滿 1973; neue Signatur: 02/148/107/1 flg.[11] Die gelbseidenen, heute leicht beschädigten Umschläge tragen mit Pinsel geschriebene, etwas voneinander abweichende manjurische Titel, z. B.: *Elhe taifin-i ilaci aniya. juwan biyai narhôsaha bithei dangse*[12], „Geheime Akten ab dem X. Mondmonat des Jahres Kangxi 3".

Der Eintrag *Neige zaoqi manwen dang'an* 內閣早期滿文檔案 vermerkt, daß für die Vorgänge dieser Aufzeichnungen ihrer Bedeutung entsprechend das mächtige, kaisernahe Großsekretariat, *Neige*[13] 內閣 / *Dorgi yamun* oder *Narhôn bithei yamun*, zuständig war. Da der Strafprozeß nach anderen Quellen bereits am 5. VIII. (24. Sept.) 1664 begann, ist zu vermuten, daß die für die Zeit vom VIII. (Sept.) 1664 bis XII. (Anfang Januar) 1665 gültigen Aufzeichnungen verlorengegangen oder verschollen sind.

---

[11] Nach früherer Einordnung gehören die SCHALL-Geheimakten zu den folgenden Heften: Dok. I. bis II. zu Heft (*juan*) 137; Dok. III. bis V. zu j. 149; Dok. VI. bis XI. zu j. 150; Dok. XII. bis XVIII. zu j. 151; Dok. XIX. bis XXII. zu j. 152; Dok. XXIII. zu j. 153; Dok. XXIV. zu j. 154.

[12] Siehe hier Abbildung 15-16 und in: DEIWIKS und GIMM (2012), S. 53.

[13] HUCKER, Nr. 4193. Diese Zentralbehörde ist vor der manjurischen Inbesitznahme des chinesischen Reichsgebietes aus dem i. J. 1629 begründeten *Wenguan* 文館 der alten Hauptstadt *Mukden* hervorgegangen, das seit 1636 *Nei sanyuan* 內三院 hieß. Die Bezeichnung *Neige* ist für die Jahre 1658 bis 1661 und wieder seit 1670 belegt; HUCKER, Nr. 7715, 4229.

2.4 Zur Sprachgestalt

Der äußeren Form dieses Behördenschriftgutes[14] nach handelt es sich bei diesen Dokumenten um die Kategorie der sog. Memoriale an obere Instanzen[15], *tiben* 題本 (verkürzt *ti* oder *ben*) / *wesimbure ben*, oft „Routinememoriale" genannt. Die direkt an den Kaiser gerichteten „Palastmemoriale" oder Throneingaben gleicher Art, die oft ihren Weg durch den Staatsrat, *Junji chu*[16] 軍機處, nahmen, nannte man *zouzhe* 奏摺 oder *zhezi* 摺子 / *wesimbure bukdari*. Beide Kategorien faßte man auch als *tizou* 題奏 / *wesimburengge* oder *wesimbure bithe* zusammen. Nur Beamte oberhalb des Ranges 4A waren zu einer solchen Art

---

[14] Aus der zahlreichen Literatur zum Behördenschrifttum sei hier verwiesen auf: LI HONGWEI 李宏為, *Hanying Ming Qing lishi dang'an cidian* 漢英明清歷史檔案詞典, *A Chinese-English Dictionary of the Historical Archives in the Ming and Qing*, Beijing: Zhongguo tiedao (1999), S. 185, 266; weiterhin sind bewährte Schriften hervorzuheben, wie THOMAS F. WADEs *Wenjian zier ji* 文件自迩集 *A Series of Papers Selected as Specimens of Documentary Chinese*, London (1867), 2 Bde.; FRIEDRICH HIRTH, *Notes on the Chinese Documentary Style*, Shanghai: Kelly & Walsh (1909); J. K. FAIRBANK und TENG SSU-YÜ, *Ch'ing Documents. An Introductory Syllabus*, 3. ed., Cambridge Mass: Harvard Univ. Pr. (1970); dies., *Ch'ing Administration Three Studies*, Harvard-Yenching Institute Studies XIX, Cambridge, Mass. (1960); darin u.a.: *On the Transmission of Ch'ing Documents*, S. 1-35; *On the Types and uses of Ch'ing Documents*, S. 36-106 (beide auch in: Harvard Journal of Asiatic Studies, 4-5, 1939, 1940); WU, SILAS / WU HSIU-LIANG 吳秀良, *The Memorial System of the Ch'ing Dynasty (1644-1911)*, in: Harvard Journal of Asiatic Studies, 27 (1967), S. 7-75; ders., *Communication and Imperial Control in China: Evolution of the Palace Memorial System 1693-1735*, Cambridge, Mass.: Harvard Univ. (1970); LIU MAO-TSAI, *Struktur und Terminologie chinesischer Schriftstücke im Behördenverkehr*, in: Nachrichten f. Natur- und Völkerkunde Ostasiens, 109 (1971), S. 5-46; ZHUANG JIFA 莊吉發, *Qingdai zouzhe zhidu* 清代奏摺制度, Taipei: Palace Museum (1979); I. T. ZOGRAF, *Oficial'nyj Vęn'jan'*, Moskau (1990); *Zhongguo shiyong wenti cidian* 中國實用文題辭典, hgg. v. HANG HAILU 杭海路 u.a., Taiyuan: Shanxi jingji (1993); *Dang'anxue cidian* 檔案學詞典, Shanghai: Cishu chubanshi (1994); GIMM (1998/99), S. 170-171; WILKINSON (2000), S. 532-535, 900-904; s.a. das sehr ausführliche Nachschlagewerk *Gongwen da cidian* 公文大辭典, hgg. von LIU YUNGUO 劉運國, LIANG SHIMING 梁式明 u.a., Chengdu: Dianzi ke (1992), 124, 1358 S.

[15] Allgemein unterschied man formal zwischen Schriftstücken, die
(1.) an höherrangige Instanzen – *chengwen* 呈文 oder *binwen* 稟文 / *alibure bithe*, „Gesuch",
(2.) an gleichrangige – *ziwen* 咨文 / *unggire bithe*, „Mitteilung" oder *gonghan* 公函, „offizieller Brief",
(3.) an untergeordnete Instanzen – *ling* 令 / *hese*, *ulhibun*, „Befehl",
gerichtet waren.
Für die unterschiedlichen Instanzen verwendete man auch unterschiedliche Formulierungen; z. B. verwendete man für den Begriff „senden, schicken" bei Höherstehenden *cheng* 呈, bei Gleichrangigen *song* 送 oder *zhun* 准, bei Untergebenen *fa* 發. Für das Pronomen „ich" verwendete man an Höherstehende *qie* 竊 oder *chen* 臣 oder *nucai* 奴才 (letzteres bei manjur. Herkunft), bei Gleichrangigen *wu* 吾 u.a., bei Niederrangigen vermied man das „ich".

[16] HUCKER, Nr. 1735.

Schriftverkehr berechtigt[17], und zu diesem Personenkreis zählten die Initiatoren der SCHALL-Geheimakten. Die Dokumente wurden frühmorgens durch Boten, *qiandizhe* 遣遞者, direkt überbracht.

Bei der Abfassung der Schriftstücke im Behördenverkehr waren festgelegte Formalien in sprachlicher und typographischer Hinsicht einzuhalten. Zu beachten waren Regeln bezüglich schriftlicher Gestaltung[18] und Formulierung, Papierformat[19] und –qualität, Übermittlungsart etc., für die z. B. das Handbuch *Kechang tiaoli* 科場條例 maßgeblich war. Der Sprachstil entsprach der geschliffenen Schriftsprache, bei dem auf präzise Textwiedergabe nicht unbedingt wertgelegt wurde.

Die offiziellen Schriftstücke setzten sich meist aus drei Abschnitten zusammen, was in unseren Dokumenten, die z. T. in verkürzter Form vorliegen, nicht unbedingt erkennbar ist: (1.) Der Bezug oder Eingangsabschnitt, *shouyou yu* 首由語 / *jalin*, aktenkundlich [20] *Intitulatio*, *Rubrum* oder *Superscriptio* genannt, schildert Anlaß und Datum. Vermerkt ist der Name des einreichenden Würdenträgers und das von ihm vertretene Ministerium oder die kaiserliche Behörde – ein Abschnitt, der meist mit dem Passus *gingguleme... wesimburengge*, entsprechend chines. *jingzou...shi* 謹奏...事 oder *zouwei* 奏為, „dem Thron berichtend", endet.[21] (2.) Es folgt der eigentliche Text, *shu'an yu* 述案語, *Narratio*, in dem inhaltlich entweder die Vorgänge, die aufzuklären-

---

[17] WU, SILAS, S. 25; Liste der Berechtigten, siehe S. 61-62.

[18] Hierzu gehörten z.B. die Anlage in Faltblättern / *bukdan* oder Rollen und auch die – je nach Schrifttumskategorie unterschiedlich strengen – Vorschriften für die Zeilenhervorhebung, Elevation wichtiger Begriffe, *taixie* 擡寫 / *tukiyeme arambi*. Hier unterschied man zwischen 3 Hauptklassen:
(1.) *dantai* 單抬, Heraushebung um eine Stufe (bei Benennungen des kaiserlichen Wirkungsbereiches, wie Hof, Palast, Thron; Staat, Gesetz),
(2.) *shuangtai* 雙抬, doppelte Heraushebung (bei Benennung des Kaisers und seiner Tätigkeiten),
(3.) *santai* 三抬, dreifache Heraushebung (z. B. bei Begriffen der kaiserlichen Ahnenverehrung und Religion). Überblick siehe bei MAYERS (1897), S. 129-137.

[19] Bei den *tiben* war die Größe 7 *cun* 9 *fen* (ca. 26 cm) x 3 *cun* 8 *fen* (ca. 11,5 -12 cm), mit 2 Kopien, vorgeschrieben; bei den *zouzhe* war man wegen der Dringlichkeit großzügiger; LEE KUO-CHI, *Bemerkungen zum Ch'ing-Dokumentenstil: Eingaben an den Kaiser (tsou)*, in: Oriens Extremus, 17 (1970), S. 129.

[20] WEIERS, MICHAEL, *Zu den mongolischen und mandschurischen Akten und Schriftstücken des 17. bis 20. Jahrhunderts* (Archiv für zentralasiatische Geschichtsforschung, Heft 3), St. Augustin (1983), S. 89-91.

[21] In dem unvollständigen Dok. I., fehlt dieser Teil, so daß der Text mit dem Gedächtnisprotokoll (2.) beginnt; siehe Teil 5.2.

2.4 Zur Sprachgestalt

den Fragen und Probleme angesprochen oder die bisher erreichten Ergebnisse und Beschlüsse zusammengefaßt werden.[22] (3.) *Conclusio*, das Dokument endete mit der Bitte um kaiserliche Weisung, etwa: *hese be baime gingguleme wesimbumbi / jingzou qing zhi* 謹奏請旨.

Im Fall der Geheimakten, die sich nach genanntem Verfahren richten, kann man den Mittelteil als eine Art Protokoll des Verhörs in seinem zeitlichen Ablauf bezeichnen. Es zeigt die Verhörstrategie der als Richter fungierenden Amtsträger und die Selbstverteidigung der Angeklagten und Betroffenen. Im Zusammenhang liefert dieser Teil auch interessante Informationen zur damaligen Rechtsauffassung. Der Schlußabschnitt resümiert die Beratung der Würdenträger, deren Beschlüsse, die abschließende Strafzumessung, die in vielen Fällen noch durch eine höhere Instanz bestätigt werden mußte. Das Ende des Dokuments mit dem Ersuchen an den Kaiser um höchste Weisung, trägt im Original meist einen abschließenden kaiserlichen Vermerk oder Befehl in roter (in Trauerzeiten in blauer oder schwarzer) Tusche, genannt *zhu pi* 朱批 / *fulgiyan fi-i pilehe hese*. Dieser Zusatz, der die unmittelbare Beteiligung des Kaisers an den höchsten Gerichtsverfahren bezeugt, gibt entweder Kurzanweisungen zum weiteren Verfahren oder nochmaligen Untersuchen oder bestätigt die Vorschläge der Beamten.[23]

Über den Vorgang des Protokollierens der jeweils von den Präsidenten oder Leiter der beteiligten Ministerien und Institutionen verantworteten Vorgänge sind bislang keine Einzelheiten bekannt geworden. Lediglich bei einer Akte[24] sind am Ende die Namen von 14 Protokollanten und 3 Revisoren vermerkt:

Schreiber (*araha*): HUMUDU, JACIBA, ULANA, ITURI, CANGMING, FUBOO, MARANTAI, LIJU, SAIFITU, HÔWASE. MINGGAN, FUDAHAI, HAOWAZI, MONGGO;

Revisoren (*acabuha*): CANTAI, HÔMBAI, SENGGETE.

---

[22] Hierzu siehe auch M. GIMM, *Kaiser Qianlong als Poet, einige Addenda und Korrigenda*, in: Oriens Extremus, 41 (1998/99), S. 169-171.

[23] Beispiele: *gisurehe songkoi obu*, „Man verfahre wie angekündigt" (Dok. X.); *saha*, d.i *zhidao liao* 知道了, „Zur Kenntnis genommen" (Dok. XII.).

[24] Dok. XI., S. 1850.

3. Der Prozeß

3.1 Prozeßgegenstand, Anklagepunkte

Bei dem Strafprozeß[1] gegen P. ADAM SCHALL und seine Anhänger der Jahre 1664 und 1665 handelte es sich im Wesentlichen um drei für anklagenswert erachtete Bereiche, von denen einer (3.1.1) das von ihm vertretene Christentum betraf. Die übrigen bezogen sich auf sein Wirken im Astronomischen Amt, und zwar auf angebliche Fehlhandlungen oder Vergehen auf (3.1.2) geomantischem sowie auf (3.1.3) astronomischem und kalenderkundlichem Gebiet.

Dabei waren die ihm zur Last gelegten Anklagepunkte im Bereich der (3.1.2) Geomantik und speziell der Chronomantik nach damaliger Rechtsauffassung die schwerwiegendsten,

> "This was, in reality, the principal and only origin of the Persecutions"[2];

denn die ihm in seiner Funktion als Leiter des Astronomischen Amtes zugeschobenen Fehler galten nach damaliger Auffassung als majestätsbeleidigend und damit todesstrafenwürdig.

Die Bedeutung dieses Bereiches für die Prozeßbeteiligten wird auch dadurch offensichtlich, daß etwa 50% der Aktenseiten den Bereich der Geomantik betreffen und jeweils nur ca. 23 oder 27% die Bereiche Christentum und Astronomie mit Kalenderwesen. Die im Folgenden gewählte Reihenfolge (Christentum, Geomantik, Astronomie) indes ergab sich aus der Abfolge der Dokumente.

---

[1] GRESLON (1671), S. 100-181; d'ORLEANS (1688), S. 59-69; PFISTER (1932), S. 173-176; VÄTH (1933), S. 295-320; DUNNE, engl. (1962), S. 362-363; OXNAM (1970), S. 148-150 etc.

[2] NAVARRETE (1676), engl. (1704), siehe CUMMINS (1962), S. 191; *Qingchao rou*, j. 2, S. 17. Siehe Teil 1.4.1., Jahr 1658, IX. Monat.

3.1.1 Christentum

Siehe die Dokumente I., II., IX., X., XIII.- XV., XVII., XVIII., XX., XXII.-XXIV.

Die Anklagepunkte der ersten Prozeßtage in Dok. I.³ gegen P. SCHALL als Hauptbeschuldigten – einbezogen sind drei weitere europäische Missionare, nämlich die Patres ⁽⁹⁾BUGLIO, ⁽¹⁰⁾MAGALHÃES und ⁽¹¹⁾VERBIEST – betrafen die angeblichen Vergehen bei der Propagierung des christlichen Glaubens.⁴ Dank der Aufgeschlossenheit des jungen Kaisers FULIN⁵ / SHUNZHI, der P. SCHALL in mehrfacher Hinsicht zugetan war und seiner Tätigkeit Interesse entgegenbrachte, unterlagen die chinesischen Beziehungen zu den europäischen Missionaren zu Anbeginn nur wenigen Belastungen. Nach dem frühen Hinscheiden des Kaisers jedoch schien ein argwöhnisches Gefühl der Ankläger gegenüber dieser positiven Haltung stets mitzuschwingen. Seitdem aber der ‚Erzfeind' ⁽⁷⁾YANG GUANGXIAN⁶, seine ausländerfeindlichen Kampagnen gestartet hatte, wurde insbesondere seit dem Tod des Kaisers im Jahre 1661 das Verhältnis der Obrigkeit zu den Fremden zunehmend getrübter.

Die von den Missionaren in ihrer Betriebsamkeit bedacht angebotenen Kenntnisse in den neuen Naturwissenschaften lösten bei den Machthabern wohl zum überwiegenden Teil positive Reaktionen aus; denn man war nicht abgeneigt, die wissenschaftlich-technische Tradition Europas kennenzulernen und zumindest in Teilaspekten zu eigenem Nutzen anzuwenden oder zumindest zu probieren, konnte sich aber weniger mit der gleichzeitigen Verbreitung einer der chinesischen Geschichtstradition z.T. recht zuwiderlaufenden, fremden Glaubenslehre abfinden, so daß man das Missionierungsvorhaben der Ausländer in vielen Fällen auszuklammern versuchte.⁷

---

³ Im Folgenden sind die aus Dok. I. zu ermittelnden Fakten ausführlicher dargestellt; hierzu siehe Teil 5.2, Übersetzung, [1.] bis [148.]. Die dortigen Abschnitte [1.] bis [51.] betreffen ziemlich zusammenhängend grundlegende Fragen der christlichen Lehre.

⁴ Der damals übliche Begriff *tianxue* 天學 (bei RICCI: *Ttiensciio*), „Himmelswissen–schaft" oder *tianzhu xue* 天主學 / *tiyan ju-i tacihiyan*, „Lehre vom Himmelsherrn", bedeutet Christentum und auch Theologie, Katholizismus etc., bei SCHALL u.a. manchmal auch Astronomie (üblich *tianwen* 天文 / *abkai šu*).

⁵ Siehe Teil 1.4.1; Dok. I., [35., 109., 135., 136.] in Teil 5.2.

⁶ Siehe Teile 3.2.1 und 1.4; Dok. I. , [2., 13., 68. - 69., 124., 126., 127., 142.] in Teil 5.2.

⁷ Siehe XIAO LIANGQIONG, YOSHIDA.

Anknüpfungspunkt war in diesem Zusammenhang die Verbreitung des Traktates *Tianxue chuan'gai*[8] 天學傳概, „Überblick über die Tradition der Himmelslehre", die, obwohl nur 7 chinesische Seiten (dazu 5 Seiten Vorwort) umfassend, als eine Art Kurzeinführung in das Wesen des Christentums konzipiert war. Mit der relativ weiten Verbreitung der Schrift leuchtete die Frage der Bedrohung durch ausländische Beeinflussung wieder auf und fand durch offizielle Anfeindungen ihren Weg in die Gerichtsbarkeit, und dem Verbot des Büchleins folgte die Konfiskation von Kirchengebäuden sowie weitere Repressionsmaßnahmen.

Es ist zu vermuten, daß erst durch YANG GUANGXIANs Maßnahmen gegen diese genannte Schrift das eigentliche Prozeßverfahren in Gang gesetzt wurde.[9] Verfasser war (44)LI ZUBO[10], ein zum Christentum konvertierter Mitarbeiter des Astronomischen Amtes, der seine Informationen nicht durch eigenes Studium theologischer Quellen, sondern durch mündliche Unterweisung[11] durch die Missionare empfangen hatte, so daß die Schrift in ihrer Substanz als Werk der Fremden gewertet wurde.[12] LI ZUBO äußerte sich über allgemeine Fragen[13], wie die Rolle der Kirchen, die Funktion der Priester und die Ausbildung von Glaubensschülern.[14] Dabei berührte er grundlegende Themen des Christentums[15], wie Kulthandlungen, Sündenvergebung und auch die historische Bedeutung Jesu.[16]

YANG brachte hintergründige Vorwürfe gegen die Fremden vor. Er zog ihre Kenntnisse in den Naturwissenschaften in Zweifel, befand die christliche „Irrlehre" im Widerspruch zur einheimischen Tradition stehend[17] und schür-

---

[8] Näheres siehe Teil 1.4.1, Jahr 1663, Beginn; Dok. I., [1., 18.-24., 35., 50.] in Teil 5.2.

[9] Dok. I., [13., 94., 142.] in Teil 5.2.

[10] Dok. I., [1., 14., 18., 19., 22., 35.] in Teil 5.2.

[11] Dok. I., [15., 23. - 25., 30., 48., 109., 143., 144.] in Teil 5.2.

[12] Dok. I., [10., 15., 17., 28. – 30., 108., 115.] in Teil 5.2.

[13] Dok. I., [43., 108., 144.] in Teil 5.2.

[14] Dok. I., [31., 36.] in Teil 5.2.

[15] Dok. I., [114., 116.] in Teil 5.2.

[16] Dok. I. [40. - 42., 46., 47., 49., 110., 137.-139.] in Teil 5.2.

[17] Dok. I., [51., 67., 85., 139.] in Teil 5.2.

3.1 Prozeßgegenstand, Anklagepunkte   191

te den Verdacht gegen die Europäer auf Rebellionsvorbereitung und Eroberungsabsicht.[18] Das Gericht interessierte sich für die Beweggründe der Missionare, nach China zu kommen und speziell für die Frage, ob SCHALL etwa deshalb still und heimlich nach Beijing gekommen sei, um einen Aufstand anzuzetteln. YANG verfaßte mehrere Throneingaben[19] dazu, und mußte sich aber auch wegen eigener Affären und Schriften rechtfertigen.[20]

Die Chinesen hielten Aussagen des Textes für irreführend und anmaßend. Man betrachtete die dort gemäß der Bibel geschilderten Wundertaten Jesu sowie seine Verurteilung und Kreuzigung als Geschichtsfälschung, da solche Geschehnisse in keinem der einheimischen historischen Schriften dokumentiert sei.[21] Die christliche Überlieferung hielt man *in toto* für falsch. Insbesondere erregten historische Fakten um das Leben und Wirken JESU[22], der als Rebell und Verbrecher den Kreuzestod erlitt, das Interesse, und man hielt eine solche Person als ‚Himmelsherrn', Gottessohn und Zentralgestalt einer Glaubenslehre für unangemessen. Dabei wurden von missionarischer Seite Einzelheiten um den Tod Jesu, seine Verurteilung und Kreuzigung, wenn möglich, umgangen.[23]

Auch diskutierte man über andere Personen christlichen Glaubens, wie den Kindesvater JOSEPH, den Apostel THOMAS[24] oder die Rolle des mythischen Kaisers FUXI[25] 伏羲, der angeblich aus Judäa stammte und die christliche Lehre zum ersten Mal nach China brachte[26] – ein Ereignis, das angeblich durch die bekannte Bücherverbrennung der *Qin*-Dynastie der Vergessenheit anheimfiel.[27] Die Ankläger wandten sich gegen Fundamente der christlichen Lehre, z.B. gegen die Vorstellung, daß ADAM der von Gott ge-

---

[18] Dok. I., [68.] in Teil 5.2.

[19] Dok. I., [69.- 79.] in Teil 5.2.

[20] Dok. I., [2., 79. - 84., 133. 145.] in Teil 5.2.

[21] Dok. I., [8., 11., 14., 18., 51., 111., 112., 144.] in Teil 5.2.

[22] Dok. I., [16.- 18., 27., 110., 111, 118., 139., 142., 144., 146.] in Teil 5.2.

[23] MUNGELLO (1985), S. 85; FRIEDRICH, S. 491.

[24] Dok. I., [18.,27., 51., 111., 144.] in Teil 5.2.

[25] Dok. I., [45., 86., 134., 135., 142] in Teil 5.2.

[26] Dok. I., [21., 22., 112., 142., 144., 146.] in Teil 5.2.

[27] Dok. I., [27., 28., 30., 144.] in Teil 5.2.

schaffene Vater der Menschheit gewesen sei, oder daß *tian* 天, „Himmel", das Reich Gottes und nicht den obersten Herrscher selbst bezeichne usw.

In der obengenannten Schrift ging es insbesondere um den christlichen Gottesbegriff *tianzhu* 天主, „Himmelsherr", und *shangdi* 上帝, „oberster Herrscher".[28] Die europäische Vorstellung von einem persönlichen Gott war nach chinesischer Tradition ohnehin kaum zu vermitteln.[29] Die Lehre des Kreationismus von einem Gott als Schöpfer der Welt widersprach dem chinesischen Denken, wonach die Entstehung der Welt als automatischen Prozeß keinen Schöpfer voraussetzt.[30] Zudem stünden nach Meinung der Ankläger ohnehin Begriffe wie *tian* 天, „Himmel", und *di* 帝, „Herrscher", ausschließlich dem Kaiser zu, da nur dieser, der das himmlische Mandat besitzt, über das Recht verfügt, den Himmel zu kontaktieren.[31] Auch sonstige Vorstellungen des Christentums, wie die der ersten Menschen, die Ausländer waren, oder die geozentrische Kosmologie von einer im Mittelpunkt stehenden Erde, die von 9 Sphären umgeben wird[32], stießen auf Ablehnung. Das Gericht erklärte die Missionare ebenso für lügnerisch und überheblich, wenn sie behaupten, in der Lage zu sein, Schuld zu vergeben, und man bezweifelte, daß Schuld durch „Waschen der Stirn mit reinem Wasser", d.h. durch die Taufe, *xili* 洗禮, getilgt werden könne.

Als diskussionswürdig erwiesen sich Grundbegriffe[33], deren chinesische Ausformung z.T. schon P. MATTEO RICCI[34] geprägt hatte, wie Gott[35], Himmel, Himmelsherr und auch Termini der Glaubenspraxis wie Bischof, Pater, Messe

---

[28] *Tianxue chuan'gai*, Nachdruck, S. 1055; HAVRET (1901), DEHERGNE (1983) etc.

[29] Man ist an die Bemerkung von KARL FRIEDRICH NEUMANN (1793-1870) erinnert: „Dem chinesischen Volke ist nie ein Gott erschienen; von einer Offenbarung ist bei ihm keine Spur. Das Wort Gott, Seele, Geist [...] kennt die chinesische Sprache gar nicht." NEUMANN (1850), S. 33.

[30] ZÜRCHER (1995,1), S. 145 flg., 157.

[31] DEHERGNE (1983), S. 25, 31.

[32] ALENI (1628), S. 20a; ZÜRCHER (1995,1), S. 152.

[33] Dok. I., [14.-16., 41.,42., 46., 46., 51., 69., 85.-86., 110., 142., 143.] in Teil 5.2.

[34] Dok. I., [15., 110.] in Teil 5.2.

[35] *tianzhu* 天主, „Himmelsherr", wurde seit ca. 1610 eine der Hauptthemen des sog. Ritenstreits. Zugunsten dieses Begriffes verbot Papst CLEMENS XI. i. J. 1704 die Verwendung der Begriffe *tian* 天 und *shangdi* 上帝 für „Gott"; M. ROMANO.

oder die Zehn Gebote[36]. Die chinesische Art der Himmelsverehrung erwies sich als nicht identisch mit der christlichen Lobpreisung Gottes, den man hier Himmelsherr nannte. Auch hielt man die chinesische Ahnenverehrung und die Verbrennung von Opferpapier mit dem christlichen Kult für nicht vereinbar.[37] Handlungen und Begriffe der täglichen Religionspraxis wurden diskutiert, wie Aufnahmeriten, Taufe, Salbung mit heiligem Öl, Beichte, Buße, Eucharistie, Sündenvergebung, Neuer Bund etc.[38] Man erkundigte sich auch über die Bedeutung und Übersetzung westlicher Bücher.[39]

Insgesamt unterstellte man den Missionaren die Absicht, das Volk in die Irre zu führen und China zu unterjochen. Ein späterer Autor faßte die Situation nach den Darstellungen des Ausländerfeindes YANG GUANGXIAN so zusammen:

> „Hier sehet ihr den Gott der Europäer an ein Kreuz genagelt, weil er sich hat zum Könige der Juden machen wollen. Dieses ist der Gott, den sie anrufen, um die Absicht zu befördern, die sie gefaßt haben, und welche darinnen besteht, daß sie sich zu Herren über China machen wollen."[40]

Das Christentum galt daher nach einheimischem Verständnis als abwegige, häretische Doktrin, genannt *jiaoxue* 狡學 oder *xiejiao* 邪教/ *miosihon tacin*, und damit als staatsschädigende Irrlehre[41], und dies im Unterschied zu den Missionaren, die ihren Glauben als *zhengjiao* 正教, als „richtige", orthodoxe Lehre[42] bezeichneten.

Man argwöhnte, daß die christliche Lehre zur geistigen Überfremdung Chinas führe und daher in den Gesichtskreis der kontrollierenden Staatsorgane gehöre. Auch hielt man sie für eine Wurzel von möglichen Rebellions-

---

[36] Dok. I., [18., 142., 144.] in Teil 5.2.

[37] Dok. I., [47. - 49., 65., 116., 142.- 144.] in Teil 5.2.

[38] Dok. I., [16., 17., 20., 41.-45., 48. 51., 85., 136., 142., 143., 146.] in Teil 5.2.

[39] Dok. I., [40.] in Teil 5.2.

[40] *Allgemeine Historie*, Bd. 6 (1750), S. 401.

[41] Dok. I., [5., 8., 25., 35., 48., 50., 85., 108., 124., 131., 142., 146.] in Teil 5.2.

[42] Dok. I., [17., 35., 48., 109., 116., 146.] in Teil 5.2.

ideologien[43], ein Verdacht, der bereits seit P. MATTEO RICCI kursierte.[44] Gewarnt durch historische Ereignisse, abgeschreckt durch staatszersetzende religiöse Unruhen, die Bewegungen wie die Weiße Lotos-Sekte oder die Roten Turbane hervorgebracht hatten, wollte man perspektivisch Unheil vorbeugen. Man befürchtete, das Christentum könne wegen der Überlegenheit der Missionare in Sachen Naturwissenschaften auch die höheren Schichten vollends erreichen und sich zu einem Nährboden für gefährliche Aufstände und Umwälzungen entwickeln. Wahrscheinlich beherrschte die chinesischen Obrigkeit dabei weniger religiöse Intoleranz gegen die fremde Lehre als das Trauma eines möglichen dynastischen Zerfalls, d. h. die Furcht vor der Vorbereitung einer Rebellion gegen die Herrschaft des kaum erst zwei Jahrzehnte in Beijing fest etablierten Fremdvolkes der Manjuren. Man interpretierte die Verbreitung des Christentums als Anbahnung einer Verschwörung zum Sturz der Dynastie und verdächtigte die Missionare der geheimen Verbindung zu der eroberungsbereiten Seemacht der Portugiesen in Macao.[45] Die Ankläger argwöhnten, die Fremden beabsichtigten insgeheim, wie im Falle von Macao, Indien oder den Philippinen, Teile von China zu annektieren, Stützpunkte zu schaffen und danach das Land zu kolonisieren.

Dabei betonten P. SCHALL und seine Mitstreiter mehrfach, daß das Christentum keine Geheim- oder Irrlehre sei und daß die Missionare niemals die Absicht hegten, Rebellionen vorzubereiten oder das Land zu kolonisieren. Sie seien in guter Absicht nach China gekommen, allein um den Glauben zu verbreiten.[46]

Auch habe der Kaiser die Missionierung angeblich nicht verboten, was sich jedoch nicht leicht belegen ließ.[47] Weitere Fragen galten den Inschriftentexten des Kaisers zu Ehren Schalls, der angeblich nur wegen seiner astronomischen und kalendarischen Kenntnisse Lob und Zuneigung des Kaisers empfangen habe.[48]

---

[43] Dok. I., [10., 30., 35., 41., 43., 50., 51., 65., 66., 90., 124., 142.] in Teil 5.2. Siehe die Zusammenfassung bei GEORGE WONG (1962).

[44] Dok. I., [68.] in Teil 5.2.

[45] Siehe Teil 5.2 und 5.3; VÄTH, S. 301-303; *Zhengjiao fengbao*, S. 44a; FU LO-SHU (1955), S. 76.

[46] Dok. I., [25., 131., 146.] in Teil 5.2.

[47] Dok. I., [109., 146.] in Teil 5.2.

[48] Dok. I., [109., 144.] in Teil 5.2.

Die inzwischen erbauten Kirchen – 3 in *Beijing* und 27 in den Provinzen – wurden vom Gericht als Angriffs- und Sammelpunkte beginnender Aufruhr bezeichnet, die bereits jetzt fremde Seefahrer aufnähmen und mit Geldspenden operierten. Man behauptete, von Europäern zu wissen, die widerrechtlich in die portugiesisch beherrschte Region Macao zurückgekehrt seien nur in der Absicht, um für P. SCHALL Personen anzuwerben, die weitere Stützpunkte für den Umsturz des Reiches einrichteten. P. SCHALL erwiderte nur, er habe weder Anweisung zum Kirchenbau gegeben noch Europäer ins Land gerufen. Die Missionare erklärten:

„Yang Guangxian warf uns Rebellionsvorbereitung vor, doch dazu müßte man über Soldaten und Pferde sowie Getreide und Geld verfügen. Nun ist es 80 Jahre her, daß Europäer ihre Heimat und ihr Zuhause verließen und nach einer Überfahrt von mehr als 90 000 Meilen ohne Söhne, Frauen oder Brüder nach China kamen. Sie wurden in Europa geboren und werden in China sterben. Welchen Beweis gibt es, einen Umsturz zu planen? Auch heißt es in unserer Schrift, daß die Menschen ihren Herrscher verehren, mit allen Kräften Pietät üben sowie Nahrung und Gelder spenden sollen. Wie kann man uns der Stiftung von Umstürzen verdächtigen?"[49]

SCHALL wurde der Agententätigkeit im Landesinneren beschuldigt, und das Gericht erhob den Vorwurf, er habe während seiner Aufgabe als Kalendermacher die Provinzen bereist, nur um bei solcher Gelegenheit Gleichgesinnte zu gewinnen. SCHALL antwortete, als er das Land besuchte, habe er weder über die Ausbreitung der christlichen Lehre noch über sonstige Unternehmen verhandelt.

Als man das Christentum als eine rebellionsfördernde Geheimlehre bezeichnete, erklärten die Missionare, daß sie ihre Andachten öffentlich, am hellichten Tag und nicht heimlich wie die Anhänger einer Geheimlehre praktizierten. Zudem richte man sich nach den Zehn Geboten, die die Menschen zu vorbildlichem Handeln anleiteten, was in einer Irrlehre undenkbar sei.

Man nahm Anstoß an der Verbreitung der christlichen Religion in Form von Gemeindezusammenkünften, Predigten, Taufen, Versammlungen. Auch in den Geldspenden höherer Kreise etc. sah man eine Gefahr für die überkommene Ordnung. Man argumentierte, die Fremden handelten der chinesischen Tradition zuwider, und die Kirchen verstießen gegen kaiserliche Anweisungen, indem dort Weihrauch angezündet wird und jährlich mehr als 60-mal Glaubens-

---

[49] Dok. I. [131.] in Teil 5.2.

versammlungen abgehalten werden. P. SCHALL gab zur Antwort, daß jährlich etwa 200 neue Sympathisanten viermal monatlich seine Kirche besuchten, um die Lehre des Himmelsherrn zu hören und an dortigen Zeremonien teilzunehmen. Dem Gericht ging es weiter um die Frage, ob man bereits beim Eintritt in die Kirche eine Geldsumme zu entrichten habe, was die Angeklagten verneinten. Sie gaben an, beim Gottesdienst nur Sammlungen zu veranstalten, um das eingenommene Geld später an die Armen zu verteilen. Dabei erwähnte man auch, daß die Kirche den Gläubigen das chinesische Ritual der Ahnenverehrung untersagt habe, bei dem man zu Ehren der Vorfahren Papiergeld verbrennt.

In ihren schriftlichen Äußerungen verdächtigte man die Fremden der Anmaßung bezüglich der Anwendung chinesischer alteingesessener Bezeichnungen und hoher Begriffe, die nur dem Kaiser zustanden. Man argwöhnte, sich durch den Gebrauch solcher Wörter Vorteile verschaffen zu wollen.[50] Wenn in christlichem Kontext Zitate aus den chinesischen kanonischen Schriften, wie *Shujing* 書經 und *Mengzi* 孟子, erscheinen, vermerkte man dies als einen Versuch unberechtigter Aufwertung der katholischen Lehre.

Außer den Verfasser der oben genannten Schrift *Tianxue chuan'gai* und die europäischen Missionare gerieten auch andere Beteiligte in den Prozeß der Befragung, so der Verfasser des Vorwortes (78)XU ZHIJIAN[51] zu seinem Verhältnis zum Christentum[52] und zur Reaktion des Ausländerfeindes (7)YANG GUANGXIAN[53]. Bei P. SCHALLs Vernehmung kam man auch auf die anfängliche Förderung durch den Kaiser[54] zu sprechen und seine späteren Bemühungen, von der Direktorenstelle des Astronomischen Amtes zurückzutreten.[55] Der zum Christentum konvertierte (77)XU QIAN bestätigte die kaiserlichen Ehrungen und die Stiftungen für 2 Kirchen.

Man diskutierte über Art und Weise der Glaubensverbreitung in den Provinzen[56], über Kirchenbau[57] und dessen Finanzierung durch die ein-

---

[50] Dok. I., [10., 25., 26., 110., 113., 144.] in Teil 5.2.

[51] Dok. I., [8., 9., 10., 118., 120., 121.] in Teil 5.2.

[52] Dok. I., [11., 12., 119.] in Teil 5.2.

[53] Dok. I., [13.] in Teil 5.2.

[54] Dok. I., [35., 96., 142.] in Teil 5.2.

[55] Dok. I., [135.] in Teil 5.2.

[56] Dok. I., [31.- 33., 35.- 39., 48.] in Teil 5.2.

[57] Dok. I., [31.- 39., 44., 88., 142.] in Teil 5.2.

heimische Beamten⁽⁷⁶⁾TONG GUOQI (gest. 1684) und ⁽⁷⁹⁾XU ZUANZENG, über die regelmäßigen Zusammenkünfte von Männern und Frauen, die zeitweilig zu Verboten[58] führten, über die Rolle der Priester[59] und die Gabenverteilung an die Armen[60]. Das Gericht vermied es dabei, sich als untergeordnete Institution in kaiserliche Willensentscheidungen einzumischen oder diese gar zu kritisieren.

Bei der Verhandlungen erteilte P. SCHALL Auskunft zu unterschiedlichen Glaubensfragen, wie zur Rolle JESU, zur heiligen Ölung und Bedeutung des FUXI[61] etc., auch zu persönlichen Fragen und zu Problemen des Kalendertitels „nach neuer europäischer Methode"[62] und zu angeblich aggressiver Verbreitung des Traktats *Tianxue chuan'gai*. Mit der Mitteilung des Franziskanerpaters ⁽³³⁾ANTONIO de SANTA MARIA, er habe stets nur die reine christliche Lehre verkündet und nicht den Inhalt des Buches wiedergegeben, versuchte man, seine Verwicklung in diesen Fall abzumildern. Man verdächtigte P. SCHALL nicht nur beim Kirchenneubau[63] eine Rolle gespielt zu haben, sondern auch in geheimnisvoller Tätigkeit im Landesinneren für Glaubensmitglieder geworben und christliche Schriften und Kultobjekte verbreitet zu haben.[64] Auch war er angeblich Initiator des Traktats *Tianxue chuan'gai*[65] und versah seinen Kalender mit dem unberechtigten Zusatz „nach neuer europäischer Methode".[66] Seine Aussagen über das Wesen JESU, über die Verbrennung von Opferpapier beim Ahnenkult usw. hielt man für fragwürdig.[67] Die Bedeutung der christlichen Taufe als Schuldvergebung[68] und den Sinn der christlichen

---

[58] Dok. I., [3.-5.] in Teil 5.2.

[59] Dok. I., [35., 43.] in Teil 5.2.

[60] Dok. I., [3., 4., 6., 7., 31., 36., 47., 115., 142.] in Teil 5.2.

[61] Siehe oben und Dok. I., [45., 86., 142.] in Teil 5.2.

[63] Dok. I., [91., 142.] in Teil 5.2.

[64] Dok. I., [92., 93.] in Teil 5.2.

[65] Dok. I., [94., 97., 142.] in Teil 5.2.

[66] Dok. I., [95.] in Teil 5.2.

[67] Dok. I., [98., 99.] in Teil 5.2.

[68] [Dok. I., 100.] in Teil 5.2.

Beichte und der letzten Ölung zog man in Zweifel.[69] Die Anklage gegen SCHALL wurde schließlich in 14 Punkten zusammengefaßt.[70]

Die Missionare P. [(9)]BUGLIO, P. [(10)]MAGALHÃES und P. [(11)]VERBIEST klagte man wegen Beteiligung an der Abfassung des *Tianxue chuan'gai* an, weiterhin wegen Verkündigung von Irrlehren, Verbreitung christlicher Gegenstände und Sammlung von Spendengeldern.[71] Sie betonten, übereinstimmend mit P. SCHALL zu handeln, keiner „Irrlehre" anzugehören sowie keine Rebellionen zu planen.[72]

In ähnlicher Weise wurden einheimische Beamte eingehenden Befragungen unterzogen, so [(48)]LIU YOUTAI[73] und 5 zum Christentum konvertierte Angehörige des Astronomischen Amtes[74] sowie [(75)]PAN JINXIAO, der Diener P. SCHALLS[75], [(77)]XU QIAN[76], [(7)]YANG GUANGXIAN[77] und [(80)]YABULAN [78].

Gegenüber den Vorwürfen der Ankläger brachte SCHALLs Verteidigung nur eingeschränkte Resultate.[79] Obwohl die vorgebrachten Argumente meist unzutreffend waren und er diese im Einzelnen zu widerlegen verstand, entschied das Gericht, wie zu erwarten, zugunsten seiner Widersacher und der chinesischen Tradition. Nach Anhörung verschiedener Meinungen bezüglich der Verbreitung der christlichen „Irrlehre" fiel am Ende die Entscheidung des Kaisers indes milder aus, als die Mitglieder des höchsten Gerichts vorgeschla-

---

[69] Dok. I., [101., 102., 142., 143.] in Teil 5.2.

[70] Dok. I., [89. – 102.] in Teil 5.2.

[71] Dok. I., [103., 143.] in Teil 5.2.

[72] Dok. I., [131., 137., 138., 139.] in Teil 5.2.

[73] Dok. I., [123.] in Teil 5.2.

[74] Dok. I., [1., 14. , 16., 19., 22., 35.] in Teil 5.2.

[75] Dok. I., [107., 140., 146.] in Teil 5.2.

[76] Dok. I., [80.-81., 104., 105., 133., 141., 145.] in Teil 5.2.

[77] Dok. I., [106., 145.] in Teil 5.2.

[78] Dok. I., [53., 55., 64.- 66, 122., 125.] in Teil 5.2.

[79] Auch scheint SCHALL in einigen Fällen gegenüber Kaiser und Hofverwaltung die chinesischen Gewohnheiten nicht genügend beachtet oder respektiert zu haben; so wird ihm in Dok. VIII., S. 1026 flg., bei der Befragung zum Frühlingsbeginn als Formfehler vorgeworfen, eine sog. ‚falsche Eingabe', *huang shu* 謊疏, eingereicht zu haben.

gen hatten, so daß z.B. die Gottesbilder in den Kirchen nicht, wie vorgeschlagen, zerstört wurden.

SCHALL und seinen Mitbrüdern (9)BUGLIO, (11)VERBIEST und (10)MAGALHÃES wurde das Bleiberecht in Beijing zugestanden. Den übrigen Missionaren wurde auferlegt, in die Provinz Guangdong zu übersiedeln und in den dortigen Kirchen zu wohnen Sie wurden nicht des Landes verwiesen, jedoch streng überwacht in der Absicht, eine Weiterverbreitung des Christentums einzudämmen. Heiligendarstellungen in den Kirchen sollten entgegen den Beschlüssen früherer Instanzen nicht zerstört werden. Es wurde den Missionaren allerdings verboten, Gottesdienste abzuhalten und weiterhin Missionierung zu betreiben. Weitere Einzelheiten siehe in Teil 5.2.

3.1.2 Geomantik
Siehe die Dokumente IV., VI., XI.-XIV., XVI., XVIII.

Die zu Beginn noch unzureichenden Kenntnisse der Jesuitengelehrten in den chinesischen, oft dem einheimischen Volksglauben zuzurechnenden geomantischen und astrologischen, astronomischen und kalendertechnischen Fachbereichen führte naturgemäß zu mannigfaltiger Kritik. Auch ist zu vermerken, daß P. SCHALL die Einwilligung Roms zur Übernahme seines Direktorenamtes unter der Bedingung erhalten hatte, sich von den abergläubischen Praktiken bei der Kalendererstellung und der Geomantik fernzuhalten. Die einheimischen Fachleute hielten die europäische Naturwissenschaft, genannt *xixue* 西學/ *wargi tacihiyan*, in Teilgebieten für falsch, da mit den Grundlagen chinesischer Tradition in vielem nicht übereinstimmend. Innerhalb ihres harmonikalen Weltsystems hingen die Chinesen einer Art Retaliationsvorstellung an, einem Glauben an eine *Lex talionis*, nach der, vergleichbar mit der buddhistischen Vergeltungslehre, falsche geomantische Bestimmungen, fehlerhafte Kalenderdaten und Irrtümer bei astronomischen Berechnungen etc. als schädlich galten, da sie die himmlische Harmonie störten. All dies brächte Unheil für das Gedeihen der kaiserlichen Dynastie und das Leben des Volkes und damit Unglück für die ganze Menschheit.[80]

---
[80] JAMI, S. 50, nach YANG GUANGXIAN.

Geomantik[81] und Chronomantik, allgemein *fengshui* 風水 / *šengsin* (< *shen* 神+?) oder *kanyu* 堪輿 genannt, bedeutet nach chinesischer Tradition die regelgerecht nach topographischen und astrologischen Merkmalen zu bestimmende Lageausrichtung neu zu errichtender Bauwerke sowie Festlegung von deren Einrichtungsterminen. Besondere Beachtung galt dabei den Bauvorhaben von Mausoleen, von deren regelgerechter Ausrichtung und Terminierung das jenseitige Schicksal der Verstorbenen und indirekt auch das Glück der Nachkommen abhängig gedacht ist. Diese bis heute in China praktizierte Lehre, deren Ursprung im Dunklen liegt, wurde von den Missionaren als einheimischen Aberglauben angesehen.

Der SCHALL-Prozeß betraf einen speziellen Fall, nämlich das Geschehen um die Bestattung des jung verstorbenen Prinzen RONG, insbesondere die richtige Bestimmung der Bestattungszeit und die Positionierung der Grabanlage.[82] Da dieses Ereignis in seinen Auswirkungen die unverletzliche Integrität des Kaisertums unmittelbar betraf, wurde es vermutlich zum wichtigsten Anklagepunkt erhoben

Prinz RONG[83] war der Sohn der Lieblingskonkubine XIAN FEI 賢妃(1639-1660) und späteren 4. Kaiserin des Kaisers FULIN aus dem manjurischen DONGGO-Klan. Der vom Kaiser hochgeschätzte Sohn seiner Favoritin war am. 7. X. (12. Nov) 1657 zur Doppelstunde *chou* 丑 (1-3 Uhr) geboren und am 25. I. (25. Febr.) 1658 zur Doppelstunde *yin* 寅 (3-5 Uhr) im Alter von nur drei Monaten verstorben. Das Begräbnis wurde vom Ritenministerium auf den 27. VIII. (24. Sept.) 1658 festgesetzt, und zwar zur Doppelstunde *wu* 午 / Pferd (11-13 h)[84] – ein Termin, den die Verantwortlichen des Astronomischen Amtes

---

[81] NAVARRETE (1676), engl. (1704), siehe CUMMINS (1962), Bd. 1, S. 157:
"They are not a few who assign fortunate Places for Sepulchers; they observe the positions of the Place, that it looks towards the South, and other Circumstances that may make it have a Communication with the Dragon that they feign is under the Earth. Hence comes all Honour and Riches to their Children and posterity, and this they call Fung Xui [*fengshui*]."
Aus der Fülle der heutigentags stark angewachsenen Literatur über *fengshui* sei verwiesen auf das Werk von OLE BRUUN (2003); zu den Methoden und zur Praxis siehe de GROOT, Bd. 3; FEUCHTWANG (1974); NEEDHAM (1956), Bd. 2, S. 359-363; etc.

[82] *sindara ba* / *shan* 山; LIU XUNSHENG, S. 14.

[83] Zu den näheren Umständen siehe M. GIMM, *Der Fall Prinz Rong im Prozeß gegen den Jesuitenpater Adam Schall in den Jahren 1664/65 in China* (Sinologica Coloniensia, 36), Wiesbaden: Harrassowitz (2018,1).

[84] Richtig wäre jedoch angeblich *chen* 辰 / Drache (7-9 h) gewesen.

festgelegt hatten.⁸⁵ Diese angeblich falsche, d. h. unglückverheißende Zeitbestimmung war nach damaliger Überzeugung für den zwei bis drei Jahre später erfolgten frühen Tod der Eltern des Prinzen verantwortlich, nämlich seiner Mutter am 19. VIII. (23. Sept.) 1660 im Alter von 21 Jahren und seines Vaters, Kaiser FULIN am 7. I. (5. Febr.) 1661 im Alter von 22 Jahren..

Als Anklagepunkt brachte man im Prozeß gegen P. SCHALL vor, die Mitglieder des Astronomischen Amtes hätten bei der geomantischen Bestimmung des Grabes den Zeitpunkts, *xuanze* 選擇 / *sonjome tuwambi*, der Beisetzung nach einer wissentlich falschen Methode⁸⁶ festgelegt, so daß sich eine

---

⁸⁵ *Shunzhi shilu*, j. 121, S. 22b, Bd. 3, S. 1439. Zum Bestimmungsverfahren siehe. GIMM (2018,1), S. 29-33; HUANG YILONG, *Court Divination* (1991, 1a), S. 5. Nach NADINE AMSLER, in: Clio-online, 2018-3-045, war angeblich ein Übersetzungsfehler die Ursache der Fehlbestimmung gewesen, was m. E. nicht zu belegen ist.

⁸⁶ Es geht hier um zwei unterschiedliche Verfahren: (1.) *Zheng wuxing* 正五行 / *teksin-i* (oder *jingkini*) *sunja feten* und (2.) *Hongfan wuxing* 洪範五行 / *hông fan-i sunja feten*, von denen in dieser Zeit das erstgenannte als richtig galt. Das an 2. Stelle genannte Verfahren soll auf ein heute verlorenes Werk, *Hongfan wuxing zhuan* 洪範五行傳, des LIU XIANG 劉向 (ca. 10 v. Chr.) zurückgehen. Hierzu siehe die Ausführungen bei FU LO-SHU (1966), S. 45; – die dortige Quellenangabe, *Xichao ding'an*, ist unzutreffend:
  "The Hung-fan Wu-hsing was written by the T'ang buddhist monk, I-hsing. It was said that he *purposely* listed unlucky dates as lucky dates in hopes that the ignorant barbarians would adopt these dates as burial dates of their own rulers and so bring disaster upon their royal houses. By this means the Turks could be rendered harmless northern neighbours." Hierzu siehe a. GIMM (2018,1), S. 30-33. Ein ähnlicher Eintrag findet sich in *Keshe ouwen*, S.1b, Nachdruck S. 581. Siehe a. *Qingshi gao*, j. 45, S. 1664-1665; HUANG YILONG (1991,1a), S. 18-20.
Nach den Geheimakten, Dok. IV., S. 724, hatte die Schrift *Hongfan wuxing* jedoch nicht YIXING 一行 (683-727), sondern den *Tang*-Autor QIU YANHAN 丘延翰 (fl. Beginn d. 8. Jh.s) zum Verfasser. – Zu YIXING siehe die Biographie in *Jiu Tangshu* 舊唐書, j. 191, Neudr. Beijing, S. 5111-5113, etc. Der Index *Songshi yiwenzhi bu.fu.bian* 宋史藝文志補復編, Shanghai (1957) verzeichnet 7 seiner Werke (sämtlich verloren), von denen sich, dem Titel nach zu urteilen, 4 bis 5 auf geomantische Themen beziehen könnten.
YANG GUANGXIAN, der diese Schrift für falsch und schädlich hielt, betrachtete sie (wie in obigem Zitat) als ein Mittel, damit unerwünschten Ausländern Schaden zuzufügen:用滅蠻經之洪範五行暗害我國 *yong mieman jing zhi hongfan wuxing anhai woguo*. Man verwendete *Hongfan wuxing* als „Kodex zur Vernichtung der Barbaren, die unserem Land insgeheim Schaden zufügen"; *Bu deyi*, Nachdruck *Tianzhu jiao*, Bd. 3, S. 1258; *Xichao ding'an*, S. 60; GIMM (2018,1), S. 29-31. Ähnlich in Dok. IV. der Geheimakten, S. 725; hier S. 805, Kommentar des Ritenministers KICEBE vom 20. I. 1665:
  „Ursprünglich entstand das Werk *Hongfan wuxing* in China und wurde im Ausland verbreitet, mit der Absicht, daß die Nachkommenschaft der Barbaren ausgerottet wird, wenn sie das Werk verwenden. Da man so deren nachfolgende Generationen auszulöschen suchte, nannte man das Werk *Mieman jing* 滅蠻經 / *Man be mukiyebure ging*, ‚Kodex zur Vernichtung der Barbaren'."
Siehe auch Dok. XI., S. 1846; Dok. XIII., S. 277; Dok. XIV., S. 705; *Kangxi shilu*, j. 31, S. 4a.

unrichtige Tageszeit für das Begräbniszeremoniell ergab – ein Tatbestand, der sich unabsehbar schadenbringend für das Kaiserhaus und die Dynastie auswirke.

Über das Thema hatte sich YANG GUANGXIAN in seiner Schrift *Xuanze yi*[87] 選擇議 näher geäußert. Einen Eindruck vermittele folgender Textauszug[88]:

> „So habe ich gehört: Die Lehre der Geomantik, *yinyang* 陰陽 und der Fünf Elemente, bezieht sich allein auf die Lebenspraxis […]. Wird sie vernünftig angewendet, verwandelt sie das Unheil in Heil. Verstößt man gegen ihre Ordnung, verändert sie das Heil in Unheil. […]Die Ausrichtung des Grabes und das Jahr sowie der Monat des Begräbnisses richten sich nach den Lebenselementen des betreffenden Menschen, und bei der Entscheidung versucht man, stets vorteilhaft für ihn zu sein. Alles, was sein Schicksal beeinträchtigen kann, ist unbedingt zu vermeiden. Bei der Wahl und Weissagung nach den dazugehörigen Elementen verwendet man die Acht Schriftzeichen[89] der Geburts- und Todesdaten.
>
> Betrachtet man das Schicksal des Prinzen RONG: Er wurde im Jahr *dingyou* 丁酉 [1657] geboren, das dem Element Feuer, *huo* 火, zugeordnet ist. Wasser, *shui* 水, gilt ihm als Bedrohung. Man soll einen Monat wählen, in dem Holz, *mu* 木, gedeiht, aus dem das Feuer entsteht. Wenn man nicht zuläßt, daß Wasser das Feuer vernichtet, so entsteht Holz, und die Bedrohung ist gebannt. Nimmt man den Monat, in dem Wasser gedeiht, dann ist die Überwindung von Feuer möglich.
>
> […] Insgesamt gesehen ruft das Beerdigungsdatum des Prinzen RONG drei Bedrohungen hervor: der Monat die Bedrohung des Lebens, *shengsha* 生殺, der Tag, die vereinte Bedrohung, *dangsha* 党殺, und die Stunde das Unheil *fuyin* 伏吟. Bei den Acht Schriftzeichen gibt es kein einziges glückverheißendes. Aufgrund welchen Buches oder welcher Theorie hat man dieses Datum ausgewählt? Zum Glück hat man es für einen Prinzen verwendet, der nur wenige Monate lebte."

Nach Auffassung des Anklägers YANG GUANGXIAN hätten die Astronomen bei der Berechnung eine als falsch geltende Methode angewandt und seien

---

[87] Siehe Teil 1.4.1, Jahr 1659, 29. IV. und 1661, 20. I.

[88] *Bu deyi*, Nachdruck Bd. 3, S. 1163-1167, hier S. 1164; siehe auch die im Wortlaut etwas veränderte manjur. Fassung in Dok. IV., S. 703-708.

[89] *bazi* 八字/ *jakôn hergen*, die zyklischen Schriftzeichen des Geburts- und Todestages..

3.1 Prozeßgegenstand, Anklagepunkte

daher zu einem unrichtigen Ergebnis gelangt, was nicht nur für die jenseitige Existenz des verstorbenen Prinzen, sondern auch für das ganze Kaiserhaus als überaus unheilvoll galt.

Da P. SCHALL sich auf diesem Gebiet, das ein typisch chinesisches war, auch nicht in Ansätzen auskannte, mußte er sich ganz auf die Sachkenntnisse seiner Mitarbeiter, speziell der Experten der Abteilung der Wasseruhren / Klepsydren[90], *Louke ke* 漏刻科, verlassen. Als Präsident des Astronomischen Amtes jedoch hatte er gegenüber dem Ritenministerium, dem das Amt unterstellt war[91], die Verantwortung zu übernehmen. Er verteidigte sich mit den Worten[92]:

> „Ich verstehe nur etwas von Astronomie und Kalenderwesen. Die Überprüfung der geomantischen Bedingungen an der Grabstätte war Aufgabe von (39)DU RUYU[93]杜如預 und (60)YANG HONGLIANG[94]楊宏量 von der Abteilung Wasseruhren. Das Bestattungsdatum des Prinzen RONG, d.h. die Stunde, der Tag, der Monat und das Jahr, wurden sämtlich von diesen ausgewählt und festgelegt. Nach meiner Durchsicht [des Textes] setzte ich das Siegel darauf und brachte [das Schriftstück] zum Ministerium. Die Wahl und die Ausdeutung war deren Aufgabe. An der Bestattung des Prinzen Rong war ich so nicht beteiligt."

Diese angebliche Fehlberechnung der Begräbniszeit wurde zu einem der Hauptanklagepunkte im SCHALL-Prozeß, bei dem man den Mißgriff den zuständigen Beamten des Astronomischen Amtes und damit auch P. SCHALL als deren verantwortlichen Direktor zuwies. In Wahrheit war die Begräb-

---

[90] Teil 1.4.1, 1644, III. Monat; VÄTH, S. 207.

[91] Siehe Teil 1.4.0.

[92] Antwort vom 20. I. 1665 in den Geheimakten, Dok. IV., S. 712. Ähnlich das. auf S. 797 vom Febr. 1665:
„Antwort: Ich verstehe nur etwas von Astronomie und Kalenderverfahren. Über die Methoden der zeitlichen Wahl und Weissagung habe ich keine Kenntnisse. Die Lage des Grabes wurde immer von ihnen [den beiden vorgenannten Personen] gemeinsam gewählt und über die Daten geweissagt. Da sie mir mitteilten, daß das Ergebnis ihrer Auswahl glückverheißend sei, habe ich das Dokument mit dem Amtssiegel versehen und an das Ministerium weitergeleitet."

[93] gest. 1665; siehe in Teil 1.4.1, mehrfach ab Jahr 1665; GIMM (2018,1), S. 35.

[94] gest. 1665, damals Leiter der Wasseruhren-Abteilung, *qiehuzheng* 挈壺正; siehe in Teil 1.4.1, ab Jahr 1665.

niszeit jedoch von dem damaligen Präsidenten des Ritenministeriums ⁽⁸⁵⁾ENGGEDEI / EN'GEDE⁹⁵恩格德(fl. 1655/8) manipuliert worden. ⁹⁶ Dahinter stand die Absicht, P. SCHALL eines todeswürdigen Verbrechens zu beschuldigen und damit dem Ansehen der europäischen Astronomie Schaden zuzufügen.⁹⁷

Die ihm untergeschobene Fehlhandlung⁹⁸ der absichtlich falschen Zeitbestimmung bewertete man als sein schwerwiegendstes Delikt, *shifan chongda* 事犯重大⁹⁹, und ordnete es als Kapitalverbrechen, *mou da ni* 謀大逆, gleich Hochverrat und Majestätsbeleidigung den zehn großen Übeltaten¹⁰⁰, *shi e* 十惡, zu.

---

⁹⁵ ENGGEDEI, Manjure vom Umränderten blauen Banner, war vom V. Monat 1655 bis XI. 1658 Präsident des Ritenministeriums. Näheres siehe in Teil 1.4.1, Jahr 1656 V.

⁹⁶ Dies bestätigt ein Eintrag in den „Wahrhaftigen Aufzeichnungen" vom 21. XI. (15. Dez.) 1658, *Shizu shilu*, j. 121, S. 22b: 欽天監擇於本年八月二十七日辰時葬榮親王。禮部尚書恩格德。郎中呂朝允等誤用午時 *Qintian jian ze yu bennian bayue ershiqi ri chenshi zang Rong qinwang. libu shangshu En'gede. langzhong Lü Chaoyun deng wuyong wushi,*
„Das Astronomische Amt wählte für die Beisetzung des Prinzen Rong am 27. VIII. die Doppelstunde *chen* [7-9 Uhr] aus. Der Präsident des Ritenministeriums Enggedei, der Abteilungsleiter LÜ CHAOYUN 呂朝允 u.a. verwendeten die falsche Doppelstunde *wu*."
LÜ CHAOYUN, bisher nicht nachgewiesen, ist vermutlich der damalige Abteilungsleiter der Wasseruhren, *qiehu zheng* 挈壺正; HUCKER, Nr. 784, Rang 8A.
Dieser Sachverhalt wird durch die Äußerungen des Franziskanerpaters ⁽³³⁾ANTONIO a SANTA MARIA / LI ANDANG 利安黨 (1602-1669), einem engen Vertrauten Pater SCHALLS, bestätigt; siehe *Sinica Franciscana*, Bd. II, S. 508-510.

⁹⁷ Ausführlich hierzu siehe GIMM (2018,1), S. 28-37. – SCHALL vermerkt in *Historica*, Druck (1665), S. 221, BERNARD, S. 397, französ. Übersetzung, dort S. 396:
Dies funeralibus, quin etiam hora qua tumulo inferri debet, pro more et reverentia assignata, eaque septima matutina.
« Un jour avaitété désigné pour les funérailles, ainsi que l'heure elle-même où il devait être conduit au tombeau, selon l'usage et le respect dûs aux Princes. Cette heure était la septième de la matinée» – Dieses Kapitel fehlt bei MANNSEGG.
Nach VÄTH, S. 207:
„Der mandschurische Kultusminister En-ko-te [Enggedei], dem die Leitung der Begräbnisfeierlichkeiten zufiel, änderte eigenmächtig die Stunde und fälschte den Bericht. So wurde der Prinz zu einer ungünstigen Stunde begraben. Die Ordnung im Weltall war gestört. Unglück mußte über die Kaiserfamilie hereinbrechen."

⁹⁸ Siehe YANG GUANGXIAN, *Xuanze yi*, Nachdruck, S. 1163-1167.

⁹⁹ *Qingshi gao jiaozhu*, j. 279, S. 8634, GIMM (2018,1), S. 27.

¹⁰⁰ *Da Qing lüli* 大清律例, j. 4; HOANG (1902), S. 104-105; BOULAIS (1924), S. 29.

3.1 Prozeßgegenstand, Anklagepunkte   205

Nach der zunächst zweifachen Verurteilung zur Todesstrafe[101] wurde P. SCHALL jedoch am Ende von Vorwürfen freigesprochen; denn nach dem Wortlaut der überlieferten Prozeßakten bestritt er seine Fachkenntnisse auf dem Gebiet der Geomantik und erklärte sich daher für den Fehlgriff als nicht verantwortlich. Man führte seine Verdienste um die Kalenderberechnung an und vermerkte seine mangelnde Vertrautheit mit einheimischem Wissen. Für die fünf beteiligten, zum Christentum konvertierten Mitarbeiter[102] jedoch wurde das Todesurteil vollstreckt. Sie wurden hingerichtet, ihre Häuser und Höfe konfisziert und ihre Familienangehörigen in die Verbannung nach Ningguta deportiert. Die beiden nicht getauften Mitarbeiter[103] wurden begnadigt, einerseits wegen ihrer früheren Verdienste, anderseits aufgrund der im April 1665 erlassenen Amnestie. Alle anderen Nebenangeklagten wurden, wenn sie nicht in der Zwischenzeit verstorben waren, ihrer Ämter enthoben und zu weiteren Strafen verurteilt. Dabei wurden meist die Konvertierten verbannt und die nicht zum Christentum Übergewechselten mit Stockschlägen etc. bestraft.

3.1.3 Astronomie und Kalenderwesen[104]
Siehe die Dokumente I., III., IV. - VIII., XIX., XXI.

Bei diesem Anklagepunkt handelt es sich vorrangig um angebliche Berechnungs- und Bestimmungsirrtümer im Bereich der Astronomie, *tianwen* 天文/ *abkai šu*, und ihrer täglichen Beobachtung der Himmelsphänomene; denn

> „Die Chinesen hielten die Sternkundigen von jeher für Dolmetscher der himmlischen Gegenstände und geheime Räthe der Götter".[105]

Seiner minderen strafrechtlichen Bedeutung entsprechend umfaßte das Thema Astronomie und Kalenderwesen in Dok. I. (siehe Teil 5.2) nur die 14 Abschnitte [52.] bis [66.].

---

[101] Siehe Teil 1.6.1, Jahr 1665.

[102] Siehe Teil 4., Personen (44), (48), (53), (54), (72).

[103] Personen (39), (60).

[104] Hierzu siehe Teil 5.2.2.

[105] WERFER (1854, Vorwort), S. 47. Zu chinesischen Arbeiten zur alten Astronomie siehe die Bibliographie *Zhongguo gudai tianxiang jilu zongji* (1988).

Im damaligen Stadium des Wissens auf diesem Gebiet war die europäische Leistung der chinesischen zumindest in Teilen überlegen, und dies ganz im Gegensatz zur Situation im Altertum und Mittelalter bis etwa 1300. Wie seit den Forschungen von JOSEPH NEEDHAM allgemein bekannt, war China auf naturwissenschaftlichen und auch technischen Gebieten damals dem alten Europa weit voraus; erinnert sei hier nur an die frühen Kometenbeobachtungen des 6. Jh.s vor Chr. und an die ersten Sternkarten im 4. Jh. nach Chr. Diese Zeit der Hochblüte jedoch wurde von einer vieldiskutierten, Jahrhunderte währenden Periode verzögerter Entwicklung oder sogar Stagnation abgelöst, während der sich die europäischen Wissenschaften kontinuierlich weiterentwickelten. Anteile des alten astronomischen Wissens in China beruhten dabei auf der orientalisch-muslimischen, *huihui* 回回/ *Hôise,* Tradition, die, seit Beginn der *Yuan*-Dynastie 元 / *Monggo* um 1280 etabliert und noch in der Vorgängerdynastie der *Ming* in staatlichem Rahmen fest verwurzelt war und auch die Vorstellungswelt der beginnenden Qing-Dynastie dominierte. Wie oben in Teil 3.1.2 bemerkt, hing man dabei einer Art Vergeltungsvorstellung an, nach der falsche Aktionen in ‚außerirdischen' Bereichen, das sind astronomische Irrtümer, fehlerhafte geomantische oder kalendarische Berechnungen usw., gleichsam als Vergeltung ihren Niederschlag in staatlichem Unglück oder persönlichen Schicksalsschlägen, vorwiegend des Kaiserhauses, usw. fänden.[106]

Für das rechte Verständnis der chinesischen Astronomie und ihrer Fundamente, die in unserem Zusammenhang nur in Ansätzen berührt werden können, und besonders zu den in den Geheimakten aufgeworfenen astronomischen Fragen und Termini sind intensive Grundlagenstudien vonnöten, die nur in einer separaten Untersuchung und Publikation bewältigt werden können; denn

> „die Astronomie ist geheimnisvoll und tiefgründig, und es ist schwer, zwischen Richtigkeit des einen und Fehler des anderen zu unterscheiden."[107]

Trotz relativer Ausführlichkeit innerhalb des Aktenmaterials ist die Behandlung der Sachgebiete Astronomie und Kalenderwesen im Vergleich mit dem der christlichen Missionierung (Teil 3.1.1) und besonders dem der Chrono-

---

[106] JAMI, S. 50 etc.

[107] *abkai šu narhôn somishôn be dahame. weingge inu waka be buhiyeme girureci ojorakô*; Äußerung des Prinzen [(3)]GIYEŠU, eines der beteiligten Richter des Prozesses; siehe Dok. V. vom 29. I. 1665, S. 1407.

3.1 Prozeßgegenstand, Anklagepunkte

mantik im Fall Prinz RONG (Teil 3.1.2) im Prozeßzusammenhang von relativ untergeordneter Bedeutung.

Das von den Missionaren vertretene astronomische Weltbild Westeuropas, das die einheimischen Fachgelehrten mit ihren überkommenen Vorstellungen mehrheitlich ablehnten, war in begrenztem Maße der modernen Entwicklung angepaßt. Dennoch konnte man es im Grunde als veraltet bezeichnen, denn man war nur eingeschränkt in der Lage, die neuesten, von der Kirche inzwischen verbotenen Lehren und Erkenntnisse weiterzugeben.[108] Es handelte sich hier um die im Jahre 1543 abschließend veröffentlichte heliozentrische Theorie des NIKOLAUS KOPERNIKUS (1473-1543), die 1616 in Zusammenhang mit dem Verfahren gegen GALILEO GALILEI[109] (1564-1642) von der katholischen Kirche verboten worden war. Es zeigt sich jedoch, daß vor dem Eintreffen der Nachricht vom päpstlichen Machtspruch in China die neue Lehre den Jesuitenpatres durchaus bekannt war und noch um 1635 von ihnen erwähnt wurde, so u.a. von P. [(a3)]MICHAEL BOYM[110] S.J. (1612-1659) und zuvor von [(a27)]WENZEL PANTALEON KIRWITZER[111] S.J. (1588/90-1626). Auch P. SCHALL nannte den Namen GALILEIs noch Jahre nach dessen Verdammung, so in seinem Werk *Lifa xizhuan*[112] 曆法西傳 von 1640.[113] Um den Problemen auszuweichen, vertraten die Jesuitenastronomen manchmal die Auffassung des dä-

---

[108] J. J. L. DUYVENDAK, Rezension zu d'ELIA, *Galileo in China*, in: T'oung Pao, 38 (1948), S. 320-329, darin:
... „China, when it received western science, received it in a form that, in principle, was already antiquated. [...] 'Modern' science in China remained essentially mediaeval."
Siehe a. NEEDHAM, Bd. 3 (1959), S. 438-445; LIBBRECHT, in WITEK (1994), S. 60; ders. (1996), S. 229. Siehe a. Teil 1.2.3, Ende.

[109] Sowohl P. SCHALL wie P. [(a43)]SCHRECK / TERRENZ (siehe Teil 1.1.2) waren wahrscheinlich in Rom mit GALILEI persönlich bekannt. Dieser war in seinen Himmelsbeobachtungen seit ca. 1609 mit dem um 1600 erfundenen Teleskop von der Richtigkeit des vor fünf Jahrzehnten veröffentlichten kopernikanischen Systems überzeugt. Siehe a. Teil 1.1.1, Jahr 1583, Teil 1.3, Jahr 1626 etc.

[110] Siehe Teil 1.2.3, Jahr 1618; DEHERGNE, Nr. 107.

[111] Siehe Teil 1.2.3, Jahr 1618; DEHERGNE, Nr. 433.

[112] Siehe Teil 1.6.3 und Teil 1.2.3.

[113] Siehe a. d'ELIA (1948), S. 36-39; DUYVENDAK, S. 326.

nischen Astronomen TYCHO (TYGE) BRAHE[114](1546-1601), der mit dem sog. ägyptischen (tychonischen) System einen Mittelweg zwischen dem bibelkonformen geozentrischen (ptolomäischen) und dem heliozentrischen (kopernikanischen) Weltbild eingeschlagen hatte, wonach sich – vereinfacht gesagt – im kugelförmig gestalteten Kosmos die Sonne und der Mond um die Erde drehen, die übrigen Planeten aber um die Sonne.[115] P. SCHALL scheint versucht zu haben, das verbotene heliozentrische System des KOPERNIKUS nicht zu ignorieren; in seinem erwähnten, chinesischen Werk *Lifa xizhuan* beschreibt er alle 3 kosmologischen Auffassungen, in anderen seiner Schriften, wie *Yuanjing shuo*, *Cetian yueshuo* (siehe Teil 1.6.3), erwähnt er das tychonische System.

Die Vorwürfe gegen P. SCHALL auf astronomischem Gebiet richteten sich indes weniger gegen das von ihm vertretene europäische Wissen als gegen seine mangelnde Vertrautheit mit den chinesischen traditionellen Mehoden. In dem Text über die zehn Irrtümer, *Zhemiu shilun*[116] 摘謬十論 in der Schrift *Bu deyi* von 1656 wirft ihm sein Widersacher YANG GUANGXIAN neben Verfehlungen in seiner Amtsführung, Duldung von Mißständen und mangelhafte Kooperation mit den Mitarbeitern des Astronomischen Amtes detailliert unzureichende astronomische Kenntnisse nach chinesischer Beurteilung vor. Es ging hier meist um Themen aus der alltäglichen Praxis, mit deren Richtigstellung man dem Überlegenheitsdenken der Fremden entgegenwirken wollte. Hierzu gehören z.B.:

Fehler bei der Feststellung von drei Solarperioden und des Schaltmonats für das Jahr 1661 und falsche Verwendung der Ekliptik bei der Berechnung der Solarperioden[117],

---

[114] NEEDHAM, Bd. 3, S. 446; d'ELIA (1948), ausführlich; J. HERRMANN (1973), S. 14-17; MOESGAARD (1983), S. 255-269 etc. Siehe a. Teil 1.2.3, Jahr 1618. – Es ist zu bedenken, daß die bekannten, von P. VERBIEST geschaffenen, bis heute erhaltenen astronomischen Instrumente von *Beijing* nach den Vorbildern von TYCHO BRAHEs Observatorium Uranienborg und Stjerneborg, auf der damals dänischen, heute schwedischen Insel *Ven*, angelegt wurden; T. BRAHEs Instrumente haben sich leider nicht erhalten. – In der Enzyklopädie *Gujin tushu jicheng* 古今圖書集成, Teil *Lifa dian* 曆法典, j. 65, S. 3b, findet sich ein Diagramm des tychonischen Systems, jedoch keines des kopernikanischen.

[115] d'ELIA (1948), S. 36-39; DUYVENDAK, S. 326; NEEDHAM, Bd. 3, S. 438-445; LATTIS, S. 196-215; LIBBRECHT, in WITEK (ed.), S. 60 etc.

[116] Siehe Teil 1.4.1, Jahr 1559 V., Nachdruck, Bd. 3, S. 1169-1180.

[117] Dok. I., [52 .- 64.] in Teil 5.2.

3.1 Prozeßgegenstand, Anklagepunkte 209

Fehler bei der Berechnung der Zeit von der Wintersonnenwende bis zum Frühlingsbeginn, beim Datum der Frühlings- und Herbst-Tagundnachtgleiche und der Bewegung der Sonne in den Sommermonaten,

Fehler bei der Voraussage von Sonnen- und Mondfinsternissen und bei der Tageseinteilung in 96 Viertelstunden statt in die traditionelle der 100 *ke* 刻[118],

Fehler bei der Bestimmung der Kulminationssterne, bei der Positionsveränderung des 7. und anderer Sternenhäuser sowie bei der Festlegung des tropischen Jahres und des synodischen Monats, Verwechslung der Sterne *zi* 觜 und *shen* 參 im Sternbild Orion sowie der Scheinhimmelskörper *Rahu / luohou* 羅㬋 und *Ketu / jidu* 記都 etc.[119],

Fehler bei der Festlegung des kaiserlichen Kalenders auf nur 200 Jahre, *erbo nian li* 二百年曆 usw.[120]

Auch äußerte man sich über spezielle Fragen, wie die Einfügung eines Schaltmonats nach dem VII. oder X. Mondmonat i. J. 1661[121], über Irrtümer des Kalenders nach westlicher Manier gemäß einheimischem Urteil[122], über die oben genannte Affäre um die Kalenderaufschrift *yi xiyang xinfa*, „nach neuer westlicher Methode" von 1659-1660 und zu SCHALLs Beteiligung daran[123] sowie über (7)YANG GUANGXIAN, seine Anklagen gegen P. SCHALL, dessen Kalenderschriften und Eingaben[124] usw.

---

[118] Ein Tag besteht nach chinesischer Auffassung aus 12 Doppelstunden, *shi* 時. Davon unterteilen sich 10 *shi* in je 8 *ke* 刻; ausgenommen sind *shi* Nr. 1 und Nr. 7, die je 10 *ke* umfassen; Gesamtsumme: 100 *ke*; siehe HAVRET u. CHAMBEAU, S. 32, S. 81. Die Tageseinteilung in 96 Viertelstunden ist für das Jahr 1628 bezeugt; *Da Qing huidian* (1690), j. 161, S. 9a.

[119] Siehe a. VÄTH, S. 375; NEEDHAM, Bd. 3 (1959), S. 252.

[120] Hierzu s. Dok. III., S. 604-605; YANG GUANGXIAN, *Bu deyi*, S. 33a. Nach üblichem rituellen Gebrauch vermeidet man, von einer Endlichkeit der Dynastie zu sprechen; als Beispiel sei hier der Volksalmanach *Lin qiong xueyou lianggai benzhen* 林瓊學幼良改本真 von 1905 erwähnt, in dessen einleitendem historischen Teil, S. 3b, die Kaiser der *Qing*-Dynastie mit den Worten *da Qing huangdi yiwan nian* 大清皇帝億萬年 als für alle Zeiten herrschend glorifiziert werden. – Der Zeitraum seit dem mythischen Kaiser FUXI bis zum Ende der *Ming*-Dynastie 1644 wird auf S. 7b mit 4586 Jahren angegeben.

[121] Dok. I., [57. - 64., 67., 75.- 79., 126.] in Teil 5.2.

[122] Dok. I., [69.- 71.] in Teil 5.2.

[123] Dok. I., [69.- 74., 142., 130; 143.] in Teil 5.2.

[124] Dok. I., [69.- 79.] in Teil 5.2.

* * *

Die jährliche Erstellung des Kalenders[125] war für China eine der wichtigen staatlich geförderten Unternehmen; denn er war nicht nur für den landwirtschaftlichen Zyklus und die Bestimmung der heimischen Kultaktionen, sondern auch für die Berechnungen himmlischen Geschehens, wie Planetendaten, Sonnen- und Mondfinsternisse, Tag- und Nachtgleichen, sowie die staatlichen Rituale usw. zuständig. Der jährlich von den Behörden verteilte Kalender war eines der bedeutenden Handreichungen des Kaisers, der als Repräsentant des Himmels auf Erden pro Jahr über 300 Zeremonien auszuführen hatte, um menschliches Handeln zu harmonisieren und mit den Naturgesetzen in Einklang zu bringen. Der kaiserliche Kalender, für dessen systemgerechte Herstellung das Astronomische Amt als staatliche Behörde zuständig war, bildete damit gleichsam ein Informationsmedium zwischen der irdischen und der kosmischen Welt und zählte zu den verbreitetsten Druckerzeugnisse im Reich.[126] Struktur und Bedeutung des Systems jährlicher Kalenderpublikation im Rahmen der traditionellen Volkskultur sind bislang erst unzureichend untersucht.

Im Unterschied zum westlichen, seit 1582 gültigen gregorianischen Kalender – „ein ‚mathematischer' Kalender, der mit fiktiven mittleren Bewegungen von Sonne und Mond auskommt"[127], handelt es sich bei der chinesischen Form um einen astronomischen Kalender, „der sich nach den wahren Bewegungen der Himmelskörper richtet."[128] Der meist als Mond- oder Bauernkalender, *nongli* 農曆 / *erin forgon-i ton*, bezeichnete Jahresweiser ist, vereinfacht

---

[125] *li* 曆, *huangli* 皇曆 / *hôwangli*, seit ca. 1644 *shixian li* 時憲曆 / *erin forgon-i ton* genannt. Eine kompetente Darstellung der Unterschiede zwischen westlichem und chinesischem Kalender bietet PETER RICHTER, in: V. COLLANI u. ZETTL (2016), S. 215-234. Siehe a. MAILLA (1777), Bd. 9, S. 407, 474-475; d'ELIA, *Fonti*, Bd. 1 (1942), S. 41, No. 58; NEEDHAM, Bd. 3 (1959), S. 49, 438, 446 etc.

[126] Die große Bedeutung des Kalenders in staatlichem Gebrauch ist z. B. auch dadurch gekennzeichnet, daß auf illegale Verbreitung und mißbräuchlichen Nachdruck laut Gesetz die Todesstrafe durch Enthauptung angedroht wird und die Anzeigenden solcher Fälle mit 50 Unzen Silber belohnt werden; hierzu siehe den Vorspann des Kalenders vom Jahre 1680 (siehe hier Abb. 13): *Kin tiyan giyan yamun ci WEsimbufi forgon- i yargiyan ton-i bithe be folome arafi abkai fejergi de selgiyehe: holtome araci FAfun-i bithei songkoi sacime wambi: jafafi gercilehe niyalma de alban-i menggun susai yan šangnambi:*

[127] RICHTER, S. 216.

[128] RICHTER, S. 216.

gesagt, ein luni-solarer Kalender, eine Kombination aus Sonnen- und Mondkalender, bei dem 12 Mondumläufe mit 354 oder 355 Tagen gerechnet werden und alle 3 Jahre ein Schaltmonat, *run yue* 閏月 / *anagan-i biya*, eingefügt wird.

Seiner in den verschiedenen Perioden etwas unterschiedlichen Ausführungsart gemäß ist der chinesische Kalender gleichzeitig ein jährlicher Almanach, *tongshu* 通書, ein hemerologisches Handbuch für die Lebensführung in den für das laufende Jahr gültigen guten und schlechten Tage, bezogen auf die täglich zu bewältigenden Aufgaben.

> "the Almanack by which the whole Empire is govern'd, as well in Political as Religious respects, assigning lucky and unlucky Days for every thing they are to do. [... –] they chose days and hours for everything except eating, drinking and sinning."[129]

Offizielle Darstellungen verzeichnen 67 vom Astronomischen Amt zu behandelnde Sachthemen, angefangen bei religiösen Kulthandlungen, *jisi* 祭祀, und endend bei Zerstörung von Gebäuden und Mauern, *powu huaiyuan* 破屋壞垣.[130] Im Text berücksichtigt sind darin nicht nur die für den religiösen Zyklus benötigten Angaben und die Tabellen des täglichen Standes von Sonne, Mond und Planeten, sondern auch, in einem praktischer Teil, die Tag- und Nachtlängen, die Sonnenauf- und untergänge, die Mondphasen, die glück- und unglückverheißenden Tage sowie Wettervorhersagen und außerordentliche Ereignisse, wie Erdbeben, Himmelserscheinungen usw.[131]

> "The Kings Mathematician[...] maketh an Almanack [...] which he devideth into daies which [...] he declareth fortunate or unfortunate, to do or leave undone anything, as to take a voyage, to go out of doores, to make marriage, to bury the dead, to build, and other suchlike affaires."[132]

Die kaiserliche Kalendererstellung blickt auf eine lange Geschichte zurück, die sich mindestens bis zur Zeit des Kaisers HAN WUDI, um 104 v. Chr., zurückverfolgen läßt. Als wichtige Marksteine sind die folgenden Ereignisse zu erwähnen: Im Jahre 1267 wurde der sog. muslimische Kalender, *Huihui li* 回回

---

[129] NAVARRETE (1676), engl. (1704), siehe CUMMINS (1962), S. 190.

[130] *Da Qing huidian* (1690), j. 161, S. 9b-11a .

[131] UDÍAS (1994), S. 467.

[132] SEMEDO (1655), S. 93, n. CUMMINS (1962), S. 190.

曆, später auch *Wannian li* 萬年曆 genannt, im Auftrag des KHUBILAI KHAN / HUBILIE 忽必烈 (1215-1294) der *Yuan*-Dynastie von dem persischen Astronomen JAMĀL al-DĪN BOḴĀRĪ / ZHAMALUDING 扎馬魯丁 aus Buchara begründet.[133] Dieser brachte auch die ersten astronomischen Instrumente nach Beijing. Seitdem lassen sich muslimische Astronomen in China nachweisen. Im Jahre 1276 erhielt der bekannte einheimische Gelehrte GUO SHOUJING[134] 郭守敬 (1231-1316) den Befehl, aufgrund der Vorlagen einen nationalen Kalender zu schaffen, den man *Shoushi li* 授時曆 nannte und 1280 fertigstellte. Später wurde dieser von der 1368 beginnenden *Ming*-Dynastie übernommen, modifiziert und *Datong li* 大同曆 genannt.[135] Auch erschien in der späteren *Ming*-Zeit ein Traktat zum islamischen Kalenderverfahren, betitelt *Huihui lifa shili*[136] 回回曆法釋例. Nach einer Aussage in Dok. III., S. 501, wurde der offizielle Kalender bis zum Jahre *Chongzhen* 2 (1629) 70 Korrekturen unterworfen.

In der *Qing*-Dynastie übernahmen die Jesuitenastronomen zunächst diese Kalenderform, korrigierten jedoch etwa seit dem VIII. Monat 1644 die inzwischen aufgelaufenen Fehler.[137] Die neue seit 1645 gültige, westlich inspirierte Form erhielt den Namen *Shixian li* 時憲曆 / *Erin forgon-i hôwangli* oder *Shixian shu*[138] 時憲書. Im Zuge des Prozeßgeschehens gegen P. SCHALL wendete man sich 1665 kurzzeitig wieder der alteingessenen Methode zu, kehrte 1668 jedoch zur westlichen Ausführungsart zurück.

Bei der Kalenderherstellung wurde die Reinschrift des für das folgende Jahr bestimmten Kalenders meist am 1. des II. Monats in 4 Exemplaren dem Kaiser, dem Staatsrat, dem Ritenministerium und dem Direktor des Astronomischen Amtes zur Prüfung vorgelegt. Am 1. X. wurde das begutachtete Konzept in mehreren Exemplaren in einer besonderen, *banshuo* 頒朔 genannten Zeremo-

---

[133] *Yuanshi* 元史, Shanghai: Kaiming (1937), j. 52-55, S. 6250-6263; *Mingshi* 明史, Neudruck, H. 3, j. 37-39, S. 745-880; LIU YINGSHENG und P. JACKSON, *Chinese-Iranian Relations iii*, in: Encyclopædia iranica, London: Routledge & Kegan Paul (1982 flg.), vol. 5, Fasc. 4, S. 434-436; siehe Dok. III., S. 504.

[134] *Yuanshi*, Neudruck j. 164, S. 3845; *Chouren zhuan*, j. 25, S. 295-305.

[135] *Mingshi*, Neudruck, H. 3, j. 32-36, S. 579-743; MAILLA (1777), Bd. 9, S. 407, 474-475; d'ELIA, *Fonti*, Bd. 1 (1942), S. 41, no. 58; NEEDHAM, Bd. 3 (1959), S. 49.

[136] Siehe Quellen- und Literaturverzeichnis im Anhang.

[137] Siehe a. Teil 1.4.1., Jahr 1644, VIII. Monat.

[138] So z. B. der Kalender des Jahres 1898: *Da Qing guangxu ershisi nian shixianshu* 大清光緒二十四年時憲書.

3.1 Prozeßgegenstand, Anklagepunkte 213

nie verteilt. Die ersten der im X. oder XI. Monat gedruckten Exemplare gingen an den Kaiser und an die Behörden in feierlicher Übergabe durch den Direktor des Astronomischen Amtes.[139]

Die Publikation des Kalenders geschah sodann in bis zu fünffachen Ausführungsarten. Unter SCHALL wurde dies jedoch auf nur 2 Versionen reduziert[140]:

(1.) Die für den Kaiser bestimmte zweisprachige, chinesische und manjurische, Version[141], *yulan ben* 御覽本, in besonderer Ausstattung informierte primär über die bedeutsamsten astronomischen Ereignisse, wie die Bewegungen der 7 Gestirne (Sonne, Mond, Merkur, Mars, Venus, Jupiter, Saturn) und die Veränderungen am Fixsternhimmel.

(2.) Die zur Verteilung an die Behörden und die Untertanen bestimmte dreisprachige, manjurische, chinesische und mongolische[142] Ausgabe[143], *banxing ben* 頒行本 genannt, versah gleichzeitig die Funktion eines Volksalmanachs und wurde auch *minli* 民曆 oder *huangli* 黃曆 genannt. Sie lieferte astronomische Daten, Ephemeriden, wie die Auf- und Untergänge der Sonne für die verschiedenen Provinzen, die einzelnen Tage innerhalb des 60er und 28er Zyklus usw. An die Bedürfnisse des Volkes gerichtet bot diese Ausgabe in einem praktischen Teil Listen der Geister, die die einzelnen Tage beherrschen, Empfehlungen für die täglich notwendigen Tätigkeiten, wie Hausreinigung, Brunnengrabung, Eheanbahnung, Vertragsabschluß usw. Für diese Abteilung, fühlte sich SCHALL als Direktor des Astronomischen Amtes indes nicht zuständig.[144]

Die Anklagepunkte bezüglich der Kalendererstellung im Prozeßverfahren richteten sich meist gegen die unter P. SCHALLs Verantwortung herausgegebene Redaktion der Ausgaben mit dem Zusatz „nach der neuen westlichen

---

[139] Siehe a. Cl. v. COLLANI (1992,1), S. 365.

[140] VÄTH, S. 270-272.

[141] VÄTH, S. 270-271. RICHTER. S. 224:
„Der Kaiser erwartete für jeweils ein Jahr tägliche Angaben über den Stand von Sonne und Mond, über Monatsanfänge und Schaltmonate, schließlich auch über Verfinsterungen von Sonne und Mond."

[142] Bislang ist mir nur eine einzige mongolische Ausgabe, aus dem Jahre 1857, in der Bibliothek des Palastmuseums Beijing, bekannt geworden.

[143] VÄTH, S. 271.

[144] VÄTH, S. 274.

Methode", *an xiyang xinfa* 按西洋新法. Diesbezüglich meinte man, China habe einerseits durch diese Veröffentlichung das Gesicht verloren, da der Kalender als heimisches Handbuch in fremder Handhabung hergestellt worden sei. Auch habe SCHALL als schwerwiegendere Schuld die Dauer der Dynastie statt auf Tausende von Jahren auf nur 200 Jahre festgelegt. Zu letzterem Vorwurf konnte er allerdings nachweisen, daß er neben diesem Kalender eine Tabelle von 8000 Jahren eingereicht hatte, nämlich der 4000 vergangenen und der 4000 zukünftigen Jahre. Die ersten Instanzen der Ministerien entschieden für die chinesische Tradition und bekräftigten die von YANG GUANGXIAN vertretene alte Methode zur Kalenderberechnung. Dabei war Minister GIYEŠU der einzige der Richter, der – in dritter Instanz – zu einer erneuten Verhandlung riet, anstatt sich für die vorgeschlagene Todesstrafe einzusetzen.

Anhang:

Vorläufige Bestandsliste der erhaltenen Kalender

In der Bibliothek des Palastmuseums, *Gugong tushuguan* 故宮圖書館, von Beijing hat sich vermutlich die umfangreichste Sammlung offizieller Kalender aus der *Shunzhi*- und *Kangxi*-Zeit erhalten. Diese wurden sämtlich vom Astronomischen Amt als Palastdrucke herausgegeben.[145]

(a.) Einfache Ausgaben:

Beispiel: *Da Qing shunzhi ernian suici yiyou shixian shu* 大清順治二年[146]歲次己酉時憲書, „Kalender für die Jahre…";

    chinesische Versionen: für 1645, 2 *juan*, ab 1658 je 1 *juan*: 1662, 1663, 1664, 1665, 1666, 1667, 1668, 1669, 1670, 1671, 1672, 1673, 1674, 1675, 1676, 1678, 1679, 1684, 1685, 1686, 1688, 1692, 1696, 1698, 1702, 1703, 1705, 1708, 1709, 1714, 1722;

    manjurische Versionen: Beispiel *Daicing gurun-i ijishôn dasan-i emuci aniya niowanggiyan bonio erin forgon-i ton (-i bithe)*: je 1 *juan*, für die Jahre: 1662, 1666, 1667,

---

[145] *Qingdai neifu keshu*, S. 326-336, 503, 525. – Einzelne Kalenderjahrgänge finden sich auch in anderen Sammlungen, so im Ersten Staatlichen Aktenarchiv, *Guoli Diyi lishi dang'anguan* 國立第一歷史檔案館 und in der Chinesischen Nationalbibliothek, *Zhongguo guojia tushuguan* 中國國家圖書館, in Beijing, in der Bibliothek der Stadt Dalian (Dairen), *Dalian tushuguan* 大連圖書館 u.a. In der Chinesischen Nationalbibliothek liegen z.B. die folgenden Jahrgänge der komplexen Ausgaben vor: chines.: 1646, 1658, 1676, 1679, manjur.: 1720.

[146] Für die folgenden Jahre im Titel statt *ernian*: *sannian*, „drittes Jahr" usw. und statt *Shunzhi*: *Kangxi*.

3.1 Prozeßgegenstand, Anklagepunkte   215

1668, 1669, 1670, 1680[147], 1681, 1682[148], 1686, 1689, 1706, 1709, 1710, 1711, 1717, 1723, spätere Ausgabe 1896[149].

(b.) Komplexe Ausgaben:

Beispiel: *Da Qing shunzhi yuannian qizheng jingwei chandu shixian shu* 大清順至元年[150]七政經緯躔度時憲書, „Kalender mit den Längen und Breiten der Sieben Planeten für die Jahre…";

chinesische Versionen:, je 1 *juan*, für die Jahre 1644, 1645, 1646, 1647, 1648, 1649, 1650, 1651, 1652, 1653, 1654, 1655, 1656 1657, 1660, 1661, 1670, 1672, 1673, 1674, 1675, 1677, 1678, 1679, 1680, 1681, 1682, 1683, 1684, 1687, 1689, 1690, 1691, 1702, 1703, 1704, 1705, 1706, 1707, 1708, 1710, 1711, 1712, 1713, 1714, 1715, 1716, 1717, 1718, 1719, 1720, 1721;

manjurische Versionen: Beispiel *Daicing gurun-i ijishôn dasan-i emu aniya nadan dasan-i hetu undu yabure dulefun-i erin forgon-i ton,* 1 *juan,* fraglich.

Beispiele aus Kalendern:

Jahr 1683 bzw. 1680,
Da Qing Kangxi ershier nian qizheng jingwei chandu shixian li 大清康熙二十二年七政經緯躔度時憲曆(1683), manjurische Version: *Daicing gurun-i elhe taifin-i juwan uyuci aniya-i forgon-i yargiyan ton* (1680); Palastdruck ohne Titelblatt,

Innenseite: Dienstsiegel des Astronomischen Amtes: *Qintian jian* 欽天監 / *Gin tiyan giyan yamun-i li i-i doron.*

Druckvermerk, Copyright:

chinesische Version, Beginn, hier nach dem Kalender für 1683[151]: 欽天監奏准印造 […], manjurische Version 1680: *Kin tiyan giyan yamun ci WEsimbufi forgon-i yargiyan ton-i bithe be folome arafi abkai fejergi de selgiyehe: holtome araci FAfun-i bithei songkoi sacime wambi: jafafi gercilehe niyalma de alban-i menggun susai yan šangnambi: aikabade Kin tiyan giyan yamun-i hôwangli doron akô oci uthai holo hôwangli:*

Inhalt: S. 1: Konstellationen der 5 Planeten, S. 2: Tafel des für dieses Jahr gültigen Geisterpantheons, *aniyai enduri sei bisire bai kôwaran*; S. 3–9: Tabelle der Sonnenauf- und

---

[147] Auch in der Staatsbibliothek Berlin, Sign. Philip 1986,5; FUCHS (1966), S. 240.

[148] Staatsbibliothek Berlin, Sign. Philip 1986,6; FUCHS, S. 241.

[149] Sammlung M. GIMM.

[150] Für die folgenden Jahre im Titel statt *yuannian*: *ernian*, „zweites Jahr" usw. und statt *Shunzhi*: *Kangxi*.

[151] S. Abb. in LEIBNIZ, Neuausgabe, S. 36–37.

-untergänge in 6 Landesregionen von Mukden bis Kanton; S. 10–13: Liste der Zeiten für die 24 Solarabschnitte für 12 Regionen von Korea bis Yunnan; S. 14–52: Liste der Monatstage mit den astrologischen Prognosen nach den Tagesstunden; S. 53–55: Anhang, obere Seitenhälfte: Liste der Regierungsdevisen 1626 bis 1680 mit Zuordnung der zyklischen Zeichen, Elemente und astronomische Häuser; untere Seitenhälfte: Liste besonderer Tageskonstellationen. Letztes Blatt, S. 56: Bearbeiterliste (5 Manjuren, 9 Chinesen, 1 Europäer): ITALA, NAN HÔWAI Z'IN [南懷仁, d.i. FERDINAND VERBIEST], JARDA, ŠOO TAI KIOI, BOO ING CI, WEICENGGE, TUNJUHÔ, OMSONGGO, LIO ING CANG, SUN IO BEN, HO LO ŠU, SIOWEI WEN BING, HO GIYÔN SI, JEO TUNG.

Beispiel eines unter Leitung P. SCHALLs entstandenen Kalenders:

Jahrgang 1658, chines. Version (Exemplar der Chines. Staatsbibliothek),
Titel: *Da Qing shunzhi shiwu nian suici wuxu shixian li* 大清順治十五年歲次戊戌時憲曆, Bearbeiterliste, Zeile 1: *Cixi tongxuan jiaoshi jia erpin tongzheng shisi zhang Qintian jian yinwu Tang Ruowang lifa* 刺錫通玄教師加二品通政使司掌欽天監印務湯若望立法. P. SCHALL wird hier zusammen mit seinen Ehrentiteln als Direktor des Astronomischen Amtes aufgeführt (ähnlich in der Ausgabe 1646, Sign. 2573).

3.2 Anklage und Behörden

3.2.1 Ankläger

Hauptinitiator der Beschuldigungen gegen P. SCHALL und seine Anhänger im Astronomischen Amt sowie die Christianisierungsbestrebungen der Missionare war [(7)]YANG GUANGXIAN[152]楊光先 (1597–1669), den P. [(20)]G. GABIANI[153]S.J. (1623-1694) als „unseren Feind", *adversarius noster*, bezeichnete. Er entstammte einer Militär- und Gelehrtenfamilie aus der Provinz Anhui, Kreis *Shexian* 歙縣, die sich etwa bis zur 10. Generation zurückverfolgen läßt.[154] Manche vermuten, daß er dem islamischen Glauben anhing; andere bezeichnen ihn als orthodoxen Konfuzianer.[155] Wegen seines cholerischen Temperamentes schlug er auf Ratschluß seines Vaters nicht die traditionskonforme Beamtenkarriere ein; er wurde zunächst nur mit minderen Aufgaben betraut. Während der chaotischen Epoche des letzten *Ming*-Kaisers entwickelte er sich, von Geltungsstreben beherrscht, allmählich zu einem Exzentriker und fremdenfeindlichen Querulanten. Der Zeitgenosse PENG SUNYI 彭孫貽(1615-1673) bezeichnete ihn als einen großsprecherischen Liebhaber übertriebener Worte, *hao gaolun dayan* 好高論大言[156]. Wegen seiner Parteinahme für die einheimi-

---

[152] Die Angaben zum Geburtsjahr variieren: 1595, 1597, 1598. – *Shunzhi shilu*, j. 109, S. 4b-5a; *Qingchao wenxian tongkao*, j. 256; *Qingchao rou*, j. 1, S. 12; *Qing shigao*, j. 878, S. 8633; *Innocentia victrix* (1671), S. 18b: „yâm quãm siên"; ROUGEMONT (1673), S. 272: „Yám quám sién"; GABIANI (1673), S. 113-116, 201: „YÂM QUÁM SIÉN"; GRESLON (1672), S. 35-46, 114; VERBIEST, *Astronomia Europaea* (1687), siehe GOLVERS, S. 156: „impudens", „nequissimus", „impostor"; GOBIEN (1698); LEIBNIZ (um 1690), S. 107, 120: „Yam–quam"; BOUVET (1699), S. 79 ; *Brevis Relatio* (1701), S. 26b: „yam quam sien"; du HALDE (1735), Bd. 1, S. 541: „Yang quang sien"; deutsch, S. 420; BRUNEM, S. 140: „Yangkouansien"; *Geschichte d. kathol. Missionen* (1845), S. 67: „Yam-kam-siem"; FAVIER, S. 165; *Zhengjiao fengbao* (1894), S. 29b; BADDELEY (1919), S. 434; PFISTER, S. 174; VÄTH, S. 295-309, 327 u.ö.; JOSSON (1938), S. 113-114; FANG CHAO-YING, in: HUMMEL, Bd. 2, S. 889-892; YOUNG (1975) und (1983), S. 77-96; HUANG YILONG mehrere Beiträge; LI (2000), S. 556-558; JAMI (2012), S. 49 u.ö ; weiterhin FAN HONGYE; ELMAN; KLAUE; LIN JIAN; MENEGON; MOORTGAT; YANG XIAOHONG; ZHANG DAWEI etc.

[153] GABIANI, S. 483. Im „4. Herbstmonat 1665", nannte ihn der spanische Dominikaner [(30)] D. NAVARETE in einem Brief als einen „in der chinesischen Fehde berüchtigter [!] Name"; PRAY, Bd. 1 (1791), S. 194-195.

[154] In einer in Dok. IV., S. 696, zitierten Eingabe bezeichnet er sich jedoch als Angehöriger der Präfektur *Huizhou* 徽州 der Provinz Jiangnan mit dem bislang unklaren Amtstitel *sin an wei guan šang* (新安衛官 ?).

[155] COHEN (1963), S. 26.

[156] *Keshe ouwen*, Vorwort von 1668, S. 1b.

sche, auf islamischer Überlieferung basierende astronomische Tradition, wurde er von manchen für einen xenophoben Muslim gehalten.

Seit 1636 richtete er Eingaben an den *Ming*-Obrigkeit, in denen er seiner Meinung nach korrupte Beamte verklagte. Zunächst traf es den Zensor CHEN QIXIN 陳啟新, im Jahre 1637 neben anderen auch den Großsekretär und Günstling des letzten *Ming*-Kaisers WEN TIREN[157] 溫體仁 (gest. 1638). Die Anschuldigung des Letztgenannten brachte ihm eine Strafe von 80 Stockschlägen mit Verbannung nach Liaodong ein. Seit den 1650ger Jahren[158] war er wieder in Beijing ansässig und beschäftigte sich dort als Wahrsager und Sterndeuter. Dabei trieb er seine Angriffe weiter und drangsalierte seine Mitmenschen mit z.T. falschen oder übertriebenen Beschuldigungen.

Unter der neuen Dynastie richteten sich seit ca. 1659 seine Anklagen zunehmend auch gegen die Fremden aus Europa[159], er fand aber erst nach des Kaisers SHUNZHI Tod (1661) bei dem Regenten OBOI Gehör. So übte er 1660 Kritik an P. SCHALLS „Kalender nach westlicher Manier", *xiyang xinfa* 西洋新法, und prangerte 1664 in einer Eingabe an das Ritenministerium 10 Fehler in dieser neuen Methode an. Seit ca. 1665 konnte er mit seinen antichristlichen Angriffen gegen die fremde „Irrlehre", *xiejiao* 邪教, die letztlich ihren Ursprung in seinem Haß gegen alles Ausländische, Barbarische hatte und schließlich zum Prozeß und zur Verurteilung der Jesuiten führte, bei der Obrigkeit Erfolg verbuchen.[160] Man argwöhnte, daß er, durch Erpressungen reich geworden, in der Lage war, seine Ziele durch Bestechungen zu unterstützen; P. VERBIEST bezeichnete ihn in seinem Brief vom 1. Sept. 1666 als *calumniator*[161], „Ränkeschmied, Rechtsverdreher", und in seiner *Astronomia Europaea* von 1687 als schamlos und nichtswürdig.[162]

Auf privater Basis hatte er sich neben seiner Beschäftigung mit Sterndeuterei offenbar auch Elementarwissen in Astronomie sowie Kenntnisse in Divinationslehre und Mantik angeeignet, so daß er nach der von ihm initiier-

---

[157] D. L. POTTER, in: GOODRICH, S. 1474-1478; HUANG YILONG (1990,1), S. 18.

[158] Siehe Teil 1.4.1, Jahr 1656.

[159] Siehe Teil 1.4.1, Jahr 1659, V. Monat.

[160] G. MOORTGAT.

[161] „[…] calumniator, qui omnem hanc tragoediam excitavit […] Patrem nostrum Adamum [Adam Schall] capitalis iterum criminis accusabat"; JOSSON (1938), S. 113-114.

[162] GOLVERS, S. 156. P. JOACHIM BOUVET (1656-1730) nennt ihn in seinem einflußreichen Werk *Histoire de l'empereur* (1699), S. 79, einen Betrüger, *Imposteur*.

3.2 Anklage und Behörden 219

ten Amtsenthebung P. SCHALLs seit 1665 am Astronomischen Amt, zuletzt bis 1668 sogar als dessen Direktor eingesetzt werden konnte.[163] Wegen unzureichender Kenntnisse wurde er jedoch aus dem Amt entfernt, und es fanden neue Untersuchungen statt.[164] YANG wurde schließlich zum Tod durch Enthauptung verurteilt, jedoch wegen seines hohen Alters vom Kaiser begnadigt und unter Verlust seiner Ämter in seine Heimat zurückgeschickt.[165] Er verstarb noch im gleichen Jahr auf der Reise im November 1668.

Als wichtigste seiner Schriften sind zu nennen:
Bu deyi[166] 不得已, „Ich kann nicht anders";
    Anstoß zu dieser Sammelschrift gab das um 1663 veröffentlichte christliche Pamphlet *Tianxue chuan'gai*[167] 天學傳概;
Juxi ji[168] 距西集, „Sich dem Westen widersetzen",
    Sammelausgabe von 10 Abhandlungen (darunter auch Teile des *Pixie lun*) aus der Zeit 1660, 1661; erst kürzlich wiederentdeckt;
Pixie lun[169] 闢邪論, "Wider die Irrlehre",
    eingereicht 1657, später in *Bu Deyi* aufgenommen;
Yehuo[170] 野獲, „In der Wildnis gesammelt",
    Eingaben mit Anklagen gegen Korruption und Mißwirtschaft, Vorwort von 1637.

---

[163] Siehe Teil 1.4.2, Jahr 1665 VIII.

[164] Siehe Teil 1.4.2, Jahr 1668, Beginn, 1669.

[165] Siehe Teil 1.4.2, Jahr 1669, 11. VIII.

[166] Nachdruck in: *Tianzhujiao dongzhuan wenxian xubian*, Bd. 3, S. 1071-1332; siehe in Teil 1.4.1., Jahr 1664, 25. III.; YOUNG (1975); HUANG YILONG (1990,2), S. 6-13; MENEGON (1998), S. 313-337.

[167] Nachdruck in: *Tianzhu jiao dongchuan wenxian xubian*, Bd. 2, S. 1045-1068; siehe Teil 1.4.1, Jahr 1663, Beginn.

[168] HUANG YILONG (1990,2), S. 5-6.

[169] Nachdruck in: *Tianzhu jiao dongchuan wenxian xubian*, Bd. 3, S. 1103-1134; siehe Teil 1.4, Jahr 1657, 23. V.; HUANG YILONG (1990,2), S. 8; eine Zusammenfassung der Vorwürfe in 29 Punkten findet sich bei NAVARRETE; CUMMINS, S. 246-247.

[170] HUANG YILONG (1990,2), S. 3-5, 15; YOUNG (1975), S. 162. – Näheres zu den Schriften siehe a. in Teil 1.4.1., ab Jahr 1659 sowie in Teil 5.2.1.

Eine Reihe anderer Schriften sind verschollen.[171]

Der Reisende LORENZ LANGE[172] charakterisierte zwei Generationen später die Sachlage um YANG GUANGXIAN wie folgt:

> „Den so glücklichen Fortgang des Heiligen Evangelii hat der höllische Feind [der Teufel] verhindern wollen, wozu er einen Sineser namens Yang Kuang-hsien und einen Mohammedaner Kuri[173], alle beide in der Mathematik gelehrt, gebraucht. Dieser erstliche hat mit dem Grafen Suksaha[174], welcher einer der 4 Gouverneure des Reiches war, die 1te Klage wider den Pater Adam [Schall] geschmiedet, nämlich, daß er in der Kalenderkunst gefehlet und eine neue Religion habe einführen wollen, und unter dem Deckmantel der Religion Anlaß habe geben wollen.
> Der Kaiser K'ang-hsi war damals ein Kind. Die Gouverneure aber hatten den Pater abgesetzt und zum Tode verdammet, den Yang Kuang-hsien und Kuri ins Amt gesetztet. Es hatte aber Gott beliebet, daß als die Sentenz wider den Pater sollte vollzogen werden, in Peking die Erde gebebet hat, so hart, daß viele Gebäude eingefallen, und das Volk gerufen, die Erde gebe von der Unschuld des Paters Adam Zeugnis. Auf dieses Wunder sind alle Gefangenen aus dem Kerker losgelassen. Der Pater Adam ist nach etlichen Monaten auch losgekommen, aber bald darauf gestorben.
> Die Kalendermacherei ist bei Yang Kuang-hsien und Kuri geblieben, aber mit großen Fehlern."

In neueren Schriften versucht man, YANG GUANGXIAN nicht mehr kategorisch als Bösewicht hinzustellen, sondern sein ablehnendes Verhalten den Fremden gegenüber von seiner Erziehung und Tradition her zu verstehen.[175]

---

[171] HUANG YILONG (1990,2), S. 13-14.

[172] LANGE (1781), S. 83-84; (1985), S. 82-84. LORENZ LANGE (ca. 1690-1749) war schwedischer Herkunft und stand seit 1712 in russischen Diensten, seit 1739 Vizegouverneur von Irkutsk. Er unternahm 1715 bis 1737 sechs Reisen nach China.

[173] (a28a)KURI (manjur. „bunt"), bislang nicht identifiziert.

[174] SUKSAHA / SUKESAHA 蘇克薩哈 (gest. 1667), einer der vier Regenten, der sich durch seine antichristliche Haltung hervortat; siehe Teil 1.4.1, Jahr 1661 I.

[175] Siehe die Arbeiten von ELMAN, MENEGON, MOORTGAT, YANG XIAOHONG, ZHANG DAWEI u.a.

3.2 Anklage und Behörden

3.2.2 Richter, Minister, Protokollautoren

Als Richter höchster Instanz wirkten nach traditionellem Usus sechs hohe Würdenträger mit, darunter fünf manjurischer Herkunft, nämlich zwei jugendliche kaiserliche Prinzen, von denen einer über militärische Verdienste verfügte, drei Präsidenten der zuständigen 5 Ministerien und ein chinesischer Provinzgouverneur mit Erfahrung im Umgang mit ausländischen Missionaren. Diese sind gleichzeitig die Verfasser oder Initiatoren der Eingaben und Verhörprotokolle, aus denen sich die Geheimakten zusammensetzen. Bemerkenswert ist, daß in keiner der Biographien der Genannten eine Beteiligung an diesem Verfahren erwähnt wird. Die Bedeutung, die man dem SCHALL-Prozeß zumaß, ist aus dieser hochrangigen Leitung zu erkennen. Zum Verfahren ist indes zu bedenken, daß auf Seiten der Ankläger vermutlich nur wenige mit den einschlägigen Sachverhalten, insbesondere mit den europäischen Naturwissenschaften und der christlichen Religion, vertraut waren.

Als verantwortliche, richtende Personen wurden namentlich bekannt:

(1)ASHA[176] / ASIHA 阿思哈(< manjur. *asha*, „Militärabteilung", auch „Gürtelschmuck"), (hingerichtet 1669),
Manjure, wahrscheinlich aus dem *Fuca / Fucha* 富察-Klan aus dem Ort *Neyen / Nayin* 訥殷 vom Umränderten gelben Banner; vom VII. Monat 1662 bis zum V. Monat 1669 manjurischer Präsident des Beamtenministeriums, *Libu shangshu* 吏部尚書, im Rang 2A; zuvor 1654-1661 Vizepräsident des Justizministeriums.

(2)FUŠEO[177] / FUSHOU 富授(1643-1670), Prinz XIANQUE 顯愨親王,
aus dem *Aixin jueluo*-Klan; Sohn des HOOGE / HAOGE 豪格(1609-1648), des ältesten Sohnes des 2. Manjuherrschers HÔNG TAIJI (1592-1643); geadelt 1651. Er galt als fleißig und intelligent und als treuer Diener des Kaisers.

(3)GIYEŠU[178] / JIESHU 傑書 (1646-1697), Prinz 1. Klasse (*hošoi cin wang*) KANGLIANG 康良親王,

---

[176] *Baqi manzhou shizu tongpu*, chines. j. 26, S. 6a, manjur. Version j. 26, S. 9a; *Guochao qixian*, j. 172, S. 33a-37b; *Qingshi gao*, j. 178, S. 6341-6387; *Qingdai zhiguan nianbiao*, Bd. 1, S. 171-173.

[177] *Aixin juelo zongpu*, Bd. 1, S. 1510; *Baqi tongzhi*, I. Slg, j. 131, S. 3569, 3576; *Qingshi gao*; HUMMEL, S. 3, 280-281.

[178] *Aixin jueluo zongpu*, Bd. 2, S. 3153, 3924-3926; *Baqi tongzhi*, I. Slg., j. 129, S. 3540-3545; *Qingshi gao*, j. 216, S. 8977-8979; FANG CHAO-YING, in: HUMMEL, S. 270-271.– Nach anderer Tradition war er ein Enkel von NURHACIs 2. Sohn DAIŠAN / DAISHAN 代善(1583-1648).

aus dem *Aixin jueluo*-Klan; Urenkel des 1. Manjuherrschers NURHACI (1559-1626), Enkel von dessen 4. Sohn WAKDA / WAKEDA 瓦克達 (1606-1652), Sohn des HÔSE / HUSAI 祜塞 (1626-1646) oder des YOTO / YUETUO 岳托(1599-1639); geadelt 1659; bekannter Feldherr mit militärischen Erfolgen um 1675-1680 gegen die Rebellion der „Drei Feudalherren", *sanfan zhi luan* 三藩之亂, gegen die Aufständischen in den Provinzen Zhejiang und Fujian und 1690 gegen den *Ölöten*-Herrscher GALDAN.

(4)KICIBE[179] / QICHEBO 祁徹白 oder 奇徹柏(< manjur. *kicebe*, „fleißig"), (gest. 1674), ursprünglich dem mongolischen *Nara*-Stamm aus dem Ort Hada 哈達 zugehörig, Urenkel des KANIMU DUJUHÔ / KANIMUDUZHUHU 喀尼穆都珠瑚 vom Einfachen blauen Banner; vom II. Monat 1662 bis III. Monat 1667 manjurischer Präsident des Ritenministeriums, *Libu shangshu* 禮部尚書, im Rang 2A; zuvor 1656 bis 1662 das. Vizepräsident.

(5) LU CHONGJUN[180] 盧崇峻(gest. 1701),
Angehöriger des chinesischen Umränderten gelben Banners; vom XII. Monat 1662 bis zum II. Monat 1665 Generalgouverneur im Rang 2A der Provinz Guangdong; in dieser Funktion verantwortlich für mehrere erfolgreiche Militärmissionen und Aktionen gegen Seeräuber; zuvor Offizier der *Ming*-Dynastie. Seit 1656 Vizepräsident des Beamtenministeriums, danach Gouverneur der Provinz Guangzhou, gefolgt von LU XINGZU 盧興祖, seit 1666 Gouverneur der Provinz Henan.

(6) NIMAN[181] / NIMAN 尼滿(< manjur. *niman*, „Ziege"), (gest. 1669),
Manjure aus dem *Fuca / Fucha*-富察 Klan des Ortes *Šaji / Shaji* 沙濟 vom Umränderten gelben Banner, Enkel des YANJUHÔ / YANZHUHU 延珠瑚; vom VI. Monat 1663 bis VII. 1666 manjurischer Präsident des Justizministeriums, *Xingbu shangshu* 刑部尚書, im Rang 2A, zuvor seit 1658 Vizepräsident des

---

[179] *Baqi manzhou shizu tongpu*, chines. Version, j. 23, S. 24b, manjur. Version, j. 23, S. 36b; *Qingshi gao*, j. 180, S. 6375-6384; *Qingdai zhiguan nianbiao*, Bd. 1, S. 172-173.

[180] *Guochao qixian*, j. 152, S. 42a-44a, 5950-5951; *Manzhou mingchen zhuan*, Bd. 1, S. 965; *Qingshi gao*, j. 197, S. 7087-7091; *Qingdai zhiguan nianbiao*, Bd. 2, S. 1351-1354.

[181] *Baqi manzhou shizu tongpu*, chin. Version, j. 25, S. 4a, manj. Version j. 25, S. 6a; *Guochao qixian*, j. 43, S. 25a-26a, 3139; *Manzhou mingchen zhuan*, Bd. I, S. 993; *Qingshi gao*, j. 178; *Qingdai zhiguan nianbiao*, Bd. 1, S. 171-173.

3.2 Anklage und Behörden   223

Ritenministeriums, seit 1666 Zensor; er organisierte die Verbannungsaktionen nach Ninguta und wurde 1669 wegen mangelhafter Leistung degradiert.

Auf die beiden Prinzen gehen 12 ((4)KICEBE) und 4 ((3)GIYEŠU), auf (6)NIMAN 4 oder 5 Dokumente und auf die restlichen Ankläger, (2)FUŠEO, (1)ASHA und (5)LU CHONGJUN, jeweils 1 Schriftstück zurück. Aufgrund der Größe (982 Mskr.-Seiten) der von (3)GIYEŠU eingelieferten Dokumente wird man schließen können, daß dieser hochangesehene Prinz die Rolle des kaiserlichen Repräsentanten übernommen hatte.

3.2.3 Gerichtsinstanzen, Behörden
An den Untersuchungen und Entscheidungen über die ‚Vergehen' des Pater SCHALL und weiterer Angeklagter waren, je nach Zuständigkeit, die folgenden Behörden beteiligt[182]:

Drei Ministerien:

(1.) Ritenministerium, *Lǐbù*[183]禮部 / *Dorolon-i jurgan*.
Das Resort, traditionell zuständig für das Riten- und Kultwesen des Staates, hatte die Aufsicht über die moralische Erziehung des Volkes und seiner Institutionen. [184] Sein Aufgabenbereich umschloß auch das Gebiet des Religiösen und Außerirdischen, wozu auch jeglicher Bereich der Himmelsdeutung und -berechnung, wie Astronomie, Astrologie, sowie Geomantik, Divination etc. zählte. Da das Astronomische Amt des P. SCHALL auch diesem Ministerium unterstellt war, fanden die Verhandlungen zu einem großen Teil zunächst im Zuständigkeitsbereich dieser Behörde statt und wurden danach je nach Status der Ermittlungen dem Beamten- oder dem Justizministerium zur Entscheidung oder Weiterbehandlung zugewiesen.[185]

---

[182] Über den Instanzenweg des Strafprozesses informiert WEGGEL, S. 210-211.

[183] HUCKER, Nr. 3631, 1185.

[184] Hierzu siehe „Der Staat als Ritualisierungs- und Ordnungsinstitution", in: WEGGEL, S. 220-223; dort, S. 224: „Höchstes Rechtsgut ist die ‚Harmonie […] Bei ‚Erzverbrechen' gibt es keine Begnadigung."

[185] VÄTH, S. 309.

(2.) Beamtenministerium, L*ìbu*[186]吏部/ *Hafan-i jurgan*,
zuständig für die Ausbildung, Ernennung, Bewertung und den Unterhalt der staatlich Bediensteten.

(3.) Justizministerium, X*ingbu*[187]刑部 / *Beidere jurgan*.
Das gemäß der chines. Bezeichnung Bestrafungsministerium genannte Amt war für die Rechtsfindung, Strafzumessung und -ausführung verantwortlich. In schwerwiegenden Fällen und auf kaiserliche Anweisung wurden Entscheidungen dem Revisionsgericht, (6.) *Sanfa si*, zugewiesen.

Zwei Ministerien für Sonderfälle:

(4.) Arbeitsministerium, *Gongbu*[188]工部 / *Weilere jurgan*,
verantwortlich für staatliche Baumaßnahmen und Arbeitsbeschaffung; in unserem Falle u.a. für den Mausoleumsbau zuständig.

(5.) Kriegsministerium, *Bingbu*[189]兵部 / *Coohai jurgan*,
im Wirkungsbereich des P. SCHALL für die Herstellung von Kanonen und Granaten sowie als vorgesetzte Behörde für SCHALLs Diener [(75)]PAN JINXIAO[190] zuständig.

Weitere, an den Verfahren beteiligte Institutionen:

(6.) *Sanfa si*[191] 三法司 / *Ilan fafun-i yamun*, „Dreifache Rechtsbehörde".
Diese Institution versah die Funktion eines Revisionsgerichts oder Obersten Gerichts, das für hochrangige Entscheidungen, insbesondere für Todesurteile und Wiederaufnahmeverfahren zuständig war. Das Amt bestand aus insgesamt ca. 126 Personen, darunter 20 Prinzen, 14 hohe Würdenträger, 12

---

[186] HUCKER, Nr. 3630.

[187] HUCKER, Nr. 2590.

[188] HUCKER, Nr. 3462.

[189] HUCKER, Nr, 4691.

[190] Teil 1.4.1, 1661 1. IX.

[191] ROUGEMONT, S. 250: „Sán fá sú, Trium Judicum conventus"; le COMTE, S. 369 ; HUCKER, Nr. 4850, 5290, 5986, 7182; P. HOANG (1902), S. 173; BRUNNERT, S. 215; VÄTH (1932), S. 310; V. D. SPRENKEL, S. 48, 57, 68; BODDE, S. 116, 132, 135, 176; WEGGEL, S. 206, 210-211.

Minister, 8 hohe Offiziere und 72 hohe Beamte.[192] Beteiligt waren Vertreter des Justizministeriums, des Zensorates, *Ducha yuan*[193] 都察院 und des Amtes für juristische Überprüfung, *Dali si*[194] 大理寺. Die Leitung lag in den Händen von 6 Personen[195], nämlich den manjurischen und chinesischen Präsidenten der obengenannten 3 Ministerien (1.) bis (3.).

(7.) *Yizheng chu*[196] 議政處 oder *Huishen* 會審 / *Hebei wang beile ambasa*. Nach den Dokumenten war der vorgenannten Behörde (6.) *Sanfa si* als Beratungs- und Entscheidungsinstanz noch eine interne juristische Ratsversammlung übergeordnet, die sich aus jeweils involvierten oder beauftragten Prinzen und hohen Würdenträgern zusammensetzte.[197] Die beteiligten kaiserlichen Prinzen führten in dieser Funktion den Titel *Yizheng wang*[198] 議政王 / *hebei wang*, „Beraterprinz".

Weitere, in den Akten genannte Institutionen:

(8.) *Guozi jian*[199] 國子監 / *Gurun-i juse be hôwašabure yamun*,
Nationalakademie, Direktorium für die Erziehung der Adelssöhne.

(9.) *Tongzheng (shi) si*[200] 通政使司 / *Tung jeng sse yamun*,
Transmissionsamt, autonome Behörde für den amtlichen Schriftverkehr, zuständig für Empfang, Bearbeitung und Übermittlung von Memorialen und Throneingaben. Diese Behörde war offenbar auch für die Kontrolle von Druckschriften privater Autoren zuständig.

---

[192] VÄTH, S. 310.

[193] HUCKER, Nr. 7183.

[194] HUCKER, Nr. 5986.

[195] ROUGEMONT, S. 250: „concilium sextumviralis".

[196] HUCKER, Nr. 2937.

[197] v. d. SPRENKEL, S. 48: "advisory councils". Aus dieser Institution ging um 1730 angeblich der mächtige ‚Staatsrat', *Junji chu* 軍機處, HUCKER, Nr. 1735, hervor, bei VÄTH auch „Kronrat" genannt.

[198] HUCKER, Nr. 2939.

[199] HUCKER, Nr. 3541; in der Nähe der Ostkirche, *Dongtang* 東堂, gelegen.

[200] HUCKER, Nr. 7467. P. SCHALL war mit dieser Institution näher verbunden, da er seit dem 20. VIII. (19. Sept.) 1655 den Ehrentitel eines Direktors dieses Amtes führte; siehe Teil 1.4.1, Jahr 1655.

Oberster Gerichtsherr:

(10.) der Kaiser[201], *huangdi* 皇帝 / *hôwangdi* als oberster Richter und Priester. Entscheidungen wichtiger Verhandlungen und auch Urteile der hohen Gerichtsinstanzen, insbesondere solche, die Todesstrafen verhängten und sich gegen hohe Beamte richteten, wurden zur letztinstanzlichen Entscheidung dem Kaiser vorgelegt. Da zur Zeit des SCHALL-Prozesses Kaiser KANGXI erst 11-12 Jahre alt war, hatten die vier Regenten[202] noch die Regierungs- und Rechtsgewalt inne; der Kaiser übernahm die Herrschaft erst in seinem 15. Lebensjahr.

3.2.4 Bestrafungen

Einen Überblick über das klassische Rechtssystem bietet das *Qing*-Gesetzbuch, das 1740 unter dem Titel *Da Qing lüli* 大清律例 im Druck erschien. Eine erste, ganz auf dem *Ming*-Kodex von 1397 beruhende Fassung war bereits zwei Jahre nach der Eroberung des Reiches zusammengestellt. „Die Gesetzgebung der Ch'ing vermied von Anfang an den Fehler der Yüan, den Chinesen fremdartige Institutionen aufzuoktroyieren".[203]

In obengenanntem Werk wird das Strafensystem nach antiker Tradition in fünf Abstufungen, *wuxing* 五刑 / *sunja erun*, dargestellt.[204] Von Bestrafungen ausgenommen waren die Angehörigen des Kaiserhauses und des hohen Adels.[205]

---

[201] BAYER, *Museum Sinicum* (1733), Bd. 2, S. 198: *Hoam ty [hoangdi], titulus summae maiestatis, quo se reges Sinenses appelari volunt.* Der Kaiser und seine Familie gehörte seit jeher zu den Acht Privilegierten, *ba yi* 八議, die *supra legem* standen.

[202] OBOI / AOBAI 鰲拜 (ca. 1610-1669), SONI / SUONI 索尼 (gest. 1667), SUKSAHA / SUKESAHA 蘇克薩哈 (gest. 1667) und EBILUN / EBILONG 遏必隆 (gest. 1674); siehe Teil 1.4.1, Jahr 1661 I.

[203] WEGGEL, S. 121; s.a. GIMM (2018,1), S. 25-33 (Rezeption des chinesischen Modells).

[204] Entsprechend im Folgenden Nr. (2.) bis (6.); Überblick zum Strafensystem der fünf Grade siehe *Da Qing lüli*, j. 2, S. 1-2; danach LE COMTE (1737), S. 362; DUNNE, S. 363; BOULAIS, S. 5, 24-27; BODDE, S. 93-95 ; WEGGEL, S. 132-137, 227 u.ö.

[205] Soweit aus den Quellen ersichtlich waren, abgesehen von Ausnahmen, die Prinzen kaiserlichen Geblüts Körperstrafen nicht ausgesetzt; *Zongren fu zeli*, j. 29. Wie aus historischen Fällen bekannt, fanden bei Straffälligkeit dieser Personen in dieser Zeit u.a. die folgenden Maßnahmen Anwendung:
(1.) Absetzung, Entmachtung. – Als bekanntes Beispiel kann hier die Affäre um den als Kronprinz ausgewählten zweitältesten Sohn des Kaisers KANGXI genannt werden. Der Vater-Sohn-Konflikt zwischen Prinz YINRENG 胤礽 / YÔN CENG (1674-1725) und dem Kaiser

3.2 Anklage und Behörden 227

Die damals üblichen Strafen kann man in folgender Abstufung zusammenfassen:

(1.) Amtsenthebung, *chu* 黜 / *nakabumbi*.
Vor der eigentlichen Verurteilung kam bei Beamten meist das Verfahren der Amtsenthebung zur Anwendung. Grundsätzlich wurden in unserem Fall alle Beamte, die zum Christentum konvertiert waren, ihrer staatlichen Ämter enthoben.

(2.) Schläge mit dem leichten Bambus auf die Beine, *chi* 笞 / *saihôwadalambi* oder allgemein *tantambi*[206],

---

begann 1697 und erreichte im Oktober 1709 während der Herbstjagd in *Muran* seinen Höhepunkt, als KANGXI ihn wegen sittenwidriger Ausschweifungen und anderer Vergehen als Thronfolger absetzte und zu einer Art Hausarrest verurteilte sowie einige Beteiligte hinrichten ließ; HUMMEL, S. 924; WU (1979), S. 112-120.
(2.) Tilgung aus dem Register, *xueji* 削籍. – Degradierung des Delinquenten von einem „kaiserlichen Prinzen", *qinwang* 親王, zu einem „profanen Prinzen", *minwang* 民王.
(3.) Ablegung des gelben Gürtels, *chi huangdai* 褫黃帶. – Aberkennung der höfischen Privilegien mit Einschränkung der Versorgungsleistungen.
(4.) Ausweisung der Ehefrau, *fujin zhuihui mujia* 福晉逐回母家. – Im Fall einer straffällig gewordenen Konkubine Zurücksendung dieser in den heimatlichen Ort.
(5.) Ein besonderer Fall in diesem Zusammenhang scheint die Umwandlung der im Kindesalter nach festgelegtem Verfahren erteilten ‚Vornamen' in rufschädigende Schmähnamen, *zhuoming* 绰名, gewesen zu sein – ein Verfahren in höfischer Umgebung, über das sich in der offiziellen Historiographie naturgemäß kaum Belege finden lassen.
So benannte man den 8. Sohn des Kaisers KANGXI, Prinz YINSI 胤禩 (1681-1721), AQINA 阿其那 / AKINA, ungenau ACINA; das Wort bedeutet angeblich „wilder Hund", *ye gou* 野狗 / *indahôn*. Der 9. Sohn, namens YINTANG 胤禟 (1683-1726), erhielt den Namen SESIHEI 塞思黑 / SESHE, SISHE(< *sikari*, „Wildschwein"?), ein Wort, das angeblich „dummes Schwein", *ben zhu* 笨豬 / *ulgiyan* bedeuten soll. (S. de MAILLA, Bd. 11, S. 372: SESSAKE, d. i. *seshe + age* ?) Zur Bedeutung und den Hintergründen dieser Namen existieren mehrere Ansichten; siehe z.B. WANG ZHONGHAN 王鍾翰, *On Acina and Sishe*, in der Zeitschr. Saksaha, 3 (1999), S. 31-36. Beide Namen mit ihrer zoomorphen Symbolik scheinen indes nur eingeschränkt bestrafend gewirkt zu haben; erinnert sei hier an reguläre manjurische Namen mit ihren positiv zu wertenden Bedeutungen, wie NURHACI (1559-1626) – Bedeutung angeblich „Wildschweinfell"; ŠURHACI (1564-1611) < *šurha*, „zweijähriges Wildschwein"; YARHACI (1565-1589) < *yarha*, „Panther"; DORGON (1612-1650) < *dorgon*, „Dachs" etc.
Demgegenüber stehen Namen, die fundamentale Herabwürdigungen ausdrücken; so trugen die 8 Söhne des vorerwähnten 9. Kaisersohnes YINTANG / SESHE aus bislang unbekannten Gründen folgende Beinamen: 1. Sohn: FUSIHUN, „Miserabler", 2.: FECUHUN, „Gemeiner", 3.: UBIYADA, „Scheusal", 4.: EIMEDE, „Monstrum", 5.: HAIRAN, „Unglückseliger", 6.: DUNGKI, „Schwächling", 7.: DUSIHIYAN, „Trübseliger", 8.: EIHUN, „Idiot". Ein Sohn des 8. Sohnes YINSI, namens HONGWANG 弘旺 / HÔNGWANG, mußte sich die chines. Bezeichnung PUSABAO 菩薩保, „Bodhisattva bewahre", als Beinamen zulegen. Die Hintergründe sind unklar.

[206] Üblich war auch der Terminus *bian(da)* 鞭打 / *šusihalambi*, auspeitschen.

in 5 Abstufungen: 10 bis 50 Schläge.

(3.) Schläge mit dem schwerem Bambus auf die Rückenseite, *zhang* 杖 / *šuwarkiyalambi* oder *janglambi*,
in 5 Abstufungen: 60 bis 100 Schläge.

(4.) Zwangsarbeit, meist verbunden mit Schlägen, *tu(xing)* 徒刑 / *weilebumbi*,
in 5 Abstufungen: ½ Jahr bis 3 Jahre und 60 bis 100 Schläge.

(5.) Verbannung, auch in Sippenhaft, in 2 Stufen:
a.) Aussiedlung (ohne Familie), *liu* 流 / *falabumbi*,
in 3 Graden: in 1.000 bis 3.000 Meilen Entfernung vom Heimatort dazu meist Schläge mit schwerem Bambus;
b.) Militärdeportation, *chongjun* 充軍 / *cooha obumbi*,
Aussiedlung in gefahrvolle Grenzregionen oder Malariagebiete,
in 6 Graden: in 1.000 bis 4.000 Meilen Entfernung sowie Schläge mit dem schweren Bambus.
Meist kam hier die Verbannung nach Ningguta[207]寧古塔 (heute Ning'an 寧安) in Betracht, in eine Gegend im Südosten der heutigen Provinz Heilongjiang, südlich der Stadt Mudanjiang 牡丹江; seit ca. 1652 Garnisonsort und seit 1653 Sitz eines Militärgouverneurs, *jiang-jun* 將軍.

(6.) Todesstrafe[208], *si* 死 / *wambi*, in 3 Stufen:
a.) Erdrosselung[209] mit einem Seil, *jiao* 絞 oder *yi* 縊, *taoshou* 絞首 / *tatame wambi*,
als Verschärfung: sofortige Strangulation ohne Untersuchung und Urteilsverkündung, *li(jue) jiao* 立決絞;
b.) Enthauptung[210] mit dem Schwert, *zhan* 斬 / *sacime wambi*,

---

[207] DU HALDE, deutsche Vers. (1749), S. 38:
„Die ansehnlichsten Städte heissen [...] Ningouta, wo der Kayser eine Besatzung unterhält. Es wohnen daselbst Gouverneurs und andere zur Verwaltung der Gerechtigkeit bestimte Personen. Dahin werden die Uebelthäter ins Elend verwiesen. [...] Die Luft ist daselbst sehr kalt. Das Land ist mit Bergen und Wäldern angefüllet."

[208] BODDE, S. 76-104; GIMM (2018,1), S. 21-23.

[209] Siehe a. Teil 1.4.2, Jahr 1665, 7. II.

[210] BENOIST, *Denkwürdigkeiten* (1783), S. 337:
„Geköpft werden, ist in Sina ein schimpflicher Tod, weil die Theile vom Körper getrennt werden; im Gegentheil gilt das Erdrosseln an einem Pfahl, für eine sanfte, und fast ehrliche Todesart." Siehe a. Teil 1.4.2, Jahr 1665, 29. II.

3.2 Anklage und Behörden

als Verschärfung: sofortige Enthauptung ohne Urteilsverkündung, *lizhan* 立斬;
c.) Zerstückelung[211], *lingchi* 凌遲 oder *gua* 刮 / *faitarame wambi* / *vivus in partes sectus*[212].

Bei dieser Aktion wurde der Delinquent in Kreuzform festgebunden. Von den Fingerspitzen her wurden je nach Schwere des Falles meist zwischen 24 und 120 (nachweisbar sind angeblich bis zu 4.500) Körperfragmente abgetrennt. Der letzte Schnitt galt der Entfernung des Kopfes.

Der Sinn dieser Strafpraxis war, den Verbrecher sowohl für die diesseitige Restwelt wie für die zu erwartende jenseitige Welt zu entstellen und unkenntlich zu machen; denn nach dem Volksglauben wird beim Tod und der Transformation in ein Geisterwesen immer die zeitletzte körperliche Gestalt beibehalten.[213]

---

[211] Diese Strafe, die meist nicht der normalen Amnestieregelung, *she* 赦, unterlag, wurde speziell bei schwerwiegenden Verbrechen, den „10 großen Übeltaten", *shi e* 十惡, wie Anzettelung von Rebellionen, *moufan* 謀反, Hochverrat, Majestätsbeleidigung, Vatermord, Familienausrottung usw., ausgesprochen; siehe Teil 1.4.2, Jahr 1665, 29. II.; *Da Qing lüli*, j. 3, S. 1a-2b ; BOULAIS, S. 5, 24-27; DUNNE, S. 363; BODDE, S. 93-95; GIMM (2018,1), S. 22-23. Siehe GABIANI (1673), n. PRAY, Bd. 1 (1791), 193-194:
   „Dieß ist in diesem Reiche die schmerzlichst Todesart, wo sie den Verurtheilten auf ein Holz in Gestalt eines Kreutzes setzen, das sie den hölzernen Esel nennen, und ihn stückweise stimmeln [verstümmeln]. Dem Elenden zu längern Marter das Leben zu fristen verhindern sie den tödtlichen Verlust des Blutes durch glühendes Eisen, womit sie die Wunden brennen."
In der Literatur des 19. Jahrhunderts waren im Rahmen von Darstellungen ausländischer Kuriositäten auch Abbildungen chinesischer Strafaktionen populär, die in vielgestaltiger Weise anhand von Zeichnungen und Photoserien die angebliche Grausamkeit des chinesischen despotischen Systems zu belegen versuchten; siehe. z.B. *The Punishments of China illustrated by Twenty-Two Engravings, with explanations in English and French*, London: W. Bullmer (1801) etc. und aus neuerer Zeit L. CARRINGTON GOODRICH, NIGEL CAMERON (eds.), *The Face of China as seen by Photographers & Travellors 1860-1912*, New York: Aparture (1978), Abb. 89 (von 1904); Cl. WORSWICK, JONATHAN SPENCE (Eds.), *Imperial China. Photographs 1850-1912*, New York: Penwick (1978), S. 61 (Photo von 1907) etc. Bekannt sind auch die im *Musée de l'Homme* von Paris aufbewahrten diesbezüglichen Photographien. Die letztmalig i. J. 1905 praktizierte Hinrichtungsart der Zerstückelung, siehe in dem Reisebericht von LOUIS CARPEAUX, *Pekin qui s'en va*, Paris: Meloine (1913), ist auch Thema in Kap. 9 des Romans *Tanxiang xing* 檀香刑, „Die Sandelholzstrafe", von 2001 des Nobelpreisträgers MO YAN 莫言 (geb. 1955). Eine neue Publikation von T. BROOK u.a. (2008) erhebt diese chinesische Hinrichtungsform auch wieder zum Thema.

[212] ARSI, Jap-Sin. 104, S. 185b; CHAN (2002), S. 155.

[213] BODDE, S. 95-97.

Zum Tode verurteilt wurden neben P. (8)SCHALL und sein Diener (75)PAN JINXIAO 12 chinesische Astronomen.[214] Es wurden jedoch nur 7 Personen exekutiert[215]; 5 wurden wegen früherer Verdienste davon freigesprochen. Auch das Todesurteil durch a.) Erdrosselung, später verschärft durch c.) Zerstückelung für P. SCHALL wurde aufgehoben.

Weitere Strafarten:

(7.) Anlegen des Holzkragens, auch genannt *Kang*[216], *jia (hao)* 枷號 / selhen; für die Dauer ab 1 Monat.

(8.) Konfiszierung von Eigentum[217], *ruguan* 入官.

(9.) Sippenhaftung, Familienverbannung,
meist in Verbindung mit anderen Strafen (4.) bis (6.).[218]

Einzelheiten zum Prozeßverlauf und Details zur Gerichtsstruktur sind uns leider nur eingeschränkt bekannt, denn die Geheimakten vermitteln keine detaillierte Schilderung des Verfahrens.[219] In seinen Aufzeichnungen erwähnt P.(22)ADRIEN GRE(S)LON[220](1618-1696), daß im Jahre 1665 etwa 200 Personen an

---

[214] Es handelt sich um Mitglieder verschiedener Abteilungen des Astronomischen Amtes, Tod durch b.) Enthauptung: Personen Nr. 42, 43, 45, 46, 57, Tod durch c.) Zerstückelung: Personen Nr. 39, 44, 48, 53, 54, 60, 72. (Personen siehe in Teil 4.3.2).

[215] Hingerichtet wurden die Personen Nr. 45, 48, 57, 72 durch b.) Enthauptung und Nr. 53, 54, 57 durch c.) Zerstückelung.

[216] Englisch *cangue*, portugiesisch *cango*, angeblich < kantonesisch *kangka* 扛枷; YULE, BURNELL, S. 156-157.

[217] Die Verhängung von Geldstrafen kannte man nicht.

[218] Bei der Sippenhaftung, an die sich oft die Konfiskation des Besitzes anschloß, wurden oft Angehörige mehrerer Generationen (ab die der Großeltern) hingerichtet; nach Dok. XI., S. 1847 sind dies:
„Väter, Mütter, Söhne, Enkel, ältere und jüngere Brüder. [...] Sobald sie 16 Jahre alt waren, ob hochgestellt oder arm, ob blind, lahm oder krank verdienen die Todesstrafe"; siehe a. Dok. XIV., S. 707.

[219] WEGGEL, S. 205-213; Dok. XI.

[220] seit 1656 in China, DEHERGNE, Nr. 390; siehe Teil 1.4.0, Beginn.

3.2 Anklage und Behörden

den Verhandlungen teilnahmen und in festgelegter Ordnung, vorn die kaiserlichen Prinzen, dahinter die Beamten der Ministerien in Rangfolge, nach manjurischer Gepflogenheit mit gekreuzten Beinen am Boden auf Teppichen saßen.[221]

---

[221] GRESLON (1671), S. 153-154:
   « L'Assemblée estoit composée d'environ deux cents personnes. Tout estoient assis à terre sur des tapis de Turquie, les jambes croissées l'une sur l'autre, à la façon des Tartares.»
Ähnlich beschreibt später P. BENOIST (BENOIT, 1715-1774, aus Dijon, seit 1744 in China, DEHERGNE, NR. 98) auch die Sitzhaltung des Kaisers:
   „Er saß auf Tartarisch, mit kreuzweis über einander geschlagenen Füßen, auf einem damastenen Kissen mit gelbem Grund; [...] In den Zimmern Sr. Majestät sind keine Sitze, weil derjenige, welchem sie die Gnade erweiset sich in ihrer Gegenwart zu setzen, sich auf den, mit dem Teppich bedeckten Fußboden setzt." BENOIST, Denkwürdigkeiten (1783), S. 151-152.
Bei Anwesenheit des Kaiser hatte man die adäquaten Untergebenheitsritualien auszuführen, wie die dreifache Niederwerfung und den neunfachen Kotau, sangui jiukou 三跪九叩 / ilanggeri niyakôrafi uyungderi hengkilembi.

4. Am Gerichtsverfahren beteiligte Personen

Vorbemerkung:

Die in unserem Zusammenhang erscheinenden Personennamen sind der leichteren Identifizierbarkeit halber nach Kategorien und darin nach Alphabet mit Nummern aufgeführt, z.B. (11) VERBIEST – im Text hochgestellt: (11)VERBIEST.

Für die in den manjur. Geheimakten, Dok. I. bis XXIV., dokumentierten Bestrafungen und Maßnahmen (Näheres siehe Teil 3.2.4) werden folgende Abkürzungen in spitzen Klammern verwendet:

<1> Amtsenthebung,
<2> Bestrafung mit (meist 40) leichten Stockschlägen,
<3> Bestrafung mit (meist 100) schweren Stockschlägen,
<5> Verbannung nach Ningguta, z. T. mit Verwandten,
<6a>Todesstrafe durch Erdrosselung,
<6b> Todesstrafe durch Enthauptung,
<6c> Todesstrafe durch Zerstückelung,
<7> Tragen des schweren Holzkragens,
<8> Konfiskation von Vermögen,
<9> Familien- und Sippenhaftung,
<10> Zerstörung von Privat- oder Kircheneigentum,
<11> Strafreduzierung oder Freispruch.

Im Endstadium des Prozesses waren insgesamt ca. 220 Personen beteiligt, darunter:

30 Europäer: 1 Hauptangeklagter und 3 Nebendelinquenten aus Beijing, 26 Missionare aus den Provinzen;

6 Hauptpersonen als Richter und kaiserliche Beauftragte: (1)ASHA, (2)FUŠEO, (3)GIYEŠU, (4)KICEBE, (5)LU CHONGJUN,(6)NIMAN;

1 Hauptankläger: (7)YANG GUANGXIAN;

ca. 120 einheimische Personen: 37 Mitarbeiter des Astronomischen Amtes, 9 höhere und niedere Staatsbeamte, ca. 20 Nebenangeklagte, Familienangehörige etc.,ca. 45 Personen als Zeugen,

60 nicht unmittelbar vom Prozeß betroffene Personen.

Insgesamt wurde außer für P. SCHALL und sein Diener etwa 12-mal die Todesstrafe verhängt, jedoch mehr als 5 Begnadigungen oder Strafreduzierungen ausgesprochen.[1]

4.1 Angeklagte

4.1.1 Europäische Missionare

Hauptangeklagter:

(8) SCHALL[2] von BELL, JOHANN ADAM S.J. / TANG RUOWANG 湯若望, (1592-1666),
aus Köln, seit 1623 in Beijing, Direktor des Astronomischen Amtes, zu Beginn im Rang 5A, Inhaber mehrerer zusätzlicher Ämter und hoher Ehrentitel bis Rang 1A,
Urteile: <1>, <6a>, <6b>, <6c>, <11>, <2>, <11>.

Drei Missionare aus Beijing:

(9) BUGLIO[3], LODOVICO S.J. / LI LEISI 利類思 (1606-1682),
aus Moneo, Sizilien, seit 1639 in China,
Urteile: <2>, <5>, <11>.

(10) MAGALHÃES[4], GABRIEL de S.J. / AN WENSI 安文思 (1610-1677),
aus Coïmbre, Portugal, seit 1640 in China,
Urteile: <2>, <5>, <11>.

(11) VERBIEST[5], FERDINAND S.J. / NAN HUAIREN 南懷仁 (1623-1688),
aus Pittem, Belgien, seit 1659 in China.
Urteile: <2>, <5>, <11>.

---

[1] Siehe Teil 3.2.4.

[2] Näheres siehe Teil 1.

[3] PFISTER, Nr. 80; DEHERGNE, Nr. 121; XU ZONGZE, S. 381; Teil 1.4.1, Jahr 1649.

[4] PFISTER, Nr. 88; DEHERGNE, Nr. 506; XU ZONGZE, S. 381; Teil 1.4.1, Jahr 1649.

[5] PFISTER, Nr. 338; DEHERGNE, Nr. 883; Teil 1.4.1, Jahr 1660, V.

Missionare aus den Provinzen[6]:

(12) AUGERY[7], HUMBERT S.J. / HONG DUZHEN 洪度貞(1618-1673),
aus Vienne, Frankreich, seit 1654 in China.

(13) BRANCATI[8], FRANCESCO S.J. / PAN GUOGUANG 潘國光(1607-1671),
aus Palermo, Italien, seit 1636 in China.

(14) CANEVARI[9], PIETRO S.J. / NIE BODUO 聶伯多(1596-1675),
aus Genua, Italien, seit 1631 in China.

(15) CORONADO[10], DOMINGO O.F.M./ GUO DUOMIN 郭多民 (1614-1665),
aus Spanien, seit 1655 in China.

(16) COSTA[11], INÁCIO da S.J. / GUO NAJUE 郭納爵 (1603-1666),
aus Fayal, Portugal, seit 1637 in China.

(17) COUPLET[12], PHILIPPE S.J. / BO YINGLI 柏應理(1622-1693),
aus Malines, Belgien, seit 1659 in China.

(18) le FAURE[13], JAQUES S.J. / LIU DIWO 劉迪我 (1613-1675),
aus Paris, Frankreich, seit 1656 in China.

(19) FERRARIIS[14], GIOVANNI de S.J. / LI FANGXI 理方西 (1609-1671),
aus Cuneo, Italien, seit 1640 in China.

---

[6] Hierzu siehe die Liste (mit Angabe der Provinzen) in *Innocentia Victrix* (1671), S. 41a-42b; ROUGEMONT; PFISTER, S. 175, Anm. 2.

[7] DEHERGNE, Nr. 53.

[8] DEHERGNE, Nr. 109; Teil 1.4.1, Jahr 1650 IX.

[9] DEHERGNE, Nr. 135.

[10] PFISTER, S. 175, 281; Teil 1.4.1, Jahr 1665.

[11] DEHERGNE, Nr. 212.

[12] DEHERGNE, Nr. 221; Teil 1.1.2.

[13] DEHERGNE, Nr. 458.

[14] DEHERGNE, Nr. 237.

(20) Gabiani[15], Giandomenico S.J. / Bi Jia 畢嘉 (1623-1694),
aus Nizza, Italien, seit 1659 in China.

(21) Gouvea[16], Antonio de S.J. / He Dahua 何大化(1592-1677),
aus Casal, Portugal, seit 1636 in China.

(22) Grelon (Greslon)[17], Adrien S.J. / Nie Zhongqian 聶仲遷(1618-1696)
aus Aubeterre, Frankreich, seit 1660 in China.

(23) Herdtrich[18], Christian Wolfgang S.J. / En Lige 恩理格(1625-1684),
aus Graz?, seit 1662 in China.

(24) Intorcetta[19], Prospero S.J. / Yin Duoze 殷鐸澤(1625-1696),
aus Piazza Armerina, Italien, seit 1659 in China.

(25) Jorge[20], Manuel S.J. / Zhang Manuo 張瑪諾(1621-1677),
aus Coïmbre, Portugal, seit 1655 in China.

(26) Leonardo[21], Philippe / Feilibo 費利白   O.F.M.,
aus Spanien.

(27) Lubelli[22], Andrea Giovanni S.J. / Lu Ande 陸安德 (1628-1685),
aus Lecce, Italien, seit 1647 in China.

(28) Motel[23], Claude S.J. / Mu Gewo 穆格我 (1618-1671),
aus Compiègne, Frankreich, seit 1657 in China.

---

[15] Dehergne, Nr. 344; Teil 1.4.1, Jahr 1665 III.

[16] Dehergne, Nr. 381; Teil 1.4.1, Jahr 1661.

[17] Dehergne, Nr. 390; Teil 1.4.1, Jahr 1665 III.

[18] Pfister, S. 363-366; Dehergne, Nr. 404; Teil 1.4.1, Jahr 1665 III.

[19] Dehergne, Nr. 414; Teil 1.4.1, Jahr 1665 III.

[20] Dehergne, Nr. 420; Dok. XX., dort: Zhang Maolu.

[21] Pfister, S. 175; Teil 1.4.1, Jahr 1665.

[22] Dehergne, Nr. 497.

[23] Dehergne, Nr. 572.

(29) MOTEL[24], JAQUES S.J. / MU DIWO 穆迪我 (1619-1692),
aus Compiègne, Frankreich, seit 1657 in China.

(30) NAVARRETE[25], DOMINGO FERNÁNDEZ O.F.M. / MIN MINGWO 閔明我 (1618-1689), aus Peñafiel, Spanien, seit 1655 in China.

(31) PACHECO[26], FELICIANO S.J. / CHENG JILI 成祭理(1622-1687),
aus Braga, Portugal, seit 1651 in China.

(32) ROUGEMONT[27], FRANÇOIS de S.J. / LU RIMAN 魯日滿(1624-1676),
aus Maastricht, Belgien, seit 1658 in China.

(33) SANTA MARIA[28], ANTONIO caballero a O.F.M. / LI ANDANG 利安黨 (1602-1669), aus Spanien, seit 1629 in China.

(34) SARPETRI[29], DOMINICO MARIA O.F.M. / BO MIN'E 白敏俄 (1623-1683), aus Sizilien, Italien.

(35) TORRENTE[30], STANISLAO S.J. (auch TORRETO) / QU DUDE 瞿篤德 (1616-1681), aus Orvieto, Italien, seit 1659 in China.

(36) TRIGAULT[31], MICHEL S.J. / JIN MIGE 金彌格 (1602-1667), aus Douai, Belgien, seit 1630 in China.

(37) VALAT[32] (BALAT), JEAN S.J. / WANG RUWANG 汪儒(oder 汝)望 (1614?-1697), aus Le Puy, Frankreich, seit 1651 in China.

---

[24] DEHERGNE, Nr. 573.

[25] PFISTER, S. 372 u.ö.; Teil 1.4.1, Jahr 1665 III.

[26] DEHERGNE, Nr. 601; Teil 1.4.1, Jahr 1666 II.

[27] PFISTER, Nr. 122; DEHERGNE, Nr. 724; XU ZONGZE, S. 388; Teil 1.4.1, Jahr 1665 III.

[28] PFISTER, S. 175, 312 u.ö.; ROSSO, S. 115; DUTEIL, S. 98; Teil 1.4.1, Jahr 1665 III.

[29] PFISTER, S. 175, 287.

[30] PFISTER Nr. 123; DEHERGNE, Nr. 845.

[31] PFISTER, S. 211; DEHERGNE, Nr. 849; Teil 1.4.1, Jahr 1665 III.

4.1.2 Mitarbeiter des Astronomischen Amtes

(37a) BAO YINGHUAN 鮑英煥,
Mitarbeiter, Vertreter der neuen Methode.

(38) BAO YINGQI 鮑英齊,
nach dem Prozeß gegen SCHALL Vizedirektor des Astronomischen Amtes[33],
Urteil: <1>, <11>.

(39) DU RUYU 杜如預 (gest. 1665),
aus der Abteilung der Wasseruhren, *louke ke* 漏刻科, verantwortlich für das Mausoleum des Prinzen RONG[34],
Urteile: <1>, <9>, <6c>, <8>, <9>, <11>, Freispruch wegen seiner Verdienste beim Mausoleumsbau.

(40) HUANG DAOLONG 黃道隆,
bei Prozeßbeginn bereits verstorben.

(41) JIA LIANGQI 賈良琦,
Vizepräsident des Astronomischen Amtes, vor Prozeßende bereits verstorben. Sein Sohn JIA WENYU (42) mußte seine Strafe übernehmen.

(42) JIA WENYU 賈文郁, Sohn des (41) JIA LIANGQI,
Urteile: <1>, <9>, <6b>, <11>, <2>, <5>.

(43) LI SHI 李實, Sohn des (44) LI ZUBO,
Urteile: <6b>, <11>, <2>, <5>, <9>.

(44) LI ZUBO (Taufname: JOHANNES) 李祖白, auch LI ZAIKE 李再可, RENZHEN LIZI 人真李子(gest. 1665), christlicher Konvertit,
Leiter der Sommerabteilung, *xiaguan zheng* 夏官正, Rang 6B, Autor der Schrift *Tianxue chuan'gai*[35],

---

[32] PFISTER, S. 279-283; DEHERGNE, Nr. 859.

[33] *Xichao ding'an*, S. 20.

[34] Dok. IV., S. 712; GIMM (2018,1), S. 35; Teil 1.4.1, Jahr 1665 III. u.ö.

[35] Siehe Teil 1.4., Jahr 1663 u.ö.

Urteile: <1>, <2>, <5>, <9>, <6c>, <8>, <6b>; sein Sohn (43) Li Shi mußte seine Strafe übernehmen.

(45) Liu Biyuan 劉必遠, Sohn des (47) Liu Youqing,
Urteile: <1>, <6b>.

(46) Liu Kui 劉魁, Sohn des (47) Liu Youqing,
Urteile: <6b>, <11>, <2>.

(47) Liu Youqing[36] 劉有慶,
Vizepräsident des Astronomischen Amtes, vor Prozeßende bereits verstorben; für ihn haftete seine Frau und seine Söhne.

(48) Liu Youtai (gest. 1665),
1662 Leiter einer Abteilung, *zhongguan zheng* 中官正; christlicher Konvertit,
Urteile: <1>, <9>, <6c>, <8>, <6b>.

(49) Ou Jiwu 歐吉武,
Mitarbeiter des Astronomischen Amtes,
Urteile: <1>, <11>.

(50) Pan Guoxiang 潘國祥,
ehemaliger Leiter der Frühlingsabteilung, *chunguan zheng* 春官正, bei Prozeßbeginn bereits verstorben.

(51) Sheng Ming 盛明,
bei Prozeßbeginn bereits verstorben.

(52) Si Ergui 司爾珪,
Urteile: <1>, <6c>.

(53) Song Fa 宋發 (gest. 1665),
Leiter der Herbstabteilung *qiuguan zheng* 秋官正, christlicher Konvertit,
Urteile: <1>, <9>, <6b>, <8>, <6c>.

---

[36] Name in *Keshe ouwen*, S. 1b, in Liu Youfa 劉有發 verschrieben.

4.1 Angeklagte   239

(54) Song Kecheng 宋可成 (gest. 1665),
Leiter der Frühlingsabteilung (siehe o.), christlicher Konvertit,
Urteile: <1>, <9>, <6b>, <8>, <9>, <6c>.

(55) Song Keli 宋可禮,
Mitarbeiter des Astronomischen Amtes, Bruder des Song Kecheng, Vertreter der neuen Methode,
Urteil: <1>.

(56) Song Zepu 宋澤溥,
älterer Bruder des Song Keli,
Urteile: <6b>, <11>, <2>, <5>, <9>.

(57) Song Zhe 宋哲,
Sohn des Song Fa,
Urteile: <6b>, <6c>.

(58) Tunggi (< manjur.: „Krummbein") / Tongji 佟吉,
Manjure des *Gôwalgiya* oder *Tunggiya*-Klans, zu Prozeßbeginn bereits verstorben.

(59) Xu Hu 徐瑚, Mitarbeiter, Vertreter der neuen Methode,
Urteil: <1>, später begnadigt.

Yang Guangxian 楊光賢, siehe (7), Teil 3.2.1 u.ö.

(60) Yang Hongliang[37] 楊宏量 (gest. 1665),
Aufseher in der Abteilung Wasseruhren,
Urteile: <1>, <9>, <6c>, <8>, <2>, <5>, <11>, Freispruch aufgrund seiner Verdienste um den Mausoleumsbau.

(61) Yin Kai 殷鎧,
Leiter der Abteilung Kalenderberechnung, *baozhang zheng* 保章正, christlicher Konvertit,
Urteil: <1>.

---

[37] Er war für die Bestimmung der Geomantik für das Grabmal des Prinzen Rong mitverantwortlich. Angeblich hatte er den (absichtlichen) Fehler des Ministers Enggedei bei der chronomantischen Bestimmung der Begräbniszeit des Prinzen aufgedeckt; siehe Teile 1.4.1, 3.1.2; Gimm (2018,1), S. 35.

(62) ZHANG GUANGXIANG[38]張光祥,
Mitarbeiter des Astronomischen Amtes, Vertreter der neuen Methode, während des Prozesses verstorben.

(63) ZHANG QICHUN 張其淳,
Beamter der Abteilung Zeitmessung, seit 1666 chinesischer Direktor des Astronomischen Amtes,
Urteil: <1>.

(64) ZHANG WEIYING 張衛應,
Leiter einer Abteilung für Geomantik des Astronomischen Amtes,
Urteil: <1>, später begnadigt.

(65) ZHANG WENMING 張問明,
Leiter der Abteilung Kalenderberechnung, christlicher Konvertit,
Urteil: <1>.

(66) ZHENG BIN 鄭彬,
bei Prozeßbeginn bereits verstorben, sein Sohn (67) ZHENG TIANJUN mußte für ihn einstehen.

(67) ZHENG TIANJUN 鄭天鈞, Sohn des (66) ZHENG BIN,
Urteil: <1>[39].

(68) ZHOU SHICHANG 周世昌,
bei Prozeßbeginn bereits verstorben.

(69) ZHOU SHICUI[40] 周士萃,
Urteil: <1>, später begnadigt.

(70) ZHOU SHITAI[41] 周世泰,
Urteil: <1>, später begnadigt.

---

[38] AN SHUANGCHENG (1992), S. 86.

[39] Nach Dok. XVI verurteilt zu Strafabgaben in Silber und Seidenstoffen; später freigesprochen.

[40] *Xichao ding'an*, S. 25b; AN (1992), S. 84.

[41] Angestellt in den Jahren 1660-1673; QU CHUNHAI, S. 49; *Xichao ding'an*, S. 87b; AN (1992), S. 84.

(71) ZHOU YIN[42]周胤
Vizedirektor des Astronomischen Amtes, christlicher Konvertit,
Urteil: <1>.

(72) ZHU GUANGXIAN 朱光顯,
Leiter der Winterabteilung, *dongguan zheng* 冬官正, christlicher Konvertit,
Urteile: <1>, <9>, <6c>, <8>, <6b>.

(73) ZHU TINGSHU 朱亭樞,
bei Prozeßbeginn bereits verstorben.

(74) ZUO YUNHE 左雲和,
bei Prozeßbeginn bereits verstorben.
Von den vorgenannten Personen waren die folgenden 8 christlich getauft:
[44]LI ZUBO, [48]LIU YOUTAI, [53]SONG FA, [54]SONG KECHENG, [61]YIN KAI, [65]ZHANG WENMING, [71]ZHOU YIN, [72]ZHU GUANXIAN.

Hinzu kommen noch ca. 20 Familienangehörige der Angeklagten sowie ca. 12 rangniedere Beamte als Nebenangeklagte, die hier nicht namentlich aufgeführt sind.

4.1.3 Christliche Konvertiten außerhalb des Astronomischen Amtes

(75) PAN JINXIAO[43] (Taufname: JOHANN) 潘盡孝 (gest. 1665),
Diener P. SCHALLs,
Urteile: <1>, <6b>, <3>, <5>, <11>.

(75a) PANG TIANSHOU (Taufname: ACHILLEUS) 龐天壽 (1588-1657), Eunuch.

(76) TONG GUOQI[44]佟國器, Beiname (TONG) HUIBO 佟匯白 (gest. 1684),
Urteil: Trotz YANG GUANGXIANs Beschuldigungen nicht angeklagt, vielleicht Amtsenthebung.

---

[42] *Xichao ding'an*, S. 87b; AN SHUANGCHENG (1992), S. 84.

[43] Sein Sohn, PAN SHIHONG 潘士弘, wurde später auf Anordnung des Kaisers SCHALLs Adoptivsohn oder -enkel; s. Teil 1.4.1, Jahr 1664 VIII. u.ö.; Näheres siehe PFISTER, S. 171-172, Anm. 3 .

[44] Näheres siehe Teil 1.4.1, Jahr 1664 VIII.

(76a) WANG 王 (Taufname: JOSEPH),
Eunuch.

(77) XU QIAN⁴⁵ 徐乾 oder 許謙, Beiname (XU) HESHA 許鶴沙, (Taufname: PAUL),
Manjure, im Dienst der Adelsfamilie *Bodai* 博岱 aus dem *Gôwalgiya*-Klan vom Einfachen roten Banner, Eunuch am Kaiserhof,
Urteile: <3>, <7>, <11>.

(78) XU ZHIJIAN⁴⁶ (Taufname: BASILE) 許之漸,
Beamter, später Zensor, Verfasser des Vorworts zur christlichen Schrift *Tianxue chuan'gai* 天學傳概,
Urteil: <1>.

(79) XU ZUANZENG⁴⁷ 許纘曾(Taufname: BASIL 巴西), Beiname XU HESHA 許鶴沙; hatte christliche Vorfahren,
Urteil: <1>.

(80) YABULAN⁴⁸ 雅布蘭, Manjure aus dem Gioro-Klan,
Zensor, keine Schuldzuweisung.

(81) YANG BICECI (< manjur. *bithesi*, „Schreiber" ?), angeblich Adoptivsohn (?) von P. SCHALL,⁴⁹ Übersetzungsbeamter,
Urteil: <11>.

Nach der 1. Throneingabe in Dok. I. (siehe Teil 5.2) waren außerdem 8 Beamte des Astronomischen Amtes zum Christentum übergetreten (siehe Teil 4.1.2).

---

[45] Siehe Teil 5.2.1, Dok. I. [31., 80., 141.], Dok. XVI., S. 972.

[46] Näheres siehe Teil 1.4.1, Jahr 1663, Beginn.

[47] Näheres siehe Teil 1.4.1, Jahr 1664 VIII.

[48] Näheres siehe Teil 1.4.1, Jahr 1660 V.

[49] Dok. IV., S. 709, 874.

4.2 Zeugen und andere Beteiligte

Während des Prozesses wurden etwa 60 Zeugen verhört:

4.2.1 Missionare

D. Coronado O.F.M., siehe (15),
C. Herdtrich S.J., siehe (23),
M. Trigault S.J., siehe (36),
J. Valat (Balat) S.J., siehe (37).

4.2.2 Staatsbeamte

[(1)]Asha / Asiha, siehe Teil 3.2.2 (1).

(82) Bairahô, Beamter des Ritenministeriums.

Biceci, siehe (81).

(83) Bujan (< manjur. *bujan*, „Wald") / Buyan 布顏,
vom VII. Monat 1661 bis VI. 1668 rechter manjur. Vizepräsident, vom VI. 1668 bis IX. 1669 Präsident des Ritenministeriums.

(84) Cabuhai / Chabuhai 查布海,
von II. 1662 bis I. 1667 rechter manjur. Vizepräsident des Ritenministeriums.

(85) Enggedei / En'gede[50] 恩格德 (fl. 1655/8),
Präsident des Ritenministeriums; als Gegner Schalls hatte er angeblich die Fälschung des Bestattungszeitraums für den Prinzen Rong initiiert.[51]

(85a) Fude 富德, Beamter des Ritenministeriums.

[(2)]Fušeo / Fushou, siehe Teil 3.2.2 (2).

---

[50] Näheres siehe Teil 1.4.1, Jahr 1656 V.

[51] Hierzu siehe Teil 1.4.1, Jahr 1656 u.ö.; ausführlich Gimm (2018,1), S. 33-37.

(86) GARTU, Beamter des Ritenministeriums.

(87) GE JIWEN 戈繼文, Mitarbeiter des Astronomischen Amtes.

⁽³⁾GIYEŠU / JIESHU, siehe Teil 3.2.2 (3).

(88) HAO WEINA 郝維納, Beamter des Ritenministeriums, um 1680 Präsident des Beamtenministeriums.[52]

(89) HE LUOSHU[53] 何雒書, Mitarbeiter des Astronomischen Amtes.

(90) HE QIYI[54] 何訖一, Mitarbeiter des Astronomischen Amtes.

(91) HUANG GONG[55] 黃鞏, Mitarbeiter des Astronomischen Amtes.

(92) IRGENI (IRGENE ?) (fl. 1660), Beamter des Ritenministeriums.

(93) JIA WENYING 賈文穎, Mitarbeiter des Astronomischen Amtes, Vertreter der neuen Methode.[56]

JIA WENYU, siehe (42).

(94) JIAO YINGXU 焦應旭, Mitarbeiter des Astronomischen Amtes, Vertreter der neuen Methode.[57]

(95) JIN HUAN 金煥 (?), Mitarbeiter des Beamtenministeriums.

(96) JUSAN, Beamter des Ritenministeriums.

---

[52] *Qingshi,* j. 178, S. 6360, j. 179, S. 6375 flg.

[53] *Xichao ding'an,* S. 25b.

[54] Angestellt in den Jahren 1667-1677; QU CHUNHAI, S. 49.

[55] *Xichao ding'an,* S. 87b.

[56] QU CHUNHAI, S. 49-50.

[57] *Xichao ding'an,* S. 25b; QU CHUNHAI, S. 48-50.

4.2 Zeugen und andere Beteiligte

(97) KENGTEI / KENGTE 鏗特,
von V. 1656 bis 1663 rechter Vizepräsident des Finanzministeriums.[58]

(4)KICEBE / QICHEBO, siehe Teil 3.2.2 (4).

(98) LEIHU 雷瑚, 1662 Vizepräsident des Arbeitsministeriums,
1664-1672 Vizepräsident des Finanzministeriums.[59]

(99) LI GUANGDE 李光德, Mitarbeiter des Astronomischen Amtes.

(100) LI GUANGHONG 李光宏, Mitarbeiter des Astronomischen Amtes.

(101) LI GUANGXIAN[60] 李光顯, Mitarbeiter des Astronomischen Amtes.

(102) LIANG QINGBIAO 梁清標, Beamter des Ritenministeriums.

(103) LIN QILONG 林啟隆, 1657 Vizepräsident des Arbeitsministeriums.[61]

(104) LIU BANGZHU 劉邦柱, Beamter des Ritenministeriums.

LIU BIYUAN, siehe (45).

LIU KUI, siehe (46).

(105) LIU YINGCHANG 劉應昌, Mitarbeiter des Astronomischen Amtes, Vertreter der neuen Methode.[62]

(5)LU CHONGJUN, siehe (5) und Teil 3.2.2 (5).

(106) MALA 馬喇 (< manjur. *mala*,,,Knüppel"), (gest. 1692),

---

[58] *Qingshi gao*, j. 178, S. 6350 flg., j. 180, S. 6375-6378.

[59] *Qingshi gao*, j. 178., S., 6361, j. 180, S. 6375 flg.

[60] *Kangxi shilu*, j. 28, S. 8b; *Xichao ding'an*, S. 10b.

[61] *Qingshi gao*, j. 178, S. 6351 flg., j. 197, S. 7087 flg.

[62] QU CHUNHAI, S. 49-50.

Manjure vom Umränderten roten Banner, General der Palasttruppen, 1691 bis 1692 Bannergeneral von Xi'an.

(107) MANGSE, Beamter des Justizministeriums.

(108) MUHÔRI / MUHULI 穆虎理 (< manjur. *muhôri*, „rund"), (fl. 1660), Beamter am Ritenministerium.

(109) MUJAN / MUZHAN 穆占 (< manjur. *mujan*, „Tischler"), (gest. 1683), Manjure vom Einfachen gelben Banner, General (?).

(6)NIMAN, siehe Teil 3.2.2 (6).

(110) OMOHO, Beamter des Ritenministeriums.

PAN GUOXIANG, siehe (50).

(111) SELEBU, Beamter des Ritenministeriums.

SONG KELI, siehe (55).

(112) SUN YOUBEN 孫有本, Mitarbeiter des Astronomischen Amtes, Vertreter der neuen Methode.[63]

(113) SUNTA 孫塔 (< manjur. *sunta*, „Tasche"), (gest. 1665),
Manjure vom Umränderten blauen Banner, vom III. Monat 1656 bis II. 1660 manjur. Präsident des Arbeitsministeriums.

(114) UŠAI, Beamter des Ritenministeriums.

(115) WANG CHONGJIAN[64] 王崇簡 (1602-1678),
von VI. 1658 bis XI. 1661 chinesischer Präsident des Ritenministeriums, 1661 wegen Krankheit zurückgetreten.

---

[63] QU CHUNHAI, S. 50.

[64] *Qingshi gao*, j. 178, S. 6355-6361; HUMMEL, S. 815-816. Sein Sohn WANG XI 王熙 (1628-1703) wurde durch sein vertrautes Verhältnis zu den im Sterben liegenden Kaiser FULIN / SHUNZHI bekannt; s. GIMM (2018,1), S. 57, 76-78; HUMMEL, S. 815-816.

4.2 Zeugen und andere Beteiligte

(116) WEHE / WOHE⁶⁵ 渥赫 (< manjur. *wehe*, „Stein"),
vom XII. 1658 bis I. 1662 manjur. Präsident des Ritenministeriums, Vorgänger des KICEBE (4).

(117) WEN GONGSHAN, Diener des Pater D. CORONADO (15).

XU HU, siehe (59).

(118) XU XING 徐星, Beamter des Ritenministeriums.

XU ZHIJIANG, siehe (78).

(119) XUE WENBIN⁶⁶ 薛文炳, Mitarbeiter des Astronomischen Amtes in den Jahren 1667-1688.

(120) XUE WENHUAN 薛文煥, Mitarbeiter des Astronomischen Amtes.

⁽⁷⁾YANG GUANGXIAN 楊光先, siehe (7) und Teil 3.2.1.

(120a) YANJUHÔ / YANZHUHU 延珠瑚,
vom VI. Monat 1663 bis VII. 1666 manjurischer Präsident des Justizministeriums, *xingbu shangshu* 刑部尚書, im Rang 2A, zuvor seit 1658 Vizepräsident des Ritenministeriums, seit 1666 Zensor; er organisierte die Verbannungsaktionen nach Ningu*ta* und wurde 1669 wegen mangelhafter Leistung degradiert.

(121) YANG MA'ERGU (MARCUS), Diener des Pater D. CORONADO (15).

(122) YASHAN, Beamter am Ritenministerium.

ZHANG GUANGXIANG, siehe (62).

(123) ZHANG WENXIAN 張文顯, Mitarbeiter des Astronomischen Amtes, Vertreter der neuen Methode.

---

⁶⁵ *Qingshi gao*, j. 178, S. 6355-6361.

⁶⁶ QU CHUNHAI, S. 49-50.

(124) ZHOU TONG[67]周佟, Mitarbeiter des Astronomischen Amtes in den Jahren 1672-1686.

ZHOU YIN, siehe (71).

(125) ZHU SHIZONG 朱士宗, Mitarbeiter des Astronomischen Amtes.

(126) ZUO YUNDENG[68]左雲登, Mitarbeiter des Astronomischen Amtes.

ZUO YUNHE, siehe (74).

4.3 Weitere Personen aus dem Umkreis des P. SCHALL

Die in folgendem Überblick erwähnten Namen wichtiger Personen aus dem Wirkungsbereich ADAM SCHALLs waren nicht unmittelbar am Prozeßgeschehen beteiligt.

(a1) AISINGGA / AIXINGGA 愛星阿 (< manjur. *aisingga*, „vorteilhaft"), (gest. 1664); siehe Teil 1.4.1, Jahr 1663 VIII.

(a2) ALENDA, GASPAR O.F.M. (gest. 1642); siehe Teil 1.3.3, Jahr 1637.

(a3) BOYM, MICHAŁ S.J. / BU MIGE 卜彌格(1612-1659, aus Lwow, seit 1646 in China; DEHERGNE Nr. 107); siehe Teil 1.2.3, Ende.

(a4) BUMBUTAI / XIAOZHUANG WEN 孝莊文(1613-1688), Kaiserinmutter; siehe Teil 1.4.1, Jahr 1650.

(a5) BRANCATI, FRANCESCO S.J. / PAN GUOGUANG 潘國光 (1607-1671); siehe Teil 1.4.1, Jahr 1661.

(a6) CATTANEO, LAZZARO S.J. / GUO JUJING 郭居靜 (1560-1640); siehe Teil 1.1.2, Jahr 1603.

(a7) CHEN MINGXIA 陳名夏(gest. 1654); siehe Teil 1.4.1, Jahr 1644 VIII.

---

[67] QU CHUNHAI, S. 50.

[68] AN SHUANGCHENG (1992), S. 86.

4.3 Weitere Personen aus dem Umkreis des P. Schall

(a8) CHEN XINJIA 陳新甲 (gest. 1641); siehe Teil 1.3.3, Jahr 1642 XII.

(a9) CLAVIUS, CHRISTOPH S.J. (1538-1612); siehe Teil 1.1.1.

(a10) DAIŠAN / DAISHAN 代善 (1583-1648); siehe Teil 1.4.1.

(a11) DIAS jr., MANUEL S.J. / YANG MANUO 陽瑪諾 (1574-1659); siehe Teil 1.3.1, Jahr 1622 IV.

(a12) DORGON / DUOERGUN 多爾袞 (1612-1650); siehe Teil 1.4.1, Jahr 1644 IV.

(a13) DURHU / DUERHU 杜爾祜 (1615-1655); siehe Teil 1.4.1, Jahr 1651 IV.

(a14) FAN WENCHENG 范文程 (1597-1666); siehe Teil 1.4.1, Jahr 1651.

(a15) FENG QUAN 馮銓 (1595-1672); siehe Teil 1.4.1, Jahr 1644 VIII.

(a16) FIGUEIREDO, RUI S.J. / FEI LUODE 費樂德 (1594-1642); siehe Teil 1.3.3, Jahr 1622.

(a17) FULIN 福臨 / SHUNZHI 順治 Kaiser (1638-1661); siehe Teil 1.4.1, Jahr 1644 VIII.

(a18) FURTADO, FRANCISCO S.J. / FU FANJI 傅汎濟 (1589-1653); siehe Teil 1.4.1, Jahr 1644 XI.

(a19) GONG TINGCI 龔鼎孳 (1616-1673); siehe Teil 1.4.1, Jahr 1661 IV.

(a20) GOYER, PIETER DE (gest. 1644); siehe Teil 1.4.1, Jahr 1656.

(a21) GRIENBERGER, CHRISTOPH (1561-1631); siehe Teil 1.2.2, Jahr 1613.

(a22) GRÜBER JOHANN S.J. / BO NAIXIN 白乃心 (1623-1680); siehe Teil 1.4.1, Jahr 1661 III.

(a23) HUANG HONGXIAN 黃宏憲; siehe Teil 1.4.1, Jahr 1639 VII.

(a24) JIAO XU 焦勗; siehe Teil 1.4.1, Jahr 1643.

(a25) JIN ZHIJUN 金之俊 (1593-1670); siehe Teil 1.4.1, Jahr 1661 IV.

(a26) KEYZER, JACOB DE (geb. ca. 1613); siehe Teil 1.4.1, Jahr 1656.

(a27) KIRWITZER, WENZEL PANTALEON S.J. / QI WEICAI 祈維材 (1588/90-1626); siehe Teil 1.3.1, Jahr 1619.

(a28) KONG XINGSHAN 孔興煽 (gest. 1672); siehe Teil 1.4.1, Jahr 1650.

(a28a) KURI (< manjur. „bunt"), muslimischer Astronom.[69]

(a29) LI TIANJING 李天經 (1579-1659); siehe Teil 1.4.0.

(a30) LI ZHIZAO (Taufname: LEO) 李之藻 (1571-1630); siehe Teil 1.1.2, Jahr 1619 VIII.

(a31) LI ZICHENG 李自成 (1606-1645), Beamter der *Ming*; siehe Teil 1.3.3, Jahr 1644, Beginn.

(a32) LIU ZONGZHOU 劉宗周 (1578-1648); siehe Teil 1.3.3, Jahr 1642 XII.

(a33) LONGOBARDO, NICCOLO S.J. / LONG HUAMIN 龍華民 (1565-1655); siehe Teil 1.1.2, Jahr 1623 und 1625.

(a34) de la MADRE DE DIOS, FRANCISCO S.J. (gest. 1657); siehe Teil 1.3.3, Jahr 1637.

(a35) MARTINI, MARTINO S.J. / WEI KUANGGUO 衛匡國 (1614-1661); siehe Teil 1.4.1, Jahr 1644 VIII.

(a36) MIRJUDIN oder MIRZAIDIM; siehe Teil 1.3.2, Jahr 1627.

(a37) MOSHAYIHEI 默沙衣黑; siehe Teil 1.4.1, Jahr 1657 8. IV.

(a38) NIEUHOF, JOHAN (1618 -1672); siehe Teil 1.4.1, Jahr 1656.

(a39) de PANTOJA, DIEGO S.J. / PANG DIWO 龐迪我 (1571-1618); siehe Teil 1.1.1, Jahr 1601.

---

[69] nicht identifiziert, offenbar Parteigänger des YANG GUANGXIAN; erwähnt bei L. LANGE (1781), S. 83-84; siehe Teil 3.2.1.

4.3 Weitere Personen aus dem Umkreis des P. Schall

(a40) Rho, Giacomo S.J. / Luo Yage 羅雅各 (1592-1638); siehe Teil 1.1.1, Jahr 1618.

(a41) Ricci, Matteo S.J. / Li Madou 利瑪竇 (1552-1610); siehe Teil 1.1.1, Jahr 1534.

(a42) Rodrigues, João (Tçuzu) S.J./ Lu Ruohan 陸若漢 (1561-1632); siehe Teil 1.3.3, Jahr 1635.

(a43) Schreck / Terrenz, Johann S.J. / Deng Yuhan 鄧玉函 (1576-1630); siehe Teil 1.1.2, Jahr 1613.

(a44) Semedo, Alvaro S.J. / Lu Dezhao 魯德照 (1586-1658); siehe Teil 1.3.2, Jahr 1628.

(a45) Shen Que 沈㴶 (gest. 1624); siehe Teil 1.3.1, Jahr 1621.

(a46) Shenzong 神宗, *Ming*-Kaiser (*Wanli* 萬曆, 1573-1615); siehe Teil 1.3.3, Jahr 1634.

(a47) Smogulecki, Nikolaus S.J. / Mu Nige 穆尼各 (1610-1656); siehe Teil 1.4.1, Jahr 1651.

(a48) Tan Qian 談遷 (1594-1658); siehe Teil 1.4.1, Jahr 1653.

(a48a) Trigault, Niklaas S.J. / Jin Nige 金尼閣 (1577-1628); siehe Teil 1.1.1, Jahr 1618.

(a49) de Ursis, Sabatino S.J. / Xiong Sanba 熊叁拔 (1575-1620); siehe Teil 1.1.2, Jahr 1611.

(a50) Vagnone, Alfonso S.J. / Gao Yizhi 高一志 (1568-1640); siehe Teil 1.3.1, Jahr 1619

(a51) Wang Zheng (Taufname: Philipp) 王徵 (1571-1644); siehe Teil 1.1.2, Jahr 1611.

(a52) Wei Yijie 魏裔介 (1616-1686); siehe Teil 1.4.1, Jahr 1661.

(a52a) WEI WENKUEI 魏文魁; siehe Teil 1.3.3, Jahr 1631.

(a52b) WEI XIANGQIAN 魏象乾; siehe Teil 1.3.3, Jahr 1631.

(a53) WU MINGXUAN 吳明炫; siehe Teil 1.4.1, Jahr 1665 VIII.

(a54) WU SANGUI 吳三桂 (1612-1678); siehe Teil 1.4.1, Jahr 1644, Beginn.

(a54a) XU FUYUAN (Taufname: CHRISTOPH) 徐復元 (1600-1640); siehe Teil 1.3., Jahr 1640 III.

(a55) XU GANDIDA (CANDIDA) 徐甘弟大 (1607-1680); siehe Teil 1.1.2, Jahr 1611.

(a56) XU GUANGQI (Taufname: PAUL) 徐光啟 (1562-1633); siehe Teil 1.1.2, Jahr 1611.

(a57) YANG TINGYUN (Taufname: MICHAEL) 楊廷筠(1557-1627); siehe Teil 1.1, Jahr 1611.

(a58) YANG ZHIHUA 楊之華; siehe Teil 1.3.3, Jahr 1639.

(a59) YIZONG 毅宗, *Ming*-Kaiser (*Tiancong* 天聰, 1627-1644); siehe Teil 1.3.2, Jahr 1627.

(a60) ZHANG XIANZHONG 張獻忠(ca. 1605-1647); siehe Teil 1.4.1, Jahr 1649.

C. Die Geheimakten

5. Übersetzungen und Inhaltsangaben

5.1 Einleitung, Übersicht

Zu Beginn unserer Beschäftigung mit den manjurischen Geheimakten war geplant, nach umfassender Untersuchung sowohl die manjurische Vorlage in Transliteration wie die vollständige Übersetzung und Bearbeitung aller Aktenteile in 2 Bänden ungekürzt zu publizieren.[1] Eine solche Gestaltung der Arbeiten erwies sich jedoch wegen des Umfangs der Materialien als gegenwärtig kaum realisierbar. Um eine Publikation nicht länger zu verzögern, bot sich eine Interimslösung an, die darin bestand, sich zunächst nur auf Dokument I. – eines der 5 wichtigsten und umfangreichsten – zu konzentrieren und dieses gleichsam als Musterbeispiel für die Struktur und Argumentationsweise der Aufzeichnungen zu bearbeiten. Dazu lag es nahe, Inhalt und Aussagen der übrigen Aktenteile II. bis XXIV. zu einem vorläufigen Überblick Teil 5.3 zusammenzufassen.

In den folgenden Ausführungen, deren verdienstvolle Transkriptions- und Übersetzungsgrundlage von Frau Dr. HUANG-DEIWIKS geschaffen wurde, ging es darum, den Sinnzusammenhang – mitunter leicht gekürzt – mit einfachen Worten, wiederzugeben und dabei weniger auf linguistische Exaktheit zu achten. Bei der Übersetzung der manjurischen Texte machte sich, insbesondere bei lexikalisch nicht erfaßten Wörtern, das Fehlen der chinesischen Parallelversionen als Hilfsmittel bemerkbar, um mittels Vergleich der unterschiedlichen Formulierungen beider Sprachen eine gemeinsame Verständnisgrundlage zu gewinnen. Die Ermittlung der chines. Schriftzeichen bei phonetisch transkribierten Textelementen, Termini, Zitaten, Personennamen usw., war ohnehin meist nur mittels anderer Textmaterialien der Zeit möglich.

Die chinesischen Termini, die im Originaltext in manjurischer phonetischer Schreibweise erscheinen, werden der besseren Erkennbarkeit halber in die chinesische Standardtranskription (*Pinyin*) umgewandelt und die aus

---

[1] Bei Bedarf können Teile des Manuskriptes bei dem Herausgeber angefordert werden.

anderen Quellen ermittelten Schriftzeichen bei erstmaliger Erwähnung, wenn möglich, hier beigefügt. Die manjurischen Übersetzungen der im Prozeßverlauf verwendeten chinesischen Originalzitate sind in vielen Fällen nicht textgenau, sondern beschränken sich oft auf die Zusammenfassung wichtiger Inhaltspunkte. Die nachträglich von Archivaren des Aktenarchivs in Beijing auf den Manuskripten vorgenommene Paginierung – hier in spitzen Klammern < > – ist an manchen Stellen inkonsequent; z.B. folgen in Dok. I. auf S. 007 die Seiten 004, 005, 000. Es wurde versucht, aufgrund des Sinnzusammenhangs die richtige Reihenfolge herzustellen. Bei den zeitlich aufeinanderfolgenden Dokumenten I. bis XXIV. ist zu beachten, daß Teile der Akten, die auf zuvor diskutierte Sachverhalte Bezug nehmen, nach einheimischem Gebrauch aus (fast) wörtlichen Wiederholungen bestehen. Bislang ist ungewiß, ob die uns vorliegenden Manuskriptseiten in sämtlichen Teilen vollständig sind. Die Angaben in [ ] sind eigene Zufügungen.

Übersicht Geheimakten

Dokument, Datum	Autor	Seiten des Manuskriptes	(Gesamtseitenzahl)
Dok. I. XII. (Jan. 1665)	NIMAN	0 – 279	(278)
Dok. II. 19. XII. (3. Febr.)	KICEBE	296–309	(14)
Dok. III. 13. I. (27. Febr.)	KICEBE	455–611	(157)
Dok. IV. 20.-21. I. (6.-7. März)	KICEBE	695–943	(249)
Dok. V. 29. I. (15. März)	GIYEŠU	1229–1409	(181)
Dok. VI. 7. II. (23. März)	NIMAN	272–276	(5)
Dok. VII. 9. II. (25. März)	GIYEŠU	384–605	(222)
Dok. VIII. 24. II. (9. April)	GIYEŠU	1026–1278	(253)
Dok. IX. 24. II. (9. April)	LU CHONGJUN	1352–1371	(20)
Dok. X. 27. II. (12. April)	KICEBE	1424–1438	(15)
Dok. XI. 29. II. (14. April)	NIMAN	1565–1850	(286)
Dok. XII. 3. III. (17. April)	KICEBE	39–40	(2)
Dok. XIII. 12. III. (26. April)	KICEBE	275–280	(6)
Dok. XIV. 13. III. (27. April)	GIYEŠU	385–710	(326)
Dok. XV. 14. III. (28. April)	KICEBE	713–729, 744-777	(51)
Dok. XVI. 23. III. (7. Mai)	KICEBE	891–922	(32)
Dok. XVII. 25. III. (9. Mai)	KICEBE	969–973	(5)

Dok. XVIII. 27. III. (11. Mai)   FUŠEO   1133–1422   (290)
Dok. XIX. 1. IV. (15. Mai)   ASHA   49–367   (319)
Dok. XX. 3. IV. (17. Mai)   KICEBE   379–397   (19)
Dok. XXI. 12. IV. (26. Mai)   NIMAN   749–761   (13)
Dok. XXII. 15. IV. (29. Mai)   NIMAN   785–790   (6)
Dok. XXIII. 5. V. (17. Juni)   KICEBE   77–99   (23)
Dok. XXIV. 29. VII. (8. Sept.) KICEBE   747–777   (31)

Institutionen:

(1)ASHA   : Beamtenministerium, *Lìbu* 吏部
(2)FUŠEO u. (3)GIYEŠU : Kaiserliche Prinzen
(4)KICEBE   : Ritenministerium, *Lǐbu* 禮部
(5)LU CHONGJUN   : Provinzverwaltung *Guangdong* 廣東省
(6)NIMAN   : Justizministerium, *Xingbu* 刑部

5.2 Dokument I. Übersetzung

– Protokoll des Justizministeriums[2], *Xingbu* 刑部,
vermutlich vom XII. Monat des Jahres *Kangxi* 3 [16. Jan.–14. Febr. 1665].

5.2.1 Zum Thema Christentum

[1.][3] [Anfang fehlt … Antwort des (44)LI ZUBO 李祖白[4]:]

---

[2] Präsident des Justizministeriums in den Jahre 1663 bis 1666 war (6)NIMAN 尼滿 (gest. 1669). – Die hochgestellten Zahlen in Klammern vor Namen verweisen auf die in Teil 4. (und 1.) näher bezeichneten Personen.

[3] Der erste Abschnitt bezieht sich wahrscheinlich auf die nachfolgend genannte Schrift *Tianxue chuan'gai*, eine Einführung in die christliche Lehre; Näheres siehe im Folgenden und in Teil 1.4.1, Jahre 1660, 1663 u.ö., Quellen- und Literaturverzeichnis; Nachdruck in: *Tianzhu jiao dongchuan wenxian xubian*, Bd. 2, S. 1043-1068. – Die vom Aktenarchiv nachträglich eingefügte Seitennumerierung ist z. T. fehlerhaft. Die dort von <000> bis <008> in unrichtiger Reihenfolge durchgezählten Seitenzahlen wurden hier dem Inhalt entsprechend richtiggestellt in die Folge <002, 003, 006, 007, 004, 005, 000, 001, 008>. Die chinesische Version von AN SHUANGCHENG (2015) folgt dagegen der im Manuskript verwendeten Seitenzählung. Innnerhalb der Aktenzählung wurden die Seitenzahlen dabei viermal neu bei Seite 1 begonnen.

[4] Siehe Teil 1.4.1, Jahr 1663 u.ö.

<002> …. „Obwohl ich die Behörde aufsuchte und [mein Vorhaben] bekanntgab, konnte ich im Übermittlungsamt[5] nichts in Erfahrung bringen, was bemerkenswert wäre. – Das Buch [*Tianxue chuan'gai* 天學傳概] fand nachfolgend weite Verbreitung. Als man von der Absicht erfuhr, die ‚Lehre vom Himmelsherrn'[6] einzuschränken, konnte ich nicht umhin, es zu verfassen. Die kaiserliche Gnade darin ist fest und offenbar und die [traditionelle] Lehre als die richtige dargestellt. Hinsichtlich Fragen ist [in dem Buch] alles beantwortet, und die Erklärungen sind im Vergleich mit anderen ehrlich und ohne jede Hinterlist. <003> Ein unaufrichtiges Argumentieren gibt es darin nicht."

[2.] Frage an [7]YANG GUANGXIAN[7]:

„In den Antworten von [8]SCHALL[8] heißt es, daß du vormals die Schrift *Pixie lun*[9] verfaßt hast Obwohl du den Text [angeblich] beim Übermittlungsamt[10] *Tongzheng si* einreichtest, hast du von dort keinen Bescheid erhalten. Hattest du die Schrift wirklich dort eingereicht, als sie fertiggestellt war?"

Antwort: „Am 23. V. *Shunzhi* 14 (4. Juli 1657) habe ich wegen der neuen europäischen Methode[11] eine Eingabe verfaßt und das *Pixie lun* beim Übermittlungsamt, *Tongzheng si*, eingereicht. <006> Dabei sagte man mir: ‚Wegen des Regenbittkultes[12] sind drei Tage der Tabuisierung unterworfen. Komm

---

[5] *Tung jeng sse* / *Tongzheng [shi] si* 通政使司, siehe Teil 3.2.3 (9). Nach diesen Angaben war die Behörde auch für die Kontrolle privater Veröffentlichungen zuständig.

[6] *tiyan ju-i tacihiyan*, chines. *tianzhu jiao* 天主教, die christliche Religion.

[7] Siehe Teil 3.2.1 und 1.4.

[8] Offenbar Bezug auf eine frühere, hier nicht näher bezeichnete Äußerung.

[9] *Miosihôn leolen be ashôre bithe*, chines. *Pixie lun* 闢邪論, 3 Kapitel, später in YANGs Schrift *Bude yi* aufgenommen; Nachdruck, Bd. 3, S. 1103-1190; siehe in Teil 1.4.1, Jahr 1657, 23. V. und 1660.

[10] Siehe Teil 3.2.3 (9.).

[11] *siyang-ni ice fa*, chines. *xiyang xinfa* 西洋新法. Offenbar ist hier auf die Einführung westlicher Berechnungsmethoden in der Astronomie angespielt.

[12] Gemeint ist das seit der *Han*-Zeit (und in Ansätzen schon auf Orakelknochen) nachweisbare, hier von Kaiser SHUNZHI im V. Mondmonat am Himmelstempel der Hauptstadt anläßlich der großen Dürre ausgeführte Zeremoniell des Regenbittens, *qiyu* 祈雨; hierzu siehe A. VOLPERT, *Chinesische Volksbräuche beim T'chi jü, Regenbitten*, in: Anthropos, 12-13 (1917/18), S. 144-151; E. de VLEESHOUWER, *K'i Yu*, in: Folklore Studies, 2, Peking (1943), S. 39-50; GIMM (2018,1), S. 63.

am 26. Tag [7. Juli] wieder!' Gemäß der Anweisung ging ich am 26. Tag wieder zum Übermittlungsamt, wo man mir mitteilte: ‚Da die Angelegenheit die Astronomie betrifft, gehört sie in die Kompetenz des Ritenministeriums, *Libu* 禮部. Wir dürfen deine Eingabe nicht annehmen. Reiche diese mit den Begleitschreiben später dort ein!' "[13]

[3.] Frage an P. [(9)]BUGLIO und P. [(10)]MAGALHÃES:

„Wie oft versammelt ihr euch im Monat? Aus welchem Anlaß kommt ihr zusammen?"

Antwort: „Nachdem wir im VII. Monat des Jahres [Aug./Sept. 1657] vom Verbot [14] der [christlichen] Irrlehre [15] Kenntnis erhielten, haben wir keine Versammlung mehr abgehalten. <007> Zuvor veranstalteten wir gemäß der Regel monatlich viermal Zusammenkünfte [Gottesdienste]. Während dieser Versammlungen wurde die [christliche] Lehre vom Himmelsherrn erläutert und besprochen. An diesen Zusammenkünften nahmen Leute teil, die nichts dazu beisteuerten, sondern nur der Predigt der Lehre zuhören wollten."

[4.] Frage an P. [(11)]VERBIEST:

„Wie oft versammelt ihr euch im Monat und aus welchem Anlaß kommt ihr zusammen?"

Antwort: „Die Gläubigen versammeln sich monatlich viermal. Wer kommt und wer nicht kommt, hängt allein von Gott ab. Nach dem Erlaß des Verbotes gab es keine Zusammenkünfte mehr. <004> Wenn wir uns versammeln, erklären wir nur die Lehre vom Himmelsherrn und sprechen darüber. Einen anderen Grund für die Versammlungen gibt es nicht."

[5.] Frage an die Patres VERBIEST, BUGLIO und MAGALHÃES:

„In eurer Antwort hieß es: ‚Nachdem wir von dem Verbot gehört hatten, gab es in dem Jahr keine Versammlungen mehr.' Wenn ihr eure Lehre die ‚richtige Lehre'[16] nennt, wieso habt ihr dann aufgehört, euch zu versammeln, nachdem ihr von dem Verbot erfahren habt?"

---

[13] Hierzu siehe [69.].

[14] Siehe Teil 1.4.1, Jahr 1657, 7. VII.

[15] *miosihôn tacihiyan*, chines. *yinzhuan* 陰傳 oder *xiejiao* 邪教.

[16] *tob sere tacihiyan*, chines. *zhengjiao* 正教.

Antwort: „Selbst einfache Menschen, die nicht zwischen Gut und Böse unterscheiden können, betrachten unsere Lehre nicht als Irrlehre, halten sich aber [wegen des Verbotes] von uns fern." [005]

[6.] Frage an SCHALL, VERBIEST, BUGLIO und MAGALHÃES:
„In eurer Antwort hieß es: ‚In einem Monat kommen wir viermal zusammen, sprechen über die Lehre vom Himmelsherrn und üben Zeremonien aus.' Wurde während der Zeremonie in eurer Kirche nur Weihrauch angezündet und zelebriert? Oder wurde der Weihrauch von den Gläubigen gespendet und dann erst zelebriert? Man sagt, daß ihr 1000 bis 2000 Geldstücke[17] eingenommen habt. Habt ihr solches Geld bei der Anmeldung [der Leute] in eure Religionsgemeinschaft oder bei einer jeden Versammlung in Empfang genommen?"

Antwort: „Die Aussage, daß [noch nach dem Verbot] viermal im Monat Zusammenkünfte stattfinden, stimmt nicht. Vor dem Herrn des Himmels zelebrieren wir und verbeugen uns. Wer kommt und wer nicht kommt, das hängt allein von Gott ab. <000> Die Glaubensanhänger[18] bringen dabei Weihrauch in die Kirche mit. Bezüglich der Zeremonie gibt es keine Vorschriften. Daß 1000 oder 2000 Kupfermünzen beim Eintritt in die Religionsgemeinschaft verlangt werden, ist nicht richtig. Nur während der Zeremonie wird Geld gesammelt, um es später den Armen zu Hilfe zu spenden, und auch denjenigen zu geben, die die Kosten für einen Sarg nicht aufbringen können. Nicht jedes Mal wird während der Zeremonie Geld gesammelt. Was das Anzünden des Weihrauches angeht, diese Aufgabe übernimmt der Aufseher [Diener] unserer Kirche."

[7.] Frage an SCHALL, BUGLIO, MAGALHÃES und VERBIEST:
„Treten nur Männer oder Männer und Frauen gemeinsam in eure Glaubensgemeinschaft ein?"
Antwort: „Männer oder Frauen, alle können bei uns eintreten." <001>

[8.] Frage an (78)XU ZHIJIAN[19]:
„In deinem Vorwort zu [LI ZUBOs Buch] *Tianxue chuan'gai* schreibst du: ‚Der Überlieferung nach existierte seit Anbeginn des Himmels und der Erde

---

[17] *jiha*, gemeint ist wohl chines. *qian* 錢, Kupfermünzen, Cash.

[18] *dosire niyalma*, chines. *rujiao ren* 入教人, Gläubige, Konvertiten, Gemeindeglieder.

[19] Christlicher Konvertit, Taufname BASILE, damals Hilfslehrer am *Guozi jian*; siehe Teil 1.4.1, Jahr 1663, Beginn.

bereits die Lehre des Himmelsherrn'. In welchem Geschichtswerk Chinas[20] ist etwas über diese Lehre vom Himmelsherrn aufgezeichnet?"

Antwort: „Ich habe gehört, daß [(a41)]MATTEO RICCI[21] früher [so etwas behauptete]. Da es heute in der Hauptstadt wieder Kirchen gibt [und die christliche Lehre verbreitet wird], habe ich dergleichen geschrieben."

[Kommentar des Richters:] „Das Vorwort beginnt unvermittelt mit solchen Worten wie aus dem Nichts. Es ist unverständlich und ohne Belege."

[Fortsetzung der Antwort:] „In den [chinesischen] Geschichtswerken gibt es Ausdrücke wie ‚den Himmel ehren'[22], und ‚dem Himmel opfern'[23], die inhaltlich ähnlich sind. Für den Ursprung der Lehre vom Himmelsherrn gibt es jedoch [in chinesischen Büchern] keinen Nachweis." <008>

[9.] Frage an XU ZHIJIAN:

„In deiner früheren Antwort[24] hieß es: ‚Als ich in der Nationalakademie, *Guozi jian*[25] 國子監, ein und aus ging, kam ich eines Tages an der Ostkirche[26] vorbei und hatte plötzlich den Wunsch, die Kirche zu besichtigen. So ging ich hinein, setzte mich zum Ausruhen nieder und traf dort [(44)]LI ZUBO[27]. Bittend fragte er mich, ob ich ein Vorwort für sein Buch [*Tianxue chuan'gai*] schreiben könne. Nur aus diesem Grund und auch, weil ich den Himmel verehre, habe ich zugesagt, der Lehre entsprechend ein Vorwort zu verfassen.' Betrachtet man nun das von dir geschriebene Vorwort[28], so heißt es dort indes: ‚Nachdem die Ostkirche auf kaiserlichen Befehl errichtet wurde, übernahmen P.

---

[20] *dulimbai gurun*, chines. *zhongguo* 中國.

[21] Hingewiesen ist hier wohl auf die grundlegenden Äußerungen in MATTEO RICCIs (1552-1610) bekannter Schrift *Tianzhu shiyi* 天主實義 von 1603; zu RICCI siehe Teil 1.1.1.

[22] *abka be ginggule*, chines. *jingtian* 敬天.

[23] *abka be weile*, chines. *jitian* 祭天.

[24] Bezug auf ein früheres, hier nicht aufgeführtes Dokument.

[25] Siehe Teil 3.2.3 (8.).

[26] *Dongtang* 東堂, Kirche des P. SCHALL; siehe Teil 1.4.1, Jahr 1662 Ende, Teil 1.6.5, Ende.

[27] Siehe [1.], hier mit seinem Beinamen LI ZAIKE 李再可 genannt.

[28] S. 4a/b; Nachdruck, S. 1051-1052, 1065.

(9)BUGLIO[29] und P. (10)MAGALHÃES[30], zu denen ich ständigen Kontakt pflegte, die dortige Verwaltung. <009> Da Lɪ Zᴜʙᴏ[31] mich durch seine Worte einstimmte und sein Buch BUGLIO gab und zu mir sagte: ‚Schreib mir das Vorwort!', verfaßte ich diese Zusammenfassung.' Überprüft man diese Aussagen, kommt man zu dem Schluß, daß du [der christlichen Lehre] von Anfang an nahestandest. Mit einem Wort: Du hast in der Tat das Vorwort zum *Tianxue chuan'gai* verfaßt und so auch diese Schrift verbreitet. Was Lɪᴢɪ und Rᴇɴᴢʜᴇɴ Lɪᴢɪ [im Text] angeht, was für Leute sind das überhaupt?"

Antwort: „Zu Beginn hatte ich mich nicht der [christlichen] Lehre angeschlossen und auch keine Zusammenfassung schreiben wollen. Lɪᴢɪ ist Lɪ Zᴀɪᴋᴇ[32]; Rᴇɴᴢʜᴇɴ Lɪᴢɪ ist Lɪ Zᴜʙᴏ. Daß ich mit [diesen Leuten] Kontakt pflegte und ihren Gesprächen beipflichtete, sind nur schmückende Beiworte [in meinem Text]." <010>

[10.] Frage an P. SCHALL, P. BUGLIO u. a.:
„Gab es für Xᴜ Zʜɪᴊɪᴀɴ eine Gelegenheit, zu eurer Lehre zu konvertieren?"
Antwort: „Xᴜ Zʜɪᴊɪᴀɴ hatte keine Gelegenheit dazu."

[11.] Frage an Xᴜ Zʜɪᴊɪᴀɴ:
„In deinem Vorwort behauptest du, daß die [christliche] Lehre schon in der Han- und Tang-Dynastie nach China gekommen sei.[33] In welchem Geschichtswerk oder in welchen Akten ist solches aufgezeichnet?"
Antwort: „Ich habe das Vorwort nur in Anlehnung an den Inhalt des *Tianxue chuan'gai* geschrieben. Welches Geschichtswerk etwas über diese Lehre aussagt, weiß ich nicht."

[12.] Frage an Xᴜ Zʜɪᴊɪᴀɴ:
„In deiner früheren Antwort hieß es:[34] ‚Als ich als Hilfslehrer[35] in der Nationalakademie, *Guozi jian*, <011> ein und ausging, kam ich eines Tages an

---

[29] Hier mit Beinamen manjur. Z'ᴀɪ ᴋ'ᴏ Lɪ Zɪ, d.i. Zᴀɪᴋᴇ Lᴇɪᴢɪ 再可利子.

[30] Mit Beinamen manjur. Gɪɴɢ ᴍɪɴɢ ᴀɴ ᴢɪ, d.i. Jɪɴɢᴍɪɴɢ Aɴ [Wᴇɴ]ᴢɪ 景明安子.

[31] Hier mit ehrendem Beinamen manjur. Žɪɴ ᴊᴇɴ ʟɪ ᴢɪ, d.i. Rᴇɴᴢʜᴇɴ Lɪᴢɪ 人真李子.

[32] Lɪ Zᴀɪᴋᴇ 利再可, andere chines. Namensform von P. BUGLIO.

[33] S. 3b; Nachdruck, S. 1050.

[34] Zu dieser Stelle siehe [9.].

[35] *aisilaha tacibure hafan*; wohl chines. *xuezheng* 學正, Rang 8A; HUCKER, Nr. 2691: *Instructor*.

der Ostkirche vorbei und hatte plötzlich den Wunsch, die Kirche zu besichtigen. So ging ich hinein, setzte mich zum Ausruhen nieder und sah LI ZUBO. Er fragte mich bittend, ob ich ein Vorwort schreiben würde. Ich antwortet, das sei selbstverständlich, und ich habe das Vorwort geschrieben.' Du warst Hilfslehrer an der Nationalakademie. In dem im I. Monat des Jahres [1664] verfaßten Vorwort bezeichnetest du dich fälschlicherweise als Zensor[36]. Wenn man dies recht betrachtet, so habt ihr euch wohl zu einer Gemeinschaft verschworen, nur um das *Tianxue chuan'gai* zu verbreiten?"

Antwort: „Ich war damals Zensor, daher habe ich mich so bezeichnet. Über die Verbreitung des *Tianxue chuan'gai* habe ich keine Kenntnis." <012>

[13.] Frage an XU ZHIJIAN:
„Nachdem du das Vorwort zum *Tianxue chuan'gai* verfaßt hattest, erfuhr YANG GUANGXIAN davon und bezeichnete diese Schrift als irrgläubig und schädlich. Er schickte dir [als Erwiderung] sein Buch [*Bu deyi*]. Du hast dies jedoch beiseite geschoben und nicht gemeldet. Wie war nun dieser Vorgang?"

Antwort: „Am 25. Tag des III. Monats (8. Mai) kam YANG GUANGXIAN mit dem Buch [*Tianxue chuan'gai*] zu mir. Er sagte: ‚Nun habe ich Klage gegen SCHALL erhoben. Da du das Vorwort geschrieben hast, bist du auch davon betroffen. Wenn du mir eine Erklärung schreibst, halte ich dich aus der Angelegenheit heraus. Das heutige Gespräch zwischen uns existiert dann für mich nicht.' Als ich das Buch durchsah, fand ich keine abtrünnigen Worte darin, und in dem von mir verfaßten Vorwort fand ich auch keine. Daher machte ich keine Meldung." <013>

[14.] Frage an LI ZUBO:
„In der von dir verfaßten Schrift *Tianxue chuan'gai* heißt es: ‚Der oberste Herrscher[37] existiert seit Beginn des Himmels und der Erde. Er wird auch Himmelsherr[38] genannt. Dies ist die für uns wichtige wahrhaftige Tatsache, deren Ursprung weit zurückliegt.'[39] In welchen Geschichtswerken findet man solche Worte?"

---

[36] *baicame tuwara hafan*, wohl chines. *jiancha yushi* 監察御史, Rang 7A; HUCKER, Nr. 795: *Investigating censor*.

[37] *dergi di*, chines. *shangdi* 上帝.

[38] *tiyan ju*, chines. *tianzhu* 天主, ein seit P. RICCI üblicher Gottesbegriff.

[39] Text siehe Nachdruck, S. 1055-1056.

Antwort: „So etwas steht nicht in den chinesischen Geschichtsbüchern. Ich habe den Text nach den Schriften der katholischen Lehre und den Aussagen der Missionare[40] verfaßt."

[15.] Frage an P. SCHALL, P. VERBIEST, P. BUGLIO und P. MAGALHÃES:
„In seiner Antwort sagte LI ZUBO, er habe den Text nach den Aussagen der Missionare verfaßt, nach euren Worten vom obersten Herrscher und Himmelsherrn, einer für euch wichtigen und wahrhaftigen Lehre, deren Ursprung sehr lange zurückliegt. Wie soll man das verstehen?" <014>

Antwort: „Den Ausdruck ‚Himmelsherr', *tianzhu*, hatte MATTEO RICCI eingeführt, als er nach China kam. Die Menschen in unseren westlichen Ländern nennen *tianzhu: deus*[41]. *Deus* ist der Ursprung aller Dinge, daher nennen wir ihn auch Himmelsherr. Die Bezeichnungen *tianzhu* und *shangdi* unterscheiden sich nicht voneinander. Wir bezeichnen unsere Lehre als bedeutende, wahrhaftige Lehre, weil wir den Himmel [Gott] verehren. Wir haben seit Anbeginn des Himmels und der Erde niemals die Himmelsverehrung vernachlässigt. Der Ursprung dieser Verehrung liegt weit zurück." <015>

[16.] Frage an LI ZUBO:
Wenn man das ‚Wichtige Buch christlicher Lehre'[42] betrachtet, gibt es keine Stelle, wo *shangdi* als *tianzhu* erscheint. In deinem Buch [*Tianxue chuan'gai*] jedoch heißt es: ‚JESUS[43] [und nicht Gott] ist der Himmelsherr. Er wurde während der *Yuanshou*-Ära[44] der späteren *Han*-Dynastie in Bethlehem[45] in Judäa[46], im Land der Juden, geboren. Wenn man die von euch

---

[40] *tacihiyan be ulara niyalma*, chines. *chuanjiao shi* 傳教士.

[41] manjur. *deo sse*, chines. *dousi* 斗司 oder 陡斯 < griech. *theos* Θεος, lat. *deus*.

[42] *(Tiyan ju-i) tacihiyan-i oyonggo bithe*; wahrscheinlich ist hiermit eine Schrift mit dem Titel *Tianzhu jiaoyao* 天主教要 gemeint, ein Einführungsbuch in die christliche Lehre aus der Feder ungenannter Jesuitenmissionare; CHAN (2002), S. 105, 158-159; siehe Quellen- u. Literaturverzeichnis.

[43] *YEI SU*, chines. *YESU* 耶穌; frühere Transkription YISHU 移鼠 u.a.; WESELOWSKI, S. 28.

[44] *Yuanshou* 元壽, d.i. 2. bis 1. Jahr vor Christi Geburt. Nach heutiger Ansicht wird die Lebenszeit JESU auf die Zeit von 7 oder 5 v. Chr. bis 28 n. Chr. angesetzt; HINZ, S. 309.

[45] *Be leng giyôn*, chines. *Boling jun* 白稜郡, heute *Boliheng* 伯利恆, Bethlehem.

[46] *Žu de ya*, chines. *Rudeya* 如德亞, heute *Youdiya* 猶地亞, Judäa.

gestalteten Bilder⁴⁷ betrachtet, so wird der als Himmelsherr genannte JESUS zusammen mit zwei anderen Männern als Bandit bezeichnet und ans Kreuz genagelt und hingerichtet.⁴⁸ Aber du nennst den in der späteren *Han*-Dynastie geborenen und durch Kreuzigung getöteten arglistig *shangdi* und *tianzhu* und behauptest, es handele sich hier um die bedeutsame wahrhaftige Lehre, deren Herkunft sehr weit zurückliegt. Was sagst du dazu?

Antwort: „In China nennt man [den Himmelsherrscher] *shangdi*, in westlichen Ländern *tianzhu*. Obwohl die Bezeichnungen anders lauten, meinen sie einunddasselbe. <016> Auf jeden Fall ist er der Ursprung des Himmels und der Erde. Der JESUS Genannte wurde während der *Yuanshou*-Ära der späteren *Han*-Dynastie nach dem Willen des Himmelsherrn geboren und später durch Kreuzigung hingerichtet. Um der Menschen willen nahm er alle Leiden auf sich. Er nahm deren Sünden auf sich und erlangte für sie die Erlösung. Dieses Geschehen erklärten wir für sehr wichtig. Schlechte Menschen zu jener Zeit spannen ihre Intrigen und stürzten ihn in größtes Unglück, indem sie ihn zusammen mit zwei Banditen kreuzigten. Diese Art der Hinrichtung diente dazu, Schande über ihn zu bringen. Wenn man sich Klarheit dazu verschaffen will, sollte man die Missionare fragen. <017>

[17.] Frage an P. SCHALL, P. VERBIEST, P. BUGLIO und P. MAGALHÃES:

„In dem Buch [*Tianxue chuan'gai*], das ihr in Auftrag gegeben habt, steht geschrieben: ‚Der als *tianzhu* bezeichnete JESUS wurde während der *Yuanshou*-Ära der späteren *Han*-Dynastie in *Bethlehem* in *Judäa* geboren.'⁴⁹ Wenn man die von euch gemalten Bilder betrachtet, [so sieht man, daß] der von euch *tianzhu*, Himmelsherr, benannte JESUS zusammen mit zwei anderen Männern als Bandit bezeichnet, ans Kreuz genagelt und hingerichtet wurde.

In der Antwort des LI ZUBO heißt es: ‚Der als Himmelsherr bezeichnete JESUS wurde von schlechten Menschen jener Zeit verleumdet, durch Intrigen als schuldig verurteilt und durch Kreuzigung hingerichtet. Wie kann euer während der *Yuanshou*-Ära der späteren *Han*-Dynastie geborener, durch Intrigen am Kreuz hingerichteter JESUS als Himmelsherr gelten?" <018>

---

⁴⁷ Gemeint sind die 1640 aus Europa eingeführten christlichen Gemälde; siehe Teil 1.3.3, Jahr 1640, und die nach europäischen Vorlagen gestalteten Nachzeichnungen in *Bude yi* des YANG GUANGXIAN, Bild 42-43, Nachdruck, Bd. 3, S. 1138, 1140; siehe hier Abb. 18.

⁴⁸ *hiyahan hadame wahabi*, chines. *bei ding si* 被釘死, Tod am Kreuz.

⁴⁹ S. 2a, Nachdruck, S. 1057.

Antwort: „Der Himmelsherr hat für die Menschen Tausende Dinge zwischen Himmel und Erde geschaffen, um ihnen Gutes zu tun. Als er zum Himmel auffuhr, nahm er die Schuld der Menschen auf sich; denn der Mensch kann sich von seinen Sünden nicht selbst befreien. Hätte es keine Auferstehung gegeben, wäre der Himmelsherr nur als gewöhnlicher Mensch geboren worden, und das Leben des Himmelsherrn wäre nur das eines Menschen gewesen. Er nahm die Schuld der menschlichen Wesen auf sich und ging für sie in den Tod. Es gehörte zum Wesen des Himmelsherrn, den Tausenden Geschöpfen in der Welt Nutzen zu bringen. Er wurde in der Zeit des späteren *Han*-Dynastie geboren und am Kreuz hingerichtet. Es ist nicht der oberste Herrscher, *shangdi*, selbst, der gekreuzigt wurde, sondern einer, der als Mensch geboren wurde und die Schuld auf sich nahm. <019> Es entsprach nicht dem Wesen dieses Menschgewordenen, sich zu widersetzen.

Dieses Geschehen kann man mit dem des [Kaisers] CHENGTANG[50] der *Xia*-Dynastie vergleichen, der für sein Reich Regen erflehte und sich dabei wie ein [Opfer]tier fühlte und als heiliger Herrscher alle Schuld auf sich nahm. Dieses Verhalten schmälerte keineswegs seine Würde, sondern erhöhte seine Tugend in hervorragender Weise. Er genoß tausende Generationen hindurch nur Lob und Ehre. In ähnlicher Weise ist die Menschwerdung des Himmelsherrn zu verstehen. Er lud die Sünden der Menschen auf sich und tat dies wie ein Opfertier. Er wurde zum Kreuzestod verurteilt, um die Menschen von ihren Sünden zu befreien. Diese Tatsache schmälerte keineswegs seine Würde, sondern erhöhte noch seine Güte und Tugend. Schlechte Menschen in jener Zeit stießen ihn durch falsche Bezichtigungen ins Unglück. Sie intrigierten gegen ihn, machten ihn zum Schuldigen <020> und richteten ihn am Kreuz. Das ist wahr. Von Beginn an leistete er keinen Widerstand."

[18.] Frage an LI ZUBO:

„In dem von dir verfaßten Buch *Tianxue chuan'gai*'[51] steht geschrieben: Im 3701. Jahr seit dem Anfang von Himmel und Erde[52] wurden zwei Steintafeln

---

[50] CHENGTANG 成湯 oder TANG (angeblich 1766-1753 v. Chr.), eigentlich ZILÜ 子履, halbhistorischer Herrscher, gilt als Begründer der *Shang*-Dynastie. Er soll eine Regierung voller Wohltaten und humaner Tugenden geführt haben; *Shujing* 書經, 4,2,1; 4,6,3 etc. , LEGGE, Bd. 3, S. 177, 217; GILES (1898), Nr. 282 etc.

[51] S. 1b, Nachdruck, S. 1056.

[52] *abka na neiheci*, chines. *hou kaipi* 後開闢; gemeint ist das Jahr seit Beginn der göttlichen Schöpfung, *Annus creationis mundi*, nach *Genesis* 1.1. bis 2.4a. Nach der spätrömischen Tradition gilt das Jahr 5196 vor Chr. als das Jahr der Erschaffung der Welt; siehe z.B. im päpstlichen Staatskalender *Annuario Pontificio* (1870), S. 3. Nach dieser Aussage geschah die

auf den Berg Sinai[53] hinabgesendet, auf denen die Zehn Gebote[54] verkündet wurden. Nach weiteren 1497 Jahren begründete man die Lehre vom Himmelsherrn in der Welt. Ferner heißt es dort[55]: ‚Der Himmelsherr wurde [als Mensch] in Bethlehem in Judäa geboren. Sein Name ist JESUS. Er lebte 33 Jahre[56] in der Welt und bewirkte viele Wunder. Als er die Toten aufweckte, wurden sie wieder lebendig. Als er die Blinden heilte, konnten sie wieder sehen. <021> Mächtige Wellen und heftige Stürme beruhigten sich, als er sie sich zu besänftigen befahl. Unheil stiftende Dämonen und Geister zogen sich zurück, als er ihnen Einhalt gebot.' In welchem Geschichtsbuch Chinas findet man solche Berichte? Hast du solches einfach erfunden?"

Antwort: „Solche Begebenheiten findet man nicht in chinesischen Geschichtswerken. Sie sind in den Büchern der [christlichen] Lehre aufgezeichnet."

[19.] Frage an LI ZUBO:

„Daß solche Begebenheiten nur in den Büchern der [christlichen] Lehre beschrieben sind, hast du in deinem Buch nicht erwähnt. Du hast also in betrügerischer Absicht vom Hörensagen Erfahrenes aufgeschrieben. Was sagst du dazu?" <022>

Antwort: „Bei der Kompilation christlicher Bücher verwendet man unterschiedliche, zur Lehre gehörige Texte und zitiert diese. Ich habe keine Änderungen an diesen vorgenommen. In meiner Schrift gibt es keine in betrügerischer Absicht konzipierte Stelle. Zur Bestätigung sollte man die Missionare fragen."

[20.] Frage an LI ZUBO:

„In dem von dir verfaßten Buch heißt es:[57] ‚Die Zehn Gebote wurden verkündet, und ein neuer Bund wurde geschlossen. Davon sind alle Herzen

---

Verkündigung der Zehn Gebote im Jahre 1495 vor Chr. (5196 minus 3701) und die Begründung der christlichen Lehre im Jahre 2 nach Chr. (1495 minus 1497). Andere Zahlenangaben für die Erschaffung der Welt sind 4004 v. Chr. (Vulgata-Version der Bibel) oder 5200 v. Chr. (Septuaginta-Version); ATHANASIUS KIRCHER vermerkt in *China monumentis*, S. 225, das Jahr 4053. v. Chr.

[53] *Si ne šan,* chines. *Xina shan* 西納山.

[54] *juwan targacun,* chines. *shi jie* 十誡. Nach christlich-jüdischer Tradition wurde der Dekalog dem Propheten MOSE(s) (Lebenszeit unsicher, z.B. *Ökumenisches Heiligenlexikon*: 1651-1531 vor Chr.) auf zwei Steintafeln am Berg Sinai verkündet.

[55] S. 2a, Nachdruck, S. 1057.

[56] Siehe [16.].

[57] S. 2a, Nachdruck, S. 1057.

überzeugt. Dieser Gaube wurde die hochgeschätzte Lehre genannt.' Was bedeutet ,ein neuer Bund wurde geschlossen'? Wer sind die Leute, die diesem Glauben die Bezeichnung ,die hochgeschätzte Lehre' gegeben haben?"

Antwort: "Noch vor der Menschwerdung des Himmelsherrn existierten von Beginn an die Zehn Gebote. <023> Diese lehren die Menschen, Gott zu ehren und den Mitmenschen gegenüber barmherzig zu sein. Nach der Menschwerdung [JESU] wurde die Lehre von den Zehn Geboten näher erläutert und weit verbreitet. Gemäß dieser Tatsache heißt es in meinem Buch: [58] ,Die Gebote wurden verwirklicht und erklärt.' Schon vor der Menschwerdung [JESU] verehrte man den Himmelsherrn und verkündete den Gläubigen die Regeln dazu. Später, nach der Menschwerdung, legte man die Ritualien [59] [für die Eucharistie] fest, für deren Speisen man zwei Bestandteile bestimmte, nämlich Mehl [Brot] und Wein. Nach festgelegten Regeln wurden die Gläubigen an der Stirn mit klarem Wasser benetzt [getauft], was als Sinnbild für die Reinheit gilt. Daher heißt es in meinem Buch:[60] ,Die neuen Regeln wurden festgelegt, und die Herzen der Gläubigen schlossen sich willig an.' <024> Da der Himmelsherr die Menschen liebt, wurde er selbst ein Mensch. Die Gläubigen priesen ihren Glauben als ,die erhabene Lehre'[61]."

[21.] Frage an LI ZUBO:

"In dem von dir verfaßten Buch heißt es[62]: ,Wenn man die Geschichtswerke und Schriften studiert und die Jahre überblickt, so findet man in China FUXI[63] als den ersten Menschen. In Wirklichkeit indes war er ein Nachfahre

---

[58] S. 2a, Nachdruck, S. 1957.

[59] *dobome juktere doro*, chines. *gongfeng zhi wu* 供奉之物.

[60] S. 2a , Nachdruck, S. 1057.

[61] *wesihun tacihiyan*, chines. *chongjiao* 寵教.

[62] S. 2b, Nachdruck, S. 1058.

[63] FUXI 伏羲, in der chinesischen Mythologie einer der 3 Kulturheroen, *san huang* 三皇, gilt zusammen mit NÜWA 女媧 als Urahn der Menschheit; nach P. M. MARTINI lebte er 2952-2838 vor Chr.; MUNGELLO (1985), S. 132; GILES, Nr. 585; VÄTH, S.297; FAN HONGYE, S. 146 etc.. Nach Ansicht der Missionare war FUXI der erste Mensch, der das Christentum von Judäa nach China gebracht hatte. In der Sammlung *Welt-Bott*, Theil 2, Nr. 362 (1729), S. 66, wird er sogar mit JESUS gleichsetzt: "Von den XXII. Kayserlichen Häußern / so bißhero über Chinam geherrscht haben – Vor dem Sünd-Fluß VII. Fohi oder Thiensu [*tianzhu* 天主], GOttes-Sohn."

von Menschen aus Judäa, die die Lehre des Himmelsherrn aus dem Westen nach dem Osten brachten. Als deren Kinder und Enkel geboren waren und heranwuchsen, wurde in jeder Familie die Lehre verbreitet und weitergegeben. Zu jener Zeit war die [christliche] Lehre in China sicherlich stärker bekannt und verbreitet als in heutiger Zeit.' <025> Kennst du ein Geschichtswerk, das FUXI als Nachfahre von Menschen aus Judäa bezeichnet? Woher weißt du, daß die Lehre damals in China verbreiteter und bekannter war als heute?"

Antwort: „In chinesischen Geschichtsbüchern steht nirgends, daß FUXI ein Nachkomme von Menschen aus Judäa war. Aber wenn man vernünftig überlegt, muß es in China auch einen ersten Menschen gegeben haben, vorausgesetzt, daß zwischen Himmel und Erde Menschen überhaupt auf der Erde existierten, was für China anzunehmen ist. So lautet die verbreitete Meinung der Missionare: ‚Die ersten Menschen wurden in Judäa geboren. Später vermehrten sie sich, und ihre Nachkommen verzweigten sich bis nach China.' <026> Da die Zeit der ersten Menschen im Westen der Zeit des FUXI in China entspricht, meinte man, daß FUXI auch aus Judäa stamme. Der erste Mensch zwischen Himmel und Erde huldigte damals bereits dem Himmelsherrn. Wenn der erste Mensch von China seinen Ursprung in Judäa hatte, dann mußte er auch die Lehre vom Himmelsherrscher verehrt haben. Der Himmelsherr, *tianzhu* 天主, ist der oberste Herrscher, *shangdi* 上帝. In den [chinesischen] Vier Büchern, *Sishu* 四書, und den Fünf Kanonischen Werken, *Wujing* 五經, wird *shangdi* an vielen Stellen erwähnt. [Dieser Begriff] wurde sicherlich von den ersten Menschen in China überliefert. <027> Eine solche Meinung vertreten auch P. SCHALL und P. BUGLIO, es ist nicht meine Behauptung. Die Menschen des Altertums pflegten in der Verehrung des Himmelsherrn ein hochstehendes moralisches Prinzip, und ihre Herzen waren ehrlich und wahrhaftig. Daher gab es damals ein goldenes Zeitalter des Gedeihens und Verbreitens [der rechten Lehre], was sich erst seit der *Qin*- und *Han*-Dynastie änderte."

[22.] Frage an LI ZUBO:
„Wenn man deine Antwort näher betrachtet, so ist sie doch nur willkürlich nach deiner Vorstellung formuliert und entbehrt jeglichen Beweises. Seit alter Zeit gab es nie eine Verbreitung [der christlichen Lehre]. Ist es nicht so, daß du den Sachverhalt erfunden und ganz ohne Belege niedergeschrieben hast? Was sagst du dazu?" <028>

Antwort: „In den chinesischen Handbüchern[64] steht geschrieben, daß vor FUXI im großen und ganzen Chaos[65] herrschte. Dasselbe findet man auch in den westlichen Geschichtswerken. Wenn man dies in den historischen Dokumenten nachprüft, entspricht die obige Antwort durchaus auch der Ansicht der Missionare. Ich habe dies keineswegs selbst erfunden."

[23.] Frage:
„Wenn das so ist, wie bist du zu den Kenntnissen westlicher Geschichtswerke gelangt?"
Antwort: „Die Leute aus dem Westen haben sie mir vermittelt. Ich habe sie mir nicht selbst angeeignet."

[24.] Frage:
„Wenn dem so ist, warum hast du nicht geschrieben, daß das Wissen von den Missionaren herrührt? Warum schreibst du, es sei in den Geschichtswerken erwähnt?"
Antwort: „Nicht nur diese Behauptung stammt von ihnen. Alle Tatsachen in meinem Buch gehen auf die Aussagen [der Missionare] zurück." <029>

[25.] Frage an LI ZUBO, P. SCHALL, P. VERBIEST, P. BUGLIO und P. MAGALHÃES:
„In dem von euch initiierten Buch *Tianxue chuan'gai* steht geschrieben[66]: ‚[Der Kaiser] steht klar in der Gunst des obersten Herrschers, *shangdi*. Erwirkt

---

[64] *hafu bithe*, entsprechend chines. *tongshu* 通書 oder *leishu* 類書. Mit dieser Bezeichnung ist vermutlich auf die Gattung der volkstümlichen allgemeinen Nachschlagewerke hingewiesen, die neben dem Kalender das täglich benötigte traditionelle Wissen, meist nach Sachgruppen geordnet, zusammenfaßte.

[65] *hôlhi lampa*, chines. *hundun* 混沌.

[66] S. 3a-4a, Nachdruck, S. 1059-1601. – Es handelt sich im Folgenden (hier gekürzt) um abgewandelte Zitate u.a. aus folgenden kanonischen Schriften: *Shujing* 書經, 2,4,1,2: *Zhaoshou shangdi tian qi shenming yong* 昭受上帝天其申命用; siehe LEGGE, Bd. 3, S. 79: ..."you will brightly receive gifts from God. Will not Heaven renew its favouring appointment, and give you blessing?"; *Shujing*, 4,5,1,1: *shangdi wu chang* 上帝不常; LEGGE, Bd. 3, S. 199: "The ways of God are not invariable"; *Daxue* 大學: *gushi tian zhi mingming* 顧諟天之明命, siehe a. *Shujing*, 5,6, LEGGE, Bd. 3, S. 361: "The former king kept his eye continually on the bright requirements of Heaven"; *Shijing* 詩經, 3,1,2: *tianjian zaixia youming jiji ...shangdi linru wuer erxin* 天監在下有命既集…上帝臨女無貳爾心; LEGGE, Bd. 4, S. 434 und 436: „Heaven surveyed this lower world. And its appointment lighted [on King Wăn]... God is with you, [said Shang-foo to the King], Have no doubts in your heart"; *Mengzi* 孟子, 1,2,3: *letian zhe bao tianxia weitian zhe bao qiguo* 樂天者保天下畏天者保其國; LEGGE, Bd. 2, S. 155: "He who delights in Heaven, will affect with his love and protection the whole kingdom... He who stands in awe of Heaven, will affect with his love and protection his own kingdom"; *Mengzi*,

der Himmel nicht das Mandat für den Herrscher und schenkt ihm seine Gnade? Der oberste Herrscher, *shangdi*, ist nicht beständig. Er hatte stets die klare Bestimmung des Himmels vor Augen. Das Volk unter dem Himmel gnädig stimmend fungiert er als dessen Herrscher und Lehrer. Daher unterstützt das Volk den Herrscher mit ganzer Kraft. Der Himmel überwacht die Welt da unten und gewährt das Mandat. Der oberste Herrscher nähert sich und beabsichtigt nicht zuwiderzuhandeln. Derjenige, der den Himmel erfreut, bewahrt auch die Welt; derjenige, der den Himmel fürchtet, bewahrt auch das Reich. Derjenige, der sich dem Himmel fügt, wird erhalten; derjenige, der dem Himmel zuwiderhandelt, geht zugrunde.' <030>

Wenn solche Worte in den kanonischen Büchern genannt werden, dienen sie dazu darzustellen, wie die Herrscher das himmlische Mandat aufnahmen, um die Welt in Ordnung zu bringen. Was für einen Sinn hat es, solches in eurem Buch zu zitieren? Betrachtet man die Sache recht, so wollt ihr damit nur im Verborgenen Anhänger gewinnen und spinnt Intrigen, das Volk irrezuführen, damit es eurer Lehre beitritt. Das bedeutet, sich einer Irrlehre zuzuwenden. Ist es nicht so? Berichtet die Wahrheit!" – Man fragte sie einzeln.

Antwort des LI ZUBO: „Die beiden in den kanonischen Büchern erscheinenden Schriftzeichen *di* 帝 und *tian* 天 bedeuten dasselbe wie der Ausdruck *tianzhu* 天主, Himmelsherrscher'. Daher wurden [die Belegstellen, die diese Wörter enthalten,] zitiert. In den verwendeten Passagen kommt sowohl *di* als auch *tian* vor. <031> Es wurden die Stellen verwendet, in denen geschrieben steht, daß die Herrscher der alten Zeit das himmlische Mandat erhielten, um die Welt in Ordnung zu bringen. Nur weil die beiden Zeichen *di* und *tian* dem Wort *tianzhu* entsprechen, habe ich sie verwendet. Daß ich damit das Volk betrogen habe und Irrlehren verbreite, entspricht nicht den Tatsachen. Eine solche Absicht lag mir fern."

Antwort von P. SCHALL: „Für das Konzept des *Tianxue chuan'gai* sprachen wir mit LI ZUBO zusammen mit P. BUGLIO u.a. über das Wesen der Lehre vom Himmelsherrn und baten ihn, die Schrift in entsprechender Weise zu verfassen. Die schmückenden Ausdrücke [zitierte Passagen], die LI ZUBO verwendete, wählte er selbst aus <032> und gab uns [den Text] danach zu lesen. Was diese Ausdrücke angeht, so verstehen wir manche, einige aber auch nicht. LI ZUBO erklärte uns: ‚Ich habe [Belegstellen mit] den beiden Schriftzeichen [*di* und *tian*] herausgesucht und [im Text] verwendet. Es sind Stellen aus den kanonischen Büchern. Diese Zeichen bedeuten dasselbe wie *tian zhu*, sie sind

---

4,1,7: *shuntian zhe cun nitian zhe wang* 順天者存逆天者亡; LEGGE, Bd. 2, S. 296: "They who accord with Heaven are preserved, and they who rebel against Heaven perish"; *Mengzi: zuo zhi jun zuo zhi shi* 作之君作之師 etc.

inhaltlich gleich. Daher habe ich sie aufgenommen.' Unserer Meinung nach entsprechen die Zeichen *di* und *tian* im *Tianxue chuan'gai* der Bedeutung von *tianzhu*. Daher haben wir die so verfaßte Schrift drucken und verbreiten lassen. Wir hatten keine Absicht, mit Intrigen das Volk betrügerisch in unsere Kirche zu locken und Irrlehren zu verbreiten." <033>

P. VERBIEST, P. BUGLIO und P. MAGALHÃES antworteten in gleicher Weise wie P. SCHALL.

[26.] Frage an LI ZUBO:
„Du hast das Buch ohne [Literatur]belege verfaßt und zum Schmuck mit großen Worten aus den [chinesischen] kanonischen Büchern ausgestattet. Bedenkt man die weite Verbreitung dieser Publikation, muß man annehmen, daß du es aufgrund abtrünniger Vorstellungen verfaßtest nur, um Menschen für Rebellionen aufzustacheln. Du behauptest: ‚Weil [diese chinesischen] Textstellen] die beiden Zeichen *di* und *tian* enthalten, habe ich sie [als Beleg] für [den Begriff] *tianzhu*, Himmelsherr, verwendet.' So hast du doch betrügerisch geantwortet?"

Antwort: „Da die Schriftzeichen *di* und *tian* aus den kanonischen Büchern mit dem Begriff *tianzhu* korrespondieren, habe ich sie herangezogen. Eine Absicht, Geheimbündelei anzuzetteln oder zu betrügen, gab es dabei nicht. Auch gibt es in diesem Buch keine Irrlehren." <034>

[27.] Frage an LI ZUBO:
„In deiner Schrift steht geschrieben: ‚Zur Zeit der *Qin*-Dynastie wurden alle früheren Bücher und Annalen verbrannt. Daher kann man über die Wesen der Himmelslehre[67] nichts mehr finden. Welcher Schaden! Während der *Yuanshou*-Ära [2.–1. Jahr vor Chr.] der späteren *Han*-Dynastie wurde der Himmelsherr, der die Menschheit errettet, als Mensch geboren. Als der Apostel THOMAS[68] nach China kam, vertrat er dessen Glaubenslehre. Dies ist

---

[67] *abkai tacihiyan*, chines. *tianxue* 天學.

[68] DO MO, chines. DUOMO 聖多墨, der Heilige THOMAS († um 72 n. Chr.), einer der zwölf Apostel JESU (Joh. 15, 15). Der Überlieferung nach soll er in *Indien* gewirkt haben und in seiner Missionstätigkeit bis nach Malakka und China vorgedrungen sein; siehe K. G. WESSELING, *Thomas, Apostel Jesu Christi*, in: Biographisch-Bibliographisches Kirchenlexikon, Bd. 11, Hamm: Bautz (1995), Sp. 1292-1323; WOLFGANG HAGE, *Das orientalische Christentum*, Stuttgart: Kohlhammer (2007), S. 316-318, siehe a. Teil 1.4.1, Jahr 1663. Nach nicht-kanonischer Vorstellung soll die Ausbreitung des Christentums nach Osten hin damit zusammenhängen, daß JESUS die Kreuzigung überlebte und unter dem Namen ISSA als Wanderprediger bis nach Zentralasien, Nordindien, Ladakh etc. gelangte.

in den Annalen der späteren *Han*-Dynastie aufgezeichnet.'[69] Du schreibst, daß diese Lehre schon früh existierte und später, zur Zeit der *Qin*-Dynastie, nach China kam. Welchen Beweis hast du dafür? Ferner schreibst du, daß der Himmelsherrn zur Zeit der Westlichen *Han*-Dynastie als Mensch geboren wurde und sein Apostel THOMAS die Lehre in China verbreitete. In welchen [chinesischen] Geschichtsbüchern kann man so etwas heute lesen?" <035>

Antwort: „Was die Verbreitung der Lehre angeht, so behaupten die Europäer, daß es in China bereits vor sehr langer Zeit die Lehre vom Himmelsherrn gab. Nach der Bücherverbrennung des Kaisers SHI HUANGDI 始皇帝 [reg. 246-210 v. Chr.] der *Qin*-Dynastie jedoch versank die Lehre des Himmelsherrn in Vergessenheit. Das Wort *shangdi* in den kanonischen Büchern meint den Himmelsherrn [JESUS], der während der späteren *Han*-Dynastie geboren wurde. Daß der Apostel THOMAS in China die Lehre verbreitete, haben mir die Missionare mitgeteilt. Dies steht in den Büchern der [christlichen] Glaubenslehre geschrieben; in den chinesischen Büchern ist solches von Anfang an nicht vermerkt."

[28.] Frage an LI ZUBO:

„In deiner Antwort heißt es: ‚Solches haben mir die Missionare mitgeteilt, und es steht in den Büchern der Glaubenslehre geschrieben.' Wenn man die Bücher der Lehre überprüft, findet man solche Worte jedoch nicht. <036> Wenn solches tatsächlich in diesen Büchern erwähnt ist, hast du versäumt, es in deiner Schrift kenntlich zu machen. So gesehen hast du tatsächlich in betrügerischer Absicht gehandelt. Was hast du dazu zu sagen?"

Antwort: „Das ‚Wichtige Buch christlicher Lehre'[70] enthält nur das Wesentliche, es ist nicht vollständig. Weiteres steht in anderen Büchern geschrieben. Man erfährt es, wenn man die Missionare danach fragt. Die Nachricht, daß THOMAS in China die Lehre verbreitete, stammt von den Europäern. In den chinesischen Geschichtsbüchern findet man eine solche Beschreibung nicht." <037>

[29.] Frage an P. SCHALL, P. VERBIEST, P. BUGLIO und P. MAGALHÃES:

„In der Antwort des LI ZUBO heißt es: ‚Der Himmelsherr wurde in der *Yuanshou*-Ära der späteren *Han*-Dynastie geboren. Der heilige Apostel

---

[69] Nachdruck, S. 4a, 1601.

[70] Hierzu siehe [16.].

THOMAS verbreitete die Lehre in China.' Angeblich stammen solche Behauptungen von euch. Was sagt ihr dazu?"

Antwort: „Seit der Geburt des Himmelsherrn [JESUS] bis heute sind 1664 Jahre[71] vergangen. Damals, in der *Yuanshou*-Ära der späteren *Han*-Dynastie, verbreitete der Apostel THOMAS die Lehre in China. Dieses Geschehen steht in unseren europäischen Büchern geschrieben. Dies haben wir an LI ZUBO weitergegeben und ihn solches schreiben lassen."

[30.] Frage an LI ZUBO:

„Als man dich fragte, sagtest du: ‚Die Lehre des Himmelsherrn ist nicht in den chinesischen Geschichtsbüchern beschrieben. Ich habe sie in den [christlichen] Büchern der Lehre des Himmelsherrn gelesen, die die von den Europäern verbreiteten Worte übernehmen und habe danach entsprechend gehandelt.' <038> Du weißt also, daß so etwas nicht in den chinesischen Geschichtsbüchern steht. Du bezeichnest die Lehre des Himmelsherrn als die rechte Lehre einer Epoche und verfaßtest dein Buch in der Absicht, alle Menschen unter der Sonne in diese Glaubenslehre einzuführen. Das bedeutet doch Verbreitung von Irrlehren? Berichte die Wahrheit!"

Antwort: „Über diese Lehre und ihre Verbreitung findet man nichts in den chinesischen Geschichtsbüchern. Aber wenn man ihre Prinzipien durchdenkt, entspricht sie dem menschlichen Wesen und wird daher von allen die rechte Lehre genannt. <039> Wenn aufrichtige Menschen diese orthodoxe Lehre befolgen und sie verwirklichen, beschreiten sie den Weg des Himmelsherrn. Ich hatte keineswegs damit die böse Absicht, Menschen zu Rebellionen anzustiften."

[31.] Frage an LI ZUBO:

„In dem von dir verfaßten Buch steht geschrieben:[72] ‚Eine Kirche befindet sich in der Nähe vom Tor *Xuanwu men*[73] und gehört zum Westteil der Stadt. Eine weitere Kirche liegt südlich des alten Laternenmarktes, *Jiu dengshi*, am

---

[71] Damit wäre das Jahr 1662 oder 1663 und nicht das Jahr 1665 angesprochen.

[72] S. 5b-6a, Nachdruck, S. 1064-1065.

[73] *Horon be algimbure duka* / *Xuanwu men* 宣武門, später *Shunzhi men* 順治門 genannt, das westliche Tor in der Südmauer der sog. Tatarenstadt von Beijing. Dort befindet sich die sog. *Nantang* 南堂, Südkirche, bis ca. 1700 auch Westkirche genannt erster Bau 1610, Neubau 1657; siehe Teil 1.4.1, Jahr 1644, 1650, 2. IX., Teil 1.6.5, Ende.

Tor *Donghua men*⁷⁴. Die Himmelslehre in der Hauptstadt ist damit in der näheren Umgebung der Tore präsent. Die Zöglinge⁷⁵ der Lehre der westlichen Weisen⁷⁶ [der Missionare] werden von der Bevölkerung besonders geschätzt, das Volk verehrt sie geradezu. <040> Damals waren der Gouverneur ⁽⁷⁶⁾Tong Huibo ⁷⁷ und der Kontrollbeamte ⁽⁷⁸⁾Xu Hesha ⁷⁸ ernsthafte Gläubige der [christlichen] Lehre. Wohin sie auch kamen, spendeten sie Geld für den Bau von Kirchen, um damit dem Himmelsherrn zu dienen. Ihre Besitztümer verwendeten sie nicht für sich selbst, sondern spendeten für den Himmelsherrn.' Du bezeichnest solche Irrlehre als Himmelslehre, rühmst sie und erhebst sie zum Vorbild für das ganze Land. Was sagst du dazu? Ferner berichtest du, daß Tong Huibo und Xu Hesha, wohin sie auch als Beamte kamen, Geld spendeten. Wo haben diese denn Kirchen bauen lassen? Was für Beamte sind das, sofern sie überhaupt ein Amt innehatten?"

Antwort: „Was die Hauptstadt angeht, so ist sie stets das Vorbild für das ganze Land. <041> Für die Kirchen der Hauptstadt verfaßte Kaiser Shizu Inschriften für Steinstelen und spendete Geld für den Kirchenbau. ⁷⁹ Die

---

⁷⁴ Laternenmarkt *Deng ši / Dengshi* 燈市, am Tor *Dergi eldengge duka / Donghua men* 東華門, dem Eingangstor auf der Ostseite der Verbotenen Stadt. Dort befindet sich die sog. Ostkirche, *Dongtang* 東堂; siehe Teil 1.4.1, Jahr 1662, Ende, Teil 1.6.5, Ende.

⁷⁵ *šusai*, d. i. chines. *xiucai* 秀才, eigentlich Bakkalaurei.

⁷⁶ *wargi ba-i saisa / xi xian* 西賢, gemeint sind die westlichen Missionare.

⁷⁷ Tong Huibo 佟匯白, d.i. Beiname des ⁽⁷⁶⁾Tong Guoqi 佟國器 (gest. 1684), Angehöriger des manjur. Tunggiya-Klan und des Einfachen blauen Banners. Als Mitglied der chinesischen Bannertruppen begann er 1645 seine Militärkarriere in der Provinz Zhejiang und nahm an mehreren erfolgreichen Aktionen gegen Aufständische, Seeräuber und den Rebellen Koxinga / Zheng Chenggong 鄭成功 (1624-1662) teil. Während seiner Amtszeit als Gouverneur von Zhejiang, [*yushi*] *zhongcheng* 中丞 (s. Hucker, Nr. 8174, 2731), die von VI. Monat 1658 bis II. 1660 währte, bekannte er sich zum Christentum; *Guochao qixian leizheng chubian*, j. 151, S. 23a; *Qingdai zhiguan nianbiao*, Bd. 2, S. 1528-1530; Hummel, S. 792-794; siehe Teil 1.4.1, Jahr 1664, VIII.

⁷⁸ Xu Hesha 許鶴沙, Beiname des ⁽⁷⁸⁾Xu Zuanzeng 許纘曾 aus Jiangnan, der ein Enkel des Ricci-Gefährten Xu Guangqi 徐光啟 (1562-1633, siehe Teil 1.1.2, Beginn) war, erlangte im Jahre 1649 den *jinshi*-Grad. Er war damals *liancha*-Beamter 廉察, eine Art Kontrolleur der Lokalbehörden; siehe Hucker, Nr. 3703: *Inspector of Governmental Integrity*; *Guochao shiren zhenglue*, j. 1, S. 3a; Hummel, S. 316; siehe Teil 1.4.1, Jahr 1664, VIII.

⁷⁹ Der jugendliche Kaiser Shizu 世祖 / Shunzhi 順治 / Fulin 福臨 (reg. 1644-1661) stand den europäischen Missionaren in seiner Frühzeit außerordentlich freundlich gegenüber. Bekannt sind hier seine mehrmaligen Besuche bei P. Schall, den er mit der vertraulichen Anrede *mafa / mafa* 瑪法, „alter Herr", begegnete. Näheres siehe Teil 1.4.1, Jahr 1656 flg. Bei diesen Besuchen holte sich der Kaiser Auskunft über das westliche Christentum sowie über

kaiserliche Förderung der Lehre erfreute die Missionare, und die Hochschätzung der Lehre gedieh. TONG HUIBO, alias TONG GUOQI, glaubte an den Himmelsherrn, trat aber nicht der Kirche bei. Eigentlich war er Gouverneur[80], ist aber heute seines Amtes ledig. XU HESHA, alias XU ZUANZENG, ist jetzt *ancha shi*-Beamter[81] in Henan geworden. Früher gehörte er zur Glaubensgemeinschaft. Auch er spendete den Missionaren Geld für den Kirchenbau. Dieses habe ich von P. BUGLIO, P. MAGALHÃES und P. VERBIEST erfahren. <042> Wo die Kirchen mit diesem Geld gebaut wurden, ist mir nicht bekannt. Was die Erhöhung der Lehre vom Himmelsherrn zu einer Himmelslehre angeht, so bezeichnen die *Ming*-Kaiser die in den von P. SCHALL herausgegebenen Büchern beschriebene Lehre als Himmelslehre. Aus diesem Grund habe ich diese auch ‚Himmelslehre' genannt."

[32.] Frage an P. BUGLIO, P. MAGALHÃES und P. VERBIEST:
„In der Antwort von LI ZUBO heißt es: ‚TONG GUOQI und XU ZUANZENG gaben Gelder an die Missionare, damit sie Kirchen bauen konnten.' Ihr wißt sicherlich, für welche Kirchen diese beiden Beamten ihr Geld spendeten."

Antwort: „TONG GUOQI ist nicht Mitglied unserer Glaubensgemeinschaft, XU ZUANZENG ist bei uns eingetreten. <043> Sie spendeten uns Europäern Geld, um frühere Kirchen umbauen zu lassen. Davon haben wir gehört. Wer uns das mitteilte, wissen wir nicht mehr. Auch ist uns unbekannt, welche Kirchen umgebaut oder restauriert wurden. Wir vermuten, daß der aus Fujian stammende TONG GUOQI und der aus Sichuan stammende XU ZUANZENG die Kirchen in ihren jeweiligen Provinzen förderten."

[33.] Frage an P. SCHALL:
„In dem Buch [*Tianxue chuan'gai*], das du veranlaßt hast, heißt es, daß TONG GUOQI und XU ZUANZENG allerorten Geld spendeten und Kirchen bauen ließen, um dem Himmelsherrn zu opfern. Wo in der Provinz ließen sie Kirchen errichten?" <044>

Antwort: „TONG GUOQI gab den in Fujian lebenden Europäern Geld, und diese bauten eine Kirche in der Provinz Fujian. XU ZUANZENG gab den in

---

naturwissenschaftliche Fragen. Für die von P. SCHALL verwaltete Ostkirche, *Dongtang* 東堂 (s.o.) verfaßte der Kaiser eine auf den 1. II. *Shunzhi* 14 (1657) datierte manjur.-chines. Inschrift mit dem Titel *Yuzhi Tianzhu tang beiji* 御製天主堂碑記; siehe Teil 1.4.1, Jahr 1657, 1. II.

[80] *siyôn fu,* chines. *xunfu* 巡撫, Provinzgouverneur; HUCKER, Nr. 2731.

[81] *an ca ši,* chines. *ancha shi* 按察使, eine Art Aufsichtsbeamter im Rang 3A; HUCKER, Nr. 12.

Sichuan lebenden Europäern Geld, und diese errichteten eine Kirche in der Provinz Sichuan. TONG GUOQI trat nicht bei uns ein, doch XU ZUANZENG gehört unserer Glaubensgemeinschaft an."

[34.] Frage an P. SCHALL, P. VERBIEST, P. BUGLIO und P. MAGALHÃES:
„Wenn TONG GUOQI nicht eurer Glaubensgemeinschaft angehört, warum wird dann sein Name im *Tianxue chuan'gai*[82] genannt?" <045>
Antwort: „Obwohl TONG GUOQI nicht zu unserer Kirche gehört, wurde sein Name im Buch erwähnt, weil er uns Europäern Geld zum Kirchenbau spendete."

[35.] Frage an LI ZUBO, P. SCHALL, P. VERBIEST, P. BUGLIO und P. MAGALHÃES:
„In dem von euch verfaßten Buch [*Tianxue chuan'gai*] steht geschrieben[83]: ‚Im Jahre *jichou*[84] [1649] präsentierte VERBIEST dem Thron die Kalenderregeln[85]. Sodann wurden infolge kaiserlicher Weisung über zehn Missionare ins Landesinnere eingelassen. Unser Land vereint damit die ganze Welt. Bekannte Würdenträger und fähige Beamte sind gemeinsam dem Kaiser zunutze. <046> Ob innerhalb oder außerhalb der Hauptstadt, in den Provinzstädten oder in abgelegenen Orten, Dörfern und Kreisen, überall sind westliche Gelehrte präsent. Indem sie ihre Kenntnisse vermitteln, wurden sie der Welt Vorbild. Mit ernstem Bemühen erläutern sie die Wissenschaften und setzen neue Maßstäbe. Irregeführten bieten sie Halt und prüfen die menschliche Gesinnung. Damit helfen sie dem Kaiser, die Kultur zu fördern. Ihr Wirken läßt sich für die heutige Zeit mit der Bedeutung der drei Generationen von TANG und YU[86] vergleichen.'

---

[82] S. 6a, Nachdruck, S. 1065.

[83] S. 6b-7a, Nachdruck, S. 1066-1067.

[84] *sohon ihan*, entsprechend chines. *jichou* 己丑.

[85] *huwangli kooli*, chines. *lixue ji* 曆學計. Das angegebene Jahr 1649 ist unrichtig (im späteren Textteil in 1659 ‚berichtigt'); P. VERBIEST (1623-1688) erreichte i. J. 1658 Macao und kam erst 1660 nach Beijing. Es könnte hier eine Verschreibung der Jahresangabe *jichou* 己丑 für *xinchou* 辛丑 vorliegen und 1661 gemeint sein. Damit wäre vielleicht auf die Schrift *Minli buzhu jiehuo* 民曆鋪註解惑 (s. Teil 1.6.3) hingewiesen, die P. SCHALL und P. VERBIEST in genanntem Jahr gemeinsam verfaßten und im Folgejahr veröffentlichten.

[86] *Tang ioi ilan jalan*; mit den drei Generationen des TANG [und] YU, chines. *Tang Yu sandai* 唐虞三代, ist das Zeitalter der mythischen Heroen TANG YAO 唐堯 (reg. angeblich 2356-2256 v. Chr.) und YU SHUN 虞舜 (reg. 2255-2206 v. Chr.) gemeint, das als eine für das Volk glückliche Periode universalen Weltfriedens vorgestellt wird; GILES, Nr. 2426, 1741.

Ihr sagt, die [Vertreter der] Himmelslehre fördern die Menschenherzen, <047> sie leisten dem Herrscher Hilfe und öffnen einen Weg vergleichbar mit der glorreichen Regierung der drei Generationen von TANG und YU. Warum tut ihr dies dem Kaiser nicht kund, bevor ihr eure Lehre verbreitet? Statt dessen strömt ihr in alle Länder, sowohl in die wichtigen Provinzstädte wie in die abgelegenen Dörfer, und verkündet eure Lehre nach Belieben allerorten und veranlaßt alle Menschen unter der Sonne, eurer ketzerischen Glaubensgemeinde beizutreten. Man bewertet dies als Irreführung, mit der Vertreter des fremden Glaubens beabsichtigen, ein Komplott zu schmieden. Was für eine Art Lehre ist das überhaupt?" Man befragte jeden einzeln. <048>

Antwort des LI ZUBO: „Die Lehre des Himmelsherrn zielt darauf hin, die Menschen zu guten Taten anzuleiten und böse Handlungen zu verhüten. Wenn man Unrecht tut und Schuld auf sich lädt, zieht es die Strafe des Himmelsherrn nach sich. Daher sagen wir, daß der Himmelsherr die Menschenherzen durchschaut. Auf oberer Ebene unterstützen die Fürsten und mächtigen Würdenträger den Kaiser und fördern das <049> kulturelle Wirken des Herrschers. Auf unterer Ebene aber bewirkt die Himmelslehre bei den Menschen, das Gute zu fördern und dem Bösen abzuschwören. Diese Tatsache ermöglicht den Menschen einer Epoche, die erleuchtende Kultur des Herrschers zu übernehmen. Auch fürchtet man sich vor der Strafe, die nach dem Tod für getanes Unrecht eingefordert wird. Es ist eine Situation, die den [vorbildlichen] drei Generationen des TANG und YU vergleichbar ist. Die Menschen aus dem Westen wollen als die Missionare der Lehre nur Gutes tun. Sie verehren den Himmel, ermahnen die Menschen und fördern die guten Taten, bis es keinerlei Verirrung oder Schändlichkeiten mehr gibt. Die Schrift *Tianxue chuan'gai* beabsichtigte nur, die Prinzipien der Lehre des Himmelsherrn zu erklären. Als mich P. SCHALL und P. BUGLIO zur Abfassung ermutigten, schrieb ich es auf und gab es ihnen zu lesen. Ob sie dem Thron davon berichteten, weiß ich nicht. <050> Die Himmelslehre ist Angelegenheit der Missionare. Wenn jemand sich über die Lehre informieren will, geben wir ihnen die Lehre weiter. Wir haben absolut keine verborgene Absicht. Die Lehre des Himmelsherrn ermuntert die Menschen nur dazu, Gutes zu tun. Niemals beabsichtigten wir, nur Mitläufer zu sammeln und ein Komplott zu schmieden. Das Jahr *jichou* [1649, im Text] ist ein Fehler; richtig ist *jihai*[87] [1659]. Um ketzerische Lehren zu unterbinden, [sollte man z. B. gegen] die *Wuwei-*

---

[87] *sohon ulgiyan*, chines. *jihai* 己亥; diese Jahresangabe ist vermutlich auch unrichtig; siehe Textbeginn.

Lehre und die Weiße Lotos-Sekte[88] [und nicht gegen unsere ‚Himmelslehre'] vorgehen." <051>

Antwort von P. SCHALL: „Aufgrund der Lehre vom Himmelsherrn förderte mich Kaiser SHIZU per Dekret.[89] Mehrere Male konnte ich dabei dem Kaiser die Lehre des Himmelsherrn erklären. Daher wurden bei der Abfassung des Buches nicht jedesmal Throneingaben eingereicht und der Kaiserhof benachrichtigt. Das Buch wurde ohne weitere Maßnahmen verbreitet. Wenn Menschen zu guten Taten ermutigt werden, bedeutet das doch, die Gedanken der drei Generationen der [mythischen Kaiser] TANG und YU zu verwirklichen. <052> Ferner habe ich dem SHUNZHI-Kaiser persönlich über die Verbreitung der Lehre des Himmelsherrn bis in die äußeren Provinzen berichtet. Die Unterstellung, daß wir beim Volk Verwirrung stiften, Anhänger sammeln und einen Umsturz im Reich planen, ist unzutreffend.

In einer zusammen mit P. VERBIEST abgefaßten Throneingabe ist von mehr als zehn [aus Europa] Angekommenen die Rede. Fünf von ihnen sind inzwischen verstorben. P. VERBIEST befindet sich hier, die anderen [vier] wurden an die Kirchen der Provinzen verteilt. In welche dieser Kirchen sie jeweils geschickt wurden, weiß ich nicht mehr. <053>

Wir haben LI ZUBO die Lehre in ihren Hauptlinien erklärt und ihn danach das Buch schreiben lassen. Um ‚ketzerische Lehren' auszulöschen [sollte man gegen] Sekten wie *Wuwei* oder die Weiße Lotos-Bewegung vorgehen [und nicht gegen uns]."

Antwort des P. VERBIEST, P. BUGLIO und P. MAGALHĀES: „Bei einem Treffen vernahmen wir, was P. SCHALL vom Kaiser erfahren hatte und was er selbst dazu beitrug. Danach bekamen wir keine weitere kaiserliche Weisung. Andere Fakten sind in SCHALLs Antwort enthalten. Es gibt nichts, dem wir widersprechen könnten."

---

[88] Gemeint sind die aufgrund religiöser Lehren initiierten antidynastischen Rebellionsbewegungen. Die Weiße Lotos-Sekte, *Bolian jiao* 白蓮教, war eine volksreligiöse hybride Bewegung mit buddhistischen und daoistischen Elementen, die während der Mongolen-Zeit aufkam, mit der Absicht, die *Song*-Dynastie wieder auferstehen zu lassen. Sie bedeutete für die Manjuren eine besondere Gefahr, da sie in ihrer Fremdenfeindlichkeit bemüht war, die einheimische *Ming*-Dynastie – mit dem Schlagwort *fan Qing fu Ming* 反清复明 – zu restituieren. In der *Qing*-Zeit fand sie um 1790 ihre Wiedergeburt und mündete in die Boxerbewegung um 1900 ein; B. J. TER HAAR, *The White Lotus Teachings in Chinese Religious History* (Sinica Leidensia, 26), Leiden: Brill (1992). Von ähnlichen Intentionen war auch die im 16. Jh. gegründete volksbuddhistisch-daoistische Lehre, *Wuwei jiao* 無為教, durchdrungen.

[89] Gemeint sind die unterschiedlichen Gunstbeweise des Kaisers; siehe Teil 1.4.1, ab 1651.

[36.] Frage an Li Zubo:

„In deinem Buch heißt es⁹⁰: ‚In den beiden Präfekturen Su 蘇 und Song 淞 von Jiangnan 江南, in Wulin 武林 der Provinz Zhejiang 浙, in Nanchang 南昌, Jianchang 建昌 und Nan'gan 贛 der Provinz Jiangxi 江西, in Wuchang 武昌 der Provinz Huguang 湖光, in Fuzhou 福州, Jianning 建寧, Yanping 延平 und Tingzhou 汀州 der Provinz Fujian 福建, in Chongqing 重慶 und Baoning 保寧 der Provinz Sichuan 四川 wurden neue Kirchen errichtet und danach von den Gelehrten aus dem Westen [Missionaren]⁹¹ bezogen.' Von wem wurden diese Kirchen gebaut?" <054>

Antwort: „Ich weiß nicht, wer diese Kirchen errichtete. Nach dem, was ich von P. Buglio hörte, spendeten Tong Guoqi und Xu Zuanzeng Gelder, um die Kirchen zu renovieren. Welche davon erneuert wurden, weiß ich nicht. Alle Informationen über die neuen Kirchen in diesen Orten stammen von P. Buglio."

[37.] Frage an P. Buglio:

„Du hast berichtet, daß in diesen wohlhabenden Orten 13 neue Kirchen gebaut wurden. Wer hat diese 13 Kirchen geschaffen?"

Antwort: „Die in Fujian wurden von Tong Guoqi und die in Sichuan von Xu Zuanzeng errichtet. In anderen Orten wurden die Kirchen von ihnen renoviert oder wiederhergestellt. Wer im einzelnen welche Kirchen errichtet hat, ist mir nicht bekannt." <055>

[38.] Frage an P. Buglio:

„Wann wurden diese 13 Kirchen gebaut?"

Antwort: „Wann sie gebaut wurden, weiß ich nicht. Unter den 13 Kirchen sind nur drei Neubauten. An den anderen zehn, die schon in der *Ming*-Dynastie existierten, wurden in unserer Dynastie nur Renovierungsarbeiten durchgeführt."

[39.] Frage an P. Buglio:

„Auch diese zehn Kirchen wurden neu gebaut. Du beauftragtest Li Zubo, in seinem Buch⁹² zu schreiben, daß nur die Kirchen in Fujian durch Tong Guoqi und die in Sichuan durch Xu Zuanzeng renoviert wurden. Die

---

⁹⁰ Nachdruck, S. 6b, 1066.

⁹¹ *wargi bai saisa*, entsprechend chines. *xi xian* 西賢.

⁹² Nachdruck, S. 6a, 1065.

Kirchen in anderen Orten wurden auch neu errichtet. Wann und von wem die Bauarbeiten durchgeführt wurden, wißt ihr angeblich nicht. <056> Hast du da nicht falsch ausgesagt? Die zehn Kirchen sind nämlich alle Neubauten. Wann sie gebaut wurden und von wem, wie die Namen der Personen lauten, das sollst du hier bekennen!"

Antwort: „Unter den 13 angeblich neugebauten Kirchen wurden nur drei wirklich neu errichtet. Die anderen sind renoviert worden. Wer die Bauarbeiten in welchem Jahr durchführte, weiß ich nicht."

[40.] Frage an P. SCHALL, P. BUGLIO, P. MAGALHÃES und LI ZUBO:
„In dem von euch veranlaßten Buch heißt es[93]: ‚Die Zahl der [aus Europa] mitgebrachten Bücher beträgt mehr als siebentausend[94], und eine Rückführung war von den Weisen [Missionaren] nicht vorgesehen. Aufgrund der Tatsache, daß diese Bücher durchweg hilfreich sind, hat man sie zu Recht hierbehalten und übersetzt. <057> [Eine solche Arbeit] wirkt ewig wie das Fließen des Wassers und das Aufgehen der Sonne.' Was für eine Absicht habt ihr mit der Übersetzung westlicher Bücher? Von wem habt ihr den Auftrag, sie übersetzen zu lassen? Wie heißt der Übersetzer, und wo lebt diese Person?"

Antwort: „Die Bücher wurden von den westlichen Missionaren mitgebracht. Diejenigen für die Ostkirche des P. MAGALHÃES waren nach Xiangshan ao[95] transportiert worden. Auch die später Angekommenen haben [Bücher] mitgebracht. Die Übersetzung der Bücher dienen der Aufgabe, die Menschen zu ermuntern, Gutes zu tun und den Himmel zu ehren. Die Übersetzer dieser Bücher sind Menschen von uns." <058>

[41.] Frage an P. SCHALL, P. VERBIEST, P. BUGLIO und P. MAGALHÃES:
„In dem ‚Wichtigen Buch christlicher Lehre'[96], das ihr unter den an eurem Glauben interessierten Menschen verbreitet, heißt es: ‚Wenn die Menschen eines Zeitalters unserer Glaubensgemeinschaft beitreten, wird ihnen nach den Regeln heiliges Wasser [die Taufe] gespendet und mit den Worten des

---

[93] Nachdruck, S. 7a, 1067.

[94] Die Anzahl von 7000 aus Europa mitgeführten Büchern ist bislang so nicht nachweisbar. Nach dem Katalog von THIERRY aus der Mitte des 19 Jh.s betrug die Gesamtzahl der bis zu dieser Zeit registrierten christlichen Bücher 5929; VERHAEREN, Catalogue, S. XXXI.

[95] Hiyangšan oo, hiermit ist Xiangshan ao 香山澳, die Bucht von Xiangshan, das portugiesische Macao, gemeint.

[96] (Tiyan ju-i) tacihiyan-i oyonggo bithe; siehe [16.].

heiligen Buches⁹⁷ [Bibel] für sie gebetet. Das ist gleichsam das Reinwaschen durch den Himmelsherrn, durch das der Urschaden [Ursünde] beseitigt und alle Schuld vergeben wird. Danach ist man Angehöriger der heiligen Lehre und wird Christ⁹⁸ genannt.' Wenn man dies so betrachtet, wird die Schuld der Menschen beim Eintritt in eure Lehre vergeben, und alle werden Mitglieder eurer heiligen Glaubensgemeinschaft. <059> An den wichtigen Orten aller Provinzen habt ihr Kirchen erbaut und die gesamte Bevölkerung in die Irre geführt. Ihr sammelt Anhänger und plant eine Rebellion. Das ist eure wahre Absicht. Was den Namen ‚Christen' angeht, was für eine Sprache ist das?"

Antwort: „Unser Absicht ist es, daß die Menschen sich vom Bösen abwenden, das Gute tun und dies mit Fleiß verbreiten. Wenn sie das heilige Wasser auf der Stirn spüren, werden ihre Sünden vergeben, und sie sind wie durch ein Wunder gereinigt. Die Vergebung der Sünden durch den Himmelsherrn ist vergleichbar mit einer großen Reinigung des Körpers von Schmutz. Man verwendet das heilige Wasser, um die Seele von der Sünde reinzuwaschen. Wenn man danach mit allen Kräften Buße tut, werden die Sünden vom Himmelsherrn vergeben. Dies ist das Prinzip, das der uns als Heiland geborene Himmelsherr hinterließ. Das Wort Christen bezeichnet die Menschen, die der Lehre des Himmelsherrn folgen. <060> So nennen wir sie in unserer Sprache. Wir haben wahrhaft nicht die Absicht, durch Irreführung Mitläufer zu sammeln, um einen Aufstand anzuzetteln."

[42.] Frage an SCHALL, VERBIEST, BUGLIO und MAGALHÃES:
„In eurem Buch *Tianzhu jiaoyao*⁹⁹ heißt es: ‚Die der heiligen Lehre zugehörigen Menschen sollen sich jederzeit Prüfungen unterziehen. Wenn sie Taten begingen, die nach den [Zehn] Geboten geächtet sind, müssen sie mit allen Herzenskräften Buße tun. So können sie sich gefestigt zum Guten wandeln. Dem Priester¹⁰⁰, der die wahre Lehre beherrscht, sind alle Missetaten zu berichten. Erst dann erlangt man, der Belehrung folgend, die Vergebung und betet in geistlicher Gegenwart mit den Worten aus der Bibel. Dann

---

⁹⁷ *ging*, sonst *enduringge ging*, d.i. chines. *Shengjing* 聖經, Bibel.

⁹⁸ *ki li sse dang*, chines. 奇里司黨.

⁹⁹ Siehe in [16.].

¹⁰⁰ manjur. *sa ze el do de*, chines. *sazeerduode* 薩澤爾多得 < portugies.-span. *sacerdote*, Priester; sonst auch *enduri ama*, d.i. *shenfu* 神父, Pater. In dem kaiserlichen Tafelwerk der tributären Volksstämme *Zhigong tu*, j. 1, S. 33a, werden die fremden Priester als *yizeng* 夷僧, „ausländische Mönche", bezeichnet.

gilt die Sünde als vergeben.' <061> Betrachtet man diese Worte, so ist dies alles nur Irrlehre. Ferner, was bedeutet *sacerdote* (Priester)?"

Antwort: „Die zur Lehre konvertierten Menschen, die durch böse Taten Schuld auf sich geladen haben, streben mit allen Kräften danach, Vergebung zu erringen und fürderhin Böses zu unterlassen. Das begangene Übel und die so entstandene Schuld wird den Priestern und Missionaren mitgeteilt, worauf sie Vergebung der Schuld verkünden. <062> So wird der durch Diebstahl erhaltene Besitz anderer Menschen zurückgegeben. Wenn das Gebet für die Erlösung gesprochen wurde, wird die Schuld vom Himmelsherrn vergeben. Diese Angelegenheit hat das Ziel, das Böse in den Menschen zu beseitigen und sie zu guten Taten zu ermuntern. Unsere Lehre ist auf keinen Fall eine Lehre, die das Volk in die Irre führt und ketzerisch ist. Unter *sacerdote* versteht man die Missionare."

[43.] Frage an SCHALL, VERBIEST, BUGLIO und MAGAHLÃES:

„Ihr verwendet in eurem Buch die Bezeichnung *sacerdote* für diejenigen, die den Gläubigen lehren, daß nach der Beichte aller böser Taten die Schuld durch den Himmelsherrn vergeben wird. <063> Dies beweist, daß ihr die Männer und Frauen in die Irre führt und sie zum Fehlglauben anstiftet. Was habt ihr dazu zu sagen?"

Antwort: „Würden wir nur sagen: ‚Betet nach den Worten der Bibel, so wird eure Schuld vergeben', dann wäre das eine Irrlehre. Wir sagen den Menschen jedoch, daß sie mit allen Kräften ihre Verfehlungen korrigieren und Gutes tun sollen. Erst nach dieser Belehrung kann ihre Schuld vergeben werden. Danach wird das den anderen Menschen Gestohlene zurückgegeben und der Verbrauch von Alkoholika eingestellt. Haben die Menschen kein Mitgefühl und keine Absicht, sich zu bessern, <064> wird ihre Schuld nicht vom Himmelsherrn vergeben. Was die Patres[101] angeht, so sind sie die Wächter der Seele. Es besteht keine Absicht, die Menschen irrezuführen. Wir belehren sie, keine bösen Taten zu tun. Niemals haben wir Unrecht getan und weder Männer noch Frauen zur Rebellion angestiftet."

[44.] Frage an SCHALL, VERBIEST, BUGLIO und MAGAHLÃES:

„In eurem Buch *Tianzhu jiaoyao* heißt es: ‚Alle Menschen, die in die heilige Lehre eintreten, verabscheuen das Böse. Sie suchen den Priester auf, beten mit den Worten der Bibel, tragen an fünf Stellen [des Körpers] das heilige Öl[102]

---

[101] *enduri ama*, chines. *shenfu* 神父.

[102] *enduringge nimenggi*, chines. *shengyou* 聖油.

auf. Beim Sterben empfangen sie die Gnade des Himmelsherrn durch die letzte Ölung, und ihre Sünden werden vergeben. Krankheiten werden beseitigt und <065> der Teufel [böse Geist] wird ausgetrieben.' Die wichtigen Orte in den Provinzen wurden für Kirchenbauten ausgewählt, Menschen wurden in betrügerischer Weise für die Lehre geworben und ihre Herzen gebunden. Was sagt ihr zu diesem Geschehen?"

Antwort: „Wenn die Menschen das Ende des Lebens erreicht haben, empfangen sie die letzte Ölung. Entweder wird die Krankheit geheilt oder der böse Geist wird ausgetrieben. Das ist das vom Himmelsherrn gespendete Verfahren. Nur Männer erhalten die Ölung, Frauen nicht; denn die Ölung gehört nicht zu den wichtigen Vorschriften. Die fünf Stellen für die Ölung sind der Mund, die Nase, die Augen, [066] die Ohren und die Hände – alles Orte, die zu Sünden verleiten können. Daher wird dort Öl aufgetragen. Auf keinen Fall locken wir die Menschen mit Irreführung und Betrug in die Kirche, um ihre Herzen an uns zu binden."

[45.] Frage an SCHALL u.a.:
„Heiliges Öl, woraus ist das?"
Antwort: „In den Orten der Westländer wächst ein Frucht namens Olive[103]. Durch Pressen gewinnt man daraus Öl. Es wird dem Himmelsherrn dargebracht. Durch das Gebet wird es zum heiligen Öl."

[46.] Frage an SCHALL, VERBIEST, BUGLIO und MAGALHÃES:
„In eurem *Tianzhu jiaoyao* sind europäische Termini, bis auf Begriffe wie ‚Bischof'[104], ‚Priester'[105] und ‚Messe'[106], übergangen worden. <067> Ist das Verheimlichung?"
Antwort: „Das Wort ‚Bischof' bezeichnet denjenigen, der die Lehre in sich aufgenommen hat. Mit ‚Priester' benennt man die, die die Lehre verbreiten. ‚Messe' bezeichnet die ehrerbietigen Kulthandlungen. Seit der Verwendung dieser Wörter im *Tianzhu jiaoyao* sind mehr als 80 Jahre vergangen. Wie konnten wir während dieser Zeit wissen, ob wir [solche Fremdwörter] verwenden sollen. Eine Absicht zur Heimlichtuerei gab es nicht."

---

[103] *o li fa* < latein. *oliva*, portug. *oliveira* etc., chines. *elifa* 鄂里法, heute *ganlan* 橄欖.

[104] *bisibo* < portug. *bispo*, span. *obispo*, chines. 畢斯波.

[105] *sa ze el do de*, siehe [42.].

[106] *misa* < span. *misa*, portug. *missa*, chines. *misa* 彌撒.

[47.] Frage an SCHALL, VERBIEST, BUGLIO und MAGALHÃES:
„Bei der Befragung über die irrtümliche Festlegung des VII. Schaltmonats[107] antwortete [(71)]ZHOU YIN[108] 周胤, daß die eurer Lehre angehörigen Menschen <068> keine Opferpapiere zu Ehren ihrer Ahnen verbrennen dürfen. Diesbezüglich ist eure Lehre wahrlich eine Irrlehre."
Antwort: „Da uns der Himmelsherr keine Regel bezüglich Opferpapiere aufgegeben hat, wird in unserer Kirche kein Papier für die Verstorbenen verbrannt. Den Armen wird Almosen gegeben und für sie gebetet. Das bedeutet, Vertrauen zu gewinnen und Wege zum Guten zu lenken. Der Mensch stirbt und vergeht, die Seele aber stirbt nicht. Sie verliert lediglich ihre menschliche Gestalt und braucht weder Essen noch Kleidung. Daher wird für sie auch kein Papiergeld verbrannt. <069> Unsere Lehre ist keinesfalls eine Irrlehre."

[48.] Frage an LI ZUBO:
„In deiner früheren Antwort hieß es: ‚Wenn die Europäer die Lehre verbreiten, ist es ihre Absicht, die Menschen zu guten Taten anzuleiten und sie dazu zu führen, den Himmel zu verehren, damit ihnen die himmlische Gnade zuteil wird, und dies ohne jeden Betrug.' In eurem *Tianzhu jiaoyao* heißt es weiter: ‚Durch das Benetzen der Stirn [Taufe] wird reinigend die Schuld vergeben. Mittels heiligen Öls, an fünf Stellen aufgetragen, wird die Krankheit beseitigt und der Dämon ausgetrieben.' Ferner heißt es dort: <070> ‚Die westlichen Missionare bezeichnen sich selbst als Pater. Die in die Lehre eingetretenen Männer und Frauen werden von ihnen ermahnt, die Gebote nicht zu übertreten. Das Gebet zum Himmelsherrn erwirkt die Vergebung der Sünden.' Wenn man bedenkt, daß die in eure Lehre Eingetretenen für ihre Ahnen kein Opfergeld verbrennen dürfen, so ist eure Lehre doch irreführend und ketzerisch. Das von dir verfaßte *Tianxue chuan'gai* ist wahrhaft aufrührerisch, und du hast es sicherlich in aufsässiger Absicht verfaßt. Was meinst du dazu?"
Antwort: „Das Benetzen der Stirn und das Salben mit heiligem Öl an fünf Stellen <071> gehören zu den äußerlichen Riten. Falls die Gesinnung eines Menschen nicht gebessert werden kann, ist auf die Anwendung dieser Riten zu verzichten. Taufe und Salbung sind den wahrhaft Gläubigen vorbehalten. Die Seele der Menschen hat keine sichtbare Gestalt, man nennt sie heilig. Ein Missionar erlöst die Seele des Menschen, man nennt ihn heiligen Vater. Beim

---

[107] *anagan-i biya*, chines. *runyue* 閏月. Nach dem offiziellen Kalender ist für das Jahr 1661 (*Shunzhi* 18) der Schaltmonat nach dem VII. Mondmonat mit 29 Tagen eingefügt; siehe [52.] flg.

[108] Seinerzeit Vizepräsident des Astronomischen Amtes; siehe [53.] flg., Teil 1.4.2, Jahr 1665, XI.

Tod der Vorfahren singt man dem Himmel Lobpreis und bittet ihn um Schutz und Behütung. Almosen werden an die Armen verteilt. Da nutzlos für die Verstorbenen, wird jedoch kein Papiergeld verbrannt. <072> Die Lehre des Himmelsherrn ist keine Irrlehre. In dem Buch *Tianxue chuan'gai* sind keine häretischen Gedanken enthalten."

[49.] Frage an LI ZUBO:
„Wegen Nutzlosigkeit verbrennt ihr kein Papiergeld für die Verstorbenen. Seit alters jedoch bringt man [bei uns] allen Sterblichen zwischen Himmel und Erde Weihrauch dar und verbrennt für sie Opfergeld. Gegenüber den Menschen unserer Zeit zeigt ihr in eurem Handeln weder Pietät noch Ehrerbietung. Es ist keine gute Tat, deinem Großvater oder Vater weder Weihrauch noch Papiergeld zu opfern.

Antwort: „Wenn jemand stirbt, bleibt nur die Seele bestehen. Geld und Vermögen vergehen so wie die Körper der Menschen. <073> Papiergeld zu verbrennen ist nutzlos, daher wenden wir diesen Brauch nicht an. Die Menschen sollen in ihren Herzen Himmel, Erde und Geister verehren. Das Verbrennen des Papiergeldes ist sinnlos, obwohl es von alter Zeit an bis heute überliefert ist. In unserer Lehre befolgt man diese Sitte nicht."

[50.] Frage an LI ZUBO:
„Laut [7]YANG GUANGXIAN steht in dem von [78]XU ZHIJIAN verfaßten Text geschrieben[109]: ‚In der Steininschrift[110] zur christlichen Lehre des Kaisers SHUNZHI heißt es, daß die Erläuterung der Lehre von den Herrschern YAO 堯 und SHUN 舜, von ZHOUGONG 周公 und KONFUZIUS 孔子, der sog. mittlere Weg[111], vertraut sei. [...] LI ZUBO glaubt, daß Kaiser SHIZUs Bemühung, YAO und SHU nachzueifern, indem er ZHOUGONG und KONFUZIUS verehrte, selbstgerecht sei. Das *Tianxue chuan'gai* wurde somit verfaßt, um dem Kaiser Vorwürfe zu machen und die Lehre des Himmelsherrn groß und überragend erscheinen zu lassen. <075>. Ist das nicht als Rebellion gegen unser Land aufzufassen?' Was sagst du dazu?"

---

[109] Die folgenden Passagen sind im Vorwort der uns vorliegenden, publizierten Ausgabe nicht enthalten; die Quelle ist unsicher; Text hier verkürzt wiedergegeben.

[110] Gemeint ist die 1657 vom Kaiser gestiftete Steinstele an der Kirche *Nantang*; siehe Teil 1.4.1, Jahr 1657, 1. II.

[111] Gemeint ist die Lehre des Konfuzianismus.

Antwort: „Das Erscheinen des Buches *Tianxue chuan'gai* ist mit der Anfertigung der Steininschrift des Kaisers SHIZU zu vergleichen. Alle Menschen sollen den Inhalt der Lehre ehrerbietig aufnehmen. Was das Konzept dieses Buches betrifft, wie hätte ich wagen können, mich einer grundlegenden Würdigung der heiligen Lehre zu widersetzen?"

[51.] Daraufhin fragte man diesbezüglich YANG GUANGXIAN.

Antwort: „Die Lehre des YAO, SHUN, ZHOUGONG und KONGZI in China ist tiefgründig. <076> Da sie als Fundamentallehre gilt, folgte ihr auch Kaiser SHIZU (SHUNZHI) und erläuterte sie. Das ist unsere Lehre. – Der Himmelsherr oder JESUS rebellierte gegen sein Land, erhob sich jedoch nicht zum Herrscher. Er starb ans Kreuz genagelt, wie man auf Bildern erkennen kann[112], ähnlich [erniedrigt] wie [die Rebellen] der Weißen Lotos-Sekte[113] oder der *Wenxiang*-Sekte[114] in China, die Irrlehren verbreiteten. Auch diese verehrten Heilige mit allen Kräften und leiteten später zur Rebellion über. Die Lehre des Himmelsherrn ist sehr verbreitet unter dem Himmel und hat Millionen von Anhängern. Was für eine Gesinnung? <077> LI ZUBO ist Chinese, der angeblich der Lehre des ZHOUGONG und KONGZI anhängt. Nur den Europäern zuliebe verfaßte er das Buch [*Tianxue chuan'gai*], in dem es heißt, daß Tausende Länder in Ost und West Kinder und Enkelkinder dieser Irrlehre sind. Auch die Sechs Klassiker sowie die Vier Bücher seien geheime Produkte dieser Irrlehre. Kaiser SHIZU befolgte die Lehre des YAO, SHUN, ZHOUGONG und KONFUZIUS, und diese wichtige Tatsache vermerkte er in seinem Text. Irrlehren zu verbreiten, sind gesetzlose und unverantwortliche Taten. Es gibt nichts, das schwerwiegender wäre. Man muß bei den Tatsachen bleiben und wahrhaftig berichten."

5.2.2 Zum Thema Astronomie und Kalenderwesen

Die das Sachgebiet der Astronomie und Kalenderwissenschaft betreffenden Teilabschnitte können wegen noch unzureichend erarbeitetem historischen Belegmaterials nur in einer vorläufigen, verkürzten Weise oder als Inhaltsangabe wiedergegeben werden. Die umfassende Darstellung und Erklärung

---

[112] Siehe [17.].

[113] Siehe [35.].

[114] *Wenxiang jiao* 聞香教, volksbuddhistische Sekte der *Ming*-Zeit, begründet in der *Wanli*-Ära (1573-1619) in der Provinz Hebei.

der historischen Fachbegriffe und Zusammenhänge auf den angesprochenen naturwissenschaftlichen Gebieten ist einer späteren Veröffentlichung vorbehalten. Siehe Teil 3.1.3 und 5.1.

[52.] Frage an P. SCHALL:
Im Anschluß an ein Zitat aus der Schrift *Zheng guoti cheng*[115] 正國體呈 des YANG GUANGXIAN bezüglich der Monats- und Schaltmonatsbestimmung nach terminalen[116] und mittleren Solarperioden[117] ergaben sich Fragen nach der alten und neuen Methode[118] bei der Bestimmung der Schaltmonate entweder nach dem VII. oder X. Mondmonat. P. SCHALL antwortete darauf und kam zu dem Schluß <078>:

„Es besteht kein Zweifel, daß der Monat nach dem VII. Monat als Schaltmonat anzusehen ist. Die Behauptung von YANG GUANGXIAN, daß der Monat nach dem X. Monat als Schaltmonat gilt, ist nicht zu verifizieren."

[53.] Dieselbe Frage ging an den Vizedirektor[119] des Astronomischen Amtes (71)ZHOU YIN[120] 周胤 und an die im offiziellen Kalender namentlich unterzeichnenden Beamten, den Vorsteher des Frühlingsamtes, *chunguan zheng*[121] 春官正, (54)SONG KECHENG 宋可成, den Vorsteher des Sommeramtes, *xiaguan zheng* 夏官正, (44)LI ZUBO, den Vorsteher des Mitjahresamtes, *zhongguan zheng* 中官正, (48)LIU YOUTAI 劉有泰, den Vorsteher des Herbstamtes, *qiuguan zheng* 秋官正, (53)SONG FA 宋發, den Vorsteher des Winteramtes, *dongguan zheng* 冬官

---

[115] *Gurun-i doro be tuwancihiyara jalin-i alibuha bithe*, manjurische Teilübersetzung. Die Schrift *Zheng guoti cheng*, siehe Teil 1.4.1, Jahr 1660 V., wurde im VII. Monat des Jahres 1660 beim Ritenministerium eingereicht, jedoch nicht weiter beachtet. Unter dem Titel *Zheng guoti cheng gao* 正國體呈藁 wurde der Text in den 1. Teil des Druckes *Bude yi* des YANG GUANGXIAN aufgenommen; Nachdruck, S. 1143-1155; hier S. 1149-1150.

[116] *ton-i sukdun*, chines. *jieqi* 節氣.

[117] *dulimbai sukdun*, chines. *zhongqi* 中氣.

[118] *ice fa*, chines. *xinfa* 新法; gemeint sind die von SCHALL eingeführten westlichen Verfahren der Naturwissenschaften.

[119] *jianfu* 監副, Rang 6A, zweithöchstes Amt des Astronomischen Amtes, von je einem Manjuren und Chinesen besetzt; *Lidai zhiguan biao*, j. 3, S. 162; HUCKER, Nr. 1185.

[120] Siehe [47.] flg.

[121] Zu den Abteilungen des Astronomischen Amtes siehe Teil 1.4.0, 1.4.1. Jahr 1644; *Lidai zhiguan biao*, j. 3, S. 162; HUCKER, Nr. 1525 etc.

正, ⁽⁷²⁾ZHU GUANGXIAN 朱光顯, die Leiter der Kalenderberechnung, *wuguan baozhang zheng*[122], ⁽⁶¹⁾YIN KAI[123]殷凱 und ⁽⁶⁵⁾ZHANG WENMING[124]張問明, den Leiter des Observatoriums, *wuguan lingtai lang*[125] 五官靈臺郎, ⁽⁶³⁾ZHANG QICHUN 張其淳, den Leiter der Wasseruhren, *wuguan qiehu zheng*[126]五官挈壺正, ⁽⁶⁰⁾YANG HONGLIANG 楊宏量 und die Kalenderfachleute, *wuguan sili*[127] 五官司曆, ⁽⁸⁷⁾GE JIWEN[128]戈繼文 sowie ⁽³⁸⁾BAO YINGQI 鮑英齊 <082>.

Antwort von ZHOU YIN, SONG KECHENG, LI ZUBO, LIU YOUTAI, SONG FA, ZHU GUANGXIAN, ZHANG WENMING und YIN KAI: „Im VII. Monat *Shunzhi* 18 (Juli-August 1661) gab es eine terminale Solarperiode. Es war zuvor keine mittlere Solarperiode vorhanden, daher galt der darauffolgende Monat als Schaltmonat. Am 30. XI. trat die mittlere Solarperiode des XII. Monats ein. Daher legte man keinen Schaltmonat fest. Nach dem X. [XI.] Monat einen Schaltmonat einzufügen, ist nicht richtig. – Wir [8 Beamte] sind alle zum Christentum übergetreten."

Antwort von GE JIWEN und BAO YINGQI: „Wir beachteten genau die Vorlage und schnitten entsprechend die Druckplatten. Ob die Berechnung des Kalenders falsch oder richtig war, wissen wir nicht."

Antwort des ZHANG QICHUN: „Ich bin Angehöriger der astronomischen Abteilung, *tianwen ke* 天文科, <083> und beobachte die Erscheinungen am Himmel. Für die Berechnung des Kalenders sind andere Ämter zuständig. Für den Kalender bin ich nicht verantwortlich."

Antwort des YANG HONGLIANG: „Ich gehöre zur Abteilung für die Wasseruhren, *louke ke* 漏刻科, und habe die Aufgabe, die Berge und Hügel nach geomantischen Prinzipien zu inspizieren. Von der Berechnung des Kalenders habe ich keine Kenntnis."

[54.] Frage an P. SCHALL:
Betr. einer weiteren Stelle im *Zheng guoti cheng*[129] des YANG GUANGXIAN zu diesem Thema.

---

[122] *Lidai zhiguan biao*, j. 3, S. 164; HUCKER, Nr. 7790.

[123] *Xichao ding'an*, S. 87b; bei AN SHUANGCHENG (1992), S. 84: 尹凱.

[124] *Xichao ding'an*, S. 87b; bei AN SHUANGCHENG (1992), S. 84: 張文明.
[125] *Lidai zhiguan biao*, j. 3, S. 162; HUCKER, Nr. 7789.

[126] *Lidai zhiguan biao*, j. 3, S. 162; HUCKER, Nr. 7785.

[127] HUCKER, Nr. 7793; YU LUNIAN (1992), S. 327.

[128] *Shunzhi shilu*, j. 26, S. 16b.

[129] Nachdruck, S. 1151.

Antwort: „Nach alter Methode¹³⁰ haben die terminalen Solarperioden jeweils eine Länge von 15 Tagen. Daher können sie mit den Perioden des Himmels nicht übereinstimmen. Die neue Methode beobachtet und berechnet die Vorgänge am Himmel¹³¹."

Es folgt eine Auseinandersetzung mit diesbezüglichen Fragen und eine Kritik an YANG GUANXIANs Feststellungen.

Antwort von ZHOU YIN, SONG KECHENG, LI ZUBO, LIU YOUTAI, SONG FA, ZHU GUANGXIAN, ZHANG WENMING und YIN KAI
zu den eneuen Methoden und den Längen der Solarperioden. <087>

[55.] Danach fragte man diesbezüglich YANG GUANGXIAN.

Seine Antwort lautete: „Die Methoden des Kalenderwesens sind sicher festgelegt, und es ist unmöglich, sich zu irren. Das Verfahren zur Berechnung der regulären Monate besagt, daß innerhalb eines Monats eine terminale Solarperiode und eine mittlere Solarperiode existiert. Die Regel der Schaltmonate besagt, daß innerhalb eines Monats eine terminale, aber keine mittlere Solarperiode vorkommt. Dies ist eine seit alter Zeit unverändert geltende Regel. Nach dem jetzigen Kalender der tatsächlichen Solarperioden¹³² gibt es im VII. Schaltmonat¹³³ des Jahres *Shunzhi* 18 [1661] eine terminale, aber keine mittlere Solarperiode. Im Monat nach dem XII. Monat gibt es wieder eine terminale Solarperiode und <088> keine mittlere Solarperiode. […] Seit der Zeit des Königs YAO 堯 [angebl. 3. Jahrtausend v. Chr.] bis jetzt existierte kein Kalender, der innerhalb eines Monats drei terminale Solarperioden aufweist. Fragt man die eigens dafür abgestellten Beamten, die den Kalender nach der Methode von XI 羲 und HO 禾¹³⁴ bearbeiten, ob dieses Verfahren seit alter Zeit gilt, [so lautet die Antwort:] ‚Die Erstellung des Kalenders lag seit dem

---

¹³⁰ *fe-i fa*, chines. *jiufa* 舊法; gemeint ist die traditionelle chinesische Berechnungsmethode, die auch YANG GUANGXIAN propagiert.

¹³¹ *abkai du*, chines. *tianxing du* 天行度; siehe *Niejing*, Nachdruck, S. 1213.

¹³² *yargiyan-i ton-i hôwangli*, chines. *Zhen jieqi li* 真節氣曆; damit ist der offizielle Kalender *Daqing shixian li* 大清時憲曆 gemeint, in dem aufgrund von unterschiedlichen Sonnenläufen Solarperioden unterschiedlicher Dauer bestimmt sind; *Xinli xiaohuo*, S. 2a.

¹³³ D.i. der nach dem VII. Monat eingeschaltete Monat; nach dem Sonnenkalender 25. Aug. – 22. Sept. 1661.

¹³⁴ Zwei Minister des mythischen Herrschers YAO, die der Sage nach den Kalender eines Jahres von 366 Tagen festlegten; O. FRANKE, Bd. I, S. 65; siehe a. Dok. III.

Altertum in den Händen von YUAN TIANGANG[135] 袁天綱, LI CHUNFENG[136] 李淳風 und dem Mönch YIXING[137] 一行 der *Tang*-Dynastie, die alle nicht mit besonderen Fähigkeiten ausgestattet waren. Sie folgten jedoch den Methoden des Altertums seit den Königen YAO und SHUN. Nachdem sie jedem Monat eine terminale und eine mittlere Solarperiode zugeordnet hatten, legten sie für jeden Monat sechs Fünftage-Perioden[138] fest. Jede dieser dauerte fünf Tage, sieben Viertelstunden[139], 28 Sekunden[140], 12 *wei*[141] und 50 *xian*[142]. <089> Berechnet man für einen halben Monat 3 Fünftage-Perioden, so ergeben sich 15 Tage, 2 Doppelstunden, 5 Viertelstunden, 17 Sekunden, 70 *wei* und 83 *xian*. Berechnet man für einen Monat 6 Fünftage-Perioden, so sind dies 30 Tage, 5 Doppelstunden, 2 Viertelstunden, 2 Sekunden, 8 *wei* und 33 *xian*. Dies ist ein seit Tausenden von Generationen unverändert gültiges Verfahren.

SCHALL wußte nicht, daß man bei der Bestimmung der terminalen Solarperioden den Äquator einbeziehen soll. Er verwendete dabei nur das Sternenhaus *di*[143] 氐 der Ekliptik nach früheren Methoden. Daher ist seine Berechnung von 14, 15 oder 16 Tagen für eine terminale Solarperiode nicht angemessen. Wenn man die terminalen Solarperioden nach der altertümlichen Methode des gleichmäßigen Laufs bestimmt <090>, gilt der Monat nach dem X. Monat auto-

---

[135] YUAN TIANGANG (547-634) war ein Gelehrter der *Sui*-Dynastie und seit 634 unter dem *Tang*-Kaiser TAIZONG (reg. 627–683); *Jiu Tangshu*, j. 191, S. 5092–5094. Siehe a. Dok. III.

[136] LI CHUNFENG (602-670) diente unter Kaiser TAIZONG (reg. 627–683) bis in den siebziger Jahren des 7. Jh.s als Astronom und Mathematiker; *Jiu Tangshu*, j. 77, S. 2717–2719; *Chouren zhuan*, j. 13, S. 157–159; siehe a. Teil 1.4.1, Jahr 1653 III.

[137] Der Mönch YIXING (683-727) mit Familiennamen ZHANG 張 stand seit 717 in kaiserlichen Diensten. Er hinterließ zahlreiche buddhistische Werke und Kalenderschriften; *Jiu Tangshu*, j. 191, S. 5111–5113; *Chouren zhuan*, j. 14–16, S. 163–206; siehe a. Teil 1.4.1, Jahr 1653 III.

[138] *hacin*, chines. *hou* 候. Nach dem *Huangdi neijing*, j. 3, S. 5a, *Suwen pian* 素問篇, Teil *Cangxiang lun* 藏象論 bedeutet *hou* eine Periode von fünf Tagen. Drei *hou* bilden ein *qi* 氣 – 15 Tage / Halbmonat. Sechs *qi* bilden ein *shi* 時 – Vierteljahr / Jahreszeit. Vier *shi* machen ein *nian* 年 – Jahr.

[139] *ke*, chines. *ke* 刻.

[140] *miyoo*, chines. *miao* 秒.

[141] *wei*, chines. *wei* 微, $1/10^6$ h.

[142] *siyan*, chines. *xian* 纖, $1/10^8$ h.

[143] *šun jabure gung*, chines. *tiansu gong* 天宿宮.

matisch als Schaltmonat. Nach der Berechnung der neuen Methode verschiebt sich die terminale Solarperiode des Frühlingsanfangs um zwei Tage.

Ich, YANG GUANGXIAN, halte SCHALL für unwissend. Er sagt es auch von sich selbst.[144] Als man bei einigen Dutzend Examina 3000 angehende Gelehrte[145] befragte, konnten sie diese Fragen auch nicht beantworten. Man kann die Beamten fragen, die den alten Kalender zusammenstellten, ob man seit der *Yuan-* und *Song*-Dynastie für die Bestimmung der Solarperioden 15 Tage, 2 Doppelstunden und mehr als 5 Viertelstunden oder die Methode der <091> 3 Fünf-Tage-Perioden, nämlich 14, 15 oder 16 Tage, verwendete. Auf jeden Fall wurden die Beamten, die den offiziellen Kalender bearbeiteten, durch die Machtstellung von SCHALL unterdrückt. Wer wagte es schon, Fehler in der Berechnung zuzugeben? Beim Verhör sind sie ängstlich und wagen nicht auszusagen; auch das ist die Macht von SCHALL. Die Methode des Altertums von XI 羲 und HE[146] 和 aus der Zeit der Könige YAO und SHUN enthält von Beginn an keine Fehler. Als SCHALL behauptete, die obengenannte Methode sei falsch, wer wagte es da, ihm zu widersprechen? Leider wurde diese Methode fünf oder sechs Jahre nach dem Tod der Fachkenner dieses Kalenderverfahrens aufgegeben."

Nach dieser Aussage wies man die Beamten des Astronomischen Amtes ZHOU YIN, SONG KECHENG und LIU YOUTAI an: „Bringt die ehemaligen Beamten her, die nach der <092> Methode des Altertums den Lauf berechneten."

Danach wurden die Fachleute[147] vorgeführt, die nach der alten Methode die Berechnungen vornahmen; es waren dies: (90)HE QIYI 何訖一, (70)ZHOU SHITAI 周世泰, (119)XUE WENBING 薛文炳, (123)ZHANG WENXIAN 張文顯, (126)ZUO YUNDENG 左雲登, (62)ZHANG GUANGXIANG 張光祥, (124)ZHOU TONG 周佟, (89)HE LUOSHU 何雒書, (120)XUE WENHUAN 薛文煥 und (69)ZHOU SHICUI 周士萃.

[56.] Frage an (90)HE QIYI und die anderen, insgesamt 10 Leute:

„Wurde nach der Methode des Altertums bei der Kalenderberechnung die Methode mit 15 Tagen, 2 Doppelstunden und mehr als 5 Viertelstunden oder die drei Arten mit 14, 15 <093> oder 16 Tagen angewendet?"

---

[144] Hingewiesen ist damit wohl auf SCHALLs Äußerung, er habe keine Kenntnisse in der einheimischen chinesischen Geomantik.

[145] *jin ši*, chines. *jinshi* 進士.

[146] Siehe [55.].

[147] *boši*, chines. *boshi* 博士.

Antwort: „Nach der alten Methode wurden von Anfang an die terminalen Solarperioden gleichmäßig verteilt. YANG GUANGXIAN rechnet nach der alten Methode. Die Berechnung der terminalen Solarperioden alle 14, 15 oder 16 Tage geschieht nach der neuen Methode und ist Angelegenheit der fünf am Ende des offiziellen Kalenders namentlich unterzeichnenden Beamten der Kalenderabteilung[148]. Was uns angeht, so stellen wir für jedes Jahr die Position einzelner Sterne fest und erstellen Berechnungen zur Zeitmessung. Weitere Kenntnisse haben wir nicht. Auch (48)LIU YOUTAI, <094> (72)ZHU GUANGXIAN und (87)GE JIWEN sind Beamte, die nach der alten Methode verfahren."

[57.] Frage:
„Der Monat nach dem VII. Monat des Jahres *Shunzhi* 18 (Juli-Aug. 1661) gilt als Schaltmonat. Ist das richtig?"
Antwort: „Wenn man nach der alten Methode rechnet, ist es richtig, den Monat nach dem X. Monat des Jahres *Shunzhi* 18 als Schaltmonat zu betrachten. Gemäß der neuen Methode gilt der Monat nach dem VII. Monat als Schaltmonat. Ob man sich dabei irrt, wissen wir nicht; es ist Sache jener fünf Beamten der Kalenderabteilung."

[58.] Frage an GE JIWEN:
„In der Antwort von HE QIYI und den anderen <095> bezeichneten sie dich auch als einen nach der alten Methode berechnenden Beamten. War es falsch, den Monat nach VII. Monat des Jahres *Shunzhi* 18 als Schaltmonat gelten zu lassen?"
Antwort: „Gemäß der alten Methode gilt der Monat nach dem X. Monat des Jahres *Shunzhi* 18 als Schaltmonat. Die neue Methode kenne ich nicht."

[59.] Frage an LIU YOUTAI und ZHU GUANGXIAN:
„In der Antwort von HE QIYI und den anderen hieß es: ‚Wenn man nach der alten Methode rechnet, gilt der Monat nach dem X. Monat des Jahres *Shunzhi* 18 als Schaltmonat.' Auch erklärten sie, daß ihr Beamte von Beginn an <096> die alte Methode verwendet. In eurer früheren Antwort sagtet ihr jedoch, daß der Monat nach dem X. Monat nicht als Schaltmonat gilt. Wie ist das zu verstehen?"
Antwort des LIU YOUTAI: „Wenn man nach der neuen Methode rechnet, gilt der Monat nach dem VII. Monat als Schaltmonat; ich hatte keine Gelegenheit, nach der alten Methode zu verfahren. Ob man den Monat nach

---

[148] 5 Abteilungsleiter im Rang 6B der Kalenderabteilung des Astronomischen Amtes; siehe Teil 1.4.1, Jahr 1665 XI.

dem X. Monat als Schaltmonat festlegen soll, weiß ich nicht. Ich war ehemals Beamter der *Ming*-Dynastie."

Antwort des ZHU GUANGXIAN: „Nach der neuen Methode gilt der Monat nach dem VII. Monat als Schaltmonat und nach der alten Methode der Monat nach dem X. Monat. Letzteres gilt jedoch nicht zu meiner Zeit."
[60.] Man fragte diesbezüglich HE QIYI und die anderen.

Ihre Antwort lautete: „LIU YOUTAI und ZHU GUANGXIAN waren von Anfang an Beamte, die nach der alten Methode rechneten. Wie können sie jetzt behaupten, von der alten Methode nichts zu wissen? <097> Diese beiden kennen sich wirklich gut in der alten Methode aus."

[61.] Frage an LIU YOUTAI:
„Dir war aufgetragen worden, die Kenner der alten Methode herzubringen. Du selbst aber hast nicht mitgeteilt, die alte Methode gut zu kennen. Auch wurden ZHU GUANGXIAN und GE JIWEN nicht vorgeladen. In deiner Antwort sprachst du lediglich von früheren Beamten. Betrachtet man deine Aussage, nicht zu wissen, ob es richtig ist, den Monat nach X. Monat des Jahres *Shunzhi* 18 als Schaltmonat gelten zu lassen, dann hat man den Eindruck, daß du mit deiner schelmischen Antwort den Irrtum, den Monat nach dem VII. Monat als Schaltmonat zu betrachten, verbergen willst. Antworte nun korrekt!"

Antwort: „ZHOU YIN hat uns, SONG KECHENG und mich, beauftragt, die nach der alten Methode verfahrenden Beamten herzubringen. Den Befehl, ZHU GUANGXIAN und GE JIWEN vorzuführen, hat der Vizedirektor des Astronomischen Amtes, ZHOU YIN, gegeben. <098> Ob sie alle erschienen sind, weiß ich nicht. Ich selbst kam mit der Gruppe von 10 Leuten, die nach der alten Methode verfahren. Als ich sie holte, notierte ich keine Namen. Die Bestimmung des Schaltmonats nach dem VII. Monat basiert auf der Berechnung der neuen Bücher nach westlicher Kalendermethode[149], deren Lehre ich nicht beherrsche. Ich habe nichts Betrügerisches gesagt und auch nichts verheimlicht. ZHOU YIN verfährt auch nach der alten Methode."

[62.] Frage an ZHOU YIN:
„In der Antwort von LIU YOUTAI wirst du auch als Beamter genannt, der nach der alten Methode verfährt. Im Jahr *Shunzhi* 18 den Monat nach dem VII. Monat als Schaltmonat zu bezeichnen, muß demnach falsch sein?"

---

[149] *Si yang-ni ice fa-i bithe*, chines. *xiyang lifa xinshu* 西洋曆法新書; gemeint sind SCHALLs Kalenderschriften, die er unter der Bezeichnung *Chongzhen lishu* 崇禎曆書 dem *Ming*-Kaiser präsentiert hatte; siehe in Teil 1.6.2; Teil 1.3.3, Jahr 1631, 1634, 1635, 1643.

Antwort: „Nach der neuen Methode <099> gilt der Monat nach dem VII. Monat im Jahr *Shunzhi* 18 als Schaltmonat. Ob das richtig oder falsch ist, weiß ich nicht; es ist Aufgabe der fünf Beamten der Kalenderabteilung. Nach der alten Methode gilt der Monat nach dem X. Monat als Schaltmonat. Ich rechne von Anfang an nach der alten Methode."

[63.] Frage an ZHOU YIN:
„Dir wurde aufgetragen, die Kenner der alten Methode vorzuladen. Du selbst hast aber deine Kennerschaft der alten Methode nicht erwähnt. Auch wurden die Vertreter der alten Methode, LIU YOUTAI, ZHU GUANGXIAN und GE JIWEN, nicht vorgeführt. Betrachtet man diese Tatsachen, so klingt deine Aussage wirklich so, als ob du den Irrtum, den Monat nach dem VII. Monat als Schaltmonat gelten zu lassen, verheimlichen willst. <100> Berichte die Wahrheit!"

Antwort: „Als ich den Auftrag erhielt, die Bearbeiter des alten Kalenders vorzuführen, folgte ich und habe die Anweisung bekannt gemacht. Ob die drei Vorgenannten erschienen sind, weiß ich nicht; wegen meiner Krankheit war mir das Gehen unmöglich. Von Beginn an regele ich den Ablauf der Kalenderbearbeitung und bin für die Bearbeitung des Kalenders, jedoch nicht für die Berechnungen zuständig. Nach der neuen Methode gilt der auf den VII. Monat folgende Monat als Schaltmonat. Ob das richtig ist, kann ich nicht beurteilen. Nach dem alten offiziellen Kalender gilt der Monat nach dem X. Monat als Schaltmonat. Könnte ich als alter, kranker Mensch etwas vortäuschen oder verheimlichen?"

[64.] Frage an ZHOU YIN:
„In einer früheren Antwort sagtest du: ‚Im Monat nach dem VII. Monat des Jahres *Shunzhi* 18 gab es <101> eine terminale Solarperiode, die mittlere Solarperiode hingegen war nicht vorhanden. Daher galt dieser Monat als Schaltmonat. Wenn man den Monat nach dem X. Monat als Schaltmonat betrachtet, begeht man einen Fehler. Ich bin ein zur christlichen Lehre Konvertierter. Ob es richtig war, den Monat nach dem VII. Monat des Jahres *Shunzhi* 18 als Schaltmonat zu betrachten, weiß ich nicht. Nach der alten Methode gilt der Monat nach dem X. Monat im besagten Jahr als Schaltmonat.' Was sagst du dazu?"

Antwort: „In der früheren Antwort erwiderte ich im Sinne der Worte der fünf Beamten der Kalenderabteilung. Ich bin 43 Jahre alt, meine Ohren sind taub, und in meiner Verwirrtheit habe ich nicht aufmerksam zugehört. Daher diese Antwort. Von der Berechnung nach der neuen Methode habe ich keine Kenntnis.

Welcher Monat als Schaltmonat gilt, wie soll ich das wissen? <102> Nach der Berechnung der alten Methode gilt der Monat nach dem X. Monat als Schaltmonat.

5.2.3 Weitere Befragungen

[64. Forts.] Frage an ZHOU YIN:
„ […] Ich trat schon früher in die Lehre ein, in der die Leute kein Opfergeld für ihre Verstorbenen verbrennen. Da ich aber für meine Vorfahren Papiergeld entzündete und vier Frauen besitze, hat man mich aus der Kirche ausgeschlossen. Ich gehöre nun nicht mehr dieser Lehre an."

[65.] Frage an P. SCHALL:
„ZHOU YIN sagte: ‚Ich trat schon früher in die Kirche ein, wo die Leute kein Opfergeld für ihre Verstorbenen verbrennen. Da ich aber für meine Vorfahren Papiergeld verbrannte und vier Frauen besitze, hat man mich aus der Kirche ausgeschlossen.' Was sagst du dazu?"
Antwort: „ZHOU YIN war von Beginn an Mitglied unserer Lehre. Nach unserem Gebrauch verbrennt man für die Verstorbenen kein Papiergeld. <103> Ob ZHOU YIN solches tat, weiß ich nicht. Ich habe ihn nicht aus der Kirche ausgeschlossen." Man befragte ZHOU YIN bei Gegenüberstellung mit SCHALL.
Antwort des ZHOU YIN: „Ich war von Anfang an in die Lehre des Himmelsherrn eingetreten. Da ich für meinen Vater und Großvater Papiergeld verbrannte, verstieß ich gegen deren Regeln. Auch habe ich Gegenstände, wie Bronzestatuen, ignoriert. Ich bin später nicht mehr zur Kirche gegangen und aus eigenem Antrieb ausgetreten. In meiner früheren Antwort habe ich fälschlicherweise ausgesagt, daß ich aus der Kirche ausgeschlossen wurde."
Antwort des P. SCHALL: „ZHOU YIN gehörte von Anfang an unserer Kirche an. Ob er für seinen Vater und Großvater Papiergeld verbrannte, ob er Statuen aus Bronze mißachtete, <104> darüber habe ich keine Kenntnis. Er gehört heute immer noch unserer Lehre an.

[66.] Frage an ZHOU YIN:
„SCHALL sagte, daß du nicht aus der Kirche ausgeschlossen wurdest und daß du ihr noch heute angehörst. Gibt es jemand, der von deinem Kirchenausschluß weiß?"
Antwort: „Niemand weiß davon."

[67.] Frage an YANG GUANGXIAN:

„In deiner Antwort heißt es: ‚Für das Jahr *Shunzhi* 18 soll man den X. Schaltmonat festlegen. Legt man den VII. Schaltmonat fest, begeht man einen Fehler.' Bist du durch die Anwendung der neuen oder alten Methode zu dieser Ansicht gekommen?"

Antwort: „Nach der alten Methode ist die Festlegung eines VII. Schaltmonats <105> falsch."

[68.] Frage an Yang Guangxian:

„In deinem *Zheng guoti cheng*[150] heißt es: ‚MATTEO RICCI[151] plant die heimliche Eroberung Japans[152]. Das habe ich von den Kaufleuten auf dem Meer gehört.' Wie heißen denn diese Leute? Wo befinden sie sich jetzt?"

Antwort: „Der Mann, der mir diese Angelegenheit über Japan berichtete, heißt mit Familiennamen WANG 王 und mit Beinamen QIZHENG[153]. Er stammt aus Huining xian 惠寧縣 und wohnt heute in Suzhou 蘇州. Auf kaiserliche Weisung segelte er im Jahr *Shunzhi* 16 [1659] nach Japan [und erfuhr dort], daß man Leute entsandt habe, die den Handel mit ZHENG CHENGGONG[154] 鄭成功 unterbinden sollten, <106> und durch die Unterbrechung des Getreidenachschubs konnte ZHENG CHENGGONG schließlich bezwungen werden. Diesbezüglich wurde eine Throneingabe eingereicht und das Justizministerium mit der Strafzumessung beauftragt. Später war dieser Mann bereits 60 oder 70 Jahre alt. Unter den untergebenen Beamten aus Fujian gibt es welche, die in Japan waren. Fragt man diese, kann man Näheres erfahren."

[69.] Frage an YANG GUANGXIAN:

„In deinem *Zheng guoti cheng*[155] heißt es: ‚Aufgrund der 5 Schriftzeichen *yi xiyang xinfa* 依西洋新法, ‚gemäß neuer westlicher Methode', auf dem Umschlag des Kalenders der großen *Qing*-Dynastie, habe ich <107> im V. Monat dieses Jahres [1664] eine Throneingabe verfaßt und als Klageschrift eingereicht. Selbst wenn sie den Kaiser nicht erreichte, habe ich damit meine

---

[150] Siehe [52.], Nachdruck, S. 1153.

[151] *Li ma deo*, chines. LI MADOU 利瑪竇 (1552-1610), siehe Teil 1.1.1, Beginn.

[152] *ži ben gurun be hôlhame gajiki*.

[153] Chines. Zeichen unbekannt.

[154] KOXINGA, siehe Teil 1.4.1, Jahr 1659.

[155] Nachdruck, S. 1146.

Pflicht gegenüber dem Himmel erfüllt.' In welchem Jahr hast du die Throneingabe eingereicht? Ist diese dem Kaiser übermittelt worden?"

Antwort: „Ich, YANG GUANGXIAN, bin im Jahr *Shunzhi* 13 [1656] in die Hauptstadt gekommen. Im 15. Jahr [1658] erfuhr ich erst von den [von SCHALL] eingereichten Bildern[156], die den Tod JESU am Kreuz darstellen. Daraufhin wurde mir klar, daß die Lehre vom Himmelsherrn eine Irrlehre ist. <108> Zur Vorbereitung einer Anklage ist mir im V. Monat *Shunzhi* 16 [Juni/Juli 1659] bekannt geworden, daß die 5 Schriftzeichen *yi xiyang xinfa* nach Sitte seines [SCHALLs] Landes [auf dem Titelblatt des Kalenders] hinzugefügt waren. Dies bedeutete Beleidigung unseres Herrschers und Abwertung unseres Staates – eine schwere Schuld. Darauf wendete ich mich an das Ritenministerium und reichte meine Throneingabe ein. An dem dortigen Empfang hieß es, daß die Bearbeitung von Throneingaben Sache des Übermittlungsamtes *Tongzheng si*[157] sei, und es gebe von Anfang an keine Vorschriften für die Einreichung von Eingaben durch die sechs Ministerien. Folglich nahm man meine Throneingabe nicht an. Am 23. V. *Shunzhi* 17 [30. Juni 1660] <109> ging ich nochmals zum *Tongzheng si* und reichte wie zuvor mein *Pixie lun* 避邪論[158] ein. Die Antwort des Amtes lautete: ‚Heute besteht ein Verbot wegen der dreitägigen Riten des Regenerbittens[159]. Komm am 26. Wieder!' Als ich am 26. dort erschien, erklärte man mir: ‚Dies ist eine Angelegenheit des Ritenministeriums. Wir können die Throneingabe nicht für dich weiterreichen.' Man gab mir diese zurück, und so erreichte sie den Thron nicht."

In der Antwort des YANG GUANGXIAN aus Shexian 歙縣 in Huizhou 徽州 der Provinz Jiangnan 江南 hieß es weiter <110>:

„Das Dokument mit den Schriftzeichen *yi xiyang xinfa* auf der Umschlagsseite des Kalenders und das *Pixue lun* samt der Throneingabe übergab ich am 23. und 26. V. *Shunzhi* 17 [30. Juni und 3. Juli 1660] dem Übermittlungsamt. Diese Dokumente hat man nicht angenommen, und die Throneingabe wurde zurückgegeben."

Da die eingereichte Throneingabe des YANG GUANGXIAN zurückgewiesen wurde, prüfte man die Namen der Beamten, die die Throneingabe nicht angenommen hatten und benachrichtigte dazu das Ministerium. Auch ließ man im Übermittlungsamt Nachprüfungen anstellen. Bezüglich der Thron-

---

[156] Siehe [16.].

[157] Siehe Teil 3.2.3 (9.).

[158] Siehe hier [2.]; *Budeyi*, Nachdruck, S. 1103-1134.

[159] Siehe in [2.].

eingabe hieß es, daß nach Prüfung der Akten vom V. Monat des Jahres *Shunzhi* 17 <111> für die Tage 23. und 26. V. keine Aufzeichnung existiert, nach der YANG GUANGXIAN eine Throneingabe eingereicht habe. Die an diesen beiden Tagen diensthabenden Beamten wurden ins Ministerium zitiert, nämlich (80)YABULAN[160] aus dem GIORO-Klan, Leiter des Übermittlungsamtes, *Tongzheng shi*, um eine Stufe erhöht; BE IN KIYAN[161], Leiter des Übermittlungsamtes; ZAI ING GUI[162], Assistent[163] des linken Flügels; HÔWANG GUIGUI und HÔWANG DOO HING, Assistenten des rechten Flügels um eine Stufe erhöht; PEI HI DU, Assistent des rechten Flügels; und BECINGGE und LIYANG GUNG CAN, Sekretäre[164] mit Erhöhung um eine Stufe.

[70.] Weitere Frage an YANG GUANGXIAN:
„Stellt man beim Übermittlungsamt Untersuchungen an, so findet man in den Eintragungen der beiden Tage, nämlich des <112> 23. und 26. V., nichts darüber, daß du eine Throneingabe eingereicht hast. Was sagst du zu deiner Behauptung, daß du beim Übermittlungsamt Klage erhoben und später deine Dokumente zurückerhalten hast?"
Antwort: „Zur Zeit meines Einreichens waren YABULAN und BO YUNQIAN Direktoren; ich kannte nur ihre Namen. Außer diesen waren zwei weitere Beamte anwesend. Ich kannte sie nicht und weiß nicht deren Namen. Nur ein Beamter erhob sich und sagte: ‚Wegen der Regenerbittriten ist der Dienst um drei Tage ausgesetzt. Komm am 26. wieder!' Ich ging dann am 26. nochmals hin. <113> Dabei sagte der Direktor, der meine Throneingabe später zurückgab: ‚Die Beamten haben deine Throneingabe durchgesehen. Deine Angelegenheit betrifft Astronomie und Kalenderwesen des Landes. Daher gehört diese zum Aufgabenbereich des Ritenministeriums. Trage dein Anliegen dort vor!' Dann gab man mir meine Throneingabe zurück. Dies ist die Wahrheit. Die Präsidenten YABULAN und BO YUNQIAN sowie die beiden anwesenden Beamten des rechten und des linken Flügels haben diesen Vorgang zur Kenntnis genommen. Wenn man sie befragt, wird man Näheres erfahren. Da

---

[160] YABULAN 雅布蘭; siehe Teil 1.4.1, Jahr 1660, V.

[161] Ob gemeint BO YUNQIAN 白允謙, 1657 Vizepräsident des Beamtenministeriums, 1658 bis 1659 Präsident des Justizministeriums; *Qingshi gao*, j. 178, S. 6350-6357.

[162] CAI YINGGUI. Dieser und die folgenden Personen, HUANG GUI, HUANG DAOXING, PEI XIDU, BRCINGGR und LIANG GONGCAN, sind bislang nicht identifiziert.

[163] *canyi* 參議; HUCKER, Nr. 6881.

[164] *zhushi* 主事; HUCKER, Nr. 1421.

meine Throneingabe nicht angenommen wurde, gibt es in den Akten auch keinen Eintrag darüber."

[71.] Daraufhin fragte man den ehemaligen Leiter des Übermittlungsamtes und jetzigen Zensor[165] des linken Flügels <114> GIORO YABULAN:

„In seiner Antwort sagte YANG GUANGXIAN: ‚Die beiden Dokumente, nämlich den Kalender mit dem Zusatz *yi xiyang xinfa* und das *Pixie lun*, habe ich zusammen mit meiner Throneingabe am 23. V. *Shunzhi* 17 [30. Juni 1660] beim Übermittlungsamt eingereicht. Man sagte mir, daß ich am 26. wiederkommen möge, da eine dreitägige Frist wegen der Regenbittriten eingehalten werden müsse. Als ich am 26. [3. Juli 1660] dort erschien, erklärte man mir, daß mein Anliegen dem Aufgabenbereich des Ritenministeriums zugehöre.' Wie verhält es sich in dieser Sache?"

Antwort: „So weit ich mich erinnere, war die Sache des YANG GUANGXIAN eine Kalenderangelegenheit und die Bearbeitung Sache des Ritenministeriums. Ich sagte ihm daher, daß er zum Ritenministerium gehen und dort vorstellig werden solle. Die Begründung für die Annahme oder Ablehnung wurde protokolliert. Er hat bei meiner Behörde keine Klage erhoben, und es gab weder ein Zurückgeben unsererseits noch eine Wiedervorlage seinerseits."

Die Aussagen des Sekretärs des rechten Flügels HUANG DAOXING, des Sekretärs des rechten Flügels PEI XIDU, des ehemaligen Sekretärs und heutigen Studienleiters[166] der Nationalakademie, *guozi jian* 國子監, mit Erhöhung um eine Stufe BECINGGE sowie des Sekretärs des rechten Flügels mit Erhöhung um eine Stufe LIANG GONGCAN entsprachen alle der Argumentation des YABULAN <116>.

[72.] Daraufhin Frage an YANG GUANGXIAN:

„Die Antworten vom ehemaligen Leiter des Übermittlungsamtes YABULAN und anderen lauteten: ‚Soweit ich mich erinnere war die Kalenderangelegenheit des YANG GUANGXIAN und seine Einreichung der Dokumente bei meiner Behörde Sache des Ritenministeriums. Ich sagte ihm daher, er möge zum Ritenministerium gehen und diese dort vorlegen. Die Begründung für die Annahme oder Ablehnung wurde niedergeschrieben. Bei meiner Behörde reichte er Klage ein, doch seine Dokumente wurden zurückgegeben.' Hast du später beim Übermittlungsamt nochmals Klage erhoben?"

---

[165] *duyu shi* 左都御史; HUCKER, Nr. 7335.

[166] *siye* 司業, HUCKER, Nr. 5821.

Antwort: „Ich habe nur einmal, am 23. V. *Shunzhi* 17 [30. Juni 1660] <117> eine Throneingabe eingereicht. Da diese zurückgegeben wurde, war ich nicht nochmals dort."

Da es in der Antwort des YANG GUANGXIAN hieß: „Wegen der Angelegenheit des *yi xiyang xinfa* habe ich im V. Monat des Jahres *Shunzhi* 16 beim Ritenministerium Klage erhoben", erteilte man die Anweisung, die Aufzeichnungen des Obersekretärs[167] am Ritenministeriums BIHÔ[168] und der Vizesekretäre[169] UBAI und SHI WENYU zu prüfen. In deren Akten fand man keine Notiz, daß eine Klage eingereicht worden war.

[73.] Daraufhin fragte man YANG GUANXIAN:

„In deiner Antwort heißt es: ‚Wegen der Angelegenheit des *yi xiyang xinfa* habe ich <118> im V. Monat des Jahres *Shunzhi* 16 beim Ritenministerium Klage erhoben.' In den Akten findet man jedoch keine diesbezügliche Aufzeichnung. Wie ist es mit deiner Aussage, Klage erhoben zu haben?"

Antwort: „Die Präsidenten (116)WEHE / WOHE 渥赫 und (115)WANG CUNG GIYAN / WANG CHONGJIAN 王崇簡 hielten sich damals in der hinteren Halle auf. Als ich die Throneingabe einreichte, sagte Präsident WANG: ‚Die mit Papierstreifen markierten Throneingaben sind vom Übermittlungsamt zu behandeln. Für die sechs Ministerien gibt es keine Vorschriften, diese weiterzuleiten. Wenn du Anweisungen findest, daß die Ministerien solche Throneingaben übernehmen sollen, melde dich wieder. <119> Ich werde dies dann für dich besorgen.'"

Hierzu fragte man die Präsidenten WEHE und WANG CHONG–JIAN […][170]; deren Antwort lautete:

„Nach unserer ungefähren Erinnerung war YANG GUANGXIAN im V. Monat des Jahres *Shunzhi* 16 bezüglich einer von ihm verfaßten Throneingabe in Kalenderfragen vorstellig. Es gab jedoch von Anfang an keine Vorschriften für die Übermittelung von Throneingaben individueller Personen durch die sechs Ministerien. Daher haben wir ihm die Eingabe zurückgegeben. Es ist jedoch seitdem eine Zeit vergangen, und wir haben vergessen, wie es wirklich war."

---

[167] *langzhong* 郎中, HUCKER, Nr. 3564.

[168] Diese und die folgenden Personen sind bislang nicht nachgewiesen.

[169] *yuanwai lang* 員外郎, HUCKER, Nr. 8251.

[170] Der Wortlaut, der den vorausgehenden Abschnitt fast wörtlich wiederholt, ist hier verkürzt.

[74.] Frage an Yang Guangxian: <121>
„In deiner Antwort sagtest du: ‚Im V. Monat *Shunzhi* 16 wandte ich mich gegen den Schriftzusatz *yi xiyang xinfa*, ‚nach neuer westlicher Methode', [auf dem Kalender]. Die Tatsache, daß wir nach [Verfahren eines fremden] Landes die Tage und Monate des Kalenders bestimmen, ist ein Betrug an unserem Herrscher. Unser Land so zu verachten, ist eine große Schuld. Mit diesen Worten reichte ich beim Ritenministerium eine Throneingabe ein.' Wenn man dein Schriftstück liest, findet man die fünf Schriftzeichen *yi xiyang xifa* jedoch nicht. Wie steht es mit der eingereichten Schrift?" <122>

Antwort: „Die Worte *yi xiyang xinfa* weisen darauf hin, daß man nach dem Vorbild westlicher Länder die Tage und Monate kalendarisch bestimmt. Dies bedeutet Betrug an unserem Herrscher und Verachtung unseres Landes – eine große Schuld. Es ist der Inhalt der Throneingabe, die ich im V. Monat *Shunzhi* 17 beim Übermittlungsamt und nicht beim Ritenministerium einreichte. So habe ich früher sinngemäß geantwortet. Im Jahre *Shunzhi* 16 [1659] reichte ich beim <123> Ritenministerium Schriften über Fehler im Kalender und in der Wahl [des Beisetzungsdatums][171] ein."

[75.] Frage an Yang Guangxian:
„In deinem *Zheng guoti cheng*[172] heißt es: ‚Für das Jahr *Shunzhi* 18 [1661] soll ein X. Schaltmonat eingefügt werden. Es ist falsch, diesen auf den VII. Monat zu legen. Am 3. XII. *Shunzhi* 17 [3. Jan. 1661] wurde diese Schrift beim Ritenministerium eingereicht, jedoch nicht weitergeleitet. Was sagst du dazu?"

Antwort: „Am 3. XII. *Shunzhi* 17 habe <124> ich, Yang Guangxian, die Schrift *Zheng guoti chenggao* am Ritenministerium eingereicht, und sie wurde angenommen. Ob sie weitergeleitet wurde, ist mir nicht bekannt."

Aufgrund der Befragung wurde folgendes festgestellt:
In der Antwort des Yang Guangxian aus Shexian, Huizhou in Jiangnan heißt es: „Im Kalender des Jahres *Shunzhi* 18 [1661] wurde fälschlicherweise ein Schaltmonat eingefügt; richtig wäre der X. Schaltmonat. Die Schrift dazu hatte ich am 3. XII. *Shunzhi* 17 [3. Jan. 1661] beim Ritenministerium eingereicht; <125> und sie wurde angenommen." Die Namen der zuständigen Beamten sollen nach der Prüfung der Behörde des Ritenministeriums vertraulich mitgeteilt werden.

---

[171] Gemeint sind die Umstände um die Beisetzung des Prinzen Rong; Gimm (2018,1), bsd. S. 29-31.

[172] in *Bude yi*, Nachdruck, S. 1149.

5.2 Dokument I. Übersetzung   301

Am 13. IX [4. Sept. 1661] prüfte man die Akten des XII. Monats *Shunzhi* 17 [Jan. 1661], aber die Throneingabe des YANG GUANGXIAN fand sich nicht. Als dies dem Übermittlungsamt mitgeteilt wurde, erfolgte eine Befragung:

[76.] Frage an YANG GUANGXIAN:
„Die Abteilung des Ritenministeriums prüfte die Akten und berichtete: ‚In den Akten des XII. Monats *Shunzhi* 17 <126> findet sich kein Eintrag zu einer eingereichten Throneingabe des YANG GUANGXIAN.' Wie steht es damit?"
Antwort: „Ich, YANG GUANGXIAN, habe meine Throneingabe am 3. XII. *Shunzhi* 17 [3. Jan. 1661] bei der Behörde des Ritenministeriums südlich des *Wufeng lou*[173] 五鳳樓 eingereicht. Es waren Beamte der Abteilung, YAN KANG[174] und zwei andere anwesend, deren Namen ich nicht kenne. Warum sollte ich lügen?"
Die damals als Beamte einer Abteilung des Ritenministeriums dienenden Personen, YAN KANG und andere, wurden vorgeladen. Am 15. IX. *Kangxi* 3 [2. Nov. 1664] <127> wurden die Beamten USIHA[175] und LI CHENGZAI zum Ritenministerium geschickt. Der diensthabende Obersekretär[176] LIYOODA wurde zur Überprüfung mitgeschickt. Am 16. [3. Nov.] teilte der Schreiber DEBDEI mit: „YAN KANG war von Anfang an nicht in unserer Abteilung." Daraufhin erfolgten weitere Befragungen.

[77.] Frage an YANG GUANGXIAN:
„In deiner Antwort heißt es: ‚Ich habe am 3. XII. *Shunzhi* 17 bei der Behörde des Ritenministeriums meine Throneingabe eingereicht. Der Abteilungsbeamte YAN KANG war anwesend.' Als man YAN KANG vorlud, wurde gemeldet, daß es im Ritenministerium keine Person mit Namen YAN KANG gebe. <128> Wieso behauptest du, die Throneingabe beim Abteilungsbeamten des Ritenministeriums YAN KANG eingereicht zu haben?"
Antwort: „Die Namen in meiner Erinnerung sind unklar; ich habe daher wohl falsch ausgesagt. Heute erinnere ich mich nicht mehr genau. Als ich, YANG GUANGXIAN, am 3. XII. *Shunzhi* 17 die Abteilung besuchte, waren Beamte anwesend. Hätte ich nicht bei der Behörde die Throneingabe einge-

---

[173] ein anderer Name für die Aufbauten des Haupttors *Wumen* 午門 zur Verbotenen Stadt, in dessen Region sich die Ministerien befanden.

[174] Bislang nicht ermittelt.

[175] Die folgenden Personen sind bisher nicht nachgewiesen.

[176] *jishizhong* 給事中, HUCKER, Nr. 587.

reicht, wie könnte ich dann wagen, eine solche Aussage zu machen? Damals waren drei Beamte zugegen."

Man ließ die Namen der Beamten aufschreiben, die am 3. XII. *Shunzhi* 17 [3. Jan. 1661] <129> in der Abteilung des Ritenministeriums Dienst taten, und diese Namensliste zur Kontrolle an das Ministerium weiterleiten. Gemäß Prüfung war es der Obersekretär des linken Flügels [118]XU XING 徐星, der am 3. XII. *Shunzhi* 17 die Eingaben prüfte und weitergab. Da es keine Aufzeichnungen über andere beteiligte Beamte in dieser Behörde gab, fand diese Liste keine Beachtung, und man gab sie am 4. X. [21. Nov.] zurück.

[78.] Daraufhin Frage an [118]XU XING <130>, den ehemaligen Obersekretär des linken Flügels einer Abteilung des Ritenministeriums und heutigen Obersekretär der Kriegsabteilung:

„In der Klageschrift des YANG GUANGXIAN aus dem Kreis Shexian der Präfektur Huizhou der Provinz Jiangnan heißt es: ‚Im Kalender des Jahres *Shunzhi* 18 [1661] ist für das Jahr fälschlich der VII. Schaltmonat festgelegt, richtig wäre der X. Schaltmonat. Am 3. XII. *Shunzhi* 17 [3. Jan. 1661] wurde bei der Behörde des Ritenministeriums diesbezüglich eine Throneingabe eingereicht und dort angenommen. Ob sie weitergeleitet wurde, weiß ich nicht.' Was sagst du dazu? Wieviele Beamte waren an diesem <131> Tag anwesend?"

Antwort: „Es gibt in meiner Abteilung keine Vorschriften, eingereichte Throneingaben zurückzuweisen. Zu dieser Zeit war ich Obersekretär des linken Flügels, der die kopierten Throneingaben weiterleitet. Ich hatte mit einer solchen Eingabe nichts zu tun und weiß auch nichts von einer solchen. Seitdem ist eine lange Zeit vergangen, und ich erinnere mich auch nicht, welche Beamten an diesem Tag tätig waren."

[79.] Frage an YANG GUANGXIAN: „In der Antwort des ehemaligen Obersekretärs des linken Flügels am Ritenministerium XU XING heißt es: <132> ‚Am 3. XII. *Shunzhi* 17 wurde bei meiner Abteilung keine Throneingabe eingereicht.' Hast du dies nur vorgetäuscht?"

Antwort: „Ich war am 3. XII. *Shunzhi* 17 in der Abteilung des Ritenministeriums vorstellig, als die Abteilungsbeamten aus dem *Wufeng lou* erschienen. Einer von ihnen war groß und feingliedrig, ein anderer etwas kleiner und auch von feinem Aussehen, ein dritter war schlank. Kaum erschienen, wandten sie sich dem Alkohol zu. Ich sprach sie an und reichte die Throneingabe ein. <133> Bevor er noch zuende gelesen hatte, sprach der vorsitzende große Beamte: ‚Es gibt keine Vorschriften meiner Behörde, die Throneingaben nach der Annahme weiterzuleiten.' Als ein Bediensteter begann, mich zu beschimpfen, verließ ich den Raum. Ich habe wirklich an diesem Tag die Throneingabe eingereicht. Es ist wahr!"

[80.] Am 21. VIII. [10. Okt. 1664] berichtete der Eunuch[177] [(77)]XU QIAN[178] über eine Schrift, die er von YANG GUANGXIAN erhalten hatte:

„Der von ihm verfaßte und verbreitete Text *Shixin lu*[179] 始信錄 <134> enthält Stellen, die unsere Dynastie herabsetzen. Beim Lesen findet man auf dem Papier der Umschlagsseite folgende Worte: ‚Die Kompilation der *Ming*-Annalen liefert einen Beweis'. YANG GUANGXIAN spricht nämlich im Vorwort seines *Shixin lu*, daß ihn der Kaiser der *Ming*-Dynastie zum General, *amba jiyanggiyôn / da jiangjun*[180] 大將軍, ernannt habe.[181] Die Verfasser der *Ming*-Familienaufzeichnungen bezeichnen ihn als ‚Herrn', *siyan šeng / xiansheng* 先生. Der Autor des Vorwortes ist ein ‚zurückgezogener Gelehrter.'[182] Ich denke, die Leute, die privatim [offizielle] *Ming*-Geschichte verfassen, werden dafür bestraft.[183] Nun schreibt YANG GUANGXIAN <135> Geschehnisse der *Ming*-Annalen deutlich und klar, als ob er mit deren Verfassern in heimlichem Einvernehmen steht. – Mit dem Ausdruck ‚zurückgezogener Gelehrter' ist keineswegs ein Untertan unseres Reiches gemeint. – Da die Angelegenheit mit den *Ming*-Aufzeichnungen das Gesetz verletzt, erhebe ich, XU QIAN, aufgrund dieser Schrift Klage."

Nach der Überprüfung des Textes befragte man YANG GUANGXIAN:

„Ist das *Shixin lu* von dir verfaßt und verbreitet worden?"

---

[177] *taigiyan*, chines. *taijian* 太監.

[178] XU QIAN 徐乾 oder 許謙, Beiname (XU) HESHA 許鶴沙 (Taufname: PAUL); siehe Teil 1.4.2, Jahr 1664, III.

[179] Obwohl das Vorwort, datiert XI. Monat 1660, von seinem Neffen WANG TAIZHENG 王泰徵 unterzeichnet ist, stammt der Text, wie auch aus dem Folgenden ersichtlich, aus der Feder YANG GUANGXIANs und wurde später Teil des *Bu deyi*; Nachdruck, S. 1181-1186.

[180] HUCKER, Nr. 5897.

[181] *Shixin lu*, später Teil des *Bu deyi*, Nachdruck, S. 1182.

[182] In Wahrheit ist es YANG GUANGXIAN selbst.

[183] Nach dem *Shunzhi shilu*, j. 32, S. 12a, wurde am V. Monat 1647 der Beschluß gefaßt, die offizielle *Ming*-Geschichte unter Verwendung der historischen Aufzeichnungen in objektiver Weise zu verfassen.

Antwort: „Der Text wurde von mir verfaßt und verbreitet. <136> Er berührt auf keinen Fall unser Land. In dem eingereichten Brief an ⁽⁷⁸⁾XU ZHIJIAN¹⁸⁴ 許之漸 erwähnt er das *Pixie lun*¹⁸⁵. Auch diese Schrift, die die Ausländer kritisiert, habe ich verfaßt und zum Druck gebracht. Mehr als 5000 Exemplare wurden gedruckt. So ist es auch mit dem *Shixin lu*."

[81.] Frage an Yang Guangxian:

„In den von dir verfaßten und verbreiteten *Pixie lun*¹⁸⁶ und *Shixin lu* heißt es im Vorwort von WANG TAIZHENG¹⁸⁷, daß Verfasser der *Ming*-Annalen von deiner Klage gegen den Großsekretär¹⁸⁸ WEN¹⁸⁹ und den Obersekretär CHEN¹⁹⁰ berichteten, für die du als Strafe Stockschläge und die Versetzung in den Militärdienst <137> empfangen hast.¹⁹¹ Es heißt, daß du mit den Kompilatoren der *Ming*-Annalen unter einer Decke steckst. Was sagst du dazu? Wo hält sich dieser WANG TAIZHENG auf?"

Antwort: „Der Kaiser ließ den aufsässigen ZHUANG¹⁹² hinrichten, weil seine Worte falsch waren, nicht weil er sich auf die *Ming*-Annalen bezog. Von Beginn an kompilierte stets die nachfolgende Dynastie die Geschichte der vorhergehenden Dynastie. So wurden die *Han*-Annalen durch die *Wei*-Dynastie, diejenigen der *Wei*-Herrschaft von der *Jin*-Dynastie geschrieben; die *Jin*-Annalen <138> wurden von der *Tang*-Dynastie, diejenigen der *Tang* von der *Song*-Dynastie kompiliert; die Geschichte der *Song*-Dynastie wurde von der *Yuan*-Dynastie, die Geschichte der *Yuan*-Dynastie von der *Ming*-Dynastie verfaßt, und die *Ming*-Annalen wurden von unserem Reich übernommen. Die nachfolgende Dynastie fertigt immer die Geschichte der vorherigen. Dies

---

¹⁸⁴ Zu diesem siehe oben [8.] flg.

¹⁸⁵ Hierzu siehe oben [2.] flg.

¹⁸⁶ Vermutlich ist hier nur das *Shixin lu* gemeint.

¹⁸⁷ Siehe [80.]

¹⁸⁸ *shoukuei* 首揆; HUCKER, Nr. 5382.

¹⁸⁹ Nach dem im Folgenden genannten *Julge te-i suduri muru / Gujin shilue* ist hier der spätere Kanzler WEN TIREN gemeint; siehe in Teil 3.2.1.

¹⁹⁰ Gemeint ist CHEN QIXIN, sonst nicht nachgewiesen; siehe im Folgenden.

¹⁹¹ *Bu deyi*, Nachdruck, S. 1183.

¹⁹² ZHUANG TINGLONG 莊廷龍 (gest. ca. 1660); HUMMEL, S. 205-206.

bedeutet, daß man nach Prüfung der Regierung einer Epoche die guten Aspekte als nachahmenswertes Vorbild an die spätere Zeit und die schlechten Aspekte als Mahnung an die späteren Generationen weitergibt. <139> Da aber für die [letzte Epoche der Ming-Dynastie], der *Tianqi-*天啟 [1621-1627] und der *Chongzhen-*Ära 崇禎[1627-1644], unseres Staates keine offiziellen Aufzeichnungen [193] existieren und Berichte allerorten verlorengegangen sind, hatte man keine Belege für die Nachprüfung zur Verfügung. Dennoch begann man, die Geschichte der *Ming*-Dynastie zu schreiben und nannte sie, im Unterschied zu der durch den Herrscher zustandegekommenen offiziellen Historie[194], die inoffizielle Geschichte[195]. Wird das offizielle Werk dann publik, verschwindet danach die inoffizielle Geschichte in der Versenkung.

Im Winter des Jahres *Shunzhi* 15 [1658] erhielt ich das Buch *Julge te-i suduri muru*[196] des Geomanten JIANG AO[197] aus Jiangnan <140>. Darin heißt es in 30 Schriftzeichen: ‚Wegen der von dem Bataillonskommandeur des Bezirks Xin'an [198] YANG GUANGXIAN beim Kaiser eingereichten Klage gegen den Kanzler WEN TIREN[199] und den Obersekretär CHEN QIXIN[200] wurde er [YANG GUANGXIAN] in der Provinz Zhili mit Stockschlägen bestraft und anschließend nach Liaoxi[201] zum Militärdienst deportiert.' Ich, YANG GUANGXIAN, bin Geschichtsschreiber und habe über die Verehrung der heiligen Lehre des KONFUZIUS einen Text von 634 Schriftzeichen verfaßt, der bisher noch in kein Geschichtswerk übernommen wurde. In genanntem Buch [*Gujin shilue*] sind nur <141> mindere Tatsachen, wie Klagen gegen Mächtige und Hochgestellte, aufgenommen. Geschichte zu schreiben ist Sache der Gelehrten.

Als man mich als Eunuch bezeichnete, schrieb ich das *Shixin lu* in einem Kapitel. Darin heißt es: ‚Die Geschichtsschreiber kompilieren die historischen

---

[193] *yargiyan kooli*, chines. *shilu* 實錄.

[194] *jingkini suduri*, chines. *zhengshi* 正史.

[195] *bigan-i suduri*, chines. *yeshi* 野史.

[196] chines. etwa *Gujin shilue* 古今史略, bisher nicht identifiziert.

[197] 姜(蔣)傲?, nicht identifiziert.

[198] *sin an wei ciyan hô*, chines. *xin'an wei qianhu* 新安衛千戶; HUCKER, Nr. 901.

[199] WEN TIREN 溫體仁 (1573-1638); GOODRICH, S. 1474-1478; HUMMEL, S. 113; siehe Teil 3.2.1.

[200] nicht identifiziert.

[201] wohl *Liaoxi* 遼西.

Werke. Obwohl sie dazu fähig wären, verstehen sie die Geschichte nicht richtig.' [202] Das sind verächtliche Worte. Liegt jedoch später die offizielle Geschichte vor, lassen sich meine Worte belegen. Ist die vom Kaiser beauftragte offizielle Geschichte erschienen, findet die inoffizielle Geschichte keine Berücksichtigung mehr. Auch enthält das *Gujin shilue* <142> kein Wort von Rebellion [und andere wichtige Themen]. Hier ist das Buch zur Nachprüfung! Das Vorwort zum *Shixin lu* wurde im Sommer des Jahres *Shunzhi* 18 [1661] in Druckplatten geschnitten.

Die unterzeichnende Person WANG TAIZHENG ist der Sohn der Schwester meiner Mutter. Das Vorwort hat nicht er, sondern ich selbst geschrieben; ich habe den Namen WANG TAIZHENG nur daruntergesetzt. Nachdem ich den Text verfaßt hatte, schickte ich ihn WANG TAIZHENG zu mit den Mitteilung, daß ich seinen Namen eingefügt habe; er war nicht damit einverstanden.

Im IV. Monat dieses Jahres war der Beamte für die Herbstberechnung [des Astronomischen Amtes] LUO ZHANGQI[203] in Hejian fu 河間府 unterwegs zum Dienst. <143> Als wir bei Tianjin wei 天津衛 zusammentrafen, sagte er, daß WANG TAIZHENG ihm mitgeteilt habe, er sei dagegen, daß sein Name verwendet wird. Wir beide sind Einwohner von Shexian.[204] Man kann LUO ZHANGQI hierzu befragen. Der Verfasser des *Guji shilue* ist irgendein alter Herr aus ländlicher Umgebung. Ich kenne kaum seinen Namen und hatte mit ihm keinen Kontakt.

Nun habe ich wegen der Umsturzabsichten des P. SCHALL und seinen Leuten Klage eingereicht, da deren Schuld wegen des Verfassens ketzerischer Bücher nicht zu vergeben ist. Sie nahmen das Wort *Mingshi* 明史, Ming-Geschichte, <144> in meiner Schrift zum Anlaß, um gegen mich vorzugehen. Es sind Intrigen, um Menschen in den Abgrund zu ziehen.

XU QIAN fragt, ob ich mit den Verfassern der *Ming*-Geschichte unter einer Decke stecke; wann und wo hat er gesehen, daß ich mit diesen in Verbindung stehe? Wie sind ihre Namen, wie sehen sie aus? Wenn dies XU QIAN bekannt ist, warum sagt er darüber nicht aus? Daß er mich erst anzeigte, nachdem ich wegen Umsturzabsichten Klage erhoben hatte, <145> beweist, daß er nur beabsichtigt, mich zu verleumden."

---

[202] *Shixin lu*, Nachdruck S. 1184.

[203] nicht identifiziert.

[204] Siehe in [69.].

[82.] Frage an Yang Guangxian:

„In deiner Antwort sagtest du aus, daß du selbst das Vorwort geschrieben und den Namen WANG TAIZHENG nur zugefügt hättest. Wie ist die Benennung des WANG TAIZHENG als ‚Ausgesonderter'[205] zu verstehen?"

Antwort: „Was die ausgesonderten Menschen betrifft, so handelt es sich um Beamte aus der *Ming*-Dynastie, die nicht in den Dienst unserer Dynastie übernommen wurden; es sind freigestellte, normale Leute. WANG TAIZHENG diente zur *Ming*-Zeit als Sekretär[206] im Ritenministerium. <146> Da unsere Dynastie keine Verwendung für ihn hatte, bezeichnete ich ihn als ausgesonderten Menschen. Sonstige Beanstandungen gibt es nicht."

[83.] Frage an XU QIAN:

„In deiner Anklage sagst du, daß YANG GUANGXIAN mit Verfassern der *Ming*-Annalen unter einer Decke stecke.[207] Du weißt sicherlich Näheres darüber. Wo erscheint der Name YANG GUANGXIAN in solchen Geschichtswerken? Berichte die Tatsachen!"

Antwort: „Im *Shixin lu* <147> heißt es, daß Verfasser der *Ming*-Geschichte Tatsachen über ihn aufgezeichnet hätten. Wenn YANG GUANGXIAN und der Verfasser des Vorwort nicht mit den Schreibern der *Ming*-Geschichte unter einer Decke steckten, wie hätten sie von den Taten des YANG GUANGXIAN wissen können? Ich, XU QIAN, habe YANG GUANGXIAN lediglich aufgrund des Textes verklagt. Man kann ihn befragen, wo sein Name in den *Ming*-Annalen steht; ich habe diese nicht gelesen." <148>

[84.] Frage an XU QIAN:

„In deiner Klageschrift heißt es: ‚Das *Shixin lu* enthält Stellen, die unsere Dynastie verschmähen.' Betrachtet man das *Shixin lu*, so findet man keine Stelle, bei der dies zutrifft. Was sagst du dazu?"

Antwort: „Im *Pixie lun*[208] des YANG GUANGXIAN jedoch heißt es: ‚Wenn alle großen Länder auf diese Lehre hören, werden alle großen Länder dies befol-

---

[205] *waliyabuha niyalma*, entsprechend chines. *yishi* 逸士, retirierter Beamter, zurückgezogener Gelehrter etc.

[206] *zhushi* 主事; HUCKER, Nr. 1420.

[207] Siehe [80.].

[208] *Bu deyi*, Nachdruck, S. 1103-1134.

gend zu wilden Tieren.' Die beiden Worte *dahame tacimbi*[209], ‚befolgend lernen', <149> sind ein Ausdruck, der die Adepten der Lehre ausschilt. Auch beschimpft der Satz ‚Alle großen Länder gehorchen dieser Lehre, dann werden alle großen Länder, dies befolgend, zu wilden Tieren' die gesamte Menschheit. Man betrügt mit ehrhafter Rede die Herzen der Menschen und übertritt damit die Gesetze."

[85.] Frage an YANG GUANGXIAN:
„In seiner Antwort sagte XU QIAN: ‚Im *Pixie lun* des YANG GUANGXIAN heißt es: ‚Wenn alle großen Länder auf diese Lehre hören, werden alle großen Länder, diese befolgend, [so verroht wie] wilde Tiere.'[210] Damit sind die Adepten der Lehre ermahnt. Mit dem Satz ‚Wenn alle großen Länder auf diese Lehre hören, <150> werden alle großen Länder zu wilden Tieren' wird die gesamte Menschheit gescholten. Es sind Worte, die die in die Lehre eingetretenen Menschen beschimpfen. Man betrügt mit ehrhafter Rede die Herzen der Menschen und übertritt damit die Gesetze.' Was sagst du dazu?"

Antwort: „Im *Tiyan hiyo ši i*[211] heißt es: ‚Mit dem Himmelsherrn, *tianzhu* 天主, unseres Landes ist derselbe wie der oberste Herrscher, *shangdi* 上帝, in China gemeint. Der blaue Himmel dient diesem obersten Herrscher. Ob im Osten oder im Westen, er verfügt weder über einen Kopf noch einen Bauch, weder über Hände noch Beine.' So einen [Gott] kann man nicht verehren.

Er [JESUS] lud das von Niedrigen Zerstörte <151>, das Böse und Niederträchtige [die Sünden anderer] auf sich. Was gibt es da zu verehren? Nach der Lehre des Himmelsherrn gibt es weder Himmel noch Erde [nach einheimischer Vorstellung]. Da er [JESUS] Rebellionen anzettelte, wurde er zum Kreuzestod verurteilt. So einer kann kein Herrscher sein! JESU Vater nannte man JOSEF[212]. Wenn man sagt, er habe ihn nicht gezeugt, kann er auch nicht sein Vater sein.

---

[209] entspechend chines. *xishou* 習守.

[210] Nachdruck, S. 1110-1111.

[211] Chines. *Tianxue shiyi* 天學實義; gemeint ist das sonst unter dem Titel *Tianzhu shiyi* 天主實義 bekannte, mehrfach übersetzte christliche Grundlagenwerk von P. MATTEO RICCI aus dem Jahre 1607, das unter Kaiser QIANLONG später auch Eingang in die Literatursammlung *Siku quanshu* 四庫全書 fand; CHAN (2002), S. 72-77, Quellen- und Literaturverzeichnis im Anhang. Obige Zitate sind eine Zusammenfassung mehrerer, noch zu ermittelnder Textstellen.

[212] ŽO ŠE, chines. YOSE 約瑟.

Wird die heilige Lehre des KONFUZIUS auf den Abfallhaufen geworfen, so gibt es keine Lehrmeister mehr. Es mangelt dann [an Begriffen wie] Himmel, Erde, Herrscher, Mitmenschen, Lehrer; es fehlen die fünf Arten menschlicher Beziehungen[213]. Kann man dann noch davon sprechen, daß alle großen Länder von West bis Ost die Morallehre befolgen <152> und verbreiten? Daher sage ich nur: Die Verehrungsvollen leiteten die Menschen unter dem Himmel nicht dazu an, ohne Herrscher und ohne Vater zu leben. In Ost und West verehren die Länder Himmel und Erde, die Untertanen dienen den Herrschern mit ganzer Kraft und die Menschen üben Pietät.

Mir ist nicht bekannt, in welchem Land und für welche Art Menschen die Irrlehre [des Christentums] verkündet wird. Es ist eine Lehre ohne Himmel und Erde, ohne Herrscher, ohne Mitmenschlichkeit und ohne Weisheitslehrer. Darum sagte ich: Wenn alle Länder diese Lehre übernehmen, sind alle Länder wie wilde Tiere. Was gibt es noch über diese Lehre zu sagen, die ich von Beginn an als Irrlehre bezeichnete. <153> Unsere Opfer an den Herrscher, an Himmel und Erde, im Ahnenstempel und für KONFUZIUS bedeuteten Verehrung von Himmel und Erde und von Kaiser, Mitmenschen und Lehrer. Unser Reich kann sich niemals dieser Irrlehre anschließen, die weder den Himmel und die Erde noch Herrscher, Mitmenschen oder Lehrer verehrt. Warum soll man den großen Ländern [des Westens] folgen und diesen Glauben übernehmen? Weil diese [christliche] Lehre des Himmelsherrn das Herz der Menschen betrügt und die Gesetze mißachtet, soll man sie ablehnen. Wie könnte man also meiner Kritik an dieser Irrlehre widersprechen und leugnen, daß sie die Menschenherzen <154> hintergeht und die Gesetze verletzt?"

[86.] Frage an P. SCHALL und P. BUGLIO:
„In der Antwort des YANG GUANGXIAN heißt es: ‚Im *Tianxue shiyi* steht, daß der blaue Himmel dem obersten Herrscher dient. Ob im Osten oder im Westen, er verfügt weder über Kopf noch Bauch, weder über Hände noch Beine.' So etwas kann man nicht verehren. Auch lud [JESUS] das von Niedrigen Zerstörte <155>, das Böse und Niederträchtige [die Sünden anderer] auf sich. Was gibt es da zu verehren? – JESU Vater hieß JOSEF; entspricht dies den Tatsachen?"

Antwort: „Im *Tianxue shiyi* gibt es tatsächlich solche Worte. Dieses Buch hat MATTEO RICCI in China verfaßt. Darin wird erklärt, daß der Himmel, *tian* 天, nicht das gleiche wie der Himmelsherr, *tianzhu* 天主, ist, sondern der Palast des Himmelsherrn. Folglich kann man sagen: Wenn man den Himmelsherrn ver-

---

[213] *sunja giyan*, chines. *wulun* 五倫, die fünf sozialen Beziehungen zwischen Herrscher und Untertan, Vater und Sohn, älterem und jüngerem Bruder, Ehemann und Frau, Freund und Freund.

ehrt, verehrt man nicht den Himmel, sondern den Palast des Himmelsherrn. Da Himmel hier den Palast bedeutet, sagt man, daß er weder über Kopf noch Bauch noch über Hände oder Beine verfüge. Solche Worte findet man auch in der Bibel.

Was JESU Vater angeht, so schworen MARIA[214] und JOSEF, das Kind bis zum Ende zu behüten. MARIA hatte JESUS geboren; die Geburt war jedoch nicht die Folge der Vereinigung von Vater und Mutter. <156> Bei der Geburt erschien der Himmelsherr selbst von oben. Außenstehende nannten JOSEF und MARIA Vater und Mutter, obwohl sie nicht wirklich Mann und Frau waren. Solche Worte stehen im ‚Buch des Himmelsherrn'[215]; man kann sie in der Bibel nachlesen."

5.2.4 Throneingaben und Beratungen

[87.] Am 13. X. [30. Nov. 1664] reichten zwei Ministerien[216] die folgende Throneingabe mit dem Ersuchen um kaiserliche Weisung ein:

„Der Vizedirektor des Astronomischen Amtes, (71)ZHOU YIN 周胤, und weitere sieben Beamte[217] der Kalenderabteilung gehören, wie sie selbst bekennen, der [christlichen] Lehre des P. SCHALL an. <157> Bei einer Befragung SCHALLs u.a. hieß es, daß jährlich mehr als 200 Menschen Mitglieder der Lehre werden. Zählt man die Zahl der Gläubigen in den 30 Kirchen der Außen- und Innenbezirke zusammen, so gelangt man zu einer großen Zahl. SCHALL und seine Anhänger nennen ihre Konfession die ‚Lehre des Himmels'[218]. Kürzlich veröffentlichten sie ihre Schrift *Tianxue chuan'gai*[219] und verbreiteten davon bereits 50 bis 60 Exemplare. Von dem von YANG GUANGXIAN verfaßten *Shixin lu*, das die Lehre SCHALLs als <158> Irrlehre kritisiert, wurden mehr als 5000 Exemplaren veröffentlicht. So ist nicht nur die Zahl der Menschen, die in die

---

[214] MA LI YA, chines. MALIYA 瑪利亞; alte Transkription MOYAN 末豔 (von syrisch MARYAM); WESELOWSKI, S. 28.

[215] *tiyan ju ging*, chines. *tianzhu jing*[215] 天主經, sonst auch Bezeichnung für das Vaterunser.

[216] Justiz- und Ritenministerium.

[217] Als christliche Konvertiten im Astronomischen Amt zählen, soweit bekannt, die folgenden 8 Personen: (44)LI ZUBO, (48)LIU YOUTAI, (53)SONG FA, (54)SONG KECHENG, (61)YIN KAI, (65)ZHANG WENMING, (71)ZHOU YIN, (72)ZHU GUANXIAN; siehe a. Teil 4.1.2.

[218] *abkai tacin*, chines. *tianxue* 天學.

[219] [1.] flg.

Lehre des P. Schall eingetreten sind, und derer, denen das Buch bekannt ist, sondern auch die Zahl derer, denen das *Shixin lu* des Yang Guangxian vertraut ist, recht groß. Daher sollte eine Untersuchung eingeleitet und in der Angelegenheit nach Beratung durch den Kaiser entschieden werden. Da wir selbst nicht imstande sind, diese Sache eigenständig zu behandeln, reichen wir eine Throneingabe ein mit der Bitte um kaiserliche Weisung." <159>

Am gleichen Tag erging die kaiserliche Anordnung:

„Wegen der sieben Leute mit Zhou Yin an der Spitze soll weiter verhandelt werden. Andere Untersuchungen können vertagt werden."

[88.] Noch am gleichen Tag traten beide Ministerien zusammen und reichten folgende Throneingabe mit der Bitte um kaiserliche Weisung ein:

„Auf die Klage des Yang Guangxian verfaßte der Eunuch des inneren Hofes Xu Qian eine Gegenklage.[220] Darin heißt es: ‚Im Vorwort des von Yang Guangxian verfaßten *Shixin lu* steht, daß <160> Autoren der *Ming*-Geschichte über ihn geschrieben haben'. Er steckt daher mit den Schreibern unter einer Decke. Yang erklärte wiederum: ‚Der von mir abgefaßte Text berührt unser Land überhaupt nicht. Als ich das Vorwort schrieb, setzte ich am Ende den Namen Wang Taizheng darunter. Den Sachverhalt kann man nach dem *Gujin shilue* des Geomanten Jiang Ao überprüfen.[221] <161> Aufgrund dieser Tatsachen wird um kaiserliche Weisung an den zuständigen Gouverneur gebeten, Beamte zu beauftragen, beide Personen unverzüglich in die Hauptstadt zum Verhör und zur Gegenüberstellung zu bringen.

In dem von Schall veranlaßten *Tianxue chuan'gai* des Li Zubo erscheinen die Namen [(76)]Tong Guoqi[222] und [(79)]Xu Zuanzeng[223] 許纘曾 deshalb, weil sie, gleichgültig wo sie als Beamte waren, Silbergeld für den Kirchenbau spendeten.[224] In der Antwort des P. Schall u.a. hieß es <162>: ‚Xu Zuanzeng trieb den Kirchenbau voran, und er trat unserer Lehre bei.' [225] Aus diesem Grund soll er seines Amtes enthoben werden. An den zuständigen Gouverneur möge die kaiserliche Weisung übermittelt werden, Xu unverzüglich in

---

[220] Siehe [80.].

[221] Siehe [81.].

[222] Siehe [31.] flg.

[223] Siehe [31.] flg.

[224] Siehe [33.].

[225] Siehe [33.].

die Hauptstadt zum Verhör und Gegenüberstellung mit den zuständigen Personen zu bringen. Obwohl TONG GUOQI nicht in die Lehre eintrat, förderte er doch den Kirchenbau. Daher möge die kaiserliche Weisung an den zuständigen Gouverneur ergehen, auch ihn unverzüglich in die Hauptstadt zur Gegenüberstellung zu bringen.

In diesen Angelegenheiten reichen wir ehrerbietig und vertraulich diese Eingabe mit der Bitte um kaiserliche Anordnung <163> ein."

Am selben Tag erging die kaiserliche Weisung:

„Über JIANG AO und WANG TAIZHENG soll nicht mehr verhandelt werden. Bei allem anderen verfahre man wie vorgesehen!"

In ehrerbietiger Befolgung kaiserlicher Weisungen berieten wir hierüber und gelangten zu folgenden Ergebnissen:

– [Zu P. SCHALL]

[89.] In der Klageschrift des YANG GUANGXIAN aus Shexian in Jiangnan heißt es:

„Der den Amtssiegel führende Beamte [des Astronomischen Amtes] SCHALL initiierte die Schrift über die Irrlehre *Tianxue chuan'gai*.[226] Herrscher und Beamte tausender Länder sind Anhänger und Gläubige dieser Lehre, die in unser Land [China] <164> kam, als damals FUXI[227] [aus Judäa] ins Ausland floh."

In seiner Antwort sagte SCHALL: „Eine Absicht, Rebellionen anzuzetteln, gibt es nicht"[228]; solche Vorwürfe wies er zurück. – Ferner behauptete er: „FUXI ist aus Judäa gekommen.[229] In alter Zeit gab es nur das Land Judäa, in dem Menschen lebten. Später wurden sie dort so zahlreich, daß sie sich in alle Welt zerstreuten. Der erste Mensch in der Bibel ist der Mensch des Himmelsherrn [JESUS]. Die Menschen in China sind auch Menschen des Himmelsherrn. Studiert man die Bücher Chinas, erfährt man, daß es dort erst zur Zeit des FUXI Menschen gab. <165> FUXI kam aus Judäa." Bei der Befragung des LI ZUBO sagte dieser: „Derartige Angaben existieren in den chinesischen Geschichtsbüchern nicht."

Er verfaßte und verbreitete wirklich ein betrügerisches Buch, indem er behauptete, die frühen Menschen stammten von Nachfahren aus Judäa ab, was in den Geschichtswerken der alten Zeit nicht überliefert ist. – Dies ist Punkt eins.

---

[226] Siehe [1.] flg.

[227] Siehe [21.- 22.].

[228] Siehe [35.].

[229] Siehe [21.].

[90.] In der Klageschrift des YANG GUANGXIAN heißt es:

„In Jinan 濟南 [Prov. Shandong] und Umgebung gibt es 27 Kirchen, in der Hauptstadt gibt es 3, insgesamt also 30 Kirchen. In Xiangshan ao[230] 香山澳 [Macao] werden Rebellionen vorbereitet. Es ist ein Ort, in dem Seefahrer aufgenommen und Geschenke ausgeteilt werden." <166> In der Antwort SCHALLs hieß es: „Die Kirchen in den Provinzen existieren seit der *Wanli*-Zeit. Von Europäern in Xiangshan ao, die Seefahrer aufgenommen und Gaben verteilen, weiß ich nichts. "

In der Antwort des YANG GUANGXIAN jedoch hieß es: „Als sich in Xiangshan ao viele Europäer ansammelten, drängte man sie während der *Tianqi*-Zeit [1621-1627] zum Verlassen des Ortes. Als sie in der *Chongzhen*-Ära [1628-1644] wieder erschienen, errichtete man dort einen Stützpunkt für SCHALL." P. BUGLIO u.a. sagte aus: „In Xiangshan ao leben viele Europäer."

In seiner Antwort sagte [SCHALL]: „Seit der *Hongzhi* 弘治-Ära [1488-1505] landeten Europäer in Xiangshan ao und ließen sich dort nieder.[231] Sie liefern seitdem Abgaben und Getreide[232] als Tribut." <167>

In den Kirchen der Provinzen halten sich überall Europäer auf, ebenso in Xiangshan ao. Bedeutet das nicht, daß Xiangshan ao zu einem Ort europäischer Vorherrschaft aufgebaut wird? – Dies ist Punkt zwei.

[91.] In seiner Antwort sagte P. SCHALL:

„Die Kirchen in den Provinzen wurden nicht von mir renoviert. Ob andere Kirchen neugestaltet wurden, weiß ich nicht. Als YANG GUANGXIAN behauptete, daß die 18 Kirchen von Jinan erneuert wurden und daß Europäer Schriften verfaßten, erwähnte er auch, daß 13 Kirchen im Gebiet von Yangzhou durch Europäer im Lande renoviert wurden. Ich habe daran keinen Anteil."

Nach seinen Worten hatte er an der Renovierung der Kirchen in den Provinzen keinen Anteil. <168> Wie hat er dann erfahren, daß sie renoviert wurden? Außerdem gestand er bei früheren Befragungen nicht ein, daß es überhaupt Kirchenbau gegeben habe. Erst nachdem YANG GUANGXIAN in seiner Antwort ausgesagt hatte, gestand er, daß Europäer Kirchen gebaut hatten. – Dies ist Punkt drei.

---

[230] Siehe [40.].

[231] Hierzu siehe PTAK, HABERZETTL (1990), S. 14-19 etc.

[232] *ciyanliyang*, chines. *qianliang* 錢糧.

[92.] In der Klageschrift des YANG GUANGXIAN steht geschrieben:

„Unter dem Vorwand, den Kalender zu reformieren, verbarg sich SCHALL im Landesinneren, nur um die Geheimnisse des Landes auszukundschaften. Wenn das nicht seine Absicht war, welche Gründe hatte er dann, die Gesetze nah und fern zu übertreten, in wichtigen Orten wie in der Hauptstadt und den 13 Provinzen Mitläufer zu sammeln, <169> ketzerische Schriften zu verfassen und zu verbreiten, um so die Menschen unter dem Himmel zu betrügen?"

SCHALL antwortete: „Als ich den Kalender bearbeitete, versteckte ich mich nicht, um Schriften der Irrlehre zu schreiben und die Menschen damit zu betrügen. Die Kirchen in den Provinzen werden von europäischen Mitmenschen bewohnt. Die Verbreitung von Gegenständen, wie heilige Bronzestatuen usw., wurde nicht durch meine Reden veranlaßt. Auch haben wir uns diesbezüglich nicht ausgetauscht. Das *Tianxue chuan'gai* habe ich nicht verbreitet." – Er sagte aus: „In Xiangshan ao [Macao] waren es 15 Leute, die mit VERBIEST ankamen. Sie leben heute verstreut in den Kirchen der Provinzen."

In der Antwort des P. VERBIEST über seine Kirche [*Dongtang*²³³ 東堂] und des <170> P. BUGLIO über die Kirche *Beitang*²³⁴ 北堂 heißt es: „Irgendein Besucher betrat bei Gelegenheit Kirchen in den Provinzen und brachte das neulich erschienene Buch nach Jinan, Shanghai und Changshu. Wir haben niemand beauftragt, es in den Kirchen zu verteilen." In einer früheren Antwort sagte SCHALL: „Ich wußte, daß VERBIEST u.a. dieses Buch vertreibt."

Wie kann er jetzt sagen, daß er von der Verteilung des Buches durch VERBIEST nichts wußte? Auch hätten die Menschen in den Kirchen der Provinzen bestimmt nicht seine Worte und seine Lehre verbreitet, wenn sie von der Himmelslehre nicht in allen vier Richtungen der Hauptstadt gehört hätten. Als die Kirchen der Hauptstadt überall renoviert wurden, nahmen auch die Bakkalaurei der Unterrichtsstätte westlicher Gelehrsamkeit²³⁵ wohlwollend Anteil am neuen Buch <171>. Betrachtet man dies, dann haben die Menschen in den Kirchen der Provinzen wirklich nach seinen Anweisungen auch bronzene Heiligenstatuen verbreitet. – Dies ist Punkt vier.

---

²³³ Siehe Teil 1.4.1, Jahr 1662, 1. IX. und Teil 1.6.5, Ende.

²³⁴ Siehe Teil 1.6.5, Ende.

²³⁵ *saisai tacibure ba*; siehe [31.].

[93.] In der Klageschrift des YANG GUANGXIAN heißt es:
„Nach kaiserlicher Weisung ist das Abbrennen von Weihrauch verboten. Dabei ist es erwiesen, daß er jährlich in seiner Kirche mehr als 60 Mal seine Anhänger versammelt und ihnen die Lehre erklärt [und dabei Weihrauch abbrennt].

In seiner Antwort sagte SCHALL: „Den meinem Glauben zuströmenden Menschen wurde das *Tianzhu jiaoyao*[236] und auch Bronzefiguren des Heiligen THOMAS in kostbaren Umschlägen überreicht. Jedes Jahr traten mehr als 200 Leute dem Glauben bei. Sie treffen sich monatlich viermal in meiner Kirche; wir reden über die Lehre des Himmelsherrn und vollziehen Zeremonien. Bei den Zusammenkünften sammelt man von jedem 1000 bis 2000 Geldstücke ein, die an die Armen zur Hilfe verteilt werden. Unsere Lehre ist keine Irrlehre, <172> und als wir von einem Verbot der Lehre hörten, konnten die Leute zwischen richtig und falsch nicht mehr unterscheiden. Als sie dies erfuhren, haben manche die Besuche bei uns eingestellt." Wäre seine Lehre keine Irrlehre, hätten die Leute die Zusammenkünfte auch nicht aufgegeben. – Dies ist Punkt fünf.

[94.] In seiner Antwort heißt es weiter:
„Die Entstehung und Verbreitung des Buches *Tianxue chuan'gai* kam zustande, weil YANG GUANGXIAN im Jahr *Shunzhi* 16 und 17 [1657-1658] unsere Lehre als Irrlehre bezeichnete und dies verbreitet hatte. Um dem auszuweichen, verfaßten und verbreiteten wir [das Buch, um zu zeigen,] daß unsere Lehre eine rechte Lehre ist."

Trotz dieser Aussage brauchte [SCHALL] als Antwort an YANG GUANGXIAN 4 oder 5 Jahre, bis das Buch im Sommer vergangenen Jahres erschien. <173> Aber die neue Veröffentlichung trug nichts zum Irrlehre-Vorwurf des YANG GUANGXIAN bei.

In seiner Antwort betonte (75)PAN JINXIAO[237]: „Ich wußte von dem neulich erschienenen Buch." Er betrachtete es zurückhaltend und riet (112)SUN YOUBEN[238] u.a. davon ab.

Nachdem er das aus unterschiedlichen Gründen entstandene Werk verbreitet hatte, sagte er, es sei entstanden, um auf YANG GUANGXIANs Veröffentlichungen zu antworten. Ist das nicht ein falsches Argument? – Dies ist Punkt sechs.

---

[236] eine Art Katechismus, siehe [16.].

[237] SCHALLs Diener; siehe Teil 1.4.1, Jahr 1661 IX.

[238] Mitarbeiter des Astronomischen Amtes, um 1671-1702; QU CHUNHAI, S. 50-51.

[95.] In der Klageschrift des YANG GUANGXIAN heißt es:
„Wie kann man es wagen, auf den Umschlag des Kalenders ‚nach neuer europäischer Methode', *yi xiyang xinfa* 依西洋新法, zu schreiben und die Berechnung der Jahre und Stunden nach europäischem Verfahren durchzuführen?"[239]

In der <174> Antwort SCHALLs heißt es: „Die Schriftzeichen *yi xiyang xinfa* auf der Umschlagseite des Kalenders der Jahre *Shunzhi* 1 und 2 [1644, 1645] kamen zustande, als dieser unter Beifügung des alten Kalenders zur Kontrolle eingereicht wurde. Bei dem für das Amtssiegel des Inneren Hofes zuständigen Beamten GE CHENGKE[240] wurden Schriftzeichen auf die Umschlagseite geschrieben, die man zu *yi xiyang xinfa* korrigierte. Als man mir dies übermittelte, behielt ich, GE CHENGKE folgend, die Schriftzeichen *yi xiyang xinfa* bei. Der Teil, der vom Inneren Hof korrigiert zurückkam, war auf gelbem Papier geschrieben. In den Akten findet sich keine Aufzeichnung darüber. Die beiden Zeichen ‚geschnitten und gedruckt'[241] waren gestrichen, und es standen nur noch die Schriftzeichen *yi xiyang xinfa* darauf. <175> Diese Angelegenheit wurde vom Inneren Hof bestimmt; die Namen der zuständigen Beamten kenne ich nicht."

Betrachtet man die von SCHALL gezeichneten Schreiben, so sieht man, daß zu dieser Zeit die Leute, die den Kalender *Datong li* 大統曆 berechnet hatten, die gleichen waren, die nach mohammedanischer Methode[242] verfuhren. Bei der Berechnung der Sonnenfinsternisse hatte sich die europäische Methode als richtig erwiesen. Daraufhin wurde auf der Umschlagseite ‚Kalender nach europäischer Methode' geschrieben und nicht ‚Kalender nach der neuen europäischen Methode'. Als man nachfragte, warum auf dem Umschlag des manjurischen Kalenders nicht ‚nach neuer europäischer Methode'[243] vermerkt ist, antwortete (81)BICECI[244]: „Was im manjurischen Kalender geschrieben steht, ist Sache der manjurischen Beamten." Als man ihn später nochmals fragte, antwortete er: „Auf den manjurischen Kalender habe ich das offizielle quadratische Siegel nicht gesetzt." Als man sich an LI ZUBO mit der Frage <176> wandte: „Warum wurden auf der Umschlagseite des manjurischen Kalen-

---

[239] Siehe [69.] flg.

[240] bisher nicht identifiziert, chines. Zeichen unbekannt.

[241] *folome ara*, chines. *keyin* 刻印.

[242] *hôi hôi fa*, chines. *huihui fa* 回回法.

[243] *si yang-ni ice fa songkoi*.

[244] (81)YANG BICECI, Übersetzungsbeamter; wurde 1666 XII. freigesprochen.

ders der Vermerk ‚nach neuer europäischer Methode' nicht hinzugefügt?",
gab er zur Antwort: „Da auf dem manjurischen Kalender kein offizieller Stempel aufgedruckt wurde, fehlen dort diese Schriftzeichen."

LI ZUBO antwortete weiter: „Über diese Sache hatte mich SCHALL nicht befragt." Dessen Aussage lautete jedoch: „Ich fragte LI ZUBO." Hierzu sagte dieser aus: „Zu dieser Zeit hatte ich den Dienst noch nicht begonnen. Wie sollte ich dazu etwas wissen?" Im übrigen ist es wahr, daß die Schriftzeichen *yi xiyang xinfa* vom Inneren Hof ergänzt wurden; sie standen nicht auf der Umschlagseite [Vorlage] des zu übersetzenden chinesischen Kalenders des Jahres *Shunzhi* 1 [1644], der zur Begutachtung eingereicht wurde. <177> Sollen nun plötzlich auf der Umschlagseite des in alle Welt zu verbreitenden chinesischen Kalenders diese Schriftzeichen stehen? – Dies ist Punkt sieben.

[96.] SCHALL sagte aus:

„Aus den abgelegenen Dörfern zogen westliche Gelehrte in die wichtigen Orte der Provinzen. Dort verbreiteten sie unseren Glauben und erhoben ihn zur rechten Lehre. Nachdem [LI ZUBO] vom Verbot gehört hatte, schrieb und verbreitete er das *Tianxue chuan'gai*. – Einige Male wurde ich vom Kaiser wegen der Lehre des Himmelsherrn empfangen." <178> Wenn [SCHALL] wirklich wegen der Verbreitung der Lehre des Himmelsherrn zur Audienz gerufen wurde, warum hat er dies bei früheren Gelegenheiten nicht ausgesagt? – Dies ist Punkt acht.

[97.] In der von SCHALL initiierten Schrift [*Tianxue chuan'gai*] heißt es[245]:

„Mit der Zuneigung an den obersten Herrscher, *shangdi*, empfängt man seine Weisungen und sammelt sein Glück. Doch der oberste Herrscher ist nicht unabänderlich. Achtet man auf die Weisungen des Himmels, werden geneigte Herrscher und Lehrmeister erscheinen, die den obersten Herrscher mit allen Kräften unterstützen. Der oberste Herrscher gelangt von oben zu dir und stiftet keine Zwietracht im Herzen. Den Himmel erleuchtend bewahrt er die Welt unter dem Himmel. Ehrfurcht unter dem Himmel verbreitend behütet er die Länder. Wer sich dem Himmel fügt, wird behütet. Wer sich dem Himmel widersetzt, wird vernichtet." <179>

In seiner Antwort sagte er: „Die schmückenden Worte in dieser Schrift – manche passend, andere unpassend – stammen alle von LI ZUBO. Er meinte, die Wörter für ‚Herrscher' und ‚Himmel' entsprächen der Bezeichnung

---

[245] Nachdruck, Bd. 2, S. 1055 flg., Vorwort, S. 1045.

‚Himmelsherr', *tianzhu* 天主. So wurden die Druckplatten nach seiner Weisung geschnitten."

Solche Worte aus den kanonischen Büchern dürfen nur vom Kaiser verwendet werden, der vom Himmel das Mandat empfing, die Welt zu regieren. Doch solch gewichtigen Wörter wurden in seinem Buch der Irrlehre verwendet und verbreitet. – Dies ist Punkt neun.

[98.] In der Antwort des P. SCHALL hieß es:

„Der Himmelsherr ließ der Menschen wegen die Zehntausend Dinge <180> der Welt entstehen; denn er begehrte, ihnen Gutes zu tun. Als er in den Himmel aufstieg, blieb die Sünde bei den Menschen, und sie konnte von ihnen nicht getilgt werden. Weil die Menschen selbst nicht in den Himmel aufsteigen können, erschien der Himmelsherr in der Zeit der späteren *Han*-Dynastie als Mensch, geboren in der Welt. Dieser, der am Kreuz starb, war nicht der oberste Herrscher selbst, sondern ein als menschliches Wesen Geborener, der alles Leid ertrug; von niemandem dazu gezwungen, nahm er alles auf sich. Doch böse Menschen verklagten Herrn JESUS zu seiner Zeit, und er wurde verurteilt, ans Kreuz geschlagen und hingerichtet."

So sagte er aus. <181> Der in der späteren *Han*-Zeit geborene, von bösen Menschen angeklagte und per Gesetz zum Tod am Kreuz verurteilte JESUS soll nicht zum obersten Herrscher oder Himmelsherrn erhoben werden. – Dies ist Punkt zehn.

[99.] In der Antwort des P. SCHALL hieß es:

„Die Abfassung der Schrift [*Tianxue chuan'gai*] hatte den Zweck, den Himmel zu verehren und die Menschen zu guten Taten zu ermutigen. Der Himmel ist der Palast des Himmelsherrn, er dient dem Himmelsherrn. Die Verehrung des Himmelsherrn bedeutet nicht [wie in China] Verehrung des Himmels."

Die [zum Christentum] Konvertierten verbrennen kein Papiergeld für ihre Väter und Großväter. – Dies ist Punkt elf.

[100.] Im *Tianzhu jiaoyao*[246], das den in die Lehre Eintretenden übergegeben wurde, steht geschrieben:

„Wenn <182> Menschen aller Zeiten zum Glauben finden, werden sie nach den Vorschriften mit klarem Wasser benetzt und ihre Stirn gewaschen, anschließend wird für sie mit Bibelworten gebetet. Das ist gleichsam das Reini-

---

[246] [16.].

gen von der Ursünde[247] durch den Himmelsherrn, von dem alle Schuld vergeben wird."

Als man SCHALL fragte, gab er zur Antwort: „Alle Menschen wollem ihre Fehler korrigieren, und ihnen wird geraten, Gutes zu tun. Wenn sie das heilige Wasser empfangen, reinigen sie ihre Stirn, und der Himmelsherr vergibt die Schuld in ihrem Inneren. Durch Taufe mit heiligem Wasser verzeiht ihnen der Himmelsherr." So sprach SCHALL selbst.

Gemäß dieser Aussagen verübt ihre Lehre Betrug an den Menschen. – Dies ist Punkt zwölf. <183>

[101.] Im *Tianzhu jiaoyao* heißt es:
„Die in die heilige Lehre eintretenden Menschen leben nach den Geboten und versuchen nach Kräften, ihre Schuld zu tilgen. Vor dem Priester beichten sie, worin sie sich vergangen haben. Böse Taten werden gebeichtet, um die Schuld zu vergeben. Gemäß der Lehre betet der Priester mit Worten aus der Bibel, und die Schuld wird vom Himmelsherrn verziehen."

Bei der Befragung sagte SCHALL: „Haben die in die Lehre Eintretenden Böses getan und Schuld auf sich geladen, müssen sie unbedingt ihre Schuld tilgen und nicht mehr Böses tun. Die Schuld böser Taten tilgt man, indem man ehrlich beim Priester beichtet. Man betet danach <184>, wie uns der Himmelsherr gelehrt hat, und die Schuld gilt als verziehen. Priester sind die Kontrolleure der Seele, sie sind wie die Eltern, die die Kinder von Abwegigem und Wolllüstigem fernhalten. Der Priester ist die Person, die unsere Lehre verbreitet." So hat sich [SCHALL] geäußert.

Betrachtet man dies, so bezeichnete er sich selbst auch als Priester und schuf damit Verwirrung. – Dies ist Punkt dreizehn.

[102.] Im *Tianzhu jiaoyao* heißt es:
„Wenn die in die Lehre Eingetretenen schwerkrank werden, verlangen sie nach einem Priester. Dieser betet mit Texten der Bibel, streicht Öl auf fünf Stellen des Kranken und spendet am Lebensende die letzte Ölung. Mittels der Gnade des Himmelsherrn schenkt er Vergebung. <185> Die Krankheit wird überstanden oder der Dämon vertrieben."

Bei seiner Befragung sagte SCHALL: „Wenn die in die Lehre Eingetretenen erkranken oder im Sterben liegen, erhalten sie die Ölung und ihre Krankheit wendet sich zum Guten und der Dämon wird ausgetrieben. Nur Männer, keine Frauen bekommen die Ölung. Diese ist wichtig, unterliegt aber keiner

---
[247] *da icebun*, eigentlich „grundlegende Durchtränkung".

verbindlichen Vorschrift." So äußerte SCHALL seine verlogenen Worte, die die Menschen beim Eintritt in die Lehre verwirren. – Dies ist Punkt vierzehn.

[Ergebnis]
Aufgrund dieser Beratungen soll der *Tongwei jiaoshi*[248] und Leiter des Amtes für Memoriale[249] mit einer Erhöhung um 2 Stufen plus 1 Stufe sowie für das Amtssiegel des Astronomischen Amtes[250] <186> zuständige Beamte SCHALL seiner Ämter enthoben und dem Justizministerium zur Schulderörterung überstellt werden.

– [Zu den drei Missionaren]

[103.] Die PP. (9)BUGLIO, (10)MAGALHÃES und (11)VERBIEST waren zwar an der Kalenderfrage „gemäß europäischer neuer Methode", *yi xi–yang xinfa*[251], sowie an der Verbreitung der Lehre in den Provinzen und am Kirchenbau nicht beteiligt, sie haben jedoch an der Abfassung des *Tianxue chuan'gai* mitgewirkt. Grundlos priesen sie darin die Lehre und verbreiteten sie. Sie verteilten bronzene Heiligenfiguren mit gestickten Umschlägen[252] und Schriften, die die Lehre erklären, an diejenigen, die in die Kirche eintraten. Sie sammelten Spendengelder von den sich monatlich treffenden Gläubigen und erläuterten ihnen die Lehre. Sie erklärten, daß der in der späteren *Han*-Dynastie geborene, durch Intrigen angeklagte und <187> zum Kreuzestod verurteilte JESUS der Himmelsherr und oberste Herrscher und daß der Himmel der Palast des Himmelsherrn sei. Die Verehrung des Himmelsherrn sei jedoch nicht mit der [chinesischen] Verehrung des Himmels gleichzusetzen.

In ihrem *Tianzhu jiaoyao*[253] heißt es: „Durch das Benetzen der Stirn [Taufe] mit klarem Wasser wird reinigend die Schuld vergeben." Dies birgt Verwirrung. Überheblich nennen sie sich Priester und vergeben den der Lehre Anhän-

---

[248] *tung wei giyoo ši*, chines. *tongwei jiaoshi* 通微教師 ; Ehrentitel, der SCHALL am 4. III. 1653 vom Kaiser verliehen wurde; siehe Teil 1.4.1 unter diesem Datum, und Teil 1.6.1.

[249] *Tung jeng ši sse*, chines. *Tongzheng shi si* 通政使司 ; diesen Titel erhielt SCHALL am 20. VIII. 1655; siehe Teil 1.4.1 unter diesem Datum, und Teil 1.6.1.

[250] *Kin tiyan giyan*, chines. *Qintian jian* 欽天監. Siehe Teil 1.4.1, Jahr 1644, XI., Teil 1.4.0.

[251] Siehe [69.] flg.

[252] *teišun-i oren*, chines. *tongxiang* 銅像, bronzene Figuren, und *šulehe (šeolehe) fadu*, chines. *xiubao* 繡包, gemeint sind bestickte Stoffbehälter zur Aufbewahrung der Figuren.

[253] Siehe [16.] u.ö.

genden jegliche Schuld durch die Gnade des Himmelsherrn. Auch dies birgt Verwirrung. Werden Menschen krank, salben sie ihr Äußeres an fünf Stellen mit Öl. Auch bringen sie für die verstorbenen Ahnen kein Opfergeld dar. All diese Tatsachen stimmen mit denen von P. SCHALL überein. <188> BUGLIO und MAGALHÃES initiierten und veranlaßten die Schrift *Tianxue chuan'gai*. Als sie diese SCHALL überreichten, sagten sie, der Verfasser sei LI ZUBO.
[Ergebnis]
PP. BUGLIO, MAGALHLÃES und VERBIEST sollen zur Feststellung ihrer Schuld dem Justizministerium überstellt werden.

– [Zu (77)Xu Qian]

[104.] XU QIAN antwortete bei früheren Befragungen wie P. (9)BUGLIO und die anderen: „Ich habe die Lehre nur verbreitet". Als man ihn fragte, in welchem Jahr er mit der Missionsarbeit begann, entgegnete er fälschlich: „Ich bin keine Konvertit und auch kein Missionar." – Dies ist Punkt eins.

[105.] Seit Xu QIAN der Lehre zuneigte, <189> verbreitete er die Schrift *Tianxue chuan'gai*. An diejenigen, die sich der Kirche anschlossen, verteilte er bronzene Heiligenfiguren mit bestickten Umschlägen sowie das *Tianzhu jiaoyao*[254] und die Versammlungsordnung[255]. Bei den monatlich viermaligen Zusammenkünften wurden Spenden gesammelt und dabei die Lehre erklärt. Dies alles sind Tatsachen. – Dies ist Punkt zwei.

[106.] In der Erwiderung gegen YANG GUANGXIAN erklärte XU QIAN:[256] „Manche Stellen in der besagten Schrift des YANG GUANGXIAN schmähen unsere Dynastie. Im Vorwort heißt es, daß sich Verfasser der *Ming*-Geschichte über Angelegenheiten des YANG GUANGXIAN äußern. Wer privatim über die Geschichte der *Ming*-Dynastie schreibt, der übertritt das Gesetz. <190> YANG GUANGXIAN steckt mit den Geschichtsschreibern der *Ming*-Dynastie unter einer Decke und ist anzuklagen."

---

[254] [16.].

[255] *isara-i jalin-i bithe*, chines. *huiqi* 會期; siehe YANG GUANGXIAN, *Bu deyi*, Nachdruck, S. 1078.

[256] Siehe [80.].

In seiner Antwort sagte YANG GUANGXIAN: „Das *Pixie lun*[257] und das *Shixin lu*[258] von mir enthalten keine Stelle, die unsere Dynastie betrifft. In dem von dem Geomanten aus der Kreisstadt in Jiangnan, JIANG AO, verfaßten Buch *Gujin shilue*[259] steht geschrieben: ‚Wegen der Klage gegen den Kanzler WEN TIREN u.a. führte er seit dem Einreichen der Throneingabe stets einen Sarg mit sich. Wegen der Klage wurde er mit Stockschlägen bestraft und nach Liaoxi zum Militärdienst deportiert.' Als ich erfuhr, daß er ein Buch verfaßte, um die Lehre des KONFUZIUS zu ehren, schrieb ich das Vorwort dazu und gab den Namen WANG TAIZHENG als Autor an. Das Buch <191> liegt zur Nachprüfung vor." Betrachtet man das *Shixin lu*, berührt es in keinem Fall unser Land. Prüft man das Buch *Gujin shilue*, so findet man im 7. Heft die Klage des YANG GUANGXIAN gegen WEN TIREN u.a. und den Grund, warum er seit Einreichen der Throneingabe einen Sarg mit sich führte. In den anderen Heften stehen keine aufrührerischen Worte.

Als man XU QIAN fragte, sagte er: „Ich nahm lediglich das Buch zum Anlaß, um Klage gegen YANG GUANGXIAN zu erheben. Ob er mit anderen unter einer Decke steckt, kann man mit bloßem Auge nicht erkennen. Von den *Ming*-Annalisten ist mir nichts bekannt." XU QIAN durchschaute bei seiner Klage die Tatsachen nicht. Nur weil ihn YANG GUANGXIAN verklagt hatte, wandte er sich verleumderisch gegen ihn. <192> – Dies ist Punkt drei.

[Ergebnis]
Der Eunuch XU QIAN soll dem Justizministerium zur Schuldfestlegung überstellt werden.

– [Zu [(75)]PAN JINXIAO[260]]

[107.] Der Abteilungsleiter[261] der kaiserlichen Palastgarde[262] im Rang 6A mit Erhöhung um eine Stufe, PAN JINXIAO, sagte aus:

„Zwar erfuhr ich von dem Buch *Tianxue chuan'gai*, hatte jedoch keine Beziehung dazu. Von der Missionsarbeit SCHALLs und seiner Leute, sowie der

---

[257] [2.].

[258] [80.].

[259] [81.].

[260] Adoptivsohn von P. SCHALL; siehe Teil 1.4.1, Jahr 1661, IX.

[261] *zhiyi zheng* 治儀正; BRUNNERT-HAGELSTROM, Nr. 123.

[262] *luanyi wei* 鑾儀衛; HUCKER, Nr. 3865.

Verteilung bronzener Heiligenfiguren usw. hatte ich jedoch Kenntnis. Innerhalb meiner Familie betrieb ich keine Missionierung und habe auch keine Utensilien verteilt."

In einer früheren Antwort jedoch hatte er die Verbreitung der Lehre des Himmelsherrn zugegeben. Auch SCHALL gab in einer Antwort ihn und VERBIEST als Missionierende an. In Wahrheit also verteilte er gemeinsam mit VERBIEST das *Tianxue chuan'gai* und auch Kultgegenstände <193>.

[Ergebnis]
PAN JINXIAO soll als Beamter des Kriegsministeriums zur Schuldfeststellung dem Kriegsministerium überstellt werden.

– [Zu (44)LI ZUBO]

[108.] Der Leiter des Astronomischen Amtes im Rang 5A mit Erhöhung um eine Stufe, LI ZUBO, sagte aus:

„Die Abfassung des *Tianxue chuan'gai* hatte die Aufgabe, den Himmel zu ehren und die Menschen zu guten Taten zu ermuntern. Die Lehre des Himmelsherrn gilt überall, Generation für Generation, als das rechte Prinzip. Die Europäer haben diese Wahrheit früh empfangen und später in China zur Verbreitung gebracht." Und er bemerkte: „Solche Worte findet man nicht in den Geschichtsbüchern Chinas."

In der Antwort SCHALLs hieß es: <194> „Der Himmel ist [nach unserer Lehre] nur der Palast des Himmelsherrn. Wir verehren nicht den Himmel, sondern den Himmelsherrn [Gott]."

Es ist wahr, daß er dieses betrügerische Buch zur Himmelsverehrung verfaßte. – Das ist Punkt eins.

[109.] In seiner Antwort sagte LI ZUBO:

„Die Inschrift[263] an der Kirche P. SCHALLs wurde auf kaiserlichen Befehl hin angebracht. Der Text dieser Gedenkstele des Kaisers SHUNZHI, deren Ende ,Den Geistern mit voller Ehrfurcht dienen'[264] lautet, handelt von der Verehrung der Geister. <195>

Zwar ist auch nach kaiserlicher Äußerung die Geistervorstellung bei den Menschen aller Länder gleich, doch fragt man nach den Büchern [der Missionare], so handelt es sich um Worte der Lehre vom Himmelsherrn. Man be-

---

[263] Siehe Teil 1.4.1, Jahr 1657, 1. II.

[264] *udu enduri be weilere de. ginggun be akômbu*, chines. *shishen jinqian* 事神盡虔.

denke jedoch, daß [unsere konfuzianische] Lehre des YAO, SHUN und ZHOUGONG[265] den Mittleren Weg repräsentiert. Betrachtet man den Inhalt von Texten wie *Xuanji beiwen*[266] oder *Lengyan*[267], so gibt es dort auch Stellen, die nicht voll verständlich sind. Um so mehr gilt das für Bücher der Europäer von der Lehre des Himmelsherrn. Ich habe sie von Beginn an nicht studiert. Wie sollte ich deren Worte verstehen?" <196>

Der Kaiser rühmte SCHALL wegen seiner astronomischen Berechnungen. Von der Propagierung der Lehre des Himmelsherrn in alle Welt, Anhänger zu sammeln, Bücher über die europäische Irrlehre zu verfassen und zu verbreiten, erwähnte er nichts. LI ZUBO begann früh und ohne Anlaß, die Irrlehre der Europäer zu verbreiten. Listig erklärte er, es gäbe kein vom Kaiser verhängtes Verbot der Lehre des Himmelsherrn. – Dies ist Punkt zwei.

[110.] Zu den Namen des obersten Herrschers[268] [Gott] und Himmelsherrn[269] in seinem Text sagte LI ZUBO in seiner Antwort:

„Ich schrieb das Buch von der Lehre des Himmelsherrn. Darin bezeichnen ‚oberster Herrscher' in China <197> und ‚Himmelsherr' in Europa – obwohl die Namen verschieden sind – ein und dasselbe." Weiter sagte er: „Einen solchen Gebrauch der Wörter gibt es in den chinesischen Geschichtswerken nicht."

Betrachtet man euer *Tianzhu jiaoyao*, so ist ‚oberster Herrscher' nicht mit ‚Himmelsherr' gleichzusetzen.

In der Antwort P. SCHALLs und seiner Leute heißt es: „Bei den Europäern heißt Gott von Beginn an *deo sse*[270]. Die Bezeichnung *tianzhu* führte MATTEO RICCI nach seiner Ankunft in China ein." LI ZUBO erklärte fälschlich, *tianzhu* sei die Bezeichnung in Europa.

Die Erhebung des in der *Yuanshou*-Zeit[271] der späteren *Han*-Dynastie geborenen JESUS, der durch Intrigen als Verbrecher am Kreuz hingerichtet

---

[265] Siehe [50.-51.].

[266] *Hiowan gi i bei wen*; bislang ist unklar, welcher Titel hier gemeint ist, vielleicht handelt es sich um einen astronomischen Text, z. B. *Xuanji beiwen* 琁璣碑文.

[267] *Leng yen*, chines. *Lengyan jing* 楞嚴經, buddhisches Sutra *Śūraṅgamasūtra*.

[268] *dergi di*, chines. *shangdi* 上帝.

[269] *tiyan ju*, chines. *tianzhu* 天主.

[270] Siehe [15.].

[271] Siehe [16.] u.ö.

wurde, zum ‚obersten Herrscher' oder <198> ‚Himmelsherrn' und die entsprechende Niederschrift ist unglaubwürdig. – Dies ist Punkt drei.

[111.] Im Text des LI ZUBO heißt es[272]:
„Der Himmelsherr JESUS wurde in Bethlehem[273] in Judäa geboren. Nach seinem Tod ist er auferstanden. Er ließ Blinde wieder sehen und gebot den mächtigen Wellen und starken Winden Einhalt. Er verjagte Teufel, Dämonen und Unglücksgeister.

Wegen der Bücherverbrennung der *Lüqin* 呂秦-Zeit[274] ist der wahre Inhalt der Himmelslehre nicht überliefert worden. Erst in der *Yuanshou* 元壽-Ära (2 – 1 v. Chr.) der späteren *Han*-Dynastie wurde der Himmelsherr, der die Menschen seiner Zeit zur Erlösung führte, geboren. Später lehrte der Heilige Apostel THOMAS[275] in China. <199> Dies ist in der Geschichte der späteren *Han*-Dynastie aufgezeichnet."

In seiner Antwort sagte er: „Solche Worte sind im Buch der Lehre aufgeschrieben. Die chinesischen Geschichtswerke enthalten von Beginn an solches nicht. Die Behauptung, daß der Heilige Apostel THOMAS diese Lehre verbreitete, um den Menschen seiner Zeit Erlösung zu bringen, stammt von den Missionaren."

Bei der Befragung von SCHALL und seinen Anhängern sagten diese: „Der heilige THOMAS missionierte, um die Menschen seiner Epoche zu erlösen."

Er [THOMAS] brachte diese Lehre niemals nach China; es war LI ZUBO, der das Gelesene als wirkliches Geschehen wiedergab. Er handelte betrügerisch in seinen Texten, wenn er behauptete, die Verbreitung der Lehre <200> in China diene der Erlösung der Menschen dieser Zeit, und diese Tatsache sei in der Geschichte der späteren *Han*-Dynastie aufgezeichnet. Auf solche Weise wurden die Menschen in die Irre geführt. – Dies ist Punkt vier.

---

[272] *Tianxue chuan'gai*, Nachdruck, S. 1057 und S. 1601.

[273] Siehe [16.].

[274] Gemeint ist die *Qin*-Dynastie (249-207 v. Chr.) in der Zeit des Kanzlers LÜ BUWEI 呂不韋 (292-235 v. Chr.). Die bekannte Bücherverbrennung fand nach der Tradition i. J. 213 v. Chr. statt.

[275] Siehe [27.] flg.

[112.] Im Text des LI ZUBO heißt es[276]:

„Überblickt man die Geschichtswerke und Akten dieser Jahre, so lebte in dieser Zeit FUXI als erster Mensch in China. Er war in Wirklichkeit ein Nachfahre der Menschen aus Judäa, die von Westen nach Osten wanderten und die Lehre des Himmelsherrn mitbrachten."

In seiner Antwort sagte er: „Die ersten Menschen wurden in Judäa geboren, und später verbreiteten sie sich in alle Welt. So stammte FUXI auch aus Judäa. In den Geschichtswerken und Akten Chinas jedoch ist nicht aufgezeichnet, daß FUXI ein Nachfahre aus Judäa war." <201>

Solche in den Geschichtsbüchern von alter Zeit bis heute fehlenden Überlieferungen fügte LI ZUBO mit den Worten der Europäer in den Text ein und verfaßte so nach eigenem Gutdünken dieses Buch als ein Akt, beschränkte Menschen unter dem Himmel irrezuführen und Anhänger zum Eintritt in die Lehre zu bewegen. – Dies ist Punkt fünf.

[113.] In dem von LI ZUBO verfaßten Buch heißt es[277]:

„Durch Verehrung des ‚obersten Herrschers' erhält man Weisungen und empfängt den Segen; doch der oberste Herrscher ist nicht beständig. Beachtet nur die klare Weisung des Himmels, und vom Himmel begünstigt gedeihen die Menschen zu Herrschern und Meistern, die den Himmel mit ganzer Kraft stützen. Nähert der oberste Herrscher sich dir, darf dein Herz nicht zweifeln; es soll den Himmel erfreuen. So kann die Welt <202> unter dem Himmel bewahrt werden. Ehrfurcht vor dem Himmel zu wahren, behütet die Länder. Wer dem Himmel gehorcht, wird bewahrt; wer dem Himmel zuwider handelt, wird vernichtet."

In seiner Antwort sagte er: „In den kanonischen Büchern gibt es die Wörter *di* 帝 und ‚Himmel', *abka*[278]. Diese sind von gleicher Bedeutung wie das verwendete Wort *tianzhu* 天主, Himmelsherrscher."

Die beiden Wörter existieren zwar in den [chinesischen] Büchern, sie sind jedoch dem Kaiser vorbehalten, der das himmlische Mandat empfing, die Welt zu regieren. Als Chinese sollte man solch große Wörter nicht in Büchern der Irrlehre verwenden. – Dies ist Punkt sechs.

---

[276] *Tianxue chuan'gai*, Nachdruck, S. 1058.

[277] Nachdruck, S. 1059.

[278] *tian* 天.

[114.] In dem von LI ZUBO verfaßten Buch heißt es[279]: <203>

„Hat die Lehre des Himmels in der Hauptstadt Fuß gefaßt, breitet sie sich in alle vier Richtungen aus. Mit der Einrichtung der Kirchen wird sie von den Anhängern der westlichen Weisen [Missionaren] gefördert."

Aus eigenem Antrieb nannte er ihre Lehre lobpreisend die ‚Himmelslehre'. – Dies ist Punkt sieben.

[115.] In dem von LI ZUBO verfaßten Buch heißt es[280]:

„Sowohl in wichtigen Orten, in Provinzhauptstädten wie in abgelegenen Dörfern versammelten sich die westlichen Weisen, die ihre Lehre dort zu einem geistigen Band erhoben und als die rechte Lehre erklärten."

Aus eigenem Antrieb führte er die Menschen in die Irre, indem er behauptete, sie seien falschen Glaubens, und er habe nur deshalb das Buch geschrieben und verbreitet, [um sie auf den rechten Weg zu führen]. Das heißt, er verfaßte das Buch, um die Menschen mit der Lehre bekannt zu machen. <204> – Dies ist Punkt acht.

[116.] In der Antwort des LI ZUBO heißt es:

„Die Seele[281] hat keine Gestalt, sie ist nur Geist[282]. Die Europäer, die die Lehre vertreten, retten die menschliche Seele. Sie haben sich die Bezeichnung ‚Pater'[283] gegeben. Wenn der Vater oder Großvater auf dem Sterbebett liegt, sprechen sie Gebete und bitten den Himmelsherrn um Schutz und Beschirmung. Für den Sterbenden erbitten sie einen Platz beim Himmelsherrn. Wenn die Menschen sterben, bleibt nur ihre Seele; Geld oder Besitz verbleiben im Irdischen. Da das Verbrennen von Papiergeld den Verstorbenen keinen Nutzen bringt, wird diese Sitte in unserer Lehre nicht angewendet; denn Himmel und Erde sind geistige Wesenheiten. Mit den Herzen der Menschen und nicht mit verbranntem Papier soll man Himmel und Erde mit allen Kräften verehren. <205> Die Menschen unserer Lehre mißachten diese Vorschrift nicht."

Wie er aussagt, pflegten die Menschen seit alter Zeit bis heute gegenüber Himmel und Erde, Geistern und Ahnen sowie gegenüber den Eltern ehrfürchtige Verehrung. Die Herzenskraft erschöpfend zünden sie Weihrauchstäbe an

---

[279] Nachdruck, S. 1655.

[280] Nachdruck, S. 1066.

[281] *fayangga*, chines. *linghun* 靈魂.

[282] *enduri*, chines. *shen* 神.

[283] *enduri ama*, chines. *shenfu* 神父.

und verbrennen Papier für die Verstorbenen. Warum verkündet man dann, daß für Himmel und Erde, für Geister sowie Großväter und Väter kein Weihrauch entzündet und kein Papier verbrannt werden soll? Auch ist der Glaube von der Erlösung der Seele durch die Lehre des P. SCHALL und seinen Leuten sowie ihre Selbstbezeichnung ‚Pater' abzulehnen. – Dies ist Punkt neun.

[117.] LI ZUBO ist Beamter des Astronomischen Amtes und zur christlichen Lehre konvertiert. – Dies ist Punkt zehn. <206>
[Ergebnis]
Aufgrund oben genannter Punkte wird LI ZUBO seines Amtes enthoben und dem Justizministerium zur Schuldfeststellung überstellt.

– [Zu (78)XU ZHIJIAN]

[118.] Der Hilfslehrer der Nationalakademie *Guozi jian*[284], XU ZHIJIAN, der nicht dem Glauben angehört, erklärte in seiner Antwort:
„Als ich die Nordkirche besichtigte, bat mich P. BUGLIO beim Eintreten, ein Vorwort [zu LI ZUBOs *Tianxue chuan'gai*] zu schreiben. Da ich die Gedankenwelt der Himmelslehre nicht kannte, habe ich dieses nach einheimischer Art verfaßt."
Betrachtet man nun die Worte im *Tianxue chuan'gai*, so liest man, daß die Menschen in China Nachfahren der Leute aus Judäa waren. Ferner wird darin JESUS, der in der *Yuanshou*-Ära der späteren *Han*-Dynastie geboren wurde[285], zum obersten Herrscher und Himmelsherrn erhoben. Hierzu gibt es zahlreiche Stellen ohne jegliche Belege, die behaupten, daß solches seit alter Zeit überliefert ist. <207> Obwohl er sich [der Fehler] bewußt war, schrieb er dieses Vorwort. – Dies ist Punkt eins.

[119.] In seiner Antwort sagte er:
„Die im Vorwort erwähnten Fakten übernahm ich von Anfang an von den Missionaren. Nachweise hatte ich keine."
Er wußte also, daß es keine Belege für die Lehre vom Himmelsherrn gibt. Trotzdem schrieb er in betrügerischer Absicht, daß die Lehre vom Himmelsherrn seit der Entstehung von Himmel und Erde existiert. – Dies ist Punkt zwei.

[120.] In seiner Antwort sagte er ferner:

---

[284] Siehe [9.].

[285] Hierzu siehe [16.], [17.], [27.] u.ö.

5.2 Dokument I. Übersetzung 329

„Ich war früher Zensor[286], daher habe ich in dieser Weise unterschrieben. Mein jetziges Amt ist das eines Hilfslehrers[287]."

Betrachtet man das Vorwort, das im I. Monat jenes Jahres [1664] geschrieben wurde, so steht da ‚Zensor' geschrieben. – Dies ist Punkt drei.

[121.] YANG GUANGXIAN nannte das *Tianxue chuan'gai* ein ketzerisches Buch. <208> Als das bekannt wurde, hat er es nicht sofort gemeldet. – Dies ist Punkt vier.

[Ergebnis]
Aufgrund der genannten Punkte wird XU ZHIJIAN seines mit einem Gehalt von Rang 4A versehenen Amtes enthoben.

– [Zu (71)ZHOU YIN]

[122.] Der Vizedirektor des Astronomischen Amtes des linken Flügels im Rang 5A mit Erhöhung um eine Stufe ZHOU YIN sagte in seiner Antwort:

„Ich war Angehöriger der Lehre des P. SCHALL. Als ich für meine verstorbenen Vorfahren Papier verbrannte, bin ich aus der Lehre ausgeschlossen worden." Entgegen dieser Aussage wußte keiner von seinem Kirchenaustritt. In der Antwort des P. SCHALL aber hieß es: „ZHOU YIN ist von Anfang an Mitglied unserer Lehre. Es gab keinen Ausschluß."

[Ergebnis]
Er ist Beamter und trat in die Lehre ein. Aus diesem Grund wird ZHOU YIN seines Amtes enthoben.

– [Zu (54)SONG KECHENG, (48)LIU YOUTAI, (53)SONG FA, (72)ZHU GUANGXIAN, (61)YIN KAI, (65)ZHANG WENMING]

[123.] Der Abteilungsleiter des Frühlingsamtes[288] im Rang 5A mit Erhöhung um eine Stufe (54)SONG KECHENG, <209> der Abteilungsleiter des Jahresmittelamtes[289] im Rang 6A (48)LIU YOUTAI, der Leiter des Herbstamtes[290] im Rang 5A

---

[286] *baicame tuwara hafan*, chines. *jiancha yushi* 監察御史; HUCKER, Nr. 795. Im Vorwort, Nachdruck, S. 1054, in alter Form geschrieben: *zhuxia shi* 柱下史; HUCKER, Nr. 1385.

[287] *aisilame tacibure hafan*, chines. *zhujiao* 助教; HUCKER, Nr. 1367.

[288] *cun guwan jeng*, chines. *chunguan zheng* 春官正, HUCKER, Nr. 1525.

[289] *jung guwan jeng*, chines. *zhongguan zheng* 中官正, HUCKER, Nr. 1574.

[290] *cio guwan jeng*, chines. *qiuguan zheng* 秋官正, HUCKER, Nr. 1324.

mit Erhöhung um eine Stufe ⁽⁵³⁾SONG FA, der Leiter des Winteramtes²⁹¹ im Rang 5A mit Erhöhung um eine Stufe ⁽⁷²⁾ZHU GUANGXIAN, die Leiter der Kalenderberechnungen²⁹² im Rang 8A ⁽⁶¹⁾YIN KAI und ⁽⁶⁵⁾ZHANG WENMING – all diese traten in die Lehre des P. SCHALL ein und gestanden es.

[Ergebnis]
Obwohl sie Beamte waren, wurden sie Mitglied der Kirche. Aus diesem Grund sollen SONG KECHENG, LIU YOUTAI, SONG FA, ZHU GUANGXIAN, YIN KAI und ZHANG WENMING ihrer Ämter enthoben werden.

– [Zu ⁽⁷⁾YANG GUANGXIAN]

[124.] YANG GUANGXIAN klagte P. SCHALL an, er habe geschrieben, daß die Menschen in China Nachfahren aus Judäa seien. <210> Hegte damit SCHALL die Absicht, unser Land zu stürzen? Wenn er nicht vorgehabt hätte, Geheimnisse unseres Landes auszuspionieren, hätte er auch nicht an wichtigen Orten der Provinzen 23 Kirchen errichtet, Schriften verbreitet und Anhänger angesammelt, um die Menschen unter dem Himmel in die Irre zu führen? Wenn auch SCHALL nicht zugab, unser Reich stürzen und Geheimnisse unseres Landes ausspionieren zu wollen, stimmen doch alle Punkte der Klageschrift des YANG GUANGXIAN mit den Tatsachen überein. In einem Brief schrieb er an XU ZHIJIAN:

„Die Worte, die Kaiser SHIZU auf der Stele²⁹³ für die Kirche festlegte, befolge auch ich <211>; denn ich mache mir die vier tiefgründigen Lehren des YAO, SHUN, ZHOU GONG und KONFUZIUS zu eigen.²⁹⁴ Den Inhalt der Bücher der buddhistischen und taoistischen Lehre, wie das *Daode jing* 道德經 und das Sutra *Lengyen jing* 楞嚴經, dagegen durchschaue ich kaum, und die Bücher der Europäer habe ich nie gelesen. Wie soll ich verstehen, was sie geschrieben haben? Große heilige Worte dienen allen Generationen als die rechte Lehre. Selbst wenn in späteren Tagen Heilige erscheinen, würde Kaiser SHIZU dieses Buch [*Tianxue chuan'gai*] nicht dulden. Die Gesinnung des LI ZUBO <212>, dem Kaiser SHIZU (SHUNZHI)²⁹⁵ und der Hochschätzung der [mythischen Heroen] YAO und SHUN, von ZHOUGONG und KONFUZIUS gepriesen, zu folgen, führte

---

²⁹¹ *dung guwan jeng,* chines. *dongguan zheng* 冬官正, HUCKER, Nr. 7438.

²⁹² *u guan boo jang jeng,* chines. *wuguan baozhang zheng* 五官保章正, HUCKER, Nr. 7790.

²⁹³ Hierzu siehe Teil 1.4.1, Jahr 1657, II.; siehe [31., 50., 109.].

²⁹⁴ Siehe [50.] u.ö.

²⁹⁵ Gemeint ist die durchaus positive Haltung zu Lebzeiten des Kaisers SCHALL gegenüber.

5.2 Dokument I. Übersetzung

ihn dazu, das *Tianxue chuan'gai* zu verfassen. Mit diesem Buch korrigierte er Kaiser SHIZU, indem er dabei die Lehre des Himmelsherrn über Gebühr verherrlichte. Das bedeutet eine Beleidigung des Kaisers."

Wenn auch YANG GUANGXIAN gegen die Veröffentlichung des LI ZUBO mit Recht eine Anklageschrift verfaßte, so sind doch seine Worte bezüglich der Beleidigung des Herrschers übertrieben.

Wie im Vorwort seines *Shixin lu* geschrieben, wurde er in der *Chongzhen*-Ära der *Ming*-Dynastie zum General erhoben.[296] Wegen seiner Klage gegen den Kanzler WEN TIREN machte er sich einen Namen und erhielt noch zu Lebzeiten einen Eintrag in den Geschichtswerken. <213> Dies sind lobende Worte.

YANG GUANGXIAN nannte die Lehre des P. SCHALL eine Irrlehre. Diese Feststellung reichte er zusammen mit seiner Bemerkung zur Titelbezeichnung „gemäß neuer westlicher Methode"[297] in einer Eingabe beim Übermittlungsamt ein. Doch das Amt gab die Klageschrift nicht an das zuständige Ministerium weiter. Er sagte aus, daß er nicht annehmen konnte, die Klage sei zurückgewiesen und erhob bei der zuständigen Behörde keine weitere Klage. Er verfaßte das *Shixin lu* und ließ mehr als 5000 Exemplare drucken und verbreiten.

[Ergebnis]
YANG GUANGXIAN soll dem Justizministerium zur Schulderörterung überstellt werden.

– [Zu [(80)]YABULAN u.a.]

[125.] In der Antwort des ehemaligen Übermittlungsbeamten des *Tongzheng si*[298] und heutigen Zensors[299] des linken Flügels <214> GIORO YABULAN[300] u.a. heißt es:

„Ich erinnere mich, daß YANG GUANGXIAN wegen des Einreichens einer Throneingabe bezüglich des kaiserlichen Kalenders in meine Behörde kam. Was den Kalender angeht, so betrifft er das Ritenministerium, dessen Aufgabe es ist, diese Eingaben anzunehmen, und wir rieten ihm, sich an das Ritenministerium zu wenden. Wird eine Eingabe akzeptiert, so wird sie als angenommen vermerkt. Wird eine solche abgelehnt, wird dies ebenfalls an-

---

[296] Näheres in [80.].

[297] Siehe [69.].

[298] Siehe Teil 3.2.3 (9.).

[299] *hashô ergi alifi baicara amban*, chines. *duyu shi* 都御史, HUCKER, Nr. 7335.

[300] Siehe [69.].

gemerkt. Wir haben dementsprechend die Gründe für die Zurückweisung mitgeteilt und dabei nachgefragt, ob er zu einer erneuten Klage sich nochmals an unsere Behörde wenden will. Er kam jedoch nicht wieder." YABULAN und seine Leute konnten über die Berechtigung der Eingabe nicht entscheiden und antworteten daher, daß die Klage beim zuständigen Ministerium einzureichen sei und lehnten die Annahme ab.

YABULAN u.a. sollten eigentlich in die Schuldfrage einbezogen werden. Bei der Überprüfung stellte man fest, daß die Angelegenheit vor der Amnestie[301] am 9. I. *Shunzhi* 18 (7. Febr. 1661) <215> geschehen war.

[Ergebnis]
YABULAN und die anderen werden von der Schulderörterung befreit.

– [Weiter zu YANG GUANGXIAN]

[126.] YANG GUANGXIAN verfaßte bezüglich des Kalenderfehlers, der die Festlegung des VII. Schaltmonats[302] für das Jahr *Shunzhi* 18 (1661) betraf, eine Eingabe, die er angeblich am 3. XII. *Shunzhi* 17 (3. Januar 1661) bei der Abteilungsbehörde des Ritenministeriums einreichte. Im übermittelten Amtsschreiben der Behörde hieß es:

„Bei der Überprüfung der Akten unserer Abteilung findet sich keine Aufzeichnung über die Einreichung einer Eingabe durch YANG GUANGXIAN. An diesem Tag war der Beamte des linken Flügels [(118)]XU XING[303] 徐星 zuständig, die Schriften zu sichten und weiterzuleiten." Daraufhin befragte man XU XING, der antwortete:

„Ich war dafür zuständig, die Schriftstücke zu prüfen und weiterzuleiten, <216> ich habe jedoch keine Throneingabe entgegengenommen. Abgesehen davon besteht für die Abteilung seit Beginn keine Vorschrift, Eingaben anzunehmen oder abzulehnen."

Bei YANG GUANGXIAN heißt es: „Ich habe wirklich zu diesem Zeitpunkt die Eingabe eingereicht. Da jedoch etliche Zeit vergangen ist, kann ich mich an den Namen des diensthabenden Beamten nicht erinnern."

[Ergebnis]

---

[301] Siehe Teil 1.4.1, Jahr 1661, 9. I.

[302] [47.], [55.], [67.] u.ö.

[303] [77.].

5.2 Dokument I. Übersetzung

Es wird beschlossen, diese Angelegenheit nicht weiter zu beraten, da sie vor der Amnestie am 9. I. *Shunzhi* 18 (7. Februar 1661) geschah.

[127.] YANG GUANGXIAN reichte die Throneingabe, die die Angelegenheit des Kalenders mit den Schriftzeichen *yi xiyang xinfa*, „nach neuer westlicher Methode" im Jahr *Shunzhi* 16 (1659) behandelte, beim Ritenministerium ein. Ein wichtiges Schriftstück mit Akten wurde später nachgereicht. Bei der Befragung der ehemaligen Präsidenten [116]WEHE und [115]WANG CHONGJIAN[304] sagten diese aus <217>:

„Nach unserer Erinnerung hat YANG GUANGXIAN wegen des Kalenders eine Eingabe verfaßt und wollte diese einreichen. Da es von Anfang an keine Vorschriften für das Ritenministerium gab, die Eingaben von Einzelpersonen weiterzuleiten, haben wir diese Throneingabe zurückgewiesen. Seitdem sind viele Tage vergangen, und wir erinnern uns nicht mehr genau an den Vorgang."

[Ergebnis]
Nach gemeinsamer Beratung unserer beiden Ministerien über YANG GUANGXIANs eingereichter Eingabe und seine Schrift *Zhemiu lun*[305] 摘謬論 wird getrennt beraten und anschließend dem Kaiser Bericht erstattet.

– [Weiter zu P. SCHALL]

[128.] In der Antwort des P. SCHALL u. a. heißt es:

„Die Europäer in den Kirchen aller Provinzen verkünden die Lehre und geleiten die Gläubigen in die Kirche."

[Ergebnis]
Aufgrund dieser Aussage soll an jeden zuständigen Gouverneur vertraulich <218> die Weisung verschickt werden, die Europäer zu verhaften und unverzüglich in der Hauptstadt dem Justizministerium zur Schulderörterung zu überstellen. Ursprünglich sollte die Kirche[306] des P. SCHALL beseitigt werden. Da diese jedoch dank kaiserlicher Schenkung entstand und mit einer kaiserlichen Gedenktafel geehrt wurde, soll diese Kirche erhalten bleiben. Die Heiligenbilder sind jedoch zu vernichten. In der Antwort der Pater SCHALL, BUGLIO u.a. hieß es, daß die Kirche durch Gelder erbaut wurde, die der Kaiser

---

[304] Siehe [73.].

[305] Siehe Teil 1.4.1, Jahr 1659, V. und Quellen- und Literaturverzeichnis.

[306] Siehe Teil 1.4.1, Jahr 1650, Ende.

durch ⁽⁵⁸⁾TUNGGI / TONGJI 佟吉 gespendet hatte. Die dort befindlichen Gebäude sollen beseitigt und die Kirche [*Nantang*]³⁰⁷ errichtet werden.

Das Arbeitsministerium soll mit der Beseitigung der Kirche³⁰⁸ des P. BUGLIO u.a., die außerhalb des Tores *Elgiyen-i mutehe duka* / *Fucheng men* 阜成門 liegt, beauftragt <219> werden. Weiterhin sollen sämtliche Bücher, Bilder und die Exemplare des *Tianxue chuan'gai* aus den beiden Kirchen des P. SCHALL und des P. BUGLIO u.a. vernichtet werden.

Auf kaiserliche Weisung sollen die in die Kirche Eingetretenen von Untersuchungen und Schuldererörterungen befreit werden. Die verteilten bronzenen Heiligenfiguren, Futterale, Gebetbücher und Exemplare des *Tianxue chuan'gai* sind einzusammeln und dem Ritenministerium zur Vernichtung zu übergeben. Bei Gegenständen außerhalb der Hauptstadt sind die zuständigen Gouverneure über die Beseitigung zu informieren. Bei den Kirchen in den Provinzen <220> sollen alle Bilder und Bücher sowie die der europäischen Lehre zugehörenden Gegenstände von den zuständigen Gouverneuren eingesammelt und vernichtet werden.

Zu den in Xiangshan ao³⁰⁹ wohnenden Europäern, die seit ihrer Ankunft bereits mehrere Jahre in China leben und dort ihren Unterhalt verdienen, soll die Weisung an den Generalgouverneur und die Gouverneure von Guangdong ergehen, ihre freie Bewegung und das Bleiberecht zu überprüfen, darüber zu beraten und anschließend dem Kaiser Bericht zu erstatten.

Auch soll über TONG GUOQI und Xu ZUANZENG³¹⁰ beizeiten beraten und eine Throneingabe eingereicht werden.

– [Weiter zu YANG GUANGXIAN]

[129.] Im *Zheng guoti cheng*³¹¹ des YANG GUANGXIAN <221> heißt es:

---

³⁰⁷ Siehe Teil 1.4.1, 1650, 2. IX., Teil 1.6.5, Ende.

³⁰⁸ Gemeint ist die in der Nähe des *Shala*-Friedhofs gelegene sog. Marienkapelle am südlichen Tor in der Westmauer; siehe Teil 1.4.1, Jahr 1654, 25. III., Jahr 1660, VII. Monat Teil 1.6.5, Ende. Die Patres BUGLIO und MAGALHÃES wohnten meist nahe der 1655 gegründete sog. Ostkirche, *Dongtang* 東堂, östlich des Tores *Donghua men*, dem Osttor der Verbotenen Stadt; siehe Teil 1.4.1, Jahr 1662, Ende, Teil 1.6.5, Ende.

³⁰⁹ Macao, siehe [40.].

³¹⁰ Zu dieser Schrift siehe [31.], [32.].

³¹¹ Siehe [52.] u.ö.

„Im Jahr *Shunzhi* 18 (1661) ist der richtige Schaltmonat[312] der X. Schaltmonat. Nach der neuen Methode wurde fälschlicherweise der VII. Schaltmonat festgelegt."[313] Dazu die Antwort des P. SCHALL: „Für das Jahr *Shunzhi* 18 soll der VII. Schaltmonat festgelegt werden. Die Positionierung nach dem X. Monat ist ein Fehler des YANG GUANGXIAN." Dagegen dieser:

„Nach alter Methode ist der X. Schaltmonat der richtige, was die nach traditioneller Methode berechnenden Fachleute bestätigen." Bei der Befragung von in solcher Weise Verfahrenden, wie [71]ZHOU YIN, hieß es:

„Geht man nach dem alten Verfahren vor, ist der X. Schaltmonat der richtige." Nach LI ZUBO, der nach neuer Methode verfuhr, soll es der VII. Schaltmonat sein.

[Ergebnis]
Über die Verwendung der neuen Methode erfolgte keine Beratung. Da wir Beamten nicht in der Lage sind, die Angelegenheit selbständig zu entscheiden, reichen wir ehrerbietig und vertraulich eine Throneingabe mit der Bitte um kaiserliche Weisung ein.

Am 11. XI. *Kangxi* 3 (27. Dez. 1664) wurde diese abgeschickt, und am 19. XI. (4. Jan. 1665) traf die kaiserliche Weisung ein:

„Aufgrund der Tatsache, daß es rechtens von YANG GUANGXIAN ist, gegen die Irrlehre Klage zu erheben, wird er zum Freispruch dem Justizministerium überstellt. Die Europäer in den Provinzen sollen nicht verhaftet, sondern in die Hauptstadt gebracht und verhört werden. Danach ist dem Thron Bericht zu erstatten. Über die Beseitigung der Kirchen soll beraten und danach um <223> kaiserliche Weisung ersucht werden. Ansonsten verfahre man wie vorgetragen."

Bücher, Bilder und Gegenstände [der Kirchen] wurden erfaßt und der Befund in ehrerbietiger Befolgung vertraulich verschlossen und am 20. des Monats (5. Jan. 1665) an das Ministerium geschickt.

5.2.5 Erneute Befragungen

– [Zu P. SCHALL, LI ZUBO, P. BUGLIO, P. MAGALHÃES, P. VERBIEST und XU QIAN]:

[130.] „Bei eurem Verhör durch das Beamten- und Ritenministerium habt ihr bereits geantwortet. Habt ihr Weiteres dazu zu bemerken?" Antwort des P. SCHALL:

---

[312] [47.] u.ö.

[313] Siehe Nachdruck, S. 1150. Wie oben vermerkt, ist im offiziellen Kalender der Schaltmonat mit 29 Tagen hinter dem VII. Monat positioniert.

„Seit der Zeit der Gründung unserer Länder gibt es Texte zu unserem Nutzen, die zum Leben entsprechend der Lehre des Himmelsherrn ermuntern. Eine Erklärung[314] in manjurischer Sprache füge ich bei und <224> folge damit der kaiserlichen Weisung. In der Eingabe bezüglich des Rücktritts während der Zeit, in der ich [als Direktor des Astronomischen Amtes] für das Amtssiegel zuständig war, hieß es: ‚Von Anfang an ermahnten mich Worte zur Verbreitung der Lehre des Himmelsherrn nach Osten hin.'

Was die Schriftzeichen auf der Umschlagseite des Kalenders, *yi xiyang xinfa,* ‚nach neuer westlicher Methode', angeht[315], so war damals der das Amtssiegel führende Beamte GE CHENGKE[316] für Throneingaben bei der kaiserlichen Hofverwaltung und den Ministerien zuständig. Für den Umschlag des chinesischen Kalenders – der manjurische hat keinen solchen – war er auch verantwortlich. Da ich zu dieser Zeit nicht für das Amtssiegel ermächtigt war, habe ich den Kalender nur weitergegeben."

[131.] Antwort der PP. SCHALL, BUGLIO, MAGALHÃES und VERBIEST:
„YANG GUANGXIAN warf uns Rebellionsvorbereitung vor<225>, doch dazu müßte man über Soldaten und Pferde sowie Getreide und Geld verfügen. Nun ist es 80 Jahre her, daß Europäer ihre Heimat und ihr Zuhause verließen und nach einer Überfahrt von mehr als 90 000 Meilen ohne Söhne, Frauen oder Brüder nach China kamen. Sie wurden in Europa geboren und werden in China sterben. Welchen Beweis gibt es, einen Umsturz zu planen? Auch heißt es in unserer Schrift, daß die Menschen ihren Herrscher verehren, mit allen Kräften Pietät üben sowie Nahrung und Gelder spenden sollen. Wie kann man uns der Stiftung von Umstürzen verdächtigen?"

Weitere Antwort der PP. SCHALL, BUGLIO, MAGALHÃES und VERBIEST:
„YANG GUANGXIAN klagte uns wegen eines ketzerischen Buches an. Dazu müßte man die irreführenden Textstellen herausfinden und erläutern. Erst dann kann man aufklärend antworten."

Weitere Antwort der PP. SCHALL, BUGLIO, MAGALHÃES und VERBIEST:
„YANG GUANGXIAN klagte uns wegen der Verbreitung von Irrlehren an, die in geheimen Orten auf dem Lande praktiziert werden. Es gibt keinen unter den über 30 [Missionaren] dieser Lehre aus Europa, der eine solche Irrlehre vertritt."

---

[314] *g'aoši,* chines. *gaoshi* 告示, Proklamation; bisher ist unklar, welcher Text gemeint ist.

[315] Siehe [69.].

[316] Siehe [95.].

Weitere Antwort der PP. Schall, Buglio, Magalhães und Verbiest:

„Als der Kaiser die Lehre noch nicht verboten[317] hatte, galt ihre Verbreitung nicht als schuldhaft. Auch der Zugang zur Lehre bedeutete keine Schuld."

[132.] Antwort des LI ZUBO <227>:

„In meinen früheren Antworten habe ich alles gesagt; ich habe nichts Neues hinzuzufügen."

[133.] Antwort des XU QIAN:

„Für den Kauf der Ostkirche gewährte der Kaiser Geld, auch für die Renovierung der Westkirche wurden auf kaiserliches Dekret hin Gelder gewährt.[318] Auch hatte der Kaiser eine steinerne Stele und Holztafeln gestiftet.[319] Dies alles diente dazu, die Lehre des Himmelsherrn vorzustellen und zu würdigen. Von Beginn an hatte der Kaiser nie die Absicht, die Lehre zu verbieten. [Heute] fühle ich mich schuldig, mich über die Kircheneintritte zu freuen."

Weitere Antwort des XU QIAN:

„Was die Lehre des Himmelsherrn betrifft, so ließ der Kaiser Kirchen erbauen, verlieh P. SCHALL den Ehrentitel[320] *Tongwei jiaoshi* 通微教師 <228> und vergab Ehrenmonumente und Ruhmestafeln. Der Kaiser besuchte öfter die Kirche und lobte die Lehre, gegen die nun YANG GUANGXIAN intrigiert und Klage erhebt. YANG verfaßte zuerst das *Shixin lu*[321], verbreitete es allerorten und verwirrte damit die Herzen der Menschen. Hätte diese Lehre den Gesetzen widersprochen, wären die Beamten der sechs Ministerien, die Würdenträger und Beauftragten der Abteilungen längst mit Throneingaben eingeschritten. Doch bis heute haben sie kein einziges Wort dazu verloren. Nun betreibt YANG GUANGXIAN mit seinem Buch Verleumdung und versucht, die Menschen am Eintritt in die Lehre zu hindern. <229> Doch der Kaiser erließ keinen Befehl, diese Lehre zu verbieten. Was für eine Schuld ist dann meinem Glaubenseintritt zuzurechnen? Warum bedurfte es der Untersuchung und Verurteilung? Dies ist meine Antwort."

---

[317] Im VII. Monat 1657; siehe Teil 1.4.1.

[318] Zu den Stiftungen der Ostkirche von 1655 siehe Teil 1.4.1, Jahr 1663, Ende; zur Westkirche (heute Südkirche) von 1657 siehe Teil 1.4.1, Jahr 1650, 2. XI.

[319] Hierzu siehe Teil 1.4.1, Jahr 1650, 1. II. und Jahr 1657, 1. II.

[320] Siehe [102.] und Teil 1.4.1, Jahr 1653, 4. III.

[321] Siehe [80.] flg.

– [Weiter zu P. SCHALL]

[134.] Frage an P. SCHALL:
„In deiner Antwort sagtest du: ,In der Throneingabe meines Hauses stehen ermutigende Worte, die Lehre des Himmelsherrn zu praktizieren, ähnlich auch in der manjurischen Erklärung[322] in einem Blatt.' In deiner Throneingabe heißt es: ,mit Weisung des Thrones versehen.' Was beinhaltet die manjurische Erklärung?"
Antwort des P. SCHALL:
„Am 11. V. *Shunzhi* 15 (11. Juni 1658) reichte ich die Throneingabe ein und am 12. V. kam eine manjurische Erklärung von der kaiserlichen Hofverwaltung zurück. Diese wurde außen am Tor meiner Kirche angeschlagen. Von den durch den Kaiser angefügten Bemerkungen zur Throneingabe weiß ich nichts. <230> Die Worte der Erklärung habe ich nicht mehr in Erinnerung."
Liest man die Erklärung, so heißt es ,kein Umzug des Hauses!', und es ist von der Herstellung von Druckplatten zweier Ministerien die Rede. Die eigentliche Erklärung existiert nicht mehr. Die Throneingabe handelt hauptsächlich von der ruhmvollen Verbreitung der Lehre des Himmelsherrn als heilige Lehre.

[135.] Frage an P. SCHALL:
„In deiner Antwort sagtest du: ,Es stand in der eingereichten Throneingabe, daß ich, der ich für das Amtssiegel zuständig bin, nach Osten ging, um für die Verbreitung der Lehre des Himmelsherrn zu wirken.'[323] Deine Throneingabe wurde vom Kaiser mit einem Bescheid versehen. Wie ist das zu verstehen?" Antwort des P. SCHALL <231>:
„Nachdem ich im I. Monat die Throneingabe eingereicht hatte, gestattete man mir auf kaiserliche Weisung keinen Rücktritt [vom Amt als Direktor des Astronomischen Amtes]. Darin heißt es: ,In Befolgung der Lehre des Himmelsherrn habe ich dem Kaiser ausführlich Bericht erstattet'." In dem Entwurf dieser Throneingabe bezüglich des Rücktritts liest man: „Am 7. X. *Shunzhi* 14 (12. November 1657) wurde erklärt, die rechte Lehre des Himmelsherrn weiterhin zu verbreiten."[324] Weitere Antwort des P. SCHALL:

---

[322] Siehe [130.].

[323] Siehe [130.].

[324] Siehe Teil 1.4.1, Jahr 1657, 7. X.

"Der Kaiser lobte mich und verlieh mir den Titel *Tongwei jiaoshi*.[325] Für das Tor meiner Kirche schenkte er mir eine Gedenktafel mit der Inschrift *tongwei jiajing*[326]. Hätte die Lehre des Himmelsherrn solche Ehrungen erhalten, wenn es eine ketzerische Lehre wäre?" <232>

[136.] Frage an P. SCHALL:
„Dir den Titel *Tongwei jiaoshi* und die Inschrift *tongwei jiajing* zu verleihen, bedeutet lediglich, daß der Kaiser erlaubt, für das Gute zu wirken. Du hast Worte geschrieben und verbreitet, daß den Menschen ihre Sünden vergeben werden, wenn sie vom heiligen Öl und heiligen Wasser berührt werden oder daß bei schweren Krankheiten Teufel und Dämonen aus ihrem Leib vertrieben werden. Betrachtet man dieses, so hast du Irrlehren verbreitet, die Menschen zu deiner Lehre gelockt und ihre Herzen verwirrt." Antwort des P. SCHALL:
„Heiliges Öl und heiliges Wasser werden seit der Geburt des Himmelsherrn in allen Ländern Europas, auch noch nach 1300 Jahren, verwendet. Seit ich in China bin, vertrete ich diese Lehre und habe dabei niemals die Herzen der Menschen verwirrt. Durch die heilige Ölung werden auch die kleinen Sünden vergeben <233> und man findet Erlösung."

– [Weitere Fragen an PP. BUGLIO, MAGALHÃES, SCHALL und VERBIEST]

[137.] Frage an die PP. VERBIEST, BUGLIO und MAGALHÃES:
„Beim Auftragen des heiligen Öls und heiligen Wassers wird die Ursünde der Menschen vergeben; danach ist die Krankheit beseitigt, die bösen Geister[327] ausgetrieben. Solche Worte habt ihr verfaßt und verbreitet und damit eine ketzerische Lehre vertreten, die die Menschen verführt und ihre Herzen verwirrt." Sie entgegneten:
„Unsere Antwort gleicht der von P. SCHALL."

[Dieselbe] Frage an PP. SCHALL, BUGLIO, MAGALHÃES und VERBIEST.
[Antwort:]
[138.] „Was Irrlehren angeht, so werden solche ohne Sinn und Verstand im Geheimen praktiziert. Wir aber verbreiten unsere Lehre offenherzig, und unsere Bücher sind allen Menschen zugänglich. Bei einer häretischen Lehre

---

[325] Siehe Teil 1.4.1, Jahr 1653, 4. III.

[326] Siehe Teil 1.4.1, Jahr 1657, 1. II.

[327] *hutu ibagan*, chines. *guiguai* 鬼怪.

trifft man sich nachts und geht bei Tag auseinander, wir aber äußern uns bei Tageslicht. Ob eine Lehre recht oder irrig ist, wird in den Geboten klargestellt. Darin <234> wird ermahnt, gegenüber dem Himmelsherrn, den Herrschern und den Eltern ehrerbietig zu sein sowie Gier und Wollust als menschenfeindlich zu vermeiden. Solche Gebote, die der Lehre nicht widersprechen, beweisen die Menschenliebe des Himmelsherrn. Man erkennt daraus, ob die Lehre richtig oder falsch ist und welcherart Menschen es sind, die die Lehre verbreiten und die Anhänger zu guten Taten bewegen. Es ist über 80 Jahre her, seit diese Lehre in China Eingang fand, und es gibt nichts darin, das zu Abwegigem oder Unreinem verleitet; auch bezeichnet uns niemand als bösartig. Wir haben die Bücher studiert, um diese den Menschen zu erklären. <235> Wie wäre es möglich, dabei nicht zwischen Rechtem und Irrigem zu unterscheiden? Ketzerische Lehren bringen dem Staat nur Verwirrung. Seit man in Europa die Lehre des Himmelsherrn übernahm, gibt es fast niemand mehr, der andere Menschen bestiehlt, und in der Nacht muß das Tor nicht mehr verschlossen werden. Seitdem wir vor 1300 Jahren die Lehre des Himmelsherrn empfingen, sind wir von Katastrophen verschont geblieben. Man erkannte, daß die Lehre auch dem Staat nur Vorteile bringt. China ist groß; es fördert die Lehre BUDDHAs[328] und die des Islam[329]. Wieso sollte es die Lehre des Himmelsherrn nicht auch aufnehmen können? Gebräuche, wie die Salbung mit heiligem Öl usw., sind seit Beginn überliefert. Dies alles legt <236> Zeugnis ab von der Liebe des Himmelsherrn für die Menschen. Diese unsichtbare Gunst und innige Zuneigung sind es, von der wir sprechen. Sie sind vergleichbar mit den segensreichen Taten eines Herrschers, der seinen Untertanen Förderung angedeihen läßt, sie im Rang erhöht, ihnen Zierknöpfe oder Amtsgewänder überreicht. Diese Fakten ergeben sich nicht durch unsere Bemühungen, sondern durch den Geist des Himmelsherrn, dem die Menschen im Herzen vertrauen und dabei mit Überzeugung ihre Fehler korrigieren. Für die Lehre lebenswichtig ist die Einhaltung der Zehn Gebote; alles, was den Himmelsherrn betrifft, ist heilig. <237>

Was China und das Ausland angeht, so unterscheiden sie sich im Laufe von Generationen. In ältester Zeit war die Zahl der Menschen noch klein, sowohl in China wie im Ausland. Erwähnt man China, kommt man auf den urtümlichen Menschen[330] zu sprechen. Wenn man die Geschichtswerke des Westens und die

---

[328] *Fucihi-i tacihiyan*, chines. *fojiao* 佛教.

[329] *hoise-i tacihiyan*, chines. *huizi jiao* 回子教.

[330] *deribuhe niyalma*.

Chroniken der chinesischen Dynastien prüft, so erscheint dort FUXI aus Judäa, der in eine Region Chinas einwanderte. Die Westländer indes gehören zu Europa und grenzen an keinen Teil von China. Wie kann da YANG GUANGXIAN behaupten, daß China [nach dieser Vorstellung] ein Abkömmling von Europa sei? Der erste Mensch der Westländer stammte [nach dortiger Überlieferung] aus Judäa, einem Ort, der auch in China erwähnt wird. <238> Dennoch kann man nicht sagen, China sei ein Abkömmling von Europa. All dies läßt sich aus Büchern belegen und dort nachlesen."

[139.] [Weitere Frage an PP. SCHALL, BUGLIO, MAGALHĀES und VERBIEST]
[Antwort:]
„Wenn uns auch YANG GUANGXIAN wegen der Verehrung für den am Kreuz gestorbenen JESUS anklagt, gilt es trotzdem hervorzuheben, daß JESUS als Himmelsherr geboren wurde, um als Mensch um der Menschen willen in unendlicher Güte alle Schuld auf sich zu nehmen. JESUS ist drei Tage nach seinem Tod auferstanden und 40 Tage danach in den Himmel aufgefahren; so steht es in den Büchern geschrieben. YANG GUANGXIAN glaubt, daß die Übernahme von Schuld nur eine bildliche Vorstellung sei, er spricht weder von Auferstehung noch von Himmelfahrt. <239> Er glaubte nicht daran und betrachtete daher diese Lehre nicht als Himmelslehre.

Glaubenselemente wie das heilige Wasser und das heilige Öl in der Lehre des Himmelsherrn kann man mit dem klaren Wasser der buddhistischen Mönche, den Zauberformeln der daoistischen Priester oder dem Rosenkranz[331] der Lamas vergleichen. Die Lehren verbreiteten sich unter den Menschen und gelten nicht als ketzerisch. Diese Belehrung der Menschen ist nicht als Irreführung zu bewerten. Bei der Diskussion über die [buddhistische] Wiedergeburt[332] <240> meint man, daß Menschen zu Ziegen oder Ochsen mutieren können und daß man daher solche Tiere nicht umbringen darf; denn wie sollte man wissen, ob diese Tiere oder ihre Vorgänger nicht Meister oder Freunde [der Menschen] waren. Die heutigen Menschen reiten täglich Ziegen und Ochsen; denn sie haben solche Vorstellungen in ihrer Lehre aufgegeben und meinen dabei, keine Gesetze zu übertreten. Bei der Lehre des Himmelsherrn sprechen wir über das rechte Prinzip und nicht [wie im Buddhismus] über die Wiedergeburt. Warum bezeichnet man die Lehre des Himmelsherrn dann als irreführend? YANG GUANGXIAN klagte uns wegen angeblicher Irr-

---

[331] *yuse*, gemeint ist *juse*, chines. *zhuzi* 珠子, Perlenkette.

[332] *hošeng sei forhošombi*, chines. wohl *huasheng* 化生 oder *zhuan huosheng* 轉活生, Punarbhava, Pratisaṃdhi.

lehren an. Doch was gibt es unseres Wissens in dieser Lehre, das einer Irrlehre entspräche?

[Ergebnis]

In einer früheren, vertraulichen Throneingabe <241> des Kriegsministeriums ist bezüglich dieser Angelegenheit die Rede. In einem Schreiben des Ritenministerium heißt es: „Am 11. XI. *Kangxi* 3 (27. Dez. 1664) wurde eine Throneingabe eingereicht.[333] Am 19. desselben Monats (4. Jan. 1665) erging die kaiserliche Weisung: ‚Da die Klage des YANG GUANGXIAN bezüglich der ketzerischen Lehre rechtens ist, soll er dem Justizministerium zur Amnestie übergeben werden. Auf die Festnahme der Europäer in den Provinzen ist zu verzichten. Sie sollen in die Hauptstadt gebracht, und dort soll über ihre Schuld beraten werden. Hierzu ist anschließend dem Thron zu berichten. Zwecks Vernichtung der Kirchen soll nach der Beratung um kaiserliche Wiesung ersucht werden. Bei allem anderen verfahre man wie vorgetragen.' Gegenstände wie Bücher und Bilder wurden erfaßt und ohne Aufsehen ins Ministerium gebracht."[334]

– [Weiter zu [(75)]PAN JINXIAO]

[140.] Frage an den Vizevorsteher[335] im Rang 6A der Inneren Zeremonialgarde[336] mit Erhöhung um eine Stufe [(75)]PAN JINXIAO[337]:

„Unterschieden <242> sich die Antworten beim Beamtenministerium von denen des Ritenministeriums?" Antwort: „Es gab keine Unterschiede […]."[338]

[Ergebnis]

Beratung der Beamten:

„Obwohl PAN JINXIAO von P. SCHALLs u.a. Buch *Tianxue chuan'gai* wußte, aber dazu keinen Kontakt hatte, war ihm die Bedeutung dieser Schrift wie die der bronzenen Heiligenfiguren usw. für die Missionsarbeit P. SCHALLs u.a.

---

[333] Siehe auch Teil 1.4.2, Jahr 1664, 11. XI.

[334] Siehe auch [222.].

[335] *faidan be dasara hafan,* chines. *zhiyi zheng* 治儀正; HUCKER, Nr. 1003.

[336] *dorgi faidan be kadalara yamun,* chines. *nei zhangyi wei* 內掌儀衛.

[337] PAN JINXIAO war zeitweilig SCHALLs Diener, christlicher Konvertit; siehe [94., 107.] und Teil 1.4.1, Jahr 1661 1.X. u.ö.

[338] Die folgende Passage ist unleserlich.

wohl bekannt. Er verteilte diese Gegenstände zwar nicht an seine Sippenangehörigen, doch er trug, wie er in einer früheren Antwort zugab, dennoch für die Verbreitung der Lehre des Himmelsherrn bei. In seiner Antwort sagte P. SCHALL, er wisse, daß dieser zusammen mit P. VERBIEST in der Missionsarbeit tätig war. Sicherlich hatte er gemeinsam mit P. VERBIEST an der Verbreitung dieses Buches, der Bronzefiguren usw. anteil."

PAN JINXIAO soll seines Amtes enthoben und zur Schuldfestlegung dem Justizministerium überstellt werden. Dies wurde am 28. XI. *Kangxi* 3 (13. Jan. 1665) intern an den Thron berichtet. <243> Am 30. desselben Monats erging die kaiserliche Weisung: „Man verfahre wie vorgetragen!" Dementsprechend wurde am 2. XII. (17. Jan. 1665) ein Amtsschreiben an das Ministerium geschickt.

– [Weiter zu (77)XU QIAN]

[141.]

[…]³³⁹ Der Eunuch [im Dienst] der [Adels]familie [BODAI] (77)XU QIAN betrieb ehemals einen Tabakhandel³⁴⁰. Nun wurde bekannt, daß er in die Angelegenheit um P. SCHALL verwickelt ist. Da XU QIAN zu dem Haus [BODAI] gehört, wurde dies dem Ministerium gemeldet. Frage an XU QIAN <244>:

„Bist du nicht einer aus dem Hause BODAI³⁴¹?"

Antwort: „Ich bin in den Dienst des Hauses BODAI eingetreten und betreibe einen Tabakhandel außerhalb des Tores *Xuanwu men*³⁴². Ich gehe jährlich ein- oder zweimal ins Haus des Herrn." Frage an den Vicomte³⁴³ BODAI:

„Gehört XU QIAN zu deinem Haus?"

Antwort: „Der Eunuch XU QIAN ist in der Zeit meines Vaters DORJI DARHAN³⁴⁴ in unser Haus gekommen. Von Anfang an wohnte er außerhalb und handelte mit Tabak. Er kommt jährlich ein- oder zweimal in unser Haus und gehört wirklich dazu."

---

³³⁹ Der Text ist an dieser Stelle korrupt.

³⁴⁰ *dambagu*, chines. *danbagu* 淡巴菰; heute *yancao* 菸草, Tabak.

³⁴¹ Gemeint ist die Adelsfamilie BODAI 博岱 aus dem GÔWALGIYA-Klan vom Einfachen roten Banner; *Baqi manzhou shizu tongpu*, j. 3, S. 21b, manjur. Ausgabe, j. 3, S. 31b.

³⁴² *Algimbure duka*, chines. *Xuanwu men* 宣武門, westliches Tor in der Südmauer der Tatarenstadt, in der Nähe der Kirche *Nantang*, dem Wohnsitz Pater SCHALLs, gelegen.

³⁴³ *jingkini hafan*, chines. *zijue* 子爵, 4. Adelsrang.

³⁴⁴ DORJI DARHAN, chines. DUOERJI DAERHAN 多爾濟達爾汗.

Frage an den älteren Bruder des BODAI, den Wachoffizier erster Klasse DURMA[345]:

„Ist der Eunuch XU QIAN einer aus dem Haus BODAI?" Antwort: „DORJI DARHAN ist mein Onkel. <245> Ich diente ehemals beim Fürsten BODOHO vom Stamme ONGGOTO[346]. Mein Onkel DORJI DARHAN verfaßte eine Throneingabe und erreichte, mich in seinen Dienst zu stellen. Seitdem wußte ich von dem Eunuchen XU QIAN im Haus." Frage an den Bannerhauptmann[347] HALHACI[348]:

„Ist der Eunuch XU QIAN Diener im Hause BODAI?" Antwort: „BODAI gehörte früher zum Banner SENGGITU der CAHAR[349]. Er war für die Inspektionen in meiner Kompanie zuständig und erledigte die Versorgung. Unter den zahlreichen Bediensteten im Hause BODAI ist mir der Eunuch XU QIAN nicht bekannt."

Frage an den Eunuchen XU QIAN:

„Warum hast du bei deiner früheren Antwort nicht erwähnt, daß du bei diesem Herrn in Dienst stehst?" Antwort <246>:

„Im Falle eines Schuldspruches wollte ich meinen Herrn nicht in Mitleidenschaft ziehen. Daher habe ich meinen Dienst bei ihm nicht erwähnt."

5.2.6 Beurteilungen der Beamten

In der vom Beamten- und Ritenministerium gemeinsam eingereichten Throneingabe heißt es:

[– Zu P. SCHALL]

[142.] SCHALL behauptet, daß der erste Mensch in China ein Nachfahre aus Judäa sei, obwohl ein derartiges Geschehen in den Geschichtswerken nicht aufgezeichnet ist. Solch betrügerische Worte schrieb er nieder und verbreitete sie.

---

[345] DURMA, chines. DULEMA 杜勒馬; Amt *jergi hiya,* chines. *toudeng shiwei* 頭等侍衛.

[346] ONGGOTO BODOHO, chines. WENG'ETUO 翁鄂拖; *Baqi manzhou shizu tongpu*, j. 3, S. 18b, manjur. Ausgabe, j. 3, S. 27a.

[347] *nirui janggin,* chines. *zuoling* 佐領; HUCKER, Nr. 6980.

[348] HALHACI, chines. HAERHAQI 哈爾哈齊 wohl aus dem *Hôlun gioro*-Klan vom Einfachen blauen Banner; *Baqi manzhou shizu tongpu*, j. 18, S. 9a, manjur. Ausgabe, j. 18, S. 10a.

[349] CAHAR SENGGITU, mongol. ČAQAR SENGGETU, chines. CHAHAER ZENGJIDU 察哈爾曾吉都; *Chahar, Čaqar,* südostmongol. Völkerschaft.

Bei den Besuchern der Kirchen in den Provinzen sowie in Xiangshan ao [Macao] handelt es sich sämtlich um Europäer. Sie haben Xiangshan ao zu ihrem Aufenthaltsort gewählt. Wären keine Kirchen in diesen Provinzen nach P. SCHALLs Anweisung gebaut oder renoviert worden <247>, wie hätte [die christliche Lehre] eine solche Bedeutung erlangen können? In seinen früheren Erklärungen äußerte er sich nicht wahrheitsgemäß. Erst nach den Aufklärungen des YANG GUANGXIAN erwähnte er den Kirchenbau der Europäer. Wären die fremden Kirchen in den Provinzen nicht so verbreitet worden, hätte die Himmelslehre auch nicht bis in die Hauptstadt vordringen und sich überallhin ausbreiten können. Nach der Renovierung der hauptstädtischen Kirchen wurden Studierende in Lehrstätten der westlichen Weisen in der Lehre des Himmelsherrn unterrichtet, und diese Lehre wurde in einem Buch neu zusammengefaßt. Gemäß seiner Worte verteilten die Anhänger der Lehre in den Provinzen <248> bronzene Heiligenfiguren und andere Gegenstände.

In seiner Antwort sagte P. SCHALL: „Monatlich treffen wir uns viermal und erklären, besprechen und verehren die Lehre des Himmelsherrn. Bei jeder Versammlung wurden 1000 bis 2000 Unzen Silber eingesammelt und an die Armen verteilt. Unsere Lehre ist keine Irrlehre. Dennoch haben wir, als wir in jenem Jahr vom Verbot der angeblichen Irrlehre erfuhren, unsere Versammlungen abgebrochen. Wenn die Menschen nicht zwischen richtig und falsch unterscheiden können, wie sollen sie dann unsere Lehre von einer Irrlehre unterscheiden? <249> Wenn die Lehre keine Irrlehre ist, warum sollen dann die Versammlungen abgebrochen werden?"

In seiner Antwort sagte P. SCHALL weiter: „Die Abfassung des *Tianxue chuan'gai* kam zustande, weil YANG GUANGXIAN unsere Lehre als Irrlehre bezeichnete und dementsprechend eine Schrift verfaßte und verbreitete. Unsere Lehre ist eine Lehre der Herzensgüte – so haben wir geschrieben und diese Lehre verbreitet."

Wenn er sich so äußerte, wendete er sich gegen YANG GUANGXIAN, und vier oder fünf Jahre danach[350] trug er im Winter letzten Jahres zu dem Buch [des LI ZUBO] bei und förderte dessen Verbreitung. Es gelang jedoch nicht, <250> YANG GUANGXIANs Irrlehre-Vorwurf zu entkräften. Nachdem dieses Buch aus unterschiedlichem Anlaß erschienen war, hieß es, es sei wegen YANG GUANGXIANs Vorwurf entstanden.

---

[350] YANG hatte i. J. 1657 seine gegen die ‚Irrlehre' gerichtete Schrift *Pixie lun* bei Hofe eingereicht; das christliche Traktat *Tianxue chuan'gai* erschien um 1660.

Bezüglich der Angelegenheit *yi xiyang xinfa*[351],[Kalender] „nach neuer westlicher Methode", gilt: Wären diese Schriftzeichen wirklich von der Inneren Hofverwaltung hinzugefügt worden, so hätte man Jahr für Jahr den chinesischen Kalender in dieser Weise dem Thron präsentiert und nach kaiserlicher Weisung übersetzen lassen. Auf der Umschlagseite des Kalenders befanden sich diese Schriftzeichen [später] jedoch nicht. Standen sie etwa nur auf Exemplaren, die an bestimmten Jahren in der Welt verbreitet wurden?

P. SCHALL ließ an den wichtigen Plätzen der Hauptstadt und auch in den Dörfern die westlichen Weisen sich versammeln und dort Schulen gründen. Er bezeichnete seine Lehre als den rechten Glauben seiner Zeit und vertrat diese Lehre energisch. Unbesonnen widersetzte er sich den Gegnern der von ihnen als irreführend bezeichneten Lehre, verfaßte das *Tianxue chuan'gai* und verbreitete es. In der Sache der Lehre des Himmelsherrn bat er auch um Audienz bei Kaiser <252> SHIZU. Warum hatte er bei früheren, mehrmaligen Befragungen darüber nicht ausgesagt?

In dem Buch[352] des P. SCHALL u.a. heißt es, daß [der Kaiser] der Gunst des obersten Herrschers, *shangdi* 上帝, nicht beständig teilhaftig ist. Nach erleuchtender Ansicht begünstigt der Himmel die Menschen auf Erden gnadenvoll mit Herren und Lehrern, damit sie dem Himmel mit Kräften dienen. Der oberste Herrscher kommt zu den Menschen, sein Herz wendet sich nicht von ihnen ab. <253> Sie sollen den Himmel erfreuen, und die Welt wird bewahrt. Sie sollen dem Himmel Ehrfurcht erweisen, und der Staat wird erhalten. Derjenige, der dem Himmel folgt, wird bestehen. Derjenige, der dem Himmel zuwiderhandelt, wird vernichtet. Obwohl sich solche Worte auch in den kanonischen Büchern finden, sind sie doch dem Kaiser, der das himmlische Mandat besitzt, beim Regieren vorbehalten. Solch große Worte verwenden und verbreiten sie in ihrem irrgläubigen Buch.

In seiner Antwort sagte P. SCHALL: „Der Himmelsherr [JESUS] wurde in der Zeit der späteren *Han*-Dynastie unter Menschen geboren <254> und am Kreuz hingerichtet. Er wurde nicht als oberster Herrscher, sondern als Mensch geboren. Alle Sünden lud er freiwillig auf sich, ohne daß ihn die Menschen dazu nötigten. Durch Intrigen wurde der Himmelsherr JESUS von bösen Menschen jener Zeit angeklagt, zum Kreuzestod verurteilt und hingerichtet. Das ist wahr." So erklärte er es. Der in der späteren *Han*-Dynastie in die Welt geborene und durch Intrigen angeklagte, am Kreuz hingerichtete JESUS wurde lobpreisend zum *shangdi* oder Himmelsherrn erhoben.

---

[351] Siehe [69.] flg.

[352] Siehe *Tianxue chuan'gai*, Nachdruck, S. 1055-1056.

In der Antwort des P. SCHALL heißt es weiter: „Das Buch [*Tianxue chuan'gai*] dient dem Zweck, den Himmel zu verehren <255> und die Menschen zu guten Taten zu ermuntern. Der Himmel ist der Palast des Himmelsherrn; er dient dem Himmelsherrn. Man verehrt nicht den Himmel, wenn man dem Himmelsherrn huldigt."

Solche Aussagen, wie auch die, daß Glaubensanhänger für ihre verstorbenen Väter und Großväter kein Papiergeld verbrennen dürfen, sind abzulehnen.

In der Antwort des P. SCHALL heißt es weiter: „Beim Eintritt in die Lehre wird nach den Vorschriften stets reines Wasser verwendet. Es wird nach den Worten der Bibel gebetet und die Stirn befeuchtet. Das ist das Taufritual des Himmels, das das Reinwaschen von der Ursünde symbolisiert. Danach ist alle Schuld vergeben." <256>

Nach diesen Worten ist zu erkennen, daß die Annahme einer solchen Lehre die Menschen in die Irre führt.

In seiner Antwort sagte P. SCHALL auch: „Die Patres haben dieselbe Funktion wie Eltern, die die Seele des Menschen behüten. Sie ermahnen, nichts Abtrünniges oder Böses zu tun und keinen Raub oder Diebstahl zu begehen. Die Priester sind Personen, die die Lehre unter den Menschen verbreiten."

Man bemerkte, daß sie sich die Bezeichnung Pater[353] zulegten. Ihre Handlungen sind vorsätzlich betrügerisch und irreführend.

In der Antwort des P. SCHALL heißt es weiter: „Allen Angehörigen unserer Lehre wird am Krankenbett die heilige Ölung verabreicht, durch die der Himmelsherr entweder Wiedergesundung spendet oder die Sünden vergibt. Nur Männer erhalten die Ölung. Da es sich bei der heiligen Ölung nicht um eine wichtige Maßnahme handelt <257>, wird sie bei Frauen nicht angewendet." Mit solch betrügerischen Worten führt er die Menschen in die Irre.

[– Zu PP. BUGLIO, MAGALHÃES und VERBIEST]

[143.] Obwohl die PP. BUGLIO, MAGALHÃES und VERBIEST bezüglich der Angelegenheit mit der [Kalender]beschriftung *yi xiyang xinfa*[354], der Verbreitung der Lehre an Menschen außerhalb der Kirche und bezüglich des Kirchenbaus nicht schuldig sind, haben sie doch zu dem Buch *Tianxue chuan'gai* beigetragen, indem sie sich über die Lehre grundlos lobpreisend äußerten. Weiterhin verteilten sie Heiligenfiguren, gestickte Behältnisse, die Schrift *Tianzhu jiaoyao* und die

---

[353] *sacerdote*, siehe [42.].

[354] Siehe [69.] flg., [142.].

Gemeindeordnungen an die Leute, die die Kirche besuchten, und vereinnahmten Gelder von ihnen. Monatlich predigten sie die Lehre an die Versammelten.

Auch behaupteten sie, daß der in der Zeit der späteren *Han*-Dynastie geborene und durch Intrigen verurteilte, am Kreuz hingerichtete JESUS <258> der oberste Herrscher, *shangdi*, und der Himmel nur der Palast des Himmelsherrn sei; auch sei die Verehrung des Himmelsherrn nicht mit der Verehrung des Himmels gleichzusetzen. In ihrem *Tianzhu jiaoyao* heißt es, daß durch das Benetzen der Stirn mit reinem Wasser die Schuld vergeben wird. All solche Worte sind betrügerisch. Sie nennen sich selbst erhebend Patres und behaupten, in der Lage zu sein, allen Männern und Frauen die Schuld zu vergeben, wenn sie in die Lehre eintreten. Das ist Irreführung.

Bei Kranken verstreichen sie heiliges Öl an fünf Stellen des Körpers, aber die Anhänger verbrennen kein Papiergeld für ihre Väter und Großväter. All dies gleicht dem Fall des P. SCHALL. Zudem waren es die PP. BUGLIO, MAGALHÃES und VERBIEST, die das Buch *Tianxue chuan'gai* in die Wege leiteten und das Vorhaben an P. SCHALL weitergaben. Später behaupteten sie, LI ZUBO habe das Buch geschrieben.

[– Zu LI ZUBO]

[144.] In seiner Antwort sagte LI ZUBO: „Das *Tianxue chuan'gai* hatte das Ziel, den Himmel zu verehren und die Menschen zu guten Taten zu ermuntern."

In der Antwort des P. SCHALL und anderen heißt es: „Der Himmel ist der Palast des Himmelsherrn; er dient ihm nur. Man verehrt nicht den Himmel, wenn man den Himmelsherrn verehrt." Er behauptete wiederholt, daß dieses Buch geschrieben wurde, um die Menschen zu veranlassen, den Himmelsherrn zu verehren.

In der Antwort des LI ZUBO heißt es: „Die Gedenktafel, die an der Kirche des P. SCHALL auf kaiserliche Weisung hin errichtet wurde, erfährt bei den Gottesdiensten Verehrung. Auch das Buch [*Tianxue chuan'gai*] dient dazu, mit allen Kräften Ehrfurcht zu verkünden. Kaiserliche Gedanken sind darin geäußert sowie tiefgründige Lehren des YAO, SHUN und ZHOUGONG[355],<260> deren Äußerungen man als wichtigen Beitrag wertet. Selbst in Schriften wie *Xuanji beiwen* oder *Lengyan jing*[356] findet man unverständliche Stellen, um so

---

[355] Siehe [50.] u.ö.

[356] Siehe in [109.].

mehr in europäischen Büchern der Lehre vom Himmelsherrn, die mir von Anfang an nicht zugänglich waren. Wie sollte ich solche Worte verstehen?"

Im übrigen empfing P. SCHALL lediglich wegen seiner astronomischen Berechnungen Lob vom Kaiser und nicht für die Verbreitung der Lehre des Himmelsherrn oder die Versammlung von Gläubigen, auch nicht für das Abfassen von Büchern über diese Irrlehre sowie für deren Verbreitung. LI ZUBO faßte die Irrlehre des Himmelsherrn der Europäer ohne Belege in dem Buch zusammen und behauptete, routiniert antwortend, <261> daß der Kaiser die Lehre des Himmelsherrn geduldet habe.

LI ZUBO sagte aus: „In meinem Buch über die Lehre ist der oberste Herrscher, shangdi 上帝, Chinas mit dem Himmelsherrn, tianzhu 天主, der Europäer identisch. Die Namen sind verschieden, sie bezeichnen jedoch einunddasselbe."

Dagegen sagte P. SCHALL in seiner Antwort: „Die Europäer nennen den Himmelsherrn von Anfang an Gott[357]. Die Bezeichnung tianzhu, Himmelsherr, wurde von RICCI eingeführt, als er nach China kam." LI ZUBO antwortete irreführend, daß die Bezeichnung tianzhu aus den europäischen Ländern stamme. Ebenso irrig ist es von ihm zu behaupten, daß der in der Yuanshou-Ära der früheren Han-Dynastie geborene und später durch Intrigen am Kreuz wie ein Verbrecher hingerichtete JESUS zum obersten Herrscher, shangdi, und Himmelsherrn, tianzhu, erhöht worden sei.

Ferner schrieb LI ZUBO <262> in seinem Buch[358]: „Der Himmelsherr JESUS wurde in Bethlehem in Judäa geboren. Wenn er die Toten zum Leben erweckte, wurden diese wieder lebendig. Wenn er den Blinden ihr Augenlicht gab, konnten sie wieder sehen. Mächtigen Wellen und verheerenden Winden befahl er, sich zu mäßigen, und sie wurden ruhig. So schlug er Teufel und Dämonen[359] zurück. Nur weil die Bücher und Geschichtswerke des Altertums in der Lüqin-Zeit[360] verbrannt wurden, ist die Wahrheit über die Lehre des Himmelsherrn nicht bekannt geworden. Später in der Yuanshou-Ära der früheren Han-Dynastie wurde der Himmelsherr [JESU] geboren, um die Menschheit seiner Zeit zu erlösen.[361] Der heilige Apostel THOMAS[362] machte

---

[357] Siehe [15.].

[358] *Tianxue chuan'gai*, Nachdruck, S. 1057- 1601.

[359] *hutu ibagan*.

[360] Siehe [111.].

[361] Siehe [16.].

[362] Siehe [27.]; *Tianxue chuan'gai*, Nachdruck, S. 1601.

die Lehre in China bekannt und vertrat sie; dies stimmt mit den Aufzeichnungen in den *Han*-Annalen überein." <263>

Was LI ZUBO wußte, entsprach dem, was er [von den Patres] erfahren hatte. Mit der Behauptung, daß die Errettung der Menschheit und die Verbreitung dieser Lehre in China mit den Aufzeichnungen in den *Han*-Annalen übereinstimmt, verfaßte er irreführend ein Buch, um die Menschen damit zum Eintritt in die Lehre zu bewegen.

In dem von LI ZUBO verfaßten Buch heißt es weiter:[363] „Untersucht man die Geschichtswerke und Annalen und durchschaut die Jahre, so findet man FUXI. Dieser erste Mensch in China stammte in Wirklichkeit <264> von Nachfahren aus Judäa ab. Die Lehre des Himmelsherrn brachte man aus dem Westen nach Osten."

In seiner Antwort dazu sagte er: „In den Geschichtswerken und Annalen Chinas gibt es keinen Beleg dafür, daß FUXI von Nachfahren aus Judäa stammt." LI ZUBO fügte Behauptungen in den Text der Europäer ein, die in den Geschichtswerken von alter Zeit bis heute nicht existieren. Er schrieb willkürlich und berechnend, um die Leichtgläubigen unter dem Himmel in die Lehre zu locken. Nur das war der Beweggrund, das Buch zu verfassen und zu verbreiten.

In dem von LI ZUBO verfaßten Buch heißt es weiter:[364] „Betrachtet man die Himmelslehre <265>, so ist sie eine Doktrin, die den Menschen unter dem Himmel wohlgesonnen ist. Sie gibt ihnen Herrscher und Lehrmeister, die den Wohlgesonnenen mit Kräften nützen. Wenn der oberste Herrscher sich nähert, darf das Herz sich nicht entfernen, und die Welt unter dem Himmel wird bewahrt, denn Ehrfurcht vor dem Himmel schützt den Staat. Wer sich dem Himmel fügt, wird erhalten; wer sich dem Himmel widersetzt, wird vernichtet."

Obwohl sich in den kanonischen Büchern auch derartige Worte finden, sind solche dem Kaiser, der mit himmlischem Mandat das Land regiert, vorbehalten. Er [LI ZUBO] ist Chinese und fügte in ein Buch der Europäer unberechtigt solch großen Worte ein.

In dem von LI ZUBO verfaßten Buch heißt es weiter[365]: „Seitdem die Lehre des Himmelsherrn sich in der Hauptstadt verbreitet <266>, gibt es überall

---

[363] Nachdruck, S. 1058.

[364] Es folgt hier ein Zitat aus dem *Shujing*, II, IV, I, 2; J. LEGGE, Bd. III, S. 79 ("you will brightly receive gifts from God. Will not Heaven renew its favouring appointment, and give you blessing?"), das die Verwendung des Terminus *shangdi* für Gott in alter Zeit belegen soll; *Tianxue chuan'gai*, Nachdruck S. 1059.

[365] Nachdruck, S. 1065.

Schulen, und die Kirchen der Hauptstadt werden renoviert. Die Gebildeten studieren an den vielerorts eingerichteten Lehrstätten der europäischen Weisen. Ihr Wissen nennen sie verehrungsvoll die Lehre des Himmels[366]."

In dem von LI ZUBO verfaßten Buch heißt es auch: „Sowohl an wichtigen Orten der Provinzen als auch in abgelegenen Plätzen und Dörfern versammeln sich die Europäer, propagieren ihre Lehre und erheben sie zur Denkart unserer Epoche. Als angeblich rechte Lehre wurde sie zur abtrünnigen Lehre erniedrigt." So schrieb er und verbreitete es; doch die Menschen dieser Zeit waren sich nicht bewußt, daß sie einer Irrlehre verfielen.

In seiner Antwort sagte LI ZUBO:[367] „Die Seele[368] hat keine <267> Gestalt, sie ist nur Geist[369]. Die Europäer, die die Lehre vertreten, erretten die menschliche Seele. Sie haben sich die Bezeichnung ‚Priester' gegeben. Geld und Vermögen sind Dinge, die zum Körper [Lebendiger] gehören; es wird daher kein Papiergeld für Verstorbene verbrannt."

Die Menschen haben seit alters bis heute dem Himmel und der Erde sowie den Geistern, Vorfahren, Großeltern und Eltern mit allen Kräften pietätvoll gedient, für ihre Ehren Weihrauch angezündet und Papiergeld verbrannt. So sind unsere Totenriten. Er behauptete jedoch, daß zu Ehren des Himmels und der Erde sowie der Geister und Vorfahren weder Weihrauch angezündet noch Papiergeld verbrannt werden soll. Auch betonte er, daß P. SCHALL u.a. die Seelen erlösen könne und daher zum Priester erhoben wurde.

[– Zu XU QIAN]

[145.] Bei früheren Befragungen antwortete XU QIAN[370] gleich wie die Missionare <268> BUGLIO u.a. Als man sich erkundigte, wann seine Bekehrung zur Lehre geschehen sei, sagtet er:

„Ich bin in die Lehre eingetreten, wirke aber nicht für ihre Verbreitung." Es war eine durchtriebene Antwort. Als er mit der Lehre begann, überreichte man ihm das *Tianxue chuan'gai*, und er erhielt wie alle Mitglieder bronzene

---

[366] *abkai tacin*, chines. *tianxue* 天學.

[367] Siehe [116.].

[368] *fayangga*, chines. *hun* 魂, *Yang*-Seele.

[369] *enduri*, chines. *shen* 神.

[370] Siehe [80.].

Heiligenfiguren mit bestickten Täschchen sowie das *Tianzhu jiaoyao* und die Versammlungsordnung. Es wurde Geld gesammelt, und man traf sich monatlich viermal zur Einführung in die Lehre.

In der Gegenklage des XU QIAN gegen YANG GUANGXIAN heißt es: „Im *Shixin lu*[371] betont YANG GUANGXIAN, daß dieses Buch nicht unser Land <269> berührt. Im Vorwort steht geschrieben, daß die Schreiber von *Ming*-Aufzeichnungen sich über ihn äußerten. Wer auf eigene Initiative über die Geschichte der Dynastie schreibt, verstößt jedoch gegen Gesetze. YANG GUANGXIAN steckt mit solchen Kompilatoren unter einer Decke. Daher habe ich ihn verklagt."

In der Antwort des YANG GUANGXIAN heißt es: „In meinem *Shixin lu*, das die Irrlehre kritisiert, gibt es keine Stelle, die unser Land betrifft. In dem Buch *Gujin shilue*[372], das der aus meiner Heimat stammende Geomant JIANG AO präsentierte, steht geschrieben, daß ich eine belastende Klageschrift gegen den Kanzler WEN TIREN[373] beim Kaiser eingereicht habe. Danach sei ich mit Stockschlägen bestraft und nach Ost-Liaodong in den Militärdienst deportiert worden. <270> Die heilige Lehre des KONGZI hochschätzend weiß ich, was in den Geschichtswerken fehlt. Aus diesem Grund schrieb ich das *Shixin lu*. Im Vorwort setzte ich den Namen WANG TAIZHENG[374] [als Verfasser] ein. Das Buch liegt hier vor, man kann es überprüfen."

Betrachtet man das *Shixin lu*, so findet man keine Stelle, die unser Land berührt. Durchschaut man das *Gujin shilue*, so findet man zwar im siebten Kapitel die Aufzeichnung über die Klage des YANG GUANGXIAN, die er gegen WEN TIREN erhoben hatte, in den anderen Kapiteln jedoch findet man keine widersetzlichen Stellen.

Als man XU QIAN befragte, sagte er: „Ich habe mich auf das Buch bezogen, als ich YANG GUANGXIAN verklagte. Ob er mit den Leuten unter einer Decke steckt <271>, kann ich nicht belegen. Über die *Ming*-Annalen weiß ich auch nichts."

XU QIAN erhob Klage und sagte aus, daß er von den Geschehnissen nichts Näheres wisse. Es ging um seine Gegenklage gegen YANG GUANGXIAN, der ihn zuerst beschuldigt hatte.

[– Zu PAN JINXIAO]

---

[371] Siehe [80. - 84.] etc.

[372] Siehe in [81., 88.].

[373] Siehe [81., 106., 124.].

[374] Siehe in [80.].

[146.] In der Throneingabe des Kriegsministeriums heißt es: „Wenn auch PAN JINXIAO aussagte, daß er von der Abfassung des *Tianxue chuan'gai* abgeraten habe, hatte er doch, als er davon erfuhr, Kenntnis von dem Vorhaben. Auch wußte er von den bronzenen Heiligenfiguren des P. SCHALL usw. Er betonte jedoch, daß er solche Gegenstände unter die Anhänger nicht verteilt habe. In einer früheren Antwort <272> sagte er aber, daß man die Lehre des Himmelsherrn verbreitet habe. P. SCHALL bezeichnete ihn und P. VERBIEST in seiner Antwort als die zwei Personen, die die Lehre verkündeten. Es ist also bewiesen, daß er zusammen mit P. VERBIEST das *Tianxue chuan'gai*, die Heiligenfiguren und andere Gegenstände verbreitete.

In der Antwort der PP. SCHALL, BUGLIO, MAGALHÃES und VERBIEST hieß es: „In einer Throneingabe bezüglich seines Hauses erwähnt P. SCHALL, daß er zugunsten der Verkündigung der Lehre des Himmelsherrn sein Amt [als Direktor des Astronomischen Amtes] aufgeben[375] wollte; denn er war nur deshalb aus dem Fernen Westen nach Osten gekommen, um die Lehre des Himmelsherrn zu verbreiten. <273> Dies hatte er dem Kaiser mit Entschiedenheit mitgeteilt, und dieser habe die Missionierung nicht verboten.

Besonderheiten unserer Lehre, wie die heiligen Schriften oder das heilige Wasser usw. sind mit [Besonderheiten anderer Religionen wie] dem klaren Wasser der buddhistischen Mönche, den Zauberamuletten der daoistischen Priester oder den Gebetsketten der Lamas zu vergleichen. Deren Glaubenslehren und Praktiken wurden nicht verboten. Unsere Lehre des Himmelsherrn wird als rechtes Glaubenssystem anerkannt. Wie könnte man dieses als Irrlehre bezeichnen? Irrlehren werden an geheimen Orten und Dörfern praktiziert. Die Menschen von über 30 Ländern in Europa bekennen sich zu unserer Lehre. All diese könnten niemals Angehörige einer Irrlehre sein."

Wenn auch P. SCHALL und die anderen in dieser Weise antworteten, fand sich nichts von einer kaiserlichen Weisung, die die Verbreitung <274> der Lehre des Himmelsherrn förderlich wäre. Es waren sie selbst, die sich zu heiligen Patres erhoben und sich Priester nannten. Den Konvertiten schenkten sie Gegenstände wie bronzene Heiligenfiguren usw. Sie verwendeten das heilige Wasser, beteten mit Worten aus der Bibel und strichen heiliges Öl auf die Stirn. Sie vollzogen Taufen, die Sünden tilgen und alle Schuld vergeben sollten. Erreichten die Gläubigen das Lebensende, spendeten sie die letzte Ölung, durch die Krankheiten besiegt und Teufel und Dämonen vertrieben werden sollten. Mit all diesen Handlungen schufen sie nur Verwirrung. In jedem Monat fanden sie sich viermal zusammen und besprachen die Lehre

---

[375] Hierzu siehe Teil 1.4.1, Jahr 1644, 26. IX.

des Himmelsherrn. Bei jedem Treffen spendete ein jeder <275> 1000 oder 2000 Münzen. Ihre Anhänger vermieden es, für Vorfahren und Ahnen Opferpapier zu verbrennen. Ihr Himmelsherr JESUS wurde in Bethlehem in Judäa geboren. FUXI, der erste Mensch Chinas, stammte angeblich von Vorfahren aus Judäa ab und kam aus Westländern nach Osten. Mit ihm verbreitete sich die Lehre des Himmelsherrn nach China.

Sowohl in den wichtigen Orten der Provinzen wie in den abgelegenen Dörfern errichteten die westlichen Weisen Unterweisungsorte, sobald sie sich dort niedergelassen hatten. Für die Mitmenschen priesen sie unberechtigt diese Irrlehre und erhoben sie zum rechten Glauben. Seitdem die Lehre des Himmelsherrn in der Hauptstadt Eingang fand, zollte man ihr überall Beachtung. <276> Nach Renovierung der dortigen Kirchen stiegen die Zöglinge der westlichen Weisen in ihrem Ansehen. ...[376] – Solche Worte wurden im *Tianxue chuan'gai* geschrieben und verbreitet.

Bei Prüfung der Umstände erkennt man, daß die PP. SCHALL, BUGLIO, MAGALHÃES und VERBIEST sowie LI ZUBO <277> eine abtrünnige Lehre förderten und mit dem neugeschaffenen Buch das Volk in die Irre führten. Prüft man die Gesetze, so stellt man fest, daß nach deren Regeln alle abergläubigen Bücher[377] betrügerischen und rebellischen Geist verbreiten, und ein solch betrügerisches Buch verfaßten sie. Die Verehrung des Buddha *Maitreya*[378], die Weiße Lotos Sekte[379], die Richtungen *Mingzun jiao*[380], *Boyun zong*[381] und dergleichen sind solche Betrugsunternehmen, die vom rechten Weg abirren. Bei Ausschmückung und Weihrauchduft versammelt man sich bei Nacht und geht frühmorgens auseinander. Sie nennen es den guten rechten Weg und betrügen dabei das Volk."

[Urteil]

[147.] Die bei diesem Verbrechen an der Spitze stehenden Personen sollen den Tod durch Erdrosselung[382] erleiden und eingekerkert werden. Die nach-

---

[376] Es folgt, wie oben [144.], ein Zitat aus dem *Shujing*.

[377] *saman šu*, chines. *wu shu* 巫書.

[378] *Mile fucihi*, chines. *Mile fo* 彌勒佛.

[379] *be liyan še*, chines. *Bolianjiao* 白蓮教; siehe [35.].

[380] *ming zun giyoo*, chines. *Mingzun jiao* 明尊教, Manichäismus.

[381] *be yôn zung*, chines. *Boyun zong* 白雲宗, buddhistische Sekte der *Avataṁsa*-Richtung.

[382] *tatame wambi*; chines. *jiao* 絞; zur Strafe der Strangulation siehe Teil 3.2.4 (6.) a.).

geordneten Personen sollen jeweils 100 Stockschläge[383] erhalten und dreitausend Meilen entfernt in Verbannung geschickt werden.

(8)P. SCHALL soll als Hauptschuldiger dieser Verbrechen verurteilt und daher durch Erdrosselung hingerichtet werden. (44)LI ZUBO, P. (9)BUGLIO, P. (10)MAGALHÃES, P. (11)VERBIEST und (75)PAN JINXIAO werden nach dem Gesetzbuch als nachgeordnete Personen angesehen. LI ZUBO und PAN JINXIAO sollen mit 100 Stockschlägen bestraft und in einen 3000 Meilen entfernten Ort verbannt werden. Als Beamten sollen sie ein Lösegeld bezahlen. Wegen schwerwiegender Schuld jedoch können sie nicht durch Geldzahlung von Bestrafung freigekauft werden. Nach Vollzug von 40 Stockschlägen verbanne man sie nach Ningguta[384] 寧古塔. Auch die PP. BUGLIO, MAGALHÃES und VERBIEST sollen jeweils 40 Stockschläge erhalten und nach Ningguta verbannt werden. Der Eunuch (77)XU QIAN soll auch als nachgeordnete Person betrachtet, seine Schuld jedoch erhöht werden; denn er hatte beabsichtigt, (7)YANG GUANGXIAN <279> durch Intrigen bis zur Todesstrafe zu verklagen. Daher wird XU QIAN gemäß Gesetz wegen Tötungsversuchs angeklagt. Wegen seines Status als manjurischer Leibeigener[385] soll er drei Monate lang den Holzkragen[386] tragen und anschließend 100 Stockschläge erhalten.

Da wir als Beamte nicht wagen, in dieser Angelegenheit selbständig zu verfahren, reichen wir dieses Gesuch ein mit der Bitte um kaiserliche Weisung[387].

5.2.7 Kaiserliche Weisung

[148.] Die Angelegenheit soll durch das Höchste Gericht, *Sanfa si*[388] 三法司, ausführlich beraten werden. Danach ist an den Thron zu berichten.

---

[383] *šuwarkiyalambi* oder *janglambi*, chines. *zhang* 杖; siehe Teil 3.2.4 (3.).

[384] damals üblicher Verbannungsort; siehe Teil 3.2.4 (5.).

[385] *boo i*, chines. *baoyi* 包衣; HUCKER, Nr. 4482.

[386] *selhen*, chines. *jia (hao)* 枷號; siehe Teil 3.2.4 (7.).

[387] *hese*, chines. *zhi* 旨.

[388] Siehe Teil 3.2.3, Nr. 6.

5.3 Die Dokumente II. bis XXIV

Vorbemerkung:
Im Folgenden werden die hier nicht übersetzten Aktenteile ihrem Inhalt entsprechend verkürzt zusammengefaßt. Diese Throneingaben geben in der Reihenfolge ihrer Datierung den ungefähren Tagesverlauf der Verhandlungen wieder. Mit der Veröffentlichung von AN SHUANGCHENG 安雙成, *Qingchu xiyang chuanjiaoshi manwen dang'an duben* (2015), S. 46-280, steht für diese Teile eine chinesische Übersichtsversion zur Verfügung. Darin fehlt indes aus unbekannten Gründen Dok. XX. vom 3. IV. (17. Mai) 1665. Die wichtigen, dort dokumentierten Ereignisse sind in Teil 1.4 zeitlich eingeordnet übernommen.

Die im Folgenden fett gedruckten römischen Zahlen I. bis XXIV. weisen auf die betreffenden Dokumente (Übersicht in Teil 5.1). In dem folgenden Übersichtsteil sind die Datenangaben nur nach dem westlichen Kalender notiert.

5.3.1 Zeitraum

Die Verhandlungen fanden in der Zeit von Jahresende 1664 bis etwa Sept. 1665 statt. Die erhaltenen Geheimakten **I.** bis **XXIV.** tragen die folgenden Daten:

1665
Januar: ca. **XII**. Monat (Jan.), Tag ungewiß **I.**;
Februar: 3. Febr. **II.**; 27. Febr. **III.**;
März: 6. März[389] **IV.**; 15. März **V.**; 23. März **VI.**; 25. März **VII.**;
April: 9. April **VIII.**, **IX.**; 12. April **X.**; 14. April **XI.**; 17. April **XII.**; 26. April **XIII.**; 27. April **XIV.**; 28. April **XV.**;
Mai: 7. Mai **XVI.**; 9. Mai **XVII.**; 11. Mai **XVIII.**; 15. Mai **XIX.**; 17. Mai **XX.**; 26. Mai **XXI.**; 29. Mai **XXII.**;
Juni: 17. Juni **XXIII.**;
Sept.:   8. Sept. **XXIV**.

Hierbei ist zu beachten, daß große Teile der Akten, die auf zuvor diskutierte Sachverhalte Bezug nehmen, sich aus (fast) wörtlichen Wiederholungen der älteren Textteile zusammensetzen; so bestehen
Dok. **V.** aus Teilen von **III.**,
Dok. **VII.** aus Teilen von **III.**, **V.**, **VII.**,

---

[389] Im Unterschied zum Aktenbeginn – 20. Tag des I. Monats (6. März) – ist am Ende das Datum 21. Tag des XII. Monats (2. Febr.) 1665 angegeben.

Dok. **XI.** aus Teilen von **IV.**,
Dok. **XIV.** aus Teilen von **IV.** und **XI.**,
Dok. **XVIII.** aus Teilen von **XIV.** sowie **IV.** und **XI.**,
Dok. **XX.** aus Teilen von **VIII.** sowie **III.** und **V.**,
Dok. **XXIII.** aus Teilen von **IX.**,
Dok. **XXIV.** aus Teilen von **XX.**

5.3.2 Beteiligte Behörden und Personen[390]

Für die Dauer des Prozesses zeichneten die Leiter von drei Ministerien und drei Würdenträger, darunter je ein Lokal- und Militärbeamter sowie ein kaiserlicher Prinz, verantwortlich:

(1.) Ritenministerium, *Lǐbu* 禮部, mit seinem Präsidenten [(4)]KICEBE:
 II.-IV., XII., XIII., XV., XVI., XVII., XX., XXIII., XXIV.;
(2.) Beamtenministerium, *Lìbu* 吏部, mit seinem Präsidenten [(1)]ASHA:
 XIX.;
(3.) Justizministerium, *Xingbu* 刑部, mit seinem Präsidenten [(6)]NIMAN:
 I., VI., XI., XXI., XXII.;
(4.) Provinzgouverneur von Kanton [(5)]LU CHONGJUN:
 IX.;
(5.) hoher Militärbeamter Prinz [(3)]GIYEŠU:
 V., VII., VIII., X., XIV.;
(6.) kaiserlicher Prinz [(2)]FUŠEO:
 XVIII.

Den größten Anteil an Aktenbeiträgen (12) steuerte naturgemäß (1.) das Ritenministerium bei, da jegliche Art von Religionstätigkeit diesem zugeordnet war. Berücksichtigt man nur die Seitenzahlen, so hatte (5.) Prinz GIYEŠU das umfangreichste Material (981 Seiten, allerdings mit seitenlangen Zitaten) beigetragen. Hierauf folgten (1.) das Ritenministerium (12 Beiträge, 604 Seiten), (3.) das Justizministerium (5 Beiträge, 588 Seiten), (2.) das Beamtenministerium (1 Beitrag, 319 Seiten), (6.) Prinz FUŠEO (1 Beitrag, 290 Seiten) und (4.) LU CHONGJUN (1 Beitrag, 20 Seiten).

---

[390] Siehe Teil 3.2.3; zu den Personen siehe Teil 3.2.2.

5.3.3 Sachbereiche in Stichworten

– C h r i s t e n t u m und europäischer Einfluß[391]

Ausgehend von der christlichen Schrift *Tianxue chuan'gai* werden Merkmale der christlichen Lehre diskutiert, infrage gestellt und beargwöhnt.
Befragung des Autors (44)LI ZUBO sowie der Missionare **I., XV**.
Konfiszierung und Verbrennung genannter Schrift **XV**.
Verbot der ‚Irrlehre' zur Vermeidung des Aufkommens von Rebellionen **IX**.
Christliche Lehren sind zu unterbinden **XVII**.
Fragen um das Aufenthaltsrecht der ausländischen Missionare **IX**.
Rückführung von Priestern und Anhängern der Provinzen in die Hauptstadt, dort Untersuchung und Befragung von ca. 30 Missionaren nach dem Zweck ihres Hierseins **IX., XV., XX**.
Frühere Verurteilungen von 4 Missionaren enden mit Freispruch **XXII**.
Überführung von Missionaren nach Guangdong **XV., XXIV**.
Vernichtung von Kirchen, außer denen, die kaiserliche Inschriften tragen, sowie von Büchern und Statuen **IX**.
Manche Kirchen sollen erhalten bleiben, Gegenstände sind freizugeben **X**.
Einheimische Finanzunterstützung beim Kirchenbau **II**.
Probleme mit über 5600 Ausländern, die seit dem Handelsverbot zu Beginn des 16. Jh.s in Macao wohnen und dort Abgaben entrichten **IX**.
Leben der Ausländer in den Provinzen **IX.**, Toleranz **XXIII**.
Fragen der Versorgung und Unterbringung der Ausländer **X**.
Vertagung der Verhandlungen **VI**.

– A s t r o n o m i e und Kalenderwesen[392]

Diskussion über astronomische Probleme und angebliche Fehler gemäß der „neuen Methode" der Europäer, u. a. aufgrund von Vorwürfen in den Schriften *Zheng guoti cheng*[393] und *Zhongxing shuo*[394] des YANG GUANGXIAN.

---

[391] Näheres hierzu siehe in Teil 3.1.1. und 5.2.

[392] Näheres siehe in Teil 3.1.3 und 5.2.2.

[393] Näheres siehe in Teil 1.4.1, Jahr 1659, V. Monat.

[394] Im 1. Teil des *Bu deyi*, Nachdruck, S. 1157-1161.

Probleme bei der Bestimmung der Schaltmonate, der Tageseinteilung, der Solarperioden und der Kulminationssterne, des Frühlingsbeginns, der Berechnung der Sonnen- und Mondfinsternisse sowie bei der Kalendererstellung etc.

Zweifel an der Kompetenz P. SCHALLs **III.**, **V.**, **VII.**

Untersuchungen nach kaiserlicher Weisung **VIII.**, **XXI.**

Befragungen von Mitarbeitern des Astronomischen Amtes, darunter von 8 Personen, die die alte Methode und 9, die das neue Verfahren vertreten, sowie von P. SCHALL.

Auseinandersetzungen mit den Anklagen des YANG GUANGXIAN **III.**, **XXI.**, **V.**, **VII.**, **VIII.**

Freispruch von Beschuldigten **XX.**

Auflistung der zuständigen Beamten (40 Namen) der Jahre 1645 bis 1664, von denen 7 amtsenthoben wurden **XIX.**

Beschuldigung des chines. Direktors [63]ZHANG QICHUN **XIX.**

Diskussion über die in der Schrift *Zhemiu shilun*[395] des YANG GUANGXIAN erörterten 10 Irrtümern, die den Europäern zugeschoben wurden, darunter SCHALLs ‚Verbrechen', den kaiserlichen Kalender nur für 200 Jahre vorgesehen zu haben **III.**,**V.**, **VII.**, **XXI.**

Maßnahmen gegen den mohammedanischen Kalender **III.**

Nach kaiserlicher Weisung weitere Befragungen von SCHALL, von Beamten und YANG GUANGXIAN, der für die Bewahrung der alten Überlieferung eintrat **VII.**

– Geomantik und Chronomantik[396]

Diskussion über P. SCHALLs angebliche Fehler bei der Zeitbestimmung für die Grablegung des kaiserlichen Prinzen RONG[397] i. J. 1658 anläßlich der von YANG GUANGXIAN eingereichten Schrift *Xuanze yi*[398].

P. SCHALL erklärt sich wegen Unkenntnis in der chinesischen Tradition, die man als Aberglauben einstufte, als nicht zuständig. Für verantwortlich bezeichnete er zwei Abteilungsleiter des Astronomischen Amtes, die angeb-

---

[395] Siehe Teil 1.4.1, Jahr, 1659, V. Monat.

[396] Näheres siehe in Teil 3.1.2 und 1.4.1.

[397] Hierzu siehe ausführlich GIMM (2018,1) sowie Teil 1.4.1, Jahr 1659, Ende; Teil 3.1.2.

[398] Siehe Teil 1.4.1, Jahr 1659, V. Monat.

lich das Divinationsverfahren nach einem für falsch und unheilsam erachteten Belegwerk angewandt hatten **IV., XIII.**

Befragungen von zuständigen Beamten LI ZUBO, SONG KECHENG, SONG FA, ZHU GUANXIAN, LIU YOUTAI u.a. **IV.** und die Hauptbeschuldigten SCHALL, DU RUYU, YANG HONGLIANG **XI., XVI.**

Zu deren Schuld **XIV.** und zu späterem Freispruch **XXII.**

Überstellung beteiligter Beamter und einschlägiger Schriften an das Justizministerium **XI., XVI.**

Rolle der beteiligten hohen Beamten[399], darunter auch des Präsidenten des Ritenministeriums und Ausländergegners ENGGEDEI.

Besuche und Begutachtung der geomantischen Lage des Mausoleums Prinz RONG.

Die meisten Beteiligten sind von Schuld freizusprechen **XVI.**

Bitte um kaiserliche Anweisung wegen verzögerten Untersuchungen **XII.**

5.3.4 Zu Personen[400]

Missionare

– P. (8)SCHALL

Befragung zu astronomischen Teilgebieten, Vorwürfe zu Irrtümern und zur Unterdrückung der einheimischen Traditionen **III., VII.**

Befragung zur Datierung des Frühlingsbeginns, Vorwürfe wegen Fehlinformation **VIII., XIX.**

Befragung zur Finanzierung des Kirchenbaus **X.**

Befragung zu Geomantik und zur Beteiligung an der Zeitbestimmung für die Grablegung des Prinzen RONG **IV., XI.**

Urteile: Amtsenthebung und Überstellung an das Justizministerium zur Straffestsetzung **I., XIV.**

Todesstrafe durch Strangulation **VI.**

Todesstrafe durch Zerstückelung **XI.**

Kaiserliche Anweisung, ihn wegen Unkenntnis der chines. Geomantik und seiner Verdienste von der Todesstrafe zu befreien **XIV.** Justizministerium

---

[399] Namentlich genannt sind u.a. die Personen Nr. 58, 67, 82, 88, 96, 97, 98, 102, 103, 104, 106, 107, 108, 111, 113; zu diesen s. Teil 4.1.

[400] Zu den erwähnten Personen siehe Teil 4. Die in den Texten nur beiläufig Genannten sind hier nicht aufgeführt.

verkündet Amnestierung und Freilassung **XVII**. Aufhebung des Todesurteils **XXI**., Freispruch **XXII**.
Umsiedlung **XV**. Berechtigung in Beijing zu bleiben **XXIV**.

– P. ⁽⁹⁾Buglio
Befragung über Kirchenbau und zu Geldspenden einheimischer Sympathisanten **II**., **X**. Umsiedlung **XV**.
Justizministerium verkündet Amnestierung und Freilassung **XVII**., **XXII**. Berechtigung in Beijing zu bleiben **XXIV**.

– P. ⁽¹⁰⁾Magalhães
Befragung über Kirchenbau und Geldspenden einheimischer Sympathisanten **II**., **X**. Umsiedlung **XV**.
Justizministerium verkündet Amnestierung und Freilassung **XVII**., **XXII**. Berechtigung in Beijing zu bleiben **XXIV**.

– P. ⁽¹¹⁾Verbiest
Befragung über Kirchenbau und Geldspenden einheimischer Sympathisanten **II**., **X**. Umsiedlung **XV**.
Justizministerium verkündet Amnestierung und Freilassung **XVII**., **XXII**. Berechtigung in Beijing zu bleiben **XXIV**.

– PP. ⁽¹⁵⁾Coronado, ⁽²³⁾Herdtricht, ⁽³³⁾Santa Maria, ⁽³⁶⁾Trigault
Überstellung an das Justizministerium, Amnestierung **XV**., **XX**.

Einheimische Personen

– ⁽³⁹⁾Du Ruyu
Befragung zur Geomantik des Prinz Rong-Mausoleums **IV**., **XI**., **XVI**.
Amtsenthebung **XIII**., **XIX**.
Todesstrafe durch Zerstückelung **XI**., **XIV**., **XVIII**.

– ⁽⁹¹⁾Huang Gong
Befragung zu astronomischen Themen; von Schuld befreit **VIII**.

– ⁽¹⁰⁰⁾Li Guanghong
Befragung zu astronomischen Themen **VIII**.

– (101)Li Guangxian
Befragung zu astronomischen Themen **VIII**.

– (44)Li Zubo
Befragung über die christliche Lehre und den Kirchenbau **I., II**.
Befragung über Geomantik bei der Prinzenbestattung **IV., XI**.
Amtsenthebung **XIX**.
Todesstrafe durch Zerstückelung **XI., XIV., XVIII**.
Strafe wird beibehalten **XXII**.

– (48)Liu Youtai
Befragung wegen der Geomantik bei der Prinzenbestattung **XI**. Amtsenthebung **XIX**.
Todesstrafe durch Zerstückelung **XI., XIV., XVIII**.

– (49)Ou Jiwu
Befragung über astronomische Probleme **VIII**.

– (52)Si Ergui
Befragung über astronomische Probleme **VIII**.

– (53)Song Fa
Befragung wegen der Geomantik bei der Prinzenbestattung **XI**. Amtsenthebung **XIX**.
Todesstrafe durch Zerstückelung **XI., XIV., XVIII**.

– (54)Song Kecheng
Befragung wegen Geomantik bei der Prinzenbestattung **XI**. Amtsenthebung **XIX**.
Todesstrafe durch Zerstückelung **XI., XIV., XVIII**.

– (76)Tong Guoqi
Als, Unterstützer des Christentums Befragung über finanzielle Hilfe beim Kirchenbau in Fujian **II., X**.

– (77)Xu Qian
Verkündung von Amnestierung und Freilassung durch das Justizministerium **XVII., XXII**.

5.3 Die Dokumente II. bis XXIV 363

– (79)Xu Zuanzeng
Befragung über finanzielle Unterstützung beim Kirchenbau; Urteil Amtsenthebung **II.**, **XIX**.

– (7)Yang Guangxian, Hauptankläger
Befragung zu seiner Kritik an *Tianxue chuan'gai*, einer angeblich in Schalls Namen veröffentlichten christlichen Schrift **II**.
Befragung zu astronomischen Themen **VII**.
Anklage **XIV.**, **XVIII**.
Erklärungen zur Geomantik bei der Bestattung des Prinzen **IV**.
Keine Überstellung an das Justizministerium **IX**.

– (60)Yang Hongliang
Befragung über Geomantik **IV.**, **XI.**, **XVI**.
Amtsenthebung **XIII.**, **XIX**.
Todesstrafe durch Zerstückelung **XI.**, **XIV.**, **XVIII**.

– (63)Zhang Qichun
Befragung über astronomische Themen; Überstellung an das Beamtenministerium zur Schuldfestlegung **VIII**.

– (70)Zhou Shitai
Befragung über astronomische Probleme **VIII**.

– (72)Zhu Guangxian
Befragung wegen der Geomantik bei der Prinzenbestattung **XI**.
Todesstrafe durch Zerstückelung **XI.**, **XIV.**, **XVIII**.

– Weitere Personen,
Pers. Nr.[401] 62, 69, 70, 87, 89, 90, 99, 119, 120, 123, 124, 126, **VIII**.

---

[401] Näheres siehe in Teil 4.1.

Quellen- und Literaturverzeichnis

Vorbemerkung:
Chinesische Quellenwerke werden in traditioneller Weise nach dem Beginn des Haupttitels (*kursiv*), neuere Literatur hingegen nach Verfassernamen (in KAPITÄLCHEN) aufgeführt. Im Text nur sporadisch benötigte Literatur- und Quellenhinweise sind allein innerhalb der Anmerkungen zitiert und hier nicht nochmals aufgenommen. – Hinweise auf Einträge in diesem Verzeichnis erfolgen im Text oft verkürzt oder nur mit: Verfassernamen und Erscheinungsjahr oder chines. Titel(beginn). – Unter ‚Nachdrucke' sind photomechanische Reproduktionen alter Vorlagen, unter ‚Neudrucke' neu gesetzte (oft interpunktierte) Drucke zu verstehen. Bei Literaturangaben aus der *Siku quanshu*-Sammlung, die im Text ohne Seitenzahl (nur mit der *juan*-Zahl) eingefügt sind, handelt es sich um noch nachzuprüfende Belege, die durch die elektronische Ausgabe des *Siku quanshu* ermittelt wurden.. Die sog. ‚Vortitel' (*guanming* 冠名) der kaiserlichen Kommissionswerke, z. B. *Qinding*... 欽定 („kaiserlich sanktioniert"), sind im Folgenden meist fortgelassen. – Die Literatur zu ADAM SCHALL und die Missionsgeschichte der Zeit ist reichhaltig und inzwischen weiter angewachsen. Abkürzungen siehe in Teil 0. Einführung.

ABBIATI, MAGDA und FEDERICO GRESELIN (Hg.),
    Il liuto e i libri. Studi in onore di Mario Sabattini,
    Venezia: Ca'Foscari (2014).

Aixin, siehe *Aixin jiaoluo zongpu*.

Aixin jiazu, siehe *Aixin jiaoluo jiazu quanshu*.

Aixin jiaoluo jiazu quanshu 愛新覺羅家族全書,
    Hg.: LI ZHITING 李治亭 u.a.,
    Changchun: Jilin renmin (1997), 10 Bde.

Aixin jiaoluo zongpu 愛新覺羅宗譜, *Aisin gioro da sekiyen mafa ejere bithe*,
    Komp.: JIN SONGQIAO 金松喬,
    Fengtian (Shenyang): Aixin jueluo xiupu chu, Kangde 5 (1938), 10 Bde., verwendete Teile: *jia* 甲, *yi* 乙, *bing* 丙, *ding* 丁;
    Nachdruck mit Index, Beijing: Xueyuan (1998), 31 Bde., ca. 17.000 Seiten.

ALENI, GIULIO / AI RULUE 艾儒略,
    Wanwu zhenyuan 萬物真原,
    Kanton: Dayuantang (1628) – manjur. Version *Tumen jakai unenggi sekiyen*.

ALLAN, CHARLES WILFRID,
: *Jesuits at the Court of Peking,*
: Shanghai o. J. [1935];
: Nachdruck Arlington: Univ. Public. of America (1975).

Allgemeine Historie der Reisen zu Wasser und Lande; oder Sammlung aller Reisebeschreibungen, welche bis itzo in verschiedenen Sprachen von allen Völkern herausgegeben worden, [...] durch eine Gesellschaft gelehrter Männer im Englischen zusammen getragen, und aus demselben ins Deutsche übersetzt, [herausgegen v. JOHANN JOACHIM SCHWABE (1714-1784)], 5., 6. und 7. Band, Leipzig: Arkstee u. Merkus (1749, 1750).

AMIOT, JEAN JOSEPH MARIE,
: *Éloge de la ville de Moukden et de ses environs. Poeme Composé par Kien-long, Empereur de la Chine & de la Tartarie, actuallement régnant,*
: Paris : Tillard (1770).

AN SHUANGCHENG 安雙成,
: *Tang Ruowang an shimo* 湯若望案始末,
: in: *Lishi dang'an* 歷史檔案 (1992), Heft 3, S. 79–87; auch in: Ming *Qing dang'an yu lishu yanjiu lunwen xuan* 明清檔案與歷史研究論文選 (1985.10 – 1994.9), Bd. 2, Beijing: Guoji wenhua (1995), S. 1080-1097, und *Lishi yu zongjiao* 歷史與宗教 (1992), S. 294-306.

——— *Tang Ruowang zaihua chuanjiao zhi de yu shi* 湯若望在華傳教之得與失,
: in: *Lishi dang'an* 歷史檔案(1996), Heft 3, S. 78–82.

——— *Qingchu xiyang zhuanjiao shi manwen dang'an yiben* 清初西洋傳教士滿文當安譯本（*Zhongwai wenhua jiaoliu shi wenxian congshu* 中外文化交流史文獻叢書），
: Zhengzhou: Daxiang 大象(2015).

ANDRADE, TONIO,
: *The Gunpowder Age : China, Military Innovation, and the Rise of the West in World History,*
: Princeton N. J.: Princeton Univers. Pr. (2016).

D'ANVILLE, JEAN BAPTISTE BOURGIGNON [1697-1782],
: *Nouvel Atlas de la Chine, de la Tartarie chinoise, et du Thibet; contenant Les Cartes générales et particulieres de ces Pays* [...],
: La Haye: Scherleer (1737).

Arbeiten der Kaiserlich Russischen Gesandtschaft zu Peking über China, sein Volk, seine Religion, seine Institutionen, socialen Verhältnisse etc.
: *Aus dem Russischen nach dem in St. Petersburg 1852-57 veröffentlichten Original,*
: Übers.: CARL ABEL und F. A. MECKLENBURG,
: Berlin (1858): Heinicke; 2 Bde.
: – russ. Vorlage: *Trudy ćenov rossijskoj duchovnoj missii v Pekine,* St. Peterburg (1852).

ARIZZOLI-CLEMENTEL, PIERRE,
>   *Kangxi, empereur de Chine 1662–1722, La cité interdite à Versailles,*
>   Paris: Réunion des musées nationaux (2004).

ARLINGTON, L. C. und WILLIAM LEWISOHN,
>   *In Search of Old Peking,*
>   Peking: Vetch (1935), Nachdr. New York (1967).

ARSI: Archivum Romanum Societatis Jesu, Rom,
>   Bestand der Manuskripte; Näheres s. CHAN (2002).

ATTWATER, RACHEL,
>   *Adam Schall, A Jesuit at the Court of China 1592-1666,*
>   Milwaukee: Bruce (1963),
>   – Volkstüml. Bearbeitung des Buches von A. VÄTH.

BACKER, A. de, siehe SOMMERVOGEL.

BACKHOUSE, E. and J. O. P. BLAND,
>   *Annals & Memoirs of the Court of Peking (From the 16th to the 20th Century),*
>   London: H. Mifflin ²(1914).

BADDELEY, JOHN F.,
>   *Russia, Mongolia, China. Being some Record of the Relations between them from the beginning of the XVIIth Century to the Death of the Tsar Alexei Mikhailovic A. D. 1602-1676 Rendered mainly in the form of Narratives dictated or written by the envoys* [...],
>   London: Macmillan (1919), 2 Bde.

Baqi manzhou shizu tongpu 八旗滿洲氏族通譜,
>   Komp.: ORTAI / E'ERTAI 鄂爾泰(1680-1745) u.a., 80 j.,
>   befohlen 1735/6, chines. Palastdruck 1744, Vorwort dat. 1745,
>   – manjur. Version: *Jakôn gôsai manjusai mukôn hala be uheri ejehe bithe;*
>   Index hierzu siehe STARY (2000).

Baqi tongzhi 八旗通志,
>   – [I. Sammlung, *chuji* 初集],
>   Komp.: ORTAI 鄂爾泰(1680-1745) u. a.
>   250+2+1 j., befohlen 1727, Vorwort v. 27. IV. 1739, Druck von 1739,
>   Neudruck der I. Sammlung, Changchun: Dongbei shifan daxue (1986), 8 Bde.
>   – dazu manj. Übersetzung: *Jakôn gôsai tung jî-i sucungga weilehe bithe,* Hg.:
>   MACI 馬齊 (gest. 1739) u.a.;
>   – II. Sammlung: *Qinding baqi tongzhi [erji]* 欽定八旗通志二集 (ohne manj. Übersetzung),
>   Komp.: TIEBAO 鐵保 (1752-1824) u. a.,
>   342+12+2 j., befohlen 1786, vollendet 1796, Druck von 1799,
>   – Nachdruck beider chin. Sammlungen: Serie *Zhongguo shixue congshu* 中國史學叢書, Taipei: Xuesheng (1968), 40 Bde.,
>   Beijing: Xueyuan (2000), 54 Bde.

BARLETT, BEATRICE S.,
> An Archival Revival, The Qing Central Government Archives in Beijing Today,
> in: Ch'ing-shih wen-t'i, 4,6 (1981), S. 81-110.

—— Monarchs and Ministers. The Grand Council in Mid-Ch'ing 1723-1820,
> Berkeley, Mass.: Univers. of California Pr. (1991).

BATTAGLINI, MARINA,
> The Jesuit manuscripts on China preserved in the Biblioteca Nazionale in Rome,
> in: MASINI, S. 11-100.

—— The Jesuit Manuscripts Concerning China Preserved in the Biblioteca Nationale Centrale- Vittorio Emanuele II in Rome,
> in: MALEK, S. 533-542.

BAYER, THEOPHIL [GOTTFRIED] SIGFRIED,
> Mvsevm sinicvm In quo Sinicae Linguae et Litteraturae ratio explicatur,
> St. Petersburg: Typogr. acad. imperatoriae (1730), 2 Bde.

BECKER, CONSTANTIN,
> Johann Adam Schall (1591-1666),
> in: Die Gesellschaft Jesu und ihr Wirken im Erzbistum Trier, Katalog-Handbuch, Trier (1991), S. 181-182.

Beijing tushuguan cang zhongguo lidai shike taben huibian 北京圖書館藏中國歷代石刻拓本匯編,
> Bd. 61: *Qing yi* 清一, Bd. 62: *Qing er* 清二,
> Beijing: Beijing tushuguan (1990).

Beiyou lu 北游錄,
> Komp.: TAN QIAN 談遷 (1594-1658), Aufzeichnungen aus der Zeit 1653-1656, 9 j.,
> Serie *Qingdai shiliao biji congkan* 清代史料筆記叢刊,
> Beijing: Zhonghua (1960), (1981).

Beizhuan ji 碑傳集,
> Komp.: QIAN YIJI 錢儀吉(1783-1850), 160 + 2 j., vollendet 1826,
> 1. Druck 1893, Fortsetzungen ab 1910,
> verkleinerter Nachdruck: *Qingdai beizhuan quanji* 清代碑傳全集, Shanghai: Shanghai guji (1987), 2 Bde.

BENNETT, STEVEN J.,
> *Patterns of the Sky and Earth; A Chinese Science of Applied Cosmology,*
> in: Chinese Science (1978), 3, S. 1-26.

BENOIST (BENOIT), MICHEL S.J.,
> *Denkwürdigkeiten von Sina. Aus der sittlichen und natürlichen Geschichte dieses Reichs,*
> Leipzig: Weygand (1783).

BERNARD(-MAÎTRE), HENRI S.J.,
> *Aux origines du cimetière de Chala,*
> in : Bulletin catholique, 21 (1934), S. 253-256, 316-329, 378-387, 429-443, 483-492.

——— *Galilée et les Jésuites des Missions d'Orient*,
　　　in: Revue des questions scientifiques, 108, Namur (1935), S. 356-382.

——— *Sagesse chinoise et philosophie chrétienne*,
　　　(Les Humanités d'Extrême-Orient),
　　　Tientsin, Paris : Hautes études (1935, 1).

——— *Ricciana*,
　　　Peiping : Impr. des Lazaristes [1936],
　　　– Sammelausgabe früherer Veröffentlichungen in:
　　　Bulletin Catholique de Pékin (1934), S. 608-612;
　　　(1935), S.40-43, 78-94, 147-151, 197-202, 365-373, 434-440, 469-481.

——— *L'Encyclopédie astronomique de Père Schall (Tch'ong-tcheng li-chou* 崇禎曆書*, 1629 et Si-yang sin-fa li-chou* 西洋新法曆書*, 1645), La réforme du calendrier chinois sous l'influence de Clavius, de Galilée et de Kepler.*
　　　in: Monumenta Serica, 3 (1938), S. 35-77, 441-525.

——— *Ferdinand Verbiest, continuateur de l'oeuvre scientifique d'Adam Schall. Quelques compléments à édition récente de sa correspondence*,
　　　in : Monumenta Serica, 5 (1940), S. 103-140.

——— *Les adaptations chinoises d'ouvrages européens, Bibliographie chronologique depuis la venue des portugais à Canton jusqu'à la mission française de Pékin 1514-1688*,
　　　in: Monumenta Serica, 10 (1945), S. 1-57, 309-388.

——— *La science européenne au tribunal astronomique de Pékin aux XVIIe – XIXe siècles*,
　　　Paris: Palais dela découverte (1951).

——— *Les adaptations chinoises d'ouvrages européens*,
　　　in: Monumenta Serica, 19 (1954), S. 349-383.

——— *Le père Ricci et les missions de Chine (1578-1644)*,
　　　in: DELACROIX (1957), S. 19-52.

——— *Les missions de Chine après 1644*,
　　　in: DELACROIX (1957), S. 156-180, 400.

BERNARD, HENRI S.J. und BORNET, PAUL S.J.,
　　　Lettres et Mémoires d'Adam Schall S.J. édités par le P. Henri Bernard S.J – Relation Historique, Texte latin avec traduction française du P. Paul Bornet S.J.,
　　　Tientsin: Hautes éudes (1942).
　　　– d.i. Neuedition (mit franz. Übers. u. Anmerkungen) des Msk.s von ADAM SCHALL, *Historica Relatio eorum quae...* (s. u.) von 1658.

BERTUCCIOLI, GIULIANO,
　　　Ludovico Buglio,
　　　in: Scienziati siciliani gesuiti in Cina nel secolo XVII. Atti del convegno a cura di alcide luini, Ternate (Varese): Istituto Italo Cinese (1985), S. 120-146.

Beschreibung der Stadt Peking (anonym),
　　　in: Allgemeine Bauzeitung, Wien, hgg. v. L. v. FÖRSTER, 24. Jg. (1859), S. 321-346.

BETTRAY, JOHANNES S.J.,
>*Die Akkomodationsmethode des Pater Matteo Ricci S.J. in China*
>(Analecta Gregoriana, 76),
>Rom: Univers. Gregorianae (1955).

Biannian, siehe *Qingshi biannian.*

BLAEU, siehe MARTINI (1655).

BODDE, DERK und CLARENCE MORRIS,
>*Law in Imperial China Exemplified by 190 Ch'ing Dynasty Cases (Translated from the Hsing-an hui-lan) With Historical, Social, and Juridical Commentaries,*
>Cambridge, Mass.: Harvard Univ. Pr. (1967).

BORNET, Paul S.J.,
>*Au Service de la Chine, Schall et Verbiest maîtres fondeurs,*
>in : Bulletin Catholique de Pékin, 33 (1946), S. 160-185.
>Siehe a. BERNARD u. BORNET

BOSMANS, H. S.J.,
>*La notice nécrologique de Ferdinand Verbiest par son secrétaire Antoine Thomas de Namur, vice-président effectif et président intérimaire de l'Observatoire de Péking*
>(Annales de la Société d'Émulation pour l'étude de l'histoire et des antiquités de la Flandre, Fasc.2),
>Bruges: L. de Planoke (1914).

BOUILLARD, GEORGE,
>*Les Tombeaux Impériaux des Dynasties Ming et Ts'ing,*
>(Péking et ses environs, 3. Série),
>Pékin : Albert Nachbaur (1922).

>——— *Les Temples autour du Hsiang Shan, Tien t'ai sze - Wo fo sze,*
>(Péking et ses environs, 8. Série).
>Pékin: Albert Nachbaur (1924)

BOULAIS, P. GUY S.J.,
>*Manuel du code chinois* 大清律例便覽 (Variétés sinologiques, 55),
>Shanghai: Mission catholique (1923),
>Nachdruck Taipei: Ch'eng-wen (1966).

BOUVET, JOACHIM S.J.,
>*Portrait historique de l'Empereur de la Chine présenté au Roy,*
>Paris: Pepie (1697, 1698);
>– 3. Ausgabe:
>*Histoire de l'empereur de la Chine, présenté au Roy,*
>La Haye: M. Uytweef (1699); Nachdruck Tientsin (1940).

BOY-ED [Karl], Oberleutnant,
>*Peking und Umgebung nebst einer kurzen Geschichte der Belagerung der Gesandtschaften (1900),*
>Wolfenbüttel: Heckner (1908).

BOYM, MICHAŁ PIOTR S.J.,
>   *Briefve relation de la notable conversion des personnes royalles & de l'estat de la religion Chrestienne en la Chine,*
>   Paris: Cramoisy (1654).

BRAHE, TYCHO,
>   *Opera Omnia,* hgg. v. JOHN LOUIS EMIL DREYER,
>   København: Gyldendal (1913-1929), 15 Bde.

BRAY, FRANCESCA,
>   *Some Problems concerning the Transfer of Scientific and Technical Knowledge,*
>   in: THOMAS H. C. LEE (ed.), S. 203-219.

Breuis Relatio eorũ, quæ spectant ad Declarationem Sinarũ Imperatoris
>   Kam Hi circa cæli, cumfucij, et Auorũ cultú, datam anno 1700 Accedunt Primatũ, Doctißimorũq. virorũ, et antiquissimæ Traditionis testimonia. Opera PP. Societ. Jesv Pekini pro Euangelij propagatione laborantium,
>   Augusta Vindelicorum [Augsburg]: C. Bencard (1703).
>   lat.-chin.-manjur. Teile, Manuskriptdruck, zus. 122 Seiten, unterzeichnet von 10 Jesuitenpatres: A. THOMAS, Ph. GRIMALDI, Th. PEREIRA, J. F. GERBILLON, J. SUARES, J. BOUVET, K. STUMPF, B. REGIS, L. PERNON, D. PARRENIN; Enddatum 29. Juli 1701, 2. lat. Druck, 85 pag. Seiten.
>   – Hierzu siehe H. CORDIER (1902), S. 63-65; P. PELLIOT, in: T'oung Pao, 23 (1924), S. 355-372.

BROCKEY, LIAM MATTHEW,
>   *Journey to the East: The Jesuit Mission to China,*
>   Cambridge Mass.: Harvard Univ. Pr. (2008).

BROOK, TIMOTHY, JÉRÔME BOURGON, and GREGORY BLUE,
>   *Death by a Thousand Cuts,*
>   Cambridge, Mass.: Harvard Univ. (2008).

BRUCKER, JOSEPH,
>   *Johann Adam Schall von Bell,*
>   in: Catholic Encyclopedia, New York: The Encyclopedia Pr., Bd. 13 (1912), S. 520 flg.

BRUNEM, VOJEU DE [d.i. JOSEPH-BAPTISTE JOUVE D'EMBRUN],
>   *Histoire de la conqueste de la Chine par les tartares Mancheoux; a laquelle on a joint un accord chronologique des Annales de la Monarchie Chinoise [...],*
>   Lyon: Duplain (1754), 2 Bde.

BRUNNERT, H. S. und V. V. HAGELSTROM,
>   *Present Day Political Organization of China,* Revised by N. Th. KOLESSOFF,
>   aus dem Russischen übers. v. A. BELTCHENKO und E. E. MORAN, Shanghai: Kelly and Walsh (1912), Nachdruck Taipei (1961) u.ö.
>   – Titel des russ. Originals: H. S. BRUNNERT, V. V.GAGEL'STROM *Sovremennaja političeskaja organizacija Kitaja,*
>   Beijing: Usp. monast. (1910).

BRUUN, OLE,
    Fengshui in China, Geomantic Divination between State Orthodoxy and Popular Religion,
    Honolulu: Univ. of Hawai'i, Copenhagen: Nias (2003).

Bu deyi 不得已,
    Verf.: YANG GUANGXIAN 楊光先(1597-1669),
    2 j., Beijing, Vorwort undatiert (ca. 1663/4).
    Nachdruck in: *Tianzhujiao dongzhuan wenxian xubian*, Bd. 3, S. 1071-1332.

Bu deyi bian 不得已辨(I.)
    Refutatio persecutoris Yam quam sien [Yang Guangxian] circa res fidei,
    Verf.: LI LEISI 利類思/ P. LODOVICO BUGLIO S.J. (1606-1682), Vorwort V. Monat 1665; Erwiderung auf die vorgenannte Schrift des YANG GUANGXIAN;
    Bibl.: ARSI, *Jap-Sin I, 90, I, 90a, I, 91, I, 92*; Nachdruck in: *Tianzhu jiao dongchuan wenxian*, S. 225–332.

Bu deyi bian 不得已辯 (II.)
    Refutatio persecutoris Yam Quam Sien circa res mathematices,
    Verf.: NAN HUAIREN 南懷仁/ P. FERDINAND VERBIEST S.J. (1623-1688), Vorwort undatiert;
    Bibl. : ARSI, *Jap-Sin II, 43*; CHAN (2002), S. 344-346; Vat., *Racc.–Gen.Or. III.227*; Nationalbibl. Paris; COURANT, 4984/91,
    Nachdruck in: *Tianzhu jiao dongchuan wenxian*, S. 333–469.

CAI KEYUAN 蔡可園,
    Qingdai qibai mingren zhuan 清代七百名人傳;
    1. Druck (1899); Nachdruck: Taipei (1978), ²(1990), 25 j.,
    in: *Biji xiaoshuo daguan xubian* 筆記小說大觀續編, Bd. 4, S. 3895-4028.

CAMERON, NIGEL,
    Barbarians and Mandarins. Thirteen centuries of Western Travelers in China,
    Chicago: Univ. of Chicago Pr. (1970), (1976).

CAO JINGSHI 曹京實,
    Adam Schall von Bell S.J. und die chinesische Astronomie, Tang Ruowang yu zhongguo tianli 湯若望與中國天曆,
    in: Chung te hsüeh chih [Zhongde xuezhi]中德學誌 (Aus deutschem Geistesleben), 5. Jg., Peking (1943), S. 278-308.

CAO MO 曹謨,
    Tianwen xue 天文學,
    in: WANG YUNWU 王雲五(Hg.), *Zhongshan ziran kexue da cidian* 中山自然科學大辭典, Bd. 3,
    Taipei: Taiwan shangwu (1975).

Catalogue de la Bibliothèque du Pé-t'ang
    (Mission Catholique des Lazaristes à Pékin),
    Vorwort v.H[UBERT] VERHAEREN,
    Pékin: Imprimerie des Lazaristes (1949).

Catalogue of Chinese Rubbings from Field Museum,
    Researched by HO-SHIEN TCHEN, M. KENNETH STARR,
    ALICE K. SCHNEIDER, H. WALRAVENS u.a.
    (Field Anthropology, New Series, 3; Publication 1327),
    Chicago: Field Museum (1981).

CHAN, ALBERT S.J. [CHEN LUNXU 陳綸緒],
    A European Document on the Fall of the Ming-Dynastie (1644-1649),
    in: Monumenta Serica, 35 (1981/83), S. 75-109.

——— *The Glory and Fall of the Ming Dynasty,*
    Norman: University of Oklahoma Pr. (1982).

——— *Johann Adam Schall in the Pei-yu lu of T'an Ch'ien and in the Eyes of his Contemperaries,*
    in: MALEK (1998), S. 273-302.

——— *Chinese Books and Documents in the Jesuit Archives in Rome.*
    A Descriptive Catalogue Japonica-Sinica I – IV,
    Armonk, New York u. London: Sharpe (2002).
    Hierzu siehe AD DUDINK, in: Monumenta Serica, 50 (2002), S. 481-538.

CHANG SHENG-CHING [ZHANG SHENGQING] 張省卿,
    Das Porträt von Johann Adam Schall in Athanasius Kirchers China Illustrata,
    in: MALEK (1998), S. 1001-1050.

Chaoxian Lichao shilu zhongde zhongguo shiliao 朝鮮李朝實錄中的中國史料,
    Komp.: WU HAN 吳晗,
    Beijing: Zhonghua (1980), 12 Bde.

CHAPMAN, ALLEN,
    Tycho Brahe in China: The Jesuit Mission to Peking and the Iconography of European Instrument-Making Processes,
    in: Annals of Science, 41 (1984), S. 417-443.

CHEN JIEXIAN 陳捷先,
    Qingshi zabi 清史雜筆,
    Taipei: Xuehai (1977).

CHEN JIUJIN 陳久金,
    Kalender,
    in: Wissenschaft und Technik im alten China, hgg. vom Institut für Geschichte der Naturwissenschaft der Akademie der Wissenschaften (Übers.: KÄTHE ZHAO u. HSI-LIN ZHAO),
    Basel: Springer (1989), S. 37–50.

CHEN SONG 陳崧,
    Tang Ruowang de xueshu chuanjiao 湯若望的「學術傳教」,
    in: MALEK, S. 791-803.

CHEN YONGZHENG 陳永正,
    Zhongguo fangshu da cidian 中國方術大辭典,
    Guangzhou: Zhongshan daxue (1991).

CHEN YUAN 陳垣,
    Tang Ruowang yu Mu Chenmin 湯若望與木陳忞,
    in: *Furen xuezhi* 輔仁學誌 7, Heft 1-2 (1938), S. 272-298;
    auch in: Sammelband *Chen Yuan xueshu lunwenji* 陳垣學術論文集, 2 Bde.,
    Beijing: Zhonghua (1980, 1982), S. 83-107;
    – deutsche Teilübersetzung von D. W. YANG:
    Johann Adam Schall von Bell S.J. und der Bonze Mu Tschen-wen [!],
    in: Monumenta Serica, 5 (1940), S. 316-328.

——— *Yulu yu Shunzhi gongting* 語錄與順治宮廷,
    in: *Furen xuezhi* 輔仁學誌, Jg. 8, 1 (1939), 1-13.

CHEN ZUNGUI 陳尊媯,
    Zhongguo tianwenxue shi 中國天文學史,
    Shanghai (1980), Nachdruck Taipei: Mingwen (1984), 5 Bde.

CHENG JIANJUN 程建軍,
    Zhongguo gudai jianzhu yu Zhouyi zhexue 中國古代建築與周易哲學,
    Jilin: Jilin jiaoyu (1991).

Chouren zhuan 疇人傳,
    Komp.: RUAN YUAN 阮元 (1764–1849),
    46 j., Vorwort von 4. 1799; hier Druck von 1840 (52 j.),
    Nachdruck Taipei: Jindai zhongguo shiliao congkan sanbian (1965), (1993),
    7 Bände.

CHU PING-YI [ZHU PINGYI 祝平一],
    Scientific Dispute in the Imperial Court, the 1644 Calendar Case,
    in: Chinese Science 14 (1997), S. 7-34.

CIBOT, PIERRE-MARTIAL,
    Observations de physique & d'histoire naturelle de l'Empereur Kang-hi,
    in : Mémoires concernant, T. 4 (1779), S. 452-483.

CINCIUS, VERA I.,
    Sravnitel'nyj slovar' tunguso-man'čžurskich jazykov,
    Leningrad: Nauka (1977), 2 Bde.

COHEN, PAUL A.,
    The Anti-Christian Tradition in China,
    in: Journal of Asian Studies, 20, 2 (1961), S. 169-180.

——— *China and Christianity. The Missionary Movement and the Growth of Chinese Antiforeignism 1860-1870*,
    Cambridge, Mass.: Harvard Univ. Pr. (1963, ²1967).

von COLLANI, CLAUDIA,
   P. Joachim Bouvet S.J., Sein Leben und sein Werk
   (Monumenta Serica Monogr., XVII),
   Nettetal: Steyler (1985).

——— *Die Chinamission von 1520-1630,*
   in: M. VENARD, H. SMOLINSKY (Hg.), Die Zeit der Konfessionen (1530-1620/30),
   Die Geschichte des Christentums, Bd. 8,
   Freiburg: Herder (1992), S. 933-956.

——— *Der Chinamissionar Johann Adam Schall von Bell S.J. (1592-1666).*
   Einige Aspekte aus der chinesischen Missionsgeschichte des 17. Jahrhunderts,
   in: Würzburger Diözesan-Geschichtsblätter, 54 (1992,1), S. 353-370.

——— *Johann Adam Schall von Bell S.J.,*
   in: Canisius, Mitteilungen der Jesuiten, 43. Jg., 1 (1992,2), S. 20-23.

——— *Johann Adam Schall von Bell und die Naturwissenschaften in China,*
   in: Verbum SVD, 33, Nettetal (1992,3), S. 25-39.

——— *Johann Adam Schall von Bell S.J., Missionar und Astronom in China,*
   in: Jahrbuch für Religionswissenschaft und Theologie der Religionen, Bd. 1,
   Freiburg (1993), S. 118-144.

——— *Theologie und Wissenschaft in China,*
   in: KARL MÜLLER (ed.): Naturwissenschaftliches Weltbild und Evangelium,
   Nettetal: Steyler (1993,1), S. 83-113.

——— *Schall, Johann Adam S. von Bell,*
   in: Biographisch-bibliographisches Kirchenlexikon,
   Hamm: Bautz, Bd. 8 (1994), S. 1575-1582.

——— *Johann Adam Schall von Bell: Weltbild und Weltchronologie in der Chinamission im 17. Jahrhundert,*
   in: MALEK (1998), S. 79-99.

——— *Theologie und Astronomie in China,*
   in: MALEK (1998,1), S. 371-401.

——— *Biography of Johann Adam Schall von Bell SJ, China missionary,*
   in: Stochastikon (ca. 2010), S. 1-16.

——— *Von Jesuiten, Kaisern und Kanonen. Europa und China – eine wechselvolle Geschichte,*
   Darmstadt: WBG (2012).

——— *Zwischen Astronomie und Aberglauben. Der chinesische Kalender in der Auseinandersetzung zwischen Johann Adam Schall von Bell und seinen Gegnern,*
   in: Deutsche Chinagesellschaft Mitteilungsblatt, 56 (2013), S. 68-85.

——— *Xu Guangqi und die Jesuiten, Die richtige Berechnung der Eklipsen oder die Wahrheit der Religion,*
   in: C. v. COLLANI, E. ZETTL (2016) S. 235-248.

―――― *Two Astronomers: Martino Martini and Johann Adam Schall von Bell*,
in: L. M. PATERNICÒ, Cl. v. COLLANI, R. SCARTEZZINI (eds.),
Martino Martini. Man of Dialogue,
Trento: Università degli Studi (2016, 1), S. 65-94.

―――― Cl. v. COLLANI, ERICH ZETTL (Hg.),
Johannes Schreck-Terrentius S.J., Wissenschaftler und China-Missionar (1576-1630), (Missionsgeschichtliches Archiv, 22),
Stuttgart: Steiner (2016,2).

Conference Papers, siehe *Lishi yu zongjiao*.

Congshu jicheng 叢書集成,
Sammelwerk, Serie I, *chubian* 初編,
Shanghai: Shangwu (1935-1937).

CORDIER, HENRI,
Bibliotheca Sinica, Dictionnaire bibliographique des ouvrages relatifs à l'empire chinois, 5 Bde,
Paris: E. Leroux, Bd. 1-4 ¹(1878/85), ²(1904/08), Bd. 5 (1924); Nachdruck Taipei (1966);
dazu: WALRAVENS, HARTMUT,
Name Index to Henri Cordier's Bibliotheca Sinica, Wiesbaden: Harrassowitz (2013).

―――― *L'imprimerie sino-européenne en Chine, Bibliographie des ouvrages publiés en Chine par les européens au XVIIe et au XVIIIe siècle*,
Paris: Imprimerie nationale (1901).

CORFF, OLIVER, KYOKO MAEZONO, WOLGANG LIPP u.a.
Auf kaiserlichen Befehl erstelltes Wörterbuch des Manjurischen in fünf Sprachen, „Fünfsprachenspiegel" [*Yuzhi wuti qingwen jian* 御製五體清文鑑],
Wiesbaden: Harrassowitz (2013), 2 Bde. und 5 Indexbände.

COULING, SAMUEL (ed.),
The Encyclopaedia Sinica,
Shanghai: Kelly and Walsh (1917).

COUPLET, PHILIPPE S.J.,
Tabula chronologica Monarchiæ Sinicæ juxta cyclos annorum LX. Ab anno ante Christum 2952. ad annum post Christum 1683 […]
Paris: Privilegio regis (1686);
– auch als Anhang zu PROSPERO INTORCETTA u.a., *Confucius Sinarum Philosophus sive Scientia Sinensis*,
Paris: D. Horthemels (1687); – erweiterte Ausgabe (Kleinformat), Wien (1703).

―――― *Histoire d'une dame chrétienne de la Chine, ou par occasion les usages de ces Peuples* […]
Paris : Michallet (1688).

COURANT, MAURICE,
　　Catalogue des livres chinois, coréens, japonais etc., (Bibliothèque nationale, Département des Manuscrits Orientaux),
　　Paris : Leroux (1902-1912), 3 Bde.

COUVREUR, SERAPHIN S.J.,
　　Choix de documents, lettres officielles, proclamations, édits, mémoriaux, inscriptions, Texte chinois avec traduction en français et en latin,
　　Ho Kien Fou: Impr. de la mission catlolique (1894), ⁴(1906).

CROSSLEY, PAMELA KYLE,
　　Orphan Warriors, Three Manchu Generations and the End of the Qing World,
　　Princeton: Princeton Univ. Pr (1990).

——— *The Manchus,*
　　Oxford: Wiley-Blackwell (1997).

——— *A Translucent Mirror,*
　　Berkeley, Mass.: Univers. of California Pr. (1999).

CROSSLEY, PAMELA KYLE und EVELYN S. RAWSKI,
　　A Profile of the Manchu Language in Ch'ing History,
　　in: Harvard Journal of Asiatic Studies, 53,1 (1993), S. 63-102.

CUMMINS, JAMES S.,
　　The Travels and Controversies of Friar Domingo Navarrete 1618-1686,
　　(Works issued by the Hakluyt Society, 2. ser., no. 118),
　　Cambridge: Hakluyt Society, Cambridge Univ. Pr. (1962), 2 Bde.

Da Qing huidian 大清會典 / *Amba daicing gurun-i uheri kooli bithe,*
　　Kommissionswerk, 5 Bearbeitungen:
　　1.) Komp.: ISANGGA / YISANG'A 伊桑阿,
　　1690 (162 j., begonnen 1684, Druck 1690),
　　Nachdruck in: *Jindai zhongguo shiliao congkan sanbian* 近代中國史料叢刊三編,
　　Taipei: Wenhai (1993);
　　2.) 1734 (250 j., begonnen 1724, vollendet 1733, Druck 1734);
　　3.) 1768 (100 j., begonnen 1747, vollendet 1764, Druck 1768);
　　4.) 1822 (80 j., begonnen 1801, vollendet 1818, Druck 1822);
　　5.) Komp.: KUNGANG 崑岡 (gest. 1907) u.a.,
　　1904 (100 j., befohlen 1886, Vorwort 1899, Palastdruck 1904),
　　Nachdruck Taipei (1963), Beijing: Zhonghua (1991).
　　Verwendete Ausgaben: 1.), 2.), 4.) und 5.).

Da Qing huidian shili 大清會典事例,
　　Kommissionswerk, 3 Bearbeitungen,
　　verwendete Ausgabe:
　　Komp.: KUN'GANG 崑岡 (gest. 1907) u.a.,
　　100 j., befohlen 1886, Vorwort 1899, Palastdruck 1904,
　　Nachdruck Beijing: Zhonghua (1991), 1 Bd.

Da Qing huidian tu 大清會典圖,
  Kommissionswerk, 2 Bearbeitungen: 1822 (132 j.), 1904 (270 j.),
  verwendete Ausgabe:
  Komp.: KUNGANG 崑岡 (gest. 1907) u.a.,
  270 j., befohlen 1886, Palastdruck 1899,
  Nachdruck Taipei: Xinwen feng (1963), 5 Bde.

Da Qing huidian zeli 大清會典則例,
  Kommissionswerk, 180 j.,
  Ausg. nach den *Siku quanshu*-Handschriften (Ed. siehe unter *Huangchao liqi tushi*).

Da Qing lüli, siehe *Da Qing lüli huitong xinzuan*, BOULAIS, STAUNTON.

Da Qing lüli huitong xinzuan 大清律例會通新纂,
  Komp. YAO YÜXIANG 姚雨薌 u.a.,Vorworte v. 1646 bis 1799, 40 j., Druck v. 1873, Nachdruck Taipei (1964), 5 Bde.

Da Qing Shengzu ren huangdi shilu 大清聖祖仁皇帝實錄,
  Komp.: ZHANG TINGYU 張廷玉(1672-1755) u.a., bearbeitet 1723-1731, revidiert 1732, Vorwort v. 1744, 300 j.,
  Nachdruck Reihe *Da Qing lichao shilu* 大清歷朝實錄,
  Taipei: Huawen (1969), 6 Bde.

Da Qing shichao shengxun 大清十朝聖訓,
  Hg.: ZHAO ZHIHENG 趙之恆 u.a.,
  Taipei: Wenhai (1995), 20 Bde.

Da Qing Shizu zhang huangdi shilu 大清世祖章皇帝實錄,
  Komp.: BATAI 巴泰(gest. 1690), bearbeitet 1672,
  Revision von 1740, vollendet 1762, 144 + 3 j.,
  Nachdruck (siehe o.) Taipei (1964), 3 Bde.

Da Qing Taizong wen huangdi shilu 大清太宗文皇帝事錄,
  Komp.: XIONG CILI 熊賜履 (1635-1709) u.a., begonnen 1649,
   revidiert 1652, 1673, 1682, 1740, 65 j.
  Nachdruck (siehe o.) Taipei (1964), 2 Bde.

Da Qing Taizu gao huangdi shilu 大清太祖高皇帝實錄,
  Komp.: JIAOLUO LEDEHONG 覺羅勒德洪 u.a., bearbeitet 1682-1686, Revision,
  Vorwort v. 1739, 10 j.,
  Nachdruck (siehe o.) Taipei (1969), 1 Bd.

Da Qing Taizu wuhuangdi shilu 大清太祖武皇帝實錄,
  Komp.: GARIN / GANGLIN 剛林 u.a., vollendet 1636, 4 j.,
  Nachdruck (siehe o.) Taipei (1969), 1 Bd.

Danshu 丹書, siehe *Hongfan wuxing danshu*.

DEBERGH, MINAKO,
: *Astronomical Maps charted be the Jesuit Missionaries in China and their Influence in Korea and Japan from Johann Adam Schall von Bell to Ignatius Kögler,*
in: MALEK, S. 544-554.

DEGUIGNES, siehe GUIGNES.

DEHERGNE, JOSEPH S.J.,
: *Les chrétientés de Chine de la période Ming (1581-1650),*
in: Monumenta Serica, 16,1 (1957), S. 1-136.

——— *Répertoire des Jésuites de Chine de 1552 à 1800*
(Bibliotheca Instituti Historici S. I., vol. 37),
Rom: Institut. Historic., Paris: Letouzey, Ané (1973).

——— *Notice sur l'histoire des missions de Chine (1552-1800) aux Archives des Jésuites de Paris,*
in : China Mission Studies Bulletin, 1 (1979), S. 12-15,

——— *Lettres annuelles et sources complémentaires des missions Jésuites de Chine (Suite),*
in: Archivum Historicum Societatis Jesu, 51 (1982), S. 247-284.

——— *Un problème ardu: Le nom de dieu en chinois,*
in: Actes du IIIe colloque internationale de sinologie.
Appréciation par l'Europe de la tradition chinoise à partir du XVIIe siècle,
Paris : les belles lettres Cathasia (1983), S. 13-46.

DEIWIKS, SHU-JYUAN,
: *The Secret Manchu Documents on the Trial of the Jesuit Missionary Johann Adam Schall (1592-1666) before the Surpeme Court of Peking,*
in: Monumenta Serica, 51 (2003), S. 641-648.

——— mit MARTIN GIMM,
Die Geheimakten zum Prozeß gegen den Jesuitenpater Adam Schall v. Bell (1592-1666),
in: Europa trifft China – China trifft Europa. Die Anfänge des Wissensaustauschs: Jesuiten-Missionare in China vom 16. bis zum 18 Jahrhundert, (Ausstellungskatalog),
Bonn: Ostasien-Institut (2012), S. 60-74.

——— *Some Cultural and Psychological Aspects of the Trial of Adam Schall before the Supreme Court of Peking according to the Manchu Documents,*
in: S.-J. DEIWIKS, B. FÜHRER, Th. GEULEN (Hg.), Europe meets China, China meets Europe. The Beginnings of European-Chinese Scientific Exchange in the 17th Century (Collecta Serica),
Sankt Augustin: Institut Monumenta Serica (2014), S. 155-176.

DELACROIX, S. u.a. (Hg.),
: *Histoire universelle des Missions catholique,*
T. 2: *Les Missions modernes,*
Paris: Grund (1957).

DEMARCHI, FRANCO und RICARDO SCARTEZZINI (Hg.),
　　Martino Martini, umanista e scienziato nella Cina del secolo XVII (Atti del Simposio Internationale su Martino Martini e gli scambi culturali tra Cina e Occidente),
　　Trento: Università degli Studi (1995).

DENNERLINE, JERRY,
　　The Shun-chih Reign,
　　in : W. J. PETERSON (Ed.), Cambridge History of China, vol. 9, 1,
　　Cambridge: Cambridge University Pr. (2002), S. 73-119.

DEVINE, W.,
　　The Four Churches of Peking,
　　London: Burns, Oates & Washbourne (1930).

DI COSMO, NICOLA,
　　Did Guns Matter? Firearms and the Qing Formation,
　　in: L. STRUVE (2004), S. 121-166.

Die katholischen Missionen, Illustrirte Monatsschrift,
　　Freiburg: Herder,
　　I (1873): Anonym, *P. Johann Adam Schall von Bell, Missionär in China,* S. 11-15, 35-38, 54-58;
　　VI (1878): Anonym, *Die Mission von Peking und Petscheli, Das Christentum am Kaiserhofe der Ming,* S. 119-123, *Die Zeit der ersten Tatarenkaiser Schün-Tschi und Kang-hi,* S. 133-138.

Dijing jingwu lüe 帝京景物略,
　　Verf. LIU TONG 劉侗(1594-1637) und YU YIZHENG 于奕正(gest. ca. 1635),
　　Vorworte von 1643,
　　Ausgabe *Biji xiaoshuo daguan* 筆記小碩大觀, Taipei: Jinbu (1984), Serie 13, Bd. 6, S. 3297-3928;Neuausg. Beijing (1982).

Dili daquan yaojue 地理大全要訣,
　　anonym, Handbuch zur Geomantik, Vorwort 1675, 1 Heft,
　　Nachdruck Taizhong: Huacheng (1976).

DOEPKEN, HEINZ,
　　Johann Adam Schall. Mathematiker, Astronom, Missionar und Berater beim chinesischen Kaiser,
　　in: Studien zur Geschichte und Kunstgeschichte Lüftelbergs, Band 3, Meckenheim (1979), S. 83-121.

——— *Johann Adam Schall von Bell (1592-1666),*
　　in: Rheinische Lebensbilder (Gesellschaft für Rheinische Ge-schichtskunde), Bd. 9, Köln (1982), S. 133-157.

DONG BAOCAI 董寶才 und ZHANG XIAOCHANG 張孝昌,
　　Boerjijite xiaozhuang - qing jiechu nü zhengzhijia 博爾濟吉特孝庄 清傑出女政治家,
　　in: *Zhongyang minzu xueyuan xuebao* 中央民族學院學報(1989), 3, S. 8-11.

DREESEN, JOHANNES,
    Johann Adam Schall von Bell, Mandarin in Peking,
    in: Behaim-Blätter, 2. Jg., 2 (1962, S. 5-9).

DU HALDE, siehe HALDE.

DUDINK, ADRIAN,
    The Religious Works composed by Johann Adam Schall von Bell especially his Zhuzhi qunzheng and his Efforts to convert the last Ming Emperor,
    in: MALEK (1998), S. 805-898.

——— *Xu Guangqi's Career. An Annotated Chronology,*
    in: JAMI (2001), S. 399-409.

——— *The Japonica-sinica Collection I-IV in the Roman Archives of the Society of Jesus, an Overview,*
    in: Monumenta Serca, 50 (2002), S. 481-536.

DUHR, BERNHARD S.J.,
    Jesuiten-Fabeln, Ein Beitrag zur Culturgeschichte,
    Freiburg: Herder ²(1892), ³(1899).

——— *Neue Documente zur Geschichte des P. Adam Schall,*
    in: Zeitschrift für katholische Theologie, 25, Insbruck (1901), S. 330-337.

——— *Geschichte der Jesuiten in den Ländern deutscher Zunge,*
    Freiburg: Herder und München: Manz (1907, 1913, 1928), 4 Bde.

DUHR, JOSEPH S.J.,
    Un Jésuite en Chine, Adam Schall, astronome et conseiller impérial (1592-1666),
    Bruxelles, Paris: Brouwer (1936) – beruht auf VÄTH (1933).

DUNNE, GEORGE H. S.J.,
    Generation of Giants, The Story of the Jesuits in China in the Last Decades of the Ming Dynasty,
    Notre Dame, Indiana: University of Notre Dame (1962);
    – deutsche Übers. (von M. DIEMER):
    Das große Exempel, Die Chinamission der Jesuiten,
    Stuttgart: Schwabenverlag (1965).

DUTEIL, JEAN-PIERRE,
    Le Mandat du ciel, Le rôle des Jésuites en Chine, de la mort de François-Xavier à la dissolution de la compagnie de Jésus (1552-1774),
    Paris : Éd. Arguments (1994).

DUYVENDAK, J. J. L.,
    (Rezension zu D'ELIA, *Galileo in China,* 1947),
    in: T'oung Pao, 38 (1948), S. 320-329.

EBERHARD, WOLFRAM,
  Beiträge zur kosmologischen Spekulation Chinas in der Han-Zeit,
  in: Baessler Archiv (Beiträge zur Völkerkunde), 16,1 (1933), S.1-100;
  Nachdruck in: W. EBERHARD, Sternkunde und Weltbild im alten China (Chinese Materials and Research Aids Service Center, Occ. Series, 5), Taipei (1970), S. 11-114.

EIKELMANN, RENATE (Hg.),
  Die Wittelsbacher und das Reich der Mitte. 400 Jahre China und Bayern,
  München: Hirmer (2009).

EITEL, ERNST JOHANN,
  Fêng-Shui; Principles of the Natural Science of the Chinese,
  Hongkong, London: Trübner (1873).

D'ELIA, PASQUALE MARIA S.J.,
  Fonti Ricciane: documenti originali concernenti Matteo Ricci e la
  storia delle prime relazioni tra l'Europa e la Cina (1579-1615),
  vol. 1-3: Storia dell'introduzione de christianesimo in Cina,
  Roma: La libreria dello stato (1942, 1949, 1949).

———— Carovane di Mercanti-Ambasciatori dalla Siria alla Cina attraverso l'Asia centrale nel 1627 secondo documenti inediti,
  in: Studia Missionalia edita a Facultate missiologiae in Pont.
  universitate Gregoriana, II, Rom (1946), S. 303-379.

———— Galileo in Cina. Relazioni attraverso il Collegio Romano tra Galileo e i gesuiti scienziati missionari in Cina (1610-1640) (Analecta Gregoriana, vol. 37, Ser. Facult. Missiolog., Sect. A, nr. 1),
  Roma (1947),
  – dazu Rez. J. J. L DUIVENDAK, in: T'oung Pao, 38, 2-5 (1948), S. 321-329.
  – engl. Übers. (v. R. SUTER u. M. SCIASCIA), Galileo in China, Relations through the Roman College between Galileo and the Jesuit Scientist-Missionaries (1610-1640),
  Cambridge, Mass.: Harvard Univ. Pr. (1960).

————The Spread of Galileo's Discoveries in the Far East (1610-1640),
  in: East and West, 1,2, Rom (1950), S. 156-163.

———— Musica e canti italiani a Pechino (marzo-aprile 1601),
  in: Rivista degli studi orientali, 30, Roma (1955), S. 131-145.

———— The Double Stellar Hemisphere of Johann Adam Schall von Bell S.J.,
  in: Monumenta Serica, 18 (1959), S. 328-359.

ELLIOTT, MARK C.,
  The Manchu Way, The Eight Banners and Ethnic Identity in Late Imperial China,
  Stanford: Stanford Univers. Pr. (2001,1).

———— The Manchu-Language Archives of the Qing Dynasty and the Originsof the Palace Memorial System,
  in: Late Imperial China, 22, 1 (2001,2), S. 1-70;
  japan. Ausgabe in: Tôhôgaku, 85 (1981), S. 147-157.

ELMAN, BENJAMIN A.,
    On Their Own Terms: Science in China, 1500-1900. A Cultural History of Modern Science in China,
    Cambridge: Harvard University Pr. (2005).

FAN HONGYE 樊洪業,
    Yesu huishi yu zhongguo kexue 耶穌會士與中國科學,
    Beijing: Zhongguo renmin daxue (1992).

FAN JINGDUO 樊敬鐸,
    Suanming 算命,
    in: *Zhongguo fangshu daquan* 中國方術大全, Bd. 3;
    Hongkong: Zhonghua (1997).

FANG HAO (MAURUS FANG) 方豪,
    Zhongxi jiaotong shi 中西交通史,
    Taipei: Zhonghua wenhua (1954); Nachdruck: Shanghai (1987), 2 Bde.

——— *Qingchu tongxiao manmeng yuwen ji zeng chu guanzhi xiyang jiaoshi* 清初通曉滿蒙語文及曾出關之西洋教士
    in: Gugong wenxian 故宮文獻, 1, 1, Taipei (1969), S. 1-25.

——— *Zhongguo tianzhujiaoshi renwu zhuan* 中國天主教史人物傳,
    Taizhong, Hongkong: Xianggang gongjiao (1970),
    Nachdruck Beijing: Zhonghua (1988), 3 Bde.
    – Dazu *Index*: R. MALEK, in: Sino-Western Cultural Relations Journal, 26 (2006), S. 37-64.

——— *Fang Hao liushi zhi liushisi zixuan daiding gao* 方豪六十至六十四自選待定稿,
    Taipei: Taiwan xuesheng (1974).

FARQUHAR, DAVID,
    Emperor as Boddhisattva in the Governance of the Ch'ing Empire,
    in: Harvard Journal of Asiatic Studies, 38,1 (1978), S. 5-34.

FAVIER, ALPHONSE C.M.,
    Péking, Histoire et Description,
    Peking: Imprimerie des Lazaristes (1897), 2 Bde.;
    nouvelle édition [verkürzt] Paris-Lille: Desclée, de Brouwer (1902).

Fengshui quhuo 風水祛惑,
    Verf.: DING RUIPU 丁芮樸 (*Qing*),
    in: *Congshu jicheng xubian* 叢書集成續編, Taipei (1989), Bd. 43, S. 677-696.

[FERGUSON, JOHN C.],
    Imperial Edicts (1),
    in: Collectanea Commissionis Synodalis, 6, Peiping (1933), S. 32-37.

FEUCHTWANG, STEPHAN D. R.,
>   *An Anthropological Analysis of Chinese Geomancy*,
>   Vientiane-Laos: Vithagna (1974), Nachdruck Taipei: Nantian (1982).

FOERTSCH, HENRIKE,
>   *Missionare als Sprachensammler. Zum Umfang der philologischen Arbeit der Jesuiten in Asien, Afrika und Lateinamerika. Auswertung einer Datenbank*,
>   in: WENDT, REINHARD (Hrsg.), Wege durch Babylon.
>   Missionare, Sprachstudien und interkulturelle Kommunikation,
>   Tübingen: Narr (1998), S. 43-73.

FORESI, JOHANNES, siehe J. A. SCHALL und *Geschichte der katholischen Missionen*.

FRANKE, OTTO,
>   *Geschichte des chinesischen Reiches, eine Darstellung seiner Entstehung, seines Wesens und seinerEntwicklung bis zur neuesten Zeit*,
>   Berlin, Leipzig: de Gruyter (1930-1952), 5 Bde.

V. FRANZ, RAINER,
>   *Die chinesische Innengrabinschrift für Beamte uind Privatiers des 7. Jahrhunderts*
>   (Münchener Asiatische Studien, 74),
>   Stuttgart: F. Steiner (1996).

FRIEDRICH, MARKUS,
>   *Die Jesuiten. Aufstieg Niedergang Neubeginn*,
>   München etc.: Piper (2016).

FU LO-SHU [FU LESHU 傅樂淑],
>   *The two Portuguese Embassies to China during the K'ang-hsi Period*, in: T'oung Pao 43 (1955), S. 75-94.

—— *A Documentary Chronicle of Sino-Western Relations (1644-1820)*
>   (The Association for Asian Studies, Monographs and Papers, XXII),
>   Tucson: University of Arizona Pr. (1966), 2 Bde.

FUCHS, WALTER,
>   *Der Tod der Kaiserin Abahai i. J. 1626, ein Beitrag zur Frage des Opfertodes* (殉死) *bei den Manju*,
>   in: Monumenta Serica, I (1935), S. 71-81.

—— *Beiträge zur Mandjurischen Bibliographie und Literatur*
>   (Supplement der Mitteil. d. Deutschen Gesellschaft für Natur- und Völkerkunde Ostasiens, XIV), Tôkyô (1936).

—— *Chinesische und mandjurische Handschriften und seltene Drucke*
>   (Verzeichnis der orientalischen Handschriften in Deutschland, XII, 1),
>   Wiesbaden: Steiner (1966).

GABIANI, GIOVANNI DOMENICO,
>   Incrementa Sinicæ Ecclesiæ, A Tartaris Oppugnatæ, Accuratâ &
>   contestatâ narratione è Sinarum Imperio à R. P. Joanne Dominico Gabiani Societatis
>   Jesv Anno Salutis M. DC. LXVII. Perscripta [...],
>   Wien: L. Voigt (1673).

GALLAGHER, LOUIS J.,
>   China in the 16th century: The Journals of Matthew Ricci, 1583-1610,
>   New York: Random House (1953).

GERNET, JAQUES,
>   Visions chrétienne et chinoise du monde au XVIIe siècle,
>   in: Diogène, Revue trimestrielle, 105, Paris (1979), S. 93-115.

——— Chine et christianisme. La première confrontation
>   (Bibiothèque des histoires),
>   Paris: Gallimard (1982), nouvelle ed. (1991);
>   – deutsche Übers. v. CHR. MÄDER-VIRÁGH:
>   Christus kam bis nach China. Eine erste Begegnung und ihr Scheitern,
>   Zürich u. München: Artemis (1984).

Geschichte der katholischen Missionen im Kaiserreiche China von ihrem Ursprunge an bis auf
>   unsre Zeit,
>   [Verf.: JOHANNES FORESI],
>   Wien: Mechitaristen-Congregations-Buchhandlung¹(1845),
>   Freiburg: ²(1873), 2 Bde.

Geschichte der Streitigkeiten, siehe PRAY, GEORG.

Gezhi huibian 格致彙編,
>   Hg.: FU LANYA 傅蘭雅,
>   Ausgabe v. 1809,
>   dazu Neuausg., Beijing: Fenghuang (2016), 7 Bde.

GILES, HERBERT A.,
>   A Chinese Biographical Dictionary,
>   Shanghai: Kelly & Walch (1898), Nachdr. Taipei: Ch'eng wen (1975) u.ö.

——— China and the Manchus,
>   Cambridge: University Press (1912).

GIMM, MARTIN,
>   Kaiser Qianlong (1711-1799) als Poet. Anmerkungen zu seinem schriftstellerischen
>   Werk(Sinologica Coloniensia, 15),
>   Wiesbaden: Harrassowitz (1993).

———Kaiser Qianlong als Poet. Einige Addenda und Korrigenda,
>   in: Oriens Extremus, 41 (1998/99), S. 169-191.

——— *Leben und Wirken von P. Adam Schall v. Bell – chronologische Übersicht zu seinem zeitlichen Umfeld,*
in: Deutsche China-Gesellschaft e. V. Mitteilungsblatt (2008), Heft 2, S. 24-44.

——— *Hans Conon von der Gabelentz, sein Sohn Georg und die Rolle des Manjurischen für das Chinesischstudium im 19. Jahrhundert,*
in: K. Ezawa u.a. (Hg.), Beiträge zur Gabelentz-Forschung, Tübingen: Narr (2014), S. 277-292.

——— *Ein Monat im Privatleben des chinesischen Kaisers Kangxi. Gao Shiqis Tagebuch Pengshan miji aus dem Jahre 1703*
(Sinologica Coloniensia, 34),
Wiesbaden: Harrassowitz (2015).

——— *Henkama, „Väterchen Heng" Ein Mediator zwischen Kaiser Kangxi und den Jesuitenmissionaren in der Epoche des „Ritenstreites" im 18. Jahrhundert,*
in: Monumenta Serica, 64, 1 (2016), S. 101-136.

——— *Der Fall Prinz Rong im Prozeß gegen den Jesuitenpater Adam Schall in den Jahren 1664/5 in China* (Sinologica Coloniensia, 36),
Wiesbaden: Harrassowitz (2018,1).

——— *Der geheime Schamanismus der Qing-Kaiser und der Schamanentempel Tangzi in Beijing* (Sinologica Coloniensia, 35),
Wiesbaden: Harrassowitz (2018).

——— *Einige Ergänzungen zur Geschichte des buddhistischen Kanons in manjurischer Übersetzung,*
in: Oriens Extremus, 57 (2018-2019), erchien 2020, S. 267-314.

GOBIEN, siehe LE GOBIEN.

GOLVERS, NOEL,
The Astronomia Europaea of Ferdinand Verbiest, S.J. (Dillingen, 1687). Text, Translation, Notes and Commentaries
(Monumenta Serica Monograph Series, 28),
Nettetal: Steyler (1993).

GOODRICH, L. CARRINGTON und CHAOYING FANG (eds.),
Dictionary of Ming Biography 1368-1644,
New York u. London: Columbia Univers. Pr. (1976), 2 Bde.

GORELOVA, LILIYA M.,
Manchu Grammar (Handbook of Oriental Studies, Sect. 8, vol. 7),
Leiden: Brill (2002).

GOUVEA, siehe *Innocentia victrix*

GRESLON, ADRIEN S.J.,
> *Histoire de la Chine sovs la domination des Tartares ov l'on verra les choses les plus remarquables qui sont arrivées dans ce grand Empire, depuis l'année 1651. qu'ils ont achevé de le conquerir, jusqu'en 1669,*
> Paris: Henault (1671).

de GROOT, J. J. M.,
> *The Religious System of China,*
> Leyden: Brill (1892-1910), 6 Bde.

GROOTAERS, WILLIAM A. C.I.C.M.,
> *Les deux Stèles de l'Eglise du Nan-t'ang à Pékin,*
> in : Neue Zeitschrift für Missionswissenschaft, VI (1950), S. 246-255.

[GROSIER, JEAN-BAPTISTE],
> *Description générale de la Chine, Nouvelle edition*
> Paris: Moutard (1787), 2 Bde.; auch in: de MAILLA, T. 13;
> – deutsche Ausgabe :
> *Allgemeine Beschreibung des Chinesischen Reichs nach seinem gegenwärtigen Zustande. Aus dem Französischen des Abbe Grosier übersetzt von G. L. S.* [GOTTLOB LORENZ SCHNEIDLER],
> Frankfurt, Leipzig: J. G. Fleischer (1789), 2 Bde.

GU NING 顧寧,
> *Tang Ruowang Xinfa diping rigui he zhongwai wenhua jiaoliu* 湯若望「新法地平日晷」和中外文化交流,
> in: MALEK, S. 533-542.

GU WEIMIN 顧衛民,
> *Shijiu ershi shiji zhongguo de Tang Ruowang jieshao yu yanjiu* 十九,二十世紀中國的湯若望介紹與研究,
> in: MALEK, S. 1097-1117.

DE GUIGNES, JOSEPH [1721-1800],
> *Histoire générale des Huns, des Turcs, des Mogols, et des autres Tartares occidentaux, &c. avant et depuis Jesus-Chriost juspqu'a present,*
> Paris: Desaint & Saillant (1756-1758), 3 Bde.,
> – deutsche Übers.: DEGUIGNES,
> *Allgemeine Geschichte der Hunnen und Türken, der Mogols und anderer occidentalischen Tartarn, vor und nach Christi Geburt bis auf jetzige Zeiten* [Übers. v. JOHANN CARL DÄHNERT],
> [Teil 1]: *Genealogisch-chronologische Einleitung,*
> Greifswald: A. F. Röse (1770).

Gugong zhenben congkan 故宮珍本叢刊,
> Nachdruckreihe, *Gugong bowuyuan,*
> Beijing: Hainan (seit 2000).

Gujin shilue 古今史略,
    Verf.: JIANG AO 姜傲,
    – nicht identifiziert; Schreibung unsicher. –

Gujin tushu jicheng 古今圖書集成,
    Komp.: CHEN MENGLEI 陳夢雷 (1651 - ca. 1741) u.a.
    10.000+80 j., bearbeitet 1700-1723, Vorwort von XII. 1726; Drucke 1728, 1884-1888, 1895-1898 u.a.;
    Nachdruck Taipei: Wenxing (1964-1995), 100 Bde.

GUO SONGYI 郭松義, LI XINDA 李新達, LI SHANGYING 李商英,
    Qingchao dianzhi 清朝典制,
    Changchun: Jilin wenshi (1993).

Guochao qixian leizheng 國朝耆獻類徵
    Komp.: LI HUAN 李桓 (1827–1891), 720 j., 294 Hefte,
    Beginn 1867, nur I. Sammlung erschienen, Druck 1890,
    Nachdruck Taipei: Taiwan xuesheng (1966), 24 Bände + Index.

Guochao rouyuan ji 國朝柔遠記,
    Hg.: WANG ZHICHUN 王之春, 1. Druck 1880,
    Nachdruck in Serie *Zhongwai jiaotong shi caongkan* 中外交通史叢刊, Beijing (1989).

Guochao shiren zhenglue 國朝詩徵略,
    Verf.: ZHANG WEIPING 張維屏,
    1819 und 1842, 2 Teile, 60 + 64 j.,
    Druck (1830).

GÜTZLAFF, CHARLES [KARL FRIEDRICH AUGUST],
    A Sketch of Chinese History, Ancient and Modern,
    London: Smith, Elder (1834).

HAENISCH, ERICH,
    Bruchstücke aus der Geschichte Chinas unter der gegenwärtigen Dynastie,
    in: T'oung Pao, 14 (1913), S. 1-71.

——— *Prinz Jirgalang, ein weiterer Beitrag zur frühen Geschichte der Mandschudynastie,*
    in: Ostasiatische Zeitschrift, 12 (NF. 2) (1924), S. 273-282.

du HALDE, JEAN BAPTISTE,
    Description geographique, historique, chronologique, politique, et physique de l'empire de la Chine et de Tartarie chinoise,
    Paris: P. G. Le Mercier (1735); La Haye: H. Scheurleer (1736), 4 Bde.
    – deutsche Übers.: JOHANN BAPTISTA DU HALDE,
    Ausführliche Beschreibung des Chinesischen Reichs und der grossen Tartarey, Erster Theil. aus dem Französischen mit Fleiß übersetzt […]
    Rostock: J. Chr. Koppe (1747-1756), 4 Bde.

HALSBERGHE, NICOLE,
>   *Quotations from the Works of Johann Adam Schall in the Yixiang zhi of Ferdinand Verbiest*,
>   in: MALEK, S. 569-590.

HAMMITZSCH, HORST,
>   *Ostasien und die deutsche Literatur*,
>   in: STAMMER, Wolfgang (Hg.), Deutsche Philologie im Aufriss, Bd. III, Berlin: Schmidt ²(1979), S. 599-612.

HAO GUIYUAN 郝貴遠,
>   *Cong zaoqi yesu huishi de zhongwen zhuzuo kan zhongxi wenhua yitong* 從早期耶穌會士的中文著作看中西文化異同,
>   in: MALEK, S. 1062-1074.

HAPPEL, EBERHARD WERNER,
>   *Thesaurus exoticorum. Oder eine mit außländischen Raritäten und Geschichte wohlversehene Schatz-Kammer [...]*, 5 Tl.,
>   Hamburg: v. Wiering (1688).

HASHIMOTO, KEIZÔ,
>   *Hsü Kuang-ch'i and Astronomical Reform – The Process of the Chinese Acceptance of Western Astronomy 1629-1635*,
>   Osaka: Kansai University Pr. (1988).

——— *Johann Adam Schall and Astronomical Works on Star Mappings*,
>   in: MALEK (1998), S. 517-532.

HAUER, ERICH,
>   *Die vierte der Fünf großen Heimsuchungen Chinas*, I.-II.,
>   in: Ostasiatische Zeitschrift, 11 (Neue Folge 1), (1923), S. 185-194, 261-281.

——— *Beiträge zur frühen Geschichte der Mandschudynastie:*
>   1. *Prinz Daišan*,
>   in: Ostasiatische Zeitschrift, Neue Folge 2 (1925), S. 1-10.

——— *Li Tzĕ-ch'êng und Chang Hsien-chung, Ein Beitrag zum Ende der Mingdynastie*,
>   in: Asia Major, 2 (1925, 1), S. 436-498; 3 (1926), S. 268-287.

——— *Das mandschurische Kaiserhaus, sein Name, seine Herkunft und sein Stammbaum*,
>   in: Mitteilungen d. Seminars f. Oriental. Sprachen zu Berlin, I. Abt., 29 (1926, 2), S. 1-39.

——— *Prinz Dorgon*,
>   in: Ostasiatische Zeitschrift, Neue Folge 3 (1926, 1), S. 9-56.

——— *Huang-Ts'ing K'ai-Kuo Fang-Lüeh, die Gründung des mandschurischen Kaiserreiches*,
>   Berlin, Leipzig: de Gruyter (1926).

——— *General Wu San-kuei*,
>   in: Asia Major, 4 (1927), S. 563-611.

―――― *Handwörterbuch der Mandschusprache*,
   2., durchgesehene und erweiterte Auflage, herausgegeben von OLIVER CORFF,
   Wiesbaden: Harrssowitz (2007).

HAVRET, HENRI,
   Le stèle chrétienne de Si-ngan-fou. IIe partie, Histoire du monumente
   (Variétés sinologiques, 3),
   Chang-hai: Impr. de la Mission catholique (1897).

―――― *T'ien-tchou «seigneur du ciel», a propos d'une stèle bouddhique de Tch'eng-tou* (Variétés sinologiques, 19),
   Chang-hai: Impr. de la Mission catholique (1901).

HAVRET, HENRI, P. CHAMBEAU, P. HOANG,
   Mélanges sur la chronologie chinoise I – II (Varieté sinologiques,52),Chang-hai:
   Impr. de la Mission catholique (1920).

HENDERSON, JOHN B.,
   Ch'ing Scholars' Views of Western Astronomy,
   in: Harvard Journal of Asiatic Studies, 46 (1986), S. 121-148.

HERRMANN, JOACHIM,
   dtv-Atlas Astronomie mit Sternatlas (DTV Bd. 3006),
   München: DTV (1973),^{14}(2000).

HEYNDRICKX, JEROME C.I.C.M. (Hg.),
   Philippe Couplet, S.J. (1623-1693), The Man Who Brought China to Europe
   (Monumenta Serica Monograph Series, 22),
   Nettetal: Steyler (1990).

HILL-PAULUS, BEATE,
   Nikolaj Gavrilovič Spatharij (1636-1708) und seine Gesandtschaft nach China
   (Gesellschaft f. Natur- und Völkerkunde Ostasiens e.V., Mitteilungen 71),
   Hamburg o. V. (1978).

HINZ, WALTHER,
   Chronologie des Lebens Jesu,
   in: Zeitschr. d. Deutschen Morgenländischen Gesellschaft, 139, 2
   (1989), S. 301-309.

HO PENG-YOKE,
   The Astronomical Bureau in Ming China,
   in: Journal of Asian History, 3 (1969), S. 137-157.

HOANG, PIERRE P. [PETRUS, HUANG BOLU 黃伯祿],
   Mélanges sur l'administration (Variétés sinologiques, 21),
   Chang-hai: Mission catholique (1902); Nachdruck Nendeln (1975).

―――― *Catalogue des tremblements de terre signalés en Chine d'après des sources chinoises*
   (Variétés sinologiques, 28),
   Chang-hai: Mission catholique (1913); Nachdruck (2014).

――― *Catalogue des éclipses de soleil et de lune relatées dans les documents Chinois et collationées avec le Canon de Th. Ritter v. Oppolzer*
(Variétés sinologiques, 56),
Chang-hai: Mission catholique (1925), Nachdr. Nendeln (1977).

HOANG, PIERRE und JÉRÔME TÒBAR,
Tableau chronologique de la dynastie mandchoue-chinoise TA-TSʾING
in: Journal of the China Branch of the Royal Asiatic Society, 33 (1900/1), S. 185-235.

Hongfan wuxing danshu 洪範五行丹書 / *Hông fan-i sunja feten bisire dan šu*,
Schrift über Geomantik, 3 j.,
unidentifiziert; öfter erwähnt, z.B. in Dok XI., S. 1797, S. 1805; XVIII.

HOSTER, BARBARA, DIRK KUHLMANN, ZBIGNIEW WESEŁOWSKI (Hg.),
Rooted in Hope / In der Hoffnung verwurzelt.
Festschrift in Honor of Roman Malek S.V.D. on the Occasion of His 65th Birthday
(Monumenta Serica Monograph series, LXVIII),
Sankt Augustin Abington: Routledge (2017), 2 Bde.

HSIA, ADRIAN [XIA RUICHUN 夏瑞春],
Chinesia. The European Construction of China in the Literature of the 17th and 18th Centuries,
Tübingen: Niemayer (1998).

――― *The Vision of China in the English Literature of the sixteenth and eighteens Centuries,*
Hongkong: Chinese Univers. Pr. (1998, 1).

――― *Probleme der Interkulturation – Adam Schall von Bell und sein Bild in der heutigen Massenliteratur,*
in: Autumn Floods 秋水, Essays in Honour of Marián Gálik, ed. by R. D. FINDEISEN, R. H. GASSMANN,
Bern etc.; Lang (1998,2), S. 515-532.

―――mit RUPRECHT WIMMER (Hg.),
Mission und Theater. Japan und China auf den Bühnen der Gesellschaft Jesu
(Jesuitica, 7),
Regensburg: Schnell & Steiner (2005).

HSIANG TA [XIANG DA 向達],
Europeam Influences on Chinese Art in the Later Ming and Early Chʾing Period,
in: Dongfang zazhi, 27,1 (1930), Nachdruck in: Tangdai Chang'an yu xiyu wenming 唐代長安與西域文明,
Beijing: Sanlian (1957).

HSIEH BAO HUA [XIE BAOHUA 謝寶華],
Concubinage and Servitude in Late Imperial China,
Lanham usw.: Lexington (2014) [Phil. Diss. Univ. of Illinois, 1992].

Huang lifa tongshu 皇曆法通書,
Schrift über Geomantik, 13 j.; nicht identifiziert,
erwähnt in Dok. XI., S. 1797.

HUANG SHIJIAN 黃時鑑,
　　Jieshuo chatu Zhongxi guanxishi nianbiao 解說插圖中西關係年表,
　　Hangzhou (1994).

HUANG YILONG (NONG) 黃一農,
　　Tang Ruowang yu qingchu xili zhi zhengtonghua 湯若望與清初西曆之正統化,
　　in: *Xinbian zhongguo keji shi* 新編忠國科技史, Hg. WU JIALI 吳嘉麗 u..a., Taipei (1990), Bd.2, S. 465-490.

—— *Yang Guangxian zhuoshu lunlue* 楊光先著述論略,
　　in: Shumu jikan 書目季刊, 23, Heft 4, Taipei (1990, 2), S. 3-21.

—— *Yang Guangxian jiashi yu shengping kao* 楊光先家世與生平考,
　　in: Guoli bianyiguan guankan 國立編譯館館刊, 19,2, Taipei (1990,1), S. 15-28.

—— *Zeri zhi zheng yu 'Kangxi liyu'* 擇日之爭與康熙曆獄,
　　in: Qinghua xuebao 清華學報 (Tsing Hua Journal of Chinese Studies), New Series, 21, 2, Taipei (1991, 1), S. 247-280;
　　– engl. Kurzfassung: *Court Divination and Christianity in the K'ang-hsi Era* (Übers. NATHAN SIVIN),
　　in: Chinese Science, 10 (1991, 1a), S. 1-22.

—— *Qingchu qintianjian zhong ge minzu tianwenjia di quanli qifu* 清初欽天監中各民族天文家的權力起伏,
　　in: *Xin shixue* 新史學 (New History), 2,2, Taipei (1991, 2), S. 75-108.

—— *Yang Jingnan – zuihou yiwei shugao xifang tianwenxue de baoshou zhishi fenzi* 楊景南 最後一位疏告西方天文學的保守知識分子,
　　in: Hanxue yanjiu 漢學研究, 9,1, Taipei (1991,3), S. 229-245.

—— *Wu Mingxuan yu Wu Mingxuan* 吳明炫與吳明煊,
　　in: Dalu zazhi 大陸雜誌 84,4, Taipei (1992), S. 145-149 (1-5).

—— *Qingchu tianzhujiao yu huijiao tianwenjia jian de zhengdou* 清初天主教與回教天文家間的爭鬥,
　　in: Jiuzhou xuekan 九州學刊(Chinese Culture Quaterly), 5, Heft 3, Hongkong (1993), S. 47-69.

—— *Kangxi chao hanren shidafu dui 'liyu' de taidu ji qi suo yansheng de chuanshuo* 康熙朝漢人士大夫對曆獄的態度及其所衍生的傳說,
　　in: Hanxue yanjiu 漢學研究, 11,2, Taipei (1993, 1), 137/61.

—— *L'attitude des missionnaires Jésuites face a l'astrologie et a la divination chinoises*,
　　in: JAMI & DELAHAYE (1993, 2), S. 87-108.

—— *Zhang Chen shengping ji qi yu Yang Guangxian jian de chongtu* 張宸生平及其與楊光先間的衝突,
　　in: Jiuzhou xuekan 九州學刊, 6,1 (1993, 3), S. 71-93.

—— *Mingmo Qingchu tianzhujiao chuan huashi yanjiu de huigu yu zhanwang* 明末清初天主教與華史研究的回顧與展望,
　　in: Xin shixue 新史學, 7,1 (1996), S. 137-169.

―――― *Tianzhu jiaotu Sun Yuanhua yu Mingmo zhuanhua de xiyang huopao* 天主教徒孫元化與明末傳華的西洋火砲,
in: Bulletin of the Institute of History and Philology Academia Sinica, Bd. 67, 4 (1996,1), S. 911-966.

―――― *Tongshu - zhongguo chuantong tianwen yu shehui de jiaorong* 通書中國傳統天文與社會的交融,
in: Hanxue yanjiu 漢學研究, 14,2, Taipei (1996,2), S. 159-186.

―――― *Hongyi dapao yu Ming Qing zhanzheng* 紅夷大砲與明清戰爭,
in: Qinghua xuebao, N. S. 26,1 (1996,3), S. 31-70.

―――― *Zhongxiao paifang yu shizijia - mingmo tianzhu jiaotu Wei Xuelian qiren qishi tanwei* 忠孝牌坊與十字架 明末天主教徒魏學濂其人其事探微,
in: Xin shixue 新史學, 8,3, Taipei (1997), 43-94.

―――― *Zhongxi wenhua zai qingchu de chongtu yu tuoxie - yi tang ruowang suobian minli wie gean yanjiu* 中西文化在清初的冲突與妥協,
in: MALEK (1998), S. 431-473.

Huangchao liqi tushi 皇朝禮器圖式,
Kaiserl. Komissionswerk,
Komp.: Prinz YUNLU 允祿 u.a.,
18 j., Vorwort 1766, *Siku quanshu*,
Nachdruck in: *Jingyin Wenyuan ge Siku quanshu* 景印文淵閣四庫全書 (1.500 Bde.), Bd. 656, Taipei (1983/8), davon Nachdruck Shanghai (1985), und in *Siku quanshu huiyao* 四庫全書薈要, j. 8385flg.

Huangdi neijing 黃帝內經,
24 j.; *Jiajing*-Ausgabe,
Nachdruck: Taipei (1960).

Huangqing zhigong tu 皇清職貢圖, siehe *Zhigong tu*.

HUBRECHT, ALPHONSE C.M.,
Grandeur et suprématie de Péking,
Beijing: Impr. de Lazaristes (1928); Nachdruck Taipei (1988).
– d.i. eine erweiterte Neubearbeitung (gedruckt in 1.000 Exemplaren) des Werkes von FAVIER.

HUC, REGIS-EVARISTE,
Le christianisme en Chine en Tartarie et au Thibet,
Paris: Gaume Frères (1857-1858), 4 Bde.

―――― *Das chinesische Reich*,
Leipzig: Dyk (1856), Nachdruck Frankfurt: Stroemfeld / Roter Stern (1987);
– französ. Original: L'empire Chinois, Paris (1854).

HUCKER, CHARLES,
A Dictionary of Official Titles in Imperial China,
Stanford: Stanford Univers. Pr. (1985).

Huihui lifa shili 回回曆法釋例,
    mohamedanisches Kalenderverfahren,
    Verf. angeblich: BEILIN 貝琳 (um 1450),
    undat. *Ming*-Druck, Nachdruck Shanghai: Guji (1995).

HUMMEL, ARTHUR W. (Ed.), verschiedene Verfasser,
    Eminent Chinese of the Ch'ing Period (1644-1912),
    Washington: United States Government Printing Office
    (1943-1944), 2 Bde.

HÜNERMANN, WILHELM,
    Der Mandarin des Himmels. Das Leben des Kölner Astronomen P. Johann Adam Schall am Kaiserhof in Peking,
    Hannover: Oppermann (1954).

HUONDER, ANTON S.J.,
    Deutsche Jesuitenmissionäre des 17. und 18. Jahrhunderts. Ein Beitrag zur Missionsgeschichte und zur deutschen Biographie
    (Ergänzungshefte zu den ‚Stimmen aus Maria-Laach', 74),
    Freiburg i. Br.: Herder (1899).

HÜTTNER, JOHANN CHRISTIAN,
    J.C. Hüttners Nachricht von der Brittischen Gesandtschaftsreise durch China und einen Theil der Tartarei. Herausgegeben von C. B., Berlin: Voss (1797),
    Neudruck: *Nachricht von der britischen Gesandtschaftsreise nach China 1792-95,*
    hgg. von S. DABRINGHAUS,
    Sigmaringen: Thorbecke (1996).

IANNACCONE, ISAIA,
    From N. Longobardo's Explanation of Earthquakes as Divine Punishment to F. Verbiest's Systematic Instrumental Observations. The Evolution of European Science in China in the Seventeenth Century,
    in: MASINI (1996), S. 159-174.

    ——— *The Transition of Scientific Culture from Ricci to Aleni, Schreck, Rho and Schall von Bell: The Xiyang xinfa lishu,*
    in: LIPPIELLO und MALEK (1997), S. 573-592.

Innocentia Victrix Sive Sententia Comitiorum Imperij Sinici Pro Innocentia Christianæ Religionis Lata juridicè per Annum 1669. Iussu R. P. Antonij de Govvea Soc.^{is} IESV, ibidem V. Provincialis Sinico-Latinè exposita. In Quàm cheū metropoli provinciæ Quâm tūm in Regno Sinarum. Anno Salvtis Hvmanæ MDCLXXI.
    Hg.: ANTONIO DE GOUVEA (1592-1677), lat.-chines. Druck, 43 S.,
    Quàm cheū [Kanton] (1671),
    – Exemplar der Bayer. Staatsbibl. München, Sign.: *Cod.sin. 31* und *Cim. 120*;
    siehe CORDIER, S. 822-825; SOMMERVOGEL, 3, S. 1637-1638; VÄTH, S. 332; CHAN, S. 381-382.

INTORCETTA, PR., siehe COUPLET (1686).

Isara jalin-i boljogon bithe,
    Statuten über die christlichen Versammlungen,
    bisher nicht nachgewiesen; erwähnt z.B. in Dok. XV., S. 726.

de L'ISLE, JOSEPH NICOLAS,
    Description de la ville de Pekin, Pour servir à l'intelligence du Plan de cette Ville, gravé par ses soins de M. de l'Isle,
    Paris: Herissant (1765).

JAEGHER, KAREL DE,
    Le père Verbiest, auteur de la première grammaire mandchoue,
    in: T'oung Pao, 22 (1923), S. 189-192.

JAGCHID, SECHIN,
    Mongolian-Manchu Intermarriage in the Ch'ing Period,
    in: Zentralasiatische Studien, 19 (1986), S. 68-87.

JAMES, H. E. M.,
    The Long White Mountain or a Journey in Manchuria,
    London: Longmans (1888).

JAMI, CATHERINE,
    Mathematical Knowledge in the Chongzhen lishu,
    in: MALEK, S. 661-741.

——— *The Emperor's New Mathematics. Western Learning and Imperial Authority during the Kangxi Reign (1662-1722),*
    Oxford: Oxford Univers. Pr. (2012).

JAMI, CATHERINE u. HUBERT DELAHAYE (eds.),
    L'Europe en Chine. Interactions scientifiques, religieuses et culturelles aux XVIIe et XVIIIe siecles, Actes du Colloque de la Fondation Hugot (14-17 Octobre 1991) (Mémoires de l'Institut des Hautes Études chinoises, vol. 34),
    Paris: Institut des Hautes Études chinoises (1993).

JAMI, CATHERINE, PETER ENGELFRIET u. GREGORY BLUE (eds.),
    Statecraft and Intellectual Renewal in Late Ming China, The Cross-Cultural Synthesis of Xu Guangqi (1562-1633)
    (Sinica Leidensia, 50),
    Leiden: Brill (2001).

Jiameng xuan congzhuo 佳夢軒叢著,
    Verf.: YIGENG 奕賡 (1. Häfte d. 19. Jh.s; Nachkomme 4. Generation des 16. KANGXI-Sohnes), 10 Teile,
    Beijing (1935), Nachdr. Beijing: Beijing guji (1994).

JIANG XIANGSHUN 姜相順 und LI HAOTAO 李海濤,
    Da Qing huangshi shiyi 大清皇室史軼,
    Shenyang (2000).

Jiang Xiaoyuan 江曉原,
: *Tang ruowang yu tuolemi tianwen xue zai zhongguo zhi chuanbo* 湯若望與拖勒密天文學在中國之傳播,
in: Malek, S. 498-516.

Jin Qicong 金啟孮,
: *Nüzhen wen cidian* 女真文辭典,
Beijing: Wenwu (1984).

Jingyin Wenyuan ge Siku quanshu 景印文淵閣四庫全書,
: Nachdruck Taipei: Shangwu yinshuguan (1983-1986), 1500 Bde., auch Nachdruck Shanghai (seit 1987),
– Vorlage ist die *Wenyuan ge*-Handschrift des *Siku quan-shu*-Kollektaneums, heute im Palastmuseum Taipei, befohlen 1773, vollendet 1787.

Jingyu 鏡餘
: Verf. Yang Guangxian 楊光先(1597–1669),
in: *Bu* deyi (Ergänzung zum *Niejing*),
Nachdruck in: *Tianzhu jiao dongchuan wenxian xubian*, S. 1237–1244.

Jiu Tangshu 舊唐書,
: Komp.: Liu Xu 劉昫 u.a.,
200 j.;
Neudruck Beijing: Zhonghua (1975), 16 Bände.

Johnston, R. F.,
: *The Romance of an Emperor,*
in: The New China Review, 2,1 (Febr. 1920), S. 1-24, 180-194.

Josson, H. S.J. und L. Willaert S.J.,
: *Correspondance de Ferdinand Verbiest de la Compagnie de Jésus (1623-1688) directeur de l'Observatoire de Pékin,*
Bruxelles : Palais des Académies (1938).

Kanda Nobuo 神田信夫,
: *Chūgoku daiichi dôankan hômonki* 中國第一檔案館訪問記,
in: Tôhôgaku 東方學, 61 (1981), S. 157-162.

Kangxi chao manwen zhupi zouzhe quanyi 康熙朝滿文朱批奏折全譯,
: Hg.: Erstes historisches Aktenarchiv, *Zhongguo diyi lishi dang'anguan* 中國第一歷史檔案館,
Beijing: Zhongguo shehui (1996).

Kangxi shilu, siehe *Da Qing Shengzu ren huangdi shilu*.

Kangxi yu Luoma shijie guanxi wenshu 康西與羅馬使節關係文書
: Hsg.: Chen Yuan 陳垣 und Yan Changming 嚴長明,
Beijing: Gugong (1932),
mehrere Nachdrucke, Taipei: Taiwan xuesheng (1973, 1986) u.a.

Keshe ouwen 客舍偶聞,
> Verf.: PENG SUNYI 彭孫貽(1615-1673), 1 j., Vorwort v. 1668,
> in: *Zhenqi tang congshu* 振綺堂叢書, Nachdruck in *Congshu jicheng xubian* 叢書集成續編, Taipei (1991), Bd. 212, S. 581-591.

KESSLER, LAWRENCE D.,
> *K'ang-hsi and the Consolidation of Ch'ing Rule 1661–1684,*
> Chicago u. London : Univers. of Chicago Pr. (1976).

KIRCHER, ATHANASIUS S.J.,
> *China monumentis, qua Sacris qua Profanis, Nec non variis naturæ & artis spectaculis, Aliarumque rerum memorabilium Argumentis illustrata* […],
> Amsterdam : J. a Meurs (1667),
> – Nachdruck unter dem Titel *China illustrata,*
> Kathmandu: Ratna Pustak Bhandar (1979),
> – engl. Übersetzung: *China Illustrata by Athanasius Kircher, S.J.* ,
> Übers.: CHARLES D. VAN TUYL,
> Muscogee, Oklahoma: Indian University Press (1987).

KLAPROTH, JULIUS,
> *Verzeichniss der chinesischen und mandshuischen Bücher und Handschriften der Königlichen Bibliothek zu Berlin,*
> Paris: Königliche Druckerei (1822)

KLAUE, MATTHIAS,
> *Wider das Budeyi. Gelingen oder Scheitern einer christlich-konfuzianischen Synthese in der apologetischen Schrift Budeyi bian (1665) des Jesuiten Ludovico Buglio,*
> in: Monumenta Serica, 45 (1997), S. 101-259.

van KLEY, EDWIN J.,
> *News from China; Seventeenth-Century European Notices of the Manchu Conquest,*
> in: Journal of Modern History, 45 (1973), S. 561-582.

——— *An Alternative Muse: The Manchu Conquest of China in the Literature of Seventeenth-Century Northern Europe,*
> in: European Studies Review, 6 (1976), S. 21-43.

KOCH, LUDWIG S.J.,
> *Jesuiten-Lexikon. Die Gesellschaft Jesu einst und jetzt,*
> Paderborn: Bonifacius Druckerei (1934).

KOLVENBACH, PETER-HANS S.J.
> *Johann Adam Schall von Bell – a Jesuit;*
> in: Verbum SVD, 33, 3, Nettetal (1992), S. 233-240; in: MALEK, S. 33-40.

——— *Johann Adam Schall im Dienst einer Sendung,*
> in: China Heute, XI (1992, 1), S. 73-76.

KÖSTER, HERMANN,
    The Palace Museum of Peiping,
    in: Monumenta Serica, II (1936/7), S. 167-190.

LAAMANN, LARS,
    The Current State of the Beitang Collection - Report from a Fact-finding Mission to the National Library of China,
    in: Bulletin of the European Association of Sinological Librarians, 9 (Sept. 1996), S. 19-20.

LACH, DONALD F. und EDWIN J. VAN KLEY,
    Asia in the Making of Europa,
    vol. III: A Century of Advance,
    Chicago u. London: Univers. of Chicaco Pr. (1993).

LANGE, LORENZ,
    Tagebuch zwoer Reisen, welche in den Jahren 1727, 1728 und 1736 von Kjachta und Zuruchaitu durch die Mongoley nach Peking gethan worden von Lorenz Lange, ehemaligem Ruß. Kays. Kanzleyrath. Nebst einer geographisch.historischen Beschreibung der Stadt Peking.
    Leipzig: J. Z. Logan (1781).

———— *Reise nach China.* Mit einem Nachwort von CONRAD GRAU,
    Berlin: Akademie Verlag (1985).

LAO GAN 勞幹,
    The Periodical Circles in the Chinese History, Lao Gan xueshu lunwen ji 勞幹學術論文集, Serie *jia* 甲,
    Taipei (1976).

LATOURETTE; KENNETH S.,
    A History of Christian Missions in China,
    New York: Macmillan (1929).

LATTIS, JAMES M.,
    Between Copernicus and Galileo, Christoph Clavius and the Collapse of Ptolomaic Cosmology,
    Chicago: University of Chicago Pr. (1994).

LAZZAROTTO, ANGELO S.,
    The Wide Apostolic Concern of Johann Adam Schall,
    in: MALEK, S. 923-938.

LE COMTE, LOUIS S.J.,
    Nouveaux Memoires sur l'etat present de la Chine,
    Paris: Anisson (1696/7), 2 Bde.

———— *Memoirs and Remarks Geographical, Historical, Topographical, Physical [...] made in above Ten Years Travels through the Empire of China: Primarly , upon Their Pottery and varnishing Silk [...],*

London: J. Hughs (1737);
- erschien auch unter dem Titel:
A Compleat History of the Empire of China, Being the Observations of above Ten Years Travels through that Country: containing Memoirs and Remarks [...],
London : J. Hodges (1739).

LE GOBIEN, CHARLES, S.J.,
Histoire de l'édit de l'empereur de la Chine en faveur de la Religion Chrestienne avec un eclaircissement sur les honneurs que les chinois rendent à Confucius & aux Morts,
Paris: J. Anisson (1698).

LEDDEROSE, LOTHAR,
Der politische und religiöse Charakter der Palastsammlungen im chinesischen Altertum,
in: R. GOEPPER, D. KUHN, U. WIESNER (Hg.), Zur Kunstgeschichte Asiens, Wiesbaden. Harrassowitz (1977),S. 153-159.

LEE, THOMAS H. C. (ed.),
China and Europe. Images and Influences in Sixteenth to Eighteenth Centuries,
Hong Kong: Chinese Univers. Pr. (1991).

——— *Christianity and Chinese Intellectuals: From the Chinese Point of View,*
in: LEE, THOMAS H. C. (ed.): S. 1-28.

LEGGE, JAMES,
The Chinese Classics, With a Translation, Critical and Exegetica Notes, Prolegomena, and Copious Indexes in Five Volumes,
London: Trübner (1861-1872), ²(1895),
Nachdruck Taipei ohne Verlag (1961), 5 Bde.

LEIBNIZ, GOTTFRIED WILHELM,
Das Neueste von China (1697) Novissima Sinica, [lat. und deutsch], *mit ergänzenden Dokumenten herausgegeben, übersetzt, erläutert von* [HEINZ GÜNTHER] NESSELRATH und [HERMANN] REINBOTHE,
Köln: Deutsche China-Gesellschaft (1979);
- Text auch in: *Leibniz Gesamtausgabe,* Bd. 6,
Berlin: Akademie Verlag (2008).

LESSING, FERDINAND D. (Ed.),
Mongolian-English Dictionary,
Compiled by MATTAI HALTOD, JOHN GOMBOJAB HANGIN, SERGE KASSATKIN and FERDINAND D. LESSING,
Berkeley and Los Angeles: Univ. of Califonia Pr. (1960).

Lettres édifiantes et curieuses, ecrites des missions Étrangères, par quelques Missionaires de la Compagnie de Jesus, 1702-1776 (mehrere Ausgaben);
Paris : N. le Clerc (seit 1702-1776) ;
Dass., *Nouvelle édition,* Bd. 14 flg.
Lyon : J. Vernarel, E. Cabin (1819).

Li Guoqing 李國清 und Sun Liping 孫利平,
> *Beitang shu ji qi yanjiu liyong: Lishi yu xianzhuang* 北堂書及其研究歷史與現狀,
> in: *Wenxian* 文獻, 95 (2003), H. 1, S. 214-231, 256.

Li Wenchao 李文潮,
> *Die christliche China-Mission im 17. Jahrhundert. Verständnis, Unverständnis, Missverständnis – eine geistesgeschichtliche Studie zum Christentum, Buddhismus und Konfuzianismus*
> (Studia Leibnitiana Supplementa, 32),
> Stuttgart: Steiner (2000).

Libbrecht, Ulrich,
> *What Kind of Science did the Jesuits Bring to China?*,
> in: Masini, S. 221-234.

Lidai zhiguan biao 歷代職官表,
> Komp.: Huang Benji 黃本驥 (fl. 1821),
> 6 j., Druck 1846, Neudruck: Shanghai (1980) mit Index.

Lin Jian 林健,
> *Xifang jindai kexue chuanlai zhongguo hou de yichang douzheng – Qingchu Tang Ruowang he Yang Guangxian guanyu tianwen lifa de lunzheng* 西方近代科學傳來中國後的一場斗爭 清初湯若望和楊光先關於天文曆法的論爭,
> in: *Lishi yanjiu* 歷史研究, (1980), Heft 2, S. 25-32.

Lippiello, Tiziana,
> *Astronomy and Astrology: Johann Adam Schall von Bell*,
> in: Malek (1998), S. 403-430.

Lippiello, Tiziana und Roman Malek (Hg.),
> *"Scholars from the West", Guilio Aleni S.J. (1582-1649) and the Dialogue Between Christianity and China*
> (Monumenta Serica, Monograph Ser., 42),
> Nettetal: Steyler (1997).

Lishi yihen 歷史遺痕 *Li Madou ji Ming Qing xifang zhuanjiaoshi mudi* 利瑪竇及明清西方傳教士墓地,
> Hg.: Gao Zhiyu 高智瑜 u.a.
> Beijing: Zhongguo renmin daxue (1994).

Lishi yu zongjiao 歷史與宗教,
> *Jinian Tang Ruowang sibai zhounian danchen ji tianzhu jiao chuan hua shixue guoji yanjiuhui lunwenji* 紀念湯若望四百週年誕辰暨天主教傳華史學國際研究會,
> – Fronttitel: *Lunwen ji* 論文集 *Conference Papers*,
> Taipei: Furen daxue (1992).

Liu Xunsheng 劉訓昇,
> *Yinyang xue* 陰陽學,
> Taipei: Liu Xunsheng ³(1979).

Liu Zhiguang 劉之光,
: *Beijing qingdai wangfu gaishu* 北京清代王府概述,
: in: Beijing wenwu yu kaogu 北京文物與考古, 1, Beijing (1983), S. 129-175.

Liuren leiji 六壬類集,
: anonym, Handbuch zur Geomantik, *Qing*-Zeit,
: Teile daraus in: *Gujin tushu jicheng* 古今圖書集成, Teil *yishu*, j. 717-744.

Loewe, Michael,
: *Imperial China's Reactions to the Catholic Missions*,
: in: Numen, Internat. Review of the History of Religion, 35, 2,
: Leiden (1988), S. 179-212.

Lopes, Rui Oliveira,
: *Words for images and images for words: an iconological and scriptural study of the Christian prints in the Chengshi moyuan* 程氏墨苑,
: in: Words & Image, 33, no.1 (2017), S. 87-107.

Löwendahl, Björn,
: *Sino-Western Relations, Conceptions of China, Cultural Influences and the Development of Sinology: Disclosed in Western Printed Books, 1477-1877: The Catalogue of the Löwendahl - von der Burg Collection*,
: Hua Hin: The Elephant Press (2008, 2012), 2 Bde. und Supplement.

Ljungstedt, Anders,
: *An Historical Sketch of the Portuguese Settlements in China. And of the Roman Catholic Chrurch and Mission in China*,
: Boston (1836), Nachdruck Hongkong (1992)

Lu Yao 路遥.
: *Three Issues on Johann Adam Schall von Bell*,
: in: Malek, S. 57-78.

Lushui ting zashi 淥水亭雜識,
: Verf.: Nara Singde (Nalan Xingde)納蘭性德(1655-1685),
: in: *Biji xiaoshuo daguan* 筆記小說大觀, Nachdruck Taipei (1983), Bd. 16.

Magaillans [d.i. Magalhães], Gabriel de,
: *Nouvelle relation de la Chine, Contenant la description des particularitez les plus considerables de ce grand Empire. Composée en l'année 1668 [...]* (Übers. aus dem Portug.: Sr B.),
: Paris (1688), Mikrofiche.
: (engl.) [anonym] *A New History of the Empire of China, Containing a Description of the Politick Government, Towns, Manners and Customs of the People, &c. Newly Done out of French*,
: London (1689), Mikrofiche.

DE MAILLA [MAILLAC], JOSEPH-ANNE-MARIE DE MOYRIAC S.J.,
> *Histoire générale de la Chine, ou annales de cet empire; traduites du Tong-kien-kang-mou* [...] Revues & publiées par M. [Michel Ange André] LE ROUX DES HAUTESRAYES [...],
> – T. 13: GROSIER, *Description générale de la Chine* (1785),
> Paris: Pierres (1777, 1780);
> Nachdruck Taipei: Cheng-wen (1967), 13 Bde.

MALATESTA, EDWARD J. S.J.,
> *The Lost Sheep of Johann Adam Schall Reflections on the Past and Present of the Zhalan (Shala) Cemetery,*
> in: MALEK (1998), S. 191-269.

MALATESTA, EDWARD J. und GAO ZHIYU,
> *Departed, yet present: Zhalan, the oldest Christian Cemetery in Beijing,*
> Macao: Instituto Cultural (1995).

MALEK, ROMAN SVD.,
> *Initiatives, Events and Research Projects in Germany Connected with the 400th Anniversary of Johann Adam Schall von Bell S.J. (1592-1666),*
> in: Lishi yu zongjiao (1992), S. 451-468.

——— *Johann Adam Schall von Bell und sein 400. Geburtsjubiläum 1992,*
> in: Archivum historicum Societatis Jesu, 66 (1997), S. 51-74.

——— R. MALEK (ed.), *Western Learning and Christianity in China. The Contribution and Impact of Johann Adam Schall von Bell, S.J. (1592-1666)* (Monumenta Serica Monograph Series, XXXV, 1-2),
> Sankt Augustin: China Zentrum, Monumenta Serica Institute (1998), 2 Bde.

Man Han mingchen zhuan 滿漢名臣傳.
> Kommissionswerk, Inhalt:
> I: *Manzhou mingchen zhuan* 滿州名臣傳, 48 j.,
> II: *Han mingchen zhuan* 漢名臣傳 32 j.,
> III: *Man Han mingchen zhuan xuji* 滿漢名臣傳續集, 80 j.,
> IV: *Man Han mingchen zhuan sanji* 滿漢名臣傳三集, 24 j.,
> Anhang: *Erchen zhuan* 二臣傳;
> Neudruck: Harbin (1991), 4 Bde.

Manjurische Geheimakten, siehe *Miben dang*.

V. MANNSEGG, IG[NAZ] SCH[UMANN],
> *Geschichte der chinesischen Mission unter der Leitung des Pater Johann Adam Schall, Priesters aus der Gesellschaft Jesu. Aus dem Lateinischen übersetzt und mit Anmerkungen begleitet,*
> Wien: Mechitaristen-Cnongregation (1834), ²(1848),
> Nachdruck der Ausgabe (1834) in Fortsetzungen,
> in: China Heute, St. Augustin, (I) Jg. 18 (1999), S. 116-123; (II) S. 173-178; (III) Jg. 19 (2000), S. 42-46; (IV) S. 115-119; (V) S. 176-180; (VI) Jg. 20 (2001), S. 49-52; (VII) S. 114-119; (VIII) S. 171-176; (IX) Jg. 21 (2002), S. 47-49; (X) S. 82-85; (XI)

Jg. 22 (2003), S. 100-103; (XII) Jg. 22 (2004), S. 111-116; (XIII) S. 179-185; (XIV) Jg. 23 (2004), S. 239-243; (XV) Jg. 24 (2005), S. 109-113; (XVI) Jg. 25 (2006), S. 174-182; (XVII), S. 234-237; (XVIII) Jg.

Manzhou mingchen zhuan, siehe *Man Han mingchen zhuan*.

MARTINI, MARTINO S.J.,
 De bello tartarico historia, in quâ, quo pacto Tartari hac nostrâ aetate Sinicum Imperium unuaserint, ac ferè totum occuparint, narratur: eorumque mores breuiter describuntur [...],
 Antwerpen. B. Moret (1654); Amsterdam:J. Janson (1655);
 – in mindestens 25 verschiedenen Ausgaben in 9 Sprachen erschienen, hier auch verwendet:
 – *Histoire de la guerre des Tartares, contre la Chine. Contenant les revolutions estranges qui sont arrivées dans ce royaume, depuis quarante ans*,
 Paris: J. Henault (1654);
 – *Bellum Tartaricum, or the Conquest of the Great and most renowned Empire of China, By the Invasion of the Tartars [...]*,
 London. J. Crook (1654), Nachdr. Peking (1939);
 – *Historische Beschreibung deß Tartarischen Kriegs in Sina ,in welcher Was massen zu vnsern zeiten das Sinische Keyserhum von den Tartarn angefallen vnd bey nahe ganz erobert worden / kürtzlich erzehlt; Wie auch dero Sitten gründlich beschriben worden [...]*,
 München: Johann Wagner (1654).

―――― *Brevis Relatio de Numero, & Qualitate Christianorum apud Sinas*,
 Rom (1654a); Nachdruck in *Opera omnia*, siehe u. (1998), Bd. 2, 41-84.

―――― *Zeitung Auß der newen Welt oder Chinesischen Königreichen. So P. Martinvs Martini Der Societet JESU Priester / ohnlängst auß selbigen Landen in Hollande anlangendt / mit sich gebracht hat...*
 Augspurk: A. Aperger (1654), ohne Paginierung;
 auch in: Martini, *Opere* (1998), Bd. 2, S. 154-155.

―――― *Novvs Atlas Sinensis a Martino Martinio Soc. Iesv*,
 Amsterdam: J. Blaeu (1655);
 auch erschienen als Teil 6 von JOAN BLAEUs Atlas Maior: *Novvs Atlas, Das ist Weld-beschreibung Mit schönen newen außführlichen Land-Taffeln in Kupffer gestochen und an den Tag gegeben*,
 Amsterdam: J. Blaeu (1655);
 – P. MARTINIs Karten beruhen auf dem chinesischen Atlas *Guang yutu* 廣輿圖, der 1555/79 in 6 Ausgaben erschienen war.
 Faksimileausgabe (ohne Abdruck der landeskundlichen Begleittexte sowie des Anhangs *Historia von dem Tartarischen Krieg Einfal in das Sinische Kayserthum vnd der Tartaren Sitten* – d. i. deutsche Version von MARTINIs *De bello Tartarico historia*): JOAN BLAEU, *Novus Atlas Sinensis 1655*, Einführung von YORCK ALEXANDER HAASE, Stuttgart: Müller und Schindler (1974).

―――― *Sinicae Historiae Decas Prima, Res à gentis origine ad Christum natum in extrema Asia, sive Magno Sinarum Imperio gestas complexa,*
München: L. Straub (1658); Amsterdam: J. Blaeu (1659).

―――― *Martino Martini S.J. (1614-1661) Opera Omnia, vol. I – V,*
DEMARCHI, FRANCO (Hg.),
Trento: Università degli Studi di Trento (1998-2013), 5 Bde.

MARTZLOFF, JEAN-CLAUDE,
Notes on Planetery Theories in Giacomo Rho's Wuwei lizhi,
in: MALEK (1998), S. 591-616.

―――― *Euclid in China,*
in: Monumenta Serica, 47 (1999), S. 479-488.

MASINI, FEDERICO (Ed.),
Western Humanistic Culture Presented to China by Jesuit Missionaries (XVII-XVIII centuries),
Proceedings of the Conference held inRome, October 25-27, 1993
(Bibliotheca Instituti Historici S. I., 49),
Roma: Institutum Historicum S.I. (1996).

MASON, GEORGE HENRY,
The Punishments of China. Illustrated byTwenty-Two Engravings,
London (1808).

MAYERS, WILLIAM FREDERICK,
The Chinese Government,
Third ed., revised by G. M. H. Playfair,
London: Kelly & Walsh (1897); Nachdruck Taipei (1966).

MEADOWS, THOMAS TAYLOR,
Desultory Notes on the Government and Peoples of China and the Chinese Language,
London: Allen (1847), Nachdruck New York : Praeger (1970).

Mémoires concernant l'histoire, les sciences, les arts, les mœurs, les usages, &c. des Chinois, par les missionnaires de Pekin,
Paris: Nyon (1776-1791, 1814), 17 Bde.

MENDOÇA, siehe PALAFOX.

MENEGON, EUGENIO,
Yang Guangxian's Opposition to Johann Adam Schall: Christianity and Western Science in his work Budeyi,
in: MALEK (1998), S. 312-337.

―――― *Amicitia Palatina. The Jesuits and the Politics of Gift-Giving at the Qing Court,*
in: M. ABBIATI (2014), S. 547-561.

―――― *Quid pro quo: Leisure, Europeans, and their „Skill Capital" in Eighteenth-Century Beijing,*
in: R. G. WAGNER (2019), S. 107-152.

MENG SEN 孟森,
>   *Dong Xiaoyuan kao* 董小宛考,
>   in: *Ming Qing shi lunzhu jikan xubian* 明清史論著集刊續編,
>   Beijing: Zhonghua (1986), S. 188-215.

——— *Qing Shizu Dong'e fei shengsi teshu dianli* 清世祖董鄂妃生死特殊典禮,
>   in: *Ming Qing shi lunzhu jikan xubian* (siehe o.), S. 178-187.

——— *Qingchu san da yi'an kaoshi* 清初三大疑案考實(1935),
>   in: *Qingdai shi* 清代史, nachgelassenes Werk (1935/6),
>   Taipei: Zhengzhong (1960), ²(1974)., S. 449-547.

——— *Shizu chujia shi kaoshi* 世祖出家事考實,
>   in: *Ming Qing shi lunzhu jikan xubian*, S. 216-246.

MENTZEL, CHRISTIAN,
>   *Kurtze Chinesische Chronologia oder Zeit-Register / Aller Chinesischen Käyser / Von ihrem also vermeinten Anfang der Welt bis hieher zu unsern Zeiten / des nach CHristi unsers Seligmachers Gebuhrt 1696sten Jahres* [...],
>   Berlin: Rüdiger (1696),
>   – beruht großenteils auf COUPLET, *Tabula chronologica* (1686).

METZLER, JOSEF,
>   *Die Synoden in China, Japan und Korea (1570-1931)*
>   (Konziliengeschichte, hgg. v. W. BRANDMÜLLER, Reihe A, 1.),
>   Paderborn: Schöningh (1980).

MEYER, JEFFREY F.,
>   "Feng-shui" of the Chinese City,
>   in: History of Religions, 18, Nr. 2 (1978), S. 138-155.

——— *The Dragons of Tiananmen: Bejing as a Sacred City*,
>   Columbia: University of South California Pr. (1991).

Miben dang 秘本檔 / *Narhôšaha dangse*,
>   einsprachige manjurische Geheimakten zum Prozeß gegen P. ADAM SCHALL, Manuskript, 24 Teile; Erstes historisches Aktenarchiv, *Zhongguo diyi lishi dang'anguan* 中國第一歷史檔案館, Beijing; Näheres siehe Teil 2.

MINAMIKI, GEORGE S.J.,
>   *The Chinese Rites Controversy from Its Beginning to Modern Times*,
>   Chicago. Loyola Univers. Pr. (1985).

Ming Huidian 明會典,
>   Komp.: SHEN SHIXING 申時行 (gest. 1614) u. a.,
>   228 j., Druck 1587, Nachdruck: Shanghai (1936); verkleinerter Neudruck: Beijing (1988).

Ming Qing dang'an cunzhen xuanji 明清檔案存真選輯, *Selected Materials from the Ming-Ch'ing Archieves*
>   (Institute of History and Philology Academia Sinica, Special Publ. 38),

Hg.: LI GUANGTAO 李光濤, Serie I, *chuji* 初集,
Taipei: Zhongyang yanjiuyuan (1959).

Ming Qing shiliao 明清史料,
4 Serien (*jia* 甲 bis *bing* 丙), 40 Hefte,
Shanghai: Shangwu yinshu (1930-1951),
Nachdruck Hongkong (1969).

Ming shilu 明實錄,
nach der Ausgabe: *Ming shilu beijing shiliao* 明實錄北京史料,
Beijing: Beijing guji (1995), 4 Bde.

Mingshi 明史,
Hg.: ZHANG TONGYU 張廷雨(1672-1755) u.a., 332 j., Druck 1739,
Neudruck Beijing: Zhonghua (1974), 28 Hefte.

MOESGAARD, KRISTIAN PEDER u.a.,
Astronomi,
in: SVEND ELLEHØJ u.a. (Hg.), Københavns universitet 1479-1979, Bd. XII: Det matematisk-naturvidenskabelige Fakultet, 1. del, Red. Mogens Pihl, København (1983), S. 247-363.

Monumenta sinica cum disquisitionibus criticis pro Vera Apologia Jesuitarum contra Falsam Apologiam Dominicanorum, et Pro recto torius Causae Sinensis Judicio. Pars prima historia, et desquisitio critica [...]
Nempè Chiatiniensi, LanKiensi, & Cantoniensi authore...
o. O. (1700).

MOORTGAT, GRETE,
Substance versus Function (Ti vs. Yong). The Humanistic Relevance of Yang Guangxian's Objection to Western Astronomy,
in: MASINI, S. 259-277.

MOTE, FREDERICK W. u. DENIS TWITCHETT (eds.),
The Cambridge History of China, vol. 7,
The Ming Dynasty, 1368-1644, Part I,
Cambridge: Cambridge Univers. Pr. (1988).

[MÜLLER, ANDREAS],
Basilicon Sinense, Seu Primorum Hominum, Regnum & Imperatorum Sinensium, Series, Nomina, Cognomina, Ætas, Res quædam Gestæ, aliaque, Ab exordio ad nostra usque tempora,
o.O. o.J. [Berlin, 1679].

MUNGELLO, DAVID E.,
Die Schrift T'ien-hsüeh ch'uan-kai als eine Zwischenformulierung der jesuitischen Anpassungsmethode im 17. Jahrhundert,
in: China Mission Studies (1550-1800) Bulletin, 4 (1982), S. 24-39; 5 (1983), S. 44.

―――― *Curious Land: Jesuit Accommodation and the Origins of Sinology*
(Studia Leibnitiana Supplementa, XXV),
Stuttgart: Steiner (1985).

―――― *The Forgotten Christians of Hangzhou,*
Honolulu: University of Hawaii Pr. (1994).

―――― *The Great Encounter of China and the West,1500-1800,*
Lanham u.a.: Rowman & Littlefield (1999),
2nd edition,Lanham u.a.: Roman & Littlefield (2005).

MÜNSTERBERG, OSKAR,
Bayern und Asien im XVI., XVII. und XVIII. Jahrhundert,
in: Zeitschrift des Münchener Alterthumsvereins, N.F., VI. Jg., München (1894), S. 12-37.

MÜNZEL, FRANK,
Strafrecht im alten China nach den Strafrechtskapiteln in den Ming-Annalen
(Veröffentl. des Ostasien-Istituts der Ruhr-Universität Bochum),
Wiesbaden: Harrassowitz (1968).

MURR, CHRISTOPH GOTTLIEB,
Journal zur Kunstgeschichte und zur allgemeinen Litteratur, 7. Theil,
Nürnberg (1779).

NAKAYAMA, SHIGERU,
Characteristics of Chinese Astrology,
in: SIVIN (1977), S. 94-106.

NAQUIN, SUSAN,
Peking, Temples and City Life, 1400-1900,
Berkeley, Los Angeles, London: Univers. of California Pr. (2000).

NAVARRETE, DOMINGO FERNÁNDEZ DE O.P.,
Tratados historicos, politicos, ethicos, y religiosos de la monarchia de China. descripcion brevede aqvel imperio [...],
Madrid: I.G. Infançon (1676);
– englische Ausgabe:
An Account of the Empire of China, Historical, Political, Moral and Religious. A Short Description of that Empire, and Notable Examples of its Emperors and Ministers [...],
in: A Collection of Voyages nd Travels [...], vol. 1,
London: A. und J. Churchill (1704);
engl. Neuausgabe, siehe CUMMINS (1962).

NEEDHAM, JOSEPH,
Science and Civilisation in China (mit WANG LING),
– vol. 2: *History of Scientific Thought,*
Cambridge: Cambridge Univers. Pr. (1956); – Nachdrucke Taipei von 1962, 1969, 1972 etc.,

– vol. 3: *Mathematics and the Science of the Heavens and Earth*, (1959),
– vol. 5, pt. 1: *Chemistry and Chemical Technology* (mit TSIEN TSUEN-HSUIN) (1962),
– vol. 5, pt. 3: *Spagyrical Discovery and Invention; Historical Survey, from Cinnabar Elixirs to Synthetic Insulin* (mit HO PING-YU, LU GWEI-DJEN) (1976),
– vol. 5, pt. 7: *Chemistry and Chemical Technology, Military Technology, the Gunpower Epic* (mit HO PING-YU, LU GWEI-DJEN, WANG LING) (1987).

——— *Chinese Astronomy and the Jesuit Mission: An Encounter of Cultures* (China Society, Occasional Papers, 10),
London: China Society (1958).

——— *Time and Eastern Man:* the Henry Myers Lecture 1964;
(Royal Anthropological Institute Occ. Papers, 21),
Glasgow: Royal Anthropol. Institute of Great Britain and Ireland (1965).

——— *Within the Four Seas,*
Toronto: Univ. of Toronto Pr. (1969).

[NEITE, WERNER (Hrsg.)],
Johann Adam Schall von Bell SJ 1592-1666. Ein Kölner Astronom am chinesischen Hof, Ausstellungskatalog (1992),
Köln: Diözesan- und Dombibliothek; erweiterte Ausg.: Neuss: Clemens-Sels-Museum.

NEUMANN, CARL FRIEDRICH,
Die erdichtete Inschrift von Singan Fu,
in: Zeitschrift der Deutschen morgenländischen Gesellschaft, 4, Leipzig (1850), S. 33-43.

Niejing 孽鏡,
in: *Bu deyi,* j. *xia;*
Nachdruck in: *Tianzhu jiao dongchuan wenxian xubian,* Bd. 3,
S. 1199-1235.

NIEUHOF (NIEUHOFF, NEUHOF), JOHAN,
Die Gesantschaft der Ost-Indischen Geselschaft in den Vereinigten Niederländern / an den Tartarischen Cham / und nunmehr auch Sinesischen Keyser / Verricht durch die Herren Peter de Gojern / und Jacob Keisern. Darinnen begriffen Die aller märckwüdigste sachen / welche ihnen /auf währender reyse von 1655. Jahre bis in das 1657. aufgestoßen. [...],
Amsterdam: J. Mörs (1669);
– Originalausg.: JAN NIEUHOF, *Het Gezantschap der Neêrlandsche Oost-Indische Compagnie, aan den Grooten Tartarischen Cham, den tegenwoordigen Keizer van China* [...],
Amsterdam: J. van Meurs (1665);
– engl. Ausgabe: John Nieuhoff, *An Embassy from the East India Company of the United Provinces to the Grand Tartar Cham, Emperour of China. Delivered by their Excell[cies] Peter de Goyer, and Jacob de Keyzer, At his Imperial City of Peking* [...],
(Übers. JOHN OGILBY),
London (1669): J. Macock, auch London (1673);
– französ. Ausgabe: Amsterdam (1665) u.a.

Nurhači-shilu, siehe *Da Qing Taizu wuhuangdi shilu*.

D'ORLEANS, PIERRE JOSEPH,
    Histoire des deux conquérans tartares, qui ont subjugué la Chine,
    Paris: Barbin-Lambin (1688),
    - engl. Ausgabe: *History of the Two Tartar Conquerors of China, Including the Two Journeys into Tartary of Father Ferdinand Verbiest, in the Suite of the Emperor Kanh-Hi [...]*,Translated by the Earl of Ellesmere[...],
    London: Hakluyt Society (1854), New York (1854), Nachdruck (1949, 1971).

OXNAM, ROBERT B.,
    Ruling from Horseback, Manchu Politics in the Oboi Regency 1661-1669,
    Chicago u. London (1970, 1975).

——— *Policies and Institutions of the Oboi Regency 1661-1669,*
    in: Journal of Asian Studies, 32,2 (1973), S. 265-286.

PALAFOX Y MENDOÇA, JUAN,
    The History of the Conquest of China by the Tartars. Together with an Account of Several remarkable things, concerning the Religion, Manners, and Customes of both Nations, but especially [...],
    London: W. Godbid (1671); Nachdruck (1978)
    – (span.) *Historia de la conqvista de la China por el Tartaro escrita,*
    Paris: A. Bertier (1670);
    – (franz.) *Histoire de la conqueste de la Chine par les Tartares,* Amsterdam: J. F. Bernard (1723).

PAN JIXING 潘吉星,
    The Spread of Georgius Agricola's De re metallica in Late Ming China,
    in: T'oung Pao, 77 (1991), S. 108-118.

——— *Johann Adam Schall von Bell and the Spread of Georgius Agricola's De re Metallica in late Ming China,*
    in: MALEK, S. 675-680.

PATERNICÒ, L. M, Cl. v. COLLANI, R. SCARTEZZINI (Ed.),
    Martino Martini Man of Dialogue (1614-1661),
    Proceedings of the International Conference held in Trento on October 15-17, 2014 for the 400th anniversary of Martini's birth,
    Trento: Università degli studi (2016).

PELLIOT, PAUL,
    La Brevis Relatio,
    in: T'oung Pao, 23 (1924), S. 355-372.

——— *Bibliographie* (Rezension zu VÄTH, J. A. Schall), in: T'oung Pao, 31 1934/5), S. 178-187.

——— *Inventaire sommaire des manuscrits et imprimés chinois de la bibliothèque vaticane.*
    A posthumous work, revised amd edited by Takata Tokio,

Kyoto : Istitut. Italiana di Cultura (1995).

PENG, RITA HSIAO-FU,
The K'ang-hsi Emperor's Absorption in Western Mathematics and Astronomy and his extensive Application of Scientific Knowledge,
in: Bulletin of Historical Research, 3 , Taipei (1975), S. 349-422.

PENNING, WOLF D.,
Schall von Bell zu Lüftelberg (1489/1540-1666). Quellen und Materialien zur Geschichte einer erzstiftig-kölnischen Familie,
in: Heimatblätter des Rhein-Sieg-Kreises, 66-67 (1998-1999), S. 7-59.

PFISTER, LOUIS [ALOYS] S.J.,
Notices biographiques et bibliographiques sur les Jésuites de l'ancienne mission de Chine 1552-1773
(Variétés sinologiques, 59-60),
Chang-hai: Impr. Mission catholique (1932, 1934);
Nachdruck San Francisco: Chinese Materials Center (1976),
– 1. Ausgabe, Shanghai (1868/75).
– Chines. Übersetzung: MEI CHENGQI 梅乘騏 und MEI CHENGJUN 梅乘駿,
Ruhua yesu huishi liezhuan 入華耶穌會士列傳,
Shanghai: Shangwu yinshu (1949),
Neuausgabe: *Ming Qing jian zai hua yesu huishi liezhuan* 明清間在華耶穌會士列傳,
Shanghai: Tianzhujiao Shanghai jiaoju (1997).

PHILOSINENSIS [d.i. KARL GÜTZLAFF],
Ta Tsing hwang te Shing Heun, or Sacred Instructions of the emperors of the Ta Tsing dynasty,
in: The Chinese Repository, X,11 (1841), S. 593-605.

PIH, IRENE,
Le Père Gabriel de Magalhães. un Jésuite portugais en Chine au XVIIe siècle,
Paris : Fundação Calouste Gulbenkian (1979).

Pixie lun 闢邪論 / *Miosihôn leolen be ashôre bithe,*
Verf. YANG GUANGXIAN (1595-1669),
eingereicht 1657, später Teil der Schrift *Bu deyi,*
Nachdruck *Tianzhu jiao dongchuan wenxian xubian,* Bd. 3, S. 1103-1134.

PLANCHET, JEAN-MARIE C.M.,
Guide du Touriste aux Monuments religieux de Pékin,
Pékin : Impr. des Lazaristes du Pétang (1923).

——— *Le cimetière et les oeuvres catholiques de Chala* [柵欄] *1610 - 1927,*
Pékin: Imprim. des Lazaristes (1928).

PLATEL, C. P. [d.i. PIERRE CUREL-PARISOT, Ordensname: NORBERT DE BAR-LE DUC, 1703-1769],
Mémoires historiques Sur les Affaires des Jésuites avec le Saint Siége, Où l'on verra que le Roi de Portugal [...], Tome 3,
Lissabon [Paris oder London]: F.-L. Ameno (1766).

PLATH, JOHANN HEINRICH,
> *Die Völker der Mandschurey* (Geschichte des östlichen Asiens, 1. Theil),
> Göttingen: Dieterich (1830, 1831), 2 Bde.

PLATZWEG, CARL S.J.,
> *Lebensbilder deutscher Jesuiten in auswärtigen Missionen*,
> Paderborn: Junfermann (1882).

PORKERT, MANFRED,
> *Die theoretischen Grundlagen der chinesischen Medizin*,
> Basel: Chinese medicin public. ³(1991).

PORTER, JONATHAN,
> *Bureaucracy and Science in Early Modern China: The Imperial Astronomical Bureau in the Ch'ing period*,
> in: Journal of Oriental Studies, 18 (1980), S. 61-76.

[PRAY, GEORG],
> *Geschichte der Streitigkeiten über die chinesischen Gebräuche, worinn ihr Ursprung, Fortgang und Ende in drey Büchern dargestellt wird*,
> Augsburg: N. Doll (1791/2), 3 Bde.
> – GEORG (György) PRAY (1723-1801, seit 1740 Jesuit), ungar. Historiker.

PTAK, RODERICH und PETER HABERZETTL,
> *Macau im Wandel. Fünf Studien zur Geschichte und Wirtschaft des Territoriums in der jüngeren Vergangenheit*
> (Sinologica Coloniensia, 14),
> Stuttgart: Steiner (1990).

PU SHUREN 溥樹人,
> *Qing qintianjian renshi nianbiao* 清欽天監人事年表,
> in: Kejishi wenji 科技史文集 (Tianwen xueshi zhuanji 天文學史專集), Beijing (1978), S. 86-101.

Qian Zhonglian 錢仲聯 (Ed.),
> *Zhongguo wenxuejia da cidian* 中國文學大辭典, *Qingdai juan* 清代卷,
> Beijing: Zhonghua (1996).

Qiju zhu 起居注 / *Ilire tere be ejehe dangse*,
> Annalen der kaiserlichen Aktionen, Manuskript; begonnen 1629, manjur., chines. Version, nicht vollständig; erhalten sind 982 Bde. (493 Bde. chinesisch, 489 Bde. manjurisch); im Palastmuseum Taipei: 680 Bde.; im Ersten histor. Archiv Beijing: 302 Bde.

Qing bai leichao 清稗類鈔,
> Komp.: Xu Ke 徐珂, Vorwort v. 1916,
> Shanghai (1917), Nachdruck Taipei (1965), 48 Hefte,
> Neudruck Beijing: Zhonghua (1984), 13 Bde.

Qing beizhuan heji 清碑傳合集,
    Sammelausgabe, Inhalt:
    Bd. 1-3: *Beizhuan ji* 碑傳集,
    Komp.: Q<small>IAN</small> Y<small>IJI</small> 錢儀吉, 160 j.;
    Bd. 4-5: *Xu beizhua* 續碑傳集
    Komp.: M<small>IU</small> Q<small>UANSUN</small> 繆荃孫, 86 j.;
    Nachdruck: Shanghai (1988).

Qing gong shuwen 清宮述聞,
    Komp.: Z<small>HANG</small> N<small>AIWEI</small> 章乃煒,
    6 j., 3 Hefte, Vorwort v. 1937,
    Beijing: Gugong (1941), Neudruck Beijing: Guji (1988), 1 Bd.,
    – erweiterte Ausgabe:
    Qing gong shuwen chu. xubian hebianben 清宮述聞初.續編合編本,
    Beijing: Zijincheng (1990).

Qing liechao houfei zhuangao 清列朝后妃傳稿,
    Komp.: Z<small>HANG</small> E<small>RTIAN</small> 張爾天,
    Beijing (1929), 2 Bde.

Qing tongjian (A) 清通鑑,
    Komp.: D<small>AI</small> Y<small>I</small> 戴逸 u.a.,
    Taiyuan: Shanxi renmin (2000), 22 Bde.

Qing tongjian (B) 清通鑑,
    Hg. Z<small>HANG</small> K<small>AIYUAN</small> 張開沅 u.a.,
    Beijing: Yuelu (2000), 4 Bde.

Qingchao rouyuan ji 清朝柔遠記,
    Hg.: W<small>ANG</small> Z<small>HICHUN</small> 王之春 (geb. 1842),
    Vorwort v. 1880, 19 j.,
    Druck von 1880; Neudruck Beijing: Zhonghua (1989).

Qingchao wenxian tongkao 清朝文獻通考,
    Komp.: Z<small>HANG</small> T<small>INGYU</small> 張廷玉, befohlen 1747, 300 j.,
    Serie *Shi tong* 十通, Shanghai: Shangwu (1936),
    Nachdruck Taipei (1958/9), 8 Bde.

Qingchao xu wenxian tongkao 清朝續文獻通考,
    Komp.: L<small>IU</small> J<small>INZAO</small> 劉錦藻, 400 j., Vorwort 1921;
    Druck Serie *Shitong* (siehe o.), Shanghai (1936); Nachdruck Taipei (1959), 12 Bde.

Qingchu neiguo shiyuan manwen dang'an yibian 清初內國史院滿文檔案譯編,
    Beijing: Guangming (1989), 3 Bde.

Qingdai dang'an, siehe *Qingdai dang'an shiliao congbian*.

Qingdai dang'an shiliao congbian 清代檔案史料叢編,
    Sammlung 9,
    Beijing: Erstes histor. Aktenarchiv (siehe o.) (1983).

Qingdai dihou xiang 清代帝后像,
    2 Hefte, 4⁰,
    Beijing: Gugong (1934).

Qingdai gongshi tanwei 清代宮史探微,
    (Aufsätze mehrerer Verfasser),
    Beijing: Zijin cheng (1991).

Qingdai neifu keshu mulu jieti 清代內府刻書目錄解題,
    Hg.: Gugong bowuyuan tushuguan 故宮博物院圖書館 und Liaoning sheng tushuguan 遼寧省圖書館,
    Beijing: Zijin cheng (1995).

Qingdai neige, siehe *Qingdai neige shiyuan manwen dang'an yibian*.

Qingdai neige shiyuan manwen dang'an yibian 清代內閣國史院滿文檔案譯編,
    Hg.: Erstes historisches Aktenarchiv (siehe o.),
    Beijing (1989), 3 Bde.

Qingdai tianwen dang'an shiliao huibian 清代天文檔案史料匯編,
    Hg.: Erstes historisches Aktenarchiv (siehe o.),
    Beijing: Daxiang (1997).

Qingdai zhiguan nianbiao 清代職官年表,
    Komp.: Qian Shifu 錢實甫,
    Beijing: Zhonghua (1980), 4 Bde.

Qinggong shuwen 清宮述聞,
    Komp.: Zhang Naiwei 章乃煒, 6 j., Vorwort v. 1937,
    Neudruck Beijing (1988).

Qinggong xiyang yiqi 清宮西洋儀器,
    Hsg.: Liu Lu 劉潞,
    Reihe *Gugong bowuyuan cang wenwu zhenpin quanji* 故宮博物院藏文物珍品全集, 58,
    Hongkong: Shangwu (1998).

Qingshi biannian 清史編年,
    Komp.: Shi Song 史松 und Lin Tiejun 林鐵鈞,
    Bd. 1: *Shunzhi*,
    Beijing: Renmin daxue (1985).

Qingshi gao 清史稿,
    Komp.: Zhao Ersun 趙爾巽 (1844-1927) u.a.,
    529 j., Vorwort v. 1927, Erstdruck 1927-1928,
    mehrere Versionen: Beijing (1928), (1934), Shanghai (1942), Hongkong (1960),
    verwendete Ausgaben:
    – *Qingshi gao* 清史稿,
    Beijing: Zhonghua (1967), (1977), ⁵(1996), 48 Hefte;
    – *Qingshi gao jiaozhu* 清史稿校註,
    Taipei: Guoshi guan (1986-1991), ²(1999), 15+1 Bde.

Qingshi liezhuan 清史列傳,
    80 j., Druck 1928,
    Nachdruck: Taipei (1962), 10 Bände.

Qingshi tudian 清史圖典,
    Bd. 2: *Shunzhi chao* 順治朝,
    Hsg.: ZHU CHENGRU 朱誠如 u.a.,
    Beijing: Zijincheng (2002).

Qingzhong qianji xiyang tianzhujiao zai hua huodong dang'an shiliao 清中前期西洋天主教在華活動檔案史料,
    Hg.: Zhongguo diyi lishi dang'anguan 中國第一歷史檔案館,
    Beijing: Zhonghua (2003), 4 Bde.

QU CHUNHAI 屈春海,
    Qingdai qintianjian ji shixianke zhiguan nianbiao 清代欽天監暨時憲科職官年表,
    in: Zhongguo keji shiliao 中國科技史料, China Historical Materials of Science and Technology, 18,3 (1997), S. 45-71.

QU ZHILIAN 渠志廉,
    Tang Ruowang siduo nianpu 湯若望司鐸年譜,
    in: *Qingshi zazhi* 磐石雜誌, juan 2, Heft 9 (1938), S. 11-18; Heft 10 (1939), S. 29-35; Heft 11, S. 20-24.

RAWSKI, EVELYN SAKAKIDA,
    The Last Emperors, A Social History of Qing Imperial Institutions,
    Berkely, Los Angeles, London: Univers. of California Pr. (1998).

Rehe zhi 熱河志,
    Hg.: HEŠEN 和珅 (1750-1799) u. a., 120 j., Vorwort v. 1781,
    Nachdr.: Serie *Zhongguo bianjiang congshu* 中國邊疆叢書, Ser. 2, Taipei (1966), 6 Bde.

REID, JOHN GILBERT,
    Peking's First Manchu Emperor.
    in: Pacific Historical Review, V (1936), June, S. 130-146.

REMUSAT, JEAN PIERRE ABEL,
    Adam Schall, missionnaire à la Chine,
    in: Nouveaux mélanges asiatiques, ou recueil de morceaux de critique et de mémoires [...], t. 2, Paris (1829), S. 217-221 ;
    auch in: MICHAUD, LOUIS G., Biographie universelle ancienne et moderne, 2. Ed., Paris (1854 flg.), Bd. 35, S. 444-447;
    – engl. Übersetzung, in: American Quaterly, 10 (1837), S. 326-327.

RIBADENEIRA, PEDRO de und PHILIPPO ALEGAMBE,
    Bibliotheca Scriptorum S. J. post excusum ad a. 1642 [...]
    Antwerpen: J. Meursius (1643);

– erweiterte Ausgabe, von Nathanael Sotvellus [Southwell, d.i. Nathaniel Bacon]:
Bibliotheca Scriptorvm Societatis Iesv, opvs inchoatvm [...]
Rom: I. A. de Lazzaris Varesius (1676).

Richter, Peter,
Die chinesische Kalenderreform von Johannes Schreck bis Adam Schall von Bell,
in: v. Collani, E. Zettl (2016), S. 215-234.

Ripa, Matteo,
Storia della fondazione della congregazione e del collegio de 'Cinesi sotto il titolo della sagra famiglia di G. C. scritta dallo stesso fondatore Matteo Ripa e de 'viaggi da lui fatti,
Napoli. Manfredi (1832), 2 Bde.

Rixia jiuwen kao 日下舊聞考,
Komp.: Yu Minzhong 于敏中 u.a., revidiert 1774, 160 j.,
1. Druck 1785/7, Neudruck Beijing: Beijing guji (1981), 8 Bde.

Romano, Monica,
Translating and Transplanting the Word of God in Chinese,
in: Zheng Yangwen (Ed.), Sinicizing Christianity,
Leiden: Brill (2017), S. 167-194.

Ronan, Charles E. S.J. und Oh, Bonnie B. C. (ed.),
East meets West, The Jesuits in China, 1582-1773,
Chicago: Loyola University Pr. (1988).

Ross, Andrew C.,
A Vision Betrayed. The Jesuits in Japan and China 1542-1742,
Maryknoll, New York: Orbis (1994).

Ross, Ronald,
Johann Adam Schall. Er kam mit Pferd und Diener,
in: Popp, Georg (ed.): Die Großen der Kirche;
Würzburg: Arena (1956), S. 276-279.

Rosso, Antonio Sisto S.J.,
Apostolic Legations to China in the Eighteenth Century,
South Pasadena: Perkins (1948).

Rougemont, François de S.J.,
Historia Tartaro-sinica nova authore P. Francisco de Rougemont Societatis Iesv Belga evangelii apud Sinas præcone Curiosè complectens ab anno 1660 [...]
Louvain: M. Hullegaerde (1673).

Rowbotham, Arnold H.
Missionary and Mandarin. The Jesuits at the Court of China,
Berkeley. Univers. of California (1942),
Nachdruck New York: Russell & Russell (1966).

Rule, Paul,
> *Chinese Books and Documents in the Roman Archives of the Society of Jesus. A new Catalogue,*
> in: Monumenta Serica, 50 (2002), S. 463-480.

Savage-Landor, Arnold Henry,
> *China and the Allies,*
> New York: Scribner (1901), 2 Bde.

Schaifers, Karl und Gerhard Traving,
> *Meyers Handbuch über das Weltall,*
> Mannheim etc.: Bibliogr. Institut ⁵(1973) ⁶(1984).

Schall, Johann Adam S.J.,
> *Historica,* Versionen:
> (A) Manuskripte:
> (1) *Historica Relatio eorum. quæ contingerunt* [!] *occasione concertationis Calendarij Sinici facta à R. P. Joanne Adanmo* [!] *Schal, Societatis JESV Sacerdote. Anno Christi. 1658,*
> 21 Kapitel, 93 fol. (Doppelseiten) – auf dieser Vorlage beruht der (B) Druck (2) *Historica Narratio* (siehe u.);
> – Kopie eines Originals von 1658, das i. J. 1659 von P. Giovanni Filippo de Marini (1608-1682) über *Macao* eingeführt wurde;
> heute in der *Biblioteca da Ajuda,* Palácio Nacional da Ajuda, 1349-021 Lissabon (Sign.: *doc.49-V-14; folio 376-469; Coll. Jesuitas na Asia*); unveröffentlicht. Es scheint sich hierbei nicht um die Handschrift Schalls zu handeln (wie ein Vergleich mit der in seiner Hs. überlieferten Apologie von 1652 vermuten läßt).
> (2) (ohne Titel),
> 25 Kapitel, 60 fol.
> – weitere, abweichende (vermutlich spätere) Kopie des Mskr.s, das P. Johannes Grüber (1623-1689) auf seiner vom 13. April 1661 bis 20. Febr. 1664 während Reise nach Rom mitführte;
> heute im *Archivum historicum Societatis Jesu* (ARSI), Borgo San Spirito 4, 00195 Rom, (Sign.: Jap. Sin. 143 No.9, folios 181-241)[1;]
> Davon Druck mit französischer Übersetzung:
> *Historica Relatio eorum quæ contingerunt occasione concertationis Calendarij Sinici facta à R. P. Joanne Adanmo Schal, Societatis JESV Sacerdote. Anno Christi. 1658,*
> siehe Bernard und Bornet (1942).
> (B) Drucke:
> (3) *Historica Narratio, De Initio et Progressu Missionis Societatis Jesu Apud Chinenses, Ac præsertim in Regia Pequinensi, Ex Litteris R. P. Joannis Adami Schall ex eadem Societate, Supremi ac Regij Mathematum Tribunalis ibidem Præsidis collecta,*

---

[1] Es ist unsicher, ob für das XXI. Kapitel, das in dieser Form nicht in die Druckausgaben übernommen wurde, wie für die letzten 4 Kapitel des 1. Druckes von 1665, P. Grüber aufgrund von Schall-Briefen als Kompilator zu gelten hat; Bernard (1942), S. 397; Näheres s. Väth, S. 358-359, Nr.28.

Druck Wien: M. Cosmerovius (1665), 269 S. (25 Kapitel).
– Erste Ausgabe; Neuredaktion (darunter Abkehr von der IchForm der SCHALL-Vorlagen) von JOHANNES FORESI (1624-1682); siehe SOMMERVOGEL, t. 3 (1845), S. 877. Als Verfasser der über das Jahr 1658 hinausgehenden, letzten vier Kapitel gilt P. GRÜBER (s.o.).
– deutsche Übersetzung: v. MANNSEGG (siehe dort).
(4) *Historica Relatio de ortu et progressu fidei orthodoxæ in Regno Chinensi Per Missionarios Societatis Jesu ab Anno 1581. usque ad annum 1669. Novissimè collecta Ex Literis eorundem Patrum Soc. Jesu Præcipuè R. P. Joannis Adami Schall Coloniensis Ex eâdem Societate. Editio altera, & aucta.* [...],
Druck Ratisbona [Regensburg]: A. Hanckwitz (1672), 352 S. (25 Kapitel), mit Anhang: *Compendiosa Narratio...* etc. (siehe u.), S. 353-393, Index.
– Zweite Ausgabe, erweitert um 2 zusätzliche Beiträge: *Compendiosa Narratio de Statu Missionis Chinensis ab anno 1581 usque ad anno 1669* von P. PROSPERO INTORCETTA (1627-1696) aus dem Jahre 1671, S. 353 flg., und *Prodigia...* von P. GIOVANNI GABIANI (1623-1694), S. 395 flg.; siehe a. SOMMERVOGEL, t. 3 (1845), S. 877.

SCHATZ, KLAUS S.J.,
Naturwissenschaften als Weg der Evangelisierung bei den Jesuiten in China,
in: MÜLLER, KARL (Hg.), Naturwissenschaftliches Weltbild und Evangelisierung (Veröffentlichung des Missionspriesterseminars St. Augustin bei Bonn, Nr. 43), Nettetal: Steyler (1993), S. 49-64.

SCHIMMELPFENNIG, LOTHAR,
Johann Adam Schall von Bell Jesuit und Feuerwerker,
Internet: bdfwt.de, Feuerwerkerei Archive.

SCHLIEMANN, HEINRICH,
La Chine et le Japon au temps présent,
Paris: Librairie Centrale (1867);
- deutsche Übers.: (v. F. G. BRUSTGI) *Reise durch China und Japan im Jahre 1865,*
Konstanz: Rosgarten (1984).

SCHMIDT, PETER,
Das Collegium Germanicum in Rom und die Germaniker. Zur Funktion eines römischen Ausländerseminars (1552-1914)
(Bibliothek d. Deutschen Historischen Instituts in Rom, 56),
Tübingen: Niemeyer (1984).

SCHNELLER, HERMANN,
Bayerische Legate für die Jesuitenmissionen in China.
in: Zeitschrift für Missionswissenschaft und Religionswissen–schaft, 4 (1914), S. 176-189.

SEBES, JOSEPH S.J.,
The Jesuits and the Sino-Russian Treaty of Nerchinsk (1689). The Diary of Thomas Pereira, S.J.
(Bibliotheca Instituti Historici S.I., 18),
Rom: Institutum Historicum S.I. (1961).

——— *A Description of the Tartares by the Jesuit Gabriel des Magalhaes 1647*,
Manuskript, Cornell Univers. (1977).

SEMLER, JOHANN SALOMON,
Uebersetzung der Algemeinen Welthistorie die in England durch eine Geselschaft von Gelehrten ausgefertigt worden, 24. Theil,
Halle: J. Gebauer (1762).

SEMMEDO [SEMEDO], ALVARO,
Imperio de la China. I Cvltvra Evangelíca en él, por los Religios de la Compañia de IESVS. [...],
Madrid: I. Sanchez (1642), portugies.: Lisboa: Officina Herre–riana (1731);
– (engl.) *The History of that Great and Renowed Monarchy of China. Wherein all the particular Provinces are accurately described: as also the Dispositions, Manners, Learning, Lawes, Militia, Government, and Religion of the People* [...],
London: Tyler, Crook (1655),
– italien. (1643 u. 1678), französ. (1645 u. 1667).

SERVIERE, J. de la S.J.,
Histoire de la mission du Kiang-nan,
Paris : Guenther (1914), 2 Bde.

SHAN SHIKUI 單士魁,
Qingdai tiben zhidu kao 清代題本制度考,
in: *Wenxian luncong zhuankan* 文獻論叢專刊, Beijing (1936), Nachdruck in: ZHOU KANGXIE 周康燮 (Hg.): *Qingdai zhanggu zhuilu* 清代掌故綴錄, Taipei: Chongwen (1971), S. 74-86.

SHANG HONGKUI 商鴻逵, LIU JINGXIAN 劉景憲 u. a.:
Qingshi manyu cidian 清史滿語辭典,
Shanghai: Shanghai guji (1990).

SHEN ZUXIANG 沈祖祥,
Zeri 擇日,
in: JIN LIANGNIAN 金良年 (Hsg.), *Zhongguo fangshu daquan* 中國方術大全, Bd. 4,
Hong Kong: Zhonghua (1997).

SHIGERU, NAKAYAMA,
Characteristics of Chinese Astrology,
in: Isis, Univers. of Chicago, 57, 4 (1966), S. 442-454.

Shiliao congbian 史料叢編,
Hg.: LUO ZHENYU, 羅振玉,
Shanghai (1968-1976), Nachdruck Taipei: Wenhua (1964), 2 Bde.

Shiliao congkan 史料叢刊,
Hg.: LUO ZHENYU, 羅振玉,
Teil *chubian* 初編; Nachdruck Taipei (1964), 2 Bde.

Shilu 實錄 / *Yargiyan kooli* (chines., manjur., mongol.)
> Regierungsannalen, Chronologie der Staatsereignisse,
> siehe *Kangxi shilu, Shunzhi shilu*.

Shinzoku kibun 清俗紀聞,
> Hg.: NAKAGAWA TADAHIDE 中川忠英, 13 j., 6 Hefte,
> Tôkyô (1799), Nachdruck Tôkyô: Heibonsha (1966).

Shiqu baoji 石渠寶笈,
> Komp.: ZHANG ZHAO 張照 (1691-1745) u.a.,
> I. Serie (*chubian* 初編), kompiliert 1743-1744, befohlen 1754, 44 j., 1. Druck 1918,
> II. Serie (*xubian* 續編), befohlen 1793, 88 j., 1. Dr. 1948,
> III. Serie (*sanbian* 三編), befohlen 1817, 1. Dr. 1917;
> Nachdruck sämtlicher Teile, Taipei: Gugong (1971), 20 Bde.

Shizong shilu 世宗實祿.
> in Nachdruck Reihe *Da Qing lichao shilu* 大清歷朝實錄,
> Taipei: Huawen (1969)

Shizu zhang huangdi shengxun 世祖章皇帝聖訓,
> ‚Heilige Ermahnungen' des Kaisers SHUNZHI,
> Ausgabe der *Siku quanshu*-Handschriften (Ed. siehe *Huangchao liqi tushi*).

SHU LIGUANG,
> *Ferdinand Verbiest and the Casting of Cannons in the Qing Dynasty*,
> in: MALEK (1998), S. 225-244.

Shuntian fuzhi 順天府志,
> Komp.: MIU QUANSUN 謬荃孫 u.a.,
> 90 j., Druck 1886,
> Nachdruck: *Guangxu shuntian fuzhi* 光緒順天府志 Beijing (1983).
> - j. 7 bis j. 14 Texte aus dem *Yongle dadian* 永樂大典.

Shunzhi shilu, siehe *Da Qing Shizu zhang huangdi shilu*.

Siku quanshu, siehe *Jingyin Wenyuan ge Siku quanshu*.

Siku quanshu zongmu 四庫全書總目,
> Shanghai (1936), 8 Bände.

Sinica Franciscana, Relationes et epistolas Fratrum Minorum,
> hgg. von ANASTASIUS VAN DEN WYNGAERT O.F.M., G. MENSART O.F.M u.a.,
> vol. II-IX,
> Quaracchi, Firenze: Collegium S. Bonaventurae und Rom: Collegium S. Antoni (1933-1995).

SIVIN, NATHAN,
> *Cosmos and Computation in Early Chinese Mathematical Astronomy*,
> in: T'oung Pao, 55 (1969), S. 1-73.

────── *Copernicus in China,*
in: Studia Copernicana, 6 (Colloquia Copernicana, II),
Wrocław etc.: Akademii Nauk (1973), S. 61-122.

────── *Science and Technology in EastAsia* (N. SIVIN, ed.),
New York: Science History Public. (1977).

────── *Science in Ancient China; Researches and Reflections,*
Aldershot, England: Variorum (1996).

SKINNER, STEPHEN,
The Living Earth Manual of Feng-Shui Chinese Geomancy,
London: Routledge, Kegan Paul (1982).

S l, siehe *Da Qing Shizu zhang (Shunzhi) huangdi shilu*

SMITH, RICHARD J.,
Fortune-tellers and Philosophers. Divination in Traditional Chinese Society,
Boulder etc.: Westview (1991).

SOMMERVOGEL, CARLOS S.J.,
Bibliothèque de la Compagnie de Jésus, T. I-IX,
Première partie: Bibliographie par les Pères Augustin et Aloys de Backer,
nouvelle édition, 12 Bde., T. VIII (1846),
Bruxelles: Schepens, Paris: A.Picard (1890-1932).

Songlin congshu 松鄰叢書,
Hg.: WU CHANGSHOU 吳昌綬,
Teil *jiabian* 甲編, Druck VII. Monat 1917.

SPENCE, JONATHAN D.,
The Seven Ages of K'ang-hsi (1654-1722),
in: Harvard Journal of Asiatic Studies, 26 (1967), S. 205-211.

────── *Schall and Verbiest, To God Through the Stars,*
in: ders., *To Change China, Western Advisers in China 1620-1960,*
London, Sydney: Bodley Head (1969), S. 3-33, 295-298;
dass. in: *The China Helpers, Western Advisers in China 1620-1960,*
Boston, Toronto: Little, Brown (1969), S. 3-33.

────── *Emperor of China. Self-portrait of K'ang-hsi,*
New York (1974);
deutsche Fassung: *Ich, Kaiser von China. Ein Selbstportrait des Kangxi-Kaisers*
(Übers.: Stefan B. Polter);
Frankfurt/M. (1985).

────── *The K'ang-hsi Reign,*
in: W. J. Petersen (Ed.), Cambridge History of China, vol. 9, pt. 1,
Cambridge: Cambridge University Pr. (2002), S. 120-182.

van der SPRENKEL, SYBILLE,
    Legal Institutions in Manchu China. A Sociological Analysis,
    London: Athlone Pr. (1962).

STANDAERT, NICOLAS,
    Yang Tingyun, Confucian and Christian in Late Ming China, His Life and Thought
    (Sinica Leidensia, 19),
    Leiden: Brill (1988).

——— *The Bible in Early Seventeenth-century in China,*
    in: EBER, IRENE, SZE-KAR WAN, K. WALF (Hg.), Bible in Modern China. The Literary and Intellectual Impact,
    Nettetal: Steyler (1999), S. 31-54.

——— *Handbook of Christianity in China, vol. 1: 635-1800,*
    (Handbook of Oriental Studies, Sect. 4 China, vol. 15/1),
    Leiden usw.: Brill (2001).

——— *An Illustrated Life of Christ Presented to the Chinese Emperor. The History of Jincheng shuxiang (1640)*
    (Monumenta Serica, Mongr. Ser. 59),
    Nettethal: Steyler Verlag (2007).

——— *The Interweaving of Rituals, Funerals in the Cultural Exchange Between China and Europe,*
    Seattle: University of Washington Pr. (2008, 1).

STARY, GIOVANNI,
    Opere mancesi in Italia e in Vaticano,
    Wiesbaden: Harrassowitz (1985).

——— *Manchu Studies. An International Bibliography,*
    Wiesbaden: Harrassowitz (1990-2003), 4 Bde.

——— *The "Manchu Cannons" Cast by Ferdinand Verbiest and the Hitherto Unknown Title of His Instructions,*
    in: WITEK (1994), S. 215-225.

——— *Mandschurische Inschriften und Zeugnisse zu Johann Adam Schall von Bell,*
    in: MALEK (1998), Bd. 1, S. 155-190.

——— *A Dictionary of Manchu Names. A Name-Index of the Manchu Version of the "Complete Genealogies of the Manchu Clans and Families of the Eight Banners"*
    (Aetas Manjurica, 8),
    Wiesbaden: Harrassowitz (2000,1).

——— *Christian Literature in Manchu,*
    in: Central Asiatic Journal, 44 (2000), S. 305-316.

STAUNTON, GEORGE THOMAS,
>   *Ta Tsing Leu Lee* [大清律例]; *being the Fundamental Laws, and a Selection from the Supplementary Statutes, of the Penal Code of China; originally Printed and Published in Pekin* [...],
>   London: Cadell, Davies (1810); Nachdruck Taipei: Ch'eng-wen (1966).

STEIN, J.
>   *Pater Schall en het hollandsch gezantschap aan den keizer van China (1655-1657),*
>   in: Studien. Godsdienst, Wetenschap, Letteren, Utrecht: v. d. Weijer, no. 103 (1925), S. 467-476.

STÖCKLEIN, JOSEPH S.J. u.a. (Hg.),
>   *Der neue Welt-Bott oder Allerhand So Lehr= als Geist=reiche Brief / Schrifften und Reis=Beschreibungen, Welche meistens von denen Missionariis societatis Jesu aus Beyden Indien / und andern über Meer gelegenen Ländern seit Anno 1642 biß auf gegenwärtiges Jahr in Europa angelangt seynd. Jetzt zum erstenmal Theils aus Handschrifftlichen Urkunden / theils aus denen Französischen Lettres Edifiantes verteutscht und zusammen getragen* [...], [Titelformulierung in den Bänden z.T. etwas abweichend],
>   (Titel auf Kupfertafel des 1. Bandes: *Der Neüe Welt-Bott mit allerhand nachrichten deren Missionariorum Soc. Iesu*
>   40 Theile, 5 Tomus:
>   Bd. 1, Teil 1-8, No. 1-217, Augspurg und Grätz: Philips, Martins u. Joh. Veith seel. Erben (1726), ²(1728);
>   Bd. 2, Teil 9-16, No. 218-377, id. (1727) , (1729) und (1730);
>   Bd. 3, Teil 17-24, No. 378-520, id.(1732) und (1736);
>   Bd. 4,Teil 25-32, No. 521-555, hgg. v. P. PROBST, Wien: L. Kaliwoda (1748);
>   Bd. 5, Teil 33-40, No. 556-780, hgg. v. FR. KELLER, Wien (1755), (1758), (1761);
>   – nach dem Vorbild der *Lettres édifiantes et curieuses de Chine par des missionnaires jésuites 1702-1776.*

STREIT, ROBERT O.M.I. (Ed.),
>   *Bibliotheca Missionum*, 15 Bde.,
>   Bd. 5: *Asiatische Missionsliteratur 1600-1699,*
>   Rom, Freiburg, Wien: Herder (1929), ²(1964, 1965);
>   Bd. 7, fortgeführt von JOHANNES DINDINGER O.M.I.,:
>   *Chinesische Missionsliteratur 1700-1799,*
>   Aachen: Franzisk. Xaver. Missionsverein (1931).

STRUVE, LYNN A.,
>   *Voices from the Ming-Qing Cataclysm. China in Tigers' Jaws,*
>   New Haven: Yale University Press (1993).

——— (Ed.) *The Qing Formation in World-Historical Time,*
>   Cambridge, Mass.: Harvard Univers. Asia Center (2004).

STUMPF, BERNHARD KILIAN S.J.,
>   *Acta Pekinensia, seu Ephemerides Historiales eorum quae Pekini acciderunt à die 4ª Decembris Anni 1705 Iª adventus illustrisimi Reverendissimi et Excelentissimi*

Domini Caroli Thomae Maillard de Tournon Patriarchae Antiocheni Visitatoris Apostolici cum potestate Legati de latere [...]
Mskr. in ARSI, Jap-Sin 153; 1289 paginierte und weitere unpaginierte Seiten; Berichtszeitraum bis Sept. 1711.
– engl. Übersetzung:
PAUL RULE, CLAUDIA. von COLLANI (Ed.),
The Acta Pekinensia or Historical Records of the Maillard de Tournon Legation,
vol 1: Dec. 1705 - August 1706 (Monumenta Historica S.I., Nova series, 9), Rom, Macao: Instit. Histor. Soc. Jesu, Ricci Institute (2015),
vol 2: Sept. 1706 – Dec. 1707 (Studies in the History of Christianity in East Asia, 1), Leiden: Brill (2019).

STÜRMER, ERNST,
Meister himmlischer Geheimnisse Adam Schall 1592-1666. Ratgeber und Freund des Kaisers von China,
Mödling: St. Gabriel, St. Augustin: Steyler Verlag (1980).
– Chines.: *Tongxuan jiaoshi Tang Ruowang* 通玄教師湯若望,
Beijing (1989).

——— *Mit Fernrohr und Bibel zum Drachenthron. „Meister himmlischer Geheimnisse" Adam Schall S.J. (1592-1666) Astronom, Freund und Ratgeber des Kaisers von China*,
Hamburg: tradition (2013).

Synopsis historiae Societatis Jesu,
Vorwort von J. B. GOETSTOUWERS S.J.,
Lovani: Typis ad Sancti alphonsi (1950).

SZCZESNIAK, BOLESLAW,
Athanasius Kircher's China illustrata,
in: Osiris, 11, Bruges (1952), S. 385-411.

——— *Matteo Ricci's Maps on China*,
in: Imago Mundi, XI (1954), S. 127-136.

Tacihiyan-i oyonggo bithe, siehe *Tiyan ju-i...*

Taizu shilu, siehe *Da Qing Taizu gao huangdi shilu*.

TAN QIXIANG 譚其驤,
Zhongguo lishi ditu ji 中國歷史地圖集,
Shanghai: Zhongguo ditu (1982–1987), 8 Bände.

TANG KAIJIAN 湯開建,
Shunzhi chao quanguo gedi tianzhu jiao jiaotang jiaoyou kaolue 順治朝全國各地天主教教堂教友考略,
in: *Qingshi yanjiu* 清史研究, Studies in Qing History, 2002, 3, S. 106-115.

TEIXEIRA, MANUEL,
Macau no séc. XVIII.,
Macau : Impresa Nacional (1984).

THEVENOT, MELCHISEDEC,
>   *Relations de divers voyages curieux. qui n'ont point esté publiées ou qui ont esté traduites d`Hacluyt […]*,
>   Paris: A. Cramoisy (1663-1672), 4 Bde.

THOMAS, A.,
>   *Histoire de la mission de Pékin.*
>   *Depuis les origines jusqu'à l'arrivée des Lazaristes*,
>   Paris : Louis-Michaud (1923).

Tianlu zhencang. Qinggong neifu ben sanbai nian 天祿珍藏 清宮內府本三百年,
>   bebildertes Album, hgg. v. *Gugong bowu yuan* 故宮博物院,
>   Beijing: Zijin cheng (2007).

Tianxue chuan'gai 天學傳概 / *Abkai tacin be ulara amba muru*,
>   Verf.: LI ZUBO 李祖白, Vorwort von XU ZHIJIAN 許之漸, datiert 1664, 1 j.,
>   Beijing o. J. (ca. 1664), Mskr. in ARSI, Jap-Sin I, 89,
>   Nachdruck in: *Tianzhu jiao dongchuan wenxian xubian*, Bd. 2, S. 1045-1068.

Tianxue shiyi 天學實義 / *Tiyan hiyo ši i*, siehe *Tianzhu shiyi*.

Tianzhu jiao dongchuan wenxian 天主教東傳文獻,
>   Hg.: WU XIANGXIANG 吳相湘,
>   (Reihe *Zhongguo shixue congshu* 中國史學叢書, 21, 40),
>   Taipei: Taiwan xuesheng (1965, ²1982), 1 Bd.,
>   1. Fortsetzung: *Tianzhu jiao dongchuan wenxian xubian* 續編,
>   Taipei (1966), ²(1986), 3 Bde.,
>   2. Fortsetzung: *Tianzhu jiao dongchuan wenxian sanbian* 三編, Taipei (1966), 6 Bde.

Tianzhu jiaoyao 天主教要, [*Tiyan ju-i*] *tacihiyan-i oyonggo bithe*,
>   christl. Katechismus, 1 j., anonym;
>   CHAN, S. 158-159.

Tianzhu shiyi 天主實義 *Abkai ejen-i unenggi jurgan*,
>   Verf.: P. MATTEO RICCI (1552-1610), Hangzhou (1607),
>   Druck um 1630, Nachdruck Taizhong: Guangqi (1966).
>   – engl. Übers.: MATTEO RICCI, *The True Meaning of the Lord of Heaven*, Übers. D. LANCASHIRE, P. HU KUO-CHEN (Variétés sinologiques, nouvelle sér., 72), Taipei: Ricci Institute (1985).

TIMKOVSKI [TIMKOVSKIJ], M. G. [EGOR FEDOROVIČ],
>   *Voyage a Péking, a travers la mongolie, en 1820 et 1821 […] publié avec des Corrections et des Notes par M. J.* KLAPROTH,
>   Paris : Dondey-Dupré (1827), Nachdruck Paris (1993), 2 Bde.

TONG XUN 佟洵,
>   *Qingchao diyi yang jiancheng – Tang Ruowang* 清朝第一洋監正— 湯若望,
>   in: *Jidu jiao yu Beijing jiaotang wenhua* 基督教與北京教堂文化,
>   Beijing: Zhongyang minzu daxue (1999), S. 110-124, 319-321.

Tongda quanshu 通大全書 / *Hafu amba yongkiyaha bithe*,
    volkstümliches Handbuch,
    bisher nicht identifiziert.

Torbert, Preston M.,
    The Ch'ing Imperial Household Department. A Study of its Organization and Principle Functions 1662-1796,
    Cambridge, Mass.: Harvard Univers. Pr. (1977).

TRIGAULT, NICOLAS,
    Copi Schreibens / welches der Ehrwirdig Vatter Nicolaus Trigant, der Societet Iesu Priester / an den auch Ehrwürdigen Vatter Franciscum Fleuron [...] außgehen lassen / vnd [...] im Decembri: Anno 1607 datirt worden,
    in: ALBERTINUS, ÆGIDIUS, *Historische Relation / Was sich inn etlichen Jaren hero/ im Königreich Iapon, so wol im geist- als auch weltlichem Wesen / namhafften begeben und zugetragen[...]*, München: N. Henricus (1609), S. 254-317,
    – französ. Fassung:
    Lettre dv R. P. Nicolas Trigaut Doüysien, de la Compagnie de IESVS. Escrite à ceux de la mesme Compagnie [...], Bovrdeavs : Millanges (1609); siehe PFISTER, S. 118, Nr. 5.

——— *Historia von Einfuehrung der christlichen Religion in daß grosse Königreich China durch die Societet Jesu. Sambt wolbegründten bericht von beschaffenhaitt deß Landts [...]*
    Augspurg: Hierat (1617).

ÜBELHÖR, MONIKA,
    Hsü Kuang-ch'i (1562-1633) und seine Einstellung zum Christentum, Ein Beitrag zur Geistesgeschichte der Späten Ming-Zeit, Teil I – II,
    in: Oriens Extremus, 15 (1968), S. 191-257; 16 (1969), S. 41-74.

UDÍAS, AGUSTÍN,
    Jesuit Astronomers in Beijing, 1601-1805,
    in: Quaterly Journal of the Royal Astronomical Society, 35,
    Oxford (1994), S. 463-478.

ULRICHS, FRIEDERICKE,
    Johan Nieuhofs Blick auf China (1655-1657). Die Kupferstiche in seinem Chinabuch und ihre Wirkung auf den Verleger Jacob van Meurs (Sinologica Coloniensia, 21),
    Wiesbaden: Harrassowitz (2003).

URROWS, DAVID FRANCIS,
    The Pipe Organ of the Baroque Era in China,
    in: Yang Hon-Lun, M. Saffle (eds.), China and the West. Music, Representation, and Reception,
    Ann Arbor: Michigan University (2017), S. 21-48.

VANDERSTAPPEN, HARRIE S.V.D.,
    Chinese Art and the Jesuits in Peking,
    in: RONAN u. OH (1988), S. 103-126.

VANHEE, LOUIS S.J.,
> *Euclide en chinois et mandchou,*
> in : Isis, 30 (1939), S. 84-88.

VÄTH, ALFONS S.J.,
> *Die deutschen Jesuiten in Indien, Geschichte der Mission von Bombay-Puna (1854-1920),*
> Regensburg: Kösel, Pustet (1920).

——— *P. F. Antonio Caballero de Santa Maria über die Mission der Jesuiten und anderer Orden in China,*
> in: Archivum Historicum Societatis Jesu, 1, Rom (1932), S. 291-302.

——— unter Mitwirkung von LOUIS VAN HEE S.J.,
> *Johann Adam Schall von Bell S. J. Missionar in China, kaiserlicher Astronom und Ratgeber am Hof zu Peking 1592-1666, Ein Lebens- und Zeitbild* (Veröffentlichungen des Rhein. Museums in Köln, II),
> Köln: Bachem (1933);
> – Wichtige Rezensionen: P. PELLIOT, in: T'oung Pao, 31 (1934/5), S. 187-187; O. FRANKE, in: Orientalistische Literaturzeitung (1934), Nr. 8/9, S. 572-575; ausführliche französ. Inhaltsangabe: J. DE LA SERVIERE S.J., *Le Père Adan Schall d'après un ouvrage nouveau,* in: Revue d'histoire des Missions, 11, Paris (1934), S. 494-529; Collectanea commissionis synodalis, 15, Peking (1942), Heft 7, S. 10-12.
> – Dass., *Neue Auflage mit einem Nachtrag und Index*
> (Monumenta Serica Monograph Ser., 25),
> Nettetal: Steyler Verlag (1991).
> Nachdruck mit Bibliographischem Nachtrag von CLAUDIA von COLLANI u. Index von ROMAN MALEK. – Im Text zitiert als „VÄTH".
> – Chines. Übersetzung:
> YANG BINGCHEN 楊丙辰(Übers.),
> *Tang Ruowang zhuan* 湯若望傳,
> Shanghai: Shangwu yinshu (1942, 1949),
> Nachdruck Taipei: Shangwu yinshu ²(1960), 2 Bde.

VEKEMAN, HERMAN u. HERBERT VAN UFFELEN (Hg.),
> *Jetzt kehr ich an den Rhein, een opstellenbundel bij Vondels 400ste verjaardag, eine Aufsatzsammlung zu Vondels 400sten Geburtstag,*
> Köln: F. Runge (1987).

VERBIEST, FERDINAND,
> *Astronomica Europæa Svb Imperatore Tartaro Sinico Cám-Hý Appellato* [...],
> Dillingen: Bencard (1687).
> – Neuausgabe siehe GOLVERS.

VERHAEREN, H., siehe *Catalogue de la Bibliothèque du Pé-t'ang.*

WAGNER, JOHANN CHRSTOPH,
> *Das mächtige Kayser-Reich Sina / und die Asiatische Tartarey vor Augen gestellet / In außführlicher Beschreibung der Königreiche / Brovinzien / Landschafften / Städte / Flüsse / Berge / Gewächse /*

Bäume / Früchte / Thiere / Gevögel / Fische / etc. […],
Augspurg: J. Koppmayer (1688).

WAGNER, RUDOLF G., C. V. YEH, E. MENEGON, R. P. WELLER (eds.),
Testing the Margins of Leisure. Case Studies on China, Japan, and Indonesia,
Heidelberg: University Publishing (2019).

WAKEMAN, FREDERIC JR.,
The Great Enterprise, The Manchu Reconstruction of Imperial Order in Seventeenth-Century China,
Berkeley usw.: Univers. of California Pr. (1985), 2 Bde.

WALRAVENS, HARTMUT,
Christian Literature of the Manchus, Some bibliographic notes,
in: Monumenta Serica, 48 (2000), S. 445-469.

——— *Chinesische und manjurische Handschriften und seltene Drucke,* Teil 8: *Mandschurische Handschriften und Drucke im Bestand der Staatsbibliothek zu Berlin* (Verzeichnis der Orientalischen Handschriften in Deutschland, Bd. XII, 8),
Stuttgart: Steiner (2014).

WALTERS, DEREK,
Chinese Geomancy,
Longmead etc.: Element Books (1989),
- deutsche Übersetzung (U. von WIESE):
Chinesische Astrologie, Geschichte und Praxis,
Zürich. M & T (1987) (1990).

WANG BING 王冰,
Zhongguo youguan Tang Ruowang kexue huodong de jishu yu yanjiu 中國有關湯若望科學活動的記述與研究,
in: MALEK, S. 1085-1096.

WANG LIANMING 王連明,
Propaganda fidei: Die Nantang-Kirche und die jesuitischen Sakralräume im Peking der Frühen Neuzeit,
Heidelberg: Diss. phil. (Sept. 2014).

Wang Wenjing gongji 王文靖公集,
Verf.: WANG XI 王熙 (1628-1703), hgg. von seinem Sohn WANG KECHANG 王科昌,
24 j., Vorwort u. Druck v. 1707,
Anhang: *nianpu* 年譜, 1 j.
Nachdruck in *Siku quanshu cunmu congshu* 四庫全書存目叢書, Jinan: Qi Lu (1997), Teil *ji*; Bd. 214,
Anhang: *Wang Wenjing gong nianpu* 王文靖公年普, 1 j., in Heft 9;
auch Separatdruck.

WEGGEL, OSKAR,
Chinesische Rechtsgeschichte
(Handbuch der Orientalistik, 4. Abt., 6. Bd.),
Leiden, Köln: Brill (1980).

v. WEIß, JOHANN BAPTIST,
>   *Weltgeschichte*, 1. Bd.: Geschichte des Orients,
>   Graz u. Leipzig: Styria ⁵(1899).

Welt-Bott, siehe STÖCKLEIN.

Wenxian tongkao 文獻通考,
>   Komp.: MA DUANLIN 馬端臨(1254–1323),
>   348 j., Vorwort von 1322.
>   Serie *Shitong* 十通, Shanghai: Shangwu (1936),
>   Nachdruck: Taipei (1960), 8 Bände.

WERFER, ALBERT (Hg.),
>   *Leben des Paters Johann Adam Schall und sein Wirken in China* (Leben ausgezeichneter Katholiken der drei letzten Jahrhunderte, 11. Bd.),
>   Schaffhausen: Hurter (1854), ²(1871).

WESEŁOWSKI, ZBIGNIEW,
>   *Entstehung der christlich-chinesischen Terminologie und die Rolle der Übersetzungen der Bibel in China in diesem Entwicklungsprozeß*,
>   in: P. C. Höring (Hsg.), Missionarslinguistik – Missionarische Linguistik, Jahrbuch der Philosophisch-theologischen Hochschule SVD St. Augustin, vol. 7, St. Ottilien: Eos (2019), S. 25-53.

WICKI, JOSEPH S.J.,
>   *Liste der Jesuiten-Indienfahrer 1541-1757*,
>   in: Portugiesische Forschungen der Görres-Gesellschaft, hgg. v. HANS FLASCHE, 1. Reihe (Aufsätze zur portugiesischen Kulturgeschichte), Bd. 7, Münster: Aschendorff (1967), S. 254-450.

WILKINSON, ENDYMION,
>   *Chinese History a Manual*. Revised and Enlarged,
>   Cambridge, Mass., London: Harvard Univ. Pr. (2000).

WILLEKE, BERNWARD H. O.F.M.,
>   *Schall von Bell, Johann Adam*,
>   in: GOODRICH, Bd. 1, S. 1153-1156.

WITEK, JOHN W. S. J.,
>   *Controversial Ideas in China and in Europe: a Biography of Jean-François Foucquet, S.J. (1665-1741)* (Bibliotheca Instituti Historici S.I., Vol. XLIII),
>   Roma: Institutum Historicum S. I. (1982).

——— *Manchu Christians at the Court of Peking in Early Eighteenth-Century China*,
>   in: Succès et échecs de la rencontre Chine et Occident du XVIᵉ au XXᵉ siècle, Actes du Vᵉ colloque international de sinologie de Chantilly 15-18 septembre 1986, ed. by E. J. Malatesta S.J., Y. Raguin S.J.,
>   San Francisco Taipei, Paris (1993), S. 265-279.

—— *Ferdinand Verbiest (1623-1688) Jesuit Missionary, Scientist, Engineer and Diplomat* (Monumenta Serica Monograph Series, 30),
Nettetal: Steyler (1994).

—— *Johann Adam Schall von Bell and the Transition from Ming to the Ch'ing Dynasty*,
in: MALEK (1998), S. 109-124.

WONG, GEORGE H. C.,
The Anti-Christian movement in China: the Late Ming and Early Ch'ing,
in: *Qinghua xuebao* 清華學報, Tsinghua Journal of Chinese Studies, N.S. 3,1 (1962), S. 187-220.

—— *China's Opposition to Western Science during Late Ming and Early Ch'ing*,
in: Isis, 54,1, No. 175 (1963), S. 29-49.

WORM, OLAUS [OLE],
Museum Wormianum. seu Historia Rerum Rariorum, Tam Naturalium, quam Artificialum, tam Domesticarum, quam Exoticarum, quæ Hafniæ Danorum in ædibus Authoris servantur,
Amsterdam: L. & D. Elzevir (1655).

WU, SILAS HSIU-LIANG,
Communication and Imperial Control in China. Evolution of the Palace Memorial System 1693-1735,
Cambridge Mass.: Harvard Univers. Pr. (1970).

—— *Passage to Power. K'ang-hsi and his Heir Apparent, 1661-1722*,
Cambridge, Mass: Harvard Univ. Pr. (1979).

WU YUANFENG 吳元丰,
Qingdai neige manwen dang'an shulue 清代內閣滿文檔案數略,
in: *Manxue yanjiu* 滿學研究, 2, Beijing (1994), S. 276-285.

—— *Qingdai manwen dang'an shulue* 清代滿文檔案述略,
in: *Manxue yanjiu* (siehe o.), 6 (2000), S. 169 flg.

van den WYNGAERT, siehe *Sinica Franciscana*.

XI ZEZONG,
Ferdinand Verbiest's Contributions to Chinese Science,
in: WITEK (1994), S. 183-211.

XIAO LIANGQIONG 肖良琼,
Tang ruowang he tade Zhuzhi qunzheng 湯若望和他的《主制群徵》,
in: MALEK, S. 909-922.

Xaoxian zhuanghe zhide xuanren wenhui duanjing huanghou xingzhuang 孝獻莊和至德宣仁溫惠端敬皇后行壯,
Verf.: Kaiser SHUNZHI, Komp.: JIN ZHIJUN 金之俊(1593-1670),
Vorwort von WANG XI 王熙 (1628-1703) u.a.,

datiert 13. IX. (16. Okt.) 1660,
in: *Songlin congshu* (1917), *jiabian*, Heft 4, S. 1-10.

Xiaoxian zhuanghe zhide xuanren wenhui duanjing huanghou zhuan 孝獻莊和至德宣仁溫惠端敬皇后傳,
Verf.: Jin Zhijun 金之俊(1593-1670),
in: *Songlin congshu* (1917), *jiabian*, Heft 4, S. 1-18 (getr. Pagin.).

Xichao ding'an 熙朝定案,
Komp. Nan Huairen 南懷仁 (F. Verbiest),
(Sammlung von Throneingaben gegen Adam Schall der Jahre 1668-1677),
Nachdruck in: *Tianzhu jiao dongchuan wenxian*, S. 71–224, davon Fortsetzung in: Serie II (*xubian*), Bd. 3, S. 1701-1804.

Xieji bianfang shu 協紀辨方書,
Kompil.: Prinz Yunlu 允祿 u.a.,
Vorwort 1741,
Nachdruck in: *Jingyin wenyuange siku quanshu* 景印文淵閣四庫全書, Taipei: Shangwu (2008-2012).

Xinfa biaoyi 新法表異,
Verf.: Tang Ruowang 湯若望 (Adam Schall),
1645 vollendet,
Druck: *Zhaodai congshu* 昭代叢書, j. 32, S. 1a–53b,
Nachdruck in: *Congshu jicheng xubian* 叢書集成續編, Bd. 78, S. 605–631.

Xingli kaoyuan 星曆考原,
Kompil.: Ji Yun 紀昀 u.a.,
Vorwort 1781, 6 j.,
Nachdruck in: *Jingyin wenyuange siku quanshu* 景印文淵閣四庫全書, Taipei: Shangwu (2008-2012), Bd. 811.

Xinli xiaohuo 新曆曉惑,
Verf.: Tang Ruowang 湯若望(Adam Schall),
1645 vollendet,
Druck: *Zhaodai congshu* 昭代叢書, *gengji*, j. 41, S. 1a–6b,
Nachdruck in: *Congshu jicheng xubian* (siehe o.), Bd. 78, S. 597–601.

Xizhai ji 息齋集,
Verf.: Jin Zhijun 金之俊 (1593-1670), Enddatum II. Monat 1677,
in: *Songlin congshu*, *jiabian*, Heft 4, S. 1a-18b.

Xu beizhuan ji, siehe *Qing beizhuan heji*.

Xu Guangyuan 徐光源,
Qingdai lingqin zhi chutan 情代陵寢制初探,
in: *Qinggong gongshi tanwei* 清宮宮史探微,
Beijing: Qingdai gongshi yanjiu (1991), S. 118-136.

——— *Qingchao huangling tanqi* 清朝皇陵探奇,
Beijing: Xin shijie (1998).

―――― *Qing dongling shihua* 清東陵史話,
    Beijing; Xin shijie (2001).

―――― *Da Qing huangling mishi* 大清皇陵秘史/ *Daicing gurun-i hôwangdi-i munggan-i somishôn suduri*,
    Beijing: Xueyuan (2010).

Xu Zengchong 許曾重,
    Taihou xijia shuo xin tan 太后下嫁新探,
    in: Qingshi luncong 清史論叢, 8, Beijing (1991), S. 241-264.

Xu Zongze 徐宗澤,
    Ming Qing jian yesu huishi yizhu tiyao 明清間耶穌會士譯著題要
    Shanghai, Beijing: Zhonghua (1949) (1989).

Xuanze yi 選擇議,
    Verf. Yang Guangxian 楊光先 (siehe o.),
    in: *Bu deyi*, j. *shang*,
    Nachdruck in: *Tianzhu jiao dongchuan wenxian xubian*, Bd. 3, S. 1163-1167.

Xujia hui cangshu lou Ming Qing tianzhu jiao wenxian 徐家匯藏書樓明清天主教文獻 / Chinese Texts from the Zikawei Library,
    Edited by N. Standaert, A. Dudink, Yi-long Huang, Ping-Yi Chu,
    Taipei: Fujen Cathol. Univ., Fangji (1996), 5 Bde.

Yan Ziyou 晏子有,
    Qingdi jiling liyi luekao 清帝祭陵禮儀略考,
    in: Qingdai gongshi tanwei 清代宮史探微,
    Beijing: Qingdai gongshi yanjiu hui (1991), S. 108-117.

―――― *Qing dong xi ling* 清東西陵,
    Beijing: Zhongguo qingnian (2000).

Yang Xiaohong 楊小紅,
    Ming mo Qing chu shidafu duidai xixuede taidu 明末清初士大夫對待西學的態度,
    in: Malek, S. 717-761.

Yang Yi 楊怡,
    Tang ruowang zai zhongguo de zhushu 湯若望在中國的著述,
    in: Malek, S. 1075-1084.

Yang Zhen 楊珍,
    Dong'e fei fei de laili ji Dong'e fei zhi si 董鄂妃的來歷及董鄂妃之死,
    in: Gugong bowuyuan yuankan 故宮博物院刊, 1994, Heft 1, S. 66-73.

―――― *Kangxi huangdi yijia* 康熙皇帝一家,
    Beijing: Xueyuan (1997).

Ye Wa and Joseph W. Esherick,
    Chinese Archivs, an Introductory Guide
    (Chinese Research Monograph, 45),
    Berkeley: Univers. of California Pr. (1996).

YI SHITONG 伊世同,
    Jijian xi faxian de sheji tang ruowang de tianwen yiqi 機件新發現的涉及湯若望的天文儀器,
    in: Malek, S. 555-567.

Yijian tongshu 易見通書,
    Verf.: YANG GUANGXIAN 楊光先 (1597-1669) ?,
    Schrift über Geomantik, 6 j.,
    unidentifiziert; erwähnt in Dok. XI., S. 1797.

YOSHIDA, TODASHI,
    The Works of Johann Adam Schall von Bell in Tokugawa Japan,
    in: Malek, S. 1119-1130.

YOUNG, JOHN D. (YANG YILONG 楊意龍),
    An Early Confucian Attack on Christianity: Yang Kuang-hsien and His Pu-te-i,
    in: Journal of the Chinese University of Hong Kong, *Xianggang zhongwen daxüe bao* 香港中文大學學報, III, 1 (1975), S. 155-186.

———— *Confucianism and Christianity. The First Encounter*,
    Hongkong: Hongkong University Pr. (1983).

YU LUNIAN 俞鹿年,
    Zhongguo guanzhi da cidian 中國官制大辭典,
    Harbin: Heilong jiang (1992), 2 Bde.

YU SHANPU 于善浦,
    Qing dongling daguan 清東陵大觀,
    Shijiazhuang: Hebei renmin (1985).

Yuanshi 元史,
    Komp.: SONG LIAN 宋濂(1310–1381) u. a.,
    210 j., beendet 1370,
    Neudruck Beijing (1976), 15 Bde.

Yuanxi qiqi tushuo luzui – xinzhi zhuqi tushuo 遠西奇器圖說錄最 新制諸器圖說,
    Komp.: JOHANNES SCHRECK, WANG CHENG 王懲,
    in: *Congshu jicheng* 叢書集成, Ser. I, Bd. 1484,
    Shanghai: Shangwu (1936); Neudr. Beijing (2018).

Yuding Xingli kaoyuan, siehe *Xingli kaoyuan*.

YULE, HENRY and BURNELL, A.C.,
    Hobson-Jobson. A Glossary of Colloquial Anglo-Indian Words and Phrases, and of Kindred Terms, Etymological, Historical, Geographical and Discursive, New Edition by William Crooke,
    London: Routledge & Kegan Paul (1903).

Yun zizaikan biji 雲自在龕筆記,
    Verf.: MIAO QUANSUN 繆荃孫, ca. 1880,
    in: *Guxue huikan* 古學彙刊, Nachdr. Taipei: Lixing (1964), Bd. 3.

Yuzhi shiji 御製詩集,
> Verf. Kaiser Qianlong (1711-1799),
> gesammelte Dichtungen der Zeit 1736-1799, 6 Sammlungen;
> Nachdruck Taipei: Gugong (1978).

Yuzhi xingzhuang 御製行狀 / *Han-i araha yabun-i bithe*,
> 2-sprachiger Palastdruck 1660; Vorworte von Hu Zhaolong 胡兆龍, Ai Yuanzheng 艾元征 und Wang Xi 王系, 4 Hefte, je 2 manjur. und chines. Ausgabe der *Guangxu*-Zeit: *Yuzhi Dong huanghou xingzhuang* 御製董皇后行狀. Chines. Text siehe *Xiaoxian zhuanghe ... xingzhuang*;
> auch in: *Qing yeshi xubian* 清野史續編; siehe a. *Dongfei xing–zhuang* 董妃行狀, in: *Qingdai yeshi* 清代野史, Serie 4, Chengdu: Renmin (1987), S. 43-50.

Zhang Dawei 張大衛,
> *The "Calender Case" in the Early Qing Dynasty Re-examined*,
> in: Malek, S. 475-495.

Zhang Ertian 張爾田,
> *Qing liechao houfei zhuan'gao* 清列朝后妃傳稿,
> Taipei: Wenhai (1980).

Zhang Li 張力 und Liu Jiantang 劉鑑唐,
> *Zhongguo jiaoan shi* 中國教案史,
> Chengdu: Sichuan sheng shehui kexue (1987).

Zhang Xiao 張曉,
> *Ping Ming Qing jian chuanjiao shi yu shuru zhi jindai kexue wenhua* 評明清間傳教士與輸入之近代科學文化,
> in: Malek, S. 763-787.

Zhang Xiaohu 張曉虎,
> *Donge fei siyin xintan* 董鄂妃死因新探,
> in: Qingshi yanjiu tongxun 清史研究通訊(1990), Heft 3, S. 25-32.

Zhang Yaowen 張耀文,
> *Qimen dunjia tiandi quanshu* 奇門遁甲天地全書,
> Taipei: Wuling (1996).

——— *The Jesuit Manuscripts Concerning China Preserved in the Biblioteca Nationale Centrale -Vittorio Emanele II in Rome*,
> in: Actes du Ve Colloque international de Sinologie, Chantilly 1986,Paris (1993), S. 35-75.

Zhang Zhishan 張至善,
> *Joann Adam Schall von Bell and his Book on Telescopes*,
> in: Malek, S. 681-690.

Zhao Guozhang 趙國璋 und Pan Shuguang 潘樹廣,
> *Wenxian xue cidian* 文獻學辭典,
> Nanchang: Jiangxi jiaoyu (1991).

ZHAO PUSHAN 趙璞珊,
    Tang ruowang he Zhuzhi qunzheng 湯若望和《主制群徵》,
    in: MALEK, S. 899-908.

Zhemiu (shi)lun 摘謬十論,
    Verf.: YANG GUANGXIAN (1597–1669), verfaßt 1659/60,
    in: *Bu deyi*, j. *shang*,
    Nachdruck in: *Tianzhu jiao dongchuan wenxian xubian*, Bd. 3, S. 1169–1180.

Zheng guoti cheng gao 正國體呈藁,
    Verf.: YANG GUANGXIAN (1597-1669),
    in: *Bu deyi*, j. *shang*;
    Nachdruck in: *Tianzhu jiao dongchuan wenxian xubian*, Bd. 3, S. 1143-1155.

Zhengfu si tianzhujiao mudi 正福寺墓地 *When Stone Speaks: Zhengfusi Catholic Cemetery*,
    Hg.: MING XIAOYAN 明曉艷, J.-P. WIEST,
    Beijing: Gugong (2007).

Zhengjiao fengbao 正教奉褒,
    Hg.: HUANG BOLU 黃伯祿 (P. HOANG, siehe o.), Vorwort v. 1893,
    Shanghai: Cimu tang 慈母堂 ²(1894), ⁴(1904), 2 Hefte.

Zhengjiao fengzhuan 正教奉傳,
    Hg.: HUANG BOLU (siehe o.), Vorwort v. 1876,
    Shanghai: Cimu tang (1877).

Zhigong tu 職貢圖,
    Komp.: DONG GAO 董誥(1740-1818).a.
    kaiserliches Tafelwerk über die tributären Volksstämme,
    Ausgabe *Jiaqing* 10 (1805), auch manjur. Version.

Zhongguo diyi lishi dang'an guan guancangdang'an gaishu 中國第一歷史檔案館館藏檔案概述,
    Beijing (1985).

Zhongguo gudai tianxiang jilu zongji 中國古代天象記錄總集,
    Hg.: Beijing tianwen tai,
    Beijing (1988).

Zhongxing shuo 中星說,
    Verf.: Yang GUANGXIAN (1597-1669),
    in: *Bu deyi*, j. *shang*;
    Nachdruck in: *Tianzhu jiao dongchuan wenxian xubian*, Bd. 3, S. 1157-1161.

ZHOU RUCHANG 周汝昌,
    Cao Xueqin xin zhuan 曹雪芹新傳,
    Beijing: Waiwen (1992).

ZHOU XUN und GAO CHUNMING,
    5000 Years of Chinese Costumes,
    San Francisco: China Books & Periodicals (1987).

ZHOU YUANLIAN 周遠廉,
> *Shunzhi di* 順治帝 (Serie *Qingdi liezhuan* 情地列傳),
> Changchun: Jilin wenshi (1993).

ZHUANG JIFA 莊吉發,
> *Qingdai zouzhe zhidu* 清代奏摺制度,
> Taipei: Gugong (1979).

Ziwei zongmiao 紫微宗廟,
> geomantische Schrift, bisher nicht identifiziert;
> erwähnt in Dok. IV., XIV., S. 703; XVIII.

Zongren fu zeli 宗人府則例,
> Komp. : SHI DUO 世鐸 u.a., 31 j., 16 Hefte,
> Druck von (1908); frühere Ausgaben (1811, 1839, 1868, 1898).

ZÜRCHER, ERIK,
> *"In the Beginning": 17th-Century Chinese Reactions to Christian Creationism,*
> in: Chun-chieh Huang u. E. Zürcher (ed.), Time and Space in Chinese Culture,
> Leiden: Brill (1995,1), S. 132-166.

—— *From 'Jesuit Studies' to 'Western Learning'*,
> in: Europe Studies China, Papers from an International
> Conference on The History of European Sinology,
> London: Han-shan Tang usw. (1995), S. 264-279.

Abbildungen

Abbildungen

(1.) JOHANN ADAM SCHALL VON BELL,
Titelbild SCHALL als hochrangiger chinesischer Beamter umgeben mit astronomischen Utensilien; aus ATHANASIUS KIRCHER, *China Illustrata*, Amsterdam (1667), vor S. 113; mehrere Nachschnitte; Näheres zum Bild siehe in Teil 1.4.1, Jahr 1658, 1. I.

(2.) ADAM SCHALL in astronomischer Umgebung,
  Gobelin, Wolle, Seide, Höhe ca. 3,5 m, Beauvais um 1730, in mehreren Ausführungen; Exemplare u.a. in München, Wittelsbacher Palais, Kurfürstenzimmer (Bayerische Schlösserverwaltung, Inv. Nr. WA 139); Bamberg, Neue Residenz (WA 140); Stuttgart, Lindenmuseum; Musée Leblanc-Duvernoy, Auxerre.

(3.) ADAM SCHALL in mittleren Jahren,
Ölbild, anonym, chines. Beischrift von europäischer Hand, links: *Tang Ruowang* (Joh. A. Schall), rechts: *tongzheng si*. SCHALL in seiner Funktion als Leiter des Amtes für Throneingaben *Tongzheng si* (seit 1655). Das Brustschild stellt zutreffend eine Gans (Symbol für Beamtenrang 3) dar. Aus Zeitschr. Vernissage, 13. Jg., Nr. 20/05, Bonn (2005/6), S. 17. Besitzer: Graf SCHALL-RIAUCOUR.

(4.) Spätere Abbildungen von ADAM SCHALL,

    (a.) der linke Stich ist eine Abwandlung des vorigen Bildes; dabei ist die Altersangabe 73 rechts in 63 zu korrigieren; Archiv d. Erzbistums Köln; Bayer. Staatsbibliothek München,

    (b.) die rechte, volkstümliche Abbildung (angeblich aus einem alten Schulbuch) mit stilisierten Büchern als Hintergrund ist eine vereinfachte Variante des Vorigen; dabei ist, bei einem angegebenen Lebensalter von 75, das Datum in 15. Aug. 1666 zu korrigieren; Nachlaß W. FUCHS.

(5.) ADAM SCHALL in idealisierter Darstellung des 19. Jahrhunderts,

    (a.) Stahlstich CARL MAYER (1798-1868), Kunst-Anstalt Nürnberg,

    (b.) nach einem Ölbild in der ehemaligen k. k. Sternwarte in Prag; aus L. WEINER, Astronomische Beobachtungen an der K. K. Sternwarte zu Prag, Prag: Haase (1912).

(6.) Handschrift von Adam Schall aus mittleren Jahren,
Ende eines Briefes an P. Michael Dias jr. vom 1. Sept. 1634.

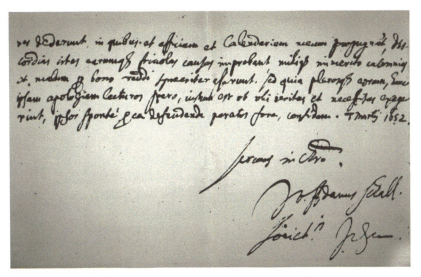

(7.) Handschrift von ADAM SCHALL aus späteren Jahren,
Apologie, Rechtfertigungsschrift, vom 28. I. (1. März) 1652, letzte Seite.

(8.) Chinesische Darstellung eines christlichen Priesters, *Da xiyangguo yiseng*, „Fremder Mönch aus Groß-Europa", aus dem kaiserlichen illustrierten Werk über tributäre Staaten *Zhigong tu*, Vorwort 1761, j. 1, S. 42a.

(9.) Inschrift auf der Grabstele für ADAM SCHALL des Jahres 1666,
auf dem ehemaligen *Shala*-Friedhof in Beijing, nach heutigem Zustand; Näheres siehe Teil 1.6.2.

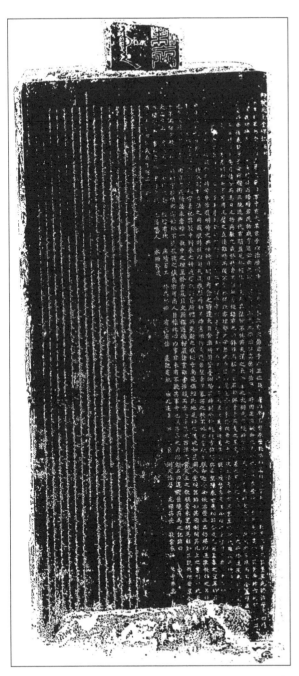

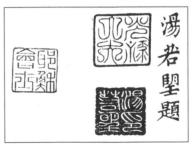

(11.) Offizielle Siegel von ADAM SCHALL

> oben rechts: *guanglu dafu* 光祿大夫 (Prestigetitel des Jahres 1658), unten r.: *Tang Ruowang yin* 湯若望印 (Johann Adam Schall, chines. Name), links: *Yesu huishi* 業穌會士 (Priester d. Jesuiten).

(10.) Chinesisch-manjurische Steinstele zu Ehren SCHALLS an der Kirche *Nantang*, *Yuzhi tianzhu tang beiji* 御製天主堂碑記, datiert 1. II. (15. März) 1657, Näheres siehe Teil 1.4.1, 1. II. und 1650; *Beijing tushuguan cang zhongguo…*, Bd. 61, S. 95, Sign. *jing* 京 4549.

(12.) Textbeginn und -abbildung aus SCHALLS *Historica Narratio, De Initio et Progressu Missionis Societatis Jesu Apud Chinenses, Ac præsertim in Regia Pequinensi, Ex Litte¬ris R. P. Joannis Adami Schall ex eadem Societate...*, Wien: M. Cosmerovius (1665).

(13.) Titelblatt des manjurischen Kalenders für das Jahr 1680 (*Kangxi* 19), allgemeine Ausgabe,
Daicing gurun-i elhe taifin-i juwan uyuci aniya-i forgon-i yargiyan ton.

(14.) Die manjurischen Geheimakten zum Prozeß gegen ADAM SCHALL aus der Zeit 1664-1665,

Elhe taifin-i ilan aniya juwan biyai narhôšaha bithei dangse, 3 Schuber und Einzelhefte.

(15.) Manjurische Geheimakten,

Einzelhefte des Jahres 1665 (*Kangxi* 4), III. und IV. Monat.

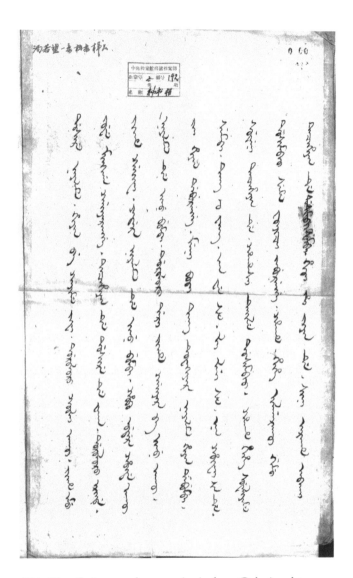

(16.) Eine Seite aus den manjurischen Geheimakten,
aus Dok. I, Abschn. [6.- 7.], *Kangxi* 3, wohl X. Monat (Nov.-Dez. 1665), Seite 00. Zeile 6, oben: Name SCHALL (Tang Ruo-wang).

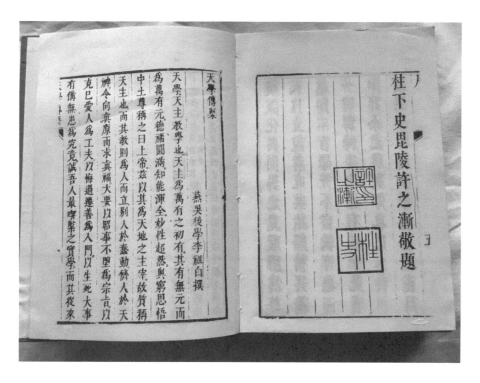

(17.) Erste Seite des christlichen Traktates *Tianxue chuan'gai* 天學傳概,
Beginn des Textes und Ende des Vorworts. Das Werk war Anknüpfungspunkt antichristlicher Kampagnen dieser Zeit; s. Teil 1.4.1, Jahr 1663 u.ö.; Vatikanbibliothek, Sign. R. G. Oriente III, 213 (12).

(18.) 3 Bilder aus dem Leben Jesu in chinesischer Nachbildung,
  aus *Bu deyi* des Yang Guangxian nach P. Schall; siehe *Jincheng shuxiang* in Teil 1.6.1, Abb. 28, 42, 43.

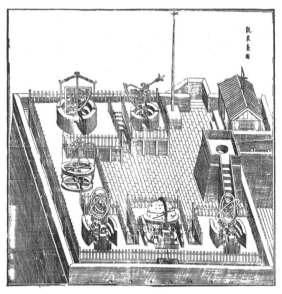

(19.) Sternwarte mit astronomischen Instrumenten in Beijing,
chinesischer Druck, *Xin zhi yixiang tu* 新制儀象, von 1674, nach F. Verbiest; Siehe Teil 1.4.1, Jahr 1673, Beginn; Weng Lianxi 翁連溪, *Qingdai gongting banhua* 清代宮廷版畫, Beijing: Meishu (2001), S. 35. Unten: westliches Gegenstück, n. Le Comte (1696) u.ö.

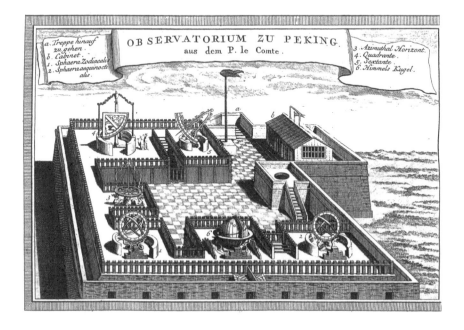

454 Abbildungen

(20.) Sonnenuhr in Tischform,
   laut Inschrift konstruiert von ADAM SCHALL, an den Hof eingereicht am 9. VII. (3. Aug.) 1644; siehe Teil 1.4.1; 23,1 x 14,7 cm, Höhe 17 cm; *Qinggong xiyang yiqi*, Nr. 13.

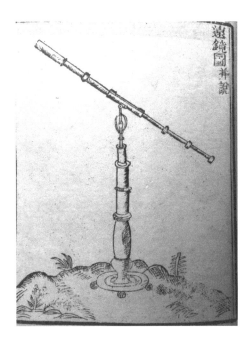

(21.) Fernrohr,
   Holzschnitt aus SCHALL, *Yuanjing shuo* 遠鏡說 von 1626, siehe Teil 1.6.1; Ausgabe *Yihai zhuche*, S. 3a.

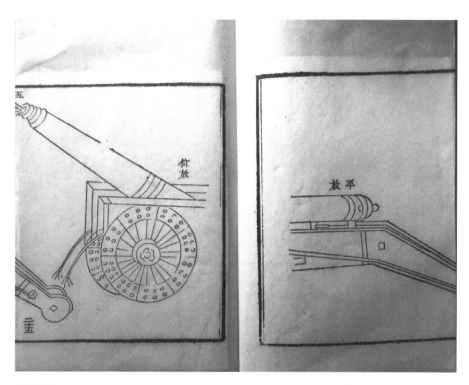

(22.) Kanone,
　　Holzschnitt aus Schall und Jiao Xu, *Huogong qieyao* von 1643, siehe Teil 1.6.1, Ausgabe *Haishan xianguan congshu*, S. 4b-5a.

(23.) Kanonen und Kanonenrohre jesuitischer Herkunft,
　　Beispiele erhaltener Kanonen aus chinesischen und europäischen Museen.

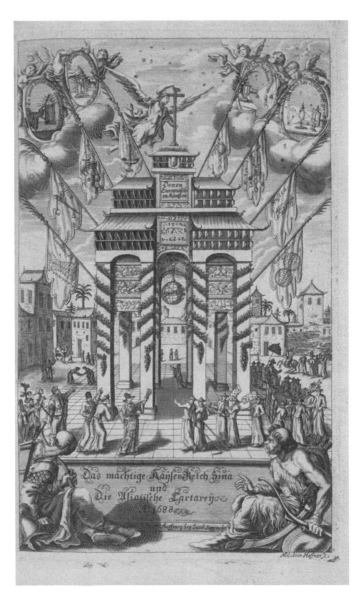

(24.) Das europäische Wissenschaftsangebot an China,

aus J. Ch. Wagner, *Das mächtige Kayser-Reich Sina* (1688), Titelblatt. Die über dem Tor gehißten 8 Flaggen repräsentieren ausgewählte Fachgebiete der Wissenschaften Europas: *Gnomonica* (Gnomonik, Astronomie), *Statica* (Statik, Mechanik), *Ballistica* (Kanonenguß, Artilleristik), *Hydraulica* (Wasserbau), *Optica* (Optik), *Mechanica* (Technik), *Musica* (Musiktheorie), *Geographica* (Geographie, Kartographie).

(25.) Kaiser FULIN / SHUNZHI,
traditionelle Hofmalerei nach dem Leben, anonym.

(26.) Kaiser XUANYE / KANGXI in mittleren Jahren,
Hofmalerei, anonym.

Index

Vorbemerkung:
Die im Folgenden aufgeführten Namen wichtiger Personen sind durch die in Teil 4.3 verzeichneten zu ergänzen. Ein zusätzlicher Index für die Namen und Termini in den hier nicht übersetzten Dokumenten II. bis XXIV. steht auf Anforderung zur Verfügung.

Aberglauben ...71, 79, 104, 116, 200, 359
ACQUAVIVA, Cl. 22, 25
ADAM 102
AGRICOLA, G. 33, 44, 164, 165
Ahnenverehrung, Verbrennung von Opferpapier 193, 197, 283, 294, 318, 327, 347, 351, 354
AISINGGA 103, 248
Akkomodation 19, 118
Aktenarchiv 10, 50, 182-185, 214
ALBERICH, J. 28
ALBERMANN W. 144
ALEGAMBE, PH. 23, 115, 140
ALENDA, G. 43, 248
ALENI, G.. 158
ALEXANDER VII., Papst 66
ALMEIDA, J. B. 54
AMIOT, J.J.M. 95
Amnestie 70, 97, 119-122, 136, 150, 205, 225, 332, 342, 361, 362
ANGELITA., M. 143
Anklage 69, 75, 92, 93, 105-107, 125, 149, 188, 198, 201-207, 213, 217, 219, 296, 307, 359, 363
APPIANI, L. 73
Arbeitsministerium, *Gongbu* 93, 109, 224, 334
ASHA ...121, 221, 223, 232, 243, 255, 357
Astronomie...........11, 13, 15,18, 21, 26, 27, 36-41, 50-54, 57-60, 65-70, 77-80, 87-90, 93-95, 100, 104-116, 119-122, 124-125, 129, 131-135, 139, 140-145, 147, 150-155, 175, 184, 188, 194, 199-219, 223, 230, 233, 237-241, 244-250, 257, 260, 286, 290, 292, 306, 310, 312, 320, 323, 324, 328, 329, 336, 338, 349, 353, 358-363
astronomische Instrumente, s. Instrumente
Astronomisches Amt ...... .36, 50-54, 57, 65, 68, 147, 184, 188, 190, 203, 213-214, 217, 219, 336, 338, 353, 359, s.a. Astronomie
Aufruhr, Aufstände, s. Unruhen
AUGERY, H. 117, 123, 126, 234

BAHR, Fl. 73
BAIRAHÔ 243
BALAT, s. VALAT
BAO YINGHUAN 237
BAO YINGQI 121, 237, 287
BARROW, J. 10, 62
BAYER, G. S., ...10, 16, 135, 181, 226
BAYERN, FERD. von 25
Beamtenministerium, *Libu* 105, 112, 121, 221, 222, 224, 244, 255, 297, 342, 357, 363
BECINGGE 297, 298
Beitang, Nordkirche 72, 154, 159, 164, 179, 314, 328
BELLARMIN, R. 22
BENEDIKT XIV., Papst 142

BENOIST, M. 142, 228, 231
BICECI, s. YANG BICECI
BIHÔ 299
BO YUNQIAN 297
BODAI 343, 344
BORROMEO, F. 33
BOUVET, J. 135, 218
BOYM, M. 16, 29, 32, 39, 69, 207, 248
BRAHE, T. 29, 69, 139, 165, 208
BRANCATI, Fr. 66, 71, 96, 117, 123, 126, 234, 248
Bu deyi 88, 93, 99, 102, 103, 105, 201, 202, 208, 219, 261
Buddhismus 19-21, 89, 90, 98, 134, 199, 277, 289, 330, 341, 353, 354
BUGLIO, L. 70, 87, 101, 103, 106, 108, 109, 113-115, 117, 122-124, 126, 128, 136, 138, 141, 178, 189, 198, 199, 233, 257, 258, 260, 262, 263, 267-279-283, 309, 313, 314, 320, 321, 328, 333-339, 341, 347-351, 353-355, 361
BUJAN 243
BUMBUTAI, Kaiserinmutter.... 60, 72, 73, 115, 248

CABUHAI..243
CANEVARI, P................. 98, 117, 123, 234
CANGMING 187
CANTAI 187
CARAFA, V..71
CATTANEO, L. 21, 45, 248
Chala, Chalan, siehe *Shala*
CHEN MINGXIA.............................. 61, 248
CHEN QIXIN..218
CHEN XINJIA 48, 249
Chengshi moyuan 46
CHENGTANG, *Xia*-Kaiser...................264
Chongzhen lishu 39, 41, 49, 65, 68, 156, 157
Christentum 46, 83, 88, 93, 94, 98, 105, 106, 114, 119, 123, 189-199, 218, 257, 258, 269, 270, 272, 273, 281, 283-285, 296, 309, 310, 312, 314. 315,
324, 326, 331, 335, 336, 339, 342, 345, 349, 351-354, 358
Chronomantik, s. Geomantik
CIBOT, P.M.. 134
CLAVIUS, Chr. 17, 22, 25, 26, 249
CLEMENT, M....................................... 96
CLEMENS XI., Papst 142, 143, 192
CLEMENS XIV., Papst 54
CORONADO, D........... 117, 119, 123, 126, 234, 243, 247, 361
COSIMO, s. MEDICI
COSTA, I. 117, 126, 234
COUPLET, Ph. 16, 20, 95, 115, 117, 123, 126, 234
CUI JINGRONG 42

DAIŠAN 84, 221, 249
DARHAN 343, 344
DEBDEI.. 301
DENTRECOLLES, F. X. 55
DIAS, M., sen. 18, 31, 70, 72
DIAS, M., jun. 32, 172, 249
DIDEROT, D. 134
Dongtang, Ostkirche.......... 72, 101, 109, 119, 122, 154, 178, 225, 259, 273, 274, 314, 334, 337
DORGON 56-60, 65, 74, 75, 227, 249
DORJI DARHAN, s. DARHAN
DU RUYU 113, 114, 117, 120, 121, 125, 203, 237, 360, 361
DURHU 76, 249
DURMA 344
DUYVENDAK, J.J.L. 29, 33, 207, 208

EBILUN 97, 226
ENGGEDEI 82, 92, 204, 239, 243, 360
ENGGEDER 82
Erdbeben, s. Omina
ESPINHA, J. 54
EUKLID.............................. 17, 21, 37, 39
EULER, L. 73

FAN WENCHENG 74, 249

le FAURE (FAVRE), J. 109, 118, 123, 126, 234
FENG QUAN 60, 249
Fernrohr 33, 38-40, 57, 59, 67, 73, 78, 135
FERRARIIS, G. 117, 126, 234
FERREIRA, D. J. 54
FIGUEIREDO, R. 31, 249
Finsternisse, Sonnen-, Mond- 15, 18, 21, 32, 34, 36, 40, 48, 53, 58-60, 65, 67-69, 103, 109, 126, 135
FONTANEY, J. 138
FUDE 243
FULIN / SHUNZHI, Kaiser 12, 56, 57, 60, 64, 74, 75, 83, 85, 90, 92, 93, 96, 98, 100, 112, 115, 119, 130, 147, 148, 189, 200, 201, 218, 246, 249, 273, 324, 330, 346, 349
FURTADO, Fr. 28, 45, 49, 52, 66, 249
FUŠEO 120, 221, 223, 232, 243, 255, 357
FUXI 79, 88, 102, 147, 191, 197, 209, 266-268 312, 326, 341, 350, 354

GABIANI, G. 16, 118, 123, 125, 217, 229, 235
GABULA 137
GALILEI, G. 18, 22, 26, 28, 29, 33, 34, 69, 165, 207
GARTU 244
GASSER, R. .... .131
GAYATI, G. 28
GE CHENGKE 316, 336
GE JIWEN 244, 287, 291-293
Geheimakten................ 10, 65, 103, 115, 180-184, 186, 187, 206, 221, 230, 253-363
Geomantik 53, 116, 188, 199-205, 218, 223, 240, 290, 359, 360-362
Geräte, s. Instrumente
GERBILLON, J. Fr. 95
Geschenke, s. Tributgeschenke
GIYEŠU 116, 136, 206, 214, 221, 223, 232, 244, 254, 255, 357

Goa 28-30, 146
GOES, J. A. v. d. 130
GONG TINGCI 99
GOGEISL, A. 54
GONG TINGCI................................ 99, 249
Gottesbegriff....... 19, 35, 64, 72, 75, 102, 134, 191-193, 199, 261, 323, 324, 326, 346, 348, 349
GOUVEA, A. 54, 98, 118, 126, 235
GOYER, P. 81, 249
Grabinschrift 24, 31, 38, 40, 81, 126, 138, 173-176
GRESLON (GRELON), A. 16, 50, 118, 123, 126, 231, 235
GRIENBERGER., Chr. 26, 249
GRIMALDI, F. 54, 118
GROSIER, J. B. 55
GRÜBER, J. 91, 98, 99, 104, 249, 416
guanhua... 181
Gujin shilue 304-306, 311, 322, 352
GUO SHOUJING 15, 18, 36, 60, 79, 212
guoyu 180
Guozi jian .. 99, 101, 225, 258-260, 298, 328

HAGDORN, Chr. W. .... .130
DU HALDE, J. B. 16, 83, 113, 228
HALHACI.. 344
HALLERSTEIN, A. 54, 140
HAN WUDI, Kaiser .... .211
HAO WEINA 244
HAPPEL, E. 74, 89, 130
HE LUOSHU................................ 244, 290
HE QIYI 244, 291, 292
HE WEINA, s. HAO WEINA
van HEE L. .... .21, 145
HELENA..13, 44
HERDER, J. G. .... .14
HERDTRICHT, Chr. 118, 119, 123, 126, 235, 243, 361
HOLLAR, W. 91, 99
HÔMBAI 187
HÔNG TAIJI, Khan 42, 55, 60, 221
HOOGE .... .221

HUANG DAOLONG 121, 237
HUANG DAOXING 297, 298
HUANG GONG 244, 361
HUANG GUI 297
HUANG HONGXIAN 44, 249
HUMUDU 187
Huogong qieyao 42, 48, 162
HÜTTNER, J. Chr. 62, 63

IGNATIUS v. Loyola 12, 14, 46
INNOZENZ XI., Papst 13
Instrumente, meist astronomische 15, 18, 33, 38-41, 43, 52, 57-59, 77, 133, 139, 140
INTORCETTA, Pr. 118, 123, 126, 235
‚Irrlehre', s. Christentum
IRGENI / IRSENI 244
ITURI 187

JACIBA 187
JAMĀL AL DĪN BOḴĀRĪ 212
Jesuiten .... 12-16 u.ö.
JESUS .... 46, 88, 94, 102, 191, 197, 262-266, 270-272, 285, 308-312, 318, 320, 324, 325, 328, 341, 346, 348, 349, 354; Abbildungen Jesu Leben, 46, 103
JIA LIANGQI 113, 120, 125, 237
JIA WENYING 244
JIA WENYU 113, 120, 125, 237, 244
JIANG AO 305, 311, 312, 322, 352
JIAO XU 48, 162, 249
JIAO YINGXU 244
JIAQING, Kaiser 144
JIN HUAN 244
JIN ZHIJUN 99, 249
JIRGALANG 56
JORGE, M. 123, 126, 235
JOSEPH 191, 308-310
Judäa 88, 102, 191, 262, 265-267, 312, 325, 326, 328, 330, 341, 344, 349, 350, 354
JULIUS III., Papst 25
JUSAN 244

Justizministerium, *Xingbu* 103, 107, 108, 111, 112, 114, 115, 117, 119, 121, 122, 124, 125, 126, 131, 149, 150, 221-225, 227, 247, 255, 295, 297, 320-322, 328, 331, 333, 335, 342, 343, 357, 360-363
Juxi ji 219

Kaiserpalast 37, 39, 50, 61, 273, 301, 334
Kalender .... 15, 20-23, 31, 36-41, 48-53, 58-60, 65-69, 76, 79-80, 87- 96, 100, 105, 107, 110, 124, 133-139, 141, 146, 147, 157, 175, 188, 195, 197, 199, 203, 205, 206, 209-216, 218, 220, 275, 285-293, 295-300, 314, 316, 317, 320, 330-333, 335, 336, 346, 347, 358, 359; Kalender nach westlicher Methode 60, 65, 68, 95, 105, 209, 214, 218, 295, 296, 298-300, 316, 332, 333, 336, 346, 347
KANGXI / XUANYE, Kaiser 47, 62, 78, 87, 90, 96, 97, 132, 133, 134, 138, 139, 141, 142, 179, 220, 226, 227
Kanonen 15, 31, 39, 41, 42, 45, 48, 49, 141, 146, 224, 226
KANT, I. 14
KASTNER, K. 54
KENGTEI 245
KEPLER, J. 18, 28, 34, 69, 165
KEYZER, J. 81, 250
KICEBE 111, 125, 201, 222, 223, 232, 245, 254, 255, 357
KIM YUK 69
Kirchen 28, 34, 43, 58, 72-75, 83, 86-87, 90, 106, 108-110, 112, 119, 121-123, 127, 136, 148, 154, 177-179, 190, 195-197, 199, 207, 258, 259, 272-274, 277-280, 282, 283, 294, 310-315, 320, 323, 327-330, 333-335, 337-339, 342, 343, 345, 347, 348, 351, 354, 358, 360, 361, 362, 363

s.a. *Beitang, Dongtang, Nantang, Xitang,* Marienkapelle
KIRCHER, A. 16, 23, 24, 32, 45, 73, 83, 90, 99, 265
KIRWIRZER, P., ... 28-30, 207, 250
Klavier (Cembalo, Klavicord) 18, 19, 39, 45, 46, 73, 78
Klepsydren / Wasseruhren 53, 203, 204, 237
K'O, J. 32
KOEGLER, I. 54, 140
KOFFLER, A. 13, 39
Köln 23-25, 144, 145
KONFUZIUS / KONGZI, Konfuzianismus 11, 14, 19-21, 38, 64, 74, 88, 94, 98, 102, 129, 217, 284, 285, 305, 309, 322, 324, 330, 348, 352
KONG XINGSHAN 74, 250
KOPERNIKUS, N. 29, 165, 207, 208
Korea 69, 216
KOXINGA 94, 184, 273, 295
Kriegsministerium, *Bingbu* 42, 48, 99, 104, 108, 123, 224, 323, 342, 353
KURI 220, 250
Kuriositäten, s. Tributgeschenke

LANGE, L. 90, 113, 140, 220
LEIBNIZ, G. W. 19, 32, 95, 129, 151
LEIHU 245
LEONARDO, Ph. 118, 123, 126, 235
LESSIUS, L. 37, 171
LI CHENGZAI 301
LI CHUNFENG 79, 289
LI GUANGDE 245
LI GUANGHONG 136, 245, 361
LI GUANGXIAN 245, 362
LI SHI 113, 120, 237, 238
LI TIANJING 40, 41, 44, 50, 157, 160, 162, 164, 250
LI ZHIZAO 20, 31, 37, 250
LI ZICHENG 49, 55, 56, 250
LI ZUBO 33, 88, 101, 102, 106, 108, 111, 113, 114, 120, 125, 136, 139, 170, 190, 237, 241, 255, 258-272, 274-279, 283-288, 310-312, 316, 317, 321, 323-331, 335, 337, 345, 348, 350-355, 358, 360, 362
LIANG GONGCAN 297
LIANG QINGBIAO 245
LIEBSTEIN, L. 73
LIN QILONG 245
LIU BANGZHU 245
LIU BIYUAN 113, 117, 120, 125, 238, 245
LIU KUI 113, 120, 125, 238, 245
LIU TONG 78, 380
LIU YINGCHANG 245
LIU YOUQING 113, 120, 125, 238
LIU YOUTAI 108, 113, 120, 125, 198, 238, 241, 286, 291-293, 310, 329, 330, 362
LIU ZONGZHOU 48, 250
LONGOBARDO, N. 22, 31, 33, 37, 44, 81, 157, 159, 162, 250
LÜ CHAOYUN 204
LU CHONGJUN 112, 222, 223, 232, 245, 254, 255, 357
LU XINGZU 222
LUBELLI, G. 118, 126, 235
LUO ZHANGQI 306
LUOXIA HONG 79

Macao 17, 28-30, 42, 69, 93, 100, 104, 106, 108, 121, 126, 146, 194, 195, 279, 313, 314, 334, 345, 358
MADRE DE DIOS, Fr. de la 43, 250
MAGALHÃES, G. 13, 16, 70, 71, 87, 101, 106, 108, 113-115, 122-124, 126, 128, 131, 136, 138, 141, 178, 180, 189, 198, 199, 233, 257, 258, 260, 262, 263, 268, 270, 271, 274, 275, 277, 279, 280, 282, 283, 320, 321, 334-339, 341, 347, 348, 353-355, 361
MAILLARD DE TOURNON, Ch. Th. ... 142, 143
MALA 245
MANGSE 246

manjurische Sprache, Tradition 10, 43, 55, 62, 95, 180-183
Mantik, s. Geomantik
MARANTAI 187
MARIA 310
Marienkapelle, *Shengmu tang* 80, 81, 109, 178, 334
MARINI, F. 50, 137, 174, 416
MARTINI, M. 16, 37, 55, 64, 66, 85, 106, 129, 171, 177, 250
Mausoleen .... 90, 117, 134, 137, 200, 224, 237, 239, 360, 361, s. a. RONG, Prinz
MAXIMILIAN I. v. Bayern 22, 46
MEDHURST, W. H. 84
MEDICI, COSIMO II. 22, 46
MENGZI 196, 268
MENTZEL, Chr. 102
MERODE, M. SCHEIFFARDT 24, 151
MINGGAN 187
Ming-Dynastie, Geschichte 29-49, 303, 305-307, 311, 321, 352
MIRJUDIN / MIRZAIDIM 35, 250
Missionierung 12, 14, 17, 98, 111, 128, 142, 147, 176-179, 189, 194-199, 206, 323, 353
MO YAN 229
mohammedanisch, s. muslimisch
Mondfinsternis s. Finsternisse
MONGGO 187
MORETUS B. 137, 174
MOSHAYIHEI 87, 250
MOTEL, Cl. 118, 126, 235
MOTEL, J. 118, 123, 126, 236
MU CHENMIN 89
MUHÔRI 246
MUJAN 246
MURR, Chr. G. 16, 121
Musikinstrumente, s. Klavier
muslimische Tradition 35, 36, 38, 53, 60, 65, 69, 77, 89, 107, 109, 131, 206, 211, 212, 217-218, 220, 250, 316, 340, 359

NALAN CHENGDE 15
Nantang, Südkirche 37, 46, 58, 72, 73, 86, 109, 122, 148, 152-154, 178, 272, 284, 334, 343
NAVARRETE, D. ... 16, 118, 126, 140, 236
NEEDHAM, J. 206
NEUMANN, K. F. 143, 192
NIEUHOF, J. 16, 81, 82, 130, 250
NIMAN 111, 222, 223, 232, 246, 254, 255, 357
Nordkirche, s. *Beitang*
NURHACI, Khan 42, 56, 60, 76, 84, 116, 221, 222, 227

OBOI 93, 97, 112, 115, 136, 218, 226
Observatorium, s. Sternwarte
OLIVA, G. P. 103, 126
Ölung, heilige 197, 198, 282, 319, 339, 340, 341, 347, 353
Omina, Warnzeichen 73, 107, 114, 115, 149, 150, 178, 211, 220
OMOHÔ 246
ONGGOTO 344
Opferpapier, s. Ahnenverehrung
Orgel 45, 73
d'ORVILLE, A. 99
Ostkirche, s. *Dongtang*
OU JIWU 121, 238, 362

PACHECO, F. 56, 118, 123, 126, 236
PALAFOX y MENDOÇA 56, 63
PAN GUOXIANG 121, 238, 246
PAN JINXIAO 99, 100, 106, 108, 114, 120, 121, 135, 198, 224, 230, 241, 315, 322, 323, 342, 343, 352, 353, 355
PAN SHIHONG 99, 155, 241
PANG TIANSHOU 39, 44, 241
PANTOJA, D. 18, 21, 45, 250
PAUL III., Papst 12
PAUL V., Papst 22, 26
PEDRINI, T. 73, 142, 179
PEI XIDU 297, 298

PENG SUNYI 217, 397
PEREIRA, A. 54
PEREIRA, T. 54, 73, 141, 144, 371
PICCOLOMINI, Fr. 77
PIRES-PEREIRA, G. 54, 144
PIUS VII., Papst 143
Pixie lun 46, 47, 88, 94, 101, 102, 219, 256, 296, 298, 304, 307, 308, 322, 345
PLATEL, N. 143
PLATH, J. H. 15, 85
Pocken 60, 81, 90, 96, 97
Prozeß 188-216

QIAN LONGXI 31
QIANLONG, Kaiser 142, 143, 180, 182, 308
Qing-Dynastie .... 16, 50-128 u.ö.
Qintian jian, s. Astronomisches Amt
QIU YANHAN 201

RAUX, N. J. 54
Rebellion, s. Unruhen
REMUSAT, J. P. 23
RHO, G. 16, 18, 23, 28, 30, 31, 38, 40, 44, 155, 157, 159-164, 166, 167, 170 176, 251
RIBADENEIRA, P. 23, 24, 27, 79, 140
RIBEIRO, J. N. 54
RICCI, M. 10, 14, 15, 17-22, 26, 31, 35, 37, 45-47, 72, 73, 78, 80, 81, 98, 102, 121, 127, 128, 138, 154, 178, 189, 192, 194, 251, 259, 261, 262, 273, 295, 308, 309, 324, 349
RICCI(O), V. 121
Ritenministerium, *Libu* 21, 30, 32, 36, 37, 51, 58, 60, 69, 74, 77, 82, 92-96, 107-112, 115, 121, 123-125, 137-138, 146, 200, 203, 204, 212, 218, 222, 223, 243. 245-247, 257, 286, 296-302, 307, 310, 331-335, 342, 344, 357, 360
Ritenstreit 19, 142, 192
ROCHA, F. 42, 54

RODRIGUES, A. 54
RODRIGUES, J. 42, 251
Rom 18, 25-27
RONG, Prinz 82, 92, 107, 110-112, 115, 119-149, 121, 125, 150, 200, 202-204, 207, 237, 239, 243, 300, 359, 360-363
ROUGEMONT, Fr. 16, 118, 123, 126, 236
ROUSSET, E. 54
RUGGIERI, M. 47

SAIFITU 187
Sanfa si 100, 124, 224, 225, 355
SANTA MARIA, A. de 118, 119, 123, 126, 127, 197, 204, 236, 361
SARPETRI, D. 119, 123, 126, 236
SCHALL von Bell, J. A. .... 10, 17, 23 und allerorten; Begnadigung, Rehabilitierung 71, 116, 121, 135, 136, 151, 183; Beziehung zu Kaiser FULIN 12, 74, 83-89 u.ö.; Ehrungen u. Titelverleihungen (auch der Vorfahren) 43, 45, 47, 49, 69, 70, 71, 74, 76, 78, 80, 86, 90, 91,100, 146-149, 151-153, 194, 337; Grabinschrift 40, 126, 138, 173-176; in Köln 23; in Rom 25; in China 27; Intrigen, Verleumdungen 71, 77, 79, 87, 90, 91, 140, 143, 263; medizin. Hilfe 67, 76, 90, 97; Prozeß, Anklage 103-128, 255 flg.; Schriften 154-172; Strafen, Todesstrafe 111-113, 117, 120, 136, 150, 205, 228, 355, 360
SCHRECK / TERRENZ, J. 16, 22, 27, 32, 33, 34, 36, 37, 40, 69, 127, 156, 157, 158, 159, 167, 207, 251
SELEBU.. 246
SEMEDO, A. 16, 32, 36, 251
da SERRA, V.M. 54
Shala, Friedhof 81, 109, 127, 138, 151, 178, 334
SHEN QUE 21, 30, 251
SHENG MING 121, 238

Shengmu tang, s. Marienkapelle
SHENZONG, Ming-Kaiser .. 13, 18, 45, 251
SHI WENYU 299
Shixin lu 99, 303-307, 310, 311, 322, 331, 337, 352
SHUNZHI, s. FULIN
SHUN 275, 284, 285, 289, 290, 330, 348
SI ERGUI 121, 238, 362
Siku quanshu 143, 144, 308
SIRTORI, G. 170
SIU, A. 32
SMOGULECKI, N. 71, 75, 77, 251
SONG FA 108, 113, 120, 125, 238, 239, 241, 286-288, 310, 329, 330, 360, 362
SONG KECHENG 109, 113, 114, 120, 125, 239, 241, 286-288, 290, 292, 310, 329, 330, 360, 362
SONG KELI 125, 239, 246
SONG ZEPU 113, 120, 239
SONG ZHE 239
SONI 97, 226
Sonnenfinsternis, s. Finsternisse
SOUTHWELL, N. 140
SPAFARI, N. G. 41, 63, 95, 114
STADLIN, F 47
Sternwarte 18, 36, 52, 60, 77, 103, 139, 142, 208, 287
STÖTZER, W. 23, 144
Strafen 108, 111, 116, 226-231
STUMPF, K. 54, 139
Südkirche, s. *Nantang*
SUKSAHA 97, 220, 226
SUN YOUBEN 246, 315
SUNTA 246

TAIZONG, s. HÔNG TAIJI
TAIZU, s. NURHACI
TAN QIAN 31, 78, 85, 139, 251
Tataren 10, 63
Taufe .... 13, 21, 106, 176, 177, 192, 193, 195, 279, 283, 319, 320, 339, 341, 347, 348, 353; Taufe des Kaisers 13, 19, 90; Taufe Hofbediensteter 39, 44
Teleskop, s. Fernrohr
TERRENZ, s. SCHRECK
THEVENOT, M. 95
THOMAS, A. 54, 101, 141
THOMAS, Hlg., Apostel 73, 102, 191, 270-272, 315, 325, 349
Tianxue chuan'gai 43, 94, 101, 102, 104, 109, 114, 190, 196-198, 237, 242, 256, 258, 259-264, 268-270, 274-276, 283-285, 310-323, 325, 326, 328-331, 334, 342, 345-351, 353, 354, 358, 363
Tianzhu jiaoyao 262, 280, 282, 283, 315, 318-321, 324, 347, 348, 352
Todesstrafe 111-113, 116, 117, 119, 120, 136, 205, 210, 214, 226, 228-230, 232, 233, 235, 354, 355, 360-363
TONG GUOQI 106, 109, 112, 197, 241, 273-275, 278, 311, 312, 334, 362
Tongzheng shisi 80, 148, 225, 256, 296, 297, 320, 331
TORRENTE, St. 119, 126, 236
TRIGAULT, M. 119, 236, 243
TRIGAULT, N. 13, 18, 22, 26, 27, 28, 32, 33, 44, 46, 123, 126, 154, 177, 251, 361
Tributgeschenke aus Europa 18, 45, 46, 47, 67, 77, 78
TUHAI 132
TUNGGI 239, 334

UBAI 299
Uhren, s. Tributgeschenke
Unruhen 11, 31, 49, 55, 61, 75, 88, 93, 105, 108, 119, 123, 149, 191, 193-195, 198, 222, 229, 270, 272, 273, 277, 280, 284, 285, 312, 313, 336, 358
URSIS, S. 21, 251
UŠAI 246
USIHA 301

VAGNONE, A. 30, 251

VALAT (BALAT), J. 119, 123, 126, 236, 243
VANHEE, s. van HEE
VÄTH, A. 145
VERBIEST, F. 13, 16, 27, 42, 52, 54, 73, 75, 87, 95, 100, 103-109, 113-116, 122-124, 126, 128, 132, 133, 135-141, 144, 165, 166, 168, 189, 198, 199, 208, 216-218, 233, 257, 258, 263, 268, 270, 271, 274, 275, 277, 279-283, 314, 320, 321, 323, 335-339, 341, 343, 347, 348, 353-355, 361
Verbotene Stadt, s. Kaiserpalast
VITELLESCHI, M. 26
VONDEL, J. 129

WANG, Eunuch 242
WANG CHONGJIAN 246, 299, 333
WANG TAIZHENG 303, 304, 306, 307, 311, 312, 322, 333, 352
WANG XI 246
WANG ZHE 157
WANG ZHENG 20, 33, 34, 251
Wasseruhren, s. Klepsydren
WEHE 247, 299, 333
WEI WENKUI 39, 79, 169, 252
WEI XIANGQIAN 39, 169, 252
WEI YIJIE 99, 251
WEN GONGSHAN 119, 247
WEN TIREN ... 218, 304, 305, 322, 331, 352
Westkirche, s. *Xitang*
WU MINGXUAN 87, 88, 124, 131, 133, 136, 252
WU SANGUI 55, 252
WU WEIYE 139

Xi'an 32, 34-37
XIANFEI 112, 200
XIAOCHENGREN, Kaiserin 137
XIAOZHUANG, Kaiserin, s. BUMBUTAI
Xitang, Westkirche 72, 154, 179, 337
XU, CANDIDA 20, 101, 106, 252
XU FUYUAN 46, 252

XU GUANGQI 20, 31, 36, 40, 41, 50, 79, 157, 162, 252
XU HU 121, 239, 247
XU QIAN 106, 108, 114, 115, 196, 198, 242, 303, 306-308, 311, 321, 322, 335, 337, 343, 344, 351, 352, 355, 362
XU XING 247, 302, 332
XU ZHIJIAN 101, 102, 104, 106, 109, 196, 242, 247, 258-261, 284, 304, 328, 329, 330
XU ZUANZENG 101, 106, 109, 110, 125, 197, 242, 273-275, 278, 311, 334, 363
Xuanze yi 93, 110, 201, 202, 204, 359
XUE WENBING 247
XUE WENHUAN .... .247, 290
Xueli xiaobian 39

YABULAN 95, 198, 242, 297, 298, 331, 332
YAN KANG 301
YANG BICECI 126, 242, 316
YANG GUANGXIAN 46, 47, 69, 73, 86, 87, 93, 94-96, 98, 99, 101-110, 112, 119, 122, 124, 128, 129, 131-133, 135, 136, 148-150, 189, 190, 193, 195, 196, 198, 199, 201, 202, 204, 208, 209, 214, 217, 220, 232, 241, 239, 247, 250, 256, 261, 263, 284-288, 290-295, 298-305, 307-316, 321, 322, 329-337, 341, 342, 345, 352, 355, 358, 359, 363
YANG HONGLIANG 113, 114, 117, 120, 121, 125, 203, 239, 287, 360, 363
YANG MAERGU 119, 247
YANG TINGYUN 20, 252
YANG ZHIHUA 44, 252
YANJUHÔ .... .222, 247
YAO ...275, 284, 285, 288-290, 324, 330, 348
YASHAN 247
Yehuo .... .219
YIGENG, Prinz 39
YIN KAI 109, 239, 241, 287, 288, 310, 329, 330

Yinreng, Prinz 226
Yinsi, Prinz 227
Yintang, Prinz 227
Yixing 79, 201, 289
Yizheng chu 225
Yizong, Ming-Kaiser 34, 36, 40, 49, 56, 130, 147, 252
Yongzheng, Kaiser 134, 142
Yuan Tiangang 289
Yulin Xiu 89

Zhala(n), s. Shala
Zhang Guangxiang .. 121, 240, 247, 290
Zhang Heng 79
Zhang Qichun 110, 121, 240, 287, 359, 363
Zhang Weiying 121, 240
Zhang Wenming 109, 240, 241, 287, 288, 310, 329, 330
Zhang Wenxian 247, 290
Zhang Xianzhong 70, 252
Zhao Yi 47
Zhemiu shilun 93, 208, 333, 359
Zheng Bin 240
Zheng Chenggong 94, 184, 273, 295
Zheng guoti cheng (gao) 95, 286, 287, 295, 300, 334, 358
Zheng Tianjun 240
Zhou Shichang 121, 240
Zhou Shicui 121, 240, 290
Zhou Shitai 121, 240, 290, 363
Zhou Tong 248, 290
Zhou Yin 109, 241, 248, 283, 286-288, 290, 292-294, 310, 311, 329, 335
Zhou Ziyu 156
Zhougong 284, 285, 324, 330, 348
Zhu Guangxian 109, 113, 114, 120, 125, 241, 291, 329, 363
Zhu Shizong 248
Zhu Tingshu 121, 241
Zhu Youjian 130
Zhuo Ergang 156
Zhuzhi qunzheng 37, 171
Zuo Yundeng 248, 290
Zuo Yunhe 121, 241, 248